田丸
七日市
桜井
三輪
本宮
和歌山
和歌浦
西

WELTATLAS DER ALTEN KULTUREN

JAPAN

WELTATLAS DER ALTEN KULTUREN

JAPAN

von Martin Collcutt
Marius Jansen
Isao Kumakura

Christian Verlag

Aus dem Englischen
übertragen von
Annette von Heinz,
Susanne Ettl

Redaktion: Rudolf Radler

Korrekturen, Register:
Monika Wöhlken

Entwurf des Schutzumschlags:
Ludwig Kaiser

Herstellung: Dieter Lidl
Satz: Josef Fink GmbH, München

AN EQUINOX BOOK

Die Originalausgabe unter dem Titel
Cultural Atlas of Japan
wurde entwickelt und realisiert
von Equinox Ltd., Oxford.

Chefredaktion: Graham Speake

Kunstwissenschaftliche Redaktion:
Andrew Lawson
Bildredaktion: Linda Proud
Landkarten: Olive Pearson
Design: Adrian Hodgkins
Produktion: Clive Sparling

Reproarbeiten: Scantrans, Singapur

Druck- und Bindearbeiten:
Heraclio Fournier SA., Vitoria

Printed in Spain

ISBN 3-88472-151-8

Frontispiz: Traditionelle Gewänder einer
Samurai-Familie aus der Edo-Zeit.

INHALT

CHRONOLOGISCHE ÜBERSICHT

	50000 v. Chr.	11000 v. Chr.	300 v. Chr.	300 n. Chr.	552	710	794
PERIODE	**PALÄOLITHIKUM**	**JŌMON**	**YAYOI**	**KOFUN**	**SPÄTE YAMATO**	**NARA**	**HEIAN**
POLITISCHE EREIGNISSE	Führer von Sippenverbänden	wenig politische Differenzierung, Führer von Sippen- und Dorfverbänden	57 n. Chr. erhält König Nu von Wa ein Goldsiegel vom chinesischen Kaiser 239 n. Chr. schickt Königin Himiko eine Gesandtschaft nach China	*uji*-Clanführer als lokale Machthaber, im späten 5. Jh. fünf Könige von Wa in chinesischen Quellen erwähnt Yamato-Oberhäupter *(ōkimi)*	593–628 Regierung der Kaiserin Suiko; während der Regentschaft Prinz Shōtokus 593–622 Ansätze zu einer politischen Zentralisation nach chin. Vorbild; Übergang vom Clanwesen zum Kaisertum; 645 Taika-Reform 672–86 Kaiser Temmu 694 Neue Hauptstadt in Fujiwara unter Kaiserin Jitō.	710 Kaiserin Gemmyō macht Heijō (Nara) zur neuen Hauptstadt 724–49 Kaiser Shōmu 752 Kaiser Shōmu weiht den großen Buddha im Tōdaiji 784 Kaiser Kammu (Reg. 781–806) verlegt die Hauptstadt nach Nagaoka, später nach Heian (794)	Zunächst starke kaiserliche Macht 858 Fujiwara Yorifusa wird Regent für den neunjährigen Kaiser Seiwa: Beginn der Fujiwara-Vorherrschaft über den Hof. 995–1027 Fujiwara no Michinaga 1086–1156 *insei*-Regierung der Exkaiser (Mönchskaiser) als Gegengewicht zur Herrschaft der Fujiwara 1156 Hōgen-Aufstand 1159 Heiji-Aufstand 1180–85 Gempei-Kriege

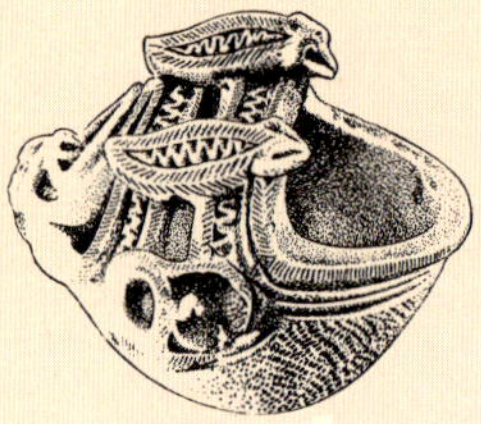

Mit Kordelmuster verzierte Lampe Jomon-Periode, ca. 3000 v. Chr.

Haniwa-koto-Spieler aus der Kofun-Periode, 6. Jh. n. Chr.

Der Horyuji in Nara, 607 von Prinz Shotoku gegründet

Die Große Buddhahalle des Todaiji in Nara, gegründet 745

	PALÄOLITHIKUM	JŌMON	YAYOI	KOFUN	SPÄTE YAMATO	NARA	HEIAN
KULTUR UND RELIGION	Steinwerkzeuge Mikrolithe	Jōmon-Keramik Muschelhaufen Figurinen	Yayoi-Keramik	größere, dafür weniger Gräber	552 Eindringen des Buddhismus 607 Gründung des urspünglichen Hōryūji-Klosters.	712 *Kojiki* 720 *Nihon shoki* 777 *Manyoshū* Sechs Schulen des Nara-Buddhismus Buddhismus als Hofreligion Annäherung zwischen Shintō und Buddhismus 714 Provinzen erhalten Anweisung zum Bau von Mönchs- und Nonnenklöstern	805 Saichō gründet die buddhistische Tendai-Schule 806 Kūkai gründet die buddhistische Shingon-Schule Trotz des offiziellen Abbruchs der Kontakte mit China (894) japanische Kunst, Architektur und Literatur weiter von China beeinflußt, Ansätze zu einer eigenen Entwicklung 905 *Kokinshu*, Lyriksammlung 985 Genshin lehrt Reinen-Land-Buddhismus 1010 *Geschichte des Prinzen Genji* von Murasaki Shikibu 1175 Hōnen gründet Schule des Reinen Landes
WIRTSCHAFT UND GESELLSCHAFT	vorkeramisch-steinzeitliche Jäger- und Sammler-Gesellschaft	steinzeitliche Jäger- und Sammler-Kultur	Naßreisanbau, Landwirtschaftliche Geräte, Bronzeglocken Spiegel und Waffen, Weberei	Baumeister der Großgräber, Oberhäupter mächtiger *uji*-Verbände; Zeugnisse für Militärwesen und Reiterkultur.	645 Gesamter Landbesitz unter kaiserlicher Kontrolle 702 Taihō-Kodex erlassen 708 Offizielle Prägung von Silber- und Goldmünzen		935 Aufstandd Taira Masakados in den Ostprovinzen 1010 Innerhalb des Systems von staatlichem Landbesitz bilden sich private Parzellen *(shoen)*; in den Provinzen entstehen Kriegerverbände *(bushidan)*
AUSWÄRTIGE BEZIEHUNGEN			Herrscher von Wa treten in Kontakt mit China		607 Gesandtschaft von Mönchen und Gelehrten nach Sui-China 630–894 15 offizielle Gesandtschaften nach Tang-China 663 Japanische Flotte vor der koreanischen Küste von Silla zerstört.	754 Ganjin trifft aus China ein	805 Saichō aus China zurück 806 Kūkai aus China zurück 894 Ende der offiziellen Gesandtschaften nach China

1185	1333	1392	1568	1600	1868	1912	1926–1986
KAMAKURA	**HÖFE DES NORDENS UND DES SÜDENS**	**MUROMACHI**	**MOMOYAMA**	**EDO**	**MEIJI**	**TAISHŌ**	**SHŌWA**
1185 Minamoto besiegt die Taira; Yoritomo richtet Bakufu in Kamakura ein 1192 Beginn der Krieger-Regierung und Shogunatsherrschaft 1219 Minamoto Sanetomo ermordet Hōjō-Regenten erlangen Vorherrschaft über das Kamakura-Bakufu 1221 Jōkyū-Krieg 1333 Ausschaltung des Kamakura-Bakufu	1336 Go-Daigo flieht aus Kyōto und etabliert südlichen Hof in Yoshino; Takauji gründet Muromachi-Bakufu in Kyōto 1338 Takauji wird Seiitaishōgun, ihm folgen 14 Generationen von Ashikaga-Shōgunen	1368–94 Ashikaga Yoshimitsu herrscht als starker Shōgun 1392 Yoshimitsu einigt die beiden Höfe 1467–77 Ōnin-Krieg 1449–73 Yoshimasa regiert als 8. Shōgun, schwacher Herrscher; Kaiserhof verarmt	1568 Oda Nobunaga marschiert in Kyōto ein, Ende des Ashikaga-Shōgunats 1573, erobert einen großen Teil Zentraljapans. 1582 Nobunaga ermordet; Toyotomi Hideyoshi tritt Nachfolge an, einigt Japan und regiert in Kampaku	1600 Tokugawa Ieyasu sichert sich Vorherrschaft in Sekigahara 1603 nimmt den Titel eines Seiitashōgun an, gründet Bakufu in Edo. Ihm folgen 14 Generationen von Tokugawa-Shogunen, die mit Hilfe des *Baku-han-*Systems herrschen 1615 Eroberung der Burg in Ōsaka	1868 Bakufu von einer Gruppe von Samurai außer Kraft gesetzt; Restauration der kaiserlichen Macht Kaiser Mutsuhito verlegt den Hof nach Edo (Tōkyō) 1890 Meiji-Verfassung, Gründung politischer Parteien, erste Wahl des Repräsentantenhauses	1912 Tod des Meiji-Kaisers; Kaiser Taishō tritt Nachfolge an Zivile Zweiparteienregierung bis 1932	1926 Thronbesteigung des Shōwa-Kaisers Hirohito 1945 Atombomben auf Hiroshima und Nagasaki führen zur Kapitulation Japans 1945–52 Besatzung der Alliierten unter General Douglas MacArthur 1946 Kaiser gibt seine »Göttlichkeit« auf Verkündung der Nachkriegsverfassung 1952 Unabhängigkeit Japans 1972 Okinawa an Japan zurückgegeben

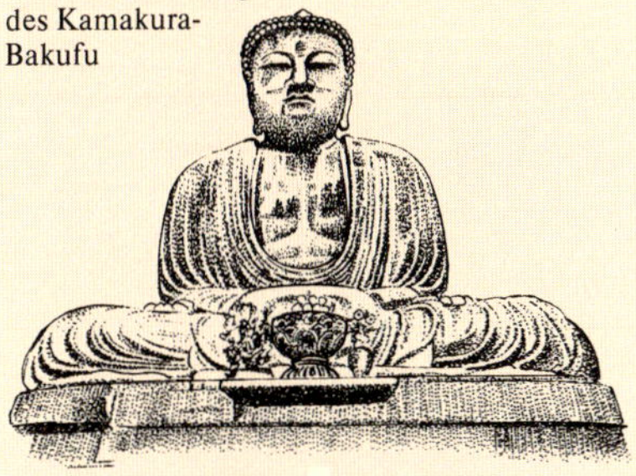

Der Große Buddha in Kamakura, Höhe 11,5 m, etwa 1252

Oda Nobunaga (1534–82), erster Reichseiniger

Krug im Imari-Stil, spätes 19. Jh.

Hiroshima im August 1945

Herstellung von Kriegsgerät 1207 Shinran geht ins Exil nach Echigo: Gründung der Schule des Wahren Reinen Landes 1225 *Geschichten der Heike* 1253 Nichiren schreibt dem *Lotus sūtra* erlösende Kraft zu: Ursprung der Nichiren-Schule 1289 Tod des Ippen, Gründer der buddhistischen Zeit-Schule		Verbreitung einer Zen-Kultur; Wiederbelebung von Kyōto als Handelszentrum Nō-Theater entsteht 1394 Yoshimitsu läßt Goldenen Pavillon in Kyōto erbauen 1420–1506 Sesshū, der Maler 1421–1508 Sōgi, der Dichter Teezeremonie verbreitet sich außerhalb der klösterlichen Zen-Kreise 1549–1639 Christliches Jahrhundert	1576 Nobunaga vollendet den Bau des Azuchi-Schlosses am Biwa-See 1587 Verbot der katholischen Mission.	1609 Verbot des Katholizismus 1637 Förderung des Neo-Konfuzianismus 1688–1703 Genroku-Ära, Blüte des Kabuki- und Puppentheaters, Holzschnitte der »Fließenden Welt«, Lyrik und Romane. 1730–1801 Wiederbelebung des Shintō 1760–1849 Katsushika Hokusai 1767–1858 Andō Hiroshige	1896 importierte Filme, Beginn einer eigenen Filmproduktion	1916 Natsume Sōseki gestorben, Erzähler 1922 Mori Ōgai gestorben, Arzt und Erzähler 1925 Beginn von Rundfunkübertragungen	1953 Ausstrahlung von Fernsehübertragungen
1232 Kompilation des *Jōei shikimoku*, erste Gesetzessammlung der Krieger-Regierung		1467–77 Zeit der Kriege: Auflösung vieler halbfeudaler von *daimyo* regierter Domänen 1500 japanische Piraten machen die Meere Ost- und Südostasiens unsicher 1543 Einführung von Feuerwaffen	1582–98 Landvermessung 1588 Erlaß für die »Schwerterjagd« Trennung von Samurai und Bauern	1637 Niederschlagung der Shimabara-Aufstände 1688–1703 rasches Anwachsen der Städte Edo, Ōsaka und anderer Burgstädte 1701–02 47 *Ronin* 1781–88 Temmei-Hungersnöte große Not in vielen Dörfern schwere Bauernunruhen und Aufstände in den Städten	1871 Rückgabe der Daimyate an den Kaiser 1872 Fernsprechverbindung Tōkyō-Ōsaka eingerichtet; Eisenbahn Yokohama-Tōkyō eröffnet Aufbau von Leichtindustrie 1894 Streik in der Baumwollfabrik in Ōsaka 1904 Aufbau von Schwerindustrie	1923 Großes Kantō-Erdbeben	1945–52 Demokratisierung der Wirtschaft Förderung einer Gewerkschaftsbewegung durch die SCAP 1946 Landreform 1960 Premierminister Ikeda kündigt Plan zur Verdoppelung der Einkommen an: Wirtschaftswunder beginnt 1964 Hochgeschwindigkeitszug Tokyō-Ōsaka 1973 Ölkrise 1988 Seikan-Tunnel verbindet Hokkaidō und Honshū, Seto-Brücke zw. Honshū und Shikoku
1200 Eisen und Dōgen führen Rinzai- und Sōtō-Zen aus China ein 1274–81 Eindringen der Mongolen		1543 Portugiesen landen in Tanegashima 1549 Francis Xavier kommt nach Japan	1592 Hideyoshi unternimmt erfolglosen Einmarsch in Korea und China (1597)	1604 Mit rotem Siegel legitimierte jap. Handelsschiffe landen in Luzon, Siam etc. 1609 Holländische Handelsniederlassung in Hirado 1635 Reiseverbot für Japaner 1853 Ankunft von Kapitän M. Perry in Uraga beschleunigt die Krise	1894 Sino-japan. Krieg 1904 Russisch-japan. Krieg 1910 Besetzung Koreas	1912 Erste Teilnahme an Olympischen Spielen 1914 erklärt Japan Deutschland den Krieg 1920 Japan in den Völkerbund aufgenommen	1933 Austritt aus dem Völkerbund 1937 Japan erklärt China den Krieg 1941 Angriff auf Pearl Harbor 1950 Beginn des Koreakrieges 1951 Friedensvertrag von San Francisco 1956 Zulassung zu den Vereinten Nationen 1964 Olympiade in Tōkyō 1970 Weltausstellung in Ōsaka 1979 5. Weltwirtschaftsgipfel in Tōkyō 1986 12. Weltwirtschaftsgipfel in Tōkyō

VORWORT

Luftverkehr und Fernmeldewesen haben das moderne Japan dem Rest der Welt näher gebracht. Japanische Autos, Kameras und Elektronikgeräte sind überall zu finden; japanische Geschäftsleute, Studenten und Touristen reisen in Scharen ins Ausland, allein im Jahr 1988 waren es über sieben Millionen. Viele japanische Firmen eröffnen Produktionsstätten im Ausland. Tanz- und Theatertruppen, Musiker, Modeschöpfer, Filme sowie Ausstellungen japanischer Kunst und Eßkultur verbreiten traditionelle und zeitgenössische japanische Kultur weit über die Grenzen des Landes hinaus. Auf der anderen Seite kommen trotz des steigenden Yen immer mehr ausländische Geschäftsleute, Reisende und Studenten nach Japan. Fallende Zollschranken und eine stabile Währung führen dazu, daß sich der japanische Markt fremden Waren öffnet. Nahezu täglich hören wir in den Nachrichten über dieses Land. Als der Wirtschaftsgigant des späten 20. Jahrhunderts ist Japan von den internationalen Wirtschaftsschauplätzen nicht mehr wegzudenken, und die Japaner selbst sprechen von einer »Internationalisierung« ihrer Gesellschaft.

Aber dennoch bleibt Japan seiner speziellen geographischen Lage verhaftet und hat die Bande der Geschichte und kulturellen Kontinuität nicht durchtrennt. Ältere Japaner sprechen heute bisweilen verächtlich von der »neuen Rasse« (*shin-jinrui*) der Japaner. Damit meinen sie die nach dem Zweiten Weltkrieg Geborenen, die andere Interessen und Werte entwickelt zu haben scheinen. Angeblich ist die jüngere Generation weniger diszipliniert, genügsam und leistungsorientiert, dagegen bestimmter im Auftreten, individualistisch, konsumorientiert und vom Westen beeinflußt. Doch zweifellos teilen die *shin-jinrui* die meisten der kulturellen Werte ihrer Eltern, Werte, die zu Japans wirtschaftlichem Aufschwung wesentlich beigetragen haben: Bildung, Bereitschaft zu harter Arbeit, Disziplin. Familiensinn und Solidarität mit der Gruppe, dazu die Bereitschaft, nationalen Zielen Vorrang vor den persönlichen Bedürfnissen einzuräumen. Trotz ihrer Vertrautheit mit westlicher Kultur haben sie sich ihre auf einer weit in die Vergangenheit zurückreichenden Tradition beruhende kulturelle und nationale Identität bewahrt.

Geschichte und Geographie haben die Gegenwart des Landes geformt und dies gilt auch in der Zukunft. Am östlichen Rand Asiens und im westlichsten Zipfel des Pazifischen Ozeans gelegen, nimmt Japan historisch gesehen eine relativ abgelegene Position ein. Dennoch war es nie gänzlich isoliert. Kulturelle Einflüsse vom Festland haben das Land beständig mitgeprägt, und zeitweilig unternahm Japan von sich aus gewaltige Anstrengungen, um von den überlegenen Zivilisationen Chinas und des Westens zu profitieren.

Auch in anderer Weise haben Geographie und Klima Japans Entwicklung beeinflußt. Sein Jahreszeitenwechsel, seine Landschaften, Flora und Fauna finden sich wieder in der reichen Literatur, Kunst und Mythologie. Fast ganz Japan erwies sich für den Naßreisanbau geeignet, als diese Kultivationsmethode in der Yayoi-Periode (300 v. Chr.-300 n. Chr.) eingeführt wurde. Viele Aspekte des sozialen Lebens, der Wirtschaftsformen, religiöser Vorstellungen und politischer Strukturen gehen auf den Reisanbau zurück und haben Japan bis ins 19. Jahrhundert geprägt, ja selbst im Zeitalter der Industrialisierung und Hochtechnologie sind diese Zusammenhänge eine entscheidende wirtschaftliche und politische Determinante geblieben.

Obwohl die Natur Japan durchaus gewogen ist, ist sie nie besonders freigebig gewesen. Der vulkanische Inselbogen wird immer wieder von schweren Erdbeben heimgesucht, er ist überbevölkert, dicht bebaut und Mineralien und andere Rohstoffe sind rar. Über Jahrhunderte hinweg haben die Japaner sich für arm gehalten, besonders was die Rohstoffe anbelangt. In neuerer Zeit führte dieses Bewußtsein zu expanionistischen Bestrebungen in Korea und der Mandschurei und zu einer Verfolgung der eigenen Ölinteressen in China 1945. Die gesamte wirtschaftliche Nachkriegsentwicklung stützt sich auf die Einfuhr von Rohstoffen und den Export hochentwickelter Fertigwaren. Dies erklärt eine Haltung, die auch heute noch bei vielen Japanern anzutreffen ist: Obwohl man vom Westen wegen seines Reichtums und seiner Sicherheit bewundert wird und selbst durchaus stolz ist auf diese Errungenschaften, so überwiegt doch ein Gefühl der relativen Armut, der Verletzlichkeit, des Getrenntseins und gleichzeitig der Abhängigkeit von der übrigen Welt. Alte Gewohnheiten sind schwer auszurotten, und viele Japaner zweifeln tatsächlich an der Dauerhaftigkeit ihres neu erworbenen Reichtums. Sie sehen ihre Gesellschaft weniger optimistisch und mit kritischerem Blick als die meisten Außenstehenden.

Diese Darstellung Japans ist für den normalen Leser und Reisenden geschrieben, der die reiche Kulturgeschichte Japans mit der von natürlichen Gesetzmäßigkeiten geprägten Umwelt in Verbindung bringen will, in der sie entstanden ist. Ihre Lektüre setzt keinerlei Kenntnisse der japanischen Geschichte, Geographie oder Kultur voraus. Dennoch könnte das Buch auch für den mit Japan bereits vertrauten Leser von Interessse sein. Seine Themen reichen von den Steinwerkzeugen der paläolithischen Siedler bis zu den Computerterminals der heutigen Kindergartenkinder, und entsprechend reichhaltig ist auch das Kartenmaterial.

Das Buch ist ein Gemeinschaftsunternehmen. Die Kapitel über Geographie, alte Geschichte und das japanische Mittelalter stammen von Martin Collcutt. Das Kapitel über die Edo-Zeit ist ein Beitrag von Isao Kumakura und wurde von Akiko Collcutt ins Englische übertragen. Die Kapitel über Meiji und das moderne Japan hat Marius B. Jansen verfaßt. Für die Landkarten, Illustrationen und das Layout haben Olive Pearson, Linda Proud und Andrew Lawson gesorgt, deren sicheres Geschmacksempfinden auf jeder Seite dieses Buches deutlich wird. Graham Speake war der hingebungs- und anspruchsvolle Herausgeber dieses Bandes, der die Bemühungen der ganzen Gruppe koordiniert hat, und ohne dessen begeisterten Einsatz dieses Buch nicht zustande gekommen wäre. Unser Dank gilt ebenso den zahlreichen Verlagen, Museen, Privatsammlungen und Bibliotheken, die großzügig ihre Erlaubnis zum Abdruck der Illustrationen gegeben haben.

ERSTER TEIL

URSPRÜNGE

DIE GEOGRAPHIE JAPANS

Wie alle anderen Völker wurden auch die Japaner und ihre Kultur von dem Land und Klima geformt, in dem sie leben. Die geographische Lage, die Landesnatur und das im jahreszeitlichen Rhythmus wechselnde Klima haben die Voraussetzungen für die kulturelle Entwicklung geschaffen. Eine nördlichere Lage der japanischen Inselgruppe oder weniger Gebirge, Flüsse und fruchtbare Ebenen hätten möglicherweise die Kultivierung des Naßfeldreisanbaus, der die japanische Kultur geprägt hat, nicht entstehen lassen. Eine größere Entfernung zum asiatischen Festland hätte vielleicht die gewaltigen kulturellen Impulse aus China und Korea behindert. Andererseits hätte eine geringere Entfernung zu China die Entwicklung einer eigenständigen Kultur möglicherweise unterdrückt. So aber machten sich die Japaner über Jahrhunderte hinweg die Naturbedingungen ihres Landes zunutze und schufen eine originäre Zivilisation. Im allgemeinen halten sie an dem Glauben fest, daß die geographische Lage sie begünstige; daß trotz gelegentlicher Vulkanausbrüche, trotz der Erdbeben und Taifunstürme das Klima des Archipels den Bewohnern eine bevorzugte Stellung einräume. In vorgeschichtlicher Zeit fand dieser Glaube an die vorteilhaften Bedingungen des Archipels seinen Ausdruck in einem Schöpfungsmythos, in dem die Inseln von den Gottheiten Izanagi und Izanami gezeugt werden: »Izanagi und Izanami standen auf der schwimmenden Himmelsbrücke und hielten Rat. › Dort unten muß ein Land sein ‹, sagten sie und warfen den juwelenglitzernden Himmelsspeer nach unten und fanden den Ozean. Sie rührten in den Salzfluten und die von der Speerspitze herabrinnenden Tropfen erstarrten zu einer Insel, die den Namen Onogorojima erhielt. Die beiden Gottheiten stiegen herab, ließen sich nieder und als Mann und Frau zeugten sie von hier aus andere Inseln.«

Topographie und Struktur des Archipels

Der japanische Archipel gehört zu dem Gebirgszug, der sich, am östlichen Saum des asiatischen Kontinents entlang, bogenförmig durch den pazifischen Ozean spannt. Er besteht aus vier großen und mehr als tausend kleineren Inseln mit einer Fläche von insgesamt 370 000 qkm. Das entspricht der Größe Finnlands oder Italiens. Die vier großen Inseln sind Hokkaidō, mit 83 000 qkm etwas kleiner als Irland; Honshū, mit 231 000 qkm etwas größer als Großbritannien; Kyūshū, mit 42 000 qkm etwas größer als Taiwan; und Shikoku, mit 19 000 qkm der Größe Sardiniens vergleichbar. Von den kleineren Inseln sind die bedeutendsten Okinawa in der Ryūkyū-Kette und das der nördlichen Küste von Honshū vorgelagerte Sado im Japanmeer. Nach dem Pazifik-Krieg im Jahre 1945 verlor Japan mehrere Gebiete, die das Vorkriegs-Imperium für sich beansprucht hatte: dabei handelt es sich um die Kurilen (Chishima Rettō), den südlichen Teil von Sachalin (Karafuto), die Ryūkyū- Inseln und andere pazifische Inseln, ferner Taiwan und Korea. Die Bonin- bzw. Ogasawara-Inseln wurden 1968 von den Vereinigten Staaten an Japan zurückgegeben, die Okinawa-Gruppe im Ryūkyū-Bogen folgte im Jahre 1972. Japans Anspruch auf die vier Kurileninseln, die seit 1945 von der Sowjetunion besetzt gehalten werden, ist die Ursache für Spannungen zwischen den beiden Ländern.

Die Topographie des Japanischen Archipels in seiner heutigen Erscheinungsform ist am Ende der letzten Eiszeit entstanden, vor etwa 12 000 Jahren. Aus Versteinerungen und archäologischen Funden kann man mit Sicherheit schließen, daß Japan während der Eiszeit Teil des asiatischen Festlandes war. Mit sinkender Temperatur hatte sich an den Polen Eis gebildet, was zur Folge hatte, daß der Meeresspiegel fiel und Landbrücken zum Festland auftauchten. Tiere in artenreicher Vielfalt durchzogen vom asiatischen Kontinent aus Japan. Von Norden her kamen Mammute, Wölfe, Hirsche und Braunbären, aus dem Süden wanderten Antilopen und der Naumann-Elefant ein. Den Tieren folgten die Jäger, die dort zu siedeln begannen, wo heute Japan ist. Als am Ende der Eiszeit die Temperaturen wieder zu steigen begannen, schmolzen die Eiskappen an den Polen und fluteten zurück in die Ozeane. Vor etwa 12 000 Jahren überspülten die steigenden Wasser die Landbrücken nach Japan und trennten den Archipel vom Festland.

Heutzutage ist Japan der Industriegigant Asiens – überfüllte, wimmelnde Städte, hektische Häfen, hypermoderne Fabrikanlagen, verstopfte Autobahnen und superschnelle Züge. Trotzdem hat es sein Gesicht bewahrt und blieb das Land mit den steil aufragenden Gebirgszügen, den glühenden Vulkanen, den schweigenden Wäldern, den reißenden Flüssen und den schimmernden Seen. Bergketten prägen das Landschaftsbild, denn die Inselgruppe setzt sich aus mehreren Gebirgszügen zusammen, die sich vom Grund des westlichen Pazifik aus aufwuchten und häufig vulkanischen Ursprungs sind. Vulkane, Erdbeben und heiße Thermalquellen geben dem Land das charakteristische Gepräge. Seit dem Quartär waren etwa 180 Vulkane aktiv, 40 davon sind es noch heute. Der Fujisan gilt als ruhend, aber die Vulkane Sakurajima, Aso, Asama, Bandai und Mihara sind aktiv und speien aus ihren Kratern feine Wolken aus Asche und Rauch.

Erdstöße sind in Japan an der Tagesordnung. Jedes Jahr werden ungefähr 1000 kleine Stöße registriert. Erdbeben mit einer Stärke von 4 bis 6 auf der Richterskala sind nicht ungewöhnlich. Ein Beben von der Stärke 6.6 erschütterte zum Beispiel am 17. Dezember 1987 den Tōkyōter Stadtteil Chiba. Es gab mehrere Tote, über 50 Personen wurden durch einstürzende Gebäude oder Mauern verletzt. Der gesamte Zugverkehr mußte kurzfristig eingestellt werden. Das große Erdbeben in Tōkyō von 1923 hatte eine Stärke von 8.2. Da man für große Erdbeben einen Zyklus von sechzig Jahren annimmt, erwarten viele Japaner in der nächsten Zeit ein schweres Erdbeben. Allerdings sind die Gebäude heutzutage widerstandsfähiger konstruiert. Die vierzigstöckigen Wolkenkratzer im Zentrum Tōkyōs sind auf flexiblen Fundamenten errichtet, die die härtesten Stöße starker Beben abfangen sollen. Erschütterungen auf dem Grunde des Ozeans können Flutwellen entstehen lassen, die sogenannten *tsunami*, die ganze Küstenstriche verwüsten, auch wenn sie Hunderte oder Tausende von Kilometern vom Epizentrum entfernt sind.

Der größte Teil Japans ist gebirgig. Etwa 75 Prozent

Meter
3000
2000
1000
Meeresspiegel
500
Internationale-Grenze
Hauptstadt
Bedeutende Städte
Berggipfel Höhe in Meter
UdSSR
CHINA
N KOREA
KOREA
Sachalin
La Pérouse Straße
Sôya Straße
C Sôya
OCHOTSKISCHES MEER
Rebun
Rishiri
Teshio
Kap Shiretoko
Kurilen
Uryû-See
Nemuro-Straße
DAISETSU-GEB.
Asahi 2290
Kussharo-See
Ishikari-Bucht
Ishikari
Ishikari-Ebene
Kushiro
Sapporo
Shikotsu-See
Tokachi
HIDAKA-GEB.
HOKKAIDO
Vladivostok
Uchiura-Bucht
Okushiri
Kap Erimo
Ch'ongjin
Hakodate
Tsugaru-Straße
Mutsu-Bucht
Iwaki 1625
Akita
Omono
Kitakami
JAPANMEER
Chôkai 2230
Mogami
ECHIGO-GEB.
Sendai
Matsushima-Bucht
Sado
Niigata
Agano
Niigata-Ebene
Ullung
Halbinsel Noto
Toyama-Bucht
JAPAN
PAZIFIK
Shinano
MIKUNI-GEB.
JAPANISCHE ALPEN
Kanazawa
Utsunomiya
Yariga 3180
HONSHU
Haku 2702
Nishi
Oki
Tone
Kantô-Ebene
Wakasa-Bucht
Tokyo
Kap Inubô
Yokohama
Kiso
Halbinsel Bôsô
Biwa-See
Pusan
Nobi-Ebene
Nagoya
Sagami-Bucht
CHÛGOKU-GEB.
Kyoto
Korea-Straße
(Tsushima-Straße)
Halbinsel Izu
Kobe
Osaka-Ebene
Ise-Bucht
Okayama
Ôshima
Tsushima
Hiroshima
Osaka
Awaji
Takamatsu
Nii
Higashi-Straße
Yoshino
Kii-Kanal
Kôzu
INLANDSEE
Miyake
Iki
Kitakyushu
SHIKOKU-GEB.
KII-GEB.
Mikura
Fukuoka
Izu-Inseln
Hirado
Chikugo
Kap Shio
Tsukushi-Ebene
Kap Muroto
Gotô-Inseln
Kujû-Geb. 1788
Hachijô
Bungo-Kanal
SHIKOKU
Nagasaki
Kap Ashizuri
Fukue
Shimo
KYUSHU-GEB.
KYUSHU
Kagoshima
Ôsumi-Straße
Ôsumi-Insel
Tanegashima
Yaku
Yakujima-Straße
Maßstab 1:6 500 000
300 km
200 Meilen
Tanegashima
Ôsumi-Inseln
Yaku
Yakujima-Straße
Amami
Kikai
Tokuno
Okino erabu
Okinawa-Inseln
Okinawa
Kerama
Naha
R Y U K Y U I N S E L N
OSTCHINESISCHES MEER
PAZIFIK
TAIWAN
Sakashima-Inseln
Miyako
Iriomote
Ishigaki
Fortsetzung nach Südwesten im selben Maßstab
128°
130°
132°
134°
136°
138°
140°
142°
144°
146°
46°
44°
42°
40°
38°
36°
34°
32°
30°
28°
26°
24°
122°
124°
126°

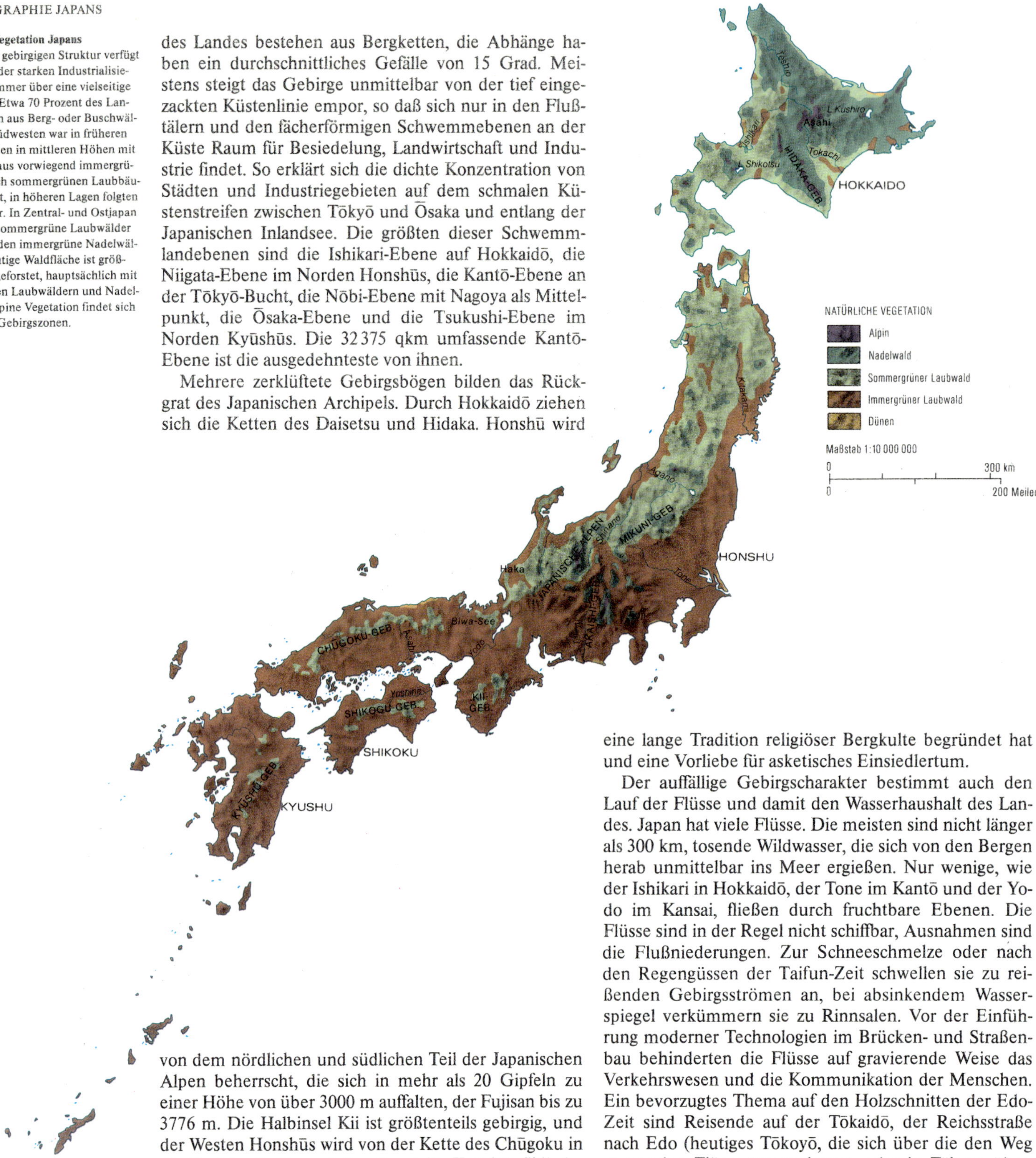

Natürliche Vegetation Japans
Dank seiner gebirgigen Struktur verfügt Japan trotz der starken Industrialisierung noch immer über eine vielseitige Vegetation. Etwa 70 Prozent des Landes bestehen aus Berg- oder Buschwäldern. Der Südwesten war in früheren Jahrhunderten in mittleren Höhen mit Mischwald aus vorwiegend immergrünen und auch sommergrünen Laubbäumen bedeckt, in höheren Lagen folgten Nadelwälder. In Zentral- und Ostjapan herrschten sommergrüne Laubwälder vor, im Norden immergrüne Nadelwälder. Die heutige Waldfläche ist größtenteils aufgeforstet, hauptsächlich mit immergrünen Laubwäldern und Nadelbäumen. Alpine Vegetation findet sich in höheren Gebirgszonen.

des Landes bestehen aus Bergketten, die Abhänge haben ein durchschnittliches Gefälle von 15 Grad. Meistens steigt das Gebirge unmittelbar von der tief eingezackten Küstenlinie empor, so daß sich nur in den Flußtälern und den fächerförmigen Schwemmebenen an der Küste Raum für Besiedelung, Landwirtschaft und Industrie findet. So erklärt sich die dichte Konzentration von Städten und Industriegebieten auf dem schmalen Küstenstreifen zwischen Tōkyō und Ōsaka und entlang der Japanischen Inlandsee. Die größten dieser Schwemmlandebenen sind die Ishikari-Ebene auf Hokkaidō, die Niigata-Ebene im Norden Honshūs, die Kantō-Ebene an der Tōkyō-Bucht, die Nōbi-Ebene mit Nagoya als Mittelpunkt, die Ōsaka-Ebene und die Tsukushi-Ebene im Norden Kyūshūs. Die 32375 qkm umfassende Kantō-Ebene ist die ausgedehnteste von ihnen.

Mehrere zerklüftete Gebirgsbögen bilden das Rückgrat des Japanischen Archipels. Durch Hokkaidō ziehen sich die Ketten des Daisetsu und Hidaka. Honshū wird von dem nördlichen und südlichen Teil der Japanischen Alpen beherrscht, die sich in mehr als 20 Gipfeln zu einer Höhe von über 3000 m auffalten, der Fujisan bis zu 3776 m. Die Halbinsel Kii ist größtenteils gebirgig, und der Westen Honshūs wird von der Kette des Chūgoku in die Bezirke San'in und Sanyō geteilt. Kyūshū, Shikoku und die kleineren Inseln im Süden sind ebenfalls von Bergen und Vulkanen durchsetzt.

In früheren Zeiten behinderten die steilen Bergketten den Verkehr zwischen den Landesteilen, weswegen die Besiedlung und die kulturelle Entwicklung in den voneinander isolierten Tälern und Küstenebenen getrennt verlief. So sind die regionalen Unterschiede und lokalen Eigenheiten zu erklären, in vormoderner Zeit die lokale Herrschaft einzelner Familienclans. Andererseits verdankt Japan den Gebirgen und Vulkanen die Erzeugung von Hydroelektrizität, die heißen Thermalquellen, Erholungsgebiete im Sommer und Winter, und viele aufregende Nationalparks. Die Berge wurden in Mythologie, Kunst und Literatur verherrlicht. Ihre Erhabenheit hat in den Japanern ein Gefühl der Ehrfurcht geweckt, das eine lange Tradition religiöser Bergkulte begründet hat und eine Vorliebe für asketisches Einsiedlertum.

Der auffällige Gebirgscharakter bestimmt auch den Lauf der Flüsse und damit den Wasserhaushalt des Landes. Japan hat viele Flüsse. Die meisten sind nicht länger als 300 km, tosende Wildwasser, die sich von den Bergen herab unmittelbar ins Meer ergießen. Nur wenige, wie der Ishikari in Hokkaidō, der Tone im Kantō und der Yodo im Kansai, fließen durch fruchtbare Ebenen. Die Flüsse sind in der Regel nicht schiffbar, Ausnahmen sind die Flußniederungen. Zur Schneeschmelze oder nach den Regengüssen der Taifun-Zeit schwellen sie zu reißenden Gebirgsströmen an, bei absinkendem Wasserspiegel verkümmern sie zu Rinnsalen. Vor der Einführung moderner Technologien im Brücken- und Straßenbau behinderten die Flüsse auf gravierende Weise das Verkehrswesen und die Kommunikation der Menschen. Ein bevorzugtes Thema auf den Holzschnitten der Edo-Zeit sind Reisende auf der Tōkaidō, der Reichsstraße nach Edo (heutiges Tōkoyō, die sich über die den Weg querenden Flüsse tragen lassen, oder in Fähren übersetzen.

Die Vielzahl der Flüsse und die reichen Niederschläge versorgten Japan seit alters her mit einem unerschöpflichen Vorrat an Wasser. Durch Japans Geschichte zieht sich der immerwährende Kampf mit den ungestümen Flüssen, die für die Bewässerung oder in moderner Zeit für die Erzeugung von Hydroelektrizität nutzbar gemacht werden sollten. Aber trotz des Überflusses an Wasser war die Versorgung der Industrie, der Landwirtschaft und der Städte mit Wasser und Energie nicht gesichert. Zusätzlich zum Oberflächenwasser wurde das Grundwasser erschlossen, und zusätzlich zur Hydroelektrizität erzeugte man Energien durch Öl- und Atomkraftwerke, Japan ist wesentlich – mit 60 Prozent des Energiebedarfs – von der Öleinfuhr abhängig.

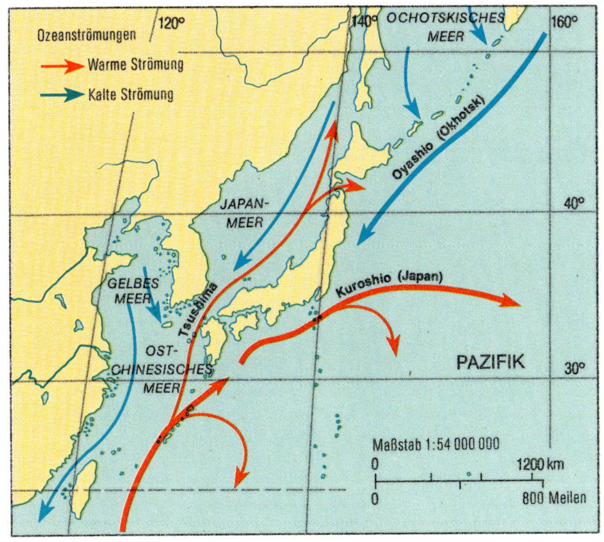

Meeresströmungen an den Küsten Japans
Die Systeme der beiden Hauptströme, die Japans Küsten umspülen, üben einen tiefgreifenden Einfluß auf das Klima aus. Der warme Kuroshio-(Japan-)Strom, der die südlichen Küstenregionen erwärmt, sorgt für schwüle Sommer und starke Schneefälle an der Küste des Japanmeeres. Der kalte Oyashio-(Ochotskische-)Strom wirkt kühlend auf die Sommer, wodurch die Wachstumsperiode auf Hokkaidō und in Nordost-Japan verkürzt wird. Die Küstengewässer nordöstlich von Honshū, wo sich der Kuroshio und Oyashio vermischen, gehören zu den reichhaltigsten Fischgründen der Welt.

Japan ist ein außerordentlich waldreiches Land. Die Waldgebiete Japans umfassen etwa 70 Prozent der Gesamtfläche. Das ist mit Skandinavien vergleichbar, wobei der Weltdurchschnitt bei 30 Prozent liegt. Entsprechend der klimatischen Einteilung in subarktische, kühlgemäßigte, gemäßigte und subtropische Zonen gliedert sich auch der Wald in vier Zonen. Im Norden, auf Hokkaidō, die immergrünen Nadelwälder, im Norden Honshūs die immergrünen Laubwälder, im Süden Honshūs die sommergrünen Laubwälder und auf den Ryūkyūs die tropischen Wälder mit immergrünem Laub. Bambus findet sich in den südlichen Landesteilen, vereinzelt auch noch in Nord-Honshū und auf Hokkaidō. Die Waldgebiete haben sich vorwiegend in den bisher gelegenen Landesteilen entwickelt.

Unter dem Einfluß des wirtschaftenden Menschen hat sich der Waldbestand im Laufe der Zeit verändert. Die Jōmon – ein Jäger- und Sammlervolk, das keine Landwirtschaft betrieb und die japanischen Inseln etwa vom 10. Jahrtausend an bis 300 v. Chr. bewohnte – beuteten die sommergrünen Wälder Zentral- und Ostjapans aus. Nach dem Beginn der Ackerbaukultur auf der Basis von Reis und anderen Getreidesorten während der Yayoi-Periode (300 v. Chr. bis 300 n. Chr.) wurde aus dem Waldland durch Brandrodung Ackerboden gewonnen. Zunächst verdrängten die Reisfelder den Wald von den Ebenen, dann schoben sie sich in verwinkelt angelegten Terrassen die Berge hinauf und schnitten Kerben in den Saum der Bergwälder. Für Weideland wurde bis zur Erschließung Hokkaidōs im 19. Jahrhundert der Waldbestand grundsätzlich nicht geopfert. Der Mangel an geeignetem Grasland und das buddhistische Tötungsverbot sind Gründe für die Bedeutungslosigkeit der Viehwirtschaft vor dem 19. Jahrhundert. Viele Waldgebiete blieben jahrhundertelang deswegen verschont, weil sie aufgrund der im Shintō verankerten kultischen Verehrung bestimmter Bergregionen als unantastbar galten.

Das Anwachsen der Siedlungen und der Gebrauch von Eisenwerkzeugen mit dem sich steigernden Bedarf an Holzkohle und Feuerholz brachte den Wald in Bedrängnis. Der Bau der Hauptstädte Nara und Heian im 8. und 9. Jahrhundert und die im 16. und 17. Jahrhundert überall entstehenden Burgstädte bedeuteten besonders schwere Eingriffe in die Nutzholzbestände des vormodernen Japan. Shōgune (Militärherrscher) und Feudalfürsten erkannten allerdings die Bedeutung des Waldes als Schutz gegen Bodenerosion und Überschwemmungen. Sie ergriffen Maßnahmen zur Pflege und Erhaltung des Waldes, schränkten das Schlagen von Nutzholz ein und förderten planvolle Aufforstung.

Die moderne Industrialisierung, die Verstädterung und das Anwachsen der Bevölkerung mit dem entsprechenden Bedarf an Bau- und Brennholz haben den Wald erneut ernsthaft in Gefahr gebracht. Die sommergrünen Naturlaubwälder begannen dem in der Hauptsache aus Nadelbäumen bestehenden Kulturwald zu weichen: Zedern, Zypressen, Schwarz- und Rotkiefern, die bereits 25 Prozent des Waldbestandes ausmachen. Trotz des reichen Waldbestandes führt Japan große Mengen an Nutzholz ein, denn ein großer Teil des einheimischen Holzbestandes eignet sich nur als Brennholz, und der Holzeinschlag an den steilen Bergwäldern mit Bäumen unterschiedlicher Arten ist nicht wirtschaftlich. Bauholz, Möbelholz, Späne und Zellstoff werden aus den USA, Kanada, der Sowjetunion, Indonesien und anderen Ländern importiert.

Unten: **Die geographische Lage Japans im Fernen Osten.**

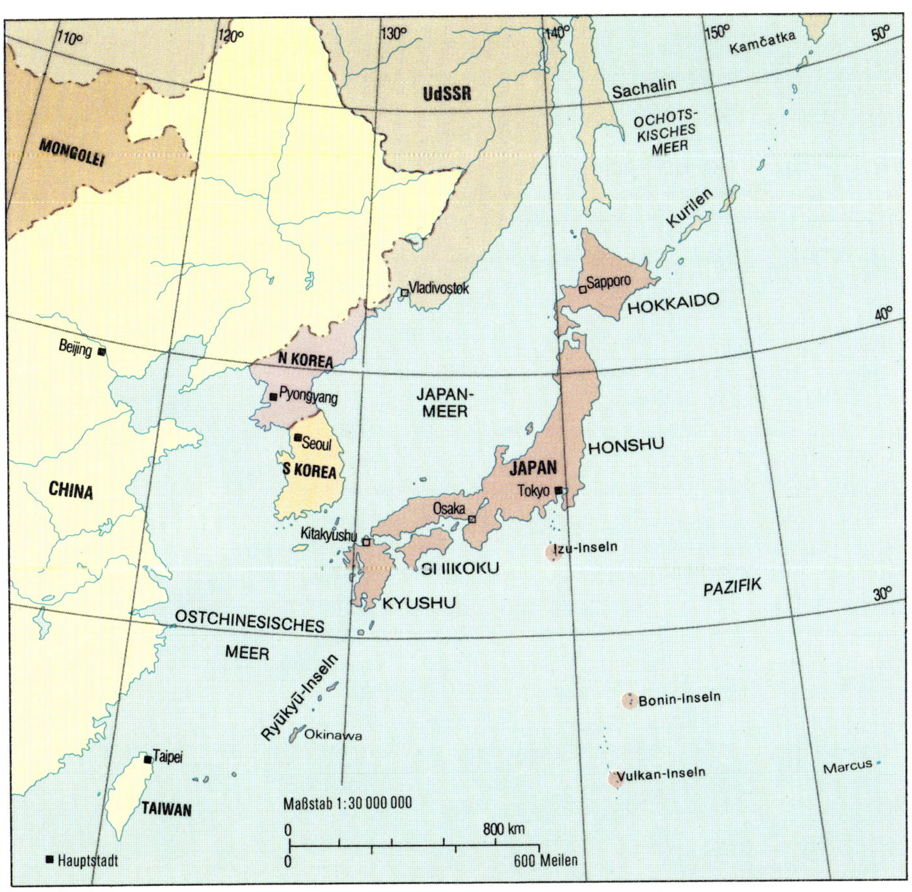

Die Bedeutung des Meeres

Ebenso wie die Berge hat das Meer den Charakter Japans geprägt, denn kein Ort liegt weit von der Küste entfernt. Der Pazifik, das Japanmeer und die Inlandsee bestimmen Japans Klima. Der Pazifik hält die von Osten hereinströmenden Luftmassen warm und feucht, was zu einem milden und sonnigen Klima an der Pazifikküste führt, aber auch die Taifune erzeugt, die Regen und manchmal Verwüstung bringen. Von den tiefen Wassern des Japanmeeres steigt feuchtwarme Luft auf, die sich mit den im Winter über Nordjapan hinwegfegenden trockenen und kalten Stürmen vermengt. Das führt zu heftigen Schneefällen in den Bergen. Zusätzlich wird das Klima von zwei Meeresströmungen beeinflußt: Der Kuroshio wärmt vom westlichen Pazifik kommend die südlichen Küstenregionen auf und trägt hier zu einer langen Vegetationsperiode bei. Vom Ochotskischen Meer her gelangen kalte Strömungen bis Hokkaidō und den nördlichen Küstengebieten Honshūs. Auf etwa 36° nördlicher Breite vermischen sich die beiden Strömungen, was zu

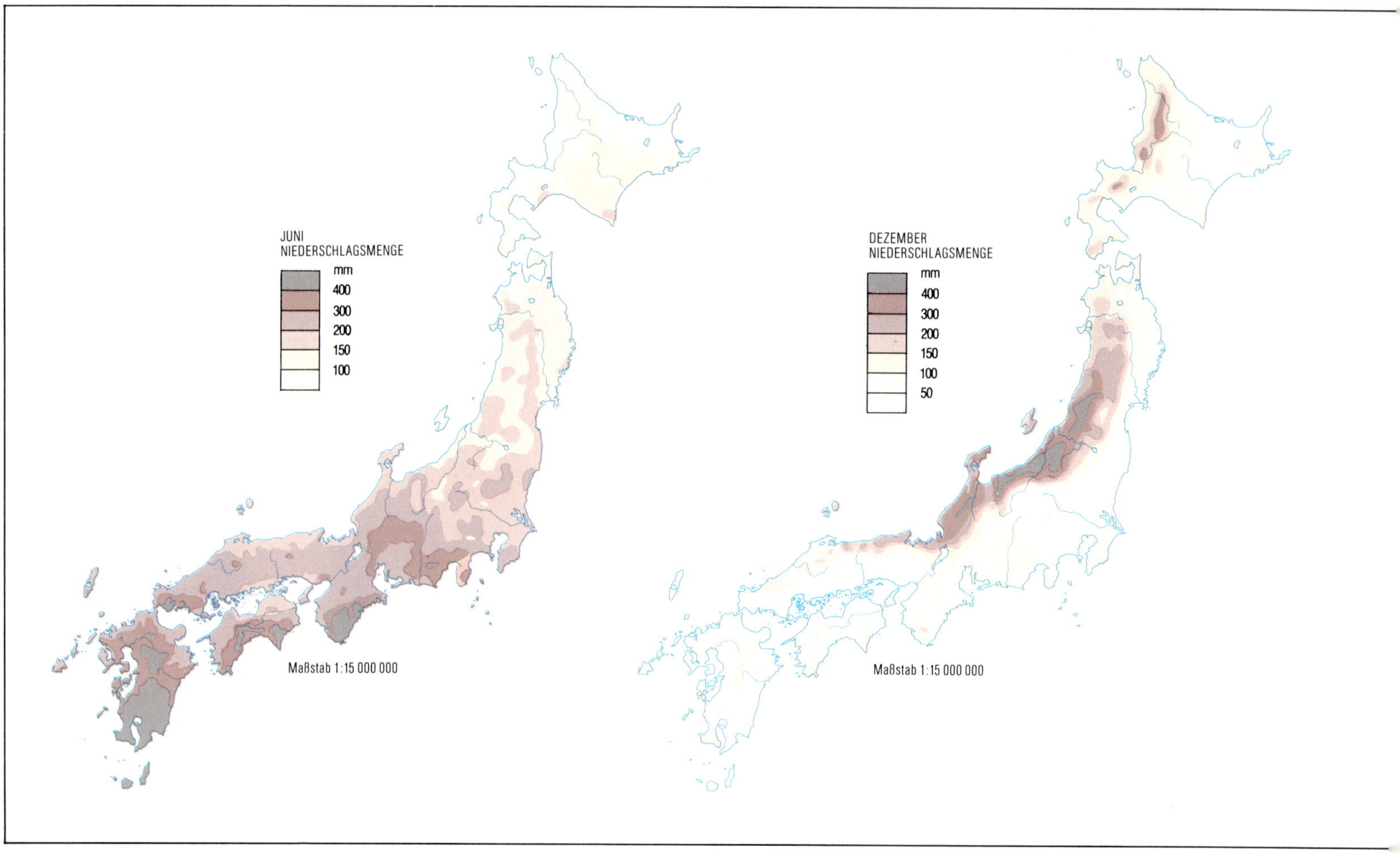

einem besonders großen Fischreichtum an dieser Stelle führt. Auch die geschützten und warmen Gewässer der Inlandsee sind bekannt für ihren Fischreichtum, der jedoch infolge der starken Industrialisierung in der küstennahen Region von einer alarmierenden Wasserverschmutzung bedroht ist.

Das Meer spielte in Japan eine lebenswichtige Rolle bei der Nahrungsmittelbeschaffung der Menschen. Von den geschichtlichen Anfängen an haben sich die Japaner von Algen, Fisch und Krustentieren ernährt. Fischfang wurde ebenso intensiv betrieben wie Ackerbau. Industrielle Verunreinigungen, die Dezimierung einiger Fischarten, insbesondere der Wale, und die Bemühungen vieler Staaten, ihre Küstengewässer für fremde Fischer zu sperren, bedrohen die japanische Hochseefischerei. Aber noch immer durchziehen kleine Kutter aus den Fischerdörfern die reichen Gewässer vor der japanischen Küste, während die großen Fangschiffe die Weltmeere absuchen, um die unersättlichen Märkte von Tōkyō und Ōsaka zu versorgen.

Die Insellage war von entscheidender Bedeutung für die japanische Geschichte und Kultur, denn die Kontakte zum Ausland waren nur über das Meer möglich. Die Entfernung zwischen Japan und Korea beträgt 200 km. Die Entfernung zu China über das Japanmeer beträgt an ihrem weitesten Punkt 800 km. Das sind im Zeitalter des Flugverkehrs unbedeutende Entfernungen. In wenigen Stunden erreicht man von Tōkyō aus Seoul, Beijing (Peking), Hong Kong oder Honolulu, oder sogar New York, London und Moskau. In früherer Zeit allerdings, als man auf den Schiffsverkehr und unsichere Navigationstechniken angewiesen war, bedeutete das Meer, von dem das Inselreich umgeben ist, ein oft abschreckendes Hindernis für Reise und Verkehr. Insbesondere während der Taifun-Zeit konnte das Meer bösartig werden, andererseits bot es den Inseln auch Schutz vor ausländischen Invasionen, und der eingeschränkte Kontakt zum Ausland begünstigte die Entwicklung einer eigenständigen und einheitlichen Kultur auf dem Archipel. Die Invasionen der Mongolen im 13. Jahrhundert wurden durch Taifunstürme und hohen Seegang vereitelt. Auf Grund der Insellage gelang es dem Tokugawa-Shōgunat, den Kontakt zum Ausland im Interesse heimischer Ordnung und Stabilität einzuschränken. Diese sogenannte »Abschließung« war keineswegs eine unfruchtbare Periode, sondern eine Zeit eigenständiger, kulturellerer Kreativität, wobei allerdings immer eine gewisse Verbindung zum Ausland bestehen blieb. Das Meer war kein unüberwindbares Hindernis. Japan war von der übrigen Welt niemals völlig isoliert.

In den frühen Jahrhunderten der japanischen Geschichte sickerten stetig kulturelle Impulse aus China und Korea ein, während die Japaner ihrerseits im 7. und 8. Jahrhundert Gesandtschaften nach China schickten, um sich über die fortschrittliche Zivilisation auf dem Kontinent zu informieren. Die spanischen und portugiesischen Missionare und Kaufleute brachten im 16. Jahrhundert das Christentum, Schußwaffen und westliche Kultur nach Japan. Japanische Kaufleute und Seeleute durchkreuzten zur gleichen Zeit die asiatischen Meere und betrieben bis hin zum weit im Süden gelegenen Malakka Handel. Selbst während der Tokugawa-Zeit war der Seeverkehr nicht ganz unterbunden. Die Holländer unterhielten eine Handelsstation in Nagasaki, chinesische Kaufleute und Gesandtschaften aus Korea und den Ryūkyūs hatten eingeschränkten Zugang. Auch das Signal für das Ende der Isolationspolitik der Tokugawa kam im 19. Jahrhundert über das Meer: Von Norden her stießen russische Schiffe gegen Japan vor, von Süden englische und von Osten zog das von Kommodore

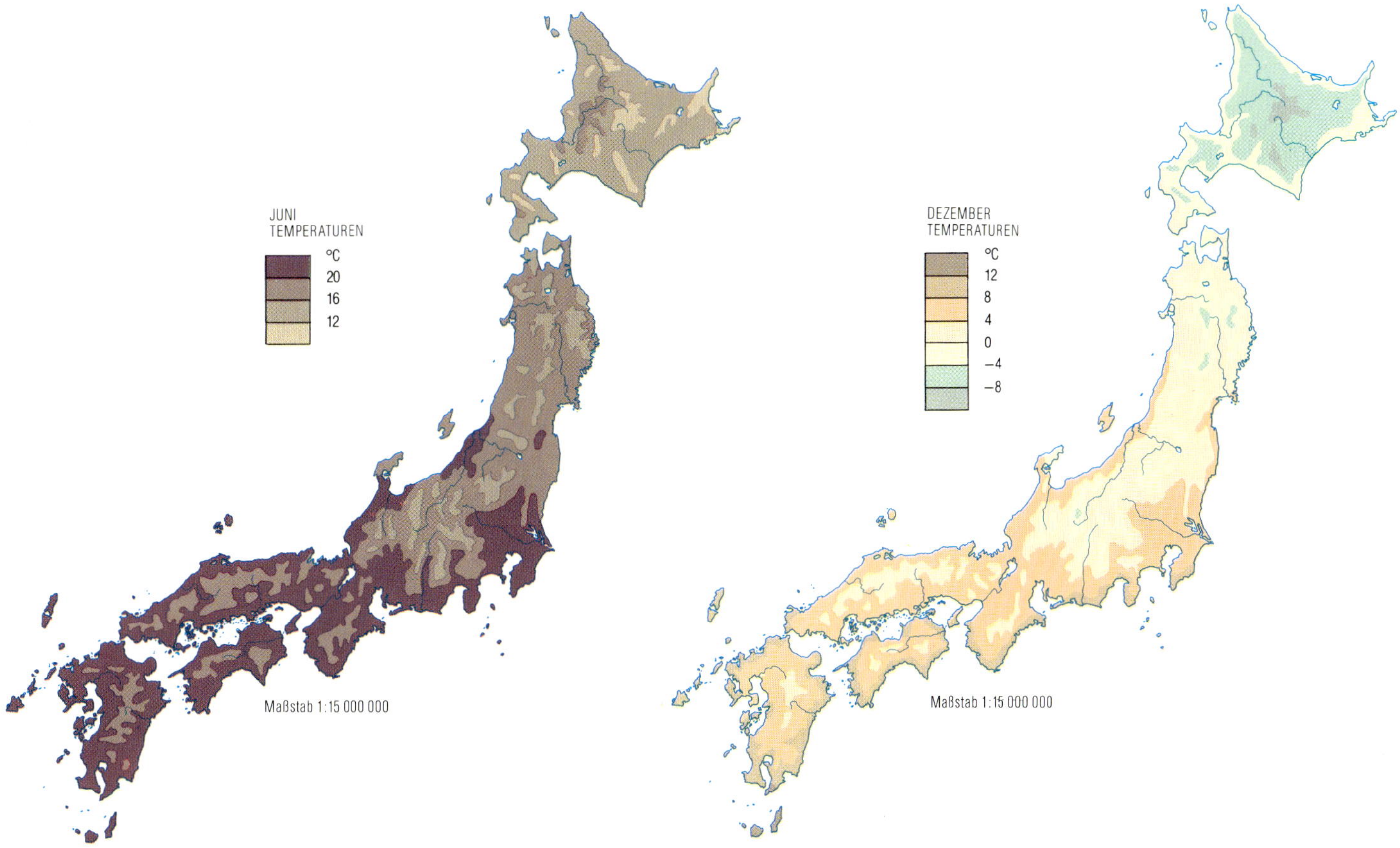

Japans Klima
Mit Ausnahme der halbtropischen Klimazone auf Okinawa und den Ryūkyū-Inseln folgt Japans Klima einem klaren jahreszeitlichen Ablauf. Von Juli bis Anfang September ist es abgesehen von Hokkaidō in allen Landesteilen heiß und feucht mit Temperaturen bis zu 90° Fahrenheit. Unmittelbar vor dem Sommer, im Juni und Anfang Juli liegt die Regenzeit, die sich ostwärts über Kyūshū und den größten Teil Honshūs ausbreitet. Nach dem Sommer, im September und Oktober, beginnen die Taifunstürme. Im Frühling (März, April und Mai) und Herbst (Oktober und November) sind die Tage warm und die Nächte kühl mit einer stabilen, gemäßigten Temperaturlage. Die Monate Dezember, Januar und Februar sind in Nordjapan kalt mit starken Schneefällen an der Küste des Japanmeeres und in den zentralen Gebirgen. Die Küstenregionen östlich der Gebirge, am Pazifik und an der Inlandsee, sind im Winter im allgemeinen kalt, jedoch trocken und klar.

Matthew Perry befehligte amerikanische Geschwader auf. Unter dem Eindruck dieser geballten Machtdemonstration zur See begannen die Führer der Meiji-Regierung mit dem Aufbau einer Kriegs- und Handelsmarine – das Fundament der späteren Wirtschaftsgroßmacht.

Selbst in den Zeiten des schnellen Flugverkehrs bevorzugt Japan für den Handel noch immer den Seeweg. Japans Wirtschaft basiert auf dem Import von Nahrungsmitteln und Rohstoffen und dem Export von Fertigprodukten. Fast der gesamte Im- und Export wird zur See abgewickelt. Der Druck des Auslands auf Japan, den Export zu drosseln und den Import zu steigern, dämmt keineswegs die Flut von Frachtern ein, die, beladen mit Automobilen, Werkzeugmaschinen und elektronischen Produkten Kurs auf die Weltmärkte nimmt. Nahezu 100 Prozent der Ölimporte kommen über das Meer, 95 Prozent des Aluminium-, Nickel-, Eisen-, Zinn- und Kupferimports werden auf dem Seeweg eingeführt und zwei Drittel des Getreide- und Sojabedarfs werden per Seefracht herangeschafft. In der Abhängigkeit von dem ausgedehnten und komplizierten Schiffahrtsnetz liegt die Anfälligkeit der japanischen Wirtschaft, aber zugleich begründet es den Wohlstand des Landes.

Heutzutage ist das Meer kein Hindernis mehr für Kontakte zum Ausland. Moderner See- und Luftverkehr, insbesondere preisgünstige Charterflüge, lassen Japan und die übrige Welt enger zusammenrücken. Die ausgedehnten japanischen Wirtschaftsbeziehungen, der steigende Wohlstand der Bevölkerung und die Kaufkraft des Yen haben Millionen von Japanern dazu ermutigt, Reisen zu unternehmen: Geschäftsreisen, Studien- oder Vergnügungsreisen. Andererseits ist Japan auch für ausländische Touristen und Studenten trotz des im Vergleich zu anderen Ländern teuren Yen ein faszinierendes Reiseland. Die Öffnung der japanischen Finanzmärkte für ausländische Versicherungsgesellschaften und der für ausländische Unternehmen attraktive, wenn auch komplizierte japanische Markt haben eine steigende Anzahl von Ausländern nach Tōkyō, Ōsaka und anderen Städten gezogen. Die Japaner sprechen von der »Internationalisierung« ihres Landes, eine Geisteshaltung, die ihnen viele noch absprechen würden, aber es ist unstreitig, daß die Japaner im letzten Jahrzehnt starke kosmopolitische Tendenzen entwickelt haben.

Das Klima

Der langgezogene, schmale japanische Archipel dehnt sich über nahezu 22 Breitengrade von der äußersten Nordspitze Hokkaidōs bis zu den südlichen Ryūkyū-Inseln aus. Das entspricht in etwa der Entfernung zwischen Norditalien und Südägypten. Hervorstechendste Merkmale des japanischen Klimas sind die beträchtlichen Schwankungen der Jahrestemperatur, der scharfe Wechsel der Jahreszeiten und die starken Niederschläge. Auf Grund der extremen Längenausdehnung des Archipels und seiner topographischen Vielfältigkeit entstehen erhebliche regionale Unterschiede hinsichtlich der Jahreszeiten. Nordjapan hat warme Sommer und lange, strenge Winter mit heftigen Schneefällen. Zentraljapan kennt heiße, feuchte Sommer und kalte, aber kurze Winter. Die Januar-Durchschnittstemperatur in Tōkyō liegt beispielsweise niedriger als im wesentlich nördlicher gelegenen Reykjavik, der Hauptstadt von Island. In Südwestjapan gibt es lange, feuchtheiße Sommer und milde Winter. Okinawa und die Ryūkyūs liegen in der subtropischen Klimazone.

Japans Klima wird durch das vielschichtige Zusammenspiel pazifischer und kontinentaler Luftmassen und Frontsysteme bestimmt, was, je nach Jahreszeit, zu häufigen Wetterumschlägen führt. Während der Wintermonate vom Dezember bis Februar liegt Japan unter dem Einfluß einer sibirischen Hochdruckzone, deren Zentrum mit trockener, kalter Polarluft sich vom Baikalsee bis zur mongolischen Grenze erstreckt. Diese kalten kontinentalen Luftmassen und jahreszeitlich bedingte nordwestliche Winde aus Sibirien streichen über das Japanmeer, wo sie auf wärmere nördliche Luftströmungen stoßen. Sie nehmen große Mengen an Feuchtigkeit auf, die sich als Schnee auf den dem Japanmeer zugekehrten Gebirgszonen niederschlagen. Die häufigen und überaus starken Schneefälle und die gut organisierten Wintersportorte in dieser Region machen die Japanischen Alpen auf Honshū und die Bergregionen Hokkaidōs zu einem außerordentlich beliebten Skiparadies, zumindest für diejenigen, die vor überfüllten Hängen nicht zurückschrecken.

Die Gebirgsketten und die die Küsten umspülenden Meeresströmungen sind ebenfalls entscheidende, das Klima bestimmende Faktoren. Die dem Kontinent zugewandte Nordwestküste Honshūs ist infolge der sie überquerenden sibirischen Luftmassen starken Schneefällen ausgesetzt. Die Niederschlagsmenge steigert sich auf Grund der Tatsache, daß das tiefe Japanmeer im Winter wesentlich wärmer ist als die es umgebenden Landgebiete. Die unteren Schichten der sibirischen Luftströmungen werden aufgewärmt, befeuchtet und destabilisiert. Im übrigen Japan ist die Niederschlagsrate im Winter niedriger, 70 bis 80 Prozent der jährlichen Niederschlagsmenge fallen im Sommer und nicht im Winter. Der Kuroshio, eine dem atlantischen Golfstrom vergleichbare Meeresströmung, wärmt die Küstengebiete Südjapans und der pazifischen Regionen auf. Vom Ochotskischen Meer her fließen in entgegengesetzter Richtung kalte Strömungen ein, die die Ostküste von Hokkaidō und die West- und Ostküste von Nordhonshū umspülen.

Während der Sommermonate Juni, Juli und August steht Japan unter dem Einfluß einer pazifischen Hochdruckzone. Heiße und feuchte Luftströmungen fließen von West nach Ost und von Süden nach Norden in die Tiefdruckgebiete Sibiriens. Auf Grund von Temperatur- und Feuchtigkeitsmessungen wird in Japan für die Sommermonate ein »Unverträglichkeits-Index« erstellt. Die meisten Sommertage in Tōkyō und Ōsaka fallen in die Rubrik »unverträglich«. Um der Hitze zu entkommen, flüchten viele Japaner im Sommer in kühle Bergorte wie Karuizawa, oder in die Berge von Hokkaidō. In jüngster Zeit verbringen sie ihre Ferien auch in zunehmendem Maße im Ausland.

Im Juni und in den ersten Julitagen beginnt in Japan eine Regenperiode (*baiu*), die ihren Ausgangspunkt im Süden hat und langsam nordwärts zieht. Das erklärt sich aus dem Zusammenprall kalter, vom Ochotskischen Meer her einfließender Hochdruckströmungen mit warmen, feuchten Luftströmungen aus dem südlichen Pazifik. Diese Luftmassen lösen sich nur langsam auf und verursachen wochenlange Regenfälle in West- und Zentraljapan. Die Regenfälle sind einerseits wichtig für den Reisanbau und die Wasserversorgung, andererseits können sie auch zu Überschwemmungen und Erdrutschen führen.

Am Ende des Sommers, im September und Oktober, fängt die eigentliche Taifun-Zeit an. Taifune sind gewaltige, tropische Stürme, die über den südlichen Meeren im Bereich des Äquators entstehen, und mit einer Windstärke von mehr als 17 m/sec auftreten. Sie können auch im zeitigen Frühjahr entstehen, aber ihre Hauptzeit liegt im Herbst. Ähnlich den atlantischen Hurrikanen

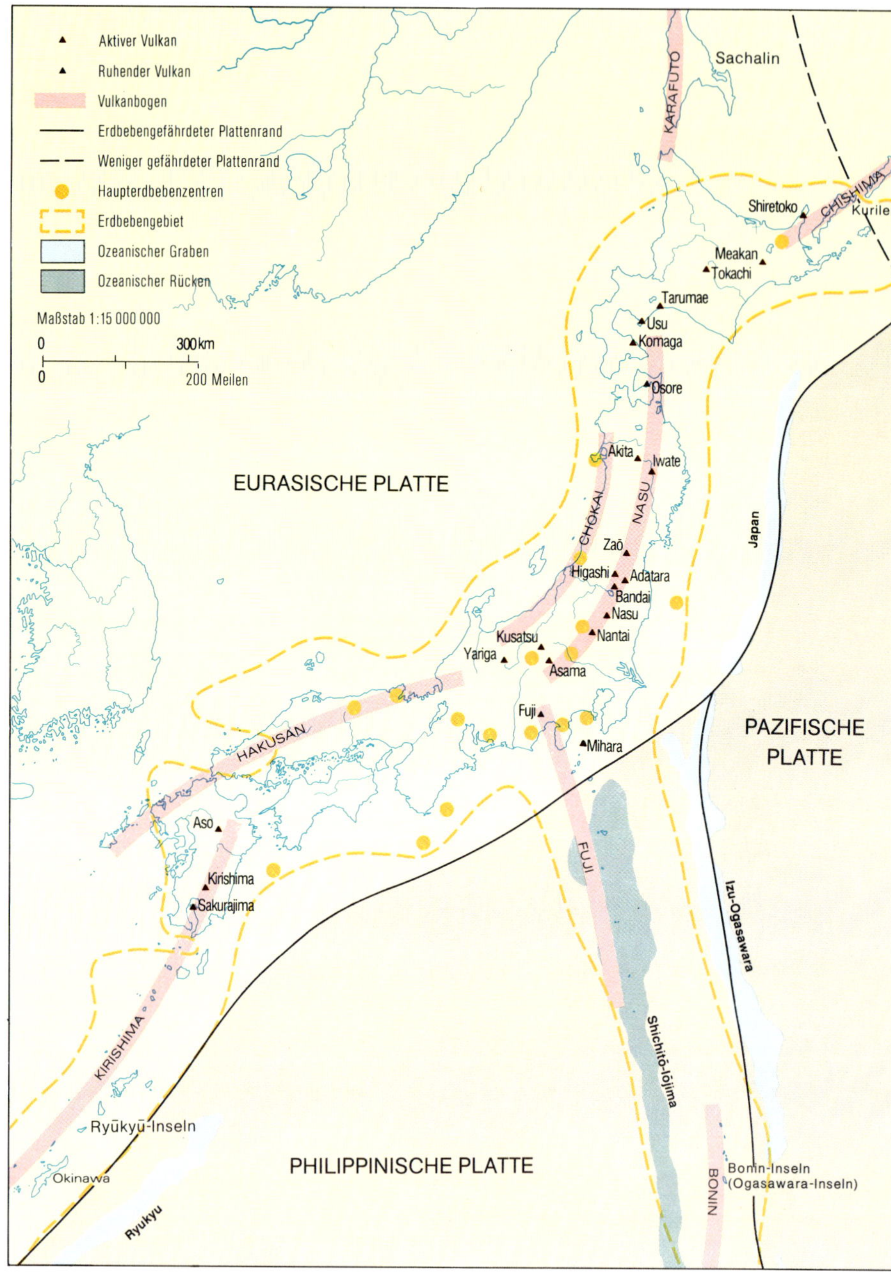

und den Zyklonen des Indischen Ozeans ziehen sie wolkenbruchartige Regenfälle nach sich und können ernsthafte Schäden verursachen. Die Taifune, die im ausgehenden 13. Jahrhundert die mongolische Flotte zerstörten und als Antwort auf die Gebete der Mönche und des Volkes aufgefaßt wurden, werden die Göttlichen Winde (*kamikaze*) genannt. Mitte Oktober stabilisiert sich die Wetterlage und die für das winterliche Klima der gesamten Region kennzeichnenden Luftströmungen beginnen sich in dieser Zeit allmählich zu formieren.

Im Frühling (März bis Mai) und im Herbst (Oktober bis November) halten sich die Hochdruckzonen des Kontinents und des Meeres die Waage und garantieren gleichmäßig schönes Wetter. Das sind die Wonnemonate, die seit alters her in der Dichtung gepriesen werden. Bei angenehm kühlen Nächten herrscht ein mildes Klima vor. Im Februar warten die Menschen begierig auf den ersten lauen Frühlingswind und ziehen mit der Pflaumen- und Kirschblüte nordwärts. Im Herbst ist der Himmel zuweilen strahlend klar, und die Ahornfärbung, die durch einen leichten Regenschleier am intensivsten leuchtet, zieht Millionen von Menschen in die Parkanlagen, Tempelgärten und Bergregionen, wo sie alljährlich dieses einzigartige Naturschauspiel bewundern.

Japans geologischer Aufbau
Geologisch baut sich der japanische Archipel aus mehreren Vulkanbögen auf. Nordost-Japan gehört zu einem zusammenhängenden Inselbogen, der von den Kurilen über Nordost-Honshū bis hin zu den Bonin-Inseln führt. Die Bögen des südwestlichen Honshū und der Ryūkyū-Inseln formen das geologisch ältere Südwest-Japan. Japan liegt am Rande der eurasischen Kontinentalplatte und damit zugleich im Schnittpunkt der eurasischen, pazifischen und philippinischen Erdplatten. Geologische Erdverschiebungen haben in Jahrmillionen die Ursachen und auch die Intensität der anhaltenden seismischen und vulkanischen Aktivitäten geschaffen. Die pazifische Platte beispielsweise, die sich beinahe über den gesamten Grund des Pazifik erstreckt, verschiebt sich pro Jahr mehrere Zentimeter nach Westen. Die Nahtstelle zur eurasischen Platte, der Japangraben, gilt als Herd vulkanischer Aktivitäten in Japan.

Geologischer Aufbau und Bodenstruktur

Der japanische Archipel unterliegt auf Grund seiner Lage am Rande der eurasischen Kontinentalplatte und am Berührungspunkt der pazifischen und philippinischen Erdplatten tiefgreifenden tektonischen Bewegungen, die als Langzeit-Verschiebungen und auch als stoßweise, seismische Erschütterungen zu verstehen sind. Man geht davon aus, daß sich der Archipel als Folge einer ganzen Serie von orogenetischen Stößen aufgefaltet hat und nicht auf Grund eines einmaligen Aufbrechens der Erdkruste. Sein geologischer Ursprung fällt in die Silurzeit des Paläozoikums vor etwa 400 Millionen Jahren, wobei die Bewegungen der Erdkruste bis heute noch nicht abgeschlossen sind. In Küstennähe verlaufen auf dem Grund des Pazifik mehrere tiefe Gräben und Tröge, an denen die Erdkruste sehr dünn ist. Den Kurilengraben, den Japangraben und den Izu-Ogasawara-Graben kann man sich als langen, etwa 9000 m tiefen Kanal vorstellen, der sich in seinem Verlauf der bogenförmigen Formation Nordost-Japans anpaßt. Der Nankai-Trog und der Ryūkyū-Graben sind Tiefwasserkanäle im Süden. Die Stärke der Erdkruste schwankt zwischen 7 km am Grunde des Japangrabens und 36 km in den zentralen Gebirgen.

Geologisch gesehen ist Japan in eine nordöstliche und eine südwestliche Zone geteilt. Die nordöstliche Zone besteht größtenteils aus Gesteinsschichten der neozoischen Phase des Känozoikums. Vulkantätigkeit ist seit dem Quartär nachweisbar und in der nordöstlichen Zone wesentlich ausgeprägter – vor allem in den Vulkanreihen Chishima, Chōkai und Nasu. Ebenso ist die Häufigkeit von Erdbeben in der nordöstlichen Zone stärker. Ausgesprochene Erdbebenzentren finden sich innerhalb des vom Japangraben beschriebenen Bogens.

Die Entstehungsgeschichte der südwestlichen Zone liegt in einer früheren Periode. Die Gesteinsschichten datieren größtenteils aus dem Paläozoikum oder Mesozoikum. Die Medianlinie, die längs durch die Präfektur Wakayama, Shikoku und das nördliche Zentral-Kyūshū verläuft, gliedert den Südwesten in einen dem Japanmeer zugekehrten Innengürtel und einen auf der pazifischen Seite gelegenen Außengürtel. Insgesamt gibt es hier weniger Vulkane, wobei sich die Vulkantätigkeit auf die Gebiete am Japanmeer und auf Kyūshū konzentriert. Die Häufigkeit von Erdbeben ist geringer.

Die Beschaffenheit des Bodens in Japan entspricht seinem geologischen Aufbau und seiner Oberflächenstruktur. Mehr als zwei Drittel sind karge Gebirgsböden, die in unterschiedlicher Zusammensetzung aus Küstensand und Vulkanasche bestehen. Die restlichen 20 Prozent sind zonal angeordnete Bodentypen: In höheren Lagen und im Norden Podsolböden und in geringerer Höhe braun, rot oder gelb podsolierter Boden. Die alluvialen Böden, die in den Flußniederungen abgelagert werden, nehmen einen Anteil von 15 Prozent ein. Nur diese 15 Prozent bieten Raum für den intensiven japanischen Ackerbau und für Industrie und Besiedelung.

Energiequellen und Rohstoffe

Japan verfügt für die Erzeugung von Energie über genügend Vorräte an Kohle und Wasser, Erdöl und Erdgas hingegen müssen importiert werden. So hat sich Japan – ebenso wie Frankreich und die Sowjetunion – der Kernkraft verschrieben, um damit den Hauptanteil des zukünftigen Energiebedarfs zu sichern und die Abhängigkeit von ausländischen Importen zu verringern. Auf Hokkaidō und im Norden Kyūshūs gibt es reichhaltige Kohlevorkommen, die allerdings von minderer Qualität sind und in tiefen und verstreuten Flözen lagern. Der Abbau ist daher schwierig und teuer. Zwar deckt die Kohle noch immer ein Fünftel des gesamten Energiebedarfs, aber ihr relativer Anteil sinkt stetig, da sich Japan mehr und mehr auf Ölkraftwerke, Hydroelektrizität und Kernkraftwerke verlegt.

Die reißenden Flüsse sind auch heute noch eine reiche Energiequelle, die durch einige große Speicherdämme und viele kleine Staudämme erschlossen wird. Mit einer Höhe von 186 m ist der Kurobe-Damm in der Präfektur Toyama das größte Wasserkraftwerk. Mit dem Wasser des Stausees werden mittels eines quer durch die Japanischen Alpen geschlagenen Kanalsystems mehr als 14 Elektrizitätswerke gespeist. Japan verfügt über ein Potential von 20 Millionen Kilowatt Wasserkraft, etwa 12 Millionen davon werden wirtschaftlich genutzt. Obwohl die Nutzung der Wasserkraft in den letzten 40 Jahren fortwährend gestiegen ist, ist der relative Anteil der Hydroelektrizität im Vergleich zum Engergieverbrauch durch Öl-, Gas- und Kernkraftwerke doch gesunken. Hydroelektrizität hat einen Anteil von fünf Prozent am Gesamtenergieverbrauch, thermische Elektrizität auf der Grundlage von Kohle etwa 20 Prozent.

Die Öl- und Erdgasvorkommen, über die Japan verfügt, sind minimal und machen weniger als ein Prozent des Gesamtverbrauchs aus. Das Wirtschaftswunder der siebziger und achtziger Jahre basiert auf importierter Energie, in der Hauptsache auf Erdöl. Die Japaner sind sich der Tatsache deutlich bewußt, daß es ihrer Wirtschaft die Luft abschnüren würde, wenn infolge einer politischen oder internationalen Krise die Öllieferungen vom Persischen Golf ausblieben, die Ölpreise steil in die Höhe schnellten, oder die Straßen von Hormuz, Malakka oder Lombok gesperrt würden. Seit der Ölkrise von 1973 haben die Japaner eine Reihe von politischen Maßnahmen ergriffen, um diese Verwundbarkeit zu verringern. Sie haben Ölreserven angelegt, energieintensive Industrien abgebaut, die Forschung auf dem Gebiet alternativer Energien vorangetrieben, die Öleinfuhr auf viele Lieferländer verteilt und die Kernenergie ausgebaut. Auf Grund ihrer Verwundbarkeit halten sie ihre Handelsmarine stark, sorgen für gute diplomatische Beziehungen zum Ausland, bewahrten im Krieg zwischen Iran und Irak Neutralität und fördern Entwicklungsprojekte mit den Mitgliedstaaten der ASEAN und auch anderen Ländern.

Die japanische Regierung betrachtet die Kernenergie als Lösung für ihre Energieprobleme. Die Kernenergie liefert bereits 20 Prozent des Strombedarfs. Ihr Anteil soll in den kommenden Jahren auf 50 Prozent gesteigert werden. Die Japaner sind sich der Risiken nuklearer Unfälle bewußt, aber sie sehen keine Alternative, wenn sie ihre Abhängigkeit von der Einfuhr fossiler Brennstoffe zur Energieerzeugung verringern wollen.

Japan ist zusätzlich von der Einfuhr ausländischer Mineralien abhängig. Japanische Schwerter, Eisenwaren, Statuen aus Goldbronze, Filigranarbeiten aus Gold und anderen Metallen sind berühmt. Es gibt heimische Vorkommen eisenhaltiger und nicht eisenhaltiger Mineralien, aber nur in beschränktem Umfang. Kupfer wird in der Präfektur Akita und in der Kantō-Ebene gefördert. Eisenerz in der Präfektur Iwate und anderen nordöstlichen Gebieten. Auch Chrom, Zink und Blei werden in respektablen Mengen gefördert. Aber dennoch können mit den heimischen Mineralien nur etwa 5 Prozent des enormen industriellen Bedarfs gedeckt werden. So offenbart sich auch hier die Abhängigkeit von ausländischen Lieferanten und die Notwendigkeit zu geschmeidiger Diplomatie. Gute Handelsbeziehungen zum Rohstofflieferanten Südafrika sind ein politischer Imperativ.

Bevölkerung und Besiedlung

Im allgemeinen herrscht die Meinung vor, Japan sei ein kleines, isoliertes, aus allen Nähten platzendes Inselland – jeder brauchbare Quadratzentimeter Boden mit intensiv genutzten Ackerflächen, wimmelnden Städten und modernsten Industrieanlagen bepflastert. Diese Vorstellung ist irreführend. Natürlich ist Japan im Vergleich zu anderen Ländern wie etwa den Vereinigten Staaten, Kanada, China, Indien, Brasilien oder der Sowjetunion winzig, aber es ist immerhin halb so groß wie Westdeutschland oder Großbritannien und größer als Polen und Italien.

Auch die Bevölkerungsziffer von etwa 121 Millionen Menschen entspricht durchaus der Norm anderer stark bevölkerter Länder. Japan steht an siebenter Stelle hinter China, Indien, der Sowjetunion, den Vereinigten Staaten, Indonesien und Brasilien. Der Eindruck einer Überbevölkerung entsteht nicht auf Grund der Einwohnerziffer, sondern auf Grund der Einwohnerverteilung. Bezogen auf die Gesamtfläche beträgt die Bevölkerungsdichte 322 Einwohner pro Quadratkilometer, das ist geringer als in Belgien oder den Niederlanden. Da aber nur ein Viertel der Gesamtfläche nutzbar ist, liegt die tatsächliche Dichte beträchtlich höher. Mehr als 75 Prozent der Bevölkerung leben in den urbanen Zentren. Diese urbanen Zentren und die Industriezentren ballen sich auf einem Viertel der Gesamtfläche, den alluvialen Niederungen zusammen. Der Großraum Tōkyō-Kawasaki-Yokohama umfaßt 25 Millionen Menschen, die größte Bevölkerungsansammlung der Welt. Auf dem Siedlungsband Ōsaka-Kobe-Kyōto leben auf einer Fläche von weniger als 1300 qkm etwa 13 Millionen Menschen, das entspricht einer Bevölkerungsdichte von 10000 Einwohnern pro qkm.

Auf den ersten Blick ist die Bevölkerungsstruktur Japans homogen. Tatsächlich aber existieren Minderheiten, deren Sozialstatus nicht immer einfach ist. Die koreanische Minorität umfaßt 0,5 Prozent der Bevölkerung. Nach dem Gesetz bleiben die Koreaner Ausländer – selbst wenn sie in Japan geboren sind und fließend Japanisch sprechen. Sie unterliegen bei der Ausbildung, der Stellungssuche und den Heiratsmöglichkeiten schweren Benachteiligungen. Auch die *burakumin*, die Abkömmlinge sozial isolierter Gemeinschaften aus der Vor-Meiji-Zeit, sind eine mit noch immer beträchtlichen Vorurteilen behaftete Gruppe. Obwohl sie gesetzlich gegen offene Diskriminierungen geschützt sind, müssen sie sich gegen harte Vorurteile zur Wehr setzen. Häufig

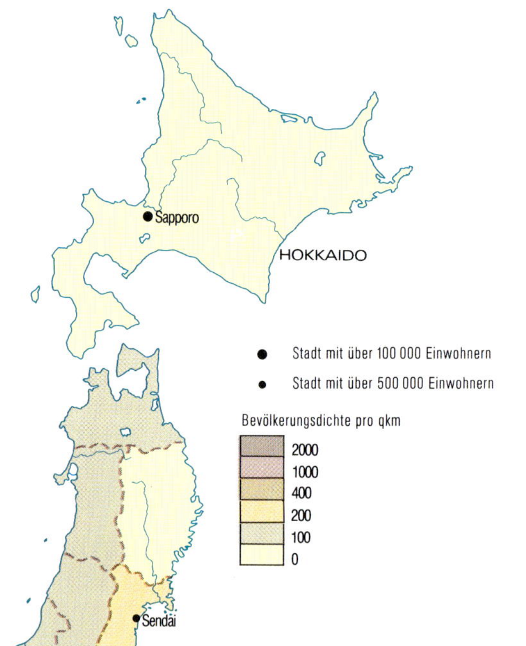

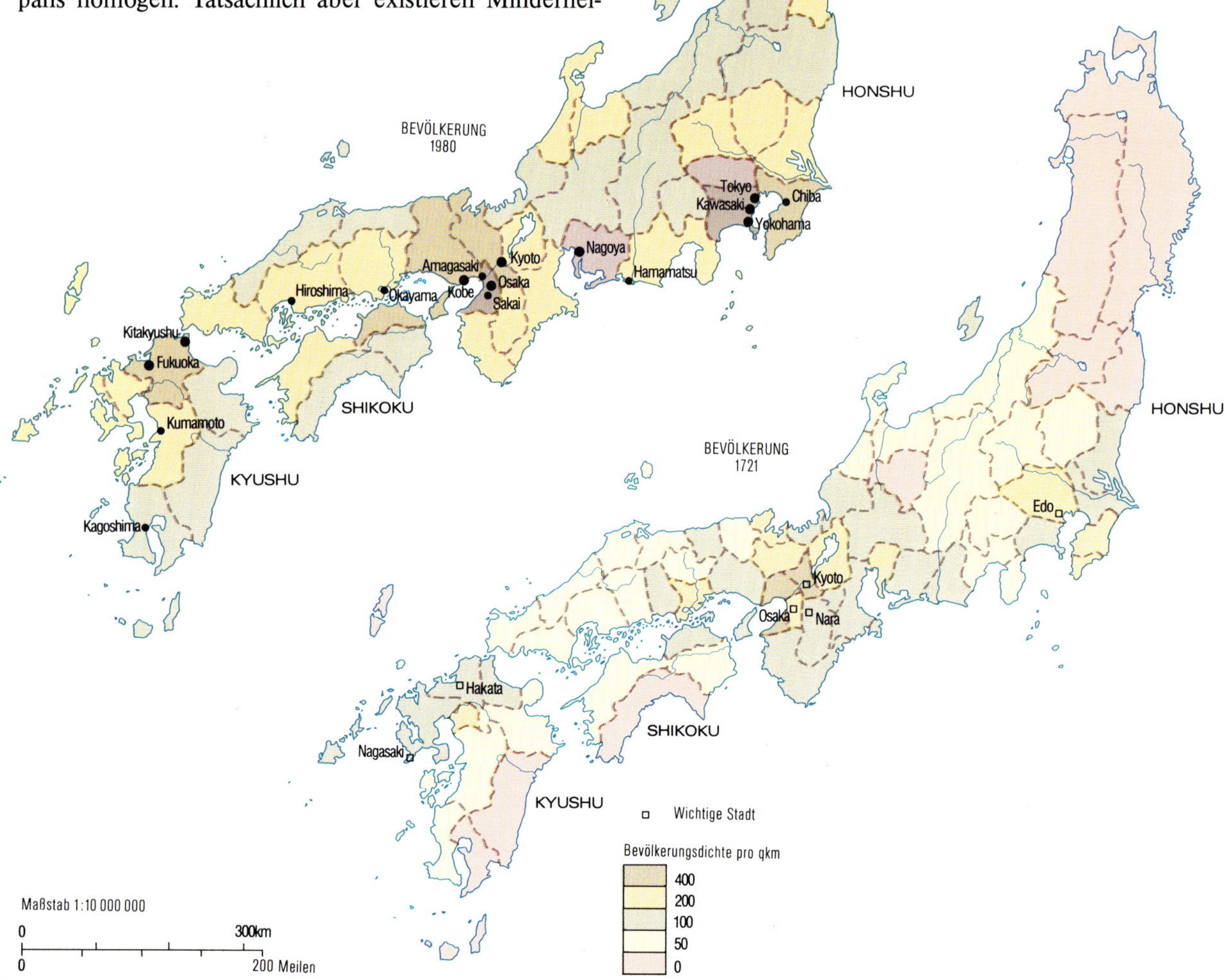

Bevölkerungsstand Japans von 1721 und 1980

Im Jahre 1986 belief sich Japans Bevölkerungsziffer auf 121,5 Mio., die siebtgrößte der Welt. Während die Volksdichte im Weltdurchschnitt 36 Einwohner pro qkm beträgt, sind es in Japan 321. Nur Bangladesch, Südkorea und die Niederlande sind noch dichter bevölkert. Auf Grund des gebirgigen Charakters entwickelte sich in Japan eine starke Konzentration städtischer Siedlungsgebiete in den Küstenebenen. Nahezu 50 Prozent der Bevölkerung sind auf drei große Siedlungsbänder verteilt: Die Großräume Tōkyō (einschließlich Kawasaki, Yokohama und Chiba), Nagoya (einschließlich der Präfekturen Aichi und Mie) und Ōsaka (einschließlich der Präfekturen Hyōgo und Kyōto). Die geschätzte Bevölkerungsziffer des frühen 19. Jh.s schwankt zwischen 7 und 18 Mio.. Einigkeit herrscht darüber, daß das Bevölkerungswachstum bis zum Jahre 1720 groß gewesen ist, als eine erstmals von der Shōgunatsregierung veranlaßte Zählung 26 Mio. ergab. (Unter Einbeziehung der Samurai, Hofadeligen und Paria würde sich die Zahl auf 30 Mio. vergrößern.) Danach verlangsamte sich das Wachstum der Gesamtbevölkerung, allerdings mit starken regionalen Schwankungen. Blühende Handels- und Garnisonsstädte legen Zeugnis davon ab, daß die japanische Gesellschaft in vorindustrieller Zeit eine bemerkenswert städtische Kultur entwickelt hatte.

werden sie in sozial minderwertige Berufe abgedrängt und aus Angst vor Diskriminierung verbergen sie bei der Stellungssuche, bei Heirat und Wohnungssuche ihre Abstammung.

Seit dem Zweiten Weltkrieg wird eine zunehmende Landflucht registriert. Die unmittelbare Nachbarschaft von Städten und landwirtschaftlichen Nutzflächen erzeugt ein Problem besonderer Art: Verstädterung bedeutet zugleich den Verlust von Ackerboden. Trotz der intensiv bewirtschafteten, und in einem hohen Maße ertragreichen Ackerflächen, können die japanischen Bauern nicht so kostengünstig produzieren wie die großräumige Landwirtschaft der Vereinigten Staaten und anderer Länder. Deswegen würde der nicht eingeschränkte und auf Wettbewerb basierende Import von Getreide, Zitrusfrüchten und Fleisch der japanischen Bevölkerung wirtschaftliche Vorteile bringen. Aber die japanische Regierung betrachtet auf Grund politisch-strategischer Erwägungen die Aufrechterhaltung der heimischen Landwirtschaft als Notwendigkeit. Die regierende liberal-demokratische Partei stützt sich auf die Wählerschaft der Bauern, die eine mächtige politische Lobby bilden. Um den ländlichen Stimmenanteil zu halten, werden den Bauern Subventionen zugesichert und zugleich werden die Preise für Reis und andere Güter künstlich hoch gehalten. So trägt also in einem gewissen Maße der Städter die Kosten für die Landwirtschaft. Zusätzlich wird der Bodenspekulation mit der Entwicklung zu astronomischen Grundstückspreisen Vorschub geleistet, da die Ackerflächen nicht als Bauland freigegeben werden. Verstädterung und Bevölkerungswachstum kennzeichnen traditionsgemäß das Muster der Bevölkerungsverteilung.

Der bei weitem größte Bevölkerungszuwachs der modernen Periode fällt in die städtischen Industriezentren. Der ländliche Anteil hat in großen Zeitabschnitten gesehen ganz langsam abgenommen. Um 1900 betrug die Landbevölkerung 30 Millionen Menschen. 1965 waren es 33 Millionen. 1970 lag die Zahl etwas unter 30 Millionen mit der Tendenz, sich weiter zu verringern. Der Prozentsatz zwischen ländlicher und städtischer Bevölkerung verschob sich wesentlich dramatischer: 75 Prozent der Gesamtbevölkerung leben heute in den Städten.

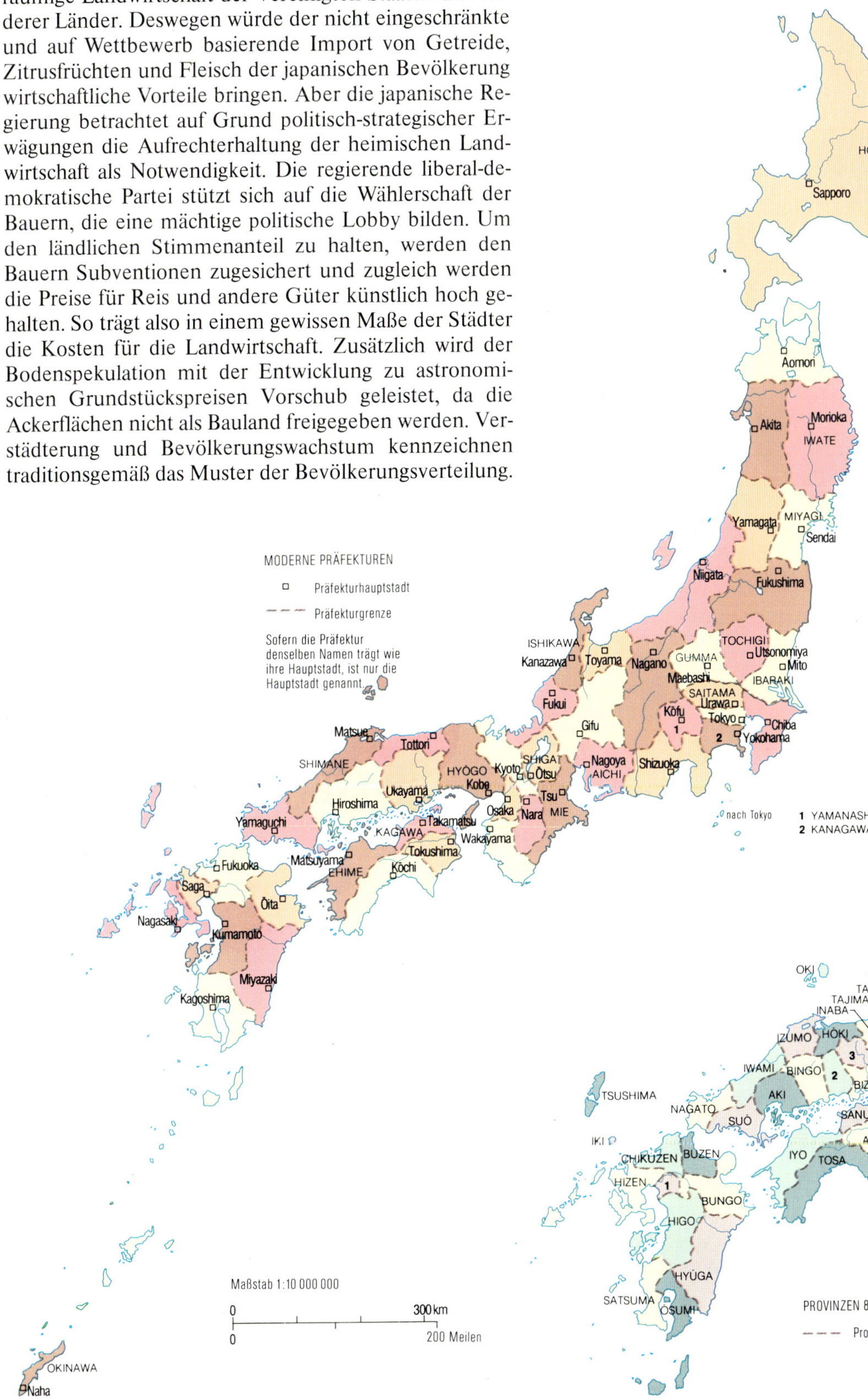

Links: Moderne Präfekturen
1871 verfügte die Meiji-Regierung die Abschaffung aller feudalen Domänen. Japan wurde in drei Stadtpräfekturen (*fu*) und 72 andere Präfekturen (*ken*) eingeteilt, die je einem von der Zentralregierung ernannten Gouverneur unterstanden. Diese Einteilung blieb mit einigen Abweichungen bis heute die Grundlage lokaler Verwaltung. Im Jahre 1889 wurde die Zahl auf drei Stadt- und 42 andere Präfekturen reduziert, wobei Hokkaidō und die Ryūkyū-Inseln nicht einbezogen waren. Heute bezeichnet man Japans Verwaltungsstruktur als »*to-dō-fu-ken*«. *To* (Hauptstadt) steht für Tōkyō, *dō* (Distrikt) für Hokkaidō, *fu* (Stadtpräfektur) für Ōsaka und Kyōto und *ken* (Präfektur) für die 47 anderen Präfekturen.

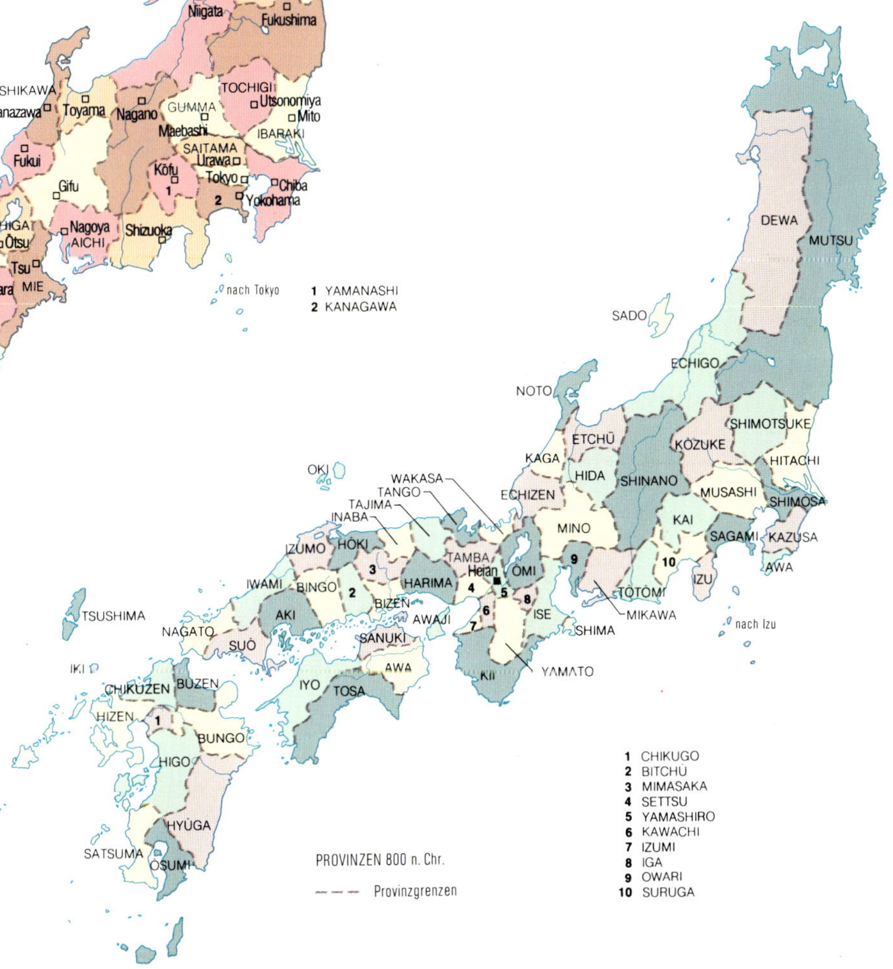

Unten: Die Altprovinzen
Verwaltungsgrundlage in Japan bildeten die nach chinesischem Vorbild durchgeführten Reformen des 7. und 8. Jh.s. Das Land bzw. das, was damals zum Herrschaftsbereich des Kaiserhofes gehörte, teilte man in 60 Provinzen oder *kuni*. Jede Provinz war ursprünglich einem Provinzgouverneur und seinem Beamtenstab unterstellt, die in regelmäßigen Abständen von Heian aus das Land bereisten. Diese zentralisierte Verwaltungsstruktur unterlag einem allmählichen Zerfall. Zuerst auf Grund der Entstehung privaten Landbesitzes in den Provinzen während der Heian- und Kamakura-Zeit (*shōen*) und später durch den Aufstieg der Kriegerklasse während der Feudalzeit. Die Lehen der Feudalfürsten (*daimyō*) stimmten nicht mit den Provinzgrenzen überein. Trotzdem blieb das Provinzsystem mit kleinen Abänderungen offiziell bis zum 19. Jahrhundert bestehen.

Zur Zeit der Meiji-Restauration 1867, hatte Japan eine Einwohnerzahl von 33 Millionen. 1900 waren es 44 Millionen und im Jahre 1925 bereits über 55 Millionen. 1940 waren es über 70 Millionen und die Zahl stieg während des Krieges stetig an und lag 1950 bei 83 Millionen und 1960 bei 93 Millionen. 1967 überschritt sie die Grenze von 100 Millionen und sie wird heute auf 121 Millionen geschätzt. Seit der Meiji-Restauration hat sich die Einwohnerzahl bis heute etwa vervierfacht.

Die Wachstumsrate ist allerdings weniger dramatisch als es erscheinen mag: Die Jahresrate stieg in der modernen Periode nicht über 1,5 Prozent und liegt seit 1960 unter 1 Prozent. Das ist niedriger als in den Vereinigten Staaten, Frankreich und vielen anderen Ländern. Maßnahmen zur gezielten Geburtenkontrolle haben das Bevölkerungswachstum eingeschränkt und die Japaner in die Lage gesetzt, die Früchte wirtschaftlichen Wachstums zu genießen. 1985 lag die Geburtenrate bei 12 pro 1000, die Sterberate bei 6 pro 1000, was einen natürlichen Bevölkerungszuwachs von 0,06 Prozent ergibt. Während es unmittelbar nach dem Zweiten Weltkrieg einen Baby-Boom gab, ist die Bevölkerung Japans heutzutage infolge der hohen Lebenserwartung überaltert. Für Männer liegt die Lebenserwartung bei 75,2 Jahren, für Frauen bei 80,9 Jahren. Zu den schwierigsten Problemen des ausgehenden 20. und des beginnenden 21. Jahrhunderts werden – in den westlichen Industriestaaten ebenso wie in Japan – die soziale Wohlfahrt, die Altersversorgung und die Schaffung von Arbeitsplätzen gehören. Die zusätzlichen Arbeitsplätze für Frauen, insbesondere der verheirateten, die Zunahme von Dienstleistungen und die Ausweitung der Automatisierung verursachen eine Umschichtung im Arbeitsangebot, womit sich die Japaner bereits heute auseinandersetzen müssen.

Die Hauptregionen Japans

Obwohl die Bevölkerung im großen und ganzen homogen und der japanische Archipel flächenmäßig relativ klein ist, so gibt es doch auf Grund der langgezogenen Ausdehnung und des gebirgigen Charakters der Inseln beträchtliche regionale Unterschiede, die sich im Brauchtum und Lebensstil, in umgangssprachlichen Besonderheiten und charakteristischen Sprachdialekten, in lokalen landwirtschaftlichen Produkten und speziellen Eßgewohnheiten, in der Flora und Fauna und in unterschiedlichen wirtschaftlichen und geschichtlichen Entwicklungsabläufen ausdrücken. Andererseits werden diese regionalen Unterschiede durch die leichte Passierbarkeit zwischen Stadt und Land, durch die schnellen Verkehrsverbindungen und die hochentwickelten Massenmedien nivelliert und einander angeglichen. Dieser Prozeß, der sich seit dem Zweiten Weltkrieg immer mehr verstärkt, hat dazu geführt, daß Japan heutzutage ein Land mit städtischen Dörfern und weitläufigen Städten ist. Nur einige der kleineren küstenfernen Inseln kann man noch als abgelegen bezeichnen.

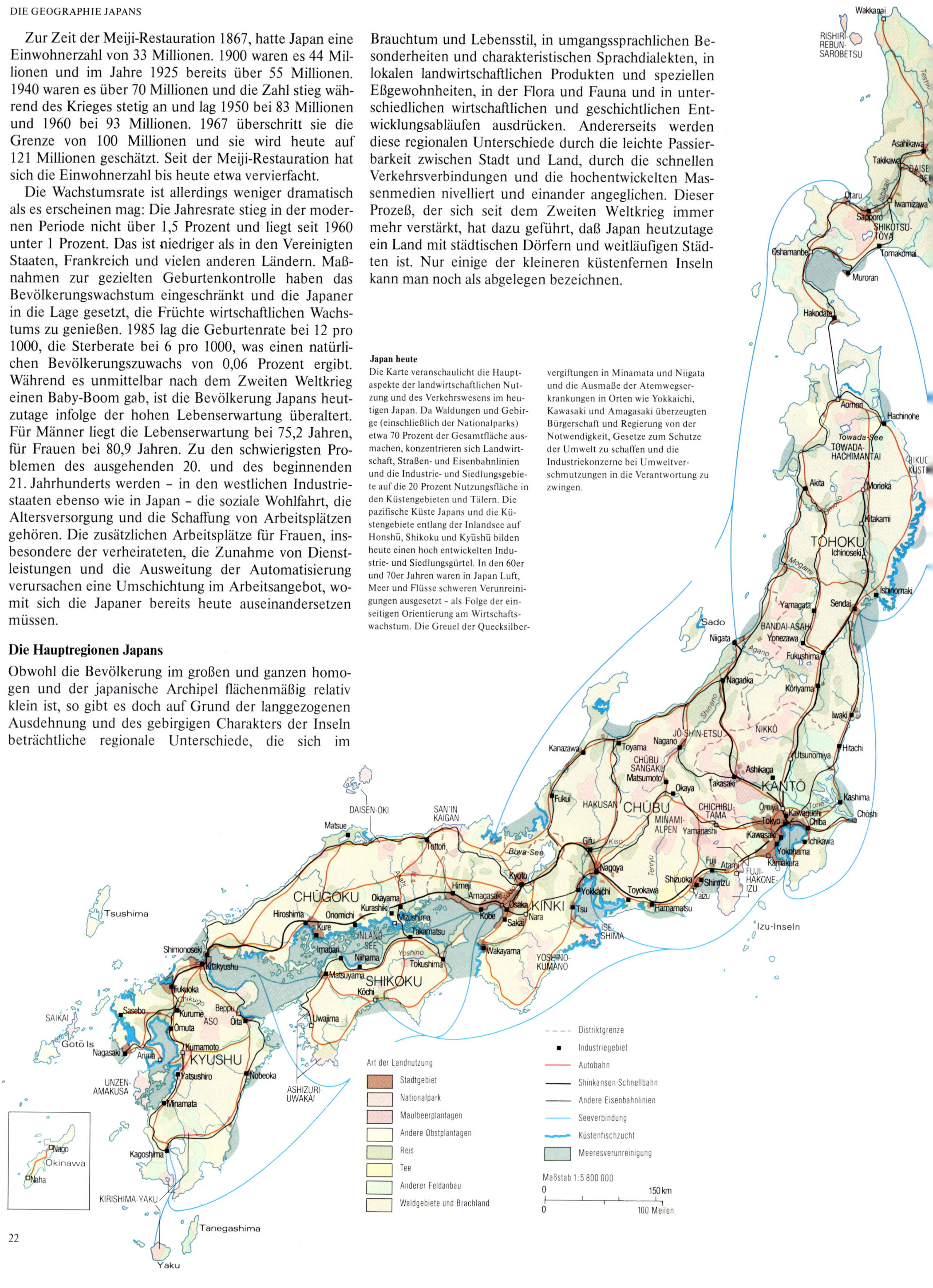

Japan heute
Die Karte veranschaulicht die Hauptaspekte der landwirtschaftlichen Nutzung und des Verkehrswesens im heutigen Japan. Da Waldungen und Gebirge (einschließlich der Nationalparks) etwa 70 Prozent der Gesamtfläche ausmachen, konzentrieren sich Landwirtschaft, Straßen- und Eisenbahnlinien und die Industrie- und Siedlungsgebiete auf die 20 Prozent Nutzungsfläche in den Küstengebieten und Tälern. Die pazifische Küste Japans und die Küstengebiete entlang der Inlandsee auf Honshū, Shikoku und Kyūshū bilden heute einen hoch entwickelten Industrie- und Siedlungsgürtel. In den 60er und 70er Jahren waren in Japan Luft, Meer und Flüsse schweren Verunreinigungen ausgesetzt – als Folge der einseitigen Orientierung am Wirtschaftswachstum. Die Greuel der Quecksilbervergiftungen in Minamata und Niigata und die Ausmaße der Atemwegserkrankungen in Orten wie Yokkaichi, Kawasaki und Amagasaki überzeugten Bürgerschaft und Regierung von der Notwendigkeit, Gesetze zum Schutze der Umwelt zu schaffen und die Industriekonzerne bei Umweltverschmutzungen in die Verantwortung zu zwingen.

Hokkaidō

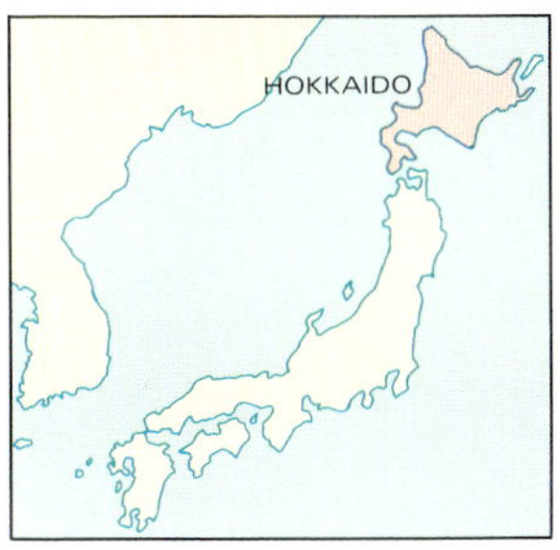

Hokkaidō ist Japans nördliche Grenze. Es wird geprägt vom Gebirgszug des Daisetsu, der zum Nationalpark erklärt wurde, und ist reich an Wäldern, Flüssen, steilen Felswänden und ausgedehnten Weideflächen. Die Insel liegt etwa auf derselben Breite wie Südfrankreich, wird im Norden und Osten vom Ochotskischen Meer begrenzt, im Westen vom Japanmeer und im Süden vom Pazifik. Die Gesamtfläche beträgt 83517 qkm, was in etwa der Größe Irlands entspricht. Die Bevölkerungsdichte ist mit 71 Einwohnern pro qkm um ein Fünftel geringer als auf Honshū. Aufgrund der nördlichen Lage und der kalten Strömungen aus dem Ochotskischen Meer ergeben sich klimatische Unterschiede zu Honshū: kühlere Temperaturen, geringe Niederschlagsmengen, keine Regenzeit, wenige Taifune und eine wesentlich kürzere Vegetationsperiode von nur 120 bis 140 Tagen im Jahr. Im vormodernen Japan lag Hokkaidō außerhalb der Reiskulturzone, durch Züchtung kälteresistenter Sorten wurde jedoch der Anbau von Reis ermöglicht. Heute steht die Reisproduktion gleichwertig neben Viehzucht, Milchwirtschaft, Fischerei und dem Anbau von Kartoffeln und anderen Feldfrüchten. Hauptstadt und Verwaltungszentrum ist Sapporo (1,5 Millionen).

Vor der Meiji-Restauration war Hokkaidō als Ezochi bekannt, das Land der Ezo, und war in der Hauptsache von den Ainu bevölkert, einem kaukasoiden Volksstamm, der sich ethnisch von den Einwohnern der übrigen Inseln unterscheidet. In vormoderner Zeit sollen die Ainu auch Nord-Honshū, Süd-Sachalin und die Kurilen bewohnt haben. Sie lebten von der Hirschjagd und vom Lachs- und Robbenfang. Heute gibt es noch ungefähr 20000 Ainu, die zunehmend in die allgemeine Bevölkerung Japans integriert werden. Einige ihrer Gebräuche, Feste und handwerklichen Fertigkeiten sind erhalten, allerdings nur als touristische Attraktion.

Nach der Meiji-Restauration rief die neue Regierung die »Gesellschaft zur Erschließung Hokkaidōs« ins Leben, die sich das Ziel setzte, die Insel zu besiedeln und die Expansionsbestrebungen Rußlands nach Süden einzudämmen. Die Kolonisation Hokkaidōs wurde unter starkem westlichen Einfluß vorangetrieben. Die Hokkaidō-Universität, das ehemalige Landwirtschaftliche Institut von Sapporo, wurde von dem amerikanischen Wissenschaftler, Missionar und Pädagogen William S. Clark (1826–1886) gegründet, dem Präsidenten des Massachusetts Agricultural College. Zu den ausländischen Experten zählte auch der Agronom Horace Capron (1804 bis 1885). Methoden der Milchwirtschaft und der Anbau westlicher Getreide- und Gemüsesorten wie Weizen, Hafer, Bohnen, Kartoffeln und Zuckerrüben wurden frühzeitig eingeführt. 90 Prozent der Weideflächen

Sapporo, Sitz der Präfekturverwaltung von Hokkaidō und Ort der Olympischen Winterspiele von 1980 ist heute eine blühende Stadt mit 1,5 Mio. Einwohnern. Im 19. Jh. war es nicht viel mehr als eine Anhäufung von Hütten, in denen Ainus und Einwanderer aus Honshū lebten. Als Zentrum der von der Regierung gesteuerten Kolonisation Hokkaidōs vergrößerte sich die Stadt jedoch schnell. Wie Kyōto ist Sapporo schachbrettartig angelegt, war bis vor kurzem in der Hauptsache ein Verwaltungs- und Handelszentrum und verfügte, abgesehen von der Sapporo-Brauerei, nur über geringfügige Industrien. Von dem im Jahre 1876 von William S. Clark gegründeten »Sapporo Agricultural College« verbreiteten Clark und Horace Capron landwirtschaftliche Praktiken aus Neu-England und auch ihren christlichen Glauben in Hokkaidō. Sapporo gilt heute als Zentrum des Wintersports mit einem jährlichen Schnee-Festival in der ersten Februarwoche. Im Rahmen eines Wettkampfes werden kunstvolle und phantasiereiche Figuren aus Schnee gebaut, die Themen aus Geschichte, Legenden und Sport oder Karikaturen darstellen.

Japans befinden sich auf Hokkaidō, das damit zum Hauptlieferanten für Molkereiprodukte wurde. Neben der Landwirtschaft sind Bergbau, Forst- und Fischereiwirtschaft von Bedeutung und wachsende Industrien in der Umgebung von Sapporo. Die Erschließung dieses Landes der Gebirgswälder und wilden Küstenstriche hat die großartige Unberührtheit der Insel allerdings gefährdet und teilweise schon zerstört. Um die Schäden zu begrenzen und die Ausrottung seltener Tierarten zu verhindern (vor allem sind der Rothäubige Kranich und der Japanische Haubenibis betroffen), werden erst heute naturschützende Maßnahmen ergriffen.

Die Frage der japanischen Nordgrenzen erhob sich erstmals in der Edo-Zeit. Ein Russisch-Japanischer Freundschaftsvertrag von 1855 erklärte die nördlichen Kurilen, einschließlich der Insel Urup, zum russischen Territorium; die südlichen Kurilen, einschließlich der Insel Etorofu (Iturup), dagegen zum japanischen Staatsgebiet. Angehörige beider Nationalitäten hatten das Recht, sich in Sachalin (Karafuto) niederzulassen. Nach der Meiji-Restauration faßte Japan den Entschluß, sich zu Gunsten der Besiedelung Hokkaidōs von dieser Insel zurückzuziehen. Die rechtliche Grundlage zur Klärung der Sachlage erfolgte 1875 in einem Vertrag, der Sachalin Rußland zusprach und die gesamten Kurilen einschließlich der Fischereirechte in den nördlichen Gewässern an Japan vergab. Seit dem Zweiten Weltkrieg beansprucht Rußland die Inseln Etorofu, Kunashiri, Shikotan und Habomai und die Fischereirechte. Diese Auseinandersetzung ist das eigentliche Hindernis zu einem Friedensvertrag zwischen Japan und der Sowjetunion, der bis heute nicht abgeschlossen wurde.

Oben und links: Seit der Erschließung im späten 19. Jh. entwickelte sich Hokkaidō zu einem Zentrum für Land- und Forstwirtschaft, Fischerei, Bergbau und bis zu einem gewissen Ausmaß auch der Fertigungsindustrie. Bei strengen Wintern und kurzer Wachstumsperiode entstand eine großräumige und hoch mechanisierte Landwirtschaft. Der Schwerpunkt liegt auf Milchwirtschaft. Der Anbau von Kartoffeln, Bohnen, Weizen, Hafer und Zuckerrüben steht gleichwertig neben dem Reisanbau. Das Bild oben vermittelt einen Eindruck von den einzigartigen landschaftlichen Schönheiten dieses Grenzlandes im Norden, dessen Abgelegenheit mit dem Bau des Seikan-Eisenbahntunnels, des Hokkaidō mit Honshū verbindet, zu Ende geht.

Honshū

Die Insel Honshū ist mit einer Fläche von 231 000 qkm größer als Großbritannien und erheblich dichter bevölkert. (404 Einwohner pro qkm). Dem Bauplan der Gebirgsbögen folgend zerfällt sie in mehrere Einzelregionen, die je nach Breitengrad und Küstenzugehörigkeit unterschiedliche Merkmale aufweisen. Die Küstenebenen Honshūs waren jahrhundertelang die Kernlandschaft der Reiskultur, heute sind sie ein Zentrum städtischer und industrieller Besiedelung.

Der nordöstliche Teil Honshūs, der die Präfekturen Aomori, Iwata, Akita, Yamagata, Miyagi und Fukushima umfaßt, wird Tōhoku, »der Nordosten«, genannt. Tōhoku, seit alters her die Kornkammer Japans, ist noch immer eine in erster Linie landwirtschaftlich genutzte Region, die Sendai und den gewaltigen Tōkyō-Yokohama-Markt mit Reis und anderen Produkten versorgt. Die Bauernhöfe sind größer als im Landesdurchschnitt, wenn auch nicht so groß wie die milchwirtschaftlichen Gehöfte Hokkaidōs. Die Shinkansen-Bahnlinie, die Morioka und demnächst auch Aomori mit Tōkyō verknüpft, führt kilometerlang durch Reisfelder, die sich in gleichmäßigem Gittermuster über die weiten Täler spannen. Trotz der hohen Mechanisierung im Reisanbau gehören Frauen, die in gebückter Haltung Setzlinge verpflanzen oder Unkraut jäten, noch immer zum gewohnten Bild.

Der Wohlstand der bäuerlichen Betriebe Tōhokus ist geringer als im Südosten, da die langen, kalten Winter eine zweifache Ernte erschweren. Neben der Holz- und Fischereiwirtschaft und einer wachsenden High-Tech-Industrie stellt der Tourismus einen bedeutenden Wirtschaftsfaktor dar: Die Inseln in der Bucht von Matsushima, der Towada-See, die Nationalparks Rikuchū-Kaigan und Bandai-Asahi ziehen viele Besucher an. Beim Ausbruch des noch aktiven Bandaisan (1819 m) im Jahre 1988 kamen etwa 400 Menschen ums Leben. Der Bau von Staudämmen und die Erweiterung des Shinkansen-Eisenbahnnetzes in den Nordosten haben größeren Wohlstand in die Region gebracht. Die bedeutendste Stadt in Tōhoku ist Sendai, die sich aus der Burgstadt des Feudalfürsten Date Masamune (1567–1636) entwickelte. Sie liegt an den Ufern des Hirose in der alluvialen Sendai-Ebene und ist eine blühende Industrie- und Universitätsstadt (Tōhoku-Universität). Die Industrie basiert auf der Herstellung von Spezialstahl, elektronischen Geräten, Kunststoffen und Werkzeugmaschinen.

Kantō bedeutet »Östlich der Wegsperren« und ist heute die zusammenfassende Bezeichnung für die sieben Präfekturen, die sich auf der breiten Kantō-Ebene um Tōkyō gruppieren. Es sind dies die Präfekturen Kanagawa, Tōkyō, Saitama, Gumma, Tochigi, Ibaraki und Chiba, wobei der Präfektur Tōkyō die Verwaltung der Izu- und Bonin-Inseln angegliedert ist. Die alluviale Ebene, die von mehreren in Zentral-Honshū entspringenden Flüssen durchquert wird, ist im Osten von Hügeln, im Westen und Norden von Gebirgsketten eingefaßt. Hier lag einst das Zentrum feudaler Machtausübung, hier nahm die Entwicklung zum modernen japanischen Staat ihren Ausgang. Der städtische Großraum Tōkyō-Kawasaki-Yokohama ist mit 25 Millionen Ein-

Der prächtige, makellos geformte Kegel des Fujisan schwebt in einer Höhe von 3776 m über dem Fuji-Hakone-Izu-Nationalpark. Obwohl manchmal eine feine Rauchwolke über dem schneebedeckten Gipfel zu beobachten ist, ist der Fuji seit Jahrhunderten nicht mehr aktiv. Achtzehn Ausbrüche sind überliefert. Die schlimmsten in den Jahren 800 und 864 und im Jahre 1707, als Edo mit einer 15 cm hohen Decke aus Asche überzogen wurde. Der Vulkan wurde jahrhundertelang in Kunst und Literatur verherrlicht und gilt seit alters her als heiliger Berg. Bis zur Meiji-Restauration war er Frauen nicht zugänglich. Heute wird er von mehr als 300 000 Menschen pro Jahr auf sechs Pfaden bestiegen.

wohnern (1985) auf einer Fläche von 2500 qkm Japans größtes Siedlungs- und Industriegebiet, der Sitz der Regierung und ein Zentrum für Universitäten und andere Kultureinrichtungen. Die Industrie hat sich auf dem Keihin-Gürtel (Tōkyō-Yokohama) und in der Präfektur Saitama angesiedelt. Sie umfaßt die Zweige Petrochemie, Industrieautomaten, Elektronik, Textilwaren und Automobilherstellung.

Trotz der extremen Ballung von Wohn-, Geschäfts- und Industriegebieten, bietet die Kantō-Ebene Raum für eine intensiv betriebene Landwirtschaft. An den Markt von Tōkyō werden Reis, Tee, Bohnen, Gemüse und andere Feldfrüchte geliefert, und für eine bescheidene Seidenindustrie wird noch immer der Maulbeerbaum kultiviert. Die Wachstumsperiode beträgt 215 Tage.

Chūbu bedeutet »Mittelbezirk« und ist die Region, die sich vom Japanmeer bis hin zum Pazifik quer über die höchsten Erhebungen Japans, die Japanischen Alpen, erstreckt. Sie umfaßt neun Präfekturen: Niigata, Toyama, Ishikawa, Fukui, Nagano, Yamanashi, Gifu, Shizuoka und Aichi. Die vier erstgenannten sind auch als Hokuriku bekannt. Das Klima gliedert sich nach den unterschiedlichen Landschaftsräumen, wobei sich durch den Verlauf der Japanischen Alpen zwei Zonen ergeben: Die sonnige Pazifikseite, auch *omote*-Nihon, das »Gesicht« Japans genannt, und die kältere Seite am Japanmeer, oder *ura*-Nihon, der »Rücken« Japans. Die Küstenregion am Japanmeer ist seit alters her weniger wohlhabend, aber nach ihrer Erschließung durch die Shinkansen-Bahnlinie bis nach Niigata hat sich der Wohlstand erhöht. Hokuriku besteht größtenteils aus Naßfeldflächen, Hauptreislieferant ist die Präfektur Niigata. Die Vegetationsperiode ist kürzer als an der Pazifikküste, eine Ernte im Jahr ist die Norm. Der größte Teil der Niederschlagsmenge von 2000 bis 2500 mm pro Jahr fällt als Schnee im Winter. Auf der trockeneren und sonnigeren pazifischen Seite herrschen Orangen- und Teeplantagen vor, nur in Yamanashi überwiegt der Pfirsich- und Weinanbau. Die gebirgige Präfektur Nagano, die »Japanische Schweiz«, stützte ihre Wirtschaft bis zum Zweiten Weltkrieg auf eine berühmte Seidenindustrie, heute lebt sie vom Tourismus und vom Obstanbau. Die an den Pazifik grenzenden Präfekturen Shizuoka und Aichi sind als Tōkai, die »Östliche Küste« bekannt. Als Folge der Industrialisierung und der damit verbundenen Verschmutzungen des Meeres ist die Küstenfischerei als vorherrschender Wirtschaftszweig ruiniert. Nur im Tiefseebecken von Yaizu, Shizuoka, finden sich noch immer reiche Fischgründe.

Chūbus größtes Stadt- und Industriezentrum auf der Pazifikseite ist Nagoya. Die im Jahre 1692 bereits 40 000 Einwohner zählende ehemalige Burgstadt des Fürstentums Owari verdankt ihre blühende Entwicklung im 17. Jahrhundert der günstigen Lage am Tōkaidō, der Hauptverkehrsader. Im ausgehenden 19. Jahrhundert war sie ein Verkehrsknotenpunkt auf der Bahnlinie Tōkyō-Ōsaka. Nach schweren Bombenangriffen im Zweiten Weltkrieg wurde sie völlig neu aufgebaut und ist heute ein Zentrum der Automobilindustrie, der Sitz von Toyota. Im Hokuriku sind die bedeutendsten Städte Niigata und Kanazawa. Kanazawa, Hauptstadt der Präfektur Ishikawa, wurde im späten 16. Jahrhundert von dem mächtigen Geschlecht der Maeda als Burgstadt gegründet. Heute ist sie nach nur geringfügigen Zerstörungen im Zweiten Weltkrieg ein Zentrum für das Kunsthandwerk, insbesondere für das Kutani-Porzellan und die als Kaga-Yuzen bekannte Seidenmalerei. Die alten Samurai-Residenzen der Stadt sind Denkmäler der japanischen Feudalzeit.

Unten: Aufgrund der verstopften Straßen und ungenügender Parkmöglichkeiten in der Stadt benützen Pendler im wesentlichen Züge und Busse. Auf Fahrrädern strömen sie zu den Lokalbahnhöfen, was ebenfalls Parkprobleme schafft und Geduld und Ordnungssinn der Eigentümer auf die Probe stellt. 1986 wurden in Japan 7 810 000 Personenwagen produziert, 4 573 000 davon für den Export. Im selben Jahr stellte man 6 583 000 Fahrräder her, von denen nur 682 000 exportiert wurden.

Links: Die Japaner haben immer vom Seefang gelebt. Heute durchziehen kleine Fischkutter wie die bei Jōdogahama in der Präfektur Iwate die Küstengewässer, während moderne japanische Fischereiflotten die Weltmeere durchkreuzen, um den japanischen Markt zu versorgen.

Unten links: Das vulkanische Japan verfügt über eine Fülle von Thermalquellen. In den Bergen und an den Küsten gibt es Hunderte von Thermalbädern, die sich teilweise wie in Atami, Arima und Beppu zu großen kommerzialisierten Vergnügungszentren entwickelt haben. Andere, wie die hier abgebildete, inmitten des Nikkō-Nationalparks, sind einfache heiße Quellen in freier Natur. Jahrhundertelang nutzten die Japaner die heißen Quellen zur Entspannung und zu Heilzwecken.

Unten: Die geschäftige, moderne Hafenstadt Kōbe entwickelte sich aus dem kleinen, vormodernen Hafen Hyōgo. Hyōgo war einer der Häfen, die man in den 1860er Jahren unter dem Druck des Auslands öffnete. Seitdem gehört sie zu den weltläufigsten Städten Japans. Da sie im Rücken von steilen Bergen begrenzt wird, könnte man den modernen Hafen nur durch Einpolderung ausweiten.

Links: Nach der Zerstörung durch Bombenangriffe Anfang 1945 wurde Tōkyō wieder aufgebaut. Im Zentrum ist Tōkyō heute eine Metropole aus Beton und Glas mit Hochstraßen und Geschäftsvierteln im Untergrund. Shinjuku war ehemals eine Station auf der Kōshukaidō-Straße von Edo nach Suwa, heute ist es einer der lebhaftesten Bahnhöfe und Geschäftszentren Tōkyōs mit 48stöckigen Wolkenkratzern über Boutiquen und Kaufhäusern und einem aufregenden Vergnügungsviertel. Seit dem Baubeginn des neuen Regierungsgebäudes, des höchsten Gebäudes der Stadt, rollt eine erneute Welle der Bodenspekulation über Shinjuku.

Die Städte Ōsaka, Kyōto, Kōbe und Nara bilden das Kernland des Kansai, des Bezirks »Westlich der Wegsperren«, der sich in Dialekt, Ernährung und Gebräuchen vom Kantō unterscheidet. Die ehemalige Residenzstadt Kyōto – von 794 bis 1868 Sitz des Tennō – ist eine blühende Universitätsstadt, Lieferant für vielseitiges Kunsthandwerk und ein Zentrum der High-Tech-Industrie. In der betriebsamen 1,5-Millionen-Stadt finden sich ruhige Tempel und Paläste neben überfüllten Geschäftsstraßen und modernen Forschungsinstituten, traditionelles Kunsthandwerk neben High-Tech-Produkten.

Im Kansai bilden die Präfekturen Shiga, Mie, Kyōto, Nara, Ōsaka, Wakayama und Hyōgo den Kinki-Bezirk. Das Industrieband, als Hanshin bekannt, verläuft durch Ōsaka und Kōbe. Ōsaka liegt im Delta des Yamato und Yodo. Einst wurde es die Stadt der 808 Brücken oder das Venedig Japans genannt, heute ist das Kanalnetz größtenteils der Stadtplanung zum Opfer gefallen. Im 17. Jahrhundert entwickelte sich Ōsaka zur Handelsmetropole, zur Reisbörse, zu einem Mittelpunkt städtischer Kultur. Heute ist es nach Tōkyō die bedeutendste Hafen- und Industriestadt. Die Präfektur Ōsaka ist nach Tōkyō der zweitgrößte Industriestandort, die Präfektur Hyōgo steht an sechster Stelle. Kōbe (Präfektur Hyōgo) ist der wichtigste internationale Hafen in West-Japan. Bis ins 3. Jahrhundert reichen die Berichte über das Tiefwasserbecken des Hafens zurück, der im gesamten Verlauf der japanischen Geschichte eine führende Rolle im Außenhandel spielte. Er gehörte zu den Häfen, die Mitte des 19. Jahrhunderts den ausländischen Schiffen geöffnet wurde, und noch immer sieht man viele Gebäude westlicher Bauart, die der Stadt internationales Flair verleihen. Ein Großteil der Küstenzonen im Raum Ōsaka wurden durch Einpolderung hinzugewonnen. So soll der geplante internationale Flughafen von Ōsaka vollständig auf Polderland an der Ōsaka-Bucht gebaut werden. Der Kansai ist Standort für die mächtigsten Industriekonzerne Japans, mit den Schwerpunkten Elektronik-, Computer-, Kunstfaser-, Chemie-, Metall- und Roboterindustrie.

Der Südwesten Honshūs ist als Chūgoku, das »Mittelland bekannt, da er in früher Geschichte die Mitte zwischen Kinki und Kyūshū darstellte. Er umfaßt die fünf Präfekturen Tottori, Shimane, Okayama, Hiroshima und Yamaguchi. Das Chūgoku-Gebirge gliedert die Region in den am Japanmeer gelegenen Bezirk San'yō an der Inlandsee, die »Sonnenseite der Berge«. Während San'in infolge einer buchtenarmen Ausgleichsküste wenig Seeverkehr hat, lädt die buchten- und inselreiche Küste von San'yo zur Anlage von Seehäfen geradezu ein. Nirgends in Japan folgen größere und kleinere Häfen dichter aufeinander als hier. Die Präfekturen Okayama, Hiroshima und Yamaguchi sind infolge der längeren Abdachung der Wasserscheide nicht nur territorial größer als die beiden Präfekturen des Bezirks San'in, sie sind auch dank ihrer Ausstattung mit natürlichen Hafenbuchten und breiteren Siedlungsflächen wirtschaftlich weit beweglicher als jene. San'yō unterlag, wie das gesamte Gebiet an der Inlandsee, einer raschen Industrialisierung und kennzeichnet sich als Glied der Industrie- und Handelswirtschaftszone, die von Tōkyō bis nach Kitakyūshū-Fukuoka verläuft. So ist das 1945 von der Atombombe zerstörte Hiroshima heute eine Industrieprovinz von 900 000 Einwohnern. San'in dagegen ist weniger stark industrialisiert, die Einnahmequellen liegen in den Erträgen der Holz- und Viehwirtschaft und der Fischerei.

Shikoku

Shikoku setzte sich ehemals aus »Vier Provinzen« zusammen, der Provinz Sanuki (heute Kagawa), Awa (Tokushima), Tosa (Kōchi) und Iyo (Ehime). Mit Ausnahme der Küstenstriche an der Inlandsee und am Pazifik ist es eine gebirgige Insel, etwa der Größe Sardiniens vergleichbar, mit einer Einwohnerzahl von 4 Millionen. Der Norden mit den Präfekturen Tokushima, Ehime und Kagawa gehört zum Industriegürtel der Seto-Inlandsee. Der Süden lebt vom Anbau von Zitrusfrüchten und von der Fischerei und Holzwirtschaft. Die Vegetationsperiode ist lang, 260 Tage im Jahr. Für Anhänger des Kūkai ist Shikoku seit alters her eine Wallfahrtsstätte.

Weite Landstriche an der Seto-Inlandsee gehören zu einem atemberaubenden Nationalpark: Weiße Sandstrände, schroffe Felsriffe, mit Kiefern überzogene Inseln und als Höhepunkt der Itsukushima-Schrein, der gleichsam auf den Meereswogen zu schwimmen scheint. Andererseits ist die Inlandsee auch ein geschäftiges Fischereizentrum, ein Verkehrsweg für Schiffe und ein hochentwickeltes Industriegebiet. Elf Präfekturen grenzen an die Inlandsee. Jährlich werden viele Millionen Tonnen Stahl, Chemikalien, petrochemische Produkte, Zellstoff und Papier produziert. Die industrielle Erschließung der gesamten Region und gewaltige Einpolderungsprojekte zur Gewinnung neuer bebaubarer Landflächen haben die Küste teilweise zerstört, verschmutzten das Meer und gefährdeten den Fischbestand.

Kyūshū

Auch die Insel Kyūshū, die »Neun Provinzen«, erhielt ihren Namen aufgrund der vormodernen Verwaltungsstruktur. Es ist eine gebirgige Insel, etwa von der Größe Taiwans, mit zwei unterschiedlichen Bezirken: Der wohlhabende Norden mit wachsender Besiedelung und Industrialisierung, und der ärmere, nach wie vor landwirtschaftlich genutzte Süden. Das warme Klima und die lange Vegetationsperiode garantieren eine doppelte Ernte, jedoch ist der Anteil an Ackerboden gering. Verkehrsverbindungen nach Honshū sind die 1500 m lange Kammonbrücke und drei Unterwasser-Tunnels, einer davon für die Shinkansen-Linie.

Die Industrialisierung Kyūshūs setzte zu Beginn der Neuzeit ein. Der Schwerpunkt lag zunächst auf der Seiden- und Baumwollproduktion, seit der Jahrhundertwende verlagerte er sich auf die Herstellung von Stahl. Die Eisen und Stahl erzeugenden Yawata-Werke (heute »Yawata Works, Japan Steel Co«) stellten ihr Unternehmen auf die Grundlage heimischer Kohlevorkommen und importierter Eisenerze aus China. 1963 wurden die fünf Städte Moji, Kokura, Yahata, Tobata und Wakamatsu zu der Stadt Kitakyūshū (Nordkyūshū) zusammengefaßt. Kitakyūshū und Fukuoka haben beide eine Einwohnerzahl von über einer Million Menschen.

Südöstlich von Fukuoka liegt das schwefelhaltige Kargland des Aso-Nationalparks, aus dessen Mitte sich der Vulkan Aso mit seiner gewaltigen Caldera-Bildung

Unten: Japans Wirtschaft basiert auf dem Import von Rohstoffen und dem Export von Fertigprodukten. Da die Bebauungsflächen knapp sind, errichtete man viele Industrieanlagen an den Küstenstrichen auf Aufschüttungsland. Dieser große Industriepark im Raume Mizushima bei Kurashiki ist auf Polderland entlang den Ufern des Takahashi gebaut. Er umfaßt Ölraffinerien, petrochemische Fabriken, Stahlwerke und andere Schwerindustrien. Industrielle Entwicklung und anhaltende Verunreinigungen haben die Fischindustrie an diesem Teil der Inlandsee gefährdet.

Links und unten: Der Asosan, ein aktiver Vulkan mit der größten Caldera-Bildung der Welt, liegt im Zentrum des Aso-Nationalparks in der Präfektur Kumamoto, Kyūshū. Aso ist der Sammelbegriff für fünf Vulkankegel, von denen der Nakadake (1323 m), der ständig in einer Wolke aus schwarzem Rauch und Vulkanasche steht, der aktivste ist. Die öde Karglandschaft ist von düsterer Schönheit, die jedoch im Norden und Süden der fünf Gipfel von zwei ausgedehnten Ebenen aufgehellt wird. Mehrere Städte und Dörfer mit insgesamt 56 000 Einwohnern verteilen sich auf einer Fläche von 400 qkm. Wie auch andere Nationalparks zieht der Asosan Ströme von Besuchern an. Viele nehmen Sonn- oder Feiertage zum Anlaß, zu den Gipfeln zu fahren und in den brodelnden Krater des Nakadake hinunterzusehen.

auftürmt. Der noch aktive Krater Nakadake hat einen Durchmesser von 600×1200 m und eine Tiefe von 160 m. Aus den seitlichen Spalten entweichen Rauch- und Gaswolken.

Nagasaki in der tief eingezahnten, sich zum Kontinent hin nach Süden öffnenden Nagasaki-Bucht, entwickelte sich im 16. Jahrhundert zum Zielhafen für die Kaufleute aus Spanien, Portugal, England, Holland, Korea und China. Nach der Ausweisung aller Ausländer im frühen 17. Jahrhundert, gestattete man während der sogenannten »Abschließung« des Landes nur den Holländern, auf der kleinen, dem Hafen von Nagasaki vorgelagerten Insel Dejima, eine Handelsstation zu unterhalten. Der Charakter eines Handelszentrum blieb der Stadt bis in die Meiji-Taishō-Zeit erhalten, zusätzlich entwickelte sich aufgrund der günstigen Lage des Hafens eine blühende Werftindustrie. Am 9. August 1945 wurde Nagasaki von der zweiten Atombombe zerstört. Mehr als 73 000 Menschen kamen ums Leben und sehr viel mehr starben an den Folgen der Strahlenkrankheit. Nach dem Wiederaufbau entwickelte es sich erneut zu einem lebhaften Handels- und Industriezentrum und wurde zum Standort des Mitsubishi-Konzerns (Werft-, Maschinenbau- und Stahlindustrie). Obwohl die Werft- und Stahlindustrie in den letzten Jahren einer Depression unterlag, sind die Mitsubishi-Werke noch immer der wichtigste lokale Arbeitgeber. Von Nagasaki aus wurde der Handel mit Taiwan und Festlandchina aufgebaut.

Das 514 000 Einwohner zählende Kagoshima ist die bedeutendste Stadt in Süd-Kyūshū. Die Lage an der Kagoshima-Bucht mit Blick auf den gegenüberliegenden aktiven Vulkan Sakurajima ist von einzigartiger Schönheit. Jahrhundertelang gehörte die Region zum Fürstentum Satsuma, der Domäne des Shimazu-Geschlechts. Junge Samurai aus Kagoshima spielten während der Meiji-Restauration eine führende Rolle. Die Region ist berühmt für Reisschnaps (*shōchu*) und Porzellanwaren. Der Sakurajima und über 20 andere Krater sind Teil des Kirishima-Yaku-Nationalparks, zu dem auch die unberührten Zedernwälder der Insel Yaku und der 1935 m hohe Miyanoura gehören.

Unten: Das Klima des japanischen Archipels reicht von der halbtropischen Zone Okinawas (*s. Abb.*) und der Ryūkyū-Inseln im Süden bis zu der sibirischen Zone auf Hokkaidō und den Kurilen im Norden. Seit alters her fungierten die unter chinesischem Einfluß stehenden Ryūkyūs als kultureller Vermittler zwischen Japan und dem Kontinent. In den Zeiten politischer Unabhängigkeit entwickelten die Ryūkyūs eine eigenständige Kultur. Im frühen 17. Jh. wurden die Inseln von China zerstört und gerieten dann unter die Kontrolle der Satsuma-Fürsten, die den Zucker des Landes ausbeuteten.

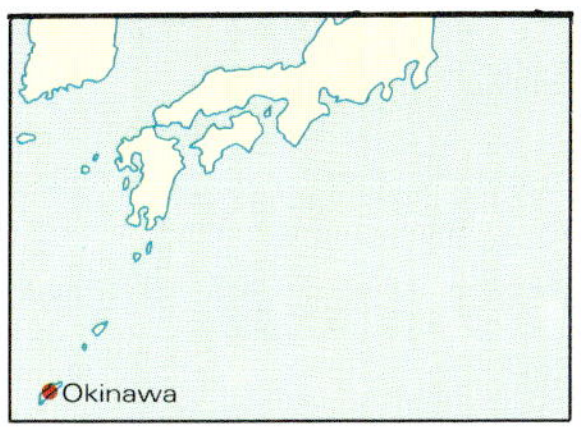

Okinawa

Okinawa, die größte Insel der Ryūkyū-Kette, ist 140 km lang und zwischen 3 km und 9 km breit. Das subtropische Klima mit frostfreien Wintern garantiert eine ganzjährige Vegetationsperiode. Bei minimaler Industrialisierung und geringen Bodenschätzen stützt sich das Einkommen auf Viehwirtschaft, Fischerei und den Anbau von Zuckerrohr, Ananas und Tabak. Die Produktion von Reis, Süßkartoffeln und Seide stagniert oder geht zurück. Das Kunsthandwerk wurde teilweise wiederbelebt, insbesondere die Herstellung der lebhaft gemusterten *bingata*-Stoffe und Keramikwaren. Die bedeutendsten Wirtschaftsfaktoren sind jedoch Zulieferindustrien und der Tourismus.

Das zwischen Japan und China gelegenen Okinawa stand unter wechselndem Einfluß der beiden mächtigen Nachbarn. Im Jahre 1609 geriet es unter Kontrolle der Fürsten Shimazu von Satsuma, die das Zuckerrohr gewinnträchtig für den Ōsaka-Markt ausbeuteten. Ihre Oberherrschaft ging 1868 an die Meiji-Regierung über. Die chinesischen Ansprüche auf das Ryūkyū-Königreich endeten nach dem Sino-Japanischen Krieg (1894–95). Bis zum Ende des Zweiten Weltkrieges blieb die Verwaltung bei Japan, das sie dann bis zu der Rückgabe im Jahre 1972 an die Vereinigten Staaten abtreten mußte. Vom April bis Juni 1945 fand auf Okinawa ein erbitterter Kampf zwischen Alliierten und Japanern statt. Tausende von Zivilisten kamen in den blutigen Auseinandersetzungen ums Leben und ein Großteil der älteren Gebäude wurde zerstört.

Modernes Verkehrswesen und die Schnellbahnen

Der moderne Luft-, Straßen-, und Eisenbahnverkehr hat die Inseln des Archipels eng miteinander verknüpft. Neue Autobahnen, Brücken und Tunnels, das zuverlässige Shinkansen-Eisenbahnnetz und gute Flugverbindungen haben dazu beigetragen, die unterschiedlichen Regionen des Archipels zusammenzufügen. Besonders die Shinkansen-Linie bewirkte eine spürbare Veränderung. Zunächst verband sie Tōkyō mit Kyōto, Ōsaka, Hiroshima und Fukuoka, dann wurde sie bis Niigata und Morioka ausgebaut und geplant ist ferner die Erweiterung bis Aomori an der äußersten Spitze Honshūs entlang der Küste von Hokuriku. Überall hat die Shinkansen die Wirtschafts- und Stadtentwicklung gefördert, und den Großstadt-Korridor mit den Zentren Tōkyō und Ōsaka erweitert. Der jüngst eröffnete Seikan-Tunnel zwischen Aomori und Hakodate verbindet Hokkaidō direkt mit Honshū und wird die Entwicklung Hokkaidōs beschleunigen. Die Seto Ōhashi, eine im April 1988 eröffnete neue Brücke, verbindet Shikoku mit Honshū.

Der Reisende, der heute nach einem geruhsameren, weniger schnittigen Japan sucht, muß sich von diesem Korridor wegbewegen. Das ursprüngliche Japan findet man noch immer in Städten wie Kanazawa, Kumamoto, Nagasaki und Kagoshima, die, was allerdings nur eine Frage der Zeit ist, noch nicht an das Schnellbahnnetz angeschlossen sind. Für das 21. Jahrhundert entwickeln die Japaner bereits eine neue Generation von Zügen – die von Elektro-Hauptschlußmotoren betriebenen Schnellbahnen.

DIE ANFÄNGE JAPANISCHER KULTUR UND GESELLSCHAFT

Wer waren die Vorfahren der Japaner? Wo liegen ihre Ursprünge und seit wann siedeln sie auf dem Halbrund von Vulkaninseln, das wir heute Japan nennen? Weder japanische noch chinesische Schriftdokumente geben darüber Aufschluß. Die ältesten japanischen Quellen, das *Kojiki* (*Aufzeichnungen alter Begebenheiten*) und das *Nihon shoki* (*Japanische Annalen*) stammen aus dem 8. Jahrhundert n. Chr.. Die späteren Abschnitte des *Nihon shoki* enthalten mit ihren detaillierten Ausführungen bereits nützliche Informationen für den Historiker. Frühere Kapitel beschränken sich jedoch, ebenso wie das *Kojiki*, auf die mythischen Ursprünge des Landes. Sie verfolgen die Dynastien zurück bis in die Zeit, da die Götter noch die weite Himmelsebene regierten. Bereits im 1. Jahrhundert n. Chr. erscheint Japan als das »Land der Leute von Wa« in chinesischen Quellen. Diese frühen Dokumente sind faszinierend zu lesen, beruhen jedoch nicht unbedingt auf historischen Tatsachen.

Verläßlicheren Aufschluß geben die archäologischen Funde. Glücklicherweise ist seit dem Zweiten Weltkrieg das Interesse an archäologischer Forschung in Japan stark gewachsen und mit ihm die Kenntnis von der Frühzeit der japanischen Gesellschaft. Die japanische Archäologie begann im späten 19. Jahrhundert mit dem Amerikaner E.S. Morse (1838–1925), Zoologieprofessor an der Universität Tōkyō, der die Ōmori-Muschelhaufen ausgegraben hat (*The Shell Mounds of Omori*, 1879). Im frühen 20. Jahrhundert wurden stratigrafische Grabungen an alten Siedlungen durchgeführt, die man als Jōmon-Kultur klassifizierte, und die von Yamanouchi Sugaro (1902–1970) auf 3000 v. Chr. datiert wurden.

Diese vielversprechende Entwicklung der Vorkriegszeit wurde jedoch behindert, als sich das politische Klima Japans veränderte, und das Land in Imperialismus und Militarismus versank. In der repressiven Atmosphäre der dreißiger und frühen vierziger Jahre kamen kritische Spekulationen über den Ursprung Japans zum Erliegen. Man verbreitete den Mythos von Jimmu, einem Abkömmling der Sonnengöttin, der als legendärer Urvater der japanischen Kaiser 660 v. Chr. den Thron bestiegen haben soll. Archäologen konnten zwar graben, doch riskierten sie Gefängnisstrafen, sofern die von ihnen veröffentlichten Theorien den nationalen Mythos in irgendeiner Weise antasteten.

Nach Kriegsende wurden diese intellektuellen Tabus aufgehoben, und Archäologen und Historiker konnten wieder ungehindert arbeiten. Auch sie profitierten von Japans wirtschaftlicher und industrieller Wiederbelebung und vom technologischen Aufschwung. Seit dem Krieg sind über 15000 Grabungen mit den neuesten Untersuchungsmethoden durchgeführt worden: mit präzisen, stratigafischen Grabungen, Radiokarbon-Datierungen und chemischen Untersuchungen pflanzlicher und tierischer Überreste. Einerseits hat der wirtschaftliche Aufschwung spektakuläre Funde möglich gemacht, andererseits hat er aber auch vieles unter einer Betondecke begraben. In vielen Fällen kamen Notgrabungen den Bulldozern für die neuen Fabriken, Wohngebiete, Untergrundbahnen, Flughäfen und Autobahnen gerade noch zuvor. Auch das starke Interesse der Japaner aller Altersgruppen für die Wurzeln ihrer Kultur und Gesellschaft wirkte sich förderlich auf die Archäologie aus. Jede japanische Buchhandlung scheint eine Ecke mit archäologischen Büchern zu besitzen, und über wichtige Funde, wie etwa den des bemalten Takamatsuzuka-Grabs 1972, berichten sogar die Tageszeitungen und Fernsehnachrichten.

Die archäologischen Funde haben die Grenzen japanischer Vorgeschichte beständig weiter zurückgeschoben. Hatte für mehrere Jahrzehnte der Ursprung menschlicher Aktivität in Japan bei den Jōmon (10000 bis 300 v. Chr.) gelegen, so steht heute fest, daß es eine reiche paläolithische Kultur bereits vor den Jōmon gegeben haben muß, und der japanische Archipel vermutlich schon seit 50000 Jahren besiedelt ist.

Die japanische Vorgeschichte wird in vier Abschnitte eingeteilt. Obwohl jede ihre charakteristischen Merkmale besitzt, gibt es deutliche Kontinuitäten; ein stetiges, wenn auch nicht immer gleichmäßiges Anwachsen der Kulturleistungen ist zu erkennen. Steinzeitkulturen wurden abgelöst von einer Jäger- und Sammler-Phase, in der man bereits Keramik herstellen konnte; auf diese folgte eine metallverarbeitende Argarkultur und schließlich eine Kulturstufe, die durch riesige Grabhügel gekennzeichnet war, die lokale Herrscher von Tausenden von Arbeitskräften anlegen ließen. Der Übergang von einer Phase zur nächsten mag durch den zeitweiligen Zustrom von Festlandvölkern bedingt worden sein. Doch scheint er weniger durch Eroberungen von außerhalb, als vielmehr durch die Übernahme neuer Techniken initiiert worden zu sein. Die meisten dieser Techniken stammen nachweislich vom Festland, sind jedoch in Japan verbreitet und weiterentwickelt worden. Der Gebrauch von Steinwerkzeug und die von den Jōmon beeinflußte Keramik hielten sich auch nach der Einführung von Metallverarbeitung und landwirtschaftlichem Anbau noch geraume Zeit.

Die japanische Vorgeschichte reicht bis ins Paläolithikum zurück. Zu dieser Zeit existierte eine Jäger-und-Sammler-Kultur, die Steinwerkzeuge und -waffen, aber

Paläolithikum	
Frühphase	vor ca. 50000 – 30000 Jahren
Spätphase	vor ca. 30000 – 12000 Jahren
Jōmon-Periode	
Anfänge	11000 v. Chr. – 7500 v. Chr.
Früheste Zeit	7500 v. Chr. – 5500 v. Chr.
Frühzeit	5500 v. Chr. – 3500 v. Chr.
Mittlere Phase	3500 v. Chr. – 2500 v. Chr.
Spätzeit	2500 v. Chr. – 1500 v. Chr.
Späteste Phase	1500 v. Chr. – 300 v. Chr.
Yayoi-Periode	
Frühphase	300 v. Chr. – 100 v. Chr.
Mittlere Phase	100 v. Chr. – 100 n. Chr.
Spätphase	100 n. Chr. – 300 n. Chr.
Kofun-Periode	
Frühphase	300 n. Chr. – 400 n. Chr.
Mittlere Phase	400 n. Chr. – 500 n. Chr.
Spätphase	500 n. Chr. – 650 n. Chr.

Oben: Der amerikanische Zoologe E. S. Morse, von 1877–1879 erster Zoologieprofessor an der neuen Tōkyōter Universität, leistete wichtige Beiträge zur Erforschung der japanischen Kultur wie auch zur Verbreitung westlicher Wissenschaften in Japan. Er leitete die erste wissenschaftliche Grabung an den Ōmori-Muschelhaufen und eröffnete damit einen Einblick in die Kultur der Jōmon.

Rechts: Paläolithisches Japan
Erste Grabungen in Iwajuku 1946 haben die Existenz paläolithischer Kulturen in Japan bestätigt. Seitdem konnte ihre Datierung durch Radiokarbonmessungen und andere moderne Techniken beständig weiter zurückgeschoben werden. Sie bevölkerten Japan vor mindestens 30000 Jahren, kürzlich in Zasaragi ausgegrabene Steinwerkzeuge sollen 50000 Jahre alt sein. In ganz Japan wurden inzwischen 2000 paläolithische Fundstätten identifiziert. Aus ihnen wurden Steinäxte, Messer, Schaber und Klingen aus Kieseln zutage gefördert, in späteren Siedlungen (13500–10000) fanden sich Mikrolithe aus Obsidian. Der saure Vulkanboden Japans ist der Konservierung von Holz und Knochen nicht förderlich. Ein menschliches Skelett aus dieser Zeit konnte bisher nicht gefunden werden, wohl aber fossilierte Knochenfragmente von Tieren, teilweise auch von menschlichen Skeletten, so z. B. in Minatogawa (Okinawa), Hijiridake (Kyūshū) und Akashi, Mikkabi, Hamakita und Kuzū auf Honshū.

Nebenkarte: Die kontinentalen Landbrücken
Sowohl geologische Formationen als auch Pflanzen- und Tierfossilien weisen darauf hin, daß Japan während der Eiszeiten des späten Pleistozän mit der asiatischen Landmasse verbunden war. Paläolithische Jäger überquerten bei der Verfolgung von Mammuten, Naumann-Elefanten, Großhirschen und kleineren Beutetieren die heutige Koya-(Tsushima-)Straße von Korea bzw. die La Pérouse-(Sōya-)Straße von Sibirien aus. Selbst tiefere Meerengen, wie die zwischen den nördlichen Ryūkyūs und zwischen Hokkaidō und Honshū waren für kurze Zeit als Landbrücken begehbar. Japans geografische Isolierung begann erst vor etwa 20000 Jahren, als die großen Gletscher schmolzen, und der erhöhte Meeresspiegel die Inseln voneinander und den gesammten Archipel vom Festland abtrennte.

Dieser Stoßzahn eines Naumann-Elefanten, der am Nojiri-See (Präfektur Nagano) gefunden wurde, zeigt Spuren menschlicher Bearbeitung und wurde offensichtlich als Werkzeug benutzt. Vor der Abtrennung Japans vom Festland gegen Ende der Eiszeit jagte man mit Steinwaffen Mammute, Naumann-Elefanten, Großhirsche und kleinere Beutetiere, die den Archipel in jener vorgeschichtlichen Zeit bevölkerten.

noch keine Keramik benutzte. Ihr folgt ab etwa 10000 v.Chr. eine mesolithische Kultur, bekannt als Jōmon- oder Schnurkeramik-Kultur. Etwa 300 v.Chr. wird sie abgelöst von den Yayoi, die bereits Metall verarbeiteten, Stoff webten und Ackerbau betrieben. Ab 300 n.Chr. sind die Kulturlandschaften geprägt von riesigen Gräbern, die sich in der Gegend vom Yamato am östlichen Ende der Inlandsee konzentrieren. In dieser Zeit etablierte sich in Japan erstmals eine klar umrissene politische Einheit, die Yamato-Dynastie.

Wegen der Unterschiedlichkeit dieser Phasen liegt die Vermutung nahe, diese kulturellen Brüche seien durch Invasionen entstanden, und jede Phase sei von einem anderen Volk geprägt worden.

Einige Historiker und Archäologen nehmen solche Invasionen entweder für die Yayoi-Periode oder für die Gräber-Phase an, und tatsächlich lassen sich für diese Zeit Veränderungen im Körperbau, bedingt durch andere Ernährung und anderen Lebensstil, nachweisen. Doch vieles spricht dafür, daß diese Periodisierung durch interne Veränderungen entstanden ist; einige Gruppen innerhalb der Gesellschaft lernten neue Techniken von kleinen Einwandertrupps, die von der koreanischen Halbinsel, vom chinesischen Festland oder über die Kurilen aus Nordasien kamen.

Früheste Werkzeuge: Die paläolithische Kultur

Wie Radiokarbondatierungen von Funden aus Grabungen z.B. in Iwajuku zeigen, wurden die Inseln bereits seit mindestens 30000 Jahren von Völkern bewohnt, die Steinwerkzeuge und -waffen kannten. Während der Eiszeiten des Pleistozän, als sich die Meere zurückzogen, war Japan zeitweise durch Landbrücken mit dem asiatischen Festland verbunden. Wo sich heute die Straße von Sōya befindet, gab es eine Landverbindung zwischen Sibirien und Hokkaidō. Westjapan war über die Tsushima-Straße mit der koreanischen Halbinsel verbunden. Auch zwischen Hokkaidō und Honshū sowie zwischen den nördlichen Ryūkyū-Inseln und Kyūshū gab es Landverbindungen. Kleine Trupps von Jägern, die mit Speerspitzen aus Stein jagten, verfolgten Herden von Mammuten, Naumann-Elefanten, großen Hirschen oder anderen Wildtieren über diese Landbrücken. Das späte Pleistozän war auch eine Periode starker vulkanischer Aktivität. Schichten vulkanischer Asche bilden den Lehm der Kantō-Ebene in Ost-Japan, in dessen oberster Schicht die meisten paläolithischen Funde gemacht wurden.

In den saueren, vulkanischen Böden haben sich kaum menschliche Überreste erhalten. Einzig in den Grabungen in Akashi, Ushikawa, Mikkabi, Hamakita und Kuzū wurden Menschenfunde aus dieser Periode gemacht. Tierische Fossilien, aus Kieseln geschlagene Faustkeile, Klingen, Handäxte, Schaber und Speerspitzen wurden jedoch in großen Mengen in Hunderten von Grabungen gefunden. Eine 13000 Jahre alte, reiche Mikrolith-Produktion ist durch feine Werkzeuge belegt, die aus den großen Obsidian-Vorkommen gefertigt wurden.

Die Jōmon

Ab etwa 10000 v.Chr. fand eine weltweite Erwärmung statt, die um etwa 3000 v.Chr. ihren Höhepunkt erreichte. Die Meeresspiegel hoben sich, während die vulkanischen Aktivitäten allmählich nachließen. Honshū und Hokkaidō wurden getrennt und Japan wieder vom asiatischen Festland abgeschnitten. Einige große Tierarten starben aus, nachdem die Verbindung zum Festland abgeschnitten war, andererseits entwickelten Flora und Fauna, durch das wärmere Klima begünstigt, im Laufe der folgenden Jahrtausende eine größere Artenvielfalt.

Etwa um diese Zeit lernten die Inselbewohner das Aufbauen und Brennen von Keramik. Möglicherweise kam diese Technik vom Festland, doch bisher wurden zu wenige eindeutige kontinentale Vorbilder gefunden. Am ehesten kämen Schnurkeramiken aus dem Amur-Gebiet in Ost-Sibirien und aus koreanischen Fundstätten in Frage. Diese Funde sind jedoch jünger als die früheste Jōmon-Keramik. Die Herstellung von gebrannten Tongefäßen bedeutete eine Verbesserung der Lebensbedingungen; man konnte Lebensmittel kochen, besser lagern und sich aus der unmittelbaren Nähe der Wasserstellen entfernen. Die aus Tonwürsten aufgebauten Gefäße wurden in offenen Gruben gebrannt.

Die Jōmon-Periode, etwa 10000 bis 300 v.Chr., verdankt ihren Namen der typischen Keramik. *Jōmon* bedeutet »mit Schnüren verziert«, denn viele der Stücke haben ein Dekor, das durch Abdrücken von Schnüren, Zweigen oder Bambus in den weichen Ton entstanden ist. Zehntausende solcher Gefäße und Scherben wurden bei unzähligen Grabungen gefunden und sorgfältig klassifiziert. Um Ordnung in die Vielfalt der Jōmon-Keramik zu bringen, teilen die Archäologen die Stücke nach ihrem Alter und nach regionalen Varianten ein, die in bestimmten Phasen vorherrschend waren. Früheste und frühe Jōmon-Gefäße aus der Zeit zwischen 11000 und 5000 v.Chr. sehen instabil aus und haben meist runde oder spitz zulaufende Böden, vermutlich weil man sie zum Kochen im Freien benutzte, wo sie zwischen Steinen oder in weicher Asche oder Sand aufgestellt wurden. Keramik aus der Fukui-Höhle in der Präfektur Nagasaki, der Grabung in Kamikuroiwa in der Präfektur Ehime und einigen anderen konnte mit der Radiokarbon-Methode auf 10750 (± 500) datiert werden. Sie ist damit die älteste, klar datierbare Keramik, die bisher auf der Welt gefunden wurde. Bei der frühen Jōmon-Keramik, 5000 bis 3500 v.Chr., waren flache Böden üblich, ein Zeichen dafür, daß die Gefäße jetzt mehr innerhalb der Behausung gebraucht wurden, wo sie auf ebenem Boden stehen mußten. Im nordöstlichen Honshū und südlichen Hokkaidō stellte man mit Schnüren verzierte zylindrische Gefäße her, während in Kyūshū Fischgrätmuster verbreitet waren. Die Jōmon-Keramik der mittleren Phase beeindruckt durch üppige, kraftvolle Formen und reiches Dekor. Die Ränder der Umataka-Gefäße aus Niigata zum Beispiel zeigen deutlich züngelnde Flammen, während Keramik aus der Präfektur Nagano zum Teil mit Schlangenköpfen verziert ist. Die Dekoration dieser Gefäße scheint sowohl rituelle wie praktische Zwecke gehabt zu haben. Die Produktion der späten Jōmon-Periode schließlich, 2500–1500 v.Chr., besteht aus dünnwandigen Gebrauchsgefäßen in vielen Variationen, und ist weit verbreitet. Eine Vielzahl von Funktionen und ästhetischen Effekten wurde erreicht. Der Kamegaoka-Stil in Nordost-Japan etwa bevorzugte kleinere Gefäße mit polierten und gezonten Oberflächen.

Vieles von dem, was wir über die Jōmon wissen, auch ihre Keramik, kennen wir durch die Ausgrabung ihrer Abfallplätze, der Muschelhaufen, und ihrer Speichergruben, die man um die Siedlungen herum gefunden hat. Hier haben sich Spuren ihrer Nahrung, ihres täglichen Lebens und ihrer Begräbnispraktiken erhalten. Die Jōmon waren Jäger und Sammler, die von Nüssen, Früchten, Wurzeln, Tierfleisch, Fisch und Krustentieren lebten. Die allgemeine Erwärmung während der Zeit von 8000 bis 3000 v.Chr. ermöglichte die Aufzucht von Muscheln und Krustentieren entlang der Küsten und in Flußmündungen. Das waren reiche Nahrungsquellen für die frühen Jōmon, die sich in der Nähe ansiedelten und große Mengen Muschelschalen und anderen Unrat hin-

Die Jäger-und-Sammler-Kultur der Jōmon (ca. 11000–300 v.Chr.) hat ihren Namen von der vielfältigen Schnurkeramik (*jōmon*). Gefäße aus der Frühzeit (rechts außen), wie die aus Natsushima in der Tōkyōter Bucht, sind schlicht in Form und Verzierung und laufen nach unten spitz zu. Die mittlere Phase kennt bereits komplexere Formen und reiche Muster, die mit Schnüren, Reben oder Bambus hergestellt wurden (*unten rechts*). Einige der ausdrucksvollsten Gefäße, wie unser Beispiel hier, zeigen Flammenmuster, verschlungene Schlangen oder Menschengesichter. Ihr flacher Boden legt nahe, daß diese Gefäße in Innenräumen verwendet wurden. Die späte Keramik hat einfachere Dekors, dafür aber eine Vielfalt an Formen je nach Verwendungszweck.
In Grabungen der Mittel- und Spätzeit finden sich auch zahlreiche rituelle Tonfiguren in Tier- und Menschengestalt: *dogū* (rechts). Während sie zunächst nur Reliefdarstellungen waren, nahm ihr Volumen in der späten Jōmon-Periode zu. Meist sind es Frauengestalten, manche mit hervorgehobener Augenpartie. Da viele von ihnen vorsetzlich zerbrochen wurden, vermutet man, daß sie als sympathetische Talismane benutzt wurden, um Geburtsschmerz oder Krankheit auf sich zu nehmen.

Die mittleren Jōmon
Fundstücke aus Tausenden von Grabungen in ganz Japan geben Einblick in den Lebensstil der steinzeitlichen Jäger-und-Sammler-Kultur der Jōmon (ca. 11000–300 v.Chr.) Die Karte zeigt einige wichtige Grabungen der mittleren Jōmon-Periode (ca. 3500–2500 v.Chr.). Besonders ergiebig waren die Muschelhaufen, etwa der von Ōmori, zwischen Tōkyō und Yokohama gelegen. Dort hinterließen die Jōmon-Leute nicht nur Muschelschalen und Knochen, sondern auch Steinwerkzeuge, Schmuckgegenstände, Keramik und Ritualfigürchen (*dogū*). Die Jōmon lassen sich aufgrund regionaler Verschiedenheiten und nach Keramikstilen klassifizieren. Manche Grabungsergebnisse weisen auf semi-permanente Besiedelung hin. Diese Jōmon-Dörfer bestehen aus einer Ansammlung von Grubenhäusern, die über eine Feuerstelle verfügten. Andere Grabungen, wie etwa der Steinzirkel von Ōyu, geben Aufschluß über rituelle Praktiken. Das warme Klima der mittleren Jōmon-Periode förderte die Besiedelung des höher gelegenen Zentraljapan. Viele der Jōmon-Siedlungen finden sich in der Kantō-Ebene um das heutige Tōkyō (Mitte). Die Analyse von Siedlungen wie Ōmori, Ubayama und Kasori vermehrte unsere Kenntnis über die Jōmon-Kultur und ihre Keramik. Zwei verschiedene Keramikstile der mittleren Jōmon-Periode sind im Kantō und in den Zentralgebirgen vertreten. Typisch für diese Zeit sind kraftvolle, reich verzierte Gefäße, wie man sie in Katsusaka und Otamadai gefunden hat.

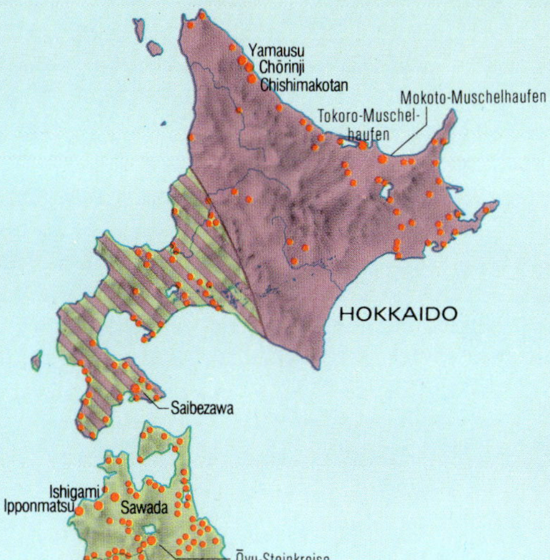

Yamausu
Chōrinji
Chishimakotan
Mokoto-Muschelhaufen
Tokoro-Muschelhaufen
HOKKAIDO
Saibezawa
Ishigami
Ipponmatsu
Sawada
Ōyu-Steinkreise
Araya
Daimyōjin
Nishida
Shirazuka
Numazu-Muschelhaufen
Satohama-Muschelhaufen
Daigi Gakoi-Muschelhaufen
Arai Uehara
Umataka
Maeda
Kushida
Asahi
Okinahara
HONSHU
Nakahara
Hiraide
Minebata
Togariishi
Idojiri
Sakai
Yanagida
Nebenkarte
Otamadai
Funatsubara-Muschelhaufen
Taishakkyō
Satogi-Muschelhaufen
Kamigamo
Nagaoka
Kitashirakawa
Tsushima
Iki
Miyata
Tenjinbashi
Morizaki
Funamoto
Kamikuroiwa
Kitagawa
Hikozaki-Muschelhaufen
Iwanogawa
SHIKOKU
Sakanoshita
Todorogi-Muschelhaufen
Adaka-Muschelhaufen
Sobata-Muschelhaufen
Nakao
KYUSHU
Hirakawa
Tanegashima
Siedlungen der mittleren Jōmon-Periode
Hauptsiedlungen
andere
regionale Keramikstile
Hokutō
Entō Jōsō
Daigi
Umataka (Flammenmuster)
Kushida
Katsusaka und Otamadai
Funamoto und Satogi
Adaka
Maßstab 1:9 000 000
0
300 km
0
20 Meilen
139° 30′
Hanawadai
Horinouchi
Edo
Ubayama
Takanekido
Tokyo
Ōmori-Muschelhaufen
Kasori
Chiba
35° 30′
Tama
TOKYO-BUCHT
Yokohama
Katsusaka
Küstenlinie des Altertums
Keramikstil
Katsusaka
Otamadai
Moderne Stadt
Maßstab 1:1 250 000
0
30 km
0
200 Meilen

terließen. Aus diesen Abfallhaufen kamen Knochen von Hirschen, Wildschweinen und Bären zutage, Gräten und Schalen aller Arten von Meeresgetier, Stein- und Holzwerkzeuge, Bogen und Pfeil-Spitzen, Knochennadeln, Schmuckstücke und Netzfragmente.

Im warmen Klima der mittleren Jōmon-Periode gediehen sommergrüne Laubbäume, und viele große Jōmon-Siedlungen lagen im Hochland Zentraljapans, der heutigen Präfektur Nagano. Neben der Jagd wurden Eicheln, Kastanien, Walnüsse und andere Nüsse, Süßkartoffeln und Wildbeeren gesammelt. Als sich ab etwa 2500 v. Chr. das Klima verschlechterte, und kalte Winter und heftige Regenfälle den Hochlandbewohnern zu schaffen machten, zogen die Jōmon-Leute wieder zurück an die Küsten. Daraus erklären sich die vielen Muschelhaufen an der Küste, wie Ōmori, Kasori oder Ubayama, die typisch für die späte Jōmon-Periode sind.

Viele der Jōmon-Siedlungen weisen auf zeitweilige Seßhaftigkeit hin. Sie bestanden aus Ansammlungen strohgedeckter Grubenhäuser, die von fünf bis sechs Leuten bewohnt wurden. Die zentrale Feuerstelle war mit Steinen eingefaßt und von fünf oder sechs Pfostenlöchern umgeben. In einigen Siedlungen der späten Jōmon-Periode unterscheiden sich manche Häuser in ihrer Größe beträchtlich von den anderen. Hier handelt es sich wohl um Kultstätten oder die Wohnungen der Häuptlinge. Viele der Siedlungen versuchten offensichtlich autark zu sein, doch es gibt Zeugnisse für regionalen Austausch; Salz aus den Küstengebieten wurde in die Berge geschafft und von dort fand Obsidian zur Werkzeugherstellung seinen Weg an die Küste. Uneinigkeit besteht darüber, ob die Menschen der Späten Jōmon-Periode bereits Landwirtschaft betrieben. Einige Forscher haben auf den Anbau einer Art von Hirse (*hie*) und der *Perilla*-Pflanze hingewiesen. Die Mehrzahl jedoch ist der Ansicht, daß man zwar wußte, wo bestimmte Pflanzen zu finden waren, Gerbsäure aus Pflanzen gewinnen und Nahrungsmittel mit Hilfe von Salz konservieren konnte, den systematischen Anbau von Getreide jedoch nicht beherrschte.

Durch Keramik und andere Objekte erfahren wir auch manches über die rituellen und ästhetischen Vorstellungen dieser Menschen. Die kraftvolle Keramik war noch keine Massenware; jedes Stück ist ein kleines Kunstwerk. Größere Krüge dienten während der mittleren und späten Jōmon-Periode zum Teil zur Bestattung von Kindern. Auch Opfergaben wurden darin beigesetzt. Phallussymbole aus Stein fand man in Häusern und an Berghängen. Die eindrucksvollsten Kunstwerke der Jōmon-Periode sind jedoch die *dogū*, Figurinen aus Ton oder Stein. Man fand sie von Kyūshū bis Aomori, und im Nordosten erreichten sie während der mittleren und späten Jōmon-Periode besondere Verfeinerung. Viele von ihnen stellen Menschen dar, schwangere Frauen mit maskenhaften Gesichtern und vorstehenden Augen. Wahrscheinlich waren es Fruchtbarkeitssymbole, oder sie spielten bei der Heilung Kranker oder bei Bestattungen eine Rolle. Da man sie häufig zerbrochen ausgegraben hat, liegt die Vermutung nahe, daß während eines Rituals die Krankheit vom Patienten auf solche Tonfiguren übertragen wurde. Auch kreisförmig angeordnete Steine wurden in Nordjapan entdeckt, zwei davon in Ōyu in Akita. Einer von ihnen umschließt einen einzelnen aufgerichteten Stein, der vermutlich einen Phallus darstellt. In Kinsei, Präfektur Yamagata, ist ein zentraler Stein von einem weiten Kreis 1,5 m hoher Steine umgeben. Diese und ähnliche Kultstätten sind zu groß für ein einzelnes Dorf und müssen wohl von mehreren Siedlungen genutzt worden sein, vermutlich für Rituale im Zusammenhang mit der Jagd und der Lachs-Fischerei. Aus Jōmon-Gräbern und Muschelhaufen wurden auch lackierte Kämme, Haarspangen aus Horn, Muschelohrringe und anderer Schmuck zutage gefördert. Manche der Gräberfelder wurden eingeebnet und von den späten Jōmon weiterbenutzt. Offensichtlich kannte man den Brauch des rituellen Zahnziehens, der besonders bei Knaben in der Pubertät praktiziert wurde.

Linguisten haben Spuren südostasiatischer Sprachen im Japanischen nachgewiesen, doch führt man den Ursprung des Japanischen aufs Koreanische und andere altaische Sprachen zurück. Vermutlich hat sich das Japanische während der Jōmon-Periode entwickelt.

Jōmon-Siedlungen finden sich auch in Hokkaidō, dem Gebiet der Ainu. Dieser kaukasoide Volksstamm aus Nordasien kam sehr früh auf die Insel und verbreitete sich in Hokkaidō und Nordost-Japan, wo es auch heute noch viele Ainu-Namen gibt. Einige Ainu-Worte sind dem Japanischen sehr ähnlich; *kamui* zum Beispiel klingt wie *kami*, das japanische Wort für »Götter«. Manche Archäologen vertreten die Auffassung, daß die letzte Jōmon-Periode eine Ainu-Kultur gewesen sei, doch ihre Rolle in dieser Phase ist noch längst nicht geklärt. In den folgenden Jahrhunderten wurden die Ainu, oder Ezo oder Emishi, wie sie auch genannt werden, von expansiven Stämmen aus Honshū weiter in den Norden vertrieben. Die Ainu-Kultur hat sich bis ins 20. Jahrhundert erhalten, obwohl sie im vorigen Jahrhundert starken Einwanderungswellen aus Honshū ausgesetzt war, und die Ainu selbst zusehends assimiliert werden. Ihre Bären- und Lachs-Feste finden zwar in Hokkaidō noch statt, doch nur wenige reinrassige Ainu haben überlebt.

Die Yayoi: Reisanbau und Metallverarbeitung

Die kulturelle Entwicklung Japans wurde durch die aus der Völkerwanderung in Ostasien resultierenden gesellschaftlichen Umstrukturierungen vorangetrieben, die mit dem Dynastiewechsel von den Zhou auf die Qin in China und mit den Han-Expansionen nach Korea einhergingen und sich bis nach Japan auswirkten. In der Zeit zwischen 300 vor und 300 nach der Zeitenwende hat sich der Lebensstandard der Inselbewohner durch die Einführung und Verbreitung neuer Keramiktechniken, der Naßreißkultur, differenzierter Methoden der Metallverarbeitung und neuer Web- und Spinntechniken merklich verbessert. Da die in dieser Zeitspanne entstandene Keramik, die man erstmals im ausgehenden 19. Jahrhundert im Mūkooka-Muschelhaufen in Hongo/Tōkyō, Yachoichō, fand, deutliche Unterschiede zur Jōmon-Töpferei aufwies, verwendete man fortan den Ortsnamen Yayoi zur Kennzeichnung der gesamten Periode, in der sich Japans Wirtschaft vom Nahrungsmittelsammeln zum Naßreisanbau wandelte; mit dieser Entwicklung waren die Grundlagen der japanischen Wirtschaftsform bis in die Neuzeit gelegt worden.

Die Komplexität der Yayoi-Kultur ist als unmittelbare Folge der politischen Bedingungen auf dem Festland anzusehen. Aus verschiedenen Richtungen gelangten in jener Zeit Kulturgüter nach Japan: aus dem östlichen Mittel-China der Reisanbau, die Sichel und linguistische Elemente, vermutlich auch das Knochenorakel; aus Korea stammen Bronzeobjekte, der Brauch der Bestattung in Steinkisten und neue Spinntechniken; aus den südlichen Küstengebieten des asiatischen Kontinents übernahmen die Menschen auf den Inseln bestimmte mythologische Elemente. Die Yayoi-Kultur ist als Verschmelzung aller dieser Faktoren mit den bereits bestehenden Praktiken in Japan anzusehen. Obwohl man diese Kultur nach einem Keramikfund benannte, war es

Unten: Dieses Foto zeigt ein Ainu-Dorf um das Jahr 1900. Die Behausungen der Ainu sind rechteckig, und Wände und Dächer werden mit Bambus verkleidet. Am östlichen Ende der Häuser befindet sich ein einziges Fenster, das sogenannte Geisterfenster, im Inneren gibt es einen zentral gelegenen Herd, einen Altar und einen Tisch zur Präsentation der Reichtümer.

Die Ainu auf Hokkaidō

Die vom Aussterben bedrohte Kultur der Ainu auf Hokkaidō bleibt nach wie vor rätselhaft. Die Ainu sind ein eingeborener Minderheitenstamm, der sich deutlich von den Japanern unterscheidet. Man nimmt an, daß heute noch etwa 17000 bis 24000 Ainu auf Hokkaidō leben, einige Hundert auf Süd-Sachalin in der UdSSR. Aufgrund von Gesichtszügen, Körperbehaarung und üppigem Bartwuchs rechnet man sie gemeinhin den kaukasoiden Völkern zu. Neuere Blutuntersuchungen und Skelettstudien deuten allerdings auf Verbindungen mit uralischen Stämmen in Sibirien. Man bezeichnet sie häufig als Nachfahren der Ezo oder Emishi, die in alten Quellen erwähnt werden. Sie haben Nordost-Honshū lange besiedelt und Ortsnamen hinterlassen.

Links: Früher lebten die Ainu als Jäger und Sammler. Bär, Lachs und andere Tiere hatten für sie sowohl religiöse wie ökonomische Bedeutung, und man hielt ihnen zu Ehren Feste ab. Während des dreitägigen Bärfestes veranlassen Shamanen den Geist eines Opferbären dazu, Botschaften zu den Ahnengeistern zu bringen.

Unten: Männer und Frauen trugen verzierte Stirnbänder und lange Mäntel aus Baumwolle oder *attush*, einem Gewebe aus den Fasern der Ulmenrinde, die mit Applikationen aus Baumwollstoff geschmückt waren. Früher tätowierten sich die Frauen um den Mund herum.

Links: Seit dem Beginn der Meiji-Zeit (1868) haben sich die Ainu im Wohnen, Essen, in der Kleidung und vielen anderen Bereichen dem Lebensstil der Japaner angepaßt. Tracht und religiöse Bräuche bleiben bestimmten Feierlichkeiten vorbehalten. Vom Jagen und Sammeln wilder Pflanzen haben sie sich auf kommerzielle Hochseefischerei verlegt. Infolge der Schulpflicht wird unter den Jüngeren zunehmend Japanisch gesprochen.

Links außen: Nur noch wenige sprechen die Ainu-Sprache. Man unterscheidet drei Ainu-Dialekte (Hokkaidō, Sachalin und die Kurilen), doch konnte man sie nicht zweifelsfrei einer Sprachfamilie zuordnen. Ihre Lautstrukturen haben viel mit den nordasiatischen Sprachen gemeinsam, in der Grammatik gleichen sie jedoch eher den südasiatischen und ozeanischen Sprachen.

wohl die Einführung der Naßfeld-Kultur, die die weitestgehenden sozialen Folgen hatte. Sie hat das japanische Dorfleben und die japanische Kultur bis heute nachhaltig geprägt.

In China, im Jangzi-Becken, war der Reisanbau spätestens seit 5000 v. Chr. bekannt, auf der koreanischen Halbinsel seit etwa 1500 v. Chr. Es ist wahrscheinlich, daß diese Technik vom Festland nach West-Japan gebracht und dort von Jōmon-Leuten übernommen wurde. Die ersten Anbaugebiete waren wahrscheinliche natürliche Feuchtgebiete, die keine künstliche Bewässerung brauchten. Zunächst war der Reis lediglich eine Ergänzung zur gewohnten Kost der Jōmon. Nach und nach wurde der Anbau jedoch systematisch betrieben: Man richtete Naßfelder und Bewässerungsgräben ein, entwickelte Lagerungsmethoden und neue Werkzeuge. Von nun an spielten Reis und andere Getreidesorten eine wichtigere Rolle in der Ernährung. Doch der Reisanbau ist arbeitsintensiv und bedarf gemeinschaftlicher Anstrengungen, vor allem bei der Vorbereitung der Felder, bei der Bewässerung und der Ernte. Andererseits kann Reis wegen seines hohen Nährwerts eine größere Bevölkerung satt machen. Es scheint daher in der Yayoi-Periode zu einem Bevölkerungswachstum gekommen zu sein. Einige Siedlungen der Yayoi-Reisbauern sind sorgfältig ausgegraben. Die ersten dieser Siedlungen liegen in sumpfigem Tiefland, wo man sich die natürlichen Bedingungen zunutze machen konnte. In späteren Jahrhunderten jedoch, als die Bewässerungstechniken besser beherrscht wurden, findet man Reisfelder auch in höher gelegenen Gebieten. Eine der frühesten landwirtschaftlichen Siedlungen ist in Itazuke, Fukuoka. Die etwa 30 Behausungen scheinen ständig bewohnt gewesen zu sein. Die Reisfelder, manche von ihnen bis zu 400 qm groß, waren mit Holzpfählen markiert und wurden mit Steinsicheln, Holzrechen und Hacken bearbeitet.

Die aufschlußreichste Grabung der mittleren Yayoi-Periode ist in Toro, Shizuoka. Sie verfügt über ein eigenes Museum und einige der Häuser und Kornspeicher wurden rekonstruiert. Toro gibt einen guten Eindruck eines Reisbauerndorfes aus der Yayoi-Periode, ein Typus, der in den folgenden Jahrhunderten vorherrschend war. Die Siedlung liegt in der Ebene nahe der Abe-Mündung. Die Wohnhäuser und Speicher befinden sich im Norden, die Reisfelder mit einem komplizierten Bewässerungs- und Drainagesystem im Süden. Holzplanken befestigten die Wege zwischen den Naßfeldern. Die Häuser sind oval und ca. 6 × 8 m groß. Die strohgedeckten Dächer wurden von Kreuzbalken gehalten, die auf vier schweren Pfeilern ruhten; um das Einsinken zu verhindern, stellte man sie auf Bohlen. Der Boden der Häuser lag vertieft und wurde durch Erdwälle vor Wasser geschützt. In der Mitte des Raumes befand sich die flache Feuerstelle. Lebensmittel wurden in Krügen aufbewahrt. In Grabungen der mittleren Yayoi-Periode, wie etwa Toro, fand man auch hölzerne Lagerhäuser. Sie wurden etwa einen Meter über dem Boden auf Pfählen errichtet und durch Holzmanschetten vor Nagetieren geschützt. Solche Lagerhäuschen, die für die Gemeinschaft wie für die einzelnen große Wichtigkeit besaßen, finden wir auch auf frühen Bronzeglocken und auf *haniwa* (*siehe S. 43*) abgebildet. Ihre Bauweise beeinflußte noch in weit späterer Zeit den Architekturstil von Schreinen und Palästen.

Die Präfektur Aomori bildet die Nordgrenze des Yayoi-Reisanbaugebietes. Erst die modernen kälteresistenten Reissorten machten den Reisanbau auch in Hokkaidō möglich. Die Reisfelder in den klimatisch weniger günstigen Nordgebieten waren kleiner. Die Felder von Tareyanagi, Präfektur Aomori, einer Grabung aus der mittleren Periode, die 1981 durchgeführt wurde, sind nur 12 bis 15 qm groß.

Die Yayoi-Reisbauern kannten Stein-, Holz- und Eisenwerkzeuge. Steinäxte und Steinmesser, wie man sie vom Festland übernommen hatte, waren die wichtigsten Gerätschaften, außerdem waren hölzerne Rechen, Schaufeln und Hacken in Gebrauch sowie Holzschuhe für die Naßfelder und Stößel und Mörser zum Stampfen des Reises. Äxte, Breitbeile und Grabwerkzeuge aus Eisen waren offensichtlich auch bekannt. Eisenfunde sind zwar selten, da sich dieses Metall unter der Erde nicht lange hält, die gleichmäßige Verarbeitung der Holzplanken läßt jedoch auf den Gebrauch von Eisenklingen schließen.

Oben: Bronze war in der Yayoi-Gesellschaft ein Symbol aristokratischer Macht. Zu den feinsten Bronzen dieser Periode gehören Bronzeglocken, *dōtaku*, wie etwa diese 475 mm hohe aus Sumiyoshi-cho, Higashinada in Kōbe, die aus dem 2. oder 3. Jh. n. Chr. stammt. Frühe *dōtaku* waren klein; schlecht gegossene Kopien koreanischer Vorbilder. Seit dem 2. Jh. jedoch beherrschte man auch in Japan den Glockenguß mit Hilfe von Sandformen. Spätere Vertreter sind daher größer, dünnwandig und elegant. Manche zieren Wellenmuster, andere (*oben rechts*) zeigen Schmuckbänder mit Szenen aus Jagd und Landwirtschaft.

Unten links: Die Ausbreitung der Reiskultur
Obwohl der Reis seit Jahrhunderten eine zentrale Rolle in der Ernährung der Japaner spielt und ihre Gesellschaft und Kultur nachhaltig geprägt hat, war er ursprünglich in Japan nicht heimisch, und sein Anbau mußte erst erlernt werden. Der Reisanbau auf Naßfeldern hatte seinen Ursprung vor mehreren Jahrtausenden im tropischen Asien. Diese Technik verbreitete sich über die koreanische Halbinsel und erreichte etwa um 300 v. Chr. Japan. Die späten Jōmon kannten vermutlich die Brandrodung, Reis wurde erst von den Yayoi kultiviert.

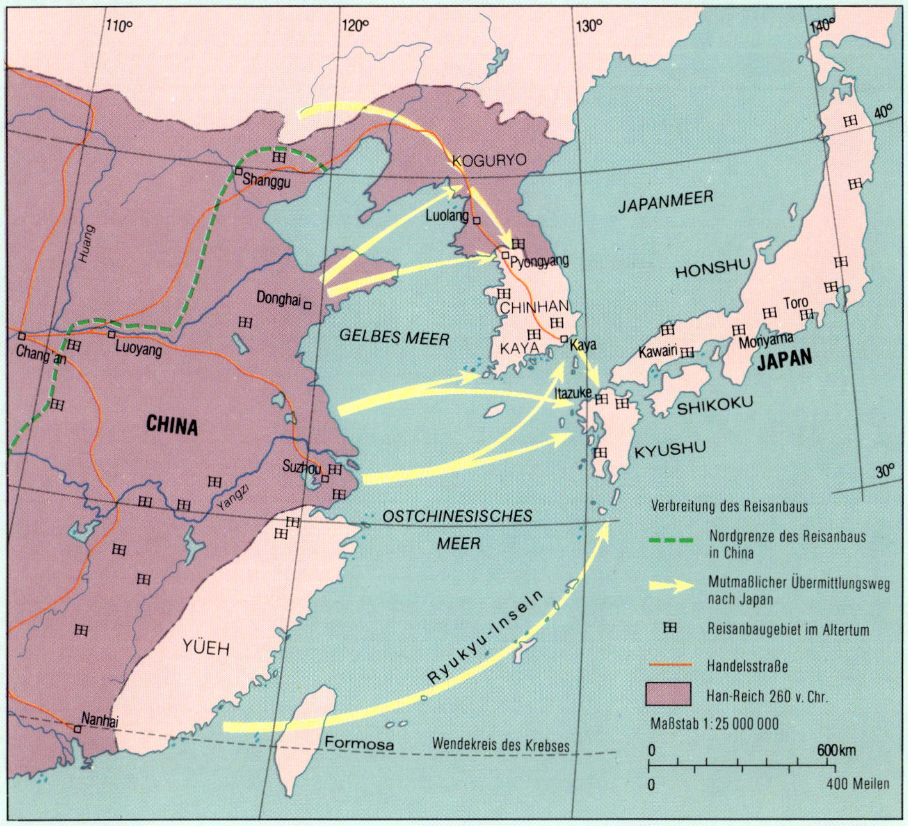

Rechts: Die Yayoi-Gesellschaft
Die Farbgebung der Karte zeigt die Verbreitung der Naßfeldwirtschaft während der Yayoi-Periode. Spuren von Reisanbau wurden in diesen Gegenden gefunden, doch sie treten sporadisch auf. Die Technik des Naßfeldanbaus scheint sich nicht großflächig ausgebreitet zu haben. Die roten Symbole markieren wichtige Fundstätten, an denen Bronzegegenstände ausgegraben wurden. Bemerkenswert ist, daß sich Bronzeglocken in der Kinki-Region häufen, Speerspitzen und Hellebarden in Kyūshū und Shikoku und Schwerter entlang der Inlandsee. Auch die Fundstelle eines goldenen Siegels in Nord-Kyūshū ist verzeichnet, das ein Stammesfürst vom Kaiser von China erhalten haben soll. Die zahlreichen Fundstellen von Bronzespiegeln konnten hier nicht alle eingezeichnet werden. Die Tatsache, daß sich in weitem Umkreis Bronzespiegel aus derselben Gußform finden, legt nahe, daß mächtige Stammesfürsten sie ihren Verbündeten zum Geschenk gemacht haben.

Wie die Jōmon- so ist auch die Yayoi-Periode nach ihrer Keramik benannt. Die Archäologen unterscheiden fünf Typen. Im allgemeinen ist die Yayoi-Keramik weniger bodenständig als die der Jōmon. Sie bevorzugt weiche Linien, polierte und zum Teil bemalte Oberflächen mit geometrischen Mustern. Sie wurde wahrscheinlich in offenen Holzkohleöfen bei Temperaturen zwischen 800 und 900° C gebrannt. Die Stücke sind elegant und sorgfältig verarbeitet und zeigen bereits eine hohe Spezialisierung. Sie sind ästhetisch anspruchsvoller als die Keramik der späten Haji-Ware, die in großen Mengen anscheinend von Berufstöpfern hergestellt wurde, die wenig Wert auf eine differenzierte künstlerische Gestaltung legten.

Der Einfluß der Jōmon-Schnurkeramik ist im Nordosten bis weit in die Yayoi-Periode spürbar. Man hat funktionale Keramik, wie Kochgeschirr und Speicherkrüge, aber auch Kultgefäße, Opferschalen mit zinnoberroter Bemalung, gefunden. Riesige Krüge wurden offensichtlich zur Bestattung verwendet. Man hat über fünfzig von ihnen, Öffnung an Öffnung, in einer Grabung der mittleren Yayoi-Periode, in Itazuke, freigelegt. Gefäße dieser Größe können nur von erfahrenen, spezialisierten Töpfern hergestellt worden sein.

Neben der Bestattung in Krügen finden sich aber auch Dolmen, wie sie auf der koreanischen Halbinsel typisch sind, und Friedhöfe mit individuellen Holz- und Steinsärgen, Krügen oder Grabkammern. Einige Stammesführer der Späten Yayoi-Periode wurden mit ihren Familien unter rechteckigen Erdwällen in Grabschächten beigesetzt. Sie gelten als Vorläufer der großen Grabhügel des 4. und 5. Jahrhunderts. Während die Gräber der Jōmon noch kaum auf soziale Unterschiede hinweisen, läßt die Ausstattung der Yayoi-Gräber deutlich den sozialen Status der Verstorbenen erkennen. Die Grabbeigaben enthalten Bronzespiegel, Perlen aus Halbedelsteinen in verschiedenen Formen, Bronze- und Steinwaffen, kleine Holzvögel, flache Holzpuppen und unterschiedlich gestaltete Schmuckstücke.

Die Beherrschung der metallverarbeitenden Techniken während dieser Phase brachte Japans soziale und künstlerische Entwicklung ein großes Stück weiter. Das

Toro

Unten: Die Häuser der Yayoi-Periode sind ziemlich einheitlich gebaut. Ein Oval von ca. 6 × 8 m unterhalb des Niveaus bildete die Grundfläche. Auf vier schweren, tief in den Boden gerammten und dort unterlegten Pfeilern ruhten die Querbalken, darüber das strohgedeckte Dach mit zentralem Rauchabzug.

Ganz unten: Unrekonstruierte Grubenhäuser lassen noch das Oval mit den vier Pfostenlöchern und die abgesenkte Feuerstelle in der Mitte erkennen. In Yayoi-Siedlungen lagerte man den Reis in Gefäßen oder Gruben. In Toro besaß man offensichtlich gemeinschaftliche Lagerstätten, wie man sie von Gravuren auf Bronze-*dōtaku* kennt.

Die Stadt Shizuoka, mit dem Shinkansen-Expreß in etwa einer Stunde von Tōkyō aus zu erreichen, bietet eine Reihe interessanter Sehenswürdigkeiten, unter anderen das Kunōzan-Mausoleum von Tokugawa Ieyasu, das zen-buddhistische Rinzaiji-Kloster, das Serizawa-Textilmuseum und die Toro-Grabung. Von den zahlreichen Grabungen aus der Zeit der Yayoi ist Toro die ergiebigste. Mit Holzplanken befestigte Reisfelder, komplizierte Graben- und Schleusensysteme zur Bewässerung und die Nachbauten von Wohnhäusern und Speichern mit Werkzeug und Töpferwaren geben einen lebhaften Eindruck vom agrarischen und häuslichen Alltag der späten Yayoi- und Kofun-Periode.

Unten: Das im Tiefland des Flusses Abe gelegene Toro erstreckt sich nord-südlich. Ausgegrabene und rekonstruierte Häuser drängen sich im Norden zusammen, während sich die von befestigten Wegen, Graben- und Schleusensystemen durchzogenen Reisfelder nach Süden ausdehnen.

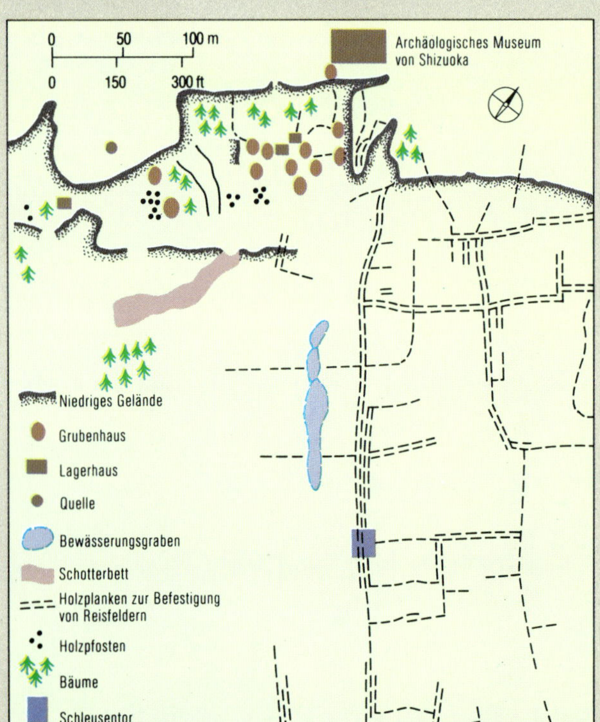

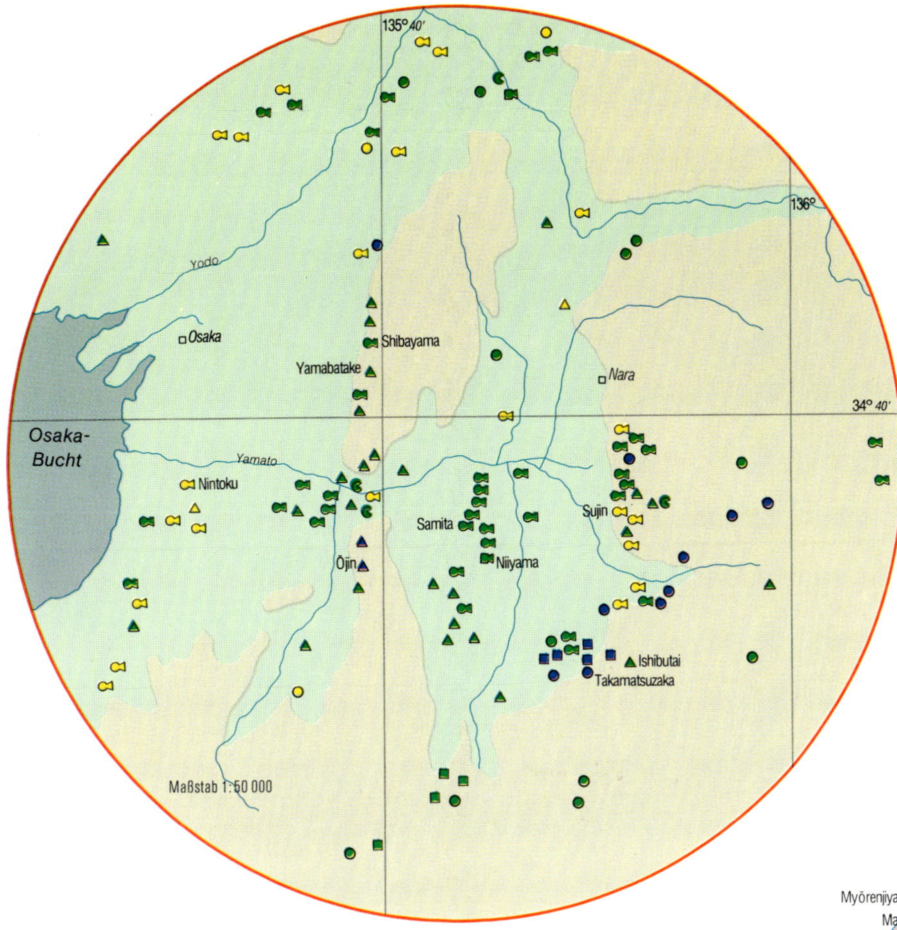

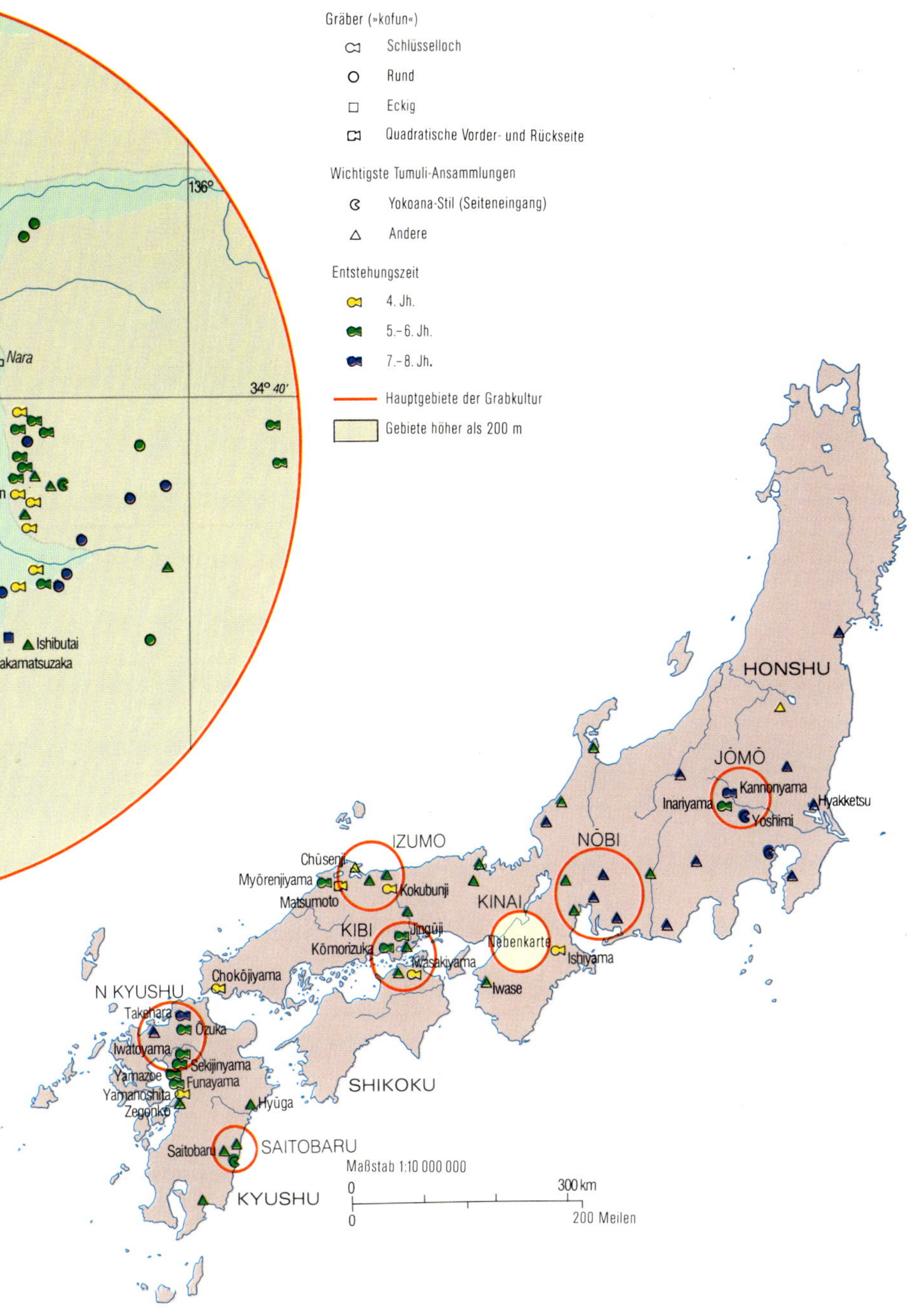

Siedlungen der Kofun-Periode
Das Wort *kofun*, »altes Grab«, dient zur Bezeichnung der Phase zwischen dem 4. und 8. Jh., als man im vorgeschichtlichen Japan charakteristische Hügelgräber errichtete. Es gibt runde und viereckige *kofun*. Die größten unter ihnen, die sogenannten Schlüssellochgräber, sind vorne viereckig und hinten rund. Ihr Ausmaß erreicht das der ägyptischen Pyramiden oder chinesischer Kaisergräber, und nur ein Stammesfürst, der über die Arbeitskraft von Tausenden von Männern und Frauen verfügen konnte, war in der Lage, sie errichten zu lassen. Die meisten finden sich in der Region Kinai, nahe dem heutigen Ōsaka-Nara. Man bringt diese Gräber mit den Yamato-Herrschern in Verbindung, auf die sich die Linie des Kaiserhauses zurückführt. Das kleine Takamatsuzuku-Grab, das 1972 gefunden wurde, enthält farbige Wand- und Deckengemälde. Gräber aus dem 5. Jh. weisen auf die Existenz von Reitpferden hin. Die Funde ließen den Einfall von Reitervölkern vermuten; diese Ansicht ist jedoch umstritten. Einige der Gräber aus dem Gebiet der Yamato (*Mitte*) sind von Gräben umgeben, sie gelten als Nekropolen der Kaiser Sujin, Nintoku und Ojin. Die alten Quellen nennen Sujin als den zehnten Kaiser; sein Grab gilt als das älteste Schlüssellochgrab. Nintoku, der sechzehnte Kaiser, regierte vom frühen bis zum mittleren 5. Jh. n. Chr.. Er soll mit dem Bau der Grabanlage in seinem 67. Regierungsjahr begonnen, dann aber noch 20 Jahre gelebt haben. Es ist das größte Hügelgrab, fast 500 m lang. Die Überreste des längsten Ganges und der größten Grabkammer Japans in Ishibutai, gelten als das Grab des Soga-no-Umako, der im Jahre 626 starb.

Land trat gleichzeitig ins Bronze- und ins Eisen-Zeitalter ein. Wurde Eisen mehr für Gebrauchsgegenstände verwendet, so war Bronze das Metall des Rituals und der Macht. Beide waren seit langem in China und Korea in Gebrauch und wurden seit dem 1. Jahrhundert n. Chr. auch in Japan verarbeitet. Bronzewaffen, wie Hellebarden, Schwerter und Wurfspeere wurden aus den Nachbarländern eingeführt und zunächst als Gebrauchsgegenstände angesehen. In Japan kopierte man sie, machte sie größer und übertrug ihnen rituelle Funktionen. Auch Bronzeglocken (*dōtaku*) wurden nach kontinentalen, wahrscheinlich koreanischen Vorbildern hergestellt. Mit der Verbesserung der Schmelztechnik in Japan wurden sie immer größer und kunstvoller. Spätere Ausführungen sind dünnwandig und mit Mustern verziert, sie wurden offensichtlich nicht mehr als Klangkörper verwendet, sondern waren Symbol der Macht und politischer Autorität. Sie wurden in größeren Mengen in den Hügeln unweit von Siedlungen vergraben, und viele verstreut gefundene Exemplare lassen sich auf dieselbe Gußform zurückführen. In der Yayoi-Periode scheint die Organisation der Dörfer und der lokalen Verwaltung deutliche Strukturen angenommen zu haben. Die Kontrolle über Bewässerung und Reisanbau, Metallverarbeitung und Landwirtschaft gab einigen Stammesführern die Möglichkeit, in ihren jeweiligen Herrschaftsbereichen ihre Macht zu konsolidieren und weiter auszudehnen. Lager von Spiegeln, Schwertern, Speeren und Bronze-Glocken aus verschiedenen Teilen Japans weisen auf lokale Machtkonzentrationen hin.

Unterschiede in gesellschaftlichem Status und Besitz lassen sich auch an den Grabbeigaben nachweisen. Einige Stammesführer aus der Spätzeit der Yayoi wurden mit ihren Familien in vom Friedhof abgelegenen Grabhügeln beigesetzt. Zu den Kultobjekten gehören auch Hirschknochen, die erhitzt und zur Wahrsagung verwendet wurden. Welche Art von Information man mit ihrer Hilfe zu bekommen suchte ist unklar, wahrscheinlich jedoch stehen Probleme, zu deren Lösung das Orakel befragt wurde, in Zusammenhang mit kriegerischen oder friedlichen Unternehmungen, Krankheit und Nachkommenschaft.

Die Epoche der großen Gräber

Viele der für die Yayoi charakteristischen Merkmale – Agrarwirtschaft, Reisanbau auf Naßfeldern, Bronze- und Eisenverarbeitung, Weberei, Gewinnung von Metall, Ton und Salz, reich ausgestattete Häuptlingsgräber, soziale Differenzierung und die Befriedung rivalisierender Kleinstaaten – entwickelten und intensivierten sich in den folgenden Jahrhunderten weiter. Naßfelder findet man von nun an auch in höheren Regionen, die Bewässerungssysteme wurden komplexer, Keramik, Eisenwerkzeug und Waffen wurden zu verbreiteten Gebrauchsgegenständen.

Eines dieser Phänomene, das Errichten von Grabhügeln, japanisch *kofun*, schien den Archäologen und Historikern so bemerkenswert, daß es der Periode ihren Namen gab; die Zeit zwischen dem 3. und 7. Jahrhundert n. Chr. ist als die Kofun-Periode bekannt. Die größten dieser Gräber in der Gegend von Yamato sind Ausdruck der Macht eines ausgedehnten Herrschaftssystems, auf das die folgenden Herrscherhäuser ihren Ursprung zurückführen.

Die Grabanlagen dieser Kleinfürsten und Machthaber gehen auf die steinernen Grabkammern und Tumuli der späten Yayoi-Zeit zurück, nur sind sie größer, oder es finden sich mehrere beieinander. Zwischen Kyūshū und Nord-Honshū wurden Tausende von Einzel- und Gruppengräbern gefunden. Die größten Ansammlungen weisen die Gebiete Nara-Kyōto-Ōsaka in der heutigen Präfektur Okayama, Nord-Kyūshū und Nord- und Nordost-Honshū auf. Hier befanden sich die Zentren des politischen und kulturellen Lebens jener Jahrhunderte. Die größten Gräber befinden sich im Nara-Becken und in der Kawachi-Ebene am östlichen Ende der Inlandsee. Die Formen sind meist rund, manchmal auch eckig oder eine Kombination aus beidem. Am verbreitetsten und für Japan typischsten sind »Schlüsselloch-Gräber« bzw. Gräber, die vorne eckig und hinten rund sind. Die frühen Nekropolen errichtete man an den Seiten bereits existierender Grabhügel oder zog einen Graben für mehrere Bestattungen auf dem Gipfel eines Erdwalles. Später schüttete man über der steinernen Grabkammer, die entweder längs oder quer verlief, riesige Tumuli auf. Die Särge wurden von oben in die Grabkammer hinuntergelassen oder durch Steinportale in die Kammern getragen.

Im 4. Jahrhundert wurden Schlüssellochgräber von mehreren hundert Meter Länge errichtet, die von Gräben umgeben waren. Im 5. Jahrhundert erreichten diese Gräber ihr größtes Ausmaß; das Nintoku-Grab zum Beispiel gehört zu den gewaltigsten Bauwerken der Welt, es ist in einem Atemzug mit den Pyramiden zu nennen und wird nur noch durch das Grab des ersten Kaisers der Qin-Dynastie in China in den Schatten gestellt, das eine riesige Armee von lebensgroßen Kriegern und Pferden aus Ton enthält. Nintoku war ein legendärer Herrscher, dessen Regentschaft, wie das *Nihon shoki* weiß, fast neunzig Jahre dauerte. Während dieser Zeit soll er die enorme Grabanlage errichtet haben. Sie ist fast 500 m lang und 35 m hoch, erstreckt sich über eine Fläche von 32 ha und ist von drei Wassergräben umgeben. Man betrat diese späten Gräber durch Steinportale. Die sorgfältig aus Steinquadern erbauten und zum Teil bemalten Grabkammern enthielten drei oder vier Steinsarkophage und Grabbeigaben.

Gräber, die mit dem Kaiserhaus in Verbindung stehen, werden inzwischen vom Kaiserlichen Haushalt verwaltet, der auch die Erlaubnis für den Zugang erteilt. Viele von ihnen sind bisher nicht ausgegraben, manche im Lauf der Jahrhunderte geplündert worden.

Das größte Schlüssellochgrab (*kofun*) der Ōsaka-Ebene schreibt man dem halblegendären Kaiser Nintoku zu. Laut *Nihon shoki* regierte er von 313 bis 399. Die Wissenschaft bestreitet diese Datierung, räumt aber ein, daß Nintoku einer der fünf Herrscher von Wa (Japan) gewesen sein könnte, die in chinesischen Quellen des 5. Jh.s erwähnt werden. Sein Grab ist fast 500 m lang und von drei Wassergräben und Grüngürteln eingeschlossen. Es soll aus dem frühen 5. Jh. stammen.

Die reichen Funde, die in einigen dieser Gräber gemacht wurden, geben jedoch Einblick in Kultur und Begräbnispraktiken dieser Periode. In frühen Gräbern fand man steinerne Nachbildungen privater Habseligkeiten wie Armreifen, Messer, Spiegel, Waffen, Werkzeuge, Schuhe und Stäbe, vermutlich schamanistische Symbole. Spätere Gräber enthalten Eisenschwerter, Rüstungen, Keramik, Perlen, Werkzeuge zur häuslichen und landwirtschaftlichen Arbeit, Kronen und Bronzespiegel.

Einige Gräber aus dem 5. und 6. Jahrhundert weisen auf eine Reiterkultur hin. Unter den Grabbeigaben sind Teile von Zaumzeug, Steigbügel, Sattelschmuck, Brustplatten und die Verzierung von Riemen gefunden wor-

Die Kunst der Großgräber

Haniwa, wörtlich »Ringe aus Ton«, waren Tonzylinder, Tier- und Menschenfiguren oder Darstellungen anderer Objekte, mit denen man den Tumulus, der zwischen dem 4. und 7. Jahrhundert errichteten Nekropolen schmückte. Laut einer Eintragung im *Nihon shoki* aus der Regierungszeit des Kaisers Suinin sollten sie lebende Grabbeigaben ersetzen. Sie scheinen sich aus einfachen Röhren oder Krügen weiterentwickelt zu haben, die man zur Befestigung der Erde oder zur Verzierung an der Außenseite des Grabhügels angebracht hat. Im 4. Jahrhundert in Westjapan erstmals verwendet, entwickelten sie sich zu einer bedeutenden Kunstform der Gräberperiode und zeugen vom Alltag im prähistorischen Japan. Ein einziges Grab konnten Tausende solcher *haniwa* schmücken, die sich häufig in einer *haniwa*-Prozession formierten, um den Toten willkommen zu heißen.

Unten links: Dieser *haniwa*-Krieger aus Ota (125,7 cm hoch) trägt Helm und Visier, Wangen, Hals und Schultern sind durch Schilde geschützt, das lange Kettenhemd und die Hose sind in Falten gelegt. Diese detailgetreuen *haniwa*-Krieger sind typisch für Nekropolen der Kantō-Region. Die große Zahl von Kriegerfiguren, Helmen, Rüstungen und Köchern, die man in den Gräbern gefunden hat, weist auf die kriegerischen Aktivitäten der *kofun*-Gesellschaft.

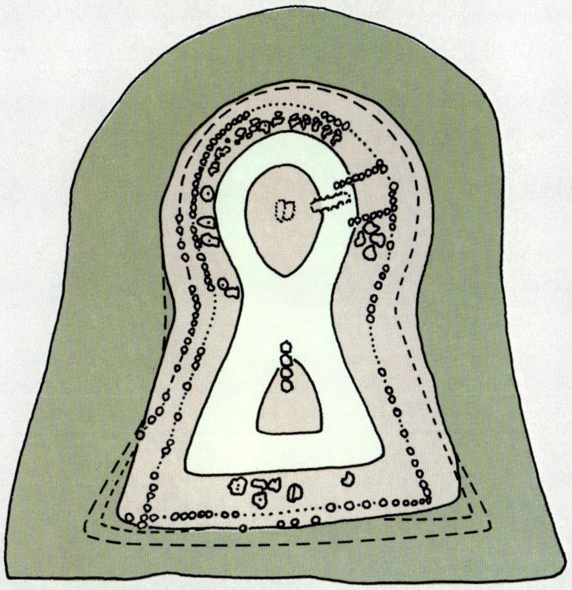

Oben: Der Aufriß des Futsuyama-Grabes in der Präfektur Gumma zeigt die Verteilung der *haniwa* auf einem späten Schlüssellochgrab mit steinerner Grabkammer. Die Front des ersten Tumulus war mit Häuschen, Fächern und menschlichen Figuren geschmückt. Auf dem rückwärtigen Grabhügel fand man *haniwa* in Form von Hüten, Gelenkmanschetten für Bogenschützen, Pferde- und Menschenfiguren.

Links: Die Boote, die damals zwischen Japan, Korea und China verkehrten, müssen ähnlich wie dieses *haniwa*-Modell aus dem 6. Jh. ausgesehen haben, das in einem der Saitobaru-Gräber in Süd-Kyūshū gefunden wurde. Es zeigt eine ziemlich komplizierte Konstruktionsweise.

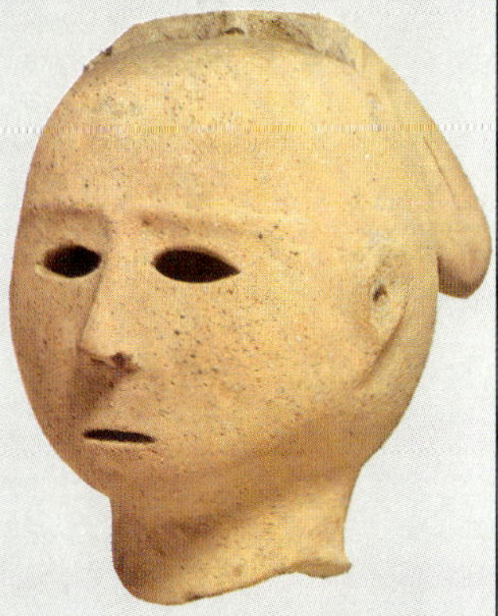

Oben: Dieser feingeschnittene Kopf aus dem Nintoku-Tumulus ist eine der ältesten menschlichen *haniwa*. Vermutlich stellt es einen jungen Schamanen dar. Durchaus realistisch erscheint die Wiedergabe der fülligen Gesichtszüge und der runden Wangen. Aufgrund von Material, Herstellung und Brennmethode läßt sich diese Figur der Kinai-Region zuordnen.

Links: Die vielen Pferde-*haniwa*, die man in weit verstreuten Gräbern des 5. Jh.s gefunden hat, könnten auf das Eindringen von Reitervölkern hinweisen. Dieses völlig mit einer Schabracke bedeckte Pferd ist mit Glöckchen geschmückt und trägt einen hohen Sattel mit Satteldecke.

den. Auch Pferdeknochen entdeckte man in diesen Nekropolen. Die Existenz einer Aristokratie, die zu Pferde ritt und über die menschlichen und materiellen Ressourcen der Gesellschaft zum Bau so gewaltiger Nekropolen verfügen konnte, legt die Vermutung nahe, daß im 4. Jahrhundert ein Reitervolk von der koreanischen Halbinsel nach Japan eindrang, eine Theorie, die vor allem von Professor Egami Namio vertreten wird. Viele Archäologen hegen jedoch Zweifel an einer solchen Einwanderungstheorie und verweisen sie in den Bereich der Dichtung. Zweifelsfrei bleibt aber, daß die Fähigkeit des Reitens ihren Weg nach Japan gefunden hat, vielleicht durch das wiederholte Einströmen kleiner Gruppen aus Silla oder Paekche, und daß die Stammesfürsten sich diese militärische Technik zunutze machten, um ihre Macht auszudehnen. Auch Grabbeigaben aus Bronze und Eisen belegen den Kontakt mit Stämmen der koreanischen Königreiche, auch wenn dieser nicht immer freundschaftlich war.

Eine weitere für diese Periode typische Kunstform findet sich außerhalb der Grabhügel. *Haniwa* waren zunächst lange Röhren aus gebranntem Ton, die den Tumulus zusammenhielten. Später jedoch entwickelten sie sich zu einer vielfältigen künstlerischen Darstellungsform des täglichen Lebens, sie bildeten Krieger, Priesterinnen, Mütter mit Kindern, Pferde und andere Tiere, aber auch Boote und Gebäude nach. Sie wurden nach einer besonderen rituellen Ordnung in den Gräbern ausgelegt, um den Verstorbenen zu empfangen und ihn mit vertrauten Gegenständen zu umgeben. Die große Zahl von *haniwa*, die man für einen Tumulus wie den über der Nintoku-Nekropole benötigte, wurden wahrscheinlich von spezialisierten Handwerkern in nahegelegenen Öfen hergestellt.

Die Yamato-Gesellschaft

Anzahl und Größe der Grabstätten sowie die zahlreichen anderen archäologischen Funde geben Anlaß zu Spekulationen über ein politisches und soziales System, das in solchem Ausmaß menschliche Arbeitskraft mobilisieren konnte. Für das 5. und 6. Jahrhundert finden sich Hinweise auf die gesellschaftliche Organisation in späteren japanischen Quellen oder in chinesischen und koreanischen Dokumenten. Sie alle deuten auf einen Zusammenschluß von Stammesfürstentümern, teils mit Kontakt zum Festland, die unter der Herrschaft einer zusehends mächtiger werdenden Dynastie mit Sitz im Yamato-Gebiet standen. Die Yamato-Herrscher, eine wechselnde Konföderation durch Heirat verbundener Stammesfürsten, führten ihre Herkunft auf die Sonnengöttin zurück. Sie dehnten ihre Macht sowohl nach Westen als auch nach Osten aus, und ließen sich die eindrucksvollsten Nekropolen errichten. Spiegel aus ein und demselben Schmelzofen finden sich als Symbole der Yamato-Herrschaft bis weit über die Kyōto-Nara-Ōsaka-Region hinaus. In den Grabhügeln lokaler Herrscherfamilien, die mit den Yamato verbündet waren, sind ganze Lager mit Grabgöttern angelegt, die sie offensichtlich zum Teil als Geschenke von ihren Verbündeten erhalten hatten. Funde auf Okinoshima, einem Schrein auf einer Insel im Japanmeer, zeigen große Ähnlichkeit zu solchen aus Yamato-Gräbern. Man schließt daraus, daß Yamato-Fürsten bestimmte Rituale auf der Insel vollzogen haben. Ein anderer Hinweis für die Zentralisierung der Macht sind zwei ähnliche Schwertinschriften, eine aus Inariyama in der Präfektur Saitama, Ostjapan, die andere aus dem Etafunayama-Tumulus bei Kumamoto in Kyūshū. Beide handeln von den Dienstpflichten eines loyalen Vasallen, und viele Forscher sehen darin einen Beweis für die Machtausdehnung der Yamato vom Kantō bis ins nördliche Kyūshū. Berichte von Landabtretungen der Izumo an die Yamato, wie sie im *Kōjiki* zu lesen sind, werden als Hinweis auf die Überlegenheit der Yamato gedeutet, wobei die Izumo jedoch ihre Götter und Rituale beibehalten durften.

Über die Ursprünge und die innere Dynamik der Yamato-Macht sind sich Historiker und Archäologen nicht einig. Fest steht allerdings, daß die Gesellschaft dieser Gräber-Periode klar hierarchisch gegliedert war, wobei die Yamato ihren Einfluß auf eine Reihe rivalisierender Clans, oder *uji*, auszudehnen versuchten, die ähnlich strukturiert waren. Im 5. oder 6. Jahrhundert scheint dann eine Linie ihre Vorherrschaft innerhalb der Yamato gesichert zu haben. Aus Inschriften auf Spiegeln weiß man, daß sich diese Stammesfürsten Daiō, auch Ōkimi gelesen, (Großer König) nannten. Der Begriff *tennō*, der seit alters her den Herrscher Japans bezeichnet, taucht erst im 7. Jahrhundert auf. Das Königtum der Yamato stützte sich auf verschiedene Faktoren. Einer der wichtigsten und in Japans Geschichte nachhaltig wirksamen sind die Bande der Verwandtschaft. Ein anderer war militärische Überlegenheit. Aber auch die Manipulation und Monopolisierung des Sonnenmythos war ein wichtiges Autoritätszeichen. Die Rituale der Anbetung der Sonnengöttin verband man geschickt mit der Ideologie von der göttlichen Abstammung der Yamato-Linie. Außerdem verstand man es, rivalisierende Interessen anderer Stämme durch die Verleihung von Titeln auszugleichen, betrieb eine gezielte Heiratspolitik, und wußte andere mächtige Clans an die zentrale Dynastie zu binden und den dynastischen Landbesitz, *miyake*, zu mehren.

Unterhalb des Yamato-Hofes war die Clan-Gesellschaft in *uji*, *be* und Sklaven unterteilt. Auch die Häuptlinge großer *uji* wurden Ōkimi genannt. Die mächtigsten unter den mit den Yamato verbündeten *uji* waren die Soga, Mononobe, Nakatomi, Kasuga, Ki, Ōtomo und Haji. Ihren Stammesfürsten waren aufgrund von Verwandtschafts- oder Dienstverhältnissen Titel verliehen worden, die sie in eine gewisse Nähe zum Hof brachten, unter ihnen Omi und Muraji, Tomo no miyatsuko und Kuni no miyatsuko. Viele dieser *uji* führten ihre Linie aufs Festland zurück oder hatten Verbindungen dorthin, und stellten bestimmte Fertigkeiten oder Dienstleistungen zur Verfügung. Ihren Häuptlingen oblag auch die Durchführung von Stammesritualen, die Versöhnung mit den lokalen Gottheiten (*kami*) und die Verehrung der Vorfahren.

Unterhalb der *uji* hatte in der Hierarchie die Gruppe der *be* ihren Platz. Sie definierten sich nach Berufsgruppen, wie etwa die Herstellung von Papier, Stoffen, Waffen oder Agrarprodukte oder dienten als Stallknechte oder Schreiber für den Hof oder die lokalen *uji*. Sie standen über den Sklaven (*yatsuko*), die man aus Kriegen mitbrachte, oder die in die Sklaverei hineingeboren wurden. Einwanderergruppen, wie etwa die Familien der Aya oder Hata, die bestimmte Fertigkeiten im Schreiben, in der Diplomatie, in Landwirtschaft, Eisenverarbeitung, Weben oder Töpfern besaßen, spielten sowohl unter *uji* wie unter *be* eine wichtige Rolle.

Verbindungen zum Festland: Yamatai und Yamato

Während der Epochen Yayoi und Kofun hatte es lockere Verbindungen japanischer Clans mit dem Festland, sowohl zu China als auch zu Korea, gegeben. So erschienen den chinesischen Geschichtsschreibern die Östlichen Barbaren aus dem State Wa erwähnenswert. *Die Annalen der Späten Han Dynastie* erwähnen das Ge-

Lange bevor es in Japan eine zentrale Herrscherdynastie gab, suchten Stammesfürsten aus West-Honshū und Kyūshū Kontakt mit den Herrschern Koreas und Chinas in der Hoffnung auf Anerkennung und Geschenke. In den *Annalen der Späten Han Dynastie* wird erwähnt, daß ein »König Na aus Wa« 57 n. Chr. Tributgeschenke brachte und vom chinesischen Kaiser ein goldenes Siegel erhielt. 1784 wurde in einem Feld auf Shikanoshima, Nord-Kyūshū, tatsächlich ein goldenes Siegel gefunden, das die Inschrift »König Na von Wa, Vasall von Han« trug. Es mißt an der Basis 2,4 cm im Quadrat und ist 2,4 cm hoch. Der Griff ist in Form eines Tieres mit Schlangenkopf geschnitzt. Nachdem man es zunächst für eine Fälschung hielt, gilt es inzwischen allgemein als jenes in den chinesischen Quellen erwähnte Siegel.

schenk des chinesischen Kaisers an einen der Stammesfürsten im Jahre 57 n. Chr. Es handelte sich um ein goldenes Siegel mit der Inschrift »König Na von Wa, Vasall der Han«, woraus man schließen kann, daß jener König Na von Wa ein Vasall der Han gewesen ist. Ein Siegel mit derselben Inschrift und aus etwa derselben Zeit wurde 1784 in Shikashima in Nord-Kyūshū gefunden. Eine chinesische Quelle von 107 n. Chr. berichtet, daß ein Herrscher von Wa 160 Sklaven gesandt und um eine kaiserliche Audienz gebeten habe. Dokumente aus dem 2. Jahrhundert sprechen von 100 Ländern im Reiche Wa. Diese Fragmente legen nahe, daß dort im 2. Jahrhundert zahlreiche rivalisierende Kleinstaaten existierten, daß einige von ihnen in Kontakt mit China standen, und daß ein Einigungsprozeß unter diesen Kleinstaaten stattgefunden haben muß.

Im späten 2. Jahrhundert zerfiel das Han-Reich und an seine Stelle traten die Drei Königreiche, Wei im Norden, Wu im Osten und Shu im Sichuanbecken. 265 wurde Wei durch die Westliche Jin-Dynastie abgelöst. Damals versuchte jedes der drei Königreiche, seinen Einfluß auszudehnen und das Land zu einen. Wei war vor allem in der Manchurei und in Nord-Korea aktiv und errang, nachdem es sich mit Koguryō im Norden geeinigt hatte, die Kontrolle über die chinesischen Kolonien Lolang und Daifang. Auch ins Reich der Wa entsandten sie mindestens eine Gesandtschaft. Die Wa auf Kyūshū ihrerseits pflegten Kontakte mit dem Süden der koreanischen Halbinsel und mit den Wei.

In den »*Annalen der Wei*« (*Wei zhi*) werden im Abschnitt »Berichte von den östlichen Barbaren« 30 Länder im Wa-Reich erwähnt, die von der Shamanenkönigin Himiko aus dem Lande Yamatai um die Mitte des 3. Jahrhunderts geeint worden seien. Der Bericht gibt detaillierte Beschreibungen der Sitten in Yamatai und nennt sogar die Entfernungen von dort nach China. Auch in koreanischen Quellen wird Yamatai erwähnt. Aber weder das Land Yamatai noch Himiko kommen im *Kojiki* oder im *Nihon shoki* vor. Der Bericht im *Wei zhi* löste eine der längsten Debatten der japanischen Geschichte aus: Wo genau lag dieses Yamatai? Und welche Beziehung hatte es zu Yamato? Die Auseinandersetzung begann im 11. Jahrhundert, als Gelehrte das Yamatai-Reich im Yamato-Gebiet vermuteten. Seither hat man es nahezu überall zu lokalisieren versucht. Manche meinen, aus den Entfernungsangaben schließen zu können, es habe in Kyūshū gelegen, andere plazieren es ins Yamato-Gebiet ans östliche Ende der Inlandsee. Wenn es tatsächlich in Kyūshū gelegen hat, muß es zur Zeit der *Wei-Annalen* bereits ein ausgedehntes politisches Gemeinwesen gewesen sein. Lag es im Yamato-Gebiet, dann hatte sich das, was wir heute unter Yamato-Dynastie verstehen, bereits im 3. Jahrhundert etabliert, und man muß einen ausgedehnteren Einfluß annehmen, als ihn ein Yamatai in Kyūshū je hätte haben können.

Als im 4. Jahrhundert der Einfluß Chinas auf der koreanischen Halbinsel zurückging, gewannen die König-

Viele Gräber aus der Yayoi- und Kofun-Periode enthielten Bronzespiegel, die auf einer Seite poliert, auf der Rückseite mit getriebenen Ornamenten versehen sind. Die frühesten Exemplare wurden wahrscheinlich aus China importiert, doch die Handwerker auf den Inseln erlernten die Technik schnell und gossen kleine Spiegel nach den chinesischen Vorbildern. Dieser Spiegel zeigt ein verbreitetes chinesisches Dekorationsthema: Götter und Fabeltiere. Rund um den Knopf sitzen jeweils an den vier Kompaßpunkten ein Unsterblicher, ein Tiger, ein weiterer Unsterblicher und ein Drachen. Sie sind umgeben von einem Band aus glückbringenden Schriftzeichen sowie weiteren Bändern mit geometrischen Mustern. Der gesamte Spiegel hat einen Durchmesser von 21 cm. Solche Spiegel scheinen eher als Kleinodien oder Ritualgegenstände denn für den täglichen Gebrauch gedacht gewesen zu sein. Die Tatsache, daß man Spiegel aus derselben Gußform in weit verstreuten Gräbern gefunden hat, legt nahe, daß man sie als politische Legitimitätssymbole erhielt. Der Spiegel zählte in Altjapan zu den Herrscherinsignien.

Straßen nach Yamatai
Die ausführlichste und farbigste Beschreibung der prähistorischen Gesellschaft Japans findet sich im *Wei zhi*, dem »Bericht von östlichen Barbaren«, und schildert das Leben am Yamatai-Hof im späten 3. Jh., als die Shamanenkönigin Himiko an der Macht war. Auch der Weg dorthin ist genau beschrieben: 7000 li von Daifang nach Koyahan, 1000 li nach Tsushima, 100 li nach Iki, 1000 li nach Matsuura (Matsuro), 500 li östlich nach Ito, 100 li nach Na und von da nach Toma und Yamatai. Doch leider sind diese Entfernungsangaben unsicher. Versucht man sie nachzuvollziehen, dann liegt Yamatai entweder in unterschiedlichen Gebieten Kyūshūs oder in West-Honshū oder auch am Kopf der Inlandsee (später Yamato). Die Frage nach der Lage Yamatais wird wohl nie gelöst werden, doch die Debatte ist insofern wichtig, als es dabei um Probleme der Machtkonzentration und Staatenbildung in Altjapan geht.

reiche Silla und Paekche im Süden an Macht, während sich im Norden Koguryō auszubreiten versuchte. Japanische Historiker sind der Ansicht, daß die Yamato-Dynastie (Wa) im Jahre 366 diplomatische Beziehungen mit Paekche anknüpfte, und sich durch die Kolonie Mimana (Kaya) einen Stützpunkt im Süden sicherte, von dem sie allerdings 562 durch Silla vertrieben wurde. Koreanische Historiker ihrerseits neigen dazu, die Rolle Japans in Kaya herunterzuspielen. Nach 562 versuchten die Yamato wieder auf der Halbinsel Fuß zu fassen, indem sie Paekche in seinen Kämpfen mit Silla und seinen Verbündeten militärisch unterstützten. Doch 663 wurden Paekche und die Yamato-Truppen von Tang- und Silla-Verbänden in der Schlacht von Hakusukinoe vernichtend geschlagen. In einer der größten Schlachten des Altertums wurde Japan von der Halbinsel vertrieben und konnte seinen militärischen Einfluß nicht wiedererlangen. Japanische Herrscher verlegten sich seither auf kulturelle und diplomatische Kontakte mit China und unternahmen Anstrengungen im Sinne einer Selbststärkung nach chinesischem Vorbild.

Ein chinesisches Geschichtswerk, das *Song shu*, vermerkt für die Zeit zwischen 413 und 478 neun Tributdelegationen, die von fünf Stammesfürsten oder Königen der Wa nach China gesandt worden waren. Manche Historiker vermuten darin den Versuch der Yamato, ihre Position auf der koreanischen Halbinsel auf diplomatischem Wege zu stärken. Diese Könige hießen nach der japanischen Lesung San, Mi, Sei, Kō und Bu. Man hat versucht, sie mit dem im *Nihon shoki* erwähnten frühen *tennō* in Verbindung zu bringen, doch das bleibt vage. Unzweifelhaft ist jedoch, daß Yamato in diesen Jahrhunderten in technischer und kultureller Hinsicht viel von Silla, Paekche und den chinesischen Königreichen profitierte und in regem Austausch mit China stand. Es gibt zahlreiche Hinweise auf Einwandererfamilien unter den *uji* und *be*, die den Yamato-Clans ihre hervorragenden Fähigkeiten in allen Bereichen des sozialen und politischen Lebens zur Verfügung stellten. In diese Zeit fällt auch die Übernahme des chinesischen Schriftsystems. Inschriften auf Spiegeln und Schwertern belegen das. Die Einwanderer arbeiteten vor allem als Schreiber und Chronisten am Yamato-Hof oder bei einflußreichen *uji*. In dieser Phase kann die kulturelle Entwicklung Japans nur in engem Zusammenhang mit den kontinentalen Nachbarn gesehen werden.

Auch im 7. Jahrhundert legte man Nekropolen an, doch zu dieser Zeit bewirkten kulturelle Einflüsse vom Festland eine Umgestaltung der japanischen Gesellschaft. Diese Veränderungen betrafen zunächst nur das geistige Leben der führenden Familien, wurden dann aber auch in der politischen und administrativen Organisation des Landes spürbar. Um die Mitte des 6. Jahrhunderts fand nämlich der Buddhismus, der in China und Korea bereits Fuß gefaßt hatte, durch Einwanderergruppen seinen Weg nach Japan. Nach und nach lösten buddhistische Tempel die großen Nekropolen als rituelle Begräbnisstätten der Herrschenden ab. Der Buddhismus war allerdings nur der erste Impuls einer Welle von Reformen nach chinesischem Muster, die das Bild der Gesellschaft zwischen 600 und 800 völlig umgestalten sollten. Dieser vom asiatischen Festland ausgehende Einfluß auf Japan manifestierte sich in dreifacher Hinsicht: Im politischen Bereich wurde der Yamato-Oligarchie die Technologie, die Rechtstheorie und -praxis einer kaiserlich bürokratischen Regierung, exemplifiziert in den großen Dynastien Sui und Tang, offeriert. Religionspolitisch gesehen wurde der institutionalisierte und organisierte Buddhismus Träger neuer Glaubensvorstellungen. In kultureller und zivilisatorischer Hinsicht schließlich gelangte in jener Zeit das gesamte Spektrum chinesischer Kulturformen nach Japan: Literatur, Geschichte, Philosophie, Kunst, Architektur, Ackerbaukultur und Transporttechnologie. In ihrer Kombination führten diese tiefgreifenden Einflüsse zu einer gewaltigen Umgestaltung der japanischen Kultur, zur Sinisierung der japanischen Gesellschaft. Jedoch darf nicht übersehen werden, daß die Antriebskraft dazu aus dem Bemühen der herrschenden Yamato-Oligarchie zu erklären ist, die volle Herrschaft über das Land zu gewinnen.

ZWEITER TEIL

DAS HISTORISCHE JAPAN

DIE ALTE WELT

Ursprünge des Shintō und die japanische Mythologie

Shintoismus, Buddhismus, Konfuzianismus und in geringerem Maße auch Taoismus und Christentum haben jeweils auf ihre Weise die Kultur Japans und das geistige Leben des einzelnen Japaners geprägt. Der Shintō, oder Weg der *kami*, hat dabei als die älteste Religion einen besonders großen Einfluß gehabt. Vom Beginn der japanischen Geschichte an hat der Shintō die emotionale Erfahrungswelt der Japaner bestimmt, und ihre Einstellung zu Natur, Leben und Tod, Geselligkeit, zu sozialen und politischen Institutionen, zu Festlichkeiten und zur Ästhetik geprägt. Im 18. und frühen 19. Jahrhundert bildete der Shintō das Kernstück der Nationalen Schule, einer nationalistischen Bewegung, die die Grundwerte der japanischen Kultur auf die Shintō-Tugenden Einfachheit und Reinheit des Herzens zurückführen und das Land sowohl von China als auch vom Westen abgrenzen wollte. Im späten 19. und frühen 20. Jahrhundert wandelte sich diese Bewegung zum Staatskult und bildete die ideologische Basis für die Verherrlichung des Kaiserhauses. Erst in der Nachkriegszeit wurde der Shintoismus von solchen politischen Implikationen gereinigt, und seit 1945 sind die Schreine wieder zu Zentren des Gemeindelebens und des Ahnenkults geworden.

Als der Buddhismus im 6. Jahrhundert nach Japan eindrang, hatte man dort bereits eigene Glaubensformen und rituelle Praktiken entwickelt. Weil ein Schriftsystem fehlte, waren sie jedoch über Jahrhunderte unvollkommen und nicht kodifiziert geblieben. Trotz ihres frühen Ursprungs scheinen diese Kultformen nicht im japanischen Inselbereich entstanden zu sein. Jagd- und Fischereirituale, die animistische Anbetung von Naturgottheiten, Fruchtbarkeitskulte und Exorzismus sickerten aus Zentralasien ein und gehen bis zu den Jōmon und früheren Perioden zurück. Die Yayoi entwickelten gemeinschaftliche Feste, die den landwirtschaftlichen Jahreslauf begleiteten. Andere religiöse Formen, etwa der Ahnenkult oder die Mythologie des Yamato-Clans über seinen göttlichen Ursprung, differenzierten sich in der Kofun-Periode aus. Grabfunde aus dieser Zeit enthalten *haniwa*, die Priesterinnen, geschmückt mit Perlenketten und Spiegeln, darstellen. Auch kleine, gebogene Anhänger (*magatama*), Spiegel und Schwerter scheinen im Kult eine wichtige Rolle gespielt zu haben. Dennoch fehlte diesen Ritualformen eine klare Zuordnung. Erst in Abgrenzung zum Buddhismus, oder Weg des Buddha, wurden sie als Shintō, oder Weg der *kami*, bezeichnet. Wie der Buddhismus ordnete nun auch der einheimische Kult seine Gottheiten in eine Hierarchie und bemühte sich um eine schriftliche Mythologie, wie man sie dann im *Kojiki* und im *Nihon shoki* findet.

Der Begriff »Shintō« bringt das zentrale Konzept der *kami* zum Ausdruck. Die *kami* sind zahllose mystische, der Natur innewohnende Mächte oder Geister, die mit Wachstum und Erneuerung in Verbindung stehen. Die Beziehung der *kami* zur Natur beleuchtet eine Stelle aus dem Schöpfungsmythos des *Nihongi*:

»Zur Zeit, da Himmel und Erde noch nicht entstanden waren, waren sie etwa wie auf dem Meere schwimmende Wolken, welche nirgends einen Stützpunkt haben. Mitten drinnen entstand ein Ding wie ein Schilf-Schößling, der zuerst in dem Schlamm wächst, und wurde durch Transformation zu einem göttlichen Wesen.« [Übers.: Karl Florenz, Tōkyō 1901]

Kami sind weder personifizierte Naturkräfte noch Himmelsgestalten, die über die Menschen richten. Dennoch konnten Männer und Frauen sie zu Hilfe rufen, und man konnte sie durch rituelle Reinigung oder Unterhaltung besänftigen, falls sie verärgert waren. Man sagt es gäbe acht Millionen solcher *kami*, aber eigentlich ist ihre Zahl grenzenlos, denn jede Person, tot oder lebendig, und jeder Ort oder Gegenstand mit numinosen Qualitäten konnte als *kami* verehrt werden. Kaiser, Höflinge und Krieger ebenso wie furchtsame Geister konnten im Himmel, in Bäumen, Wasserfällen oder Inseln ihre Wohnung nehmen. Zu ihren Boten zählten Füchse, Hirsche und andere Tiere. Priester und Shamanen waren in der Lage, ihre Absichten zu deuten.

Zunächst war kein besonderes Gebäude zu ihrer Verehrung nötig. Man huldigte ihnen, allein oder in Gruppen, unter freiem Himmel. Eine eindrucksvolle Szenerie oder ein geheiligter Bezirk zwischen Felsen oder Bäumen genügte. Später dann brachten die Stammesfürsten ihre Huldigung in den Palästen oder in speziellen Schreinen dar. Seit dem 6. Jahrhundert spezialisierten sich bestimmte Familien, wie die Nakatomi, auf das Priesteramt und vererbten es auch.

Doch auch nach der Einführung von Schreinen blieb die umgebende Natur von Bedeutung. Heute finden sich Schreine in den Seitenstraßen geschäftiger Metropolen ebenso wie in Dörfern und auf Bergen. Manche, zum Beispiel der Miyajima-Schrein in der Inlandsee, sind besonders reizvoll gelegen. Aber auch von der Natur weniger begünstigte Schreine beherbergen immer einige Bäume und Felsen in ihren Mauern. Die *kami* müssen nicht ständig dort anwesend sein. Sie kommen zum Schrein wenn man sie im Gebet anruft oder ihnen ein Opfer darbringt. Im Inneren des Schreines befindet sich ein Kultobjekt, *shintai*, häufig ein Spiegel, in den der *kami* eintreten kann. Seit alters her hat jeder Schrein Eingangstore (*torii*). Hohe Bäume oder Felsen sollten den *kami* in den heiligen Bezirk locken (*yorishiro*). In manchen Fällen dient auch eine Insel oder ein Wasserfall statt eines Gebäudes oder Behälters als *shintai* oder Kami-Körper.

In seinen Anfängen war der Shintō stark mit politischer Ideologie durchsetzt. Er sollte, wie Textstellen im *Kojiki* und *Nihon shoki* belegen, den Yamato-Clan als alleiniges Herrscherhaus Japans legitimieren helfen. Im *Kojiki* etwa finden wir eine Hierarchie der *kami* mit der Sonnengöttin und ihren Ahnen Izanagi und Izanami an höchster Stelle. Dem Schöpfungsmythos zufolge gebar das königliche Geschwisterpaar Izanagi und Izanami die japanischen Inseln und einige Gottheiten. Izanami starb bei der Geburt des Feuergottes. Izanagi folgte ihr wie Orpheus in die Totenwelt, wurde aber vom Fäulnisgestank vertrieben. Nachdem er sich in einem Fluß gereinigt hatte, gebar er noch mehr Gottheiten, die wichtigsten waren Amaterasu und ihr Bruder, der Sturmgott Susa-no-ō. Aus dieser Verbindung entstanden weitere

Das zentrale Anliegen des Shintō ist die Verehrung der *kami*, geheimnisvoller Naturkräfte und Ahnengeister. Lange bevor man Schreine errichtete, wurden bereits Wasserfälle, Inseln, Felsen, große Bäume und heilige Tiere bzw. ihre Kultobjekte *(shintai)* als *kami* verehrt. Diese »verheirateten Felsen« *(meoto-iwa)* befinden sich an der Küste von Ise, einer Gegend, in der die wichtigsten Heiligtümer Japans liegen. Sie werden mit Izanagi und Izanami, den ersten *kami*, in Verbindung gebracht, die der Sage nach die Inseln Japans gebaren. Auf einem der Felsen steht ein heiliges Tor, *torii*. Das Felspaar ist durch ein Strohseil verbunden, das alljährlich zum Neujahrsfest erneuert wird.

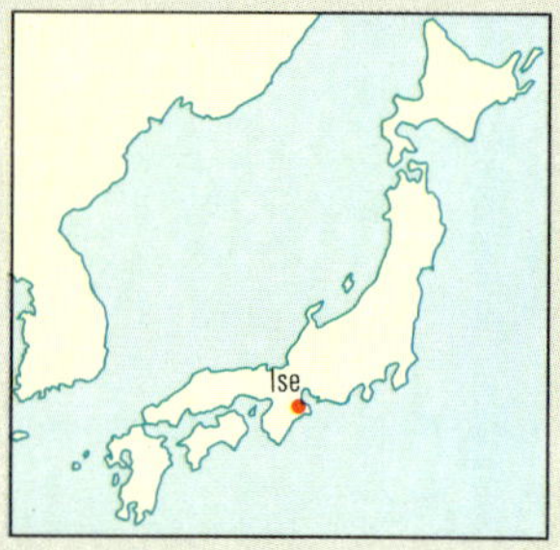

Ise

Als im 8. Jahrhundert die ersten japanischen Chroniken entstanden, war Ise bereits ein geheiligter Ort, den man mit der Sonnengöttin Amaterasu Ōmikami in Verbindung brachte, der Urmutter des japanischen Kaisergeschlechts. Historisch gesehen stammt der Schrein wahrscheinlich aus dem 4. oder 5. Jahrhundert n. Chr.. Er besteht aus einem inneren Schrein *(naiku)*, der der Sonnengöttin geweiht ist, und einem äußeren *(gegu)*, in dem Toyuke-no-ōkimi, die Reis- und Erntegöttin, verehrt wird. Bis zum wirtschaftlichen Niedergang des Kaiserhauses im 15. Jahrhundert wurde er ausschließlich von den Mitgliedern der kaiserlichen Familie besucht. Nachdem die Mönche von Ise sich im 15. und 16. Jahrhundert öffentliche Gönnerschaft anstrebten und fanden, wurde der Schrein beliebtes Wallfahrtsziel. Während der Edo-Zeit passierten jährlich Tausende von Pilgern die Straßen nach Ise, und es entstanden buddhistische Tempel und Vergnügungsviertel um den Schrein herum. Vor dem Krieg war Ise zeitweilig Zentrum des militanten Nationalismus, doch heute ist es wieder ein von vielen Menschen aufgesuchter Ort der Besinnung und der Verehrung der *kami.*

Der Plan zeigt das Heiligtum des Inneren Schreins, das von vier Holzgittern umgeben ist, daneben der alternierende Standort. Mit einigen Unterbrechungen wurden die Gebäude des Ise alle 20 (häufiger auch 21) Jahre an wechselnden Standorten neu aufgebaut.

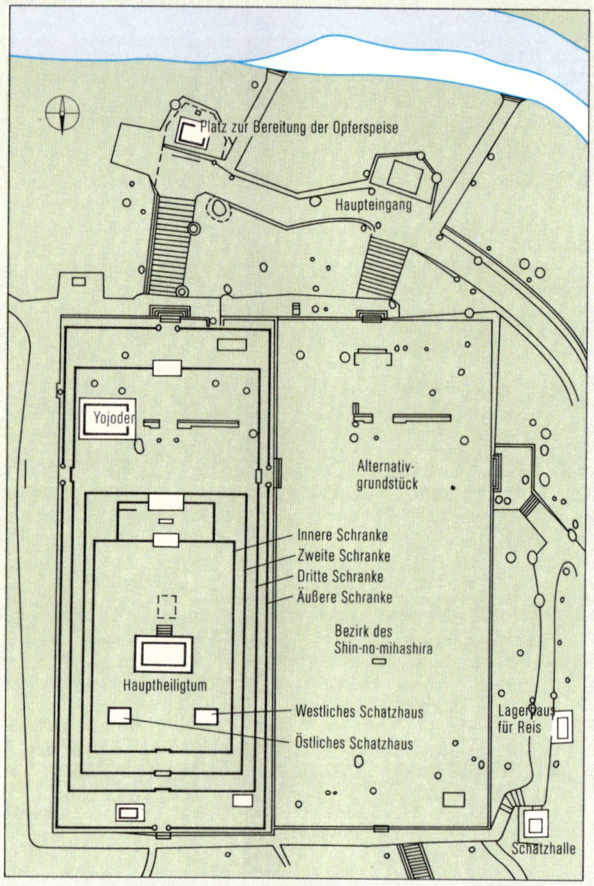

Hier ein Blick auf die beiden Standorte des Heiligtums. Im Zentrum sieht man das Hauptheiligtum mit dem Schatzhaus zu seiner Seite, umgeben von einem Holzgitter, das den heiligen Bezirk begrenzt. Zutritt haben hier nur Priester und Angehörige der Kaiserfamilie, Besucher bringen ihre Huldigung vor dem Südtor des Schreins dar.

Götter. Susa-no-ō war ungebärdig und beleidigte seine Schwester, indem er ihre Reisfelder verwüstete und ihren Palast verunreinigte. Sie stürzte daraufhin die Welt in Dunkelheit, indem sie sich in eine Höhle zurückzog. Die anderen Gottheiten vollführten vor der Höhle einen unzüchtigen Tanz, um sie wieder herauszulocken. Susa-no-ō jedoch wurde nach Izumo verbannt, wo er einem Herrschergeschlecht das Leben schenkte, das die Nachkommen der Sonnengöttin solange bekriegte, bis sie schließlich von den Yamato geschlagen wurden.

Dieselbe Hierarchie wie unter den *kami* herrschte auch bei den Stammesfürsten der Yamato und den lokalen Kleinfürsten, die sie befehligten. Nach der Shintō-Mythologie stammen die Herrscher Japans von Amaterasu Ōmikami, der Sonnengöttin und Obergottheit des Shintō-Pantheons, ab. Die frühen Texte bemühen sich, dies zu belegen.

»Sodann befahl sie dem souveränen erlauchten Enkel und sprach: »Dieses Land der eintausendfünfhundert herbstlichen frischen Ähren des Schilfgebildes ist die Region, welche meine Nachkommen als Herrscher beherrschen sollen. Gehe du, mein souveräner erlauchter Enkel, hin und regiere es! Möge das Blühen und Gedeihen der himmlischen Dynastien wie Himmel und Erde ohne Ende dauern.«« [Übers.: K. Florenz, Tōkyō 1901]

Ninigi, der Enkel der Sonnengöttin, stieg in Süd-Kyūshū auf die Erde hinab und brachte die drei Herrscherinsignien mit: den Spiegel, offensichtlich ein Sonnensymbol, das heilige Schwert, das der Sturmgott Susa-no-ō im Bauch einer achtköpfigen Schlange gefunden hatte, und ein *magatama.* Sein Enkel wiederum kämpfte sich gen Osten bis nach Yamato durch, bestieg dort als Jimmu-*tennō* 660 v. Chr. den Thron und begründete so

Ganz oben: Das Hauptheiligtum des Ise ist im *shimmei-zukuri*-Stil der Shintō-Architektur erbaut. Es erhebt sich, antiken Getreidespeichern vergleichbar, etwa zwei Meter über den Boden. Seine Säulen und Wände sind aus unbehandeltem Zypressenholz erbaut.

Oben: In Ise werden täglich Reinigungszeremonien abgehalten. Einmal im Jahr wird für gute Ernten und das Wohlergehen des Kaisers gebetet.

die kaiserliche Linie. Jimmus Nachfahren besiegten die Herrscher von Izumo und anderen Gebieten und brachten die Izumo und ihre Götter unter die Kontrolle der Yamato. Die Verehrung Susa-no-ōs im großen Schrein von Izumo war allerdings weiterhin gestattet.

Selbstverständlich war der *kami* der Sonne ein Objekt von besonderer Verehrung am Yamato-Hof. Der Große Schrein von Ise, der Amaterasu geweiht ist, soll im späten 5. Jahrhundert (478, Regierungszeit des Yūryaku) errichtet worden sein. Nach alter Tradition muß er alle 20 Jahre originalgetreu restauriert werden. Auch der Große Schrein von Izumo, Präfektur Shimane, in dem die Izumo Okuninushi und Susa-no-ō verehrten, ist erhalten. Andere *uji* hatten ihre eigenen Lokalgottheiten, und auch sie nahmen wie die Yamato göttlichen Ursprung für sich in Anspruch. Der Clan der Nakatomi zum Beispiel, die späteren Fujiwara, führten ihre Ahnen bis in die Zeit der Götter zurück. Die wichtigsten Feste am Hof waren ein Frühlingsfest im 2. Monat, das Kinensai, und Niinamesai, das Erntedankfest. Durch die rituelle Aufsicht über solche Feste stärkte das Herrscherhaus seinen Einfluß. Politische und priesterliche Macht vermischten sich. Der Begriff *matsurigoto* für »Herrschaft, Regierung« hat auch die Konnotation »Ritual«. Dennoch wurde der Shintō nicht gänzlich von den Yamato und mächtigen *uji* vereinnahmt. Die *kami* waren allgegenwärtig und konnten überall in der freien Natur aufgespürt und verehrt werden; ein Hain großer Bäume, ein verwitterter Felsen, ein klarer Quell konnten ihre Wohnstatt sein.

Der frühe Shintō kannte kein ausformuliertes philosophisches oder metaphysisches System, keine Textüberlieferung oder entwickelte künstlerische Tradition. Seine Weltsicht war positiv und optimistisch und mehr mit Hier und Jetzt befaßt als mit einer Lösung im fernen Nachleben. Die Beziehung zwischen Mensch, Natur und *kami* stand im Mittelpunkt. Man hatte große Ehrfurcht vor der Natur und einen Sinn für organische Materialien, Formen und Prozesse. Das Universum war gut in sich, und die Harmonie der menschlichen Natur wurde im Einklang mit den Mächten der Natur erreicht. Gott identifizierte man mit Reinheit, das Böse mit Unreinheit. *Makoto*, Aufrichtigkeit oder Reinheit des Herzens und der Handlungen, war die Kardinaltugend des Shintō. Die Schreine waren nicht nur Orte des Rituals und der Andacht, dort wurde auch getanzt, man vergnügte sich und veranstaltete Sumo-Kämpfe, Pferderennen und Bogenschießen, um die Götter zu unterhalten. Unreinheit und Eingriffe in den normalen Rhythmus der Natur galten als sündhaft. Der Mythos von Izanami und Izanagi im Land der Dunkelheit (*yomi no kuni*) spricht von den Schrecken der Verunreinigung, von Blut und Tod. Das verwerflichste Verbrechen, das die Mythen kennen, war das des ungebärdigen Susa-no-ō, der die Halle der Reinheit entweiht und die Grenzmarkierungen zwischen den Reisfeldern niedergerissen hatte.

Das Eindringen des Buddhismus

Spätestens seit dem 6. Jahrhundert ist der Buddhismus ein integraler Bestandteil der japanischen Kultur. Er weitete den geistigen Horizont Japans und erleichterte den Zugang zur chinesischen Kultur. Zunächst wurde er von den mächtigen Familien gefördert; im 12. Jahrhundert hatte die buddhistische Lehre von der universalen Erlösung sich aber auch im einfachen Volk verbreitet. Ihr Einfluß blieb bis ins 18. und 19. Jahrhundert bestimmend, dann jedoch regte sich Kritik an diesem angeblich fremden Aberglauben, der, wie man annahm, dem rationalen Konfuzianismus und den einheimischen Shintō-Traditionen feindlich gegenüberstehe, und den Interes-

Rechts: Der große Izumo-Schrein in der Präfektur Shimane ist, was Alter und Bedeutung anbelangt, dem Ise gleichzustellen. Er wurde im eindrucksvollen *taisha-zukuri*-Stil erbaut und mehrfach neu errichtet. Das jetzige Gebäude stammt aus der Mitte des 18. Jh.s. Es ist etwa 24 m hoch, und man gelangt über 15 große Treppenstufen hinein. Der zentrale Schrein ist um neun Säulen herum errichtet. Die mittlere Säule *(shin-no-mihashira)* besteht ihrerseits aus neun kleineren Säulen. Die wichtigsten Festtage sind im Mai, wenn die *kami* aus dem ganzen Land sich hier versammeln, und im Oktober, wenn man für die eingebrachte Ernte dankt. Gebete zum *kami* des Izumo gelten in kriegerischen und landwirtschaftlichen Angelegenheiten als besonders wirkungsvoll.

Das Shintō-Pantheon

Shintō heißt »Weg der *kami*« und sein Anliegen ist die Verehrung von machtvollen Geisterwesen, *kami* genannt. Vor dem Eindringen des Buddhismus im 6. Jahrhundert umfaßte der Shintō zahllose unzusammenhängende Ahnen- und Lokalkulte, Verehrung von Naturphänomenen und Fabelwesen sowie Fruchtbarkeitsrituale. Der frühe Shintō kennt keine literarische oder bildliche Darstellung seiner verschiedenen Mythen und hatte kein festes Pantheon. Jeder Mensch – tot oder lebendig –, jeder Gegenstand und jeder Ort konnte als *kami* gelten, sofern er magische Qualität besaß. Das Shintō-Pantheon entwickelte sich erst auf Grund vielfältiger Einflüsse. Der Mahayana-Buddhismus lieferte das Beispiel einer reichen literarischen und künstlerischen Tradition. Die ideologisch gefärbten Mythen des *Kojiki* und *Nihon shoki* brachten die *kami* in eine Hierarchie, die die Abstammung der Yamato-Herrscher von der Sonnengöttin begründen sollte. Und auch die Errichtung von Schreinen durch Angehörige des Hofes und der Aristokratie trug zur Ausweitung des Pantheons bei.

Rechts: Nakatsu-hime. In der Shintō-Kunst werden die *kami* häufig als Hofdamen oder Kinder dargestellt. Prinzessin Nakatsu war die Gemahlin des Kaisers Ojin. Im Hachiman-Kult erscheint sie als Inkarnation der mitfühlenden Bodhisattva Kannon und als Dienerin von Hachiman. Sie wird als füllige Schönheit der Heian-Zeit mit langen Haarlocken dargestellt und trägt eine Robe im Tang-Stil, wie sie am Heian-Hof üblich waren.

Links: Zenmyō Nyoshin. Japanische Mönche, die auf der Suche nach Unterweisung in der buddhistischen Lehre nach China oder Korea reisten, brachten viele Schutzgötter buddhistischen oder daoistischen Ursprungs mit. Zenmyō war eine chinesische Schönheit, die sich in den koreanischen Mönch Ui-sang verliebte. Er war nach China gekommen, um den Kegon-Buddhismus zu studieren. Nach seiner Rückkehr nach Korea war sie untröstlich und wurde in einen Drachen verwandelt, der sein Schiff leitete und beschützte. Sie gilt als Schutzgöttin des Kegon-Buddhismus und wurde 1225 als einer der Shintō-Wächter in den Schrein des Kegon-Klosters Kōzanji in Kyōto aufgenommen.

Unten: Izu-san Gongen. Diese plumpe, heitere Figur ist der *kami* des Izu-Gebirgszuges in der heutigen Präfektur Shizuoka. Sein Ursprung ist unbekannt, doch wie so viele *kami*-Figuren entwickelte er sich unter dem Einfluß des Buddhismus weiter. Hier sieht man ihn mit einer Soldatenmütze und der Stola eines buddhistischen Priesters über einer Schulter. Während der Kamakura-Periode wurde er von Minamoto- und Hōjō-Kriegern als Inkarnation der tausendarmigen Kannon verehrt.

Links: Zaō Gongen. Eine wichtige Strömung des religiösen Lebens in Japan vereinigte Elemente aus Shintō und Buddhismus. In diesem synkretistischen Glaubenssystem werden die *kami* als Schutzheilige und Verkörperungen von Buddhas und Bodhisattvas angesehen. Zaō Gongen wird mit dem Berg Kinpu in den Yoshino-Bergen südlich von Nara in Verbindung gebracht. Ursprünglich wurde er dort wohl als einer der lokalen *kami* verehrt. Er wurde später zum Wächtergott des Shugendō-Kultes, in dem Berge verehrt werden, und der auf den legendären En no Gyōja zurückgeht. Außerdem sah man in ihm die Shintō-Manifestation verschiedener Buddhas. Sein wilder Gesichtsausdruck soll nicht die Gläubigen, sondern das Böse abschrecken.

Unten: Wie die buddhistischen Wächtergottheiten, die das Tempeltor bewachten, so hatten im Mittelalter auch die Shintō-Schreine ihre Wächterfiguren. Löwengötter und Dienergestalten *(zuishin)*, wie diese hier, bewachten paarweise die Eingänge. Die abschreckenden Gesichter und die aufgerissenen oder geschlossenen Münder stammen aus der buddhistischen Ikonographie; die würdevolleren Shintō-Wärter werden als Pagen mit Pfeil und Bogen dargestellt.

Rechts: Wakamaiya Hachiman. Hachiman gilt als *kami* des legendären Kaisers Ojin und wurde später ein Kriegsgott und Schutzpatron des Kriegerclans der Minamoto. In der Heian-Zeit wurde er Gegenstand eines eigenen Kultes und viele Schreine wurden ihm geweiht. Auf Bildern und Skulpturen erscheint er in unterschiedlichen Verkleidungen, meist als Mönch. Er steht in Verbindung mit der Shintō-Göttin Hime-gami (Nakatsu-hime, *siehe gegenüber oben rechts*), und gilt als Inkarnation des Buddha Amida.

Unten: Während eine Strömung der Shintō-Kunst die *kami* als Inkarnationen von Buddhas sah, stellte sie eine andere als adelige Höflinge dar. Dieses Beispiel einer ausdrucksvollen Shintō-Skulptur ist aus einem einzigen Block Zypresssenholz geschnitzt und dann bemalt. Die fließenden Gewänder, sowie Kappe und Stab deuten an, daß es sich um einen Höfling handelt. Seine Haltung strahlt die Energie konzentrierter Meditation aus.

sen des japanischen Herrscherhauses Schaden zufüge. In den siebziger Jahren des 19. Jahrhunderts wurden Shintō und Buddhismus von der neuen Meiji-Regierung streng gegeneinander abgegrenzt, denn Shintō sollte die neue Staatsreligion werden (*s. S. 169*). Auch mit dem Christentum, dessen Missionare wieder zugelassen waren, hatte sich der Buddhismus auseinanderzusetzen. Aber dennoch kam er nicht gänzlich zum Erliegen und erholte sich im späten 19. Jahrhundert wieder. Heute ist er mit seinen verschiedenen Schulen und Millionen von Gläubigen ein wesentlicher Bestandteil des japanischen Geisteslebens.

Während der ersten fünf bis sechs Jahrhunderte unserer Zeitrechnung verbreiteten sich die dem Buddha Sākyamuni (ca. 563–483 v. Chr.) zugeschriebenen Lehren schnell über Ostasien. Sie waren mit den Kamelkarawanen im 1. Jahrhundert aus Indien und Westasien nach China gelangt, etablierten sich dort während der Han-Dynastie und erreichten im 4. Jahrhundert Korea. Im Gegensatz zur Theravada-Tradition, der Lehre der Alten, wie man sie in Sri Lanka und Südostasien findet, handelte es sich hier um den Mahayana-Buddhismus oder das *»Große Fahrzeug«*, nach dessen Lehre es allen Lebewesen möglich ist, zur Erleuchtung zu gelangen. Diese Trennung entstand um das 1. Jahrhundert v. Chr. Verfechter des *»Großen Fahrzeugs«* sehen in dieser Lehre bessere Möglichkeiten zur Erlösung als in der Theravada-Tradition, die sie in herabsetzender Absicht als *»Kleines Fahrzeug«* bezeichnen.

Doch es gibt auch Gemeinsamkeiten zwischen Theravada und frühem Mahayana. Beiden gilt das Leben und die geistige Suche des Religionsgründers als Vorbild. Sein Leben und seine Lehren wurden erst einige Jahrhunderte nach seinem Tod schriftlich niedergelegt, und von seinen Jüngern verbreitet. Obwohl diese Berichte zum Teil phantastische Züge tragen, erscheint Buddha darin nicht als Gott, sondern als leidgeprüfter Mensch, der im Angesicht von Wandel, Leid und Tod nach höherer Einsicht strebte.

Die Überlieferung berichtet, daß Gautama Siddharta in Nordindien in einer Fürstenfamilie aufwuchs. Im Alter von 29 Jahren verließ er, nachdem er die Realität von Krankheit, Alter und Tod erkannt hatte, den Palast und das Luxusleben, und machte sich auf die Suche nach tieferer Einsicht. Zunächst unterzog er sich strengen Kasteiungen, doch nach sechs Jahren verwarf er diese asketischen Praktiken und verschrieb sich einem gemäßigteren Weg, dem Mittleren Weg der Meditation. Eines Nachts beim Meditieren unter einem Baum erlangte er Erleuchtung, das tiefe Verstehen des Seins oder Nirvana. Als Buddha, der »Erleuchtete«, verbrachte er den Rest seines langen Lebens auf Wanderschaft, und unterwies eine wachsende Zahl von Laien und bettelnden Schülern, die schließlich die erste buddhistische Gemeinschaft von Mönchen und Nonnen bildeten. Nach seinem Tod verbreiteten seine Jünger und späteren Kompilatoren die Botschaft und entwickelten die philosophische Grundlage der Lehre, das *dharma*, weiter. Ein riesiger schriftlicher Kanon, bekannt als das *Tripitaka* oder die *»Drei Körbe«*, entstand, der Buddha zugeschriebene Predigten (*sūtra*), spätere Kommentare (*abhidharma*) und monastische Regeln (*vinaya*) enthält.

Der Kernpunkt des *dharma* ist die Überzeugung, daß alle Lebewesen zu Leid und Vergänglichkeit verurteilt und durch Unwissenheit und Begierden an einen Kreislauf aus Geburt, Tod und Wiedergeburt (*samsara*) gebunden sind. Handlungen (*karma*), die den Neigungen entspringen und ihre Wurzeln in der Unwissenheit haben, schreiben diesen Zirkel der Wiedergeburten fort.

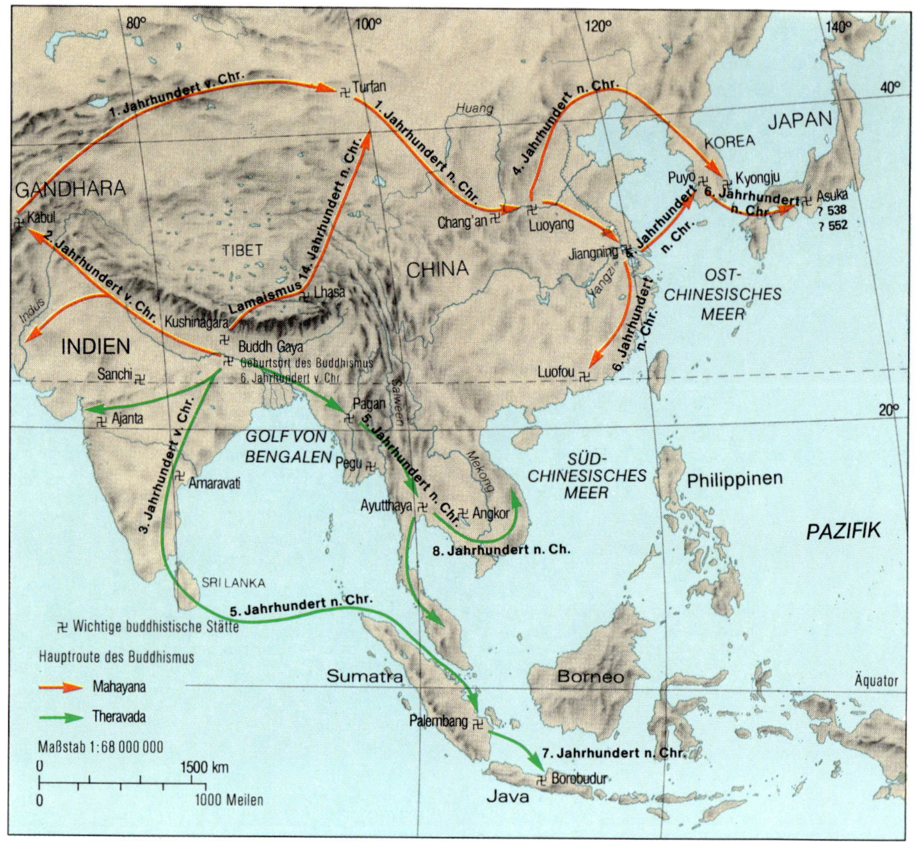

Vermittlung des Buddhismus
Zwischen Buddhas Tod im 5. Jh. v. Chr. und dem 6. Jh. Chr. verbreiteten sich seine Lehren in zwei Richtungen über ganz Asien. Die eine Linie, bekannt als Theravada-Buddhismus oder die »Lehre der Alten«, breitete sich nach Sri Lanka und Südostasien aus; die andere, der Mahayana oder »Lehre vom Großen Fahrzeug«, das alle Lebewesen zur Erlösung bringen kann, erreichte über Gebirge und Wüsten hinweg schließlich Gandhara (Afghanistan), Tibet und China. Von China aus wurde der Buddhismus im 4. Jh. n. Chr. in Korea eingeführt und von dort im 6. Jh. nach Japan gebracht. Diese Religion bot Japan nicht nur ein anspruchsvolles philosophisches und moralisches System, sie brachte auch eine vielfältige bildende Kunst und Musik mit. Chinesische, koreanische und indische Bildhauerkunst und die wirtschaftliche und soziale Organisation der Klöster hatten starken Einfluß auf die japanische Gesellschaft.

Die einzige Möglichkeit, daraus auszubrechen und das Nirvana zu erlangen, ist, dem Beispiel Buddhas folgend, allen Neigungen zu entsagen, nach höherer Wahrheit zu suchen und schließlich die eigentliche Nichtigkeit der Wirklichkeit zu erkennen. Diese Lehre ist in den »Vier edlen Wahrheiten« und im »Edlen achtfachen Weg« niedergelegt: Leben bedeutet Leiden, Wurzel allen Leids sind die Wünsche und Begierden. Um dem Leid zu entgehen, muß man allen Wünschen und Begierden entsagen. Dieses Ziel ist nur durch ein sittliches Leben gemäß dem »Edlen achtfachen Weg« zu erreichen.

Der »Edle achtfache Weg«, wie er in den »Vier edlen Wahrheiten« beschrieben wird, besteht im rechten Glauben, rechten Denken, rechten Reden, rechten Handeln, rechten Leben, rechten Streben, rechten Gedenken, rechten Sichversenken. Hier wurde ein ethisches Programm entworfen, das den Respekt vor allem Lebendigen, Aufrichtigkeit und Mitleid mit einbezog, Sinneslust, Diebstahl und Unmoral dagegen verwarf. Wenn der Suchende diese Grundsätze in einem meditativen, vegetarischen, ehelosen und vom Alkohol abstinenten Lebenswandel verwirklichte, konnte er gutes *karma* ansammeln und schließlich auch zur höheren Einsicht gelangen, die ihn aus dem schmerzlichen Zirkel der Wiedergeburten befreite.

Während die Teravada-Lehrer an der Tradition der streng meditierenden Bettelmönche, dem Ideal des Arhant, festhielten, öffneten die Anhänger des Mahayana das *dharma* auch für diejenigen, die nicht die Zeit, das Training oder die Erziehung mitbrachten, um den rigiden Praktiken der Bettelmönche zu folgen. Daraus entstand eine mächtige Bewegung der Hingabe und Nachfolgeschaft, in der Laien wie Priester Buddha verehrten und ihn an die Spitze eines sich ausdehnenden Pantheons von Buddhas, Bodhisattvas und ihren Begleitern setzten. Sie alle wollten dem *dharma* zur Wirklichkeit und allen empfindenden Wesen zur Erleuchtung verhelfen. Unter den anderen Buddhas repräsentiert Vairocana den kosmischen Universalismus, Amitābha,

Oben rechts: Dieses illustrierte *sūtra* aus der Nara-Zeit zeigt die Lebensgeschichte des Sākyamuni. Die zentrale Lehre des Buddhismus besagt, daß das Leben vergänglich sei, und die Menschen, von den Flammen der Leidenschaften verblendet, dem Kreislauf von Geburt, Tod und Wiedergeburt ausgeliefert seien. Buddha jedoch zeigte durch sein eigenes Leben wie durch seine Predigten, daß die Menschen die Leidenschaften durch Meditation und moralische Lebensführung besiegen und so aus dem Kreislauf der Wiedergeburten ausbrechen könnten.

Rechts: Diese Szene aus einer Schriftrolle des 17. Jh.s stellt Buddhas Tod oder vielmehr seinen Eingang ins Nirvana *(nehan)* dar. *Nehan*-Darstellungen zeigen in der Regel einen heiteren Buddha, der auf einer Terrasse unter einem Sāla-Baum ruht. Hier ist er von trauernden Himmelswesen, Menschen und Tieren umgeben.

der im Westlichen Paradies wohnt, hat sich der Rettung der Gläubigen verschrieben, während Maitreya eines Tages kommen wird, um die Welt zu reinigen.

Im Mahayana-Buddhismus spielt das Ideal der »Bodhisattvas« eine besondere Rolle. Sie sind erleuchtete Wesen, die über höhere Einsicht und tieferes Mitleid verfügen, ihren Übergang zur Buddhaschaft allerdings aufgeschoben haben, um andere zu erretten. Wie die Jungfrau Maria und die christlichen Heiligen werden auch sie verehrt. Unter ihnen ist Avalokiteshvara (chinesisch Guanyin, japanisch Kannon) zum volkstümlichsten Nothelfer geworden. Ursprünglich ein Mann, später eine Frau, wird Kannon häufig mit tausend Armen dargestellt, mit denen sie den Leidenden beisteht.

Buddhistische Lehren drangen im späten 5. oder frühen 6. Jahrhundert über Korea nach Japan ein. Bis zur Mitte des 6. Jahrhunderts wurden sie jedoch in Hofkreisen nicht ernstgenommen. Im Jahre 552 (oder auch 538), so berichtet das *Nihon shoki*, schickte der König von Paekche in der Hoffnung auf Militärhilfe gegen Silla buddhistische Texte und eine vergoldete Statue an den Yamato-Herrscher Kimmei, und empfahl diese Religion als neue Form der Weisheit und Zaubermacht.

Dies hatte Spannungen am Hof der Yamato zur Folge. Es gab einerseits Bedenken gegen eine Militärhilfe für Paekche, andererseits Einwände gegen die Übernahme einer neuen, fremdartigen Religion, die der einheimischen Schaden zufügen könnte. Viele mächtige, konservative *uji* unter der Führung des Nakatomi-Clans und

der Mononobe, einer Familie von Militärs, sträubten sich gegen die Einführung des fremden *kami.* Andere, an ihrer Spitze die einflußreiche Soga-Familie, setzten sich für die neue Religion ein. Kimmei gestattete Soga no Iname, die Buddhastatue als ein Familien-*kami* zu verehren. Nach einer Verleumdungsaktion der Traditionalisten, die der Statue die Schuld an einer Epidemie zuschrieben und sie in einen Kanal warfen, erlebte die Ausbreitung des Buddhismus einen Rückschlag. Der Sieg Soga no Umakos über die Mononobe 587 brachte einen neuen Aufschwung. Zu dieser Zeit wanderten Mönche, Nonnen, Schreiber, Architekten und Buddha-Schnitzer aus Korea ein. Die Verfechter des Buddhismus argumentierten, daß verärgerte Buddhas die Seuche verursacht hätten, durch Verehrung jedoch besänftigt werden könnten. Allmählich konnte der neue Glaube am Yamato-Hof und bei den wichtigen Familien Fuß fassen. Dennoch wurde sein intellektuelles Potential zunächst kaum begriffen; man sah darin eher eine Art Zauber, der Wunderheilung bewirken konnte.

Soga no Umako, der 626 starb, ist eine zwiespältige Figur. Während seiner Regierungszeit war er ein einflußreicher Politiker und aktiver Förderer des Buddhismus. Zwischen 588 und 609 ließ er aus Dankbarkeit für seinen Sieg über die Mononobe mit Hilfe koreanischer Handwerker den Hōkoji (Asukadera) errichten. Er baute seine Macht am Yamato-Hof aus, indem er nach Belieben seine Verwandten auf den Thron brachte und, wenn sie ihm nicht mehr paßten, wieder beseitigte. Um seine Nichte Suiko auf den Thron zu bringen, ließ er angeblich seinen Neffen Sushun ermorden. Suiko betraute ihren Neffen, den Regenten Prinz Shōtoku (Shōtoku Taishi) mit der Herrschaft.

Prinz Shōtoku (572–622) gilt als einer der am meisten verehrten Heroen der japanischen Kulturgeschichte. Er war ein enthusiastischer Verfechter des Buddhismus, Schirmherr der japanischen Buddhisten, weswegen viele ihn für eine Reinkarnation Buddhas hielten, und er bereits im 8. Jahrhundert zum Objekt kultischer Verehrung wurde. Da der Bericht im *Nighon shoki* über seine Taten erst ein Jahrhundert nach seinem Tod verfaßt wurde, ist nicht gesichert, ob die Neuerungen, die ihm zugeschrieben werden, auch wirklich von ihm selbst eingeführt wurden. Auf jeden Fall aber muß er ein bemerkenswerter Staatsmann und ein frommer Buddhist gewesen sein. Zahllose Tempelstiftungen werden auf ihn zurückgeführt, so der Bau des Shitennōji (Tempel der vier himmlischen Herrscher) in Naniwa nach dem Sieg der Soga über die Mononobe. Später gründete er den Hōryūji und der Überlieferung nach noch 300 andere Tempel, wobei diese Zahl als Übertreibung angesehen werden muß. Im *Nihon shoki* ist festgehalten, daß es in Japan im Jahr 622, seinem Todesjahr, 46 Tempel, 816 Mönche und 569 Nonnen gab. Erst Jahrzehnte nach seinem Tod können 300 Tempelbauten existiert haben. Mit Hilfe eines koreanischen Mönches studierte er die *sūtra*, mindestens drei soll er kommentiert haben: Das *Lotus Sūtra* (jap. *Hoke-kyō*) das *Vimalakīrti Sūtra* (jap. *Yuima-kyō*), und das *Königin Srimālā Sūtra* (jap. *Shōman-gyō*). Zum Schutze des Buddhismus ließ er die von ihm verfaßte »17-Artikel-Verfassung« im zweiten Artikel mit den Worten beginnen: »Man verehre die Drei Schätze« [Buddhas Lehre, die Mönchsgemeinschaft und die Mönchsregeln]. Der Überlieferung nach hat er den Satz geprägt: »Alles ist Illusion, Buddha allein ist wahr.« Selbst wenn sich um seine Person das Beiwerk maßloser Übertreibungen rankt, war er doch einer der ersten in Japan, die die geistige Kraft des Buddhismus erkannt haben.

Der Hōryūji in Nara

Der Hōryūji, eine Gründung Prinz Shōtokus, der zwischen 601 und 607 entstand, 670 niederbrannte und sofort wiedererbaut wurde, ist die älteste erhaltene Klosteranlage in Japan, ein Hort für Architektur und Kunst der Vor-Nara-Zeit. Er entstand aus einem einfachen, neben Shōtokus Ikaruga-Palast liegenden Tempel, dem Ikarugadera, und entwickelte sich zu einem Zentrum für Yoga-Praktiken und für die buddhistische Hossō-Schule, die lehrte, daß die reale Welt eine bloße Idee des Bewußtseins sei. Als sich die Verehrung für Prinz Shōtoku ausbreitete, wurde der Hōryūji zum Mittelpunkt eines Volkskults.

Der Westteil des Hōryūji mit Haupthalle, Pagode, Kreuzgängen und großer Rezitationshalle ist im späten 7. Jh. entstanden. Der im 8. Jh. hinzugefügte Ostteil gruppiert sich um eine achteckige Halle, die Yumedomo oder Halle der Träume, die Prinz Shōtoku geweiht wurde.

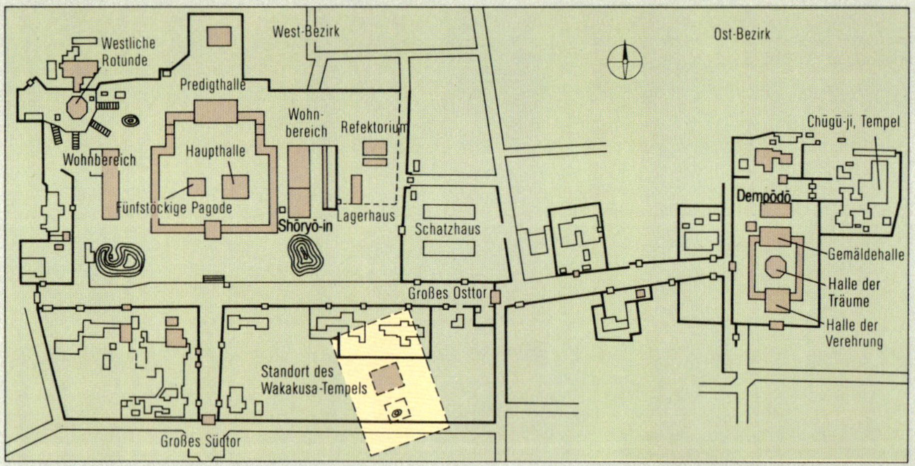

Links: Der Überlieferung nach wurde in Japan die erste Pagode im Jahre 585 gebaut. Die elegante fünfstöckige Pagode des Hōryūji aus dem späten 7. Jh. ist die älteste erhaltene Pagode Japans. Sie ist 32 m hoch und verjüngt sich mit jedem Stockwerk, wodurch der Eindruck von Leichtigkeit und zugleich Stabilität entsteht. Ebenso wie andere Pagoden soll sie als Aufbewahrungsort einer Relique Buddhas gedient haben. Standort und Größe legen Zeugnis ab für die Bedeutung, die sie in frühbuddhistischer Zeit innehatte.

Unten: Diese Triade aus Goldbronze, die den Buddha Sākyamuni und zwei Gefolgsleute darstellt, ist heute das zentrale Bildnis der Haupthalle des Hōryūji. Die Plastik spiegelt die chinesische Stilrichtung der Nord-Wei-Dynastie wider - wie sie etwa in den Höhlentempeln von Lung-men in Henan angewendet wurde - und datiert aus dem Jahr 623 und wird Kuratsukuri no Tori, dem berühmtesten Skulpteur seiner Zeit zugeschrieben. Die Triade wurde zum Gedenken an den Tod des Prinzen Shōtoku in Auftrag gegeben.

Oben: Diese Luftaufnahme zeigt die ältesten Gebäude des Westteils: Das mittlere Tor, Kreuzgänge, fünfstöckige Pagode und Haupthalle (Kondō) in einer Reihe nebeneinander und dahinter die große Rezitationshalle. Das ursprüngliche Kloster war in dem aus Korea übernommenen *shitennōji*-Stil errichtet, mit Pagode und Haupthalle auf einer vertikalen Achse. Als der Hōryūji neu erbaut wurde, brachen die Architekten mit den Traditionen des kontinentalen Baustils und setzten Pagode und Halle nebeneinander, wobei die Höhe der Pagode die Breite des Kondō ausglich.

Obwohl der Buddhismus zu Beginn nicht in seinem Kern erfaßt wurde, bedeutete er eine massive Beeinflussung der japanischen Kultur. Neue Glaubensvorstellungen wurden übernommen. Man orientierte sich am Bild des historischen Buddha, der auf dem Mittleren Weg der Meditation zur Erleuchtung gelangte, man setzte sich mit den in der Form der *sūtra* überlieferten Lehren Buddhas auseinander, mit der im Mahayana wurzelnden Vorstellung vom »*Großen Fahrzeug*«, das die gesamte Menschheit auf die Erlösung zuführt. Neue Moralbegriffe, die Idee des *karma* und die Erlösungslehre, die auf der Erkenntnis der »Vier edlen Wahrheiten« und der Anwendung des »Edlen achtfachen Weges« beruht, fanden Eingang in die japanische Kultur. Beide Lehrmeinungen wurden angeboten: Die Theravada-Lehre mit der Suche des Arhant nach Buddhaschaft, und das Mahayana mit dem Ideal des barmherzigen, Erlösung vermittelnden Bodhisattva. Der Buddhismus nahm sich mit einer in den einheimischen Glaubensvorstellungen unbekannten Direktheit und Wärme des menschlichen Leidens an, zudem lieferte er ein dogmatisches Gebäude von Lehrmeinungen, ferner Kenntnisse über Kunst, Magie, Medizin, Musik, rituelle Praktiken und sogar Beschreibungen von Himmel und Hölle für diejenigen, denen das abstrakte Konzept des Nirvana fremd blieb.

Zusätzlich bedeutete das in Indien, China und Korea entstandene literarische, kulturelle und hoch entwickelte philosophische Gedankengut des Buddhismus in dem vergleichsweise ungebildeten Japan eine intellektuelle Herausforderung. Die »Drei Körbe« - Lehren (*sūtra*), Kommentare und Vorschriften für Mönche und Nonnen - umfaßten ein umfangreiches kanonisches Werk, das eine rege editorische Tätigkeit in Gang setzte. Hunderte von *sūtra* wurden den japanischen Mönchen und ihren weltlichen Gönnern zugänglich gemacht. Sie konnten als fantasievolle Erzählung oder geistliche Predigt gehört oder gelesen werden.

Über seine religiöse und intellektuelle Wirkung hinaus war der Buddhismus auch auf dem Gebiet der Technik und Kunst richtungweisend. Die großen Bauwerke - Pagoden, Tore, Wandelgänge, Goldene Halle und Rezitationshalle - in der für buddhistische Klöster typischen Anordnung stellten in Japan eine völlig neue Form der Architektur dar. Neu waren die von professionellen Bildhauern geschaffenen Buddha Statuen mit den komplexen Handhaltungen. Neu waren auch die für das buddhistische Ritual benötigten Malereien und Gerätschaften.

Im Alltagsleben übernahm der Buddhismus sehr rasch bestimmte, vom frühen Shintō nicht erfüllte Sozialfunktionen. Man bediente sich der buddhistischen Totenbräuche zur Geisterbeschwörung und Dämonenaustreibung, um den Frieden der Verstorbenen zu sichern. Oder man nahm die Fürsprache der buddhistischen Priester in Anspruch, um sich unmittelbare, irdische Vorteile zu verschaffen: Schutz vor Krankheiten, Hungersnöten, Mißernten und Dürrezeiten, eine schmerzlose Entbindung oder einen männlichen Erben. Gebete dieser Art entwickelten sich zu einem einträglichen Geschäft und wurden ein dauerhaftes Merkmal aller buddhistischen Schulen. Eine dritte Sozialfunktion des frühen Buddhismus ergab sich aus der Fürbitte der Priester um Schutz für den Staat (*chingo kokka*). Ebenso wie die *kami* hielt man die Buddhas für Schutzgottheiten, weswegen man von den Mönchen und Nonnen erwartete, daß sie für das Wohl des Staates genauso inbrünstig beteten und arbeiteten wie für ihr eigenes Heil und das ihrer Mitmenschen. Auf diese Weise sicherte sich der Buddhismus im alten Japan Wohlstand und

Entwicklung der Pagode. Eine Pagode ist ein mehrstöckiger Turm, der der Aufbewahrung buddhistischer Reliquien dient. In Form und Funktion entwickelte sie sich aus den aus Grabhügeln entstandenen indischen Stupas. Nach Sākyamunis Tod errichtete man zur Verwahrung seiner Reliquien 8 Stupas. Die Anfänge des Mahayana-Buddhismus gründen sich möglicherweise auf eine Gruppe von Jüngern, die die Stupa anbeteten. Mit der Ausweitung des Buddhismus behielten die Stupa ihre Funktion als Reliquienschrein, in der Form entwickelten sie sich durch immer kunstvollere Bauweise zum Pagodenturm. Die Pagode des Yakushiji (7) wurde etwa 698 errichtet. Die dreistufige Grundkonzeption erweiterte man durch Zwischengeschosse, so daß eine Höhe von 35 m erreicht wurde.

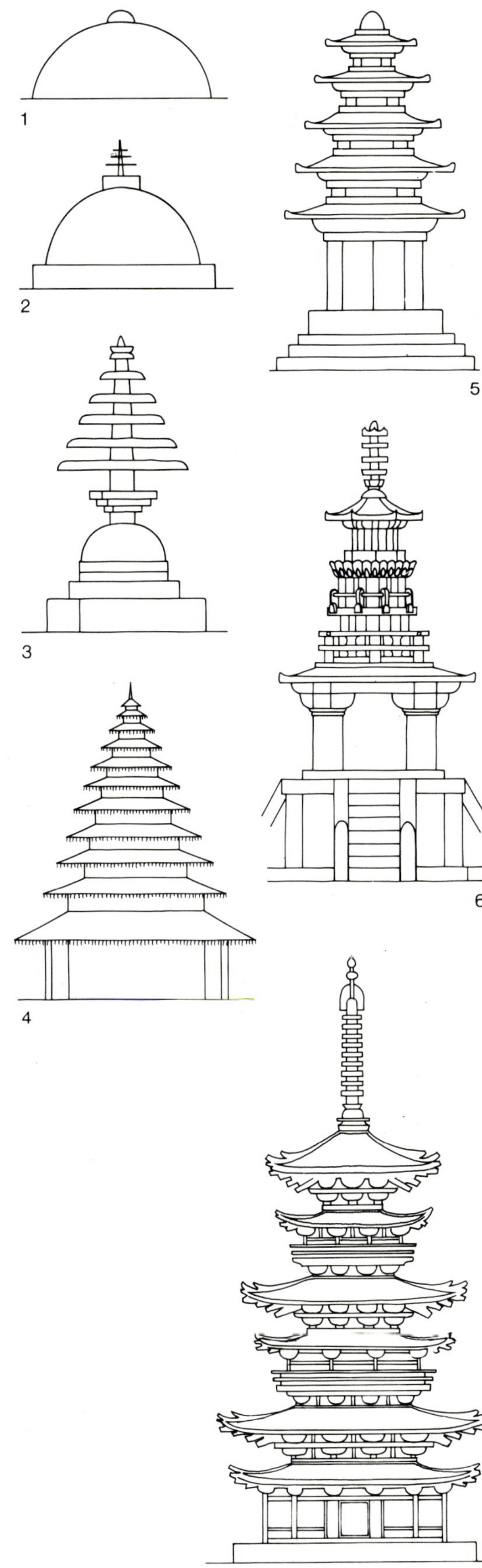

Mandala sind symmetrisch angeordnete, symbolische Diagramme, die im Hinduismus, Buddhismus und Shintō verwendet wurden, um Glaubensgrundsätze, häufig esoterische, darzustellen. Die frühesten japanischen Mandala sind buddhistisch. Seit der späten Heian-Zeit entstanden Mandalas auch im Bereich des Shintō und Shintō-Buddhismus. Dazu gehören die *suijaku*-Mandalas, die die Shintō-Gottheiten als Reinkarnation der entsprechenden Buddhas oder Bodhisattvas darstellen, und die Schrein-Mandalas, die die Merkmale berühmter Schreine aufzeigen. Viele Mandalas gingen aus dem Kult des Kasuga-Schreins hervor, der im Jahre 709 von Fujiwara no Fuhito zum Schutze der neuen Hauptstadt Heijō gegründet wurde und den Gottheiten *(kami)* der Fujiwara-Familie geweiht war. Er unterhielt enge Beziehungen zum benachbarten Kōfukuji, dem Familientempel der Fujiwara. Dieses Mandala aus dem 14. Jh. zeigt im unteren Bildteil die mit dem Kōfukuji verbundenen Buddhas, darüber in der Bildmitte den Kasuga-Schrein und den Berg Misaka, und im oberen Bildteil die fünf Gottheiten des Kasuga.

staatliche Unterstützung, andererseits wurde jedoch die Tendenz erkennbar, religiöse Inhalte den Gesichtspunkten weltlicher Nutzanwendung unterzuordnen.

Der Buddhismus entwickelte sich letzten Endes auch zu einem Machtfaktor in der Politik. Die Schriften über Kaiser Asoka, den großen Schirmherrn des Buddhismus in Indien, enthielten die klare Aussage, daß der buddhistische Herrscher, der die »Drei Schätze« ehre, gesegnet sei, und auf die Unterstützung der Buddhas bei allen Staatsgeschäften bauen dürfe. Diese Botschaft hatten sicherlich die Yamato-Herrscher vernommen, als sie sich für die Schutzherrschaft des Buddhismus entschieden. Von einem höheren kosmischen Standpunkt aus betrachtet konnte sich ein Herrscher sogar als weltliches Gegenbild zu Buddha interpretieren, der vom Gipfel des Universums herab die Welt mit seinem Lichtkranz erhellte. Dieser Versuchung unterlagen mehrere der nachfolgenden Kaiser, insbesondere Shōmu, der den Monumentalbuddha des Tōdaiji stiftete. Wesentlich praxisbezogener gestaltete man die Organisation der vom Kaiser oder Staat protektionierten Klöster in der Hauptstadt. Man stellte sie an die Spitze eines über die Provinzen verteilten Geflechts von Klöstern, deren lokale Schutzherren man auf diese Weise an das politische Zentrum in der Hauptstadt band. Andererseits erkannte man in der unkontrollierten Entfaltung des Klosterwesens eine Gefahr für den Staat. Aus diesem Grund bemühten sich die weltlichen Behörden darum, den sich zu einer Institution entwickelnden Buddhismus mit strengen Regeln zu belegen.

Buddhismus und Shintō

Nach anfänglichen Spannungen entstand ein Zustand friedfertiger Wechselbeziehungen zwischen Buddhismus und den einheimischen Kulten. An philosophischer Breite, Vielfalt des Schrifttums und künstlerischem Ideenreichtum war der Shintō dem Buddhismus nicht ebenbürtig. Andererseits war die Verehrung der *kami* ein verbreiteter und tief verwurzelter Volksglaube, der nicht so leicht auszurotten war. Die Tatsache, daß die einheimischen Kulte keine widerstreitenden intellektuellen oder dogmatischen Positionen vertraten, verlieh ihnen bleibende Kraft, und erlaubte gleichzeitig ein Verschmelzen buddhistischer und shintoistischer Praktiken zu einem friedlichen Nebeneinander der *kami* und Buddhas. Um dem Buddhismus Glaubwürdigkeit zu verschaffen, stellten die Priester die Buddhas als höhere *kami* dar und riefen die *kami* um Schutz für die Buddhas an. Indem man die frühen Tempel in enger Nachbarschaft oder sogar innerhalb der Umfriedung eines Schreines errichtete, wurden die *kami* zu Schutzgottheiten des Buddhismus. Buddhistische Statuen wurden im Namen der *kami* aufgestellt. Vor dem Bau eines Tempels holte man die Erlaubnis der lokalen *kami* ein. Später setzte man kleine Schreine in die Tempelbezirke. Viele Tempel unterhielten Beziehungen zu benachbarten Schreinen, wie der Kofukuji zum Kasuga-Schrein in Nara, oder der Enryakuji zum Hie-Schrein bei Kyōto.

Auf diese Weise entstand eine enge Verbindung zwischen Buddhismus und Shintō, die bis zu ihrer auf kaiserlichen Erlaß verfügten Trennung im Jahre 1868 Gültigkeit hatte. Die paarweise Darstellung bestimmter Buddhas und *kami* wurde üblich, Vereinigung von Göttern und Buddhas oder *shinbutsu shūgo* genannt. Unter dem Einfluß des esoterischen Buddhismus in der Tendai- und Shingon-Sekte (*s. unten, S. 85 u. 87*) entwickelte sich im 10. und 11. Jahrhundert ein zunehmender, systematischer Synkretismus zwischen Buddhismus und Shintō. Die *kami* wurden als einheimische Verkörperung (*suijaku*) der im Kosmos wirkenden Urgottheiten (*honji*) aufgefaßt. Diese *honji-suijaku*-Synthese fand in Kunst und Literatur lebhaften Ausdruck und verankerte sich tief im religiösen Gedankengut der Japaner. Später wertete man die auf einer niedereren Stufe stehenden Shintō-Gottheiten auf und gab ihnen eine neue Identität: Shintō-Anhänger argumentierten, daß in Wirklichkeit die *kami* die Urbilder wären und die Buddhas ihre Abbilder.

Prinz Shōtoku und die Asuka-Kultur

Prinz Shōtokus Wirken fällt in die sogenannte Asuka-Periode, die ausgehende Kofun-Periode des späten 6. und frühen 7. Jahrhunderts, als das Zentrum der politischen

Unten: Prinz Shōtoku war als Staatsmann, Weiser und Patron des Buddhismus so angesehen, daß er kurz nach seinem Tod zum Kultobjekt wurde. Die Verehrung erfaßte beinahe alle Schulen des japanischen Buddhismus und erreichte ihren Höhepunkt in der Kamakura-Periode, als er in dem Volk als Patron der Künste und des Handwerks angesehen wurde. Dieses hölzerne Bildnis stellt den Prinzen als Kind dar, als er einer Legende zufolge nach Osten gerichtet das *mantra* anstimmte: »Namu Butsu . . . « »Gelobt sei Buddha«.

Buddhistische Tempel, Shintō-Schreine und die Nara-Verwaltung

Während des 7. und 8. Jh.s wurde Japan von einer Clan-Gesellschaft, die unter der Führung eines großen Häuptlings stand, in einen am Vorbild der Tang orientierten Kaiserstaat umgewandelt, der von einem himmlischen Herrscher regiert wurde. Die Umwandlung basierte auf importierten Kulturgütern, zunächst auf dem Buddhismus, später auf einer ganzen Reihe von chinesischen Verwaltungs- und Rechtsinstitutionen, dem »*Ritsuryō*-Kodex«. Nach der Taika-Reform (646) und dem Bau der Hauptstädte Fujiwara und Heijō wurde Japan in Provinzen und Bezirke eingeteilt mit jeweils einer Provinzhauptstadt, von der aus Gouverneure die Steuereintreibung und den lokalen Frieden sicherten. Das Straßensystem wurde verbessert sowie ein neues Land- und Steuersystem eingeführt.

Zur Zeit von Prinz Shōtokus Tod im Jahre 622 verfügte Japan über 46 buddhistische Tempel und 1345 Ordensgeistliche, die sich in der Hauptsache in der Asuka-Region befanden. Mit der Gründung der neuen Hauptstadt Heijō und unter einer neuen zentralisierten, kaiserlichen Regierung wurden die buddhistischen Klöster in das Staatsgefüge integriert und die buddhistische Priesterschaft erlangte beträchtliche politische Macht. Von den großen Klöstern wurde der Tōdaiji zum Haupttempel eines über die Provinzen verteilten Geflechts von Mönchs- und Nonnenklöstern *(kokubunji)*. Parallel dazu organisierte man das Schreinwesen des Shintō neu und errichtete ein alle Provinzen erfassendes System von Hauptschreinen.

und kulturellen Macht von Yamato in Asuka lag. Die von Shōtoku geförderten Formen in Architektur und Plastik werden als »Asuka-Kultur« bezeichnet. Den Quellen im *Nihon shoki* über die Kaiserin Suiko zufolge war Shōtoku nicht nur ein tätiger Patron des Buddhismus. Er war ein Politiker, der eine genaue Kopie des chinesischen Kaiserstaates plante, um die Staatsmacht zu festigen und die Position des Yamato-Herrschers möglichst unangreifbar zu machen und deutlich über die Clan-Politik zu stellen. Im Jahr 603 proklamierte er ein neues System von Hofrängen, die zwölf »Mützenränge«, das sich an China orientierte, und den Zugriff zur Macht am Hofe erleichtern sollte. Die ererbte Machtfülle der großen Clan-Führer wurde zugunsten von kleinen, dafür aber fähigeren Clan-Führern verringert.

Überdies wird ihm die Urheberschaft einer »Verfassung« zugeschrieben, ein in 17 Artikeln festgelegter Regierungskodex, der auf entlehnten konfuzianischen Staatstheorien beruht. In diesem Dokument, das die Existenz einer funktionierenden Staatsbürokratie voraussetzt, wird die Beamtenschaft auf die Prinzipien von Loyalität, Harmonie, Fleiß und Fähigkeit rechtmäßig

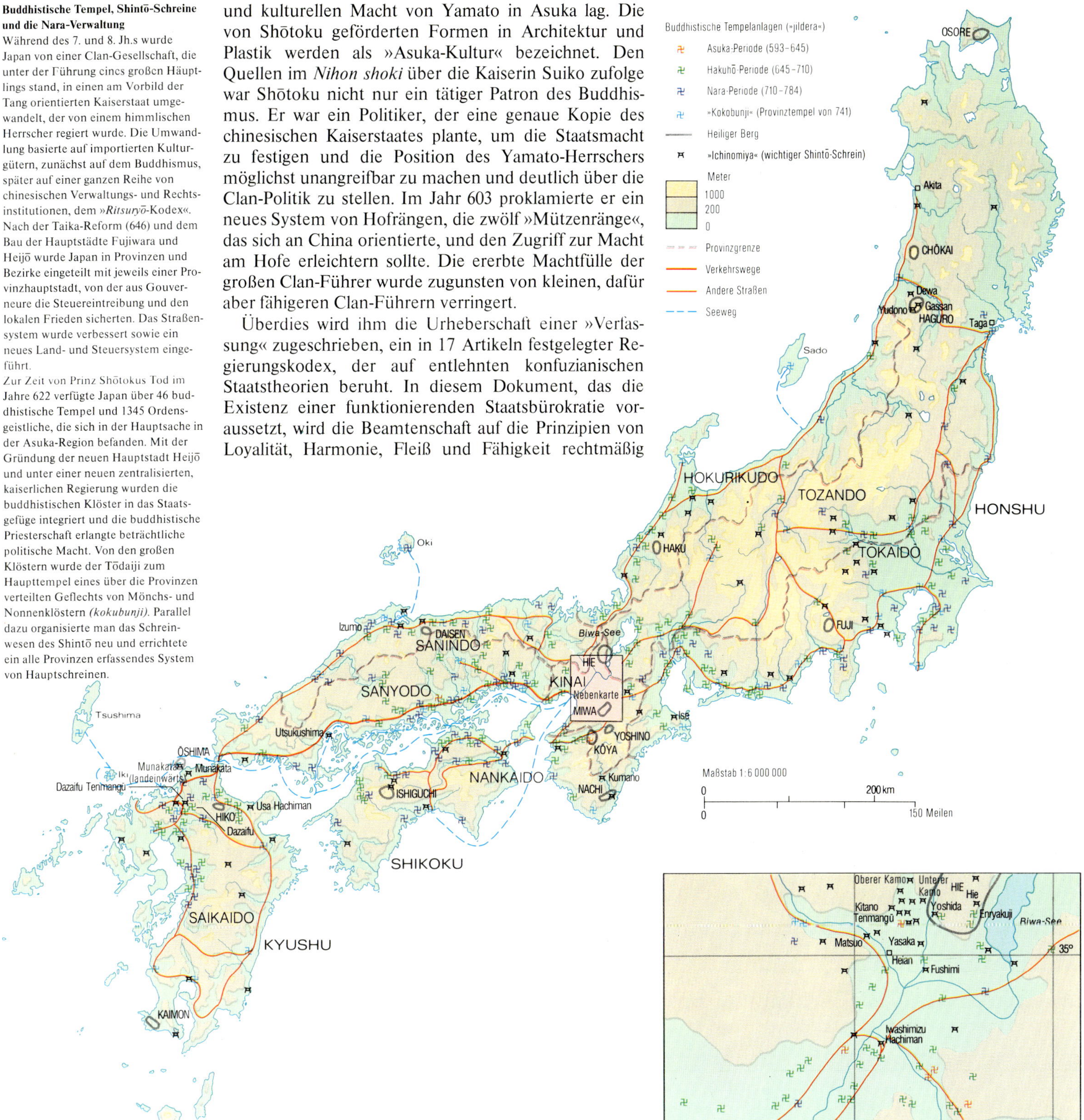

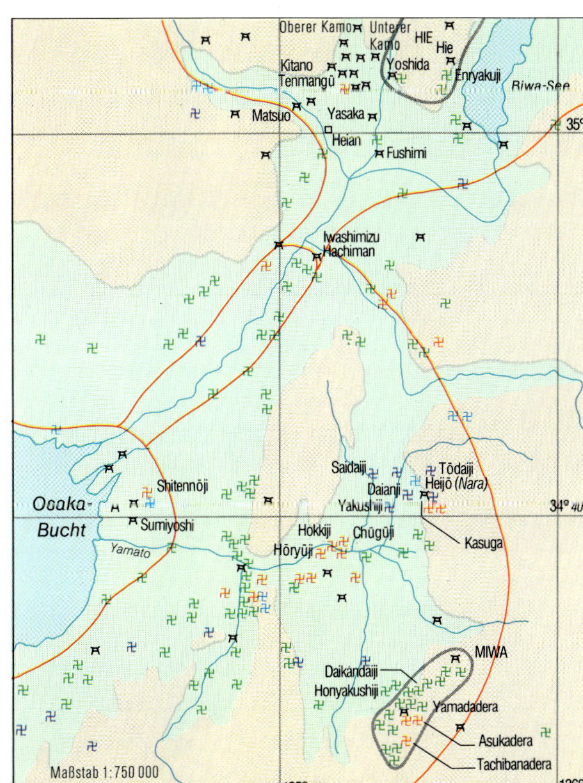

verpflichtet. Im ersten Artikel wird die Harmonie hervorgehoben, und Parteilichkeit im Sinne der Clanherrschaft herabgewürdigt: »Harmonie ist erstrebenswert, mutwilliger Widerspruch ist zu meiden.« Artikel 3 bestimmt den Gehorsam gegenüber dem Thron: »Den kaiserlichen Befehlen ist bedingungsloser Gehorsam zu leisten. Der Herr ist der Himmel, der Gefolgsmann die Erde. Der Himmel ist oben, die Erde unten.« Andere Artikel fordern die Beamten dazu auf, unparteiisch zu sein, fleißig, vertrauenswürdig und gerecht zu Untergebenen. Dieses als Katalog moralischer Vorschriften überlieferte Dokoment verfolgte das Ziel, auf der Grundlage sozialer Harmonie die ethischen Voraussetzungen für eine dem Thron verpflichtete Beamtenschaft zu schaffen und damit den Herrscher als oberste Instanz über die Clanrivalitäten zu stellen.

Besonderes Ansehen verschaffte es Shōtoku, daß er für Japan den Kaisertitel beanspruchte. Einer Quelle in einer chinesischen Chronik der Sui-Dynastie zufolge soll Shōtoku den Kaiser von China mit einer Briefanrede verärgert haben: »Vom Sohn des Himmels im Land der aufgehenden Sonne an den Sohn des Himmels im Land der untergehenden Sonne.« Es ist unklar, ob Shōtoku tatsächlich die Ebenbürtigkeit Japans mit China hervorheben wollte, oder ob er nur die heikle diplomatische Sprache nicht beherrschte. Aber die überlieferte Anrede bedeutet den ersten, klar formulierten Anspruch auf eine eigene nationale Identität Japans und auf Ebenbürtigkeit mit dem mächtigen Nachbarn auf dem Kontinent. Es ist der erste Schritt, die Anrede »Großer Häuptling« (*ōkimi*) in »*Himmlischer Herrscher*« umzubenennen (*tenshi* oder *tennō*, in der japanischen Höflichkeitsform *sumera mikoto*).

Shōtoku schuf die Grundlage für weitere, an China orientierte Reformen. Als es offenkundig wurde, daß Japan seine Position in Korea nicht länger halten konnte, griff er zum Mittel der Diplomatie. Mehrere offizielle Gesandtschaften reisten an den Hof der Sui; zu ihrem Gefolge gehörten Priester und Gelehrte, die Jahre später nach ihrer Rückkehr die Welle der Reformen vorantrieben. Diese im großen Maßstab organisierten Kontakte zu China erweiterten die Kenntnisse der Japaner über Buddhismus und Konfuzianismus, brachten den chinesischen Kalender, praktikable Regierungskonzepte und das für einen zentralisierten Staat notwendige Verwaltungsrecht ins Land.

Da die Verwirklichung der politischen Ziele Shōtokus auch von der Kompromißbereitschaft der mächtigen *uji*, insbesondere der Soga, abhing, ist anzuzweifeln, ob seine Reformen zu seinen Lebzeiten bereits durchgeführt wurden. Aber die Planung allein würde schon seinen Ruf eines aufgeklärten Buddhisten rechtfertigen, eines loyalen Vorkämpfers kaiserlicher Souveränität, eines Förderers der Religion und der Künste, der den nachfolgenden Hofbeamten und politischen Machthabern als Vorbild diente. Er wurde noch jahrhundertelang als Inkarnation Buddhas verehrt und war Gegenstand religiöser Kulte im Volk.

Die Taika-Reformen

Nach dem Tod Shōtokus im Jahre 622 kamen die Bestrebungen nach Zentralisierung und politischen und kulturellen Reformen zum Stillstand. Da kein neuer Regent ernannt wurde, brachten die Soga unter der Führung Emishis und seines Sohnes Iruka den Thron erneut unter ihre Kontrolle. Ohne eine klare, auf Zentralisierung drängende Führerschaft entbrannten neue Clan-Streitig keiten und verwickelten den Hof in blutige Intrigen. Im Jahre 643 ließ Iruka den Prinzen Yamashiro, der Shōtokus Sohn und damit sein Rivale im Kampf um die Vorherrschaft war, ermorden. Diese und ähnliche Grausamkeiten der Soga verursachten am Hofe einen Umschwung unter den Anhängern der Reformbewegung und den Feinden der Soga. Bei einem Putsch im Jahre 645 unter der Führung des kaiserlichen Prinzen Naka no Ōe und eines mächtigen Clanoberhauptes, Nakatomi no Kamatari, wurde Iruka während eines Banketts zu Ehren eines koreanischen Gesandten erschlagen. Emishi wurde wenig später beseitigt.

Als Zeichen für den Beginn einer neuen Ära der Reformbewegung wurde ein neuer Kaiser, Kōtoku, zum Herrscher bestimmt. Prinz Naka bestieg wenig später unter dem Kaisernamen Tenchi den Thron. Kamatari wurde der Ehrenname Fujiwara verliehen. Er wurde der Ahnherr eines der einflußreichsten Geschlechter in der Geschichte Japans, eines Geschlechts, das jahrhundertelang das Kaiserhaus unterstützte, sich mit ihm versippte und es schließlich beherrschte. Die Hauptstadt wurde kurzzeitig nach Naniwa verlegt. Diese Ära wurde Taika benannt, »Große Reform«. Im Jahre 646 wurde ein Edikt verkündet, das die Richtlinien der Reformbewegung bekanntgab.

Dieser prächtige Buddha-Kopf im Tang-Stil ist 42 cm hoch. Man nimmt an, daß er zur Mittelfigur einer großen Trinität gehörte, die der Yamadadera in Asuka in Auftrag gegeben hatte. Im 12. Jh. wurde die Trinität dem Kōfukuji in Nara übergeben, wo sie später der Zerstörung anheimfiel.

Rechts: In den Feldern bei Asuka hat man Hügelgräber, Reste von Tempel- und Palastmauern und rätselhafte Steine gefunden. Wunderlich geformte Steinfiguren, wie die hier abgebildete, benützte man zur Bewachung von Feldern und Wegen, als Grenzmarkierung zwischen den Feldern und als Fruchtbarkeitssymbol.

Prinz Shōtokus Grab.
Shōtoku soll zusammen mit seiner Mutter und einer seiner Gemahlinnen an einem heute unter Taishi-chō bekannten Ort auf der Ōsaka zugewandten Seite des Berges Nijō begraben sein. In der Nähe befinden sich die Gräber der Herrscher Bidatsu, Yōmei, Suiko und Kōtoku. Kaiserin Suiko, der Shōtoku als Regent gedient hatte, liegt in unmittelbarer Nachbarschaft. Sie hatte den Bau eines Tempels neben seinem Grab angeordnet, jedoch ist nichts davon erhalten geblieben.

Asuka

Unten: Die Wiege der japanischen Geschichte, Asuka, liegt in einem ebenen Tal, das von sanften Hügeln und steileren Gebirgszügen eingefaßt ist. Die Reste von mehr als 50 Tempeln, Palästen und Grabhügeln sind gefunden worden. Das eindrucksvollste Gebäude ist der rekonstruierte Asuka-dera, dessen ursprünglicher Bau im Jahre 596 entstanden ist.

Das sanfte Asuka-Tal, von den »Drei Gebirgen Yamatos« eingefaßt, und vom Azuka durchflossen, war im späten 6. und 7. Jahrhundert das Kernland politischer Macht und buddhistischer Kultur. Viele Paläste, Gräber und Tempel legen Zeugnis ab von der Hofhaltung der Kaiserin Suiko und ihres Regenten Shōtoku. 1972 geriet Asuka erneut in das Licht der Öffentlichkeit, als Professor Masao Suenaga das Takamatsuzuka-Grab entdeckte.

Zu den erklärten Zielen der Reformer gehörten die Festigung der Macht des Kaisers (*tennō*), das Ausschalten der Clan-Herrschaft am Hofe und, in Anlehnung an das Vorbild der Sui und Tang, die Schaffung eines zentralisierten, absolutistischen Staates so wie ihn Shōtoku geplant hatte. Der Taika-Erlaß beinhaltete tiefgreifende Veränderungen der politischen und sozialen Struktur. Er forderte die Abschaffung privaten Landbesitzes. Grund und Boden sollten der Kontrolle des Kaisers unterstellt werden. In Anwendung der in China praktizierten quadratischen Feldereinteilung wurden die landwirtschaftlichen Nutzflächen in Staatseigentum überführt und jeder Generation neu zugeteilt. Die *be*-Verbände löste man auf und enthob sie ihrer Aufgabe, die *uji* zu unterstützen. Die Stellung der neuen Hauptstadt festigte man durch die Zentralisierung der Bürokratie, ein neues Straßen- und Postnetz, militärische Schutzwachen und ein neues Steuersystem. Die Landbevölkerung wurde mit Steuern in Form von Naturalien, Frondienst oder Militärdienst belegt, was wiederum regelmäßige Volkszählungen voraussetzte. Den *uji* in den Provinzen garantierte man die Beibehaltung ihrer Titel und Ämter in der Lokalverwaltung der in ihren Provinzen neu geschaffenen Distrikte. Zur Erhaltung von Frieden und Stabilität sicherte man ihnen die Unterstützung der Zentralregierung zu. Um seine Entschlossenheit und die Glaubwürdigkeit der Reformabsicht zu unterstreichen, setzte Prinz Naka ein persönliches Beispiel und übereignete sein Land dem Staat.

Der erneut einsetzende Drang nach Zentralisierung und Festigung der Staatsmacht steht möglicherweise mit einer katastrophalen militärischen Niederlage in Zusammenhang, die das japanische Heer in der Schlacht bei Hakusukinoe in Korea gegen die vereinigten Truppen Chinas und Sillas im Jahre 663 erlitten hatte. Japan soll 170 Schiffe und 27 000 Soldaten verloren haben. Diese Niederlage zwang Japan zum vollständigen Rückzug von der koreanischen Halbinsel und zur Verstärkung seiner Verteidigungsanlagen bei Dazaifu in Nordkyūshū, da man eine Invasion der Tang befürchtete. Dazaifu war ein bedeutender militärischer und administrativer Stützpunkt, Verwaltungszentrum der westlichen Provinzen und Ausgangspunkt für den Handel und die diplomatischen Beziehungen mit China und Korea. Sobald die Furcht vor einer Invasion nachgelassen hatte, begannen die Japaner eine Reihe von Gesandtschaften an den Hof der Tang zu entsenden, um neue diplomatische Beziehungen zu China zu knüpfen und sich gründlichere Kenntnisse über die kulturelle und institutionelle Struktur des Tang-Reiches zu verschaffen.

Ein so ehrgeiziges und vielschichtiges Projekt wie die »Große Reform« ließ sich nicht über Nacht verwirklichen. Die erste Volkszählung wurde beispielsweise erst im Jahre 670 durchgeführt. Aber der Reformerlaß legte die Richtlinien zu einem an China angelehnten stetigen Umwandlungsprozeß fest, die im späten 7. und 8. Jahrhundert durch einige auf dem chinesischen Straf- und Verwaltungsrecht fußende Gesetzessammlungen erweitert wurden (*ritsu* und *ryō*). Das umfassendste Werk dieser Art ist der im Jahr 702 in Kraft getretene *Taihō-Ritsuryō*-Kodex. Die Bedeutung dieses Rechtssystems für den Reformkurs Japans zeigt der Terminus »Ritsuryō-System«, den die Historiker zur Kennzeichnung politischer und gesellschaftlicher Strukturen während der Nara- und Heian-Zeit verwenden.

Politik und Kultur in der Nara-Zeit

Bis zum ausgehenden 7. Jahrhundert sah das japanische Herrscherhaus keine Notwendigkeit für die Gründung einer ständigen Hauptstadt. Hauptstadt war die Residenz des Herrschers, die bei seinem Tod durch eine neue ersetzt wurde – vermutlich aufgrund der mit dem Tod in Zusammenhang gebrachten Verunreinigungen. Überdies hatte der Wechsel von Herrscher und Residenz den Vorteil, die Zwistigkeiten und Intrigen der Clanführer am Hofe aufzudecken. Als sich der nach chinesischem Vorbild verwaltete neue Kaiserstaat etablierte, begann sich die Bürokratie rasch aufzublähen und weckte das Bedürfnis nach einer dauerhaften und ausgedehnten Residenz mit einem von Regierungsgebäuden umgebenen Palast. Das erste Zentrum dieser Art, Fujiwara-kyō (*kyyō* bedeutet »Hauptstadt«), war eine ansehnliche, dem gitterförmigen Grundriß von Chang'an nachgebaute Hauptstadt, die zwischen 694 und 710 drei Kaisern diente und dann aufgegeben wurde.

Im Jahre 708 beschloß Kaiserin Gemmyō, den Sitz ihrer Residenz von Fujiwara nach Heijō-kyō zu verlegen (im Westen des heutigen Nara gelegen), das mit einer Fläche von 4,5 auf 4 km wesentlich größer als Fujiwara war. Im Jahre 710 begann man mit den Bauarbeiten und errichtete eine kleinere Version Chang'ans mit dem kaiserlichen Palast im Norden und den Verwaltungsbüros, Adelspalästen, Tempeln und Märkten im Süden. In der Blütezeit soll sich die Einwohnerzahl auf 200000 Menschen belaufen haben. Heijō blieb bis 784 Hauptstadt des Reiches; diese stabile, 70 Jahre umfassende Periode wird die Nara-Zeit genannt.

Während des 8. Jahrhunderts setzte sich die Ausbreitung und Festigung des *ritsuryō*-Systems auf der Grundlage des *Taihō*-Kodex und der erweiternden Kommentare fort. Immer enger lehnte sich die Verwaltung und Organisation des Reiches an das Vorbild der Tang an. Das ganze Reich wurde in Provinzen, Distrikte und Dorfgemeinschaften eingeteilt. Die zur leichteren Unter- und Neuverteilung des Reislandes eingeführte quadratische Bodengliederung verlieh dem Landschaftsbild das typische, gitterförmige Gepräge. Die früheren Reisbauern bewirtschafteten das staatseigene Land jetzt als Staatsbürger, die die Last der Steuern zu tragen hatten. Sie waren in Dorfgemeinschaften organisiert, die gegenseitig für das Moralverhalten verantwortlich waren. Steuern wurden in Naturalien wie Reis, Webwaren und anderen Lokalprodukten und in Form von Frondiensten erhoben. Die männliche Bevölkerung mußte überdies Militärdienst leisten. Zwar drohte keine ausländische Invasion mehr, aber der Herrschaftsbereich der Zentralregierung hatte sich bis Südkyūshū und Nordjapan ausgedehnt (*s. Karte S. 73*) und in gleichem Maß war auch der Bedarf an dienstpflichtigen Soldaten gestiegen.

Heijō

Die Stadtgründung der neuen Hauptstadt Heijō geht auf das Jahr 710 zurück. Innerhalb eines Jahrzehnts entstand eine elegante, schachbrettartig angelegte Stadt chinesischer Bauart, jedoch ohne Stadtmauern. Sie dehnte sich über eine Fläche von 4,5 × 4 km. Der Planung lagen 36 × 32 chō zugrunde, wobei 1 chō 120 m mißt. In nordsüdlicher Richtung gliederte sich die Stadt in neun Häuserblöcke, die *jō*, von Osten nach Westen in jeweils neun, die *bō*. Jeder Block war wiederum unterteilt und bot Wohnraum für Adlige und Bürger.

Unten: Die kaiserliche Palaststadt lag im Norden der Stadt. Die Wohnbereiche des Adels und der Bürger, Tempel, Schreine und Märkte schlossen sich nach Süden zu an. Zwei Hauptstraßen führten durch die Stadt, eine auf den Palast stoßende Nord-Süd-Achse und eine direkt am Palast vorbeiführende Ost-West-Achse.

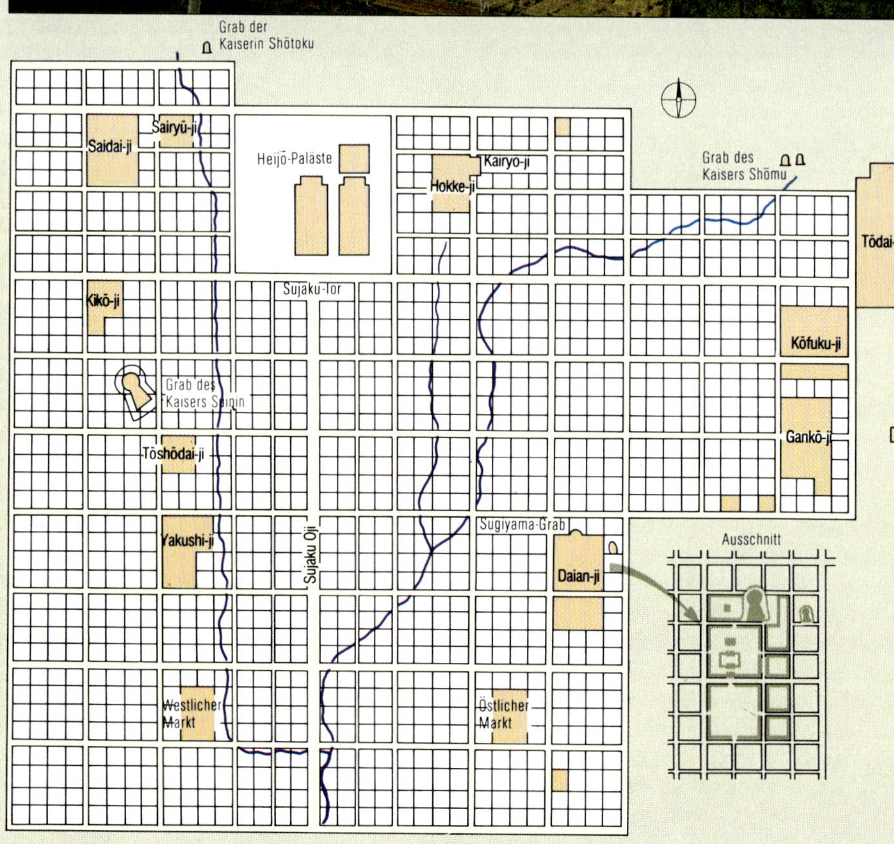

Rechts: Zur schnelleren Durchsetzung des neuen Land-, Steuer- und Militärdienstsystems, das im späten 7. Jh. aufgrund der *ritsuryō*-Gesetze erlassen wurde, wies man die Provinzbeamten an, in sechsjährigen Intervallen detaillierte Haushaltszählungen durchzuführen und Steuerregister anzulegen. Der hier abgebildete Stempel bedeutet: »Buzen Provinz Siegel«.

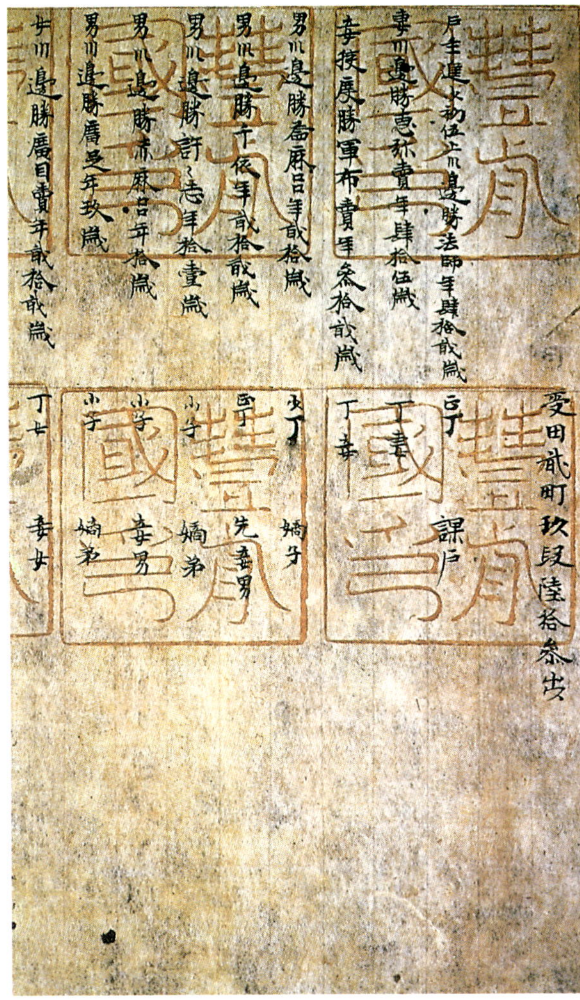

Die alte Clan-Aristokratie verblieb auf ihren angestammten Ländereien, jedoch in Abhängigkeit von der Zentralregierung, die sie als Distriktbeamte entlohnte. Hofadlige wurden als Gouverneure in die Provinzen entsandt, um die Lokalverwaltung, Volkszählungen und Steuerabgaben zu überwachen. Der wachsende Hofadel, der die hauptstädtische Verwaltung stellte, entstammte den einflußreichen Clans von Yamato und wurde aus dem Staatsschatz und mit Staatsland entlohnt. Diese neue Hofaristokratie wurde rasch erblich, da Japan im Gegensatz zu China für die Auswahl der Beamten kein Prüfungssystem entwickelte. Kriterien für Ernennung und Beförderung waren Abstammung und Beziehungen und nicht Leistung und Bewährung. Unter der Protektion des Staates wurden in der neuen Hauptstadt buddhistische Tempel gegründet. Wie dem Adel garantierte man ihnen Privilegien in Form von Ländereien und Steuerbefreiungen.

An der Spitze der nach chinesischem Vorbild organisierten Bürokratie stand der Kaiser (*tennō*), der trotz der starken Orientierung an der chinesischen Staatstheorie absolut japanische Züge bewahrte. Das chinesische Konzept sollte der Vermehrung der Thronrechte dienen, nicht ihrer Begrenzung. Als »Sohn des Himmels« oder »Himmlischer Herrscher« (*tennō*) verfügte der japanische Kaiser, ebenso wie der chinesische, über ein göttliches Mandat. Aber im Unterschied zu China galt das Mandat des japanischen Herrschers als heilig und unwiderruflich. Die chinesische Vorstellung von einem übertragbaren Mandat wurde nicht akzeptiert. Sämtliche um die Macht rivalisierenden Parteien in Japan erkannten an, daß der Kaiserfamilie die Herrschervollmacht für alle Ewigkeiten anvertraut worden war, denn sie gründete sich auf der Tugend, die nicht durch militärischen Heldenmut oder politischen Scharfsinn zu erlangen war, sondern allein durch die heilige Abstammung von der Sonnengöttin.

Die Kaiser Tenchi und Temmu im 7. Jahrhundert und Shōmu und Kammu im 8. Jahrhundert kann man als Herrscher beschreiben, die aktiv am politischen Geschehen beteiligt waren, Entscheidungen fällten und auch durchsetzten. Jedoch kennzeichneten Macht und Führungskraft nicht allein das Wesen des Kaisertums. Denn auch schwache und unmündige Kaiser und Kaiserinnen konnten auf Grund ihrer heiligen Abstammung die priesterlichen Rituale vollziehen, in denen die eigentliche Macht des Kaiserhauses wurzelte. Die chinesische Staatsform und die buddhistische Idee vom kosmischen Herrscher, der als Schirmherr der »Drei buddhistischen Schätze« seinem Staat Wohlstand garantiert, haben das Kaisertum gefestigt, aber im Grunde baute man auch weiterhin auf die einheimischen *kami*. So wurde im Zentrum der nach chinesischem Vorbild funktionierenden Bürokratie eine Behörde für die Organisation der einheimischen Kulte geschaffen. Im gesamten Verlauf der Geschichte gehörten bestimmte Kulthandlungen, wie zum Beispiel die Pflanzungsriten im Frühjahr und die Ernteriten im Herbst zum Aufgabenbereich der japanischen Kaiser.

Trotz der Anstrengungen der Japaner im 7. und 8. Jahrhundert, das Land nach chinesischem Vorbild zu reformieren, blieben viele Lebensbereiche davon unberührt – entweder weil man sie für unantastbar hielt, oder weil man schnell zu früheren Gewohnheiten zurückkehrte. Der Reichtum und das Ansehen der Adelsfamilien und Klöster wurde durch das auf Gerechtigkeit zielende Landverteilungssystem keineswegs eingegrenzt, denn die Vorliebe der Japaner für das Prinzip der Abstammung begünstigte den Adelsstand, ebenso wie sie den Anspruch des Kaiserhauses auf den Thron schützte. Die völlige Bürokratisierung der Regierung auf der Grundlage von qualifizierten Fähigkeitsnachweisen wurde nie erstrebt. Die Qualifikation für ein Amt definierte sich aus den Beziehungen und der Abstammung.

Trotz des luxuriösen Lebensstils in der Hauptstadt und der weitgehenden Beendigung der Clan-Rivalitäten, war die Nara-Zeit nicht frei von sozialen Konflikten. Militärdienst und schwere Steuerlasten drückten auf die Landbevölkerung, die sich ihren Pflichten zum Teil durch Flucht entzog. Periodische Epidemien wie zum Beispiel die Pocken, dezimierten, einer vor kurzem erschienenen Studie von Wayne Farris zufolge, die Bevölkerung im 8. und 9. Jahrhundert. Der neue Hofadel kämpfte um Einfluß in der Regierung. Die Fujiwara begannen, die anderen Adelsgeschlechter zur Seite zu drängen, wenn sie auch am Ende der Nara-Zeit noch keineswegs ihre spätere Vormachtstellung errungen hatten. Die Klöster mischten sich aktiv in das politische Geschehen ein, indem sie sich ihren Einfluß auf das Kaiserhaus zunutze machten. Die drohende Herrschaft der Priesterschaft über den Thron kam in der Dōkyō-Affäre zum Ausdruck. Dōkyō war ein buddhistischer Mönch der Hossō-Schule, der seine politische Karriere auf der Vernarrtheit der Kaiserin Shōtoku aufbaute. Sie ließ ihn im Palast wohnen, belohnte ihn mit Staatsämtern und dem Titel *hōo*, Mönchskaiser, der abgedankten, in den Mönchsstand eingetretenen Kaisern vorbehalten war. Als es offenkundig wurde, daß Dōkyō den Thron anstrebte, wurde er verbannt und starb im Exil.

Die japanische Wirtschaft der Nara-Zeit war in der Hauptsache eine Naturalienwirtschaft, in der die Bauern, die das Staatsland bearbeiteten, mit Steuern in Form von Reis, Webwaren und anderen Gebrauchsgütern belegt wurden. Kürzlich entdeckte hölzerne Registraturen *(mokkan)* geben einen detaillierten Überblick über diesen Warenfluß. Um die Steuerzahlungen zu vereinfachen, führte die Regierung nach chinesischem Vorbild Münzen ein. Chinesische Münzen, wie die hier abgebildete, wurden vom 7. bis 12. Jh. eingeführt. Seit 708 ließ die Regierung eigene Münzen prägen, jedoch wurden sie bald gefälscht und kamen außer Gebrauch.

Literatur

Im Zuge des Anlehnungsprozesses an China wuchs die Vertrautheit mit der chinesischen Rechtslehre und Ge-

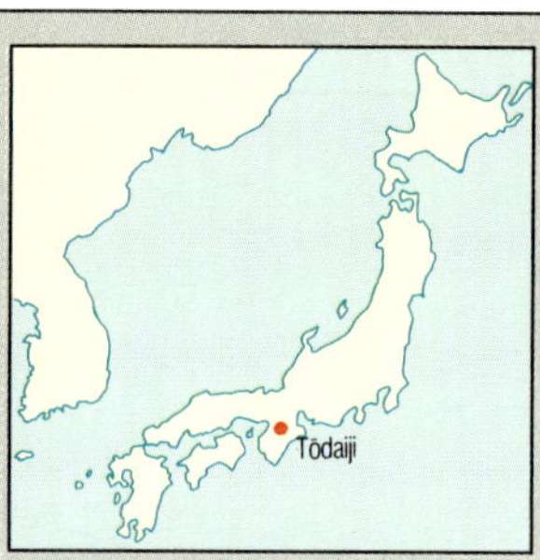

Der Tōdaiji in Nara

Der Tōdaiji, der »Große Osttempel«, wurde von 745 bis 752 erbaut und von Kaiser Shōmu (701–756, reg. 724–749) als Ort für eine Kolossalbronze des Buddha Vairocana bestimmt. Shōmu, ein glühender Buddhist, erließ 741 ein Edikt, das den Bau von Mönchs- und Nonnenklöstern in den Provinzen befahl. Ihnen wurde der Tōdaiji übergeordnet. Der Großbuddha sollte das Land vor Unglück bewahren, die Einheit des Buddhismus mit dem Staat symbolisieren und Shōmus Ansehen vergrößern, indem man seinen Namen mit dem kosmischen Buddha Vairocana assoziierte.

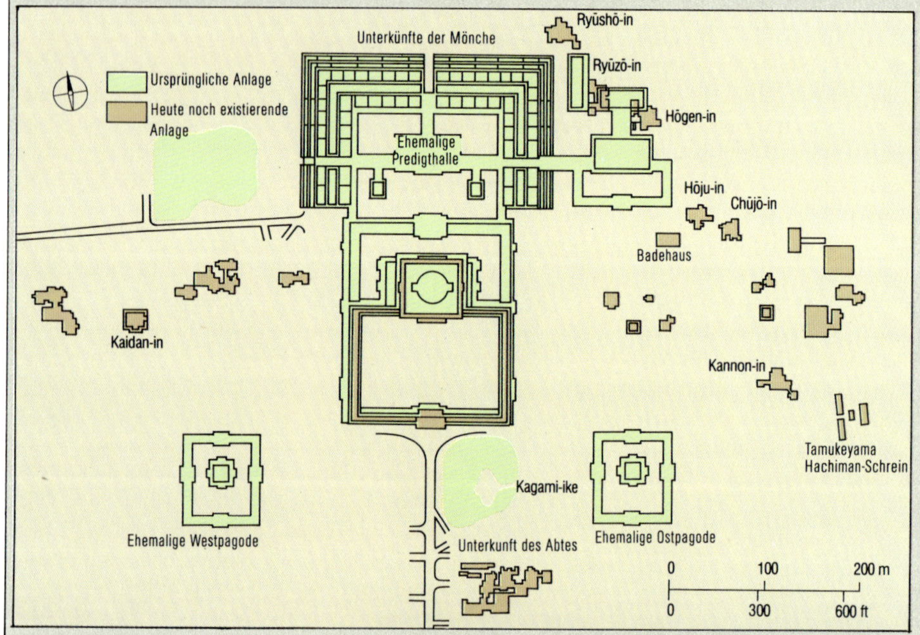

Ursprünglich war der Tōdaiji ein ausgedehnter Gebäudekomplex, der sich in der Hauptstadt über 7 Straßenzüge erstreckte. Feuersbrünste haben im Laufe der Jahrhunderte den Großteil der frühen Gebäude zerstört.

Rechts: Diese Holzstatue, die den greisen und ausgezehrten Shunjōbō Chōgen (1121–1206), Mönch des »Reinen Landes«, bei der Anrufung des heiligen Namens Amidas zeigt, ist eines der glänzendsten Beispiele für die »realistische« Plastik der Kamakura-Periode. Im Jahre 1180 wurde der Tōdaiji aufgrund seiner Parteinahme für die Minamoto vom Taira-General Shigehira dem Erdboden gleichgemacht. Mit Unterstützung von Minamoto Yoritomo übertrug der Hof Chōgen die Leitung des Wiederaufbaus und der Erhebung der dafür benötigten Mittel. Unter seiner ergebenen Führung wurden der Große Buddha, Haupthalle, Mittel- und Südtor und die Wandelgänge wiederhergestellt, zumeist in einem neuen, an Song-China und Indien orientierten Baustil.

Links: Diese kürzlich entstandene Luftaufnahme zeigt das Mitteltor, Wandelgänge und Halle des Großen Buddha des Tōdaiji, des größten Holzbauwerks der Welt. Die heutige Halle, die mehrmals wiederaufgebaut wurde, datiert größtenteils von 1709. 1980 wurde das Dach erneuert.

Links: Der Großbuddha Vairocana, der die riesige Buddhahalle des Tōdaiji ausfüllt, ist der berühmteste unter mehreren Monumentalbuddhas Japans. Nach zweimaliger schwerer Zerstörung (1180 und 1567) wurde er sorgfältig wiederhergestellt. Die einzigen erhaltenen Originalteile der heutigen Statue sind Fragmente des Lotusblüten-Thrones. Jedoch vermittelt die gigantische Statue noch immer das Gefühl der Frömmigkeit, das dem Bau und Wiederaufbau des Tōdaiji zugrunde lag.

Oben: Im Tōdaiji sind noch andere Skulpturen aus dem 8. Jh. erhalten. Dieses furchterregende Gesicht mit den flammenden Haaren gehört zu einer tönernen Schutzfigur.

schichtsschreibung, der Poetik und den konfuzianischen und buddhistischen Texten. Auf der Grundlage der chinesischen Schrift entwickelte sich in der Nara-Zeit eine blühende literarische Kultur. Obwohl das gesprochene Chinesisch und Japanisch linguistisch völlig unterschiedlich sind, erfanden die Japaner eine Methode, die chinesische Schrift zu verwenden. Zum einen benützten sie den Sinngehalt der chinesischen Schriftzeichen, um ihre Gedanken auszudrücken, und zum anderen entwickelten sie, unabhängig vom Bedeutungsgehalt, auf der Grundlage der Aussprache ein den japanischen Lauten gemäßes Silbenalphabeth. Von den zwei frühesten japanischen Texten war das *Nihon shoki*, ein vom Inhalt her historisches Werk, in Chinesisch verfaßt. Das die Mythologie beschreibende *Kojiki* war in einem Mischstil geschrieben, der die chinesischen Schriftzeichen abwechselnd nach ihrem Sinn und phonetischen Gehalt verwendete.

Dieser unterschiedliche Gebrauch wird auch in den frühesten Gedichtsammlungen offenkundig. Das *Kaifuso*, eine Anthologie aus der Mitte des 8. Jahrhunderts, ist in Chinesisch verfaßt. Das *Man'yōshū* (*Zehntausend-Blätter-Sammlung*) benützt die chinesischen Schriftzeichen als phonetische Träger für die japanischen Laute, wobei sich die Dichter direkter und spontaner ausdrücken können als im Chinesichen. Das *Man'yōshū* gilt als das erste kraftvolle Zeugnis der gefühlsbetonten japanischen Dichtung und als die umfassendste Anthologie in dieser Sprache. Neben vielen langen Gedichten (*chōka*) enthält es auch erstmals das aus 31 Silben bestehende Kurzgedicht (*tanka*) mit 5/7/5/7/7 Silben in fünf Versen, das zur geläufigsten Form japanischer Poesie wurde. Dichter unterschiedlichster Volksschichten sind vertreten: Kaiser, Kaiserinnen, Adlige, Garnisonssoldaten, Priester und junge Frauen. Sie besingen Liebe und Sehnsucht, Freude und Elend, Zuneigung zur Heimat Yamato und Verehrung für die Lokalgottheiten, die *kami*. Einer der wortgewaltigsten Poeten war Kakinomoto Hitomaro. Die folgenden Zeilen beschreiben die Trauer, die er über den Tod seiner Frau empfindet:

Herbstlicher Berge
gelbrotes Laub ist so dicht –
finde den Pfad nicht,
den entlang irrt die Liebste,
ich suche und suche die Spur.

Seh ich den Boten
durch fallendes buntes Laub
mit dem Stab sich mir nahn,
denk ich in Sehnsucht der Tage,
die wir gemeinsam verbrachten.

Vom herbstlichen Mond
ist hell wie vor Jahresfrist
erleuchtet die Nacht.
Doch die ihn ansah mit mir,
sie rückt mir ferner und ferner.

[Übers. Jürgen Berndt, Leipzig 1972]

Buddhismus in der Nara-Zeit

Der Buddhismus konnte während der Nara-Zeit in der Hauptstadt und den Provinzen tiefe Wurzeln schlagen, da auf Veranlassung des Kaiserhauses und des Hof- und Lokaladels viele Mönchs- und Nonnenklöster gegründet wurden. Der Wiederaufbau des Hōryūji, ursprünglich von Prinz Shōtoku gestiftet und später abgebrannt, war im Jahre 670 vollendet. Mehrere Klöster aus Fujiwara, wie der Yakushiji, Daianji und Gankōji, verlegten ihren Sitz in neugebaute, prächtige Tempelanlagen in Heijō.

Zusammen mit anderen Tempelneubauten sind sie als die »Sieben Großklöster von Nara« bekannt. Der Kōfukuji wurde zum Haustempel der Fujiwara, der gleichzeitig eine Kontrollfunktion über den Familienschrein der Fujiwara in Kasuga erhielt. Nach verheerenden Naturkatastrophen im Jahre 745 setzte Kaiser Shōmu den Bau einer gewaltigen Halle und eines Großbuddha in Gang, den Tōdaiji, oder »Großen Östlichen Tempel«. Der Tōdaiji stärkte seine Position durch die Stellung als Landeshaupttempel (*sōkokubunji*), der ein ganzes Netzwerk von Mönchs- und Nonnenklöstern verwaltete. Diese als *kokubunji* bezeichneten Provinzialhaupttempel wurden mit Unterstützung des Lokaladels in allen Provinzen gegründet. Dazu setzte der Staat ein Gesetz für Mönche und Nonnen in Kraft, das forderte, daß auch die Angehörigen des buddhistischen Klerus, ebenso wie die Shintō-Priester, für das Heil des Staates beten sollten. Der Buddhismus der Nara-Zeit hatte somit gleichzeitig sowohl den Charakter eines wissenschaftlichen als auch eines den Staat bewahrenden und beschützenden Buddhismus. Als Shōmu im Jahre 747 erkrankte, veranlaßte seine Tochter als Gegenbild zum Tōdaiji den Bau des Saidaiji, des »Großen Westlichen Tempels«.

Obwohl sich immer mehr Japaner für den Mönchsstand entschieden, standen die großen Klöster der Hauptstadt noch immer unter der Leitung koreanischer und chinesischer Mönche. Um die Mitte der Nara-Zeit, 753, landete der chinesische Mönch Ganjin (chin. Jianzhen, 668 – 763) nach sechs Schiffbrüchen und völlig erblindet in Japan. Ganjin verankerte in Japan das System der geistlichen Unterweisung. Fortan war es nicht mehr möglich, ohne eine solche Unterweisung Mönch zu werden, und durch die so ermöglichte Ordination wurde der Buddhismus in Japan auf eine feste Grundlage gestellt. Ganjin brachte aus China zahlreiche Bücher mit, die sich auf die *Tientai*-Lehre (jap. *Tendai*) bezogen und später Saichō dazu veranlaßten, die japanische Tendai-Sekte zu gründen. Allein schon aus diesem Grund hatte die Übersiedlung des Ganjin nach Japan für den japanischen Buddhismus eine eminente Bedeutung. Auf Ganjin geht die Gründung des Tōshōdaiji zurück, dessen elegante Tang-Architektur Zeugnis ablegt für den Einfluß des Tang-Buddhismus auf Nara. Eine im Tōshōdaiji aufbewahrte Skulptur des Ganjin gehört zu den ausdrucksstärksten Porträtplastiken Japans.

Mit der Anzahl der zugänglich gemachten *sūtra* vergrößerte sich das Spektrum philosophischer Theorien. Besonderen Einfluß auf die Nara-Zeit übten das *Kegonkyō* oder *Blumen-Girlanden-Sūtra* (Sanskrit *Avatamsaka sūtra*) und das *Gold-Licht-Sūtra* aus. Das *Blumen-Girlanden-Sūtra* hielt man für die am wenigsten verfälschte Auslegung der Lehre Buddhas. Es stellte den Buddha Vairocana (Quelle des Lichts) in den Mittelpunkt des buddhistischen Kosmos und erklärte das Wesen Buddhas als geistiges wie körperliches Prinzip, das aus der allumfassenden Harmonie ineinandergreifender Kausalitäten entsteht. Das *Gold-Licht-Sūtra* lehrte die Allgegenwart Buddhas, seine allumfassende Barmherzigkeit und die Zugänglichkeit der Buddhaschaft für alle empfindenden Wesen durch das Wirken des inneren Lichts der höchsten Erkenntnis (*prajnā*). Das *sūtra* endet mit der Legende vom barmherzigen Buddha, der sich selbst einem hungrigen Löwen zum Fraß darbietet. Über mehrere Kapitel hinweg wird das politische Verhältnis zwischen Staat und Buddhismus erörtert, wobei die Harmonie zwischen buddhistischen und kaiserlichen Gesetzen betont wird und dem Kaiser die Unterstützung Buddhas zugesagt wird, sofern er seine Lehre und die Entwicklung der Ordnung begünstige (*samgha*). Es vertritt überdies die Meinung, daß das Kaisertum ein vom Schicksal bestimmtes, in früheren Existenzen durch gute Werke und Begünstigung des Buddhismus erworbenes Verdienst sei. Diese buddhistische Auffassung von der »göttlichen« Autorität stützte die These der japanischen Herrscher, insbesondere des Shōmu, daß das ihnen von der Sonnengöttin anvertraute Mandat unwiderruflich und heilig sei.

In den Nara-Klöstern waren eine Vielzahl von Lehrmeinungen oder Schulen vertreten. Die sechs Hauptrichtungen – Hossō, Jōjitsu, Kegon, Kusha, Sanron und Ritsu – haben ihren Ursprung alle in Indien oder China und wurden von zurückkehrenden japanischen Mönchen oder chinesischen Lehrmeistern im 7. und 8. Jahrhundert nach Japan gebracht. Sie sind nicht als klar definierte Sekten zu verstehen, sondern eher als philosophische Strömungen, die sich auf ein bestimmtes *sūtra* berufen, ohne den Anspruch auf Alleingültigkeit zu erheben. Zuweilen vereinigten sich in einem Kloster mehrere Schulrichtungen, da die Mönche unterschiedliche Lehrmeister und Texte auslegten. Obwohl diese Lehrmeinungen den dogmatischen Grundstock für den klösterlichen Buddhismus in Japan bildeten, waren sie doch zu kompliziert, um außerhalb der wissenschaftlich gebildeten Geistlichkeit der Hauptklöster verstanden zu werden. Die Sanron-Schule (»Drei Traktate«) zum Beispiel lehrte die Philosophie des Mahayana Madhyamika, den »Mittleren Weg der dialektischen, achtfachen Verneinung«, der dazu führt, die Wahrheit als Leere zu erkennen. Die Hossō-Schule (»Dharma« oder »Yogacara«) vertrat die Lehrmeinung des *vijnapitimātra*, daß die reale Welt eine Idee des Bewußtseins sei, und Erleuchtung nur durch das Bewußtsein erreicht werden könne. Die Kegon-Schule berief sich auf das *Avatamsaka sūtra* (*Blumen-Girlanden-Sūtra*), das die Welt als ein Ineinanderwirken aller Phänomene begreift. Von den sechs Schulen ist noch am greifbarsten die von Ganjin im Jahre 753 gegründete Ritsu-Schule, die ein genaues Befolgen der Mönchsregeln und die Einhaltung der Riten bei der Priesterweihe verlangt. Die große Bedeutung der Schulrichtungen lag darin, daß die japanischen Mönche in der schwierigen Textauslegung buddhistischer Schriften und in der philosophischen Theorie geschult wurden, und ihnen die genauen Vorschriften und Riten des religiösen und klösterlichen Lebens in der Ordensgemeinschaft eingeschärft wurden. Im Volk hingegen fanden sie kaum Verbreitung.

Für die Oberschicht und die breite Masse lag die Anziehungskraft des Buddhismus in der eindrucksvollen Kunst und Architektur, den ausführlichen Ritualen, den in Aussicht gestellten Dämonen- und Geisteraustreibungen, den Totenbräuchen und den magischen Formeln (*gense riyaku*) zur Erlangung irdischer Vorteile, die auch in den nachfolgenden Jahrhunderten ein wirksamer Faktor des japanischen Buddhismus blieben. Ein Großteil der Oberschicht begünstigte den Buddhismus wegen seiner rituellen und heilenden Kräfte. Als Gegengabe für gute Werke erhoffte man sich Heilung von einer Krankheit, Übertragung moralischer Verdienste auf die Seelen Verstorbener oder das »Wohl des Staates«. Die *sūtra* wurden weniger als Richtlinie für die persönliche Erlösung angesehen, sondern vielmehr als Rezept für Regen, die Gesundheit des Kaisers, die Geburt eines männlichen Erben, oder den Schutz vor Krankheiten und Seuchen. Das *Gold-Licht-Sūtra* zum Beispiel enthält ein Kapitel über die heilenden Kräfte Buddhas. Yakushi, der heilende Buddha, wurde in vielen Tempeln zum Mittelpunkt eines Volkskults, und ein Bronzebildnis des heilenden Buddhas wurde zur Hauptikone des Großklosters Yakushiji in Heijō.

In der vorbuddhistischen Vorstellungswelt Indiens wurden Ashuras als dämonische, böse Kräfte, als Feinde der himmlischen Götter angesehen. Im Buddhismus wurden sie zu mächtigen Schutzgeistern des buddhistischen Gesetzes. In den sechs, vom Karma festgelegten Durchgangsreichen, lag das Reich der Ashura zwischen den Göttern und Menschen einerseits und den Höllengeistern, hungrigen Dämonen und wilden Bestien andererseits. Die vier Gesichter und die vielen Arme der Ashura weisen auf ihre Schutzfunktion hin. Diese 1,5 m messende Figur aus Trockenlack ist ein hervorragendes Beispiel für die Kunst der Tempyō-Periode (729–748).

Der Bau des Tōdaiji

Das augenfälligste Beispiel für die auf den Schutz des Staates zielende, kaiserliche Begünstigung des Buddhismus war der von Kaiser Shōmu veranlaßte Guß des Monumentalbuddhas, der in der »Halle des Großen Buddha« im Tōdaiji aufgestellt werden sollte. Es heißt, zu dieser riesigen Statue von 16 m Höhe seien annähernd drei Millionen Pfund Kupfer, Zinn und Blei und etwa 13000 Pfund Gold benötigt worden. Dies belastete die Finanzen des Staates bis zum äußersten. In einem Edikt forderte er die Bevölkerung dazu auf, wenigstens »Einen Zweig oder eine Handvoll Staub« beizusteuern, wenn sie sonst nichts hätten. Er entsandte Spendensammler in die Provinzen, die die Frömmigkeit im Volk mobilisierten. Bei der großen Zeremonie des »Augenöffnens« im Jahre 752 jedoch wurde Japan buchstäblich der Mittelpunkt der buddhistischen Welt in Ostasien, denn aus allen Teilen Japans und Asiens strömten Tausende von Mönchen herbei – selbst aus so entlegenen Ländern wie Champa und Indien –, um im Kreise des Hofadels, ausländischer Gesandtschaften und Militärbeamter der Zeremonie des »Augenöffnens« beizuwohnen. Shōmu hielt, an der Seite seiner Gemahlin, ein Band in den Händen, dessen anderes Ende an einen riesigen Pinsel geknüpft war, mit dem der indische Mönch Bodhisena (704–760) von einem hohen Baugerüst aus die Iris der Statue bemalte als Symbol dafür, daß sie mit Leben erfüllt sei. Tänzer und Hofmusikanten sorgten mit der Aufführung der als *gigaku* bekannten zentralasiatischen Maskentänze für Unterhaltung. Die eigentliche Bedeutung des Großen Buddha lag darin, daß er Vairocana, den allumfassenden Buddha des Lichts und das Symbol der geistigen Einheit des Universums, darstellte. Wenn sich Kaiser Shōmu auch als »Diener« Vairocanas bezeichnete, so konnte er doch behaupten, er nehme die jenem entsprechende Stellung auf Erden ein. Denn wie Vairocana über das Universum in allen seinen Manifestationen wachte, so hütete der Kaiser die Sicherheit seines Staates. Hier hatte die Verwendung der religiösen Prinzipien zur Stärkung des Staatswesens ihren Höhepunkt erreicht: Indem Shōmu sich im Rahmen der Feierlichkeiten als »Diener der Drei Schätze« bezeichnete, legte er aus einer in Japan nie wieder erreichten Machtfülle heraus Zeugnis ab für die buddhistische Bestätigung kaiserlicher Autorität.

Der Große Buddha und die Buddha-Halle wurden mehrmals zerstört und wieder aufgebaut. Von der ursprünglichen Anlage ist nur wenig erhalten, jedoch gilt das Kloster noch immer als bedeutende Schatzkammer buddhistischer Kunst mit mindestens 140 zum Nationalschatz deklarierten Objekten und Hunderten von kostbaren Kultgeräten. Von den vielen im Tōdaiji zelebrierten, jahreszeitlichen Ritualen haben sich einige jahrhundertelang erhalten. Zu den bekanntesten zählt der Wasserschöpf-Ritus am Neujahrstag (*omzizutori*), der in der Niigatsu-Halle zu dem nach dem Mondkalender berechneten Jahresanfang vollzogen wird. Das Fest, bei dem frisch geschöpftes Wasser einer elfköpfigen Kannon dargeboten wird, wird bei bitterster Kälte im Schein von Zypressenfackeln eineinhalb Stunden nach Mitternacht zelebriert. Es ist der Höhepunkt eines einmonatigen Reinigungszeremoniells, das Mönche für ihr eigenes Seelenheil, das Wohl des Staates und der kaiserlichen Familie und das aller fühlender Wesen vollziehen.

Auf Grund der zentralen Rolle des Vairocana im buddhistischen Universum entwickelte sich der Tōdaiji zum Haupttempel des Landes, zum Mittelpunkt eines Geflechts von Mönchs- und Nonnenklöstern in den Provinzen (*kokubunji*). Im Jahre 741 wurde auf Anordnung Shōmus in jeder Provinz ein buddhistisches Kloster mit einer siebenstöckigen Pagode erbaut. Jede Provinz wurde angewiesen, eine zehnfache Kopie des *Lotus sūtra* (*Hokke-kyō*) und des *Konkōmyō-saishō-ō-kyō* bereitzuhalten, die von den Mönchen und Nonnen zum Wohle des Kaisers und des Staates rezitiert werden sollten. An der Spitze dieses Systems stand der Tōdaiji, der zugleich zur Ausbildungsstätte für die Mönche des *kokubunji* erklärt wurde. Die Leitung der Nonnenklöster wurde dem Hokkeji übertragen.

Wie die Einweihungsfeierlichkeiten des Großen Buddha zeigen, war Japan im 8. Jahrhundert Teil der kosmopolitischen Kultur Asiens und überdies der östlichste Punkt der Seidenstraße. Aus ganz Asien gelangten kostbare Geschenke wie Musikinstrumente, Glasschiffe, goldene Sakralgeräte, Stoffe, Spiegel, Wandschirme und Objekte aus Perlmutt an den Hof Shōmus. Nach seinem Tod wurden sie von seiner Witwe in einem eigens gebauten Speicherhaus, dem Shōsōin, gelagert. Es ist ein einfacher, im präbuddhistischen Baustil aus Zypressenbalken errichteter Holzbau, der in den feuchten Sommermonaten luftdicht verschlossen werden konnte und andererseits in den trockenen Monaten ausgleichende Belüftung erlaubte.

Die Nara-Regierung zeigte keine übermäßigen Bemühungen, den Buddhismus im Volk zu verbreiten. Kopien von Bittgebeten aus dem *Gold-Licht-Sūtra* wurden zwar an die Provinzen verteilt, wahrscheinlich jedoch nur an die Haushalte mächtiger Lokalfamilien. Ebenso wird man der Verfügung Shōmus, jeden Haushalt mit einem buddhistischen Altar zu versehen, nur in der Oberschicht nachgekommen sein. Eine gewisse Aufmerksamkeit schenkte man den volkstümlichen Predigern, die, wie man fürchtete, unter Anwendung von Zauberformeln die Massen beeinflussen und damit die politische Stabilität gefährden konnten. Die Regierung bemühte sich darum, private Priesterweihen einzuschränken und das Leben der Mönche und Nonnen strengen Regeln zu unterwerfen.

Einer dieser Wanderprediger war der Priester Gyōki (668–749). Gyōki wurde in Hachita (Provinz Izumi, heute Ōsaka-fu) geboren und entstammte einer naturalisierten, wohlhabenden Familie aus Paekche namens Koshi. Er studierte in früher Jugend bei dem Meister Gien der Hossō-Sekte und durchzog das Land als Künder der Hossō-Lehre, wobei er seine Dienste als Spendenbeschaffer für den Bau des Tōdaiji zur Verfügung stellte. Die meiste Zeit seines Lebens widmete er wohltätigen Werken im Volk, er galt als Helfer der Armen und Kranken und wurde als lebender Bodhisattva verehrt. Seine größte Bedeutung erlangte er als Begründer des *Ryōbu-shintō* (Verschmelzung von Buddhismus und Shintō). Die Überlieferung berichtet, daß Shōmu wegen des Baues des Tōdaiji mit der großen Buddha-Statue den Neid der göttlichen Ahnmutter Amaterasu fürchtete. Gyōki brachte dieser eine Buddha-Relique nach Ise und erwirkte im Orakel, daß Amaterasu sich als Erscheinung des Vairocana-Buddha erklärte. Am Hofe stand Gyōki in hohem Ansehen; er wurde im Jahre 754 von Shōmu zum Obersten Bischof (*daisōjō*) ernannt. Die Tatsache, daß das einfache Volk anfing, sich mit den Lehren des Buddhismus auseinanderzusetzen, ist auf Kontakte mit Bettelmönchen wie Gyōki zurückzuführen, oder auf das Gefühl, auch bei kleinster Selbstbeteiligung in ein großes Projekt wie den Bau des Tōdaiji einbezogen zu sein, oder auf der allmählichen Verbreitung so einfacher Erkenntnisse wie der karmischen Vergeltung, nämlich daß gute Taten belohnt und schlechte bestraft werden. Diese volkstümliche Auslegung des *karma* spiegelt sich im *Nihon-ryoiki* wider, einer vom Mönch Kyōkai im frühen 9. Jahrhundert zusammengestellten Sammlung buddhistischer Legenden.

Im Jahre 784 verlegte der Hof unter der Regierung Kaiser Kammus die Hauptstadt erneut, dieses Mal von Heijō in das weiter nördlich gelegene Nagaoka, und dann auf Grund ungünstiger Vorzeichen in einen Ort namens Heian. Möglicherweise waren durch Verunreinigung hervorgerufene Tabus die Ursache für die Verlegung, vorherrschend ist jedoch die Meinung, es als Versuch des Kaisers und des Hofadels zu sehen, dem wachsenden Einfluß der buddhistischen Priesterschaft auf das höfische Leben zu entgehen. Dieser Einfluß hatte in dem Verhältnis zwischen Kaiserin Shōtoku und ihrem Liebhaber, dem Priester Dōkyō, krisenhafte Ausmaße angenommen (*s. S. 65*). Dōkyō wurde verbannt, aber die Furcht vor klerikaler Machtanmaßung lebte fort. Der Umzug des Hofes in eine neue Hauptstadt bedeutete eine wirksame Minderung des Einflusses der großen Nara-Klöster, da man ihnen die Niederlassung im neuen Zentrum des Landes untersagte. Gleichzeitig wurde nach der Dōkyō-Affäre die weibliche Thronfolge erschwert. In den folgenden Jahrhunderten regierten nur zwei rechtmäßige Kaiserinnen.

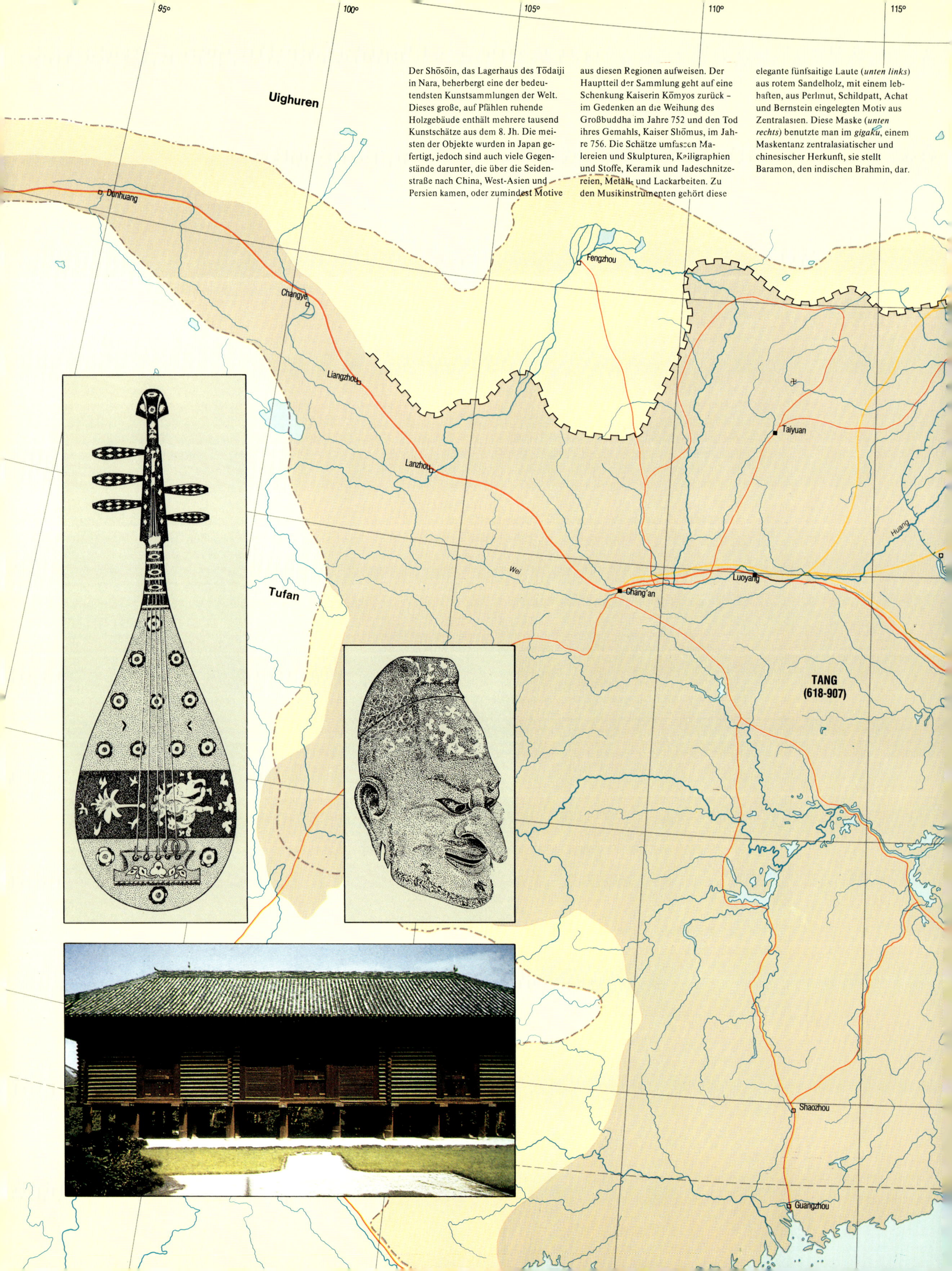

Der Shōsōin, das Lagerhaus des Tōdaiji in Nara, beherbergt eine der bedeutendsten Kunstsammlungen der Welt. Dieses große, auf Pfählen ruhende Holzgebäude enthält mehrere tausend Kunstschätze aus dem 8. Jh. Die meisten der Objekte wurden in Japan gefertigt, jedoch sind auch viele Gegenstände darunter, die über die Seidenstraße nach China, West-Asien und Persien kamen, oder zumindest Motive aus diesen Regionen aufweisen. Der Hauptteil der Sammlung geht auf eine Schenkung Kaiserin Kōmyos zurück – im Gedenken an die Weihung des Großbuddha im Jahre 752 und den Tod ihres Gemahls, Kaiser Shōmus, im Jahre 756. Die Schätze umfassen Malereien und Skulpturen, Kalligraphien und Stoffe, Keramik und Jadeschnitzereien, Metall- und Lackarbeiten. Zu den Musikinstrumenten gehört diese elegante fünfsaitige Laute (*unten links*) aus rotem Sandelholz, mit einem lebhaften, aus Perlmut, Schildpatt, Achat und Bernstein eingelegten Motiv aus Zentralasien. Diese Maske (*unten rechts*) benutzte man im *gigaku*, einem Maskentanz zentralasiatischer und chinesischer Herkunft, sie stellt Baramon, den indischen Brahmin, dar.

Tang-China und die Seidenstraße

Der Yamato-Hof, der sich zunehmend für den Handel und kulturellen Austausch mit China begeisterte, schickte zwischen 606 und 614 vier oder fünf Gesandtschaften nach Sui-China (Kenzuishi). 19 offizielle Delegationen reisten zwischen 630 und 894, als man schließlich die diplomatischen Beziehungen abbrach, an den Tang-Hof (Kentoshi). Die größeren Delegationen umfaßten vier Schiffe und bis zu 600 Personen. Sie standen unter der Leitung von Hofbeamten (Botschaftern), die fließend chinesisch sprachen, und wurden von buddhistischen und weltlichen Gelehrten, wie Saichō, Kūkai und Ennin, begleitet, die nach einem längeren Studienaufenthalt in China später die chinesischen Reformen in Japan maßgeblich beeinflußten. Die frühen Gesandtschaften reisten auf der leichteren Nordroute. Seit der Mitte des 7. Jh.s zog man aufgrund der Spannungen auf der koreanischen Halbinsel die gefährlichere Südroute über das offene Meer vor. Die ungenügenden Navigationstechniken führten häufig zu Schiffbruch. Die Karte zeigt auch Mimana (Kaya), das nach Ansicht vieler japanischer Gelehrter vom 4. bis 6. Jh. von Japan kontrolliert wurde, eine These, die in der koreanischen Wissenschaft umstritten ist. Wie auch immer der japanische Einfluß gewesen sein mag, er wurde durch die Eroberungszüge der Silla im 6. Jh. beendet. In der Schlacht von Hakusukinoe (koreanisch: Paek-Kang) im Jahre 663 erlitten die Japaner gegen die Streitmächte der Tang und Silla eine entscheidende Niederlage, die die japanischen Reformpolitiker von der Notwendigkeit überzeugte, innenpolitisch neue Stärke und Kraft zu gewinnen.

DIE HÖFISCHE KULTUR DER HEIAN-ZEIT

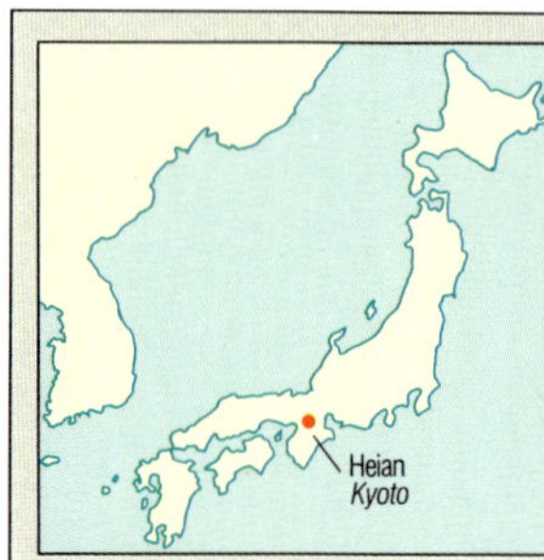

Die Heian-Zeit

Im Jahre 784 beschloß Kaiser Kammu (737–806), die kaiserliche Metropole aus Heijō zu verlegen. Er beauftragte Fujiwara no Tanetsugu, seinen obersten Bauaufseher, einen geeigneten Ort ausfindig zu machen. Tanetsugus Wahl fiel auf das im Norden von Heijō gelegene Nagaoka, wo man mit den Bauarbeiten begann. Von Anfang an behinderten politische Intrigen und rivalisierender Parteigeist das Projekt. Tanetsugu wurde von konkurrierenden Höflingen ermordet, und der Bauplatz von Naturkatastrophen heimgesucht. Diese als böse Omina gedeuteten Ereignisse veranlaßten Kammu, das halbfertige Projekt aufzugeben und einen neuen Standort zu bestimmen. Man einigte sich auf einen weiter nördlich gelegenen Ort zwischen den Flüssen Katsura und Kamo und begann erneut mit der Planung und den Bauarbeiten. Die neue Hauptstadt wurde Heian-kyō, »Friedenshauptstadt«, genannt. Heian-kyō, das spätere Kyōto, blieb bis zur Meiji-Restauration im Jahre 1868, als der junge Kaiser Meiji den Sitz des Hofes ostwärts nach Tōkyō verlegte, Hauptstadt Japans.

Die vier Jahrhunderte, die zwischen der Verlegung der neuen Hauptstadt nach Heian-kyō im Jahre 794 und der Konsolidierung der Militärherrschaft in Kamakura im Jahre 1185 liegen, werden als »Heian-Zeit« bezeichnet. In dieser langen Periode, die, was die Stellung des Kaiserhofes anbelangt, als ruhig und stabil erscheint, zeichneten sich tiefgreifende Veränderungen des japanischen Lebens ab. Die frühe Heian-Zeit zeugt von einer lebhaften Assimilierung chinesischer Verwaltungs- und Kulturformen und von der Pflege der zentralisierten, am chinesischen Vorbild orientierten Einrichtungen, die auf der Grundlage der *ritsuryō*-Gesetze in der Nara-Zeit durchgesetzt worden waren. Vom 10. Jahrhundert an jedoch wurde das ursprünglich bürokratische Prinzip des *ritsuryō*-Systems von politischen und wirtschaftlichen Veränderungen am Hofe und in den Provinzen zu Gunsten einer Privatisierung und eines Wiederauflebens der Clan-Herrschaft untergraben. Gleichzeitig gab der Hof die Gepflogenheit auf, offizielle Gesandtschaften nach China zu schicken. Das 11. und 12. Jahrhundert waren von zunehmender Gewalttätigkeit gekennzeichnet und zwar sowohl in den Provinzen als auch der Hauptstadt. Der elegante Lebensstil der hauptstädtischen Aristokratie blieb zwar unverändert, jedoch in Abhängigkeit von Militärs, die die Erlasse des Hofes durchsetzten und in den Provinzen den öffentlichen Frieden aufrechterhielten. Es war abzusehen, daß über kurz oder lang Militärkommandeure versuchen würden, die politische Macht zu usurpieren.

In der mittleren Heian-Zeit, etwa um das Jahr 1000, kam am japanischen Hof eine eigenständige, aristokratische Kultur zur Blüte. Es war der Höhepunkt höfischer Kultur in Japan, ein Zeitalter großer literarischer, religiöser und künstlerischer Schaffenskraft. Die *Geschichte vom Prinzen Genji* (*Genji monogatari*) und das *Kokinshū*, eine Anthologie japanischer Gedichte, sind nur zwei Beispiele für die glänzenden literarischen Schöpfungen dieser Zeit. In der Heian-Periode setzten sich auch neue Stilformen in der höfischen Architektur und Gartengestaltung, in Malerei und buddhistischer Bildhauerkunst durch. Die Tendai- und Shingon-Lehre und der »Buddhismus des Reinen Landes« durchdrangen die Geisteswelt. Chinesische Literatur und Konfuzianismus bewahrten ihren Einfluß, aber durch die Entwicklung der *kana*-Silbenschrift entdeckte man bodenständigere Ausdrucksmöglichkeiten in Prosa und Lyrik.

Die neue Hauptstadt: Heian-kyō

Die Entscheidung Kaiser Kammus, eine neue Hauptstadt zu gründen, bedeutete keineswegs, daß das zentralisierte Verwaltungssystem der Nara-Periode aufgegeben werden sollte. Ganz offensichtlich strebte Kammu einen politischen Neuanfang in einer neuen Umgebung an, ohne die Erbfolge- und Clan-Streitigkeiten und die Einmischung des Klerus, die den Hof in Heijō in Schwierigkeiten gebracht hatten.

Ebenso wie die Hauptstädte Fujiwara und Heijō war auch die neue Hauptstadt dem Vorbild Chang-ans (heute Xi'an/Sian) nachgebaut. Im Unterschied zu Chang'an und anderen chinesischen Städten war sie jedoch nicht von Stadtmauern umgeben. Heian-kyō lag auf einer breiten, im Norden, Osten und Westen von Hügeln eingefaßten Ebene. Jeweils im Nordosten und Nordwesten ragten die beiden Gipfel des Hieizan und Atogayama schützend über die Stadt. Die Wasserversorgung in Heian war besser als in Heijō. Die in den Hügeln entspringenden Flüsse Kamo, Katsura und Shirakawa umflossen die Stadt und mündeten in den Yodo, der die Hauptstadt mit dem Seehafen Naniwa verband. Die neue Metropole war mit einer rechteckigen Fläche von 4,5 auf 5,2 km größer als Heijō. Zu Anfang war nur ein Teil der geplanten Gesamtfläche bebaut, allmählich aber wuchs die Stadt ostwärts über den Kamo.

Wie in Chang'an und Heijō lag der Palastbezirk mit dem Sitz der Regierung (*daidairi*) im Norden der Stadt. Die großartigen Amtsgebäude stattete man im chinesischen Stil mit rotem Säulenschmuck und grün lasierten Dachziegeln aus. Der eigentliche kaiserliche Wohnbezirk (*dairi*) dagegen war in einem schlichten Stil gehalten, für den man unbemaltes Holz und Schindeln aus Zedernholz verwendete. Aus der schachbrettartigen Konzeption der Stadt mit senkrecht aufeinanderstoßenden Straßen ergaben sich etwa 1200 gleichförmige Wohnblöcke. Eine breite Allee in der Mitte, die Suzakuōji, teilte die Stadt in einen linken und rechten Bezirk, den *ukyō* und *sakyō*. Die Residenzen der Aristokratie lagen in unmittelbarer Nachbarschaft des *daidairi* im Nordosten, etwa im Bereich der ersten drei Straßenkreuzungen. Die ursprünglich einzigen, innerhalb der Stadt zugelassenen buddhistischen Klöster waren die staatlich geförderten Tempel im Osten und Westen, der Tōji und Saiji. Ebenso wurden staatlich geführte Märkte im östlichen und westlichen Bezirk eingerichtet.

Wie Heijō war auch Heian in erster Linie ein Verwaltungszentrum, der politische, soziale und kulturelle Mittelpunkt des Reiches. Abgesehen vom Hofadel bestand die Einwohnerschaft aus niedrigen Beamten, Handwerkern, Lagerarbeitern, militärischen Schutzwachen und einigen Mönchen. Die Gesamtbevölkerung belief sich im 9. Jahrhundert auf etwa 100 000 Einwohner, wovon ungefähr 10 000 auf den Adel und die untere Beamten-

Obwohl Kyōto im Verlauf der Jahrhunderte von Kriegen, Erdbeben, Feuersbrünsten und Überschwemmungen heimgesucht wurde und von der ursprünglichen Bausubstanz wenig erhalten ist, hat man es immer wieder in dem charakteristischen Gittermuster neu erbaut. Der heutige Palast wurde nach einem Brand im Jahre 1855 an einem etwas weiter östlich gelegenen Platz wiedererbaut. Als Bauvorlage dienten im Jahre 1790 errichtete und früheren Baustilen nachempfundene Gebäude. Diese den Palastbezirk (*unten*) aus nördlicher Perspektive zeigende Luftaufnahme vermittelt einen Eindruck von der frühen Stadtkonzeption mit der breiten Allee in der Mitte, der Suzakuōji, die direkt auf die Paläste, Ministerien und Bürogebäude der ummauerten Verwaltungsstadt (*daidairi*) zulief. Die innere kaiserliche Residenz (*dairi*) war ein ummauerter Bezirk im Nordosten der Verwaltungsstadt. *Rechts* sind zwei der wiedererbauten Hauptgebäude dieses Bezirks zu sehen, der kaiserliche Privatpalast (*seiryōden*) und die Große Zeremonienhalle (*shishinden*).

Heian

Mit dem Ziel, die zentralisierte *ritsuryō*-Bürokratie wiederzubeleben und dem Einfluß der großen Nara-Klöster zu entgehen, verlegte Kaiser Kammu im Jahre 784 den Regierungssitz von Heijō-kyō nach Nagaoka-kyō und dann im Jahre 794 nach Heian-kyō, Hauptstadt des »Friedens und der Ruhe«. Heian oder Kyōto, wie es seit dem 11. Jahrhundert zunehmend genannt wurde, blieb bis zur Meiji-Restauration von 1868 Hauptstadt Japans, als der Kaiser den Hof nach Tōkyō verlegte. Die einzige Unterbrechung in dieser langen Zeitspanne war eine Periode von sechs Monaten im Jahre 1180, als Taira no Kiyomori die Hauptstadt nach Fukuhara-kyō in der Provinz Settsu verlegte. Heian war nicht nur ein Zentrum höfischer Kultur, sondern auch Sitz buddhistischer Klöster und Shintō-Schreine und ein lebhaftes Handels- und Gewerbezentrum.

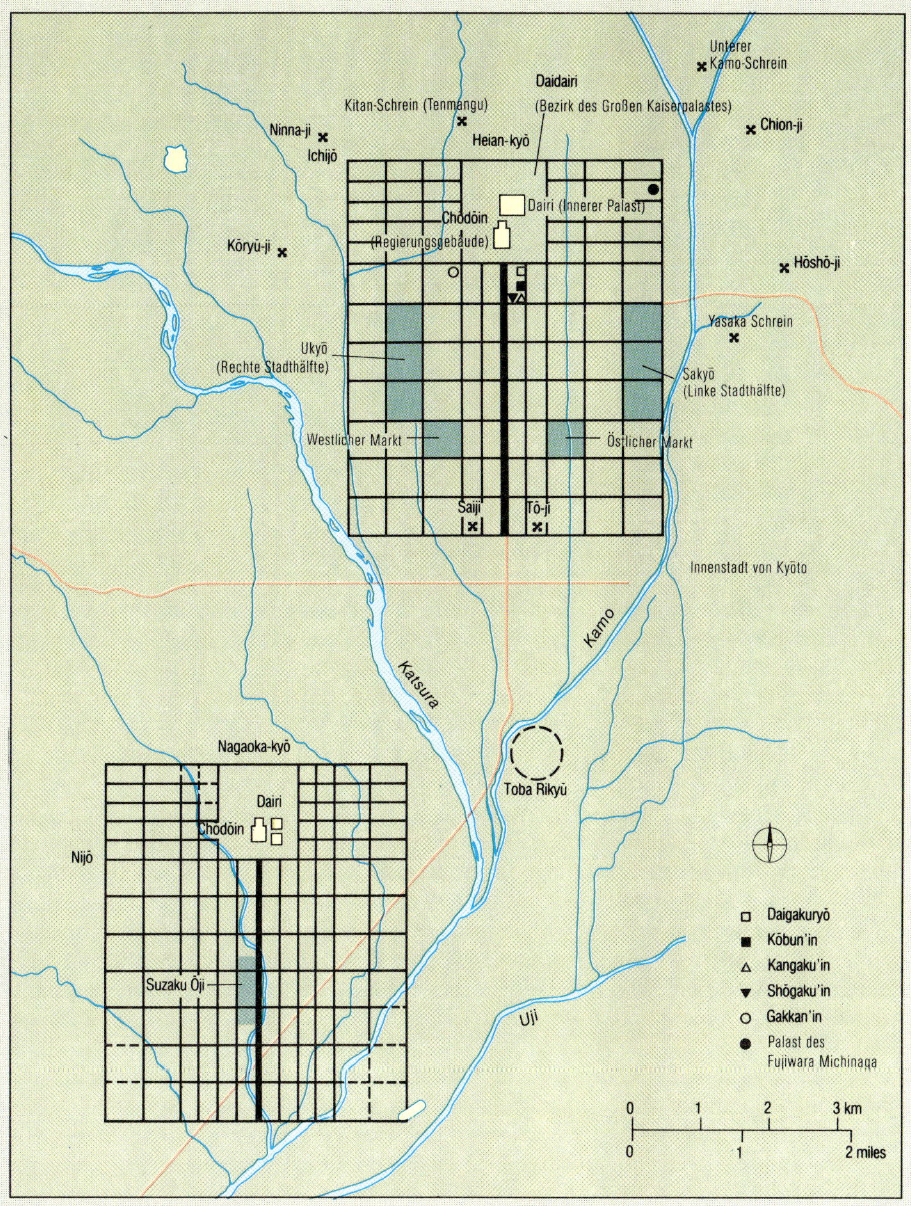

Oben: Der Plan zeigt die ursprüngliche Konzeption von Heian. Im Norden die große Palaststadt mit dem inneren Palastbezirk und daran anschließend die in regelmäßige Blöcke *(bō)* gegliederte Stadt. Von Norden nach Süden verlaufende Alleen und von Osten nach Westen führende Straßen unterteilten jeden Block wiederum in 16 *chō* (jeweils 1450 qm). Eine breite Allee, die Suzakuōji (85 m breit), teilte Heian-kyō in einen östlichen und westlichen Bezirk (*sakyō* und *ukyō*). Kammu beschränkte die Anzahl der buddhistischen Tempel auf den Östlichen und Westlichen Tempel, von denen sich der Östliche Tempel, Tōji, zu einem Hauptzentrum des Shingon-Buddhismus entwickelte.

Links: Zu den kaiserlichen Privatgemächern im inneren Palastbezirk gehörte ein von bemalten Wandschirmen umgebenes erhöhtes Podium. Zum Mobiliar zählten Waschschüsseln und Toiletten-Utensilien aus Lack.

schaft entfielen. Der nichtadlige Einwohneranteil schwoll im gleichen Maße an, wie sich die Konsumbedürfnisse der Aristokratie steigerten. Unermüdlich schleppte man auf Pferden die Naturalsteuern und andere Waren in die staatlichen Magazine und Adelspaläste. Marktbuden und Läden begannen mit staatlich geführten Märkten zu konkurrieren. Für den Wieder- und Neuaufbau von Schreinen, Tempeln und Palästen eröffneten Künstler und Kunsthandwerker ihre Werkstätten. An den Ufern des Kamo, unterhalb der 4. Kreuzung, entstanden Hüttensiedlungen, die Stadt begann nach Osten auszuufern und kriminalisierte sich mit dem Niedergang der bürgerlichen Ordnung nach dem 10. Jahrhundert. Brandschatzung und Straßenräuberei wurden üblich. Unbotmäßige Mönchssoldaten (*sōhei*) vom Enryakuji oder den Nara-Klöstern setzten den Hof unter Druck, wenn ihre Forderungen nicht erfüllt wurden. Söldner ohne Dienstherren und Wegelagerer machten die Straßen unsicher. Raubüberfälle waren an der Tagesordnung, wobei auch die ummauerten Häuser der Aristokratie nicht verschont blieben und häufig niedergebrannt und geplündert wurden. Selbst das kaiserliche Viertel, der *daidairi*, wurde mit Feuer überzogen. Die Große Audienzhalle, Symbol kaiserlicher Autorität, wurde nach einem dritten Großfeuer im Jahre 1156 nicht wieder aufgebaut.

Obwohl es den Großklöstern untersagt war, nach Heian umzuziehen, war der Buddhismus vom hauptstädtischen Leben keineswegs ausgeschlossen. Kammu war kein Gegner des Buddhismus. Er beanspruchte lediglich die unangefochtene kaiserliche Kontrolle über die Hauptstadt und die darin lebende buddhistische Priesterschaft. Darüber hinaus war er ein tatkräftiger Förderer des Buddhismus. Er unterstützte eine ganze Reihe von Mönchen, wie zum Beispiel Saichō (767-822) und Kūkai (774-835), die er beide nach China entsandte. Sie kehrten mit den Lehren zurück, die sich zum Tendai- und Shingon-Buddhismus entwickelten. Saichō gründete das Kloster Enryakuji am Hiei-Berg im Nordosten der Stadt. Es wurde eines der einflußreichsten klösterlichen Zentren Japans, dem der nachfolgende japanische Buddhismus viele Impulse verdankte. Kūkai gründete auf dem Koyasan ein Bergkloster, das weit entfernt der Hauptstadt in südlicher Richtung gelegen war, zudem übernahm er die Leitung des Tōji in der Hauptstadt selbst. Auf diese Weise entledigte sich Kammu der Einflußnahme der Nara-Klöster und bewirkte gleichzeitig eine Erneuerung des buddhistischen Klosterwesens. Sowohl Saichō als auch Kūkai legten den Schwerpunkt ihrer Lehren auf die Erneuerung der Klosterdisziplin und die Schulung der Mönche, die dem Staat als geistliche Führer zu Diensten sein sollten. Im Laufe der Zeit wurden auch andere, von der Kaiserfamilie und dem Adel protegierte, buddhistische Klöster auf den Hügeln vor der Stadt errichtet.

Kammu war ein tatkräftiger Kaiser. Er ergriff Maßnahmen, die die dahinsiechenden Ideale der Taika-Reformen wiederbeleben sollten. So setzte er eine schärfere Aufsicht über die Regierungsbeamten durch und schuf neue, in der *ritsuryō*-Gesetzgebung nicht kodifizierte Regierungsämter: ein den Thron beratendes Gremium von kaiserlichen Räten und die Behörde der kaiserlichen Polizei. Zudem beschleunigte er mit einem neuen System lokaler Miliz die Unterjochung der Ezo im Nordosten. Kammus Versuch, das *ritsuryō*-System zu stärken, wurde, wenn auch weniger energisch, von seinem Nachfolger Saga fortgesetzt. Mit ihm endete die Ära der starken *tennō*. Im folgenden war die Heian-Zeit weniger durch die Machtansprüche des Kaisers gekennzeichnet, als vielmehr durch die sich verstärkenden Herrschaftsansprüche des Adels, insbesondere der Mitglieder des nördlichen Zweiges der Fujiwara-Sippe. Nominell blieb der Kaiser auch weiterhin das Oberhaupt der Regierung – Symbol für ihre Rechtmäßigkeit und, aufgrund der göttlichen Abstammung, Objekt der Verehrung. Die tatsächliche Machtausübung ging jedoch zunehmend auf die Fujiwara über, die als Regenten oder Großväter mütterlicherseits, als Onkel oder Schwiegerväter den Kaiser beherrschten. Die Privatisierung der politischen Macht und die Rückkehr zur Clan- bzw. Geschlechterpolitik vollzog sich jedoch im Rahmen eines vorgeblich zentralistischen und bürokratischen Herrschaftssystems. Der Prozeß der Privatisierung bestand darin, daß der Regierungsapparat, der in seiner Ganzheit erhalten blieb, zunehmend von Clan-Oberhäuptern und auch von Mitgliedern der Kaiserfamilie, von den Haupt-Klöstern und -Schreinen umgangen wurde.

Die Herrschaft der Fujiwara über den Kaiserhof war so umfassend, daß man die Periode von 894-1185 im allgemeinen als Fujiwara-Zeit bezeichnet. Ebenso wie der Kaiser wurde auch der zentralisierte Verwaltungsapparat mehr und mehr auf zeremonielle Funktionen beschränkt. Er wurde als angenehme Quelle für ehrenvolle Titel angesehen und als ein Organ, das die neu in Erscheinung tretenden außergesetzlichen Machtzentren legitimierte. Die Kaiser regierten, aber die Fujiwara herrschten. Mittelbare Herrschaftsausübung dieser Art wurde zum Kennzeichen japanischen Politikverständnisses. Im Verlauf der Heian-Zeit festigte sich der Trend zur Privatisierung der Politik, des lokalen Landbesitzes und der lokalen Organisation des Heerwesens.

Die Fujiwara

Die Macht der Fujiwara geht auf die Anfänge des Kaisertums zurück. Das Haus wurde von Nakatomi no Kamatari gegründet, Oberhaupt eines Geschlechts von Shintō-Priestern, und Prinz Nakas Helfer beim Staatsstreich von 645. Kamatari wurde 669 vom Kaiser Tenji der Ehrenname Fujiwara (Glyzinenfeld) verliehen, der Überlieferung nach zum Gedenken an den Ort, wo man den Plan, die Soga zu überwältigen, ausgebrütet hatte. Kamataris

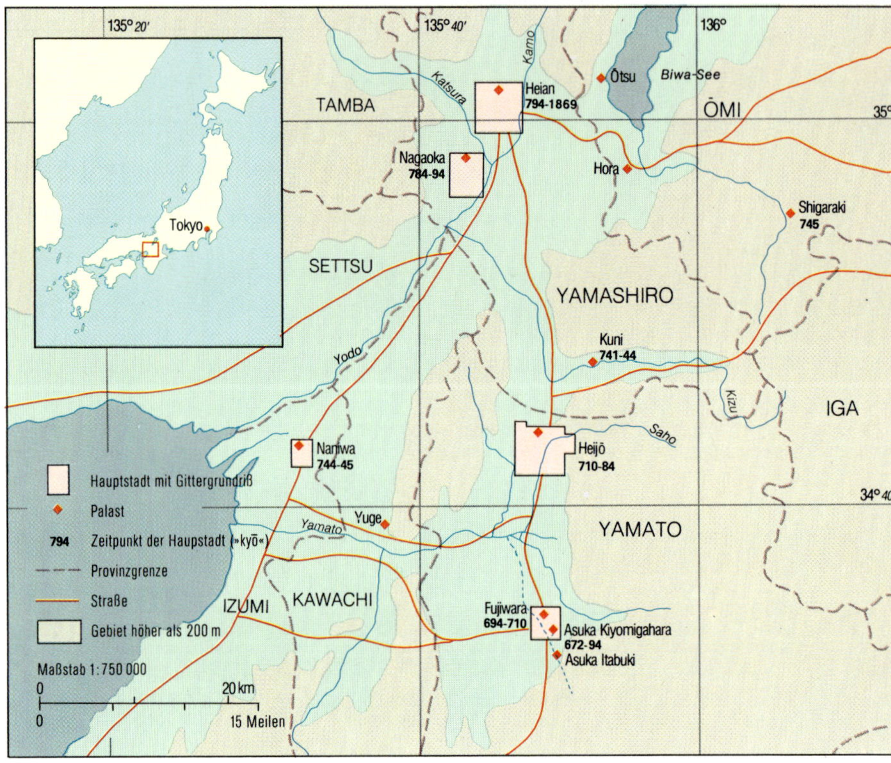

Oben: Verlegung der Hauptstädte, von Asuka bis Heian
Zu den frühesten Regierungszentren gehörten die Paläste der regierenden Häuptlinge in der Asuka-Region. Der geringe Verwaltungsaufwand, die häufigen Erbfolgestreitigkeiten und der vorherrschende Glaube, daß Tod und Krankheit Verunreinigung verursachen, führten zu einem ständigen Wechsel der Residenzen. Etwa im 7. Jh. entwickelte sich das Bedürfnis nach mehr Seßhaftigkeit. Die nacheinander entstehenden, dem gitterförmigen Vorbild chinesischer Kaiserstädte nachgebauten Hauptstädte wurden immer größer und rückten, da man die Wasserversorgung und Verkehrsverbindungen verbessern wollte, immer weiter nach Norden auf den Biwa-See zu. Die erste, im chinesischen Baustil errichtete Hauptstadt war Fujiwara-kyō, in der Mommu von 694 bis 710 residierte. Heijō (Nara), schon etwas größer, diente von 710 bis 784 als Hauptstadt. Kaiser Shōmu verlegte den Hof von 740 bis 745 nach Kuni, Naniwa und Shigaraki. Heijō wurde im Jahre 784 von Kaiser Kammu aufgegeben. Nach einem Bauversuch in Nagaoka entschied man sich schließlich für einen Ort, den man Heian nannte. Im Jahre 794 begann man mit den Bauarbeiten dieser berühmten Stadt, die Hauptstadt und Sitz des Kaiserhofes blieb, bis sie 1869 von Tōkyō abgelöst wurde.

Rechts: Eroberung des Nordens
Es nahm Jahrhunderte in Anspruch, bis die kaiserlichen Regierungen von Heijō (710-784) und Heian (seit 794) die Herrschaftsansprüche in den Randgebieten des Reiches gefestigt hatten. Im Norden stieß man auf den bewaffneten Widerstand der als Ezo bekannten Stämme. Durch Eroberungszüge, den Bau von Palisaden und Befestigungswerken schob man vom 7. bis 10. Jh. die Grenze allmählich nordostwärts, in das heutige Tōhoku.

Oben rechts: Der Kasuga-Schrein ist der Familienschrein der Fujiwara, wo die vier wichtigsten Schutz-*kami* der Familie verehrt werden. Zunächst am Fuß des Mikasa-Berges gelegen, wurde er 769 in die Nähe der Hauptstadt verlegt.

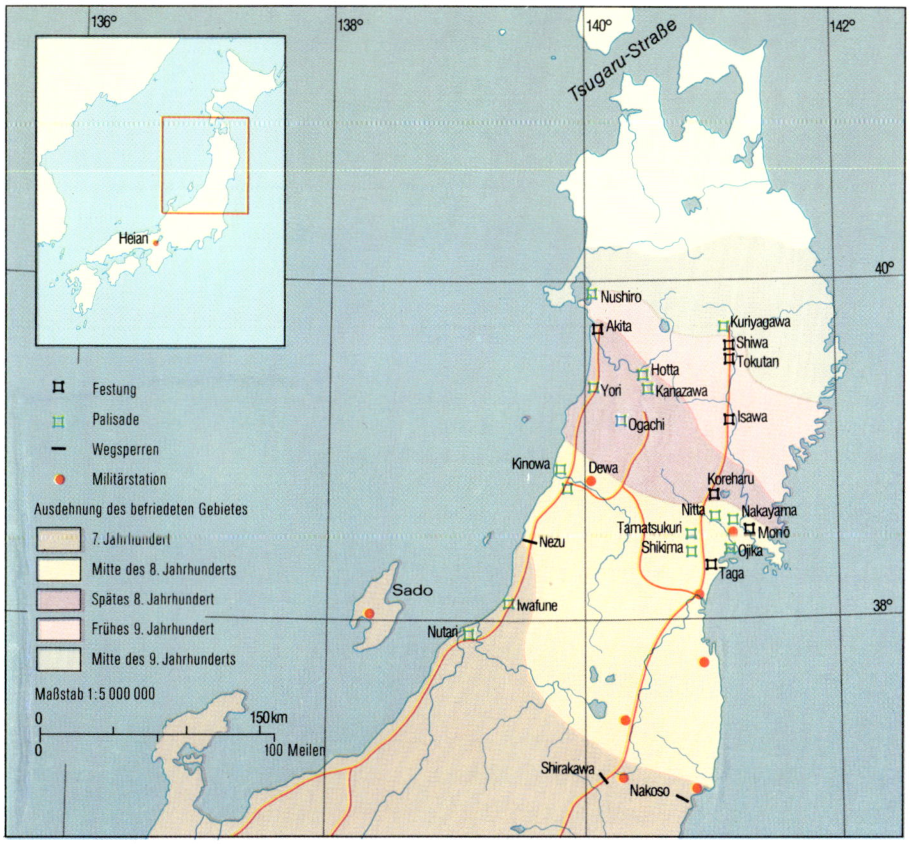

Sohn Fuhito (659–720) war maßgeblich an der Ausarbeitung der *Taihō*-Gesetze beteiligt und stieg zum Großkanzler und Minister zur Rechten auf. Er war Schwiegervater zweier Kaiser, Mommu und Shōmu, und Großvater eines dritten. Seine vier Söhne wurden jeweils zum Oberhaupt eines der vier Zweige der Fujiwara-Sippe. Einen Rückschlag erlitten die Fujiwara in der Mitte der Nara-Zeit, als die vier Söhne Fuhitos im Jahre 737 einer Epidemie zum Opfer fielen, wovon die Familie sich jedoch schnell wieder erholte. In der späten Nara-Periode drängten die Fujiwara die Tachibana und andere Adelsgeschlechter beiseite und übernahmen die Führung im Widerstand gegen den geistlichen Prätendenten Dōkyō. Der von Fuhitos Sohn Fusaaki (681–737) abstammende Nordzweig der Familie rückte schließlich in den Vordergrund der Heian-Politik.

In den Methoden, ihre Macht auszuüben und zu erweitern, waren die Fujiwara ungemein erfinderisch. Sie erwiesen sich als Meister des höfischen Intrigenspiels, indem sie Rivalen isolierten oder ausschalteten und für die eigenen Verschwörungen andere verantwortlich machten. Sie betrieben eine geschickte und geduldige Heiratspolitik, wobei sie sich immer wieder durch Heirat und die Geburt von kaiserlichen Prinzessinnen und Kronprinzen mit der kaiserlichen Linie verbanden. Ihr Privatvermögen und ihre Macht vergrößerten sie durch die Anhäufung privaten Landbesitzes (*shōen*) und benützten diesen Reichtum, um durch großzügige Schenkungen Verbündete zu gewinnen.

Der Schlüssel für den langanhaltenden Erfolg der Fujiwara war jedoch die ständige Erweiterung ihrer Befugnisse als Regenten, die zur Institutionalisierung ihrer Machtposition führte. Sie monopolisierten für sich das im *ritsuryō*-System nicht kodifizierte Amt der kaiserlichen Ratgeber. Die beiden Schlüsselämter waren jedoch das Amt des *sesshō*, Regent eines minderjährigen, und *kampaku*, Regent eines volljährigen Kaisers. Indem sie die Kaiser dazu brachten, frühzeitig abzudanken, setzten sie sich selbst als Regenten für den noch minderjährigen Nachfolger ein. Auf diese Weise kontrollierten sie den Thron, ohne ihn jedoch zu usurpieren. Es gelang ihnen, eine dauerhafte Regentschaft aufzubauen, die im Namen des *tennō* regierte.

Dieses Regentschaftssystem konsolidierte sich im Jahre 858, als Fujiwara no Yoshifusa (804–872), Großkanzler, seinen neunjährigen Enkel als Kaiser Seiwa (850 bis 880) inthronisierte und sich selbst als *sesshō* einsetzte. Erstmals wurde die Regentschaft von einem Mann ausgeübt, der nicht selbst ein kaiserlicher Prinz war. Mototsune (836–891) war der erste Fujiwara, der für einen volljährigen Kaiser die Regentschaft unter dem Titel *kampaku* führte. Mit dieser Praxis konnte ein und derselbe Fujiwara die Politik während der gesamten Lebenszeit eines amtierenden Kaisers bestimmen. Fujiwara no Tadahiro (880–949) war für Kaiser Suzaka von 939–941 *sesshō* und von 941–949 *kampaku*.

Einige Kaiser, die keine Fujiwara-Mutter und zufällig keinen Regenten hatten, versuchten, die kaiserlichen Führungsansprüche zurückzugewinnen. Die Kaiser Uda (867–931), Daigo (885–930) und Murakami (926–967) regierten alle ohne Fujiwara-Regenten. Sie verbündeten sich mit anderen rivalisierenden Adelshäusern, um den Einfluß der Fujiwara abzuschwächen. Sie setzten fähige Höflinge, die nicht der Fujiwara-Familie entstammten, in führende Ämter am Hofe ein. Das hervorstechendste und zugleich auch verhängnisvollste Beispiel hierfür bot Sugawara no Michizane (843–903), ein Staatsmann, Dichter, Gelehrter und Kalligraph. Obwohl seine Dichtkunst und seine staatsmännischen Fähigkeiten hoch geschätzt waren und ihn die Kaiser Uda und Daigo protegierten, war er den Fujiwara politisch nicht gewachsen. Fujiwara Tokihira (871–909) brachte ihn zu Fall und zwang ihn nach Dazaifu auf Kyūshū in die Verbannung, wo Krankheit und Kummer seinen schnellen Tod herbeiführten. Sein rächender Geist soll die Hauptstadt mit Feuer, Sturm und Epidemien überzogen haben. Um ihn zu besänftigen, stellte man seine Ehre wieder her, indem man ihn posthum anerkannte, ihn zum Schutz-*kami* der Literatur erhob und ihm einen Schrein in Kitano, Kyōto, weihte.

Im Jahre 967 hatten die Fujiwara die Kontrolle über die Regentschaft zurückgewonnen und behielten sie fest in der Hand. Die Periode bis 1068 ist als Ära der Regentschaftspolitik bekannt (*sesshō* und *kampaku*), die ausschließlich von den Fujiwara bestimmt wurde. Alle Kaiser dieser Epoche hatten Fujiwara-Mütter und wurden von ihren Onkeln, Schwiegervätern oder Großvätern kontrolliert, in deren Familien sie erzogen worden waren. Den Höhepunkt ihrer Macht erreichten die Fujiwara in der Person des Fujiwara no Michinaga (966–1028), der den Kaiserthron mehr als 30 Jahre lang beherrschte. 1016 übernahm er als *sesshō* die Regentschaft für seinen Neffen Go-Ichijō. Das Amt des *kampaku* ließ er sich niemals offiziell bestätigen, war jedoch mit all seinen Machtfunktionen ausgestattet. 1017 wurde er zum Großkanzler ernannt und überschüttete Verbündete und politische Gegner mit großzügigen Schenkungen. Nachdem er seine Söhne als Regenten und Staatsminister eingesetzt hatte, zog er sich 1019 aus dem aktiven politischen Leben zurück. Er trat in den Mönchsstand ein und gründete das buddhistische Kloster Hōjōji. Die Bezeichnung Midō Kampaku wurde für ihn üblich, da er in der Tat die Funktionen eines *kampaku* ausgeübt hatte. Militärische Unterstützung sicherte er sich durch das Bündnis mit der lokalen Krieger-Sippe Seiwa Genji. Nach seinem Rücktritt übte er die Macht durch seinen als Regenten eingesetzten Sohn Yorimichi (990–1074) aus. Wie die meisten Heian-Beamten hatte Michinaga eine fundierte Ausbildung im Bereich der Literatur, der Musik, der Poetik, des Buddhismus und der chinesischen Literatur und Geschichte. Sein Tagebuch, das *Midō kampaku*, stellt eine wertvolle Quelle für Informationen über das höfische Leben dar. Er inspirierte das *Eiga monogatari* (*Erzählungen über den Ruhm*) und soll das Vorbild für den Prinzen Genji abgegeben haben, den Helden der *Geschichte des Prinzen Genji*. Der Zeitraum um die Jahrtausendwende, als Michinaga auf dem Höhepunkt seiner Macht stand, wird im allgemeinen als der Inbegriff aristokratischer Kultur der Heian-Zeit bezeichnet.

Nach Michinaga setzte ein zunehmender Verfall der Fujiwara-Macht ein. Seine beiden Söhne Yorimichi, *sesshō* und *kampaku*, und Norimichi, *kampaku*, waren weit weniger großartige und kraftvolle Persönlichkeiten als Michinaga. In den Provinzen wurde die Macht der Fujiwara von Kriegerverbänden untergraben, an deren Führer der Lokaladel Ländereien kommendierte, die er früher an die Fujiwara kommendiert hätte. In der Hauptstadt entstand eine noch gefährlichere Reaktion gegen die Fujiwara-Hegemonie. Einige Kaiser, die keine Fujiwara-Mutter hatten, entzogen sich der Fujiwara-Kontrolle durch einen Kunstgriff: Sie dankten ab, ohne jedoch ihre Machtposition aufzugeben, indem sie ihre minderjährigen Söhne auf den Thron setzten und kontrollierten. Diese Politik wurde von der väterlichen Linie des amtierenden Kaisers bestimmt im Gegensatz zur Politik der Fujiwara, die sich auf die mütterliche Verwandtschaft berief. Man führte für diese Regierungsform die Bezeichnung *insei* oder Mönchsregierung ein. Die Mönchskaiser Shirakawa (1053–1129), Toba (1103 bis 1156) und Go-Shirakawa (1127–1192) waren langlebige kraftvolle Herrscher, die den Einfluß der Fujiwara auf die Hofpolitik bekämpften. Unter ihrer Führerschaft gelang es dem Kaiserhaus, sich gegenüber den rivalisierenden Machtgruppierungen am Hofe im Kampf um politische und wirtschaftliche Macht zu behaupten. Die Mönchskaiser errichteten eine eigene Regierungszentrale nach dem Vorbild der Fujiwara-Kanzlei, dem *mandokoro*. Wie die Fujiwara warben sie um Kommendation von Ländereien und festigten auf diese Weise zumindest die Position der Kaiserfamilie, wenn auch nicht die des *tennō*. Die Regierungsform des *insei* wurde von späteren Kaisern und Historikern als eine Abweichung bzw. Rückkehr zur mittelbaren Herrschaftsform der Fujiwara gewertet. In der Mitte des 12. Jahrhunderts verschärften sich die politischen Rivalitäten am Hofe durch das Eindringen der Kriegersippe der Taira, die von Taira-no Kiyomori angeführt wurde. Diese Entwicklung, die nachfolgend eingehender beschrieben wird (*s. S. 98*) war der Auftakt für den Niedergang des Kaiserhauses und das Aufkommen der Militärherrschaft in Japan.

Privatisierung des Bodens: Die Ausbreitung privaten Grundbesitzes

Die Fujiwara-Herrschaft bedeutete Privatisierung amtlicher Macht innerhalb des legalen Rahmens der in der Nara-Zeit kodifizierten *ritsuryō*-Gesetze. Wirtschaftlich stützte sich die Macht der Fujiwara auf eine andere

Verteilung von Privatland
Das System der mittelalterlichen Landverteilung unterscheidet Privatgüter *(shōen)* und staatliche Domänen *(kokugaryō)*. Die staatlichen Domänen gab es seit der Nara-Zeit, als das Land in allen Provinzen der Finanz- und Verwaltungshoheit des Staates unterstellt wurde. Während der Heian-Zeit erwarben ortsferne Grundbesitzer, zum Beispiel Adelsfamilien, wie die Fujiwara, oder Tempel und Schreine, wie der Tōdaiji, Enryakuji und Kasuga-Schrein, oder Angehörige der kaiserlichen Familie, Eigentumsrechte an neuerschlossenen oder kommendierten Ländereien. Dieses Landeigentum, das *shōen* genannt wurde, wurde nach und nach der Steuergewalt und der Verwaltungsaufsicht staatlicher Beamter entzogen. Auf diese Weise entstand bis zum 12. Jh. in den meisten Provinzen Japans ein komplexes Muster von Eigentumsrechten an Grund und Boden, wobei öffentlicher und privater Besitz sich vermischten. Die Karte zeigt einen kleinen Teil der ungefähr 4000 *shōen*, die zwischen dem 9. und 12. Jh. entstanden. Während des 13. Jh.s begannen sich die Krieger für die *shōen* zu interessieren und sie zu besetzen, was schließlich zu ihrer Auflösung führte. In einer sich selbst versorgenden Agrargesellschaft lieferten die *shōen* ihren Besitzern alle Güter und Nahrungsmittel für den täglichen Gebrauch. Die Studien Prof. Amino Yoshihikos und anderer Mediävisten haben gezeigt, daß die Jahressteuern *(nengu)*, die von den *shōen* erhoben wurden, nicht nur in Form von Reis entrichtet wurden. Obwohl es keine präzisen Angaben gibt, kann man davon ausgehen, daß viele *shōen* in den nordöstlichen Provinzen ihre Jahresabgaben überwiegend in Form von Seide, Eisen oder anderen Gebrauchsgütern leisteten.

Form der Privatisierung, die innerhalb des *ritsuryō*-Systems um sich griff, nämlich die Privatisierung der Landrechte. Obwohl man auch während der Heian-Zeit am Ideal des »staatseigenen« Landes festhielt, setzte sich die Privatisierung schnell durch. Das staatliche Land- und Steuersystem hatte von Anfang an nicht gut funktioniert, weil man zu viele Kompromisse hatte schließen müssen, um die Zustimmung der mächtigen *uji* zu gewinnen.

Noch in der Nara-Zeit begann sich in den Provinzen wieder privater Grundbesitz, *shōen* genannt, zu bilden. Schritt für Schritt entfernte man sich in Japan von den chinesischen Idealen.

Das in der Nara-Zeit aus China übernommene Landverteilungssystem war vielschichtig und schwer durchzuführen. Voraussetzung für die Neuverteilung der Reisfelder war die Gliederung des Bodens in gleichförmige Quadrate. Dazu waren umfangreiche Vorarbeiten nötig, in vielen Gebieten Zentraljapans die Umformung ganzer Landstriche. Im neuen Landsystem galten die Bauern nicht mehr als Privatbesitz, sondern wurden der Zentralregierung unterstellt. Das Ackerland und seine Bebauer gingen in kaiserlichen bzw. Staatsbesitz über. Dieses bürokratische, chinesische Ideal stand in krassem Widerspruch zu den in Japan tief verwurzelten Clan-Interessen und Erbpraktiken. Da sich die Familien als ununterbrochene Abfolge einzelner Generationen auffaßten, versuchten sie, sich mit Erbland zu versorgen. Das neue System mit den periodischen Landüberprüfungen, Volkszählungen und den von der Mitgliederzahl eines Haushalts abhängigen Neuverteilungen an die Bauersfamilien stieß auf Widerstand, da man das Land als Familienbesitz betrachtete. Die Frage bleibt offen, inwieweit das quadratische »Gittersystem« (*jōri* und die Neuverteilung überhaupt durchgesetzt werden konnten, jedoch hat man in Ausgrabungen beachtliche Überreste quadratischer Felder von Kyūshū bis zur Kantō-Ebene freigelegt. Als das neue Landsystem allerdings in Süd-Kyūshū im späten 8. Jahrhundert zur Anwendung kam, brach es in anderen Regionen bereits zusammen und die *shōen* begannen sich zu bilden.

Die Ursprünge der *shōen* lassen sich bis in die Anfänge des zentralisierten Staatswesens in der Nara-Zeit zurückverfolgen. Man hatte in Japan zwar das »Gittersystem« übernommen, um das besteuerbare Reisland den Bauern zuteilen und nach deren Tod neu verteilen zu können, jedoch waren bestimmte Ländereien von dieser Regelung ausgenommen. Dazu gehörten der Grundbesitz der kaiserlichen Familie und die Felder, die man dem Hofadel je nach Rang, Amt oder Verdienst als Unterhaltsbasis zuwies. Ferner die Felder der großen buddhistischen Klöster und Shintō-Schreine und im allgemeinen auch das neuerschlossene Ackerland. Landzuweisungen wurden erblich, insbesondere die nach Rang und Verdienst zugewiesenen Ländereien und das Klosterland.

Die Praxis der Neuerschließung von Land, worunter vor allem die Umwandlung von Brachland in Naßreisfelder zu verstehen ist, stützte ebenfalls die Entstehung privaten Landbesitzes. Das Anwachsen der Bevölkerung und der Bedarf an ausreichendem Zuteilungsland machten die Neuerschließung von Ackerland notwen-

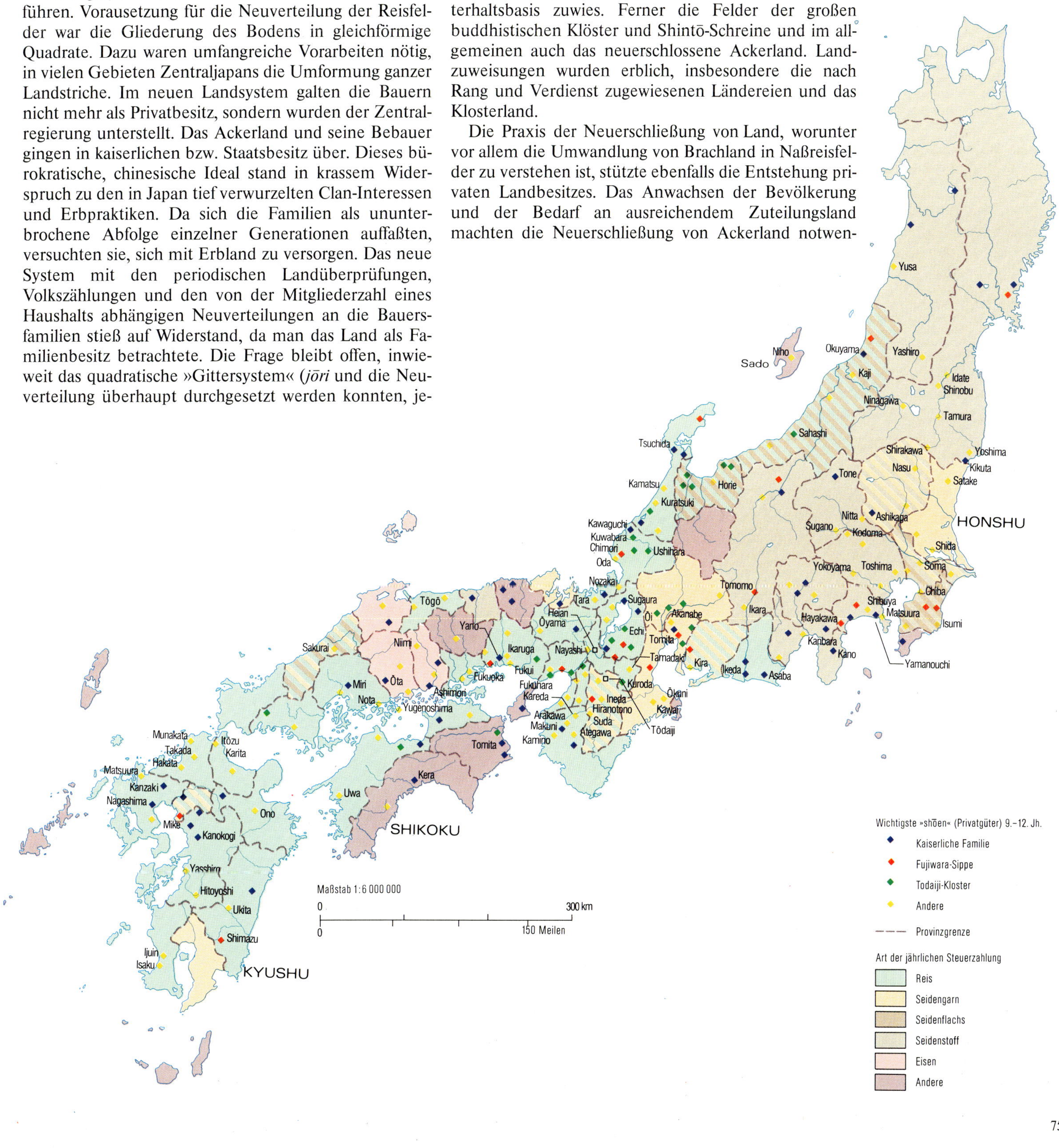

dig. Öffentliche Mittel zur Neulandgewinnung wurden von der Regierung selten zur Verfügung gestellt, außerdem erwiesen sich Regierungsprojekte auf Grund von Mißbrauch und Schwerfälligkeit als zu kostspielig. Nur die Aussicht auf freies Besitztum gab den Ansporn, teure Erschließungsprojekte auf sich zu nehmen. Landhungrige Adlige und Klöster verfügten über die zur Neuerschließung notwendigen Geldmittel und Arbeitskräfte und auch über die entsprechenden politischen Beziehungen, um die Rechtmäßigkeit ihres Vorhabens abzusichern. Das von öffentlicher Hand erschlossene Ackerland verblieb in der Staatsdomäne, dagegen wurden die von privater Seite erschlossenen Felder bereits in der frühen Nara-Zeit für einen begrenzten Zeitraum dem Eigentum des Erschließers überstellt. Für das Jahr 724 ist bezeugt, daß neugewonnenes Polderland drei Generationen lang im Besitz des Erschließers blieb, in Naßfelder umgewandeltes Brachland dagegen nur eine Generation. In einem Edikt von 743 schloß man Neuland ganz aus dem Landverteilungssystem aus und überließ es dem erblichen Besitz des Erschließers. Die bäuerlichen Arbeitskräfte warb man häufig der Staatsdomäne ab. Da ein regelrechter Wettkampf um das Neuland entbrannte, steigerte sich der Prozentsatz privater Ländereien und damit auch die Zahl der Bauern, die es vorzogen, auf Privatgütern zu arbeiten, wo man sie mit Steuererleichterungen umwarb. Das schwerfällige, auf Neuland angewiesene Landverteilungssystem kam zum Stillstand. Die letzte urkundlich überlieferte Neuverteilung fand 844 statt.

Die neuerschlossenen *shōen* wurden zahlenmäßig sehr schnell von den kommendierten *shōen* übertroffen. Um sich militärischen Schutz und Steuerbefreiungen zu sichern, überstellten kleine Grundbesitzer ihre Ländereien einem ortsfremden Eigentümer, in der Regel einem Hofbeamten oder einer religiösen Institution in der Hauptstadt. Gegen eine jährliche Steuerzahlung behielten die alten Besitzer das Nutzungsrecht an dem Land, mußten jedoch alle Rechtstitel an den neuen Eigentümer abtreten. Wenn sich der neue Eigentümer nicht in der Lage sah, den Schutz der Ländereien zu gewährleisten, konnte er sie seinerseits einem hochrangigen Mitglied der Fujiwara-Sippe oder der Kaiserfamilie in Treuhandschaft übergeben, deren Einfluß bei Hofe für die Rechtmäßigkeit bürgte. Um sich ihrer Dienste zu versichern, überließ er ihnen einen oder mehrere Rechtstitel an dem Land. Diese anteilmäßigen und geteilten *shiki* sind im wesentlichen als Rechte zu verstehen, die Form und Höhe der Beteiligung am Ertrag des jeweiligen Landguts festlegen. *Shiki* waren teilbar, veräußerbar und erblich. Eine Institution oder Einzelperson, Mann oder Frau, konnten über mehrere Arten von *shiki* an ein und demselben Landgut verfügen, oder über eine Vielzahl von *shiki* an unterschiedlichen Landgütern, ohne das fragliche Land jemals zu Gesicht zu bekommen. Dieses System wird als »Hierarchie der Besitzrechte« beschrieben. Zum Schutze ihrer Interessen entsandten Hofbeamte und Klöster eigene Verwalter auf die Landgüter, die die Abgaben in Form von Reis, Seide und anderen Gebrauchsgütern errechneten und einsammelten. Diese Aufseher wurden zu einem kleinen Prozentsatz an den Einnahmen beteiligt.

Insofern als die *shōen* privatisierter Landbesitz waren, sind sie den europäischen Rittergütern vergleichbar. Sie unterscheiden sich jedoch von den von ihren Erbländern umgebenen Rittergütern dadurch, daß sie weit verstreut lagen und den Grundeigentümern nicht die vollen Besitzrechte sondern immer nur einen Teil des Ertrages garantierten. Im *shōen*-System gab es vier oder fünf verschiedene Abstufungen von Eigentümern: Der lokale Eigentümer (*shōmin*) bzw. wirkliche Bebauer, der das Land vor der Kommendation kontrolliert hatte, der Gutsbeamte (*shōkan*), der das Land für den nicht ortsansässigen Eigentümer verwaltete, der Haupteigentümer (*ryōshu*) und der über ihnen stehende Patronschutzherr (*honke*), der in Nara bzw. in der Hauptstadt lebte.

Die bloße urkundliche Anerkennung eines *shōen* gewährleistete nicht die automatische Befreiung von Steuern und staatlicher Kontrolle. Jedoch strebten die Eigentümer natürlich danach, sich volle Immunität zu verschaffen. In der mittleren und späten Heian-Zeit bildeten sich parallel zu dem sich neben dem Staatsland entwickelnden *shōen*-System bestimmte Privilegien in Form von Steuerbefreiungen (*fuyu*) heraus, die man dem Hofadel und den Kultstätten gewährte. Diese Sonderrechte dehnten sich mit der Zeit bis zur vollen Immunität von Steuern und staatlicher Kontrolle aus und wurden auch auf die *shōen* übertragen, die damit wirksam der staatlichen Aufsicht entzogen waren.

Trotz gelegentlicher Anstrengungen, den Prozeß aufzuhalten, breitete sich das *shōen*-System aus. Mehrere Kaiser und Mönchskaiser erließen Edikte, die die Anerkennung neuer *shōen*-Rechte untersagten. Solche Verfügungen wurden niemals wirksam durchgesetzt, da ihre Urheber – in der Regel die Fujiwara oder die Mönchskaiser – selbst *shōen*-Rechte ansammelten. Bis zum 11. Jahrhundert war das Tempo, in dem sich die *shōen* ausbreiteten gemäßigt, im 12. Jahrhundert beschleunigte es sich jedoch außerordentlich. Nach Schätzungen von John W. Hall bestanden die Reisfelder in Bizen im Jahr 1086 etwa zu 75 Prozent aus staatseigenem Boden und zu 25 Prozent aus Privatland. Im 12. Jahrhundert jedoch, als die Mönchskaiser zielstrebig Kommendationen erwarben, breitete sich das *shōen*-System rapide aus. Einem Katasterregister aus dem 13. Jahrhundert zufolge (*ōtabumi*) war in vielen Provinzen der größte Teil des Bodens in Form von *shōen* privatisiert. Als die Staatsämter erblich wurden, betrachtete man die bisher zur Staatsdomäne zählenden Amtsfelder ebenfalls als »staatliches *shōen*«.

Die *shōen* repräsentierten ein in sich geschlossenes, auf wirtschaftlicher Selbstversorgung basierendes System. Der Adel und die Klöster versorgten sich nicht nur aus dem Staatsschatz und den öffentlichen Märkten, sondern bezogen Gebrauchs- und Luxusartikel auch von ihren Gütern. Dazu gehörten Reis und Seide, Holz und andere Baumaterialien, Schwerter und Pferde, Lackwaren und Wachs, Tusche und Pinsel, Fisch und Geflügel und auch Arbeitskräfte und Krieger. Der elegante Müßiggang der Heian-Aristokratie basierte auf soliden Einnahmequellen aus sowohl staatlichen als auch privaten Latifundien.

Die Kultur der Heian-Zeit

Die glanzvolle Kultur der Heian-Zeit wird gemeinhin als ein Produkt des Kaiserhofes betrachtet, und zweifellos sind die meisten der bleibenden Zeugnisse japanischer Kultur jener Zeit in den kaiserlichen Gemächern und den Residenzen der Fujiwara entstanden. Außerdem vermitteln uns Werke wie die *Geschichte des Prinzen Genji* oder das *Kopfkissenbuch* ein so getreues Bild des höfischen und kulturellen Lebens, wie wir es von keiner anderen Epoche der frühen japanischen Geschichte besitzen. Doch diese literarischen Reichtümer konzentrieren ihre Aufmerksamkeit auf den Hof. So aufschlußreich sie manchmal auch sein mögen, das Leben beschränkte sich nicht nur auf die Einfriedungen der Hauptstadt. Die mittlere und späte Heian-Zeit sah das Aufblühen einer

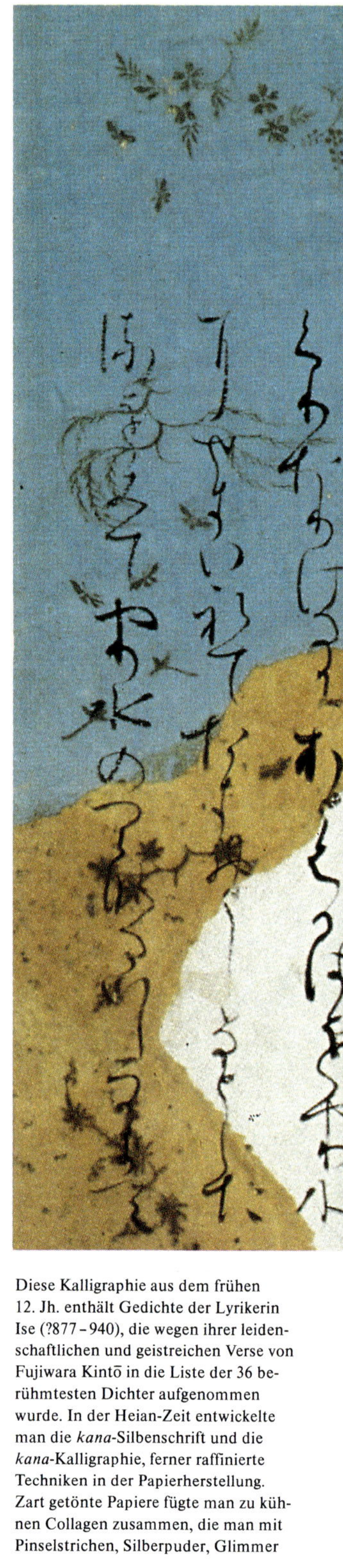

Diese Kalligraphie aus dem frühen 12. Jh. enthält Gedichte der Lyrikerin Ise (?877–940), die wegen ihrer leidenschaftlichen und geistreichen Verse von Fujiwara Kintō in die Liste der 36 berühmtesten Dichter aufgenommen wurde. In der Heian-Zeit entwickelte man die *kana*-Silbenschrift und die *kana*-Kalligraphie, ferner raffinierte Techniken in der Papierherstellung. Zart getönte Papiere fügte man zu kühnen Collagen zusammen, die man mit Pinselstrichen, Silberpuder, Glimmer und Goldsprenkeln ausschmückte. Hier verbinden sich die senkrechten Zeilen der Kalligraphie mit dem abstrakten Papiermuster und den aus Metallpuder gedruckten und gemalten Dekorationen.

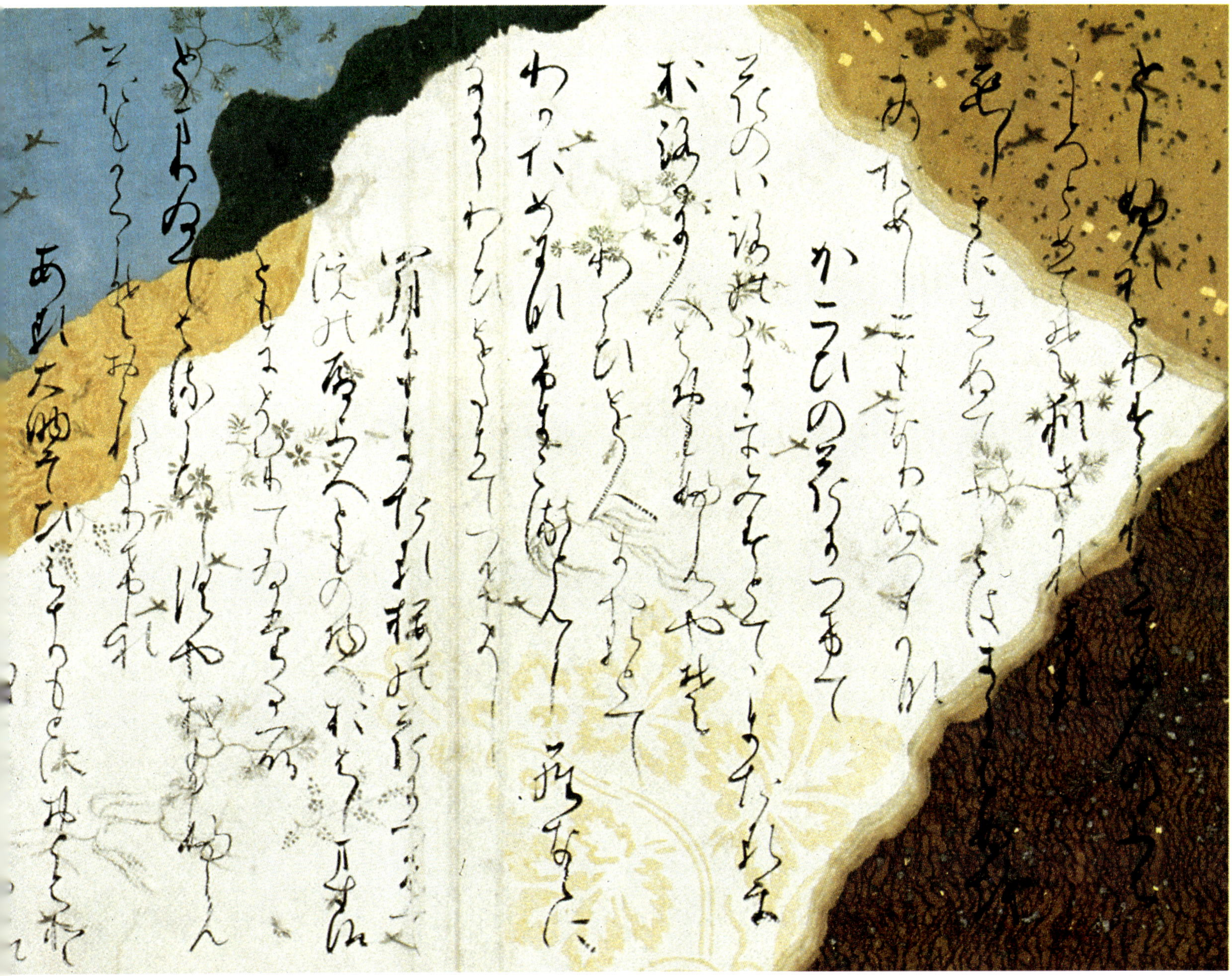

Das *Lotus Sūtra* gehört zu den dauerhaftesten und überzeugendsten Botschaften der Erlösungslehre des Mahāyāna-Buddhismus und wird in Japan seit dem 6. Jh. verehrt. Die Lotus-Lehre erreichte ihren Höhepunkt in der späten Heian- und Kamakura-Periode. Dieser aus dem 12. Jh. datierende Fächer enthält einen Textausschnitt des *Lotus Sūtra*, der über eine Alltagsszene – ein Hofdiener, der die Veranda eines Tempels oder Palastes säubert – geschrieben ist. Das Zusammenspiel farbiger Fächermalerei, dekorativen Papiers und der strahlenförmig verlaufenden Kalligraphiezeilen ist eine elegante Kombination religiöser und weltlicher Themen.

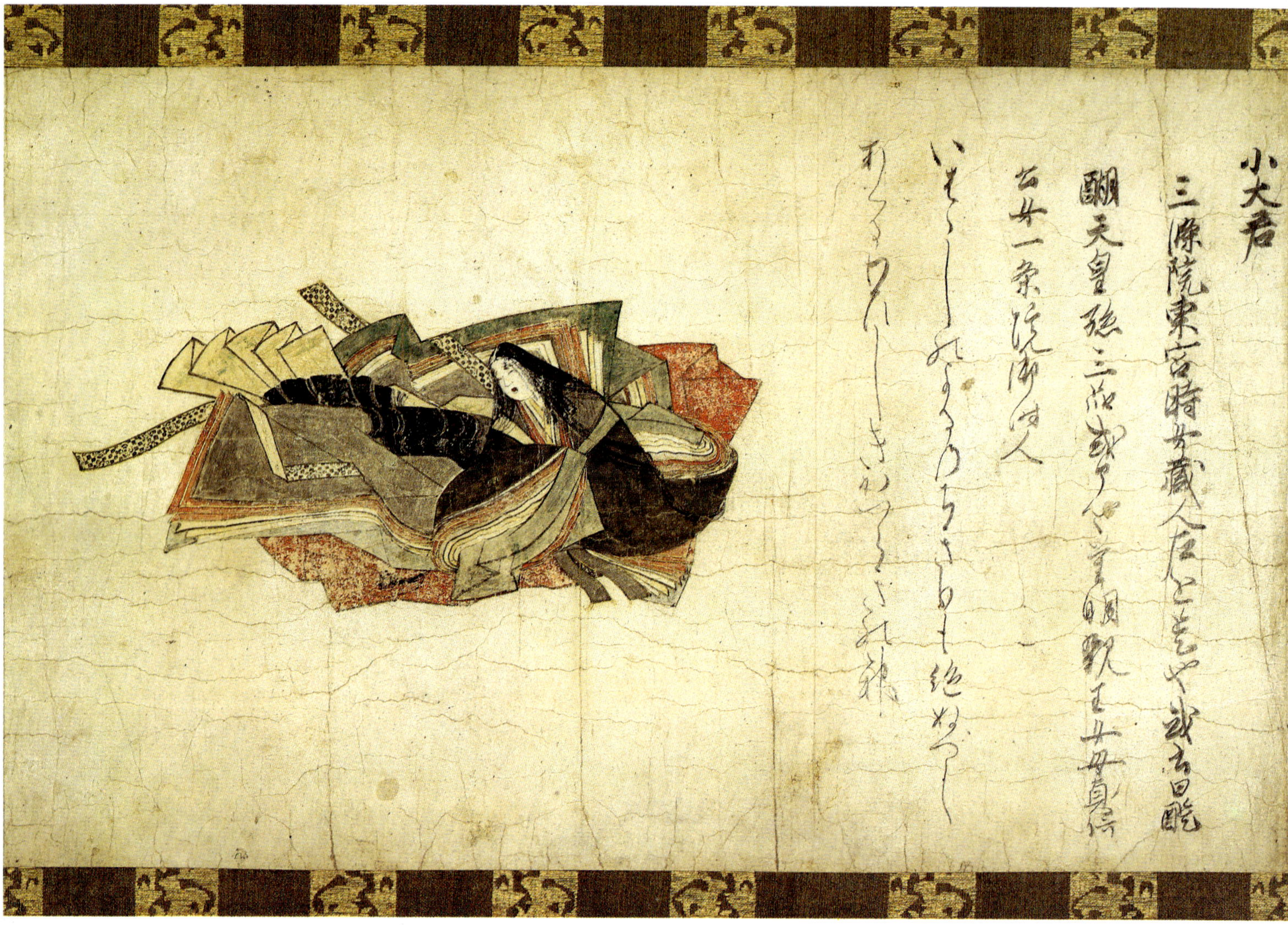

Im frühen 11. Jh. stellte der Dichter und Kritiker Fujiwara Kintō eine Liste mit 36 erlauchten Dichtern zusammen, die von den Zeiten des Manyōshū bis in seine Tage reichte. Sie enthält literarische Größen wie Kakinomoto Hitomaro, Ono no Komachi und Ise, daneben aber auch weniger bekannte Poeten, zum Beispiel die hier abgebildete Hofdame Kodai no Kimi. Diese Liste hat das Interesse an den genannten Dichtern und ihren Werken wachgehalten. Im späten 12. Jh. porträtierte man ausgewählte Dichterpersönlichkeiten und versah das Bild mit einer kurzen Biographie und beispielhaften Gedichten. Damit vereinte man Poesie, Malerei und Kalligraphie in einem Kunstwerk. Dieses farbenfrohe Bild in *Yamato-e*-Technik ist kein naturgetreues Porträt, sondern das Ideal einer Hof-Schönheit mit langem schwarzen Haar und zwölfschichtiger Robe.
Das Gedicht aus der Sammlung Shūishū der Heian-Zeit lautet:

Liebesschwüre zur Nacht
sollten ewig währen.
Doch was das Morgengrauen bringt
ist nur die Einsamkeit
wie sie auch der kami von
Katsuragi gefühlt hat.

Krieger-Kultur, die diese Periode ebenso geprägt hat wie die buddhistischen Klöster. Das Leben und die Erfahrungen der einfachen Leute, die den Boden bebauten und den Hauptteil der Bevölkerung ausmachten, ist jedoch kaum durch Quellen belegt.

Leben und Kultur der Aristokratie

Die kulturellen Standards setzte eine kleine Gruppe von Aristokraten, die Hofgesellschaft, die im Palast und den Adelssitzen von Heian-kyō lebte. Diese paar hundert Adligen, Hofdamen und Mitglieder der kaiserlichen Familie machten die verfeinerte, unbeschäftigte, literarisch hochgebildete und talentierte Elite jener Zeit aus. Aus den reichen literarischen Zeugnissen wissen wir, daß in dieser Schicht Herkunft, soziale Stellung und Erziehung entscheidende Kriterien waren. In der hierarchischen Welt des Hofes zählten Etikette, Kalligraphie und Musik, ausgewählte Kleidung und gutes Benehmen mehr als die Fertigkeit im Umgang mit Pferd oder Schwert. Das Ziel dieser Ästhetik der Verfeinerung (*myabi*) war die Verschmelzung von Kunst und Leben. Das Bestreben, Kunst in Leben und Leben in Kunst zu verwandeln, war typisch für nahezu jeden Bereich der aristokratischen Heian-Kultur. Die Sorgfalt, die die Hofdamen auf die Farbwahl ihrer zwölfschichtigen Seidenroben, auf ihre langen, schwarzen Locken, ihre weißen Gesichter und geschwärzten Zähne verwandten, war Teil jener ständigen Verfeinerung des täglichen Lebens und lebendiger Ausdruck künstlerischen Feingefühls. In dieser Gesellschaft kultivierte man die Kunst der Anspielung und des indirekten Ausdrucks. Die adligen Damen lebten hinter Wandschirmen und Vorhängen. Beziehungen bahnten sich nicht durch ein direktes Gespräch an, sondern durch Blicke, die man auf langes, schwarzes Haar oder einen eleganten Seidenärmel erhaschte, durch einen Hauch ihres Wohlgeruchs oder, am enthüllendsten für die Dame, einen Eindruck von der Qualität ihrer Kalligraphie. Auch für die Männer waren geschmackvolle Kleidung, physisches Erscheinungsbild, Kalligraphie und literarische Fähigkeiten wichtig für den Erfolg ihrer politischen und amourösen Intrigen am Hof.

Gedichte, Erzähungen und Tagebücher geben uns detaillierten Aufschluß über die aristokratische Gesellschaft der Heian-Zeit. Man erhält dort den Eindruck, die Liebe sei die Hauptbeschäftigung dieser Schicht gewesen. Bei Männern wie Frauen war Empfindsamkeit gefragt, mit der Beständigkeit nahm man es nicht so genau. Die Heian-Gesellschaft war polygam. Die Heirat diente den Familieninteressen und der Produktion von Erben. Die Frauen lebten mit ihren Kindern für gewöhnlich bei ihren Familien, wo der Ehemann sie besuchte. Hatte ein Adliger jedoch seine ehelichen Pflichten gegenüber seiner Hauptfrau, einer Dame seines Standes, erfüllt und einen Nachkommen gezeugt, so hinderte ihn nichts daran, mehr oder weniger dauerhafte Beziehungen zu anderen Partnerinnen einzugehen. Die Frauen konnten ebenfalls ihre Liebhaber haben. Manche von ihnen, wie etwa die Hofdame Izumi Shikibu, wurden für ihre Liebesabenteuer berühmt. Weniger attraktiven Damen, zum Beispiel der Autorin des *Kagerō nikki* (*Tagebuch einer Eintagsfliege*) blieb, nachdem sie verlassen worden waren, nur die bohrende Eifersucht.

Doch die höfische Kultur der Heian-Zeit konnte auch nichtig, übersteigert und steril sein. Die Gesellschaft jener Zeit war abgeschlossen und selbstgenügsam. 894 setzte der Hof den offiziellen Gesandtschaften nach China ein Ende. Der Kontakt wurde zwar durch Mönche und privaten Handel bis zu einem gewissen Grad aufrechterhalten, doch der Horizont Japans verengte sich. Im 9. und 10. Jahrhundert begann die Zentralregierung die Kontrolle über die Provinzen allmählich zu verlieren. Die Höflinge bewegten sich kaum aus den Mauern des Palastes hinaus, taten sie es doch einmal, dann schauderten sie vor dem ungewollten Kontakt mit dem gemeinen Volk zurück. »Sie sahen wie Massen von Korbwürmern aus, wie sie sich da in ihren lächerlichen Kleidern zusammendrängten, und sie ließen kaum einen Abstand zwischen sich und mir.« (*Das Kopfkissenbuch der Hofdame Sei Shōnagon*)

Diese Abgeschlossenheit ermöglichte andererseits das hohe kulturelle Niveau der Hofkreise. Die Heian-Kultur gilt als erste eigenständige kulturelle Äußerung Japans. Es war zwar nach wie vor chinesischer Einfluß spürbar, doch wurde er in jener Zeit schon in spezifisch japanischer Weise verarbeitet.

Zu Beginn der Heian-Periode war die Verbindung nach China noch stark. Regelmäßige, groß angelegte Gesandtschaften brachten neue Texte und Ideen aus China. Chinesisch war das wichtigste Medium für Lyrik und Prosa. Es ist denkbar, daß es einzige Literatursprache geblieben wäre, aber schließlich genügte es dem emotionalen Ausdruckswillen der Japaner, speziell dem der Frauen, die in der Regel kein Chinesisch beherrschten, nicht mehr. Besonders für die Liebeslyrik, in der vor allem Frauen alle Nuancen ihres Gefühlslebens zum Ausdruck bringen wollten, schien das Chinesische ungeeignet. So wurde, um eine einfachere, umgangssprachliche Ausdrucksweise zu erreichen, auf der Basis der chinesischen Zeichen ein japanisches (*kana*) Silbensystem entwickelt. Man schreibt es dem buddhistischen Gelehrten und Dichter Kūkai (774–835) zu, doch das ist unsicher. *Kana* ersetzte die komplizierte Schreibweise des *Kojiki* und *Manyōshu* durch die einfache und genaue phonetische Transkription des Japanischen.

Vor allem den Frauen eröffnete sich damit eine neue Möglichkeit literarischen Ausdrucks. Die ersten wichtigen in *kana* verfaßten Texte sind Gedichte aus dem *Kokin wakashū* (*Sammlung japanischer Gedichte aus alter und neuer Zeit*, 905), einer Anthologie von mehr als 1000 japanischen Gedichten (*waka*). Die dem Höfling Ki no Tsurayuki (859?–945?) zugeschriebene, in Wirklichkeit von einem Viererkollegium unter seiner Leitung herausgegebene Sammlung ist die erste von 21 »auf Kaiserlichen Befehl ausgewählten Anthologien« (*chokusenshū*), deren letzte im 15. Jahrhundert entstand. Es ist vorwiegend in japanischer *kana*-Schrift verfaßt, enthält also wenige chinesische Schriftzeichen und gliedert sich in 20 Bücher. Die etwa 1100 Kurzgedichte folgen einer strengen thematischen Ordnung: Buch 1 bis 6: Jahreszeiten (jeweils innerhalb der Jahreszeiten nach Motiven gegliedert); Buch 7: Glückwünsche; Buch 8: Abschied; Buch 9: Reise; Buch 10: »Wortspielereien«; Buch 11 bis 15: Liebe; Buch 16: Trauer; Buch 17 bis 18: Verschiedenes; Buch 19 vereinigt unterschiedliche lyrische Formen, wie Langgedichte (*sekōda*) und humoristische Gedichte (*haikata uta*); Buch 20: »Erlauchte Gedichte der Stelle für Große Lieder« (*Ōutadokoro no on'uta*), d.h. Kurzgedichte feierlichen Inhalts, die man bei festlichen Anlässen rezitierte.

Das dem Geist der chinesischen Lyrik nachempfundene Vorwort, dessen chinesische und japanische Version nur geringfügig voneinander abweichen, beschreibt Ursprung, Wesen und wechselhafte Geschichte der japanischen Lyrik und die Entstehung des *Kokin wakashū*. Demnach verfolgte Kaiser Daigo das Ziel, die japanische, nationale Dichtung aus dem Schatten der chinesischen Lyrik (*kanshi*) herauszuführen. Zu diesem Zweck erließ er ein Edikt mit der Aufforderung, alle neu verfaßten Gedichte und überliefertes Gedichtgut einzureichen, deren Veröffentlichung er als Fortsetzung des *Manyōshū* plante. Insofern enthält das *Kokin wakashū* Gedichte von der *Manyōshū*-Zeit bis in die Tage der Herausgeber, die in dieser neu entstandenen Anthologie mit 232 ihrer eigenen Werke vertreten sind. Ki no Tsurayuki formuliert in der Vorrede das Ideal japanischer Dichtung, das im Vorrang des Gefühls vor dem Intellekt zu sehen ist:

> »Japans Dichtung wurzelt im menschlichen Herzen und erblüht in zahllosen Wörtern. Weil die Belange der Menschen vielfältig sind, geben sie den Betrachtungen ihres Herzens in Bildern Ausdruck, die ihnen vor Augen stehen, in Tönen, die ihnen zu Ohren kommen. Welches Lebewesen bliebe vom Gesang der Vögel in den Blüten oder vom Gesang der Frösche im klaren Wasser ungerührt? Ganz mühelos gelingt es in der Dichtung, Himmel und Erde zu bewegen, die Gefühle unsichtbarer Götter und Geister zu rühren, die Herzen von Mann und Frau zu erweichen und selbst den wildesten Krieger zu besänftigen.«

Das *Kokin wakashū* schuf eine poetische Sprache, die für fast alle *tanka*-Dichter des folgenden Jahrtausends maßgeblich blieb, und setzte einen Kanon von Themen und Stimmungen. Zentrales Thema war jedoch die Liebe, jenes Gefühl, das »die Empfindungen zwischen Mann und Frau weicher macht«. Dies unterscheidet die japanische Lyrik von der chinesischen. Die Liebe wurde dabei weniger als Leidenschaft, Intimität oder Tiefe der Beziehung geschildert, sondern vielmehr in ihren subtilen Erscheinungsformen dargestellt; man konzentrierte sich auf die Unsicherheiten ihres Anfangs und die Trauer ihres Verlustes, und entsprach dabei der Delikatheit und Kürze des *tanka*.

Man hat den Dichtern des *Kokinshū* zwar eine überragende Technik bescheinigt, sie aber wegen mangelnder Individualität und Gefühlstiefe kritisiert. Manche jedoch zeigen größere emotionale Intensität, so etwa die Dichter Ariwara no Narihira (823–880) und Ki no Tsurayuki oder die Dichterin Ono no Komachi (fl. 850) und die Dame Ise, Gemahlin des Kaisers Uda. Hier zwei Beispiele von Ono no Komachi:

Hito ni awamu	In dieser mondlosen Nacht
Tsuki no naki yo wa	Führt kein Weg zu ihm
Omoiokite	Sehnsüchtig wache ich auf
Mune hashiri hi ni	Meine Brust ist schwer, eine züngelnde Flamme
Kororkor yakeori	Mein Herz wird vom Feuer verzehrt.
Wabinureba	So einsam bin ich
Mi wo ukigusa no	Mein Körper ein treibender Halm
Ne wo taete	abgetrennt von seinen Wurzeln
Sasou muzi areba	Wollte mich das Wasser nur locken
Inamu to zo omou	ich folgte seinem Ruf.

Und ein weiteres von Ise:

Yume ni da mo	Nicht einmal in meinen Träumen

miyu to wa mieji	Kann ich ihn wiedersehen
Asa na asa na	Jeden Morgen zeigt mir mein Spiegel
Wa ga omokage ni	Ein verwüstetes Gesicht
Hazuru me nareba	Voll Scham wende ich mich ab.

Das *Kokin wakashū* repräsentiert sprachlich und inhaltlich den gebildeten Hofadel, der sich um die Mitte des 9. Jahrhunderts gern die Zeit mit elitären Gedichtwettkämpfen vertrieb (*uta'awase*). Diese Dichtertreffen wurden nach einem strengen Zeremoniell abgehalten: »Linken« und »rechten Seiten« zugeordnete Teilnehmer lieferten sich paarweise »Streitgänge« (*ban*) mit vorbereiteten oder improvisierten Kurzgedichten zu einem vorgegebenen Thema. Ein Rezitator (*koshi*) trug die Gedichte vor, der Richter (*hanji*) traf die Entscheidung, wobei auf der linken Seite traditionsgemäß die besseren Dichter plaziert waren und in der Regel bevorzugt wurden. In Zweifelsfällen erging ein Unentschieden (*ji*). In den überlieferten Schiedssprüchen findet man Aufschluß über die damaligen ästhetischen Normen.

Ki no Tsurayuki, der das *Kokin wakashū* zusammengestellt hat, verfaßte auch das *Tosa nikki* (*Tosa Tagebuch*), den auf japanisch geschriebenen Bericht seiner Heimkehr von Tosa in Shikoku in die Hauptstadt. Es ist im Stil eines Reisetagebuchs gehalten, doch mischen sich darin, wie in vielen literarischen Tagebüchern und in der klassischen Erzählliteratur, Poesie und Prosa. Das Werk hat einen traurigen Unterton, denn seine kleine Tochter starb in Tosa. Indem Tsurayuki sein Tagebuch auf japanisch abfaßte – chinesisch wäre für ein männliches Tagebuch üblich gewesen –, gab er vor, es sei von einer seiner Dienerinnen verfaßt.

Es war der erste Vertreter der literarischen Tagebücher (*nikki*), einer für die japanische Literatur sehr wichtigen Gattung. Einige herausragende Beispiele aus der Heian-Zeit stammen von Hofdamen. Unter ihnen ist das *Kagerō nikki* (*Tagebuch einer Eintagsfliege*) am stärksten fiktionalisiert. Es deckt die Jahre 954–74 ab, und wurde von einer verbitterten Hofdame geschrieben, die ihr Gemahl, der Fujiwara-Adlige Kaniie, verlassen hatte. Er hat ein Kind von einer anderen, und kommt sie nur selten besuchen. Doch sie wartet, besessen vor Kummer und Eifersucht, weiterhin auf ihn:

»Der Sommer kam, und seine Geliebte gebar ihm ein Kind. Er packte die Dame in eine Kutsche und fuhr mit einem Getöse, das in der ganzen Stadt zu vernehmen war, an unserem Tor vorüber. Denkbar schlechter Geschmack wie ich meine! Warum, so mußte ich mich von meinen Dienerinnen lauthals fragen lassen, fährt er ausgerechnet hier vorbei, wo ihm doch alle Straßen der Stadt zur Auswahl stehen? Ich selbst war sprachlos und wünschte auf der Stelle zu sterben. Doch zu etwas so abscheulichem wie Selbstmord war ich nicht fähig, das wußte ich. Also beschloß ich, ihn nie wiederzusehen. Drei oder vier Tage später erhielt ich einen höchst merkwürdigen Brief: ›Es war mir nicht möglich, Dich zu sehen, da wir hier einige Schwierigkeiten hatten. Gestern kam das Kind zur Welt, und alles scheint gut verlaufen zu sein. Ich weiß, daß Du mich nicht mehr sehen willst, bevor die Schande getilgt ist.‹

Ich entließ den Boten ohne Antwort. Wie ich hörte, ist es ein Junge. Das macht die Sache noch schlimmer. Weitere drei Tage später erschien er, als sei nichts gewesen. Ich tat mein bestes, es ihm ungemütlich zu machen, und ging auch bald wieder (...)

Es gab Anzeichen dafür, daß die Dame aus dem Gäßchen seit der Geburt in Ungnade gefallen war. Wie sehr hatte ich in den Tiefen meines Unglücks gebetet, daß auch sie jenes Leid erfahren sollte, das ich durchlitten habe. Jetzt schienen meine Gebete erhört zu werden. Sie war allein, und jenes Kind, das all den unziemlichen Trubel heraufbeschworen hatte, war gestorben. Die Dame selbst war von denkbar mieser Herkunft. Man sagt, sie sei das illegitime Kind eines ziemlich fragwürdigen Prinzen. Für einen Moment hatte sie es vermocht, einen edlen Herrn auszunutzen, der sich ihrer Unzulänglichkeit nicht bewußt gewesen war. Jetzt aber war sie verlassen worden. Ihr Schmerz mußte noch größer sein als meiner. Ich war zufrieden.« (*Kagerō nikki*)

Ein verwandtes, ebenfalls in *kana* gehaltenes Genre der mittleren Heian-Zeit ist die Erzählprosa oder *monogatari*. *Monogatari* sind Erzählwerke, die lyrische Einlagen enthalten. Unter den wichtigsten ist das *Ise monogatari* (*Erzählungen aus Ise*) zu nennen, eine Sammlung von 125 Begebenheiten um die teilweise erfundenen Erlebnisse des Ariwara no Narihira, die meist ein oder zwei ihm zugeschriebene *tanka* enthalten. Das *Ise monogatari* beginnt mit der Vorstellung des Helden:

Es war einmal ein Kavalier. Kaum hatte man ihm den Kopfschmuck der Volljährigkeit aufgesetzt, da begab er sich zur Jagd in seine Ländereien beim Dorfe Kasuga nahe der Hauptstadt Nara.

In diesem Dorfe lebten zwei junge, außergewöhnlich anmutige Schwestern. Der Kavalier entdeckte sie, als er durch eine Spalte ihrer Gartenhecke spähte, und sein Herz geriet, da er so viel Schönheit in dem alten Dorfe nicht erwartet hatte, in große Verwirrung.

Er riß den Saum seines Jagdgewandes ab, schrieb ein Gedicht darauf und übersandte es ihnen. Das Jagdgewand war aus einem Stoff gefertigt, der mit Shinobu bedruckt war. Das Gedicht lautete:

Gefärbt mit Purpurgras
vom Kasuga-Feld und bedruckt
mit wirrem Shinobu
mein Herz ist wie dieses Gewand,
verwirrt von unendlicher Sehnsucht.

So schrieb er wie ein in Dingen der Liebe wohlerfahrener Mann. Das Gedicht mag den beiden Damen für diese Gelegenheit besonders reizvoll erschienen sein, gleicht es doch dem sehr berühmten:

Wenn gleich dem Shinobu
aus dem Michinoku-Land
mein Herz sich verwirrte
durch wen geschah es wohl?
Ich bin daran nicht schuld.

So fein und gewandt waren die Menschen in alter Zeit.«

[Übers.: O. Benl, München 1957]

Die literarische Welt der »Geschichte vom Prinzen Genji«

Die meisten *monogatari* der Heian-Zeit konzentrieren sich auf das Hofleben, einige jedoch zeigen ein breiteres Spektrum. Das *Taketori monogatari* (*Die Geschichte vom Bambussammler*) ist eine Geistergeschichte. Sie handelt von einer Mondfee, die von einem kinderlosen Bambussammler in einer Bambusstange gefunden wird. Solche Begegnungen von Menschen mit dem Übernatürlichen finden sich auch in vielen Geistergeschichten anderer Länder. Seine fantastischen Element haben Ähnlichkeit mit dem *Nihōn ryoiki* (*Wundersame Berichte von Geistern*

Handgeschriebene Kopien von Murasaki Shikibus *Genji monogatari* kursierten am Hofe, und man las sich gegenseitig daraus vor. Im 12. Jh. entstanden Rollbilder, die dem Betrachter die Höhepunkte der Romanhandlung vor Augen führten. Diese Szene aus dem »Azumaya 1«-Kapitel zeigt Naka no Kimi, die Gemahlin des Prinzen Niou, wie sie die junge Ukifone vor den Verführungen des Prinzen rettet. Um sie zu trösten, lädt sie Ukifone in ihre Gemächer ein, wo eine Dienerin ihr das nasse Haar trocknet. Zur Ablenkung zeigt sie ihr einen illustrierten Roman und läßt eine Dienerin daraus vorlesen. Die stilisierten »Schlitzaugen und Hakennasen«, die »abgehobenen Dächer« und die schrägen Linien der Inneneinrichtung sind typisch für den *Yamato-e*-Stil, der sich in der Tradition des chinesischen *Kara-e* entwickelt hat.

aus Japan), einer Sammlung buddhistischer Wundergeschichten aus der frühen Heian-Zeit, in denen es vor allem um das Wirken des *karma* und die unmittelbaren Auswirkungen guter und böser Taten geht. Das *Konjaku monogatari* (*Geschichten aus vergangener Zeit*) ist eine bunte Sammlung von erzieherischen Geschichten aus Indien, China und Japan, in denen Bauern und Prinzen, Mönche und Nonnen, Krieger und viele andere Menschentypen vorgestellt und in unterschiedlichsten Lebenssituationen geschildert werden.

Das zweifellos bedeutendste *monogatari* und anerkannte Meisterwerk der japanischen Literatur ist jedoch das *Genji monogatari* (*Geschichte des Prinzen Genji*) der Murasaki Shikibu, die um 1014 starb. Ihre Person bleibt im dunkeln, selbst ihr wirklicher Name ist unsicher. Der Name Shikibu leitet sich von der Stellung ihres Vaters her, ein unbedeutender Höfling aus einer Nebenlinie der Fujiwara, der im Ritenamt (*Shikibu*) beschäftigt war; Murasaki bedeutet »Purpur«. Diesen Namen trägt auch eine wichtige Romanfigur (Muraski no Ue). 999 heiratete Shikibu Fujiwara no Nobutaka und gebar eine Tochter, doch ihr Mann starb bereits zwei Jahre später. 1006 oder 1007 trat sie in den Dienst von Shōshi, einer der Gemahlinnen des Kaisers Ichijō. In Shōshis Gemächern wurde Shikibu zum Mittelpunkt eines Kreises hochbegabter Dichterinnen, unter ihnen Izumi Shikibu und Akazome Emon. In den Gemächern Teishis, einer anderen von Ichijōs Gemahlinnen, hielt sich die talentierte Sei Shōnagon auf. Diese Konstellation fachte den literarischen Ehrgeiz jeder einzelnen an. Es ist nicht bekannt, wann sich Shikibu vom Hof zurückzog und wann sie starb.

Das *Genji monogatari* wurde in seiner heutigen Form vermutlich im ersten Jahrzehnt des 11. Jahrhunderts vollendet. Das komplexe, episodenhafte Werk hat 54 Kapitel, in denen eine Fülle von Personen auftaucht. Dennoch besitzt es eine erkennbare Struktur. Der Roman entfaltet eine Art erzählende Bildrolle, in der jede Szene einzeln ausgekostet werden kann, jedoch immer klar auf ein Erzählganzes bezogen ist. Die ersten zwei Drittel schildern Jugend und Reife von Genji, dem »strahlenden Prinzen« des Heian-Hofes. Der Schluß beschreibt die Zeit nach seinem Tod. Vor allem in diesen Abschnitten ist ein buddhistischer Tenor von der Vergänglichkeit dieser Welt deutlich spürbar.

Genji ist der ideale Hofmann, Sohn eines Kaisers und ein begnadeter Musiker, Dichter, Maler und Fußballspieler. Größte Vollendung erreicht er jedoch in der Liebe, einer Kunst, die in der höfischen Gesellschaft der Heian-Zeit aufs höchste gepriesen und kultiviert wurde. Daher enthält das *Genji monogatari* viele Liebesgeschichten, manche flüchtig und oberflächlich, manche aber auch dauerhaft und tief, bisweilen schmerzlich, empfunden. Einige führen ihn mit den höchsten Hofdamen zusammen, andere mit unbekannten Schönheiten aus den Nebenstraßen der Hauptstadt, doch immer zeigt Genji Takt und Umsicht; er ist mehr als nur ein Frauenheld. Neben Genji und einigen anderen männlichen Hauptfiguren hat Murasaki auch eine Reihe brillanter Frauenporträts geschaffen. Diese Frauen sind sensibel und durch ihre Abhängigkeit von den Männern verletzlich. Murasaki hatte ein tiefes Interesse an der Gedanken- und Gefühlswelt ihrer Personen und begnügte sich nicht mit dem oberflächlichen Hofleben

und seinen Affären. Ihre Charaktere sind psychologisch vielschichtig und tiefgründig.
Mit einen einzelnen Zitat kann man dem Reichtum dieses Werkes kaum gerecht werden, doch das folgende will wenigstens einen kleinen Eindruck von der Charakterschilderung seiner Autorin geben.

Genjis dauerhafteste Liebesbeziehung ist die zu Murasaki. Obwohl sie die Tochter des Prinzen ist, steht sie gesellschaftlich unter Genji und kann nicht hoffen, jemals seine Hauptfrau zu werden. Sie ist daher tief enttäuscht, als Genji einwilligt, seine Nichte, die Dritte Prinzessin und Tochter des Kaisers Suzaku, zu sich zu nehmen und zu heiraten:

»Onna San no Miya war wirklich noch sehr jung. Sie hatte eine kleine Gestalt, war noch längst nicht herangewachsen und wirkte mit ihrem jugendlichen Aussehen noch ganz wie ein Kind. Genji fiel ein, daß Murasaki damals, als er sie als eine Verwandte Fujitsubos zu sich genommen hatte, schon sehr wach und sicher gewesen war, aber diese hier sah noch ganz wie ein Kind aus. Nun gut, dachte er, dafür wird sie auch nicht so eifersüchtig sein! So versuchte er sich zu beruhigen, aber er erkannte sehr wohl, daß sie für eine Ehefrau noch nicht recht geeignet schien.

Drei Tage lang begab sich Genji jede Nacht zu ihr, und dies stimmte Murasaki, die dergleichen doch schon lange nicht mehr bei ihm erlebt hatte, überaus traurig, obgleich sie sich bemühte, es nicht zu zeigen. Sie achtete noch mehr als sonst auf ihre Gewänder, räucherte sie sorgsam ein, und es sah rührend aus, wie abwesenden Geistes sie dabei war. Und Genji überlegte: Wie es immer auch sein mag, was zwingt mich denn eigentlich, noch eine andere Frau außer ihr zu haben? Es ist alles nur eine Folge meines Leichtsinns und meiner Schwäche. Der Exkaiser hätte wirklich nicht im entferntesten daran gedacht, sie etwa Yūgiri zu geben, der doch noch allzu jung ist! So bereute er nun sein Verhalten und sagte zu Murasaki:

›Erlaubt mir nur heute noch, zu ihr zu gehen. Werde ich es später noch einmal tun, muß ich mich selbst verachten. Andererseits darf ich natürlich nicht vergessen, daß mich der Exkaiser sehr darum gebeten hat!‹
Und er litt, während er so klagte, wirklich tief in seinem Herzen. Murasaki antwortete lächelnd:
›Wie könnte ich über etwas bestimmen, was Ihr selber in Eurem Herzen noch nicht entschieden habt!‹

Da schämte er sich, daß sie seinen Worten kein Vertrauen schenkte. Als er, auf seine Wangenlehne gestützt, traurig vor sich hin sann, griff Murasaki nach dem Tuschkasten und schrieb:

›Ist's eine Welt auch,
die sich vor unseren Augen
immerfort wandelt,
ich vertraute darauf,
daß Euer Herz mir treu blieb!‹

Sie schrieb auch noch andere alte Gedichte dazu, und Genji nahm sie auf und las sie. Es waren keine großartigen Werke, aber sie trafen in diesem Augenblick das Rechte. Er antwortete:

›Das Leben ist
begrenzt – nun also, so sei es!
Ewig aber,
anders als diese Welt,
soll unser Bund doch sein!‹

So schrieb er. Nach diesem Gedicht aber war es unmöglich, Onna San no Miya gleich wieder aufzusuchen. Allein, Murasaki redete ihm zu:

›Es sieht sonst nicht gut aus vor den Leuten!‹

Als sie ihm dann nachblickte, als er in ein weiches hübsches Gewand gehüllt und einen zauberhaften Duft um sich verbreitend, fortging, war sie doch tief beunruhigt. Schon öfters, dachte sie, habe ich gefürchtet, es könnte plötzlich so etwas geschehen; allein, ich beruhigte mich immer wieder, da er ja nicht mehr gar so jung ist und seinen Leichtsinn aufgegeben hat. Ungefährdet verbrachte ich die Zeit bis heute, aber jetzt ist das denkbar Schrecklichste eingetreten. Auch für Zu Murasaki zurückkehrend, klopfte Genji an die sich auf nichts verlassen kann, das Schlimmste!

Nach außen hin tat sie unbekümmert, aber ihre Dienerinnen meinten:

›Ganz unerwartet kommt das Unheil immer in diesem Leben. Genji hat viele Frauen, aber alle sind unserer Herrin unterlegen, sie hielten sich bescheiden vor ihr zurück, und so brauchte unsere Herrin sich all die Jahre nie ernsthaft zu ängstigen. Doch gegenüber der gewalttätigen, ja unmenschlichen Art, in der jene hier eindringt, ist sie machtlos. Sie kann doch unmöglich dazu schweigen! Selbst wenn sie alles geduldig ertragen wollte, irgendwann wird trotzdem Unheil entstehen!‹

Murasaki tat, als hörte sie gar nicht, wie sich ihre Dienerinnen in dieser Weise besprachen. Sie vertrieb sich angeregt die Zeit und ging erst spät in der Nacht schlafen. Sie hielt es aber für unangebracht und gefährlich, daß sich diese so darüber äußerten, und so mahnte sie sie am andern Tage:

›Da Genji zwar viele Frauen hat, sich unter ihnen aber keine überragende findet, an die er sich vertraut gewöhnt hat und er diesen Mangel selbst sehr empfindet, ist es wirklich gut, daß jene Prinzessin hierhergezogen ist. Vielleicht weil ich selber noch immer ein wenig kindlich bin, möchte ich gern mit ihr befreundet sein; aber ich fürchte, die Menschen schaffen mit ihrem bösen Gerede ein Kluft zwischen uns. Nur allzu leicht entsteht zwischen Leuten von gleichem und auch von niedrigerem Rang ein Groll, den man dann schwer beseitigen kann. Doch ich halte die Prinzessin für eine ehrfurchtgebietende und zugleich bedauernswerte Frau. Ich glaube fest daran, daß sie auch zu mir Vertrauen hat.‹

Als sie so sprach, blinzelten sich die Dienerinnen Nakatsukasa und Chūjō zu und flüsterten:

›Oh, unsere Herrin denkt von den Menschen gar zu gut.‹

Sie beide hatte Genji früher zu geheimen Botengängen benutzt, dann aber waren sie in Murasakis Haushalt übergetreten und wohl aus diesem Grunde ganz auf deren Seite.

Die anderen Dienerinnen meinten:

›Wie Euch wohl dabei zumute ist? Wir selber, die wir für unser Leben schon auf alles verzichteten, können ja eher sorglos sein.‹

Von einigen Leute kamen sogar Briefe, in denen man ihr beruhigend zureden wollte, aber Murasaki dachte: Diese Menschen, die sich so überflüssig um mich kümmern, sind mir eher lästig. Warum sollte ich mich denn quälen? Ich kenne doch die Unbeständigkeit in dieser Welt!

Weil sie fürchtete, es könnte eher Verdacht erwecken, wenn sie, anders als sonst, lange aufblieb, begab sie sich in ihr Schlafgemach. Und als ihr die Dienerinnen das Schlafzeug herrichteten, überwältigte sie bei dem Gedanken, daß sich nun solche einsame

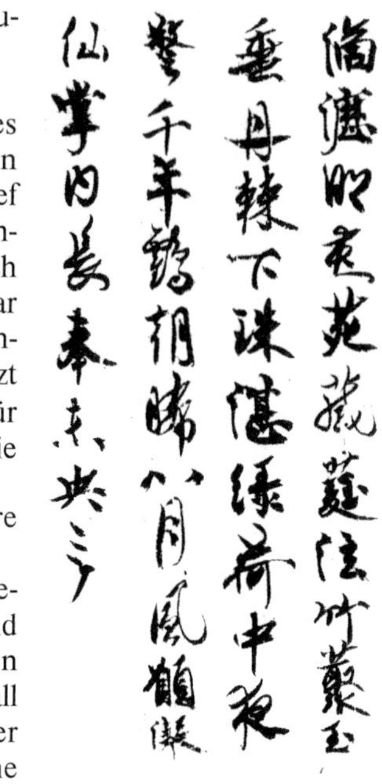

In der Heian-Zeit wurde Japan literarisch stark von China beeinflußt. Dieser Einfluß hielt auch nach dem Abbruch der offiziellen Beziehungen 894 weiter an. Chinesische Dichtung und Kalligraphie wurden vom Kaiser, von der Aristokratie, ja sogar von Mönchen und Nonnen bewundert, und man versuchte, diesen Vorbildern nachzueifern. Diese Kalligraphie wird Kaiser Saga zugeschrieben. Es ist die Abschrift eines Gedichtes des Tang-Dichters Li Zhi im Schreibstil des chinesischen Meisters Ouyang Xiu, dessen Kalligraphie man in der Heian-Zeit besonders schätzte.

Nächte eine nach der anderen aneinanderreihen würden, tiefes Weh. Doch dann erinnerte sie sich an ihren Abschied, als Genji nach Suma aufbrechen mußte, und daß sie in diesen Jahren, mochte er noch so weit von der Hauptstadt entfernt sein, allein schon bei der Nachricht, daß es ihm wohlergehe, immer so glücklich war, nie an sich selber gedacht und stets nur sein Schicksal beklagt hatte. Ja, welchen Sinn hätte unsere Liebe denn gehabt, wenn er oder ich in jenen verworrenen Zeiten gestorben wäre?

Die windige Nacht war kalt, Murasaki fürchtete, die in ihrer Nähe ruhenden Dienerinnen könnten hören, daß sie immer noch wach sei und sich bewegte, und so rührte sie sich nicht; aber es bedrückte sie doch sehr, allein schlafen zu müssen. Und auch als die Hähne zu krähen begannen, befiel sie große Traurigkeit.

Sie warf Genji keineswegs etwa vor, daß er herzlos zu ihr sei; aber vielleicht weil sie gar so litt, erschien sie Genji im Traum, und da erwachte jener bestürzt und überlegte, was geschehen sei. Als er dann die Hähne krähen hörte, tat er als wisse er nicht, daß es noch dunkel war und brach sofort auf. Da die Prinzessin noch so kindlich und ängstlich war, hielten die Dienerinnen nachts in ihrer Nähe Wache. Als Genji die Flügeltüre öffnete und hinausging, blickte sie ihm lange nach. In dem Halbdunkel der Morgendämmerung glänzte nur der Schnee, ringsum war alles schwarz. Hinter Genji schwebte ein feiner Duft her, und so murmelte sie unwillkürlich das Gedicht »Die Dunkelheit ist tief«. Und da der Schnee zwar noch hier und dort ungeschmolzen lag, aber von dem weißen Sand des Gartens kaum zu unterscheiden war, rezitierte sie mit leiser Stimme das Gedicht von dem ›übriggebliebenen Schnee.‹

Zu Murasaki zurückkehrend, klopfte Genju an die Klapptüre, doch da er schon so lange nicht mehr so früh heimgekehrt war, taten die Dienerinnen, als schliefen sie, und öffneten erst, nachdem sie ihn eine Weile hatten warten lassen.

›Mir ist ganz kalt geworden!‹ sagte Genji. ›Ihr habt so lange gebraucht, mir zu öffnen! Ich kam so früh, weil ich Furcht vor Euch hatte! Jene aber trifft keine Schuld!‹

Als er Murasakis Gewand fortzog, verbarg sie die tränennassen Ärmel ihres Hitoe vor ihm. Ganz sanft und ohne Groll lag sie nun da, aber auf eine ungemein vornehme Weise hielt sie sich vor ihm zurück. Wie edel eine Frau auch immer sein mag, dachte er, eine wie sie gab es wohl kaum mehr auf Erden! Und er mußte an Onna San no Miya denken.

Die mannigfaltigsten Erinnerungen stiegen in ihm auf, und er verbrachte, während er ihr ein wenig grollte, daß sie nicht leicht wiederzugewinnen war, den ganzen Tag bei ihr. Die Prinzessin suchte er nicht auf, er schickte ihr nur folgenden Brief:

›Durch den Schneefall heute morgen habe ich mich erkältet und fühle mich schlecht. So ruhe ich mich jetzt aus!‹

Die Amme der Prinzessin antwortete darauf lediglich mit den Worten:

›Ich hatte es der Prinzessin bereits berichtet.‹

Genji war über diese wenig liebenswürdige Art enttäuscht, doch da er Mitleid mit dem Exkaiser fühlte, falls jener davon erfuhr, beschloß er, noch geraume Zeit sie so aufzusuchen, daß es alle sahen; allein, dies war nicht so leicht auszuführen, und so beklagte er sein Schicksal. Auch Murasaki fand es herzlos, wenn er Onna San no Miya plötzlich nicht mehr besuchte und geriet so in einen Zwiespalt ihres Herzens. Eines Morgens nun erhob sich Genji, nachdem er wie immer ruhig geschlafen hatte, und schrieb der Prinzessin einen Brief. Da sie im Grunde noch ein Kind war, waren keine besonderen Formen zu wahren; aber er besah seinen Pinsel sorgfältig und pinselte dann auf weißes Papier:

›Zwar ist der Weg zu Euch
gar nicht so tief verschneit, daß ich
nicht kommen könnte,
aber das Schneegeflocke
heute morgen macht mich zu traurig!‹

[aus Kap. 34, Übers. O. Benl, Zürich 1966]

Der Gelehrte Motoori Norinana (1730–1801) pries das *Genji monogatari* für seine Verwirklichung des Begriffes *mono no aware.* Er ist schwer zu übersetzen, und bringt eine gewisse Feinfühligkeit zum Ausdruck, ein Bewußtsein für die Qualitäten der Freude und der Trauer, die den Dingen innewohnen. Der Roman ist durchzogen von den tragischen Folgen eines einzigen Moments oder einer Geste, er ist erfüllt von der Einsicht in die Vergänglichkeit von Schönheit, Liebe, und dem Leben. Hierin stimmt er mit der buddhistischen Grundannahme überein, daß das Leben nur eine Illusion sei, gegenstandslos und flüchtig wie ein Traum. Auch ein anderer zentraler Begriff der Heian-Kultur wird durch den Helden des Romans verdeutlicht. Das Wort *miyabi* bedeutet »Eleganz«, »Verfeinerung«, »Höflichkeit«, es umfaßt die Verfeinerung von Manieren, Sprache und Gefühlen und die Verbannung aller Roheit. *Aware* und *miyabi* bilden zusammen ein ästhetisches Ideal für die Kunst wie für das Leben.

Von Murasaki Shikibu stammt auch ein kurzes Tagebuch, das *Murasaki Shikibu nikki*, das fünfzehn Monate ihres Dienstes bei der Kaiserin Shōshi schildert. Es enthüllt viel von ihrer privaten Gefühlswelt und gibt einen einzigartigen Einblick ins Alltagsleben bei Hofe und in die Charaktere der anderen Hofdamen. Von Kindheit an hatte Murasaki die chinesischen Klassiker studiert, mußte aber, wie viele Frauen jener Zeit, ihre Bildung vor ihresgleichen verbergen:

»Es gibt da eine Frau namens Saemon no Naishi, die mich aus irgendwelchen unerfindlichen Gründen nicht leiden mag. Man verbreitet allenthalben üble Gerüchte über mich.

Seine Majestät ließ sich aus der › Geschichte des Prinzen Genji ‹ vorlesen. › Sie muß die chinesischen Geschichtswerke studiert haben! ‹, sagte er, und, › Sie muß sehr gebildet sein ‹. Saemon no Naishi vermutete daraufhin, ich hätte bei den älteren Höflingen mit meiner Bildung geprahlt, und erzählte das überall herum. Sie gab mir den Spitznamen »Unsere Dame von den Chroniken«. Einfach lächerlich! Wie sollte ich, die ich meine Bildung selbst vor den Frauen meines Haushaltes verberge, bei Hofe damit prahlen! Als mein Bruder, der Sekretär im Ritenministerium, noch ein kleiner Junge war und in den chinesischen Klassikern unterrichtet wurde, hörte ich regelmäßig zu. Selbst jene Stellen, die ihm Kopfzerbrechen bereiteten, begriff ich mühelos. ›Welch ein Jammer, daß sie kein Mann ist! ‹, pflegte mein Vater, der ein äußerst gelehrter Mann war, zu sagen. Doch nach und nach hörte ich die Leute klatschen: ›Schlimm genug, wenn ein Mann sich mit seiner Gelehrsamkeit brüstet; das wird noch übel enden mit ihr.‹ Seither vermied ich es, auch nur das simpelste Schriftzeichen zu schreiben. Meine Handschrift ist erschreckend. Diese Klassiker, oder wie sie heißen mögen, die ich früher zu lesen

Tendai- und Shingon-Buddhismus sind die bedeutendsten religiösen Strömungen der frühen Heian-Zeit. Dieses idealisierte Porträt zeigt Saichō, den Gründer des japanischen Tendai (767 bis 822). Es wurde erst lange nach seinem Tod gemalt und stellt ihn als gelehrten Mönch dar, der in Meditation versunken auf einem geschnitzten Abtsstuhl sitzt. Seine Haltung, der leicht entrückte Gesichtsausdruck und das Gewand eines hohen Geistlichen geben dem Bild den Charakter einer Ikone. Es gehört zu einer Serie von 10 Bildern, die Prinz Shōtoku und chinesische und japanische Patriarchen der Tendai-Schule zeigen.

Links: Die Taira erwiesen sich als großzügige Mäzene des Itsukushima-Schreins: Taira Kiyomori und seine Familie stifteten 33 illustrierte Schriftrollen des *Lotus Sūtra*. Üppige Illustrationen und Ausschmückungen zeigen den Ästhetizismus, den die Taira vom Hof übernommen hatten. Die Rollen sind mit Bronze- und Goldfiligran und mit Kristallknöpfen verziert. Jede Rolle beginnt mit einer Illustration in *Yamato-e*-Tradition oder im gemischten *Yamato-* und *Kara-e*-Stil, die die Wonnen der Erlösung schildern, die das *Lotus Sūtra* verheißt. Auf dieser Titelseite aus dem Kapitel 21 sieht man einen Einsiedler, der vor seiner Hütte auf einer Felsklippe über einem Lotusteich hingebungsvoll das *sūtra* rezitiert.

pflegte, habe ich seit jener Zeit nicht wieder angerührt. Doch die boshaften Kommentare waren nicht zum Schweigen zu bringen. Aus Furcht vor der Wirkung solcher Gerüchte gab ich vor, nicht einmal die Inschriften auf den Stellschirmen lesen zu können. Da bat mich ihre Majestät, ihr aus den gesammelten Werken des Po Chu-i vorzulesen. Und weil sie den Wunsch äußerte, mehr daraus zu hören, wählten wir vorsorglich eine Zeit, zu der keine anderen Frauen anwesend waren. So lese ich also insgeheim mit ihr in all meiner Laienhaftigkeit die beiden Bände von Po Chu-is Neuen Balladen. Vorletzten Sommer fingen wir damit an. Ich erzählte keiner Menschenseele davon, und so hielt es auch ihre Majestät, doch irgendwie müssen Seine Exzellenz und der Kaiser selbst Wind davon bekommen haben, denn sie ließen prächtige Abschriften einiger chinesischer Bücher anfertigen, die Seine Exzellenz der Kaiserin überreichte. Die Klatschbase Saemon no Naishi kann unmöglich herausgefunden haben, daß Ihre Majestät mich gebeten hat, mit ihr zu studieren, denn sonst hätte ich sicher nicht das Mindeste davon zu Ohren bekommen. Was für eine geschwätzige, langweilige Welt das doch ist!«

Ihr Tagebuch berichtet auch, daß sie Izumi Shikibu bewunderte, sie aber für zu unstet und leichtlebig hielt. Sei Shōnagon schildert sie als dünkelhaft und pedantisch:

»Izumi Shikibu pflegte eine durchaus faszinierende Korrespondenz. Auch wenn sie ihre unangenehmen Seiten hat, ein Talent zum Briefschreiben kann man ihr nicht absprechen. Selbst die banalste Äußerung bekommt bei ihr etwas Bemerkenswertes. Auch ihre Lyrik ist angenehm zu lesen. Zwar lassen ihre Kenntnisse des Kanons und ihr Urteilsvermögen sehr zu wünschen übrig, doch dafür kann sie in jeder Lebenslage ein Gedicht produzieren, in das sie passende Wendungen einzuflechten weiß. Soll sie jedoch das Werk anderer kritisieren, so trifft sie niemals den Punkt. Sie gehört zu jenen Talenten, die sich auf ihr Geschick in der Improvisation verlassen (...)
Sei Shōnagon zum Beispiel war schrecklich eingebildet. Sie hielt sich für besonders klug und spickte ihre Texte mit chinesischen Schriftzeichen. Sah man aber genauer hin, so war kaum eines ohne Fehler.«

Sei Shōnagon mag tatsächlich eingebildet und ein wenig oberflächlich gewesen sein, doch gleichzeitig war sie eine scharfe Beobachterin ihrer höfischen Umgebung. Im *Makura no shōshi* (*Kopfkissenbuch*) zeigt sie ein sicheres Gespür für die unfreiweillige Komik (*okashi*) einer ansonsten ernsten Situation, wie etwa bei der folgenden Schilderung des Befremdens einer Dame, die den hektischen Aufbruch ihres Liebhabers in der Morgendämmerung beboachtet:

»Es ist befremdlich, wenn jemand, mit dem man gerade ein Verhältnis hat, ständig Frauen erwähnt, die er früher einmal kannte, egal wie lange das schon her sein mag.

Ebenso lästig ist es, wenn der Liebhaber im Morgengrauen das Zimmer nach irgendeinem Fächer oder Brevier absucht, das er am vorigen Abend an einen bestimmten Platz gelegt haben will. Da es noch zu dunkel ist, um etwas erkennen zu können, wühlt er überall herum, stolpert dabei über irgend etwas und murmelt vor sich hin: ›Wie seltsam!‹. Hat er sein Büchlein schließlich gefunden, so läßt er es unter lautem Rascheln in seinem Gewand verschwinden. War es ein Fächer, dann öffnet er ihn und fuchtelt damit herum, so daß man schließlich, wenn er endlich geht, nicht die der Situation angemessene Betrübnis empfindet, sondern erleichtert ist, nicht länger Zeuge seiner Ungeschicklichkeit sein zu müssen.

Es ist wichtig, daß ein Liebhaber sich auf den Abschied versteht. Zunächst einmal sollte er nicht eilfertig aus dem Bett steigen, sondern eine zärtliche Aufforderung von dieser oder ähnlicher Art abwarten: ›Schau nur, es wird schon hell. Du möchtest doch nicht hier entdeckt werden.‹ Außerdem hat man es gerne, wenn er seinen Aufbruch bedauert und beteuert, gerne noch bleiben zu wollen, wenn es nur möglich wäre. Er sollte nicht in seine Hosen springen, sobald er aus dem Bett ist, sondern sich zärtlich zu unserem Ohr herunterbeugen und uns zuwispern, was im Laufe der Nacht zu sagen übrig geblieben ist. Selbst wenn er in diesen Augenblicken gar nichts tut, ist das bei weitem taktvoller, als ausgerechnet dann am Gürtel zu nesteln. Er sollte vielmehr die Läden öffnen, und während die Liebenden durch die Flügeltüren treten, wird er der Geliebten sagen, wie sehr er den bevorstehenden Tag fürchtet und die kommende Nacht herbeisehnt. Ist er dann entschwunden, so kann sie ihm nachblicken, versunken in die reizenden Erinnerungen dieser letzten Augenblicke. Der Erfolg eines Liebhabers hängt tatsächlich in hohem Maße von seiner Kunst des eleganten Abgangs ab. Ist er mit einem Satz auf den Beinen, und beginnt herumzustöbern, sich im Taillenband seiner Hose zu verheddern oder an den Ärmeln seiner Hofrobe, Jagdjacke oder was auch immer zu nesteln, tausend Kleinigkeiten zusammenzusuchen und sie in die Falten seines Gewandes zu stopfen, seinen Übergürtel umzuwürgen ja dann fängt man an, ihn zu hassen.«

Hier verschmelzen Kunst, Liebe und Leben zu einer gemeinsamen Ästhetik, die zur Essenz des aristokratischen Kunstideals der Heian-Zeit wurde.

Religion in der Heian-Zeit

Religiöse Vorstellungen und der Glaube an das Übernatürliche durchdrangen die Heian-Gesellschaft. Für den Adligen jener Zeit verging kaum ein Tag ohne die Ausübung irgendeines Rituals. Den Kriegern war die Verehrung des Kriegsgottes Hachiman oder anderer *kami* und Buddhas eine Quelle des Trostes. Der Buddhismus gewann an Einfluß; zu den sechs Schulen des Nara-Buddhismus kamen während der frühen Heian-Zeit die beiden neuen Schulen von Tendai und Shingon hinzu. Später breitete sich unter den Anhängern des Tendai die Verehrung des Buddha Amida aus. Diese Entwicklung wurde durch ein pessimistisches Lebensgefühl und die Überzeugung, das Zeitalter des letzten Gesetzes sei angebrochen, begünstigt.

Aber der Buddhismus war nicht die einzige Quelle des geistigen Lebens der Heian-Zeit. Eklektische Strömungen wie *honji suijaku*, eine Mischung aus buddhistischen und shintoistischen Verehrungspraktiken, verbreiteten sich unter dem Einfluß des esoterischen Buddhismus. Besonders populär waren die Berg-Kulte, doch auch taoistische Vorstellungen von Yin und Yang, die Fünf-Elementen-Lehre und rituelle Tabus hatten ihren Anteil am spirituellen Leben der Heian-Zeit. Der Buddhismus verließ die abgeschlossenen Klostermauern und zog in die Residenzen der Adligen ein, wo er vielfältige Aktivitäten in Gang setzte: Textstudien, esoterische Rituale, religiöse Kunst, das Kopieren von *sūtra*, und das Stiften von Statuen oder privaten Tempeln, letzteres vor allem zur Förderung des eigenen Seelenheils.

Auch wenn die Feinheiten der buddhistischen Lehre

von Kriegern und Bauern kaum verstanden wurden, so verbreiteten sich doch zumindest allgemeine Vorstellungen vom *karma* und von den Buddhas als Schutzgottheiten, und eine buddhistische Weltsicht gewann immer mehr Einfluß. Obwohl die allgemeine Erlösungsbotschaft des *Lotus Sūtra*, dem wichtigsten Text des japanischen Mahayana-Buddhismus, seit der frühen Heian-Zeit verbreitet wurde, war der Weg zur Erlösung in der Praxis nach wie vor den Mönchen und Nonnen vorbehalten, die über genügend Zeit und Bildung verfügten, ihr Leben ganz dem Glauben weihen zu können. Erst gegen Ende des 12. Jahrhunderts predigten Hōnen und andere Mönche eine Erlösungsbotschaft, die auch dem gemeinen Mann zugänglich war.

Kaiser Kammu war im Vergleich zu seinem Vorgänger Shōmu oder seinem Nachfolger Saga kein begeisterter Förderer des Buddhismus. Er interessierte sich mehr für den Konfuzianismus, in dem er eine Grundlage kaiserlicher Macht sah. Dennoch wurde der Buddhismus nicht gänzlich aus der Hauptstadt verbannt. Kammu förderte die zwei jungen Mönche Saichō (767–822), postum bekannt als Dengyō Daishi, und Kūkai (774–835), postum bekannt als Kōbō Daishi. Sie reisten nach China, von wo einmal mehr eine Erneuerung des Buddhismus kommen sollte. Diese beiden begabten jungen Mönche wurden die Gründer der einflußreichsten und nachhaltigsten Strömungen des japanischen Buddhismus, der Tendai- und Shingon-Tradition.

Saichō und die Tendai-Tradition

Saichō und Kūkai reisten 804 mit einer Gesandtschaft nach China. Kūkai befand sich an Bord des ersten Schiffes, das nach Süden verschlagen wurde und schließlich in der Provinz Fujian landete. Dem zweiten Schiff, auf dem Saichō fuhr, gelang eine direktere Überfahrt, und der Mönch erreichte bald sein Ziel, die Himmelsterrasse auf dem Berg Tiantai in der Provinz Zhejiang. Dort war er tief beeindruckt von der abweichenden Interpretation des *Lotus Sūtra*, die auf Zhiyi (538–597) zurückgeht.

In Tiantai (Jap. Tendai) ging man davon aus, daß das *Lotus Sūtra* die Kristallisation buddhistischer Lehre sei, und alles enthalte, was zur Erlösung nötig sei, während die Lehren der anderen buddhistischen Schulen, die sich nicht auf diesen Text stützten, lediglich vorläufig und unvollständig seien. Das *Lotus Sūtra* sollte die perfekte Lehre vermitteln und die verschiedenen Unzulänglichkeiten der anderen Schulen in einer harmonischen Synthese aufheben. Kernpunkt dieser Synthese ist die Botschaft, daß alle fühlenden Wesen der Buddhanatur teilhaftig, das heißt zur Erlösung fähig sind, und daß Buddhas und Bodhisattvas sich ständig bemühen, sie zur Erlösung zu führen. Zhiyi betonte, daß Meditation und intellektuelle Auseinandersetzung für die Religion so wichtig seien, wie die beiden Flügel für einen Vogel, und charakterisierte den Tendai-Buddhismus damit als sowohl kontemplative wie philosophische Lehre. Man praktizierte im Tendai strenge monastische Regeln, Gebete und Textstudien, aber auch esoterische Rituale und intensive Meditation (*shikan*), die es dem Individuum ermöglichen, in einem einzigen Gedanken die 3000 Reiche der Existenz, oder Aspekte der Realität, zu durchdringen, und Nirvana bereits im *samsara* (der Welt der Seelenwanderungen) zu erfahren. Saichō drückte die dem Menschen eigene Fähigkeit zur Erleuchtung durch das Bild des Lotus aus, der aus Schlamm und Wasser hervorwächst: »Die Lotusblume trägt dieses Auftauchen aus dem Wasser bereits in sich. Taucht sie nicht auf, dann können sich ihre Blütenblätter nicht öffnen, das Auftauchen trägt das Aufblühen in sich. Ist das Wasser drei Fuß tief, so wird der Blütenstengel vier oder fünf Fuß lang; ist das Wasser sieben oder acht Fuß tief, so wächst der Stengel länger als zehn Fuß. Das alles liegt im Auftauchen aus dem Wasser beschlossen. Je tiefer das Wasser, desto länger wird der Stengel wachsen; die Möglichkeiten sind unbegrenzt. Ebenso tragen alle Menschen den Lotus der Buddhaschaft in sich. Sie wird sich über den Sumpf und die stinkenden Wasser des Hīnayana und des Pseude-Mahāyāna erheben, und schließlich durch die Bodhisattvas in aller Pracht Blätter und Blüten entfalten.«

Nach seiner Rückkehr 805 gründete Saichō auf dem Berg Hiei, nordöstlich der Hauptstadt, das Kloster Enryakuji. Es wuchs schnell und entwickelte sich zum größten Kloster Japans. Wegen seiner Nähe zur Hauptstadt erfreute es sich der Förderung durch den Kaiserhof und die Aristokratie, und junge Adlige und Mitglieder der kaiserlichen Familie wurden dort Mönche. Um seiner Lehre Anerkennung zu verschaffen, betonte Saichō die staatstragende Rolle des Buddhismus. Er wollte den Buddhismus zu einer Stütze der Nation machen, der die neu belebte Regierung in der Hauptstadt zu Füßen des Klosters geistig untermauern sollte. Es wollte geistige Führerpersönlichkeiten ausbilden, »Schätze der Nation«, die Hingabe eines Bodhisattva mit den konfuzianischen Tugenden vom Dienst an Staat und Gesellschaft in sich vereinigen sollten: »Welches sind die Schätze einer Na-

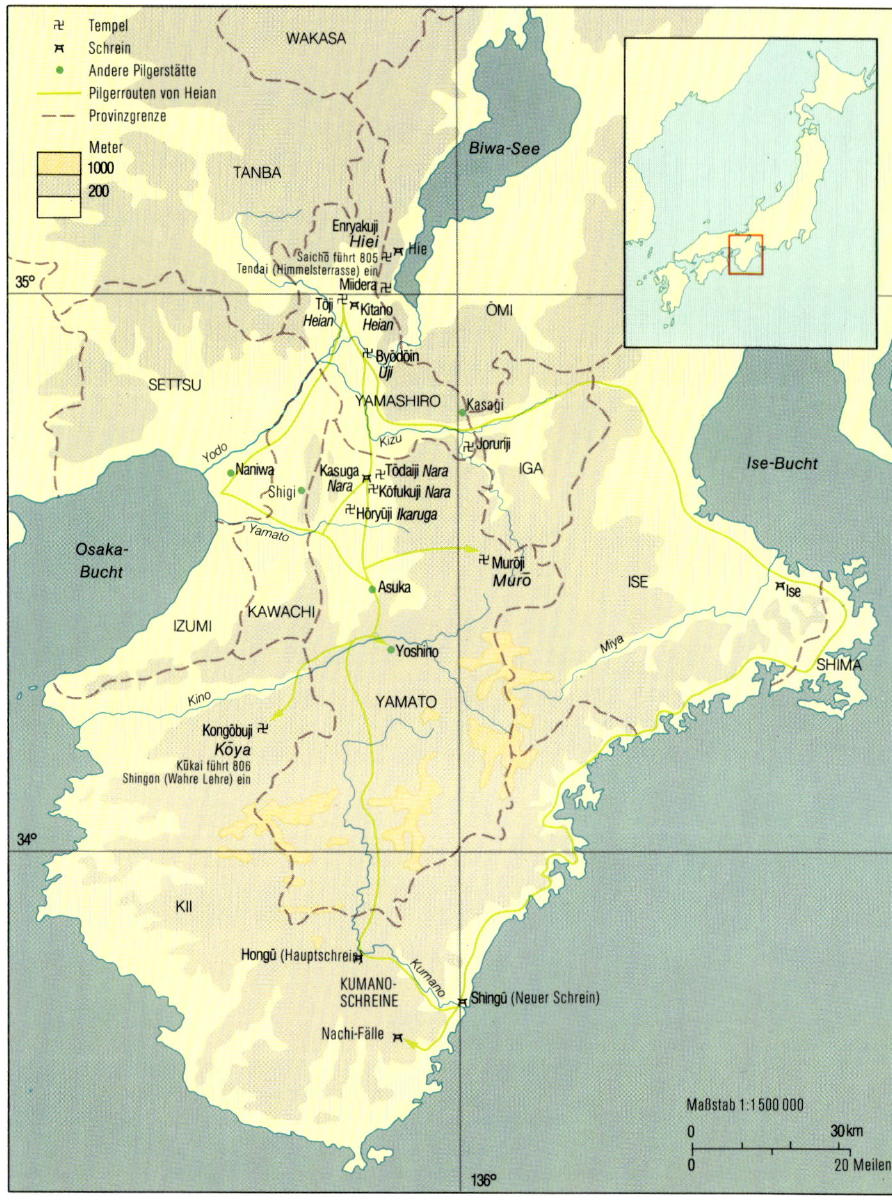

Pilgerschaft in der Heian-Zeit
Normalerweise verließ die Heian-Aristokratie kaum die Mauern des Palastes, doch an den anstrengenden Pilgerschaften nahmen Kaiser und Höflinge ebenso teil wie das einfache Volk. Die sieben großen Tempel von Nara zum Beispiel konnte man in einer siebentägigen Wanderung besuchen. Die Tempel förderten solche Pilgerzüge, um ihren Einfluß aufrechtzuerhalten. Von Nara aus machten sich die Pilger zum Berg Kōya, zum Berg Murōji (einer der wenigen, der auch für Frauen zugänglich war) oder zu den Steinbuddhas auf dem Kasagi auf. Das Mekka der buddhistischen Pilger war jedoch der mühsam zu erreichende Kumano-Schrein. Im Jahre 907 unternahm der Ex-Kaiser Uda als erstes Mitglied der kaiserlichen Familie diese beschwerliche Pilgerreise. Für die 320 km lange Strecke über schwieriges Berggelände, die man zu Fuß oder in der Sänfte zurücklegte, brauchte man etwa einen Monat. Später benutzten die Pilger die Küstenroute nach Kumano, die sie gleichzeitig am Schrein von Ise vorbeiführte.

tion? Die religiöse Natur ist ein Schatz der Nation, und ebenso jener, der sie besitzt. Deshalb hieß es früher: Nicht zehn Perlen groß wie Taubeneier bilden den Schatz der Nation, sondern nur, wenn eine Person ihr Licht auf einen Teil des Landes wirft, kann man von einem Schatz der Nation sprechen.«

Zu diesem Zweck entwarf er ein Zwölfjahresprogramm strenger Disziplin für die Tendai-Mönche, und nur die wenigen, die es mit Hingabe bis zu Ende durchliefen, durften als Lehrer im Kloster bleiben. Weniger qualifizierte Mönche wurden in die Provinzen geschickt, um dort als Lehrer oder Verwalter zu wirken. Im Unterschied zu den Bettelmönchen der Theravada-Tradition hielt Saichō die Mönche zu einem aktiven Leben im Dienste der Gesellschaft an:

> »Studierende beider Disziplinen sollen gemäß ihren Errungenschaften während der zwölfjährigen Ausbildung Positionen zugewiesen bekommen. Wer sowohl im Handeln als auch in der Rede Begabung zeigt, bleibt für immer auf dem Berg und wird Ordensführer: Das sind die Schätze der Nation. Wer sich in der Rede, aber nicht im Handeln geschickt erweist, wird ein Lehrer der Nation. Wer dagegen zum Handeln, nicht aber zur Rede befähigt ist, wird ein Verwalter der Nation.
>
> Sowohl die Lehrer als auch die Verwalter der Nation werden durch eine Lizenz als Vermittler der Lehre und Nationale Lehrkräfte ausgewiesen. Für die Dauer ihres Amtes werden ihnen die Kosten für die sommerliche Zurückgezogenheit und für ihre Gewänder erstattet. Zu diesem Zweck werden in den Provinzverwaltungen Geldmittel bereitgestellt, die von Provinz- und Distrikt-Gouverneuren gemeinschaftlich verwaltet werden.
>
> Sie sollen sich an Projekten beteiligen, die dem Wohle der Nation und des Volkes dienen, wie zum Beispiel die Reparatur von Teichen und Kanälen, der Erschließung unfruchtbaren Landes, der Beseitigung von Erdrutschen, dem Bau von Brücken und Schiffen, der Pflanzung von Bäumen und Ramie-Büschen, dem Mähen von Hanf und Gräsern, dem Fassen von Quellen und dem Ziehen von Wassergräben. Doch sie sollen auch die *sūtra* studieren und ihren Geist kultivieren und nicht private Landwirtschaft oder Handel betreiben.
>
> Werden diese Regeln befolgt, so werden überall im Lande Männer tätig werden, die die religiöse Natur besitzen, und der Weg des höheren Menschen wird sich durchsetzen.«

Saichō paßte die Tendai-Tradition der religiösen Welt Japans in mehrfacher Hinsicht an. Er bemühte sich, die universalistische Tendai-Lehre des »Großen Fahrzeugs« von dem abzugrenzen, was er spöttisch Hinayana (»Kleines Fahrzeug«) und den Pseudo-Mahayana der alten Nara-Klöster nannte. Er verwarf die Ordinationsregeln der alten Nara-Klöster und wandte die sogenannten Bodhisattva-Regeln bei der Mönchsweihe an. Um die Tendai-Mönche der Oberhoheit des Tōdaiji, wo die Mönchsweihe normalerweise durchgeführt wurde, zu entziehen, bat er bei Hof um die Erlaubnis, daß der Enryakuji seine eigenen Ordinationen vornehmen durfte. Zwar wurde seinem Ersuchen erst nach seinem Tod stattgegeben, doch bedeutete sein Bestehen auf einer Tendai-Ordination und der Praktizierung von Mahayana-Bodhisattva-Regeln einen grundsätzlichen Bruch mit dem Nara-Buddhismus. Die Vertreter der Nara-Tradition mißbilligten seine positive Einstellung zu kaiserlicher Gönnerschaft und stellten sich ihm entgegen.

Saichō modifizierte den japanischen Tendai auch noch in anderer Form. Er fühlte sich nämlich stark zu esoterischen Spielarten des Buddhismus (*mikkyō*) hingezogen. Einige solcher Ritualpraktiken hatte er in China kennengelernt und fügte sie in seine Version des Tendai ein. Auch versuchte er bei seinem Zeitgenossen Kūkai weitere solcher Geheimlehren zu erlernen. Er hatte sich mit der Shingon-Tradition des Kūkai vertraut gemacht, sandte Studenten zu ihm, die bei ihm lernen sollten, und lieh sich Schriften über die Shingon-Praktiken von ihm aus. Ihr Verhältnis zueinander verschlechterte sich, als Kūkai sich weigerte, Saichō Bücher zu leihen, und darauf bestand, er solle als regulärer Student ins Kloster kommen, wenn er Shingon erlernen wolle. Kūkai vertrat die Ansicht, daß man diese esoterischen Wahrheiten nicht in Büchern finden könne, sondern daß sie sich nur in direktem geistigen Austausch durch ihn, Kūkai, vermitteln ließen. Die persönliche Entfremdung zwischen den beiden verhinderte allerdings nicht das Einströmen von Shingon-Gedankengut und -praktiken in den Tendai. Shingon bereicherte den Tendai-Buddhismus um ein eindrucksvolles Ritual und andere ästhetische Aspekte, was ihn der höfischen Aristokratie der Hauptstadt nur noch reizvoller machte.

Ebensowenig waren Saichō und der Enryakuji immun gegen die Einflüsse shintoistischer Kulte. Saichō persönlich erwies dem Schutzgott des Berges Hiei, bekannt als Oyamagui no Mikoto oder Bergkönig Sannō, seine Verehrung. Der Hie-Schrein, der Sannō geweiht ist, war am Osthang des Hiei mit Blick über den Biwa-See erbaut worden, und die Mönche des Enryakuji betrachteten ihn als ihren Schutzgott und zelebrierten ihm zu Ehren Rituale. Durch diese Verbindung mit dem Enryakuji und dem Tendai-Buddhismus wurde dieser zunächst unwesentliche Lokalkult zu einer Hauptströmung religiösen Lebens in der Hauptstadt. Diese Einbeziehung einer Lokalgottheit in den buddhistischen Tempel ist ein Beispiel für den Versuch einflußreicher japanischer Buddhisten, die schwelende Abneigung gegen die »fremde« Religion zu überwinden, indem man die jeweiligen Lokalgottheiten und ihre heiligen Bezirke beim Bau eines buddhistischen Tempels integrierte.

Der Enryakuji blieb auch nach dem Tode Saichōs unter der Führung von Ennin (794–864) und Echin (814 bis 891) ein blühendes religiöses Zentrum. Aus esoterischen Strömungen aus China und aus der einheimischen Shingon-Tradition schuf man eine Form des esoterischen Tendai-Buddhismus, Taimitsu, der sich von der japanischen Shingon-Schule, bekannt als Tōmitsu, unterschied. Im 10. Jahrhundert war der Enryakuji zu einem riesigen religiösen Komplex angewachsen und hatte viele der schöpferischsten Geister des japanischen Buddhismus hervorgebracht, unter ihnen Genshin, Ryōgen, Hōnen, Eisai, Dōgen, Shinran und Nichiren. Im Laufe des 10. Jahrhunderts gab es eine Spaltung zwischen Mönchsgruppen innerhalb des Enryakuji, und eine Gruppe verließ das Kloster, um am Fuße des Berges das rivalisierende klösterliche Zentrum Onjōji (Miidera) zu errichten.

Wie die großen Nara-Klöster verfügte auch der Enryakuji über steuerfreien Landbesitz im Rahmen des *ritsuryo*-Systems, und wie jene nutzte er seine Mittel und seinen Einfluß, um Zweigtempel in den Provinzen zu errichten und privaten Grundbesitz (*shōen*) entweder durch Neukultivierung oder durch Kommendation zu gewinnen. Im 12. Jahrhundert besaßen der Enryakuji und seine Zweigklöster bereits Hunderte von *shōen*, sowohl in den Provinzen unterhalb des Berges, als auch weiter entfernt. Nach dem Vorbild der mächtigen Nara-

Hier sieht man Kūkai, den Gründer des japanischen Shingon-Buddhismus (774–835). Er hält die magischen Gerätschaften des Shingon, einen Donnerkeil aus Bronze und Gebetsperlen, in der Hand. Nach dem Tod Kūkais drangen Elemente der Shingon-Lehre in den Tendai ein und vermischten sich mit dem Asketentum der Bergkulte zum Shugendō. Da Shingon während des ganzen Mittelalters eine mächtige Geistesströmung darstellte, wurde Kūkai zur Kultfigur. Man glaubte, er sei nicht gestorben, sondern nur in tiefe Meditation verfallen *(samadhi)*, um so die Ankunft des künftigen Buddha Maitreya zu erwarten; Pilger wollten ihn in entlegenen Teilen Japans gesehen haben.

Klöster, oder wie Kōya und Negoro stellte der Enryakuji eine Privatarmee aus Mönchssoldaten auf (*sōhei*), um seinen Landbesitz zu schützen. Wann immer es seine Interessen bedroht sah, zogen die Mönchskrieger mit dem heiligen Symbol des Sannō-Kultes in die Hauptstadt hinunter, und versuchten den Hof zu zwingen, den Forderungen des Klosters zuzustimmen. Rivalitäten zwischen den Mönchsheeren der Nara-Klöster und des Enryakuji sowie Auseinandersetzungen zwischen Enryakuji-Verbänden und den Schutztruppen des Hofes und der Fujiwara sorgten für politische Unruhen während der späten Heian-Zeit. Erst im 16. Jahrhundert gelang es Oda Nobunaga und Toyotomi Hideyoshi, die aufrührerischen Klosterheere unter Kontrolle zu bringen.

Kūkai und die Shingon-Lehre

Der begabte junge Mönch Kūkai war mit derselben Gesandtschaft wie Saichō 804 nach China gesegelt. Wie jener suchte auch er nach einer universalen einigenden buddhistischen Lehre, die den Bedürfnissen seiner Landsleute angemessener war als die abstrakte Doktrin der Nara-Schulen. In China angekommen folgte er der Gesandtschaft in die Hauptstadt Chang'an und studierte dort bei dem berühmten buddhistischen Lehrer Huiguo (746–805). Als gebildeter junger Mann verstand Kūkai gut Chinesisch. Nach eigener Darstellung begrüßte ihn der sechzigjährige chinesische Meister herzlich, so als habe er bereits auf seine Ankunft gewartet. Er machte ihn bald darauf zu seinem Schüler und weihte ihn in die Geheimnisse des esoterischen Mantrayana-Buddhismus ein.

Es lohnt sich, Kūkais Schilderung dieser Begegnung in ganzer Länge zu zitieren, denn sie gibt gleichzeitig eine Einführung in die Grundlagen der Shingon-Lehre, ihrer Ritualpraktiken und ihrer Ikonographie:

»Im sechsten Monat des Jahres 804 segelte ich, Kūkai an Bord des Schiffes Nummer 1 in Begleitung des Herrn Fujiwara, Gesandter des T'ang-Hofes, nach China. Im achten Monat erreichten wir die Küste von Fukien und vier Monate später gelangte ich in der Hauptstadt Chang'an an, wo man uns im offiziellen Gästehaus unterbrachte. Am 11. März 805 machte sich die Delegation auf den Weg zurück nach Japan, ich aber blieb, gemäß dem kaiserlichen Edikt, alleine im Hsi-ming-Tempel zurück, in dem einst der Abt Eichū gelebt hatte.

Eines Tages traf ich bei meiner Suche nach bedeutenden buddhistischen Lehrern in der Hauptstadt zufällig auf den Abt der Östlichen Pagode vom Tempel des Grünen Drachen. Dieser große Geistliche, der mit buddhistischem Namen Huikuo heißt, war der erwählte Schüler des Meisters Amoghavajra. Seine Tugend machte ihn noch verehrungswürdiger als sein hohes Alter; seine Lehren sind erhaben genug, einem Kaiser als Leitschnur zu dienen. Drei Herrscher verehren ihn als ihren Meister und sind von ihm ordiniert worden. Die vier Klassen der Gläubigen hängen an seinen Lippen, um von ihm Unterweisung in den Geheimlehren zu empfangen.

Ich begegnete dem Abt in Begleitung von fünf oder sechs Mönchen des Hsi-ming-Tempels. Als er mich erblickte, lächelte er erfreut und sagte: ›Ich wußte, daß du kommen würdest! Schon lange habe ich auf dich gewartet. Welche Freude, dich heute endlich zu sehen! Mein Leben nähert sich seinem Ende, und bevor du kamst gab es hier niemanden, dem ich meine Lehren hätte weitergeben können. Trete ohne Aufschub mit Weihrauch und einer Blume vor den Ordi-

Mandalas und die Kunst des Shingon

Die esoterischen Lehren *(mikkyō)*, die Kūkai im frühen 9. Jahrhundert in Japan eingeführt hatte, konnten dort schnell Fuß fassen und verbreiteten sich durch den Heian-Buddhismus in verschiedenen mächtigen Strömungen. Eine davon war die von Kūkai selbst initiierte Shingon-Schule oder Wahrer Weg, die ihre Zentren in den Klöstern Kongōbuji (Kōyasan) und Kyōōgokuji (Tōji) in Kyōto hatte. Die andere weitverbreitete Geheimlehre war der Tendai-Buddhismus. Ableger dieser beiden mischten sich mit shintoistischen und volksreligiösen Vorstellungen zu einem Bergkult *(shugendō)*. Diese Geheimlehren versprachen die Erlösung in diesem Leben und nicht erst nach langem Warten auf eine Wiedergeburt in einem fernen Paradies. Durch Initiation in kosmische Diagramme *(mandala)*, geheime Gesten *(mudra)*, und mystische Symbole *(mantra)* konnte der Adept Zugang zu diesen innersten Geheimnissen finden. Die beiden größten esoterischen Mandalas sind das Mutterschoß-Welt(Taizōkai)- und das Diamanten-Welt (Kongōkai)- Mandala. Beide stellen die Weisheit und mitleidvolle Hingabe von Mahāvairocana (Dainichi) dar, der der Buddha des Uranfangs und Wurzel aller anderen Buddhas und Lebewesen ist.

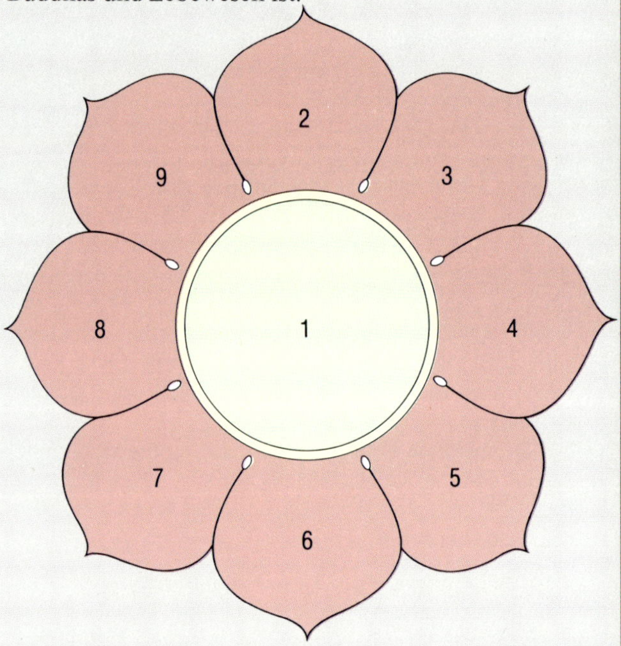

Oben: Diese grafische Darstellung zeigt den innersten Bezirk des Mutterschoß-Welt-Mandala. In der Mitte des achtblättrigen Lotus thront Mahāvairocana (Dainichi), auf den acht Blütenblättern sitzen abwechselnd vier Buddhas (Nyorai) und vier Bodhisattvas (Bosatsu).

1. Dainichi Nyorai (Mahāvairocana)
2. Hōdō Nyrai (Ratnaketsu)
3. Fugen Bosatsu (Samantabhadra)
4. Kaifukeō Nyorai (Samkusumitarāja)
5. Monju Bosatsu (Majushrı)
6. Muryōju Nyorai (Amitāyus)
7. Kannon Bosatsu (Avalokiteshvara)
8. Tenkuraion Nyorai (Divyadundubhimeghanirghosa)
9. Miroku Bosatsu (Maireya)

Rechts: Das Mandala der Mutterschoß-Welt (Taizōkai) versinnbildlicht den Kosmos der ewigen und allumfassenden Erleuchtung des Mahāvairocana. Die Idee des Mutterschoßes soll zum Ausdruck bringen, daß diese universale Erleuchtung allen Phänomenen nährend zugrunde liegt. Das Mandala in Form eines langgezogenen Rechtecks ist in 12 Abschnitte oder Höfe eingeteilt, die von 414 Buddhas und Bodhisattvas gefüllt werden. Sie sind um den zentralen Hof *(oben)* herum angeordnet, in dem Mahāvairocana (Dainichi) auf dem Lotusthron sitzt, umgeben von den 8 Buddhas und Bodhisattvas auf den Blütenblättern. Über dem Lotus befindet sich ein Dreieck, das die absolute Weisheit symbolisiert, darunter sieht man die fünf Könige der Weisheit.

Unten: Im esoterischen Buddhismus spielen vielfältige Ritualformen eine Rolle, die von einfachen Handbewegungen bis zu komplizierten Zeremonien reichen. Die Initiationszeremonie *(abhiseka)*, wie sie Kūkai in China erlebt hat, ist auf S. 128 beschrieben. Ein anderes wichtiges Ritual war die Feuerzeremonie *(goma)*, wobei Holztäfelchen mit Gebeten verbrannt wurden. Mit aufwendigen Feierlichkeiten gedachte man auch verschiedener Höhepunkte im Leben der Buddhas, der Shingon-Patriarchen oder verschiedener Stationen im religiösen Leben von Mönchen und Laien. Zu ihrer Durchführung benötigte man rituelle Bronzegerätschaften und Glocken. Die Kunst der buddhistischen Geheimlehren förderte das ästhetische Feingefühl der Hofkreise während der Heian-Zeit ganz beträchtlich. Diese Illustration einer mittelalterlichen Rolle zeigt ein solches Ritual im Shingon'in.

Das indische *vajra* (japanisch *kongō*) ist eines der wichtigsten Ritualgegenstände des Shingon. Man spricht ihm die Härte eines Diamanten und die Kraft des Donners zu, und es symbolisiert die undurchdringliche, letzte Wahrheit und die Macht buddhistischer Erleuchtung, die die Dunkelheit der Ignoranz hinwegfegen wird. Der esoterische Buddhismus wird daher auch Vajrayana, das Fahrzeug des Donnerkeils, genannt.

Oben: Hier sieht man Mahāvairocana (Dainichi oder die große Sonne), den Buddha des Uranfangs, Quelle aller Dinge, Energie und allen Bewußtseins, Schöpfer der anderen Buddhas und Bodhisattvas und Hort der Weisheit und Hingabe, wie er auf seinem Lotusthron inmitten des Diamantenwelt-Mandala (Kongōkai) sitzt. In seiner diamantengleichen, unwandelbaren Weisheit, die jegliche Illusion zerstört, ist er umgeben von Myriaden von Buddhas und Bodhisattvas.

Oben: Im buddhistischen Pantheon gibt es auch wilde Gottheiten, die mit ihrer Kraft physische und spirituelle Hindernisse auf dem Weg zur Erlösung beseitigen und die Gläubigen beschützen. Zu ihnen gehören die Myōō (sanskrit: Viduārāja), die Könige der Weisheit und Begleiter des Mahāvairocana. Fudo Myōō (sanskrit: Alala), »der Ungerührte«, verkörpert die Geisteshaltung der Standhaftigkeit gegenüber Leidenschaft, Unvernunft, Egoismus und Versuchung.

nationsaltar.‹ Ich ging in den Tempel zurück, in dem ich untergebracht war, um die Dinge zu holen, die für die Zeremonie nötig waren. Der sechste Monat war eben angebrochen, als ich die Ordinationskammer betrat. Ich stand vor dem Mutterschoß-Mandala und warf meine Blume in der vorgeschriebenen Weise. Zufällig fiel sie auf den Körper des Buddha Vairochana im Zentrum. Erfreut rief der Meister aus: ›Erstaunlich! Absolut erstaunlich!‹ In seiner Freude und Verwunderung wiederholte er den Ausruf mehrere Male. Dann empfing ich die fünffache Taufe und wurde in die Fünf Geheimnisse eingewiesen, die einen der göttlichen Fürbitte teilhaftig werden lassen. Anschließend brachte man mir die Sanskritformeln des Mutterschoß-Mandala bei und ich lernte die Yoga-Versenkung über all den Verehrungswürdigen.

Zu Beginn des siebenten Monats betrat ich die Ordinationskammer des Diamanten-Mandala, um die zweite Taufe zu empfangen. Ich warf meine Blume, und wieder fiel sie auf Vairochana. Der Abt wunderte sich wie beim ersten Mal. Auch erhielt ich im folgenden Monat die Ordination als āchāra ...

Später erlernte ich das Diamantenkronen-Yoga und die fünf Abschnitte der Lehre von den Wahren Worten, und wandte meine Zeit auf das Studium von Sanskrit und Sanskrit-Hymnen. Der Abt teilte mir mit, die esoterischen Schriften seien so rätselhaft, daß ihr Sinn lediglich durch darstellende Kunst vermittelt werden könne. Er ließ daher den Hofkünstler Li Chen und ein Dutzend weiterer Maler kommen, um zehn Rollen des Mutterschoß-Mandala und des Diamanten-Mandala anfertigen zu lassen.

Ferner stellte er über zwanzig Schreiber an, um das Diamanten-Mandala und andere wichtige esoterische Schriften abschreiben zu lassen. Den Bronzeschmied Chao Wu beauftragte er mit der Herstellung von fünfzehn Ritualgerätschaften ...

Eines Tages sagte mir der Abt: ›Vor langer Zeit, als ich noch jung war, begegnete ich dem großen Meister Amoghavajra. Vom ersten Moment an behandelte er mich wie einen Sohn, und während seines Besuches bei Hofe und auf dem Heimweg wich ich nicht von seiner Seite. Er vertraute mir an: »Du wirst der Fruchtboden meiner Geheimlehren sein. Tue dein Bestes! Tue dein Bestes!« Dann führte er mich in die Lehren von Mutterschoß und Diamant und in die geheimen mudrās ein. Seine übrigen Schüler, Mönche und Laien studierten nur immer ein Mandala oder ein Verehrungswürdiges, aber nicht alle zusammen, so wie ich. Nie werde ich meinem Dank an ihn Ausdruck verleihen können.

Mein Erdenleben nähert sich jetzt seinem Ende, ich kann nicht länger unter euch weilen. Ich fordere dich daher auf, die beiden Mandalas, die hundert Bücher der esoterischen Lehre, die Ritualgegenstände und jene Geschenke, die mir mein Lehrer hinterlassen hat, mit in dein Land zu nehmen und die Lehre dort zu verbreiten.

Als du ankamst, fürchtete ich, nicht mehr genug Zeit zu haben, um dir alles beizubringen, doch jetzt ist meine Unterweisung abgeschlossen, und auch die Abschriften der sūtra und die Bilder sind fertig. Eile zurück in dein Land, übergebe diese Dinge dem Hof und verbreite die Lehre, damit die Leute dort glücklich leben. Dann wird Friede in deinem Land herrschen, und das Volk wird zufrieden sein. Auf diese Weise wirst du deinen Dank an Buddha und an deinen Lehrer vergelten. Dies ist der Weg, deinem Land und deiner Familie Ehrfurcht zu erweisen. Mein Schüler I-ming wird die Lehre hier weiterverbreiten, während deine Aufgabe darin besteht, sie nach Osten zu tragen. Tue dein Bestes! Tue dein Bestes!‹

Dies waren seine letzten Unterweisungen, und er brachte sie freundlich und geduldig vor wie immer. In der letzten Vollmondnacht jenes Jahres reinigte er sich durch ein rituelles Bad, legte sich auf die rechte Seite und praktizierte das mudrā des Vairochana, dann tat er seinen letzten Atemzug.

In dieser Nacht erschien er mir in seiner gewöhnlichen Gestalt, während ich in der Halle meditierte, und sagte: ›Du und ich, wir haben uns seit langem der Geheimlehre verschrieben. Sollte ich in Japan wiedergeboren werden, so will ich dein Schüler werden.‹

Ich habe nicht in allen Details geschildert, was der Meister an Unterweisungen gab, die wichtigsten Instruktionen jedoch habe ich hier niedergelegt.« [Datiert: 5. Dezember 806].

Dieses Zitat gibt einen guten Eindruck von Lehren, Ritualpraktiken und -gegenständen, die Kūkai nach Japan mitbrachte. Im Mittelpunkt der Shingon-Lehre steht der Glaube an den transzendenten, allumfassenden Buddha Vairocana, oder Dainichi im Japanischen. Dieser Buddha bildet das Zentrum des Kosmos und der beiden großen Mandalas, der Mutterschoß-Welt und der Diamanten-Welt, die in der Shingon-Kunst den Kosmos darstellen. Die Vielzahl anderer Buddhas und Bodhisattvas sind lediglich Manifestationen von Dainichi, und alle Dinge und Lebewesen der Realität sind seine Erscheinungsformen. Daher ist es jedem Menschen möglich »Buddhaschaft in eben jenem Körper zu erlangen«, wenn er nur die Immanenz von Dainichi anerkennt.

Zur Förderung dieser Erkenntnis empfiehlt der Shingon drei Formen der religiösen Übung, die in der Identifikation des Gläubigen die Gedanken, Worte und Handlungen Dainichis repräsentieren sollen. Die erste besteht in Meditation über den Mandalas der Mutterschoß-Welt (Taizōkai) und der Diamant-Welt (Kongōkai). Das sind grafische Darstellungen von Dainichis Allgegenwart im Universum und seinen Transformationen in Myriaden von Formen und Wesen. Die zweite Übung besteht im wiederholten Rezitieren von Beschwörungsformeln, »wahren Worten« oder *mantra* und *dharani* (*shingon*). Und die dritte bilden die rituellen Handbewegungen oder *mudra* (*ingei*).

Kūkai wußte aus eigener Erfahrung, daß sich die Wahrheiten des Shingon nicht durch das Textstudium allein erschließen. Diese Geheimlehren konnten nur durch einen Meister an einen initiierten Schüler weitergegeben werden. Eines der wichtigsten Initiationsrituale des Shingon war die Zeremonie des *abhiseka* (japanisch *kanjō*), ein rituelles Bespritzen mit Wasser. Man sah in diesen Geheimlehren (*mikkyō*) die sublimste Form der buddhistischen Lehre, und schätzte sie daher höher als die öffentlich verbreiteten Lehren (*kengyō*).

Der Shingon entwickelte vielfältige Ritualpraktiken. Neben *mandala, mudra* und *mantra* kennt die Shingon-Zeremonie eine Vielzahl ritueller Gerätschaften oder *vajra*. Meist sind es gezackte Instrumente, die ihren Ursprung in einer indischen Waffe haben, und die Illusionen vernichten sollen, die die wahre Einsicht verdunkeln. Komplexität, Farbigkeit und künstlerische Verfeinerung des Shingon-Rituals machten die Lehre für die Höflinge der Heian-Zeit und für Mönche anderer buddhistischer Lehren besonders anziehend, und so fand der Shingon sowohl in den großen Tempeln in Nara als auch in Saichōs Enryakuji- Kloster raschen Eingang.

Noch vor Kūkais Rückkehr 806 starb Kaiser Kammu.

Als Kūkai 806 aus China zurückkam, wurde er Leiter des Tōji (Kyōōgokokuji) in Kyōto und machte aus ihm ein Zentrum des Shingon. 816 gestattete ihm der Hof, südlich der Hauptstadt in der Bergeinsamkeit des Kōya ein Kloster der Askese und Weltabgeschiedenheit zu errichten.

Kūkais Grab im Oku-no-in ist zu einer Wallfahrtsstätte geworden. Während der Heian-Zeit entwickelte sich Kōyasan zum einflußreichsten klösterlichen Komplex in Japan. Es besaß reichen Landbesitz und verfügte über eine eigene Armee.

Doch der junge Mönch, der als Dichter und Kalligraph ebenso geschätzt wurde wie als Meister des esoterischen Buddhismus, fand auch in Kammus Nachfolgern, besonders in Kaiser Saga, seine Förderer. Im Jahre 809 berief ihn der Hof nach Takaosanji (später Jingoji) am Rande von Kyōto, wo sein Aufstieg zu einer religiösen und kulturellen Schlüsselfigur der Heian-Zeit begann. Hier führte er selbst *adhiseka*-Initiationen durch und hatte bald eine kleine Gemeinde um sich geschart. 810 stieg er zum obersten Verwalter des Tōdaiji auf, und erhielt dadurch die Möglichkeit, Shingon auch in diesem klerikalen Zentrum einzuführen.

Kaiser Saga stimmte 816 Kūkais Ersuchen zu, den Kōya, einen Berg in der wilden Gebirgsgegend der Provinz Kii, zum Meditationsort für eine Gemeinde von Gläubigen zu machen. Kūkai errichtete dort ein großes Kloster, das Enryakuji in religiöser, politischer und wirtschaftlicher Hinsicht in den Schatten stellte. Die Klosteranlage war wie ein Mandala konzipiert, und sollte die Wahrheit des Shingon und die Durchdringung der beiden Reiche des Mutterschoßes und des Diamanten zum Ausdruck bringen. Kōya stellte das Reich des Mutterschoßes als Lotusblüte dar. Die acht Gipfel, die das Hochplateau umgaben, waren die Blütenblätter, der eigentliche Klosterkomplex in der Mitte des heiligen Bezirkes des Mutterschoß-Reiches war der Kongōbuji, Vajra oder Tempel vom Diamantenen Gipfel. Er repräsentierte das immerwährende Reich des Diamanten, und die ewige Aktivität und Weisheit. Die zentrale Pagode des Diamantenreiches stellte die höchste Form der Realität, den Vairocana selbst, dar, der von vier Buddhas des Mutterschoß-Reiches umgeben ist.

Kūkai und eine kleine Gruppe seiner Anhänger verbrachten mehrere Jahre auf dem Kōya und bauten dort eine Gemeinde auf. Kūkai widmete sich auf dem Berg der Meditation, dem Gebet und verfaßte Schriften. Aus ökonomischen Gründen mußte er jedoch auch die Verbindungen zur Hauptstadt aufrechterhalten. Im Jahre 823 übertrug ihm Kaiser Saga die Leitung des Klosters Tōji, dem Östlichen Tempel, in der Hauptstadt. Kūkai verpflichtete sich, die Bauarbeiten zu Ende zu führen, dafür bot ihm dieser Stützpunkt Möglichkeit, den esoterischen Buddhismus in der Hauptstadt populär zu machen. Wieder entsprachen die Anlagen Kūkais spirituellen Vorstellungen vom Reich des Vairocana. Man gestattete ihm, fünfzig Shingon-Mönche im Tōji auszubilden. Auch gestand man ihm zu, ausschließlich Shingon zu praktizieren. Als er den Tod nahen fühlte, zog sich Kūkai 831 wieder auf den Kōya zurück, wo er im dritten Monat des Jahres 834 starb. Seine Jünger jedoch waren überzeugt, er sei nicht gestorben, sondern habe die tiefste Form der Meditation *(samādhi)* erreicht, in der er die Ankunft des zukünftigen Buddha Maitreya erwarte.

Der Amida-Kult

Seit der Mitte der Heian-Zeit begann in den japanischen Tendai-Klöstern neben Meditation, dem Studium des *Lotus Sūtra* und esoterischen Ritualen eine andere Glaubensrichtung Fuß zu fassen. Zunächst beschränkte sich diese neue Strömung auf die Klöster, ab dem 12. Jahrhundert verbreitete sie sich aber auch unter der Laienschaft. Die neue religiöse Bewegung versprach den Menschen Erlösung im Reinen Land des Westlichen Paradieses, wenn sie an den Buddha Amida (Amitābha) glaubten. Im Buddhismus des Reinen Landes erreicht man Erlösung oder Erleuchtung weniger durch eigene Bemühungen *(jiriki)*, sondern durch die rettende Kraft eines anderen *(tariki)*, in diesem Fall durch Amitābha.

Der Bōjōdin in Uji

Der Bōjōdin in Uji, 16 km südlich von Kyōto, ist eines der besten Beispiele für die Palastarchitektur der Heian-Zeit. Er wurde später in eine Tempel- und Gartenanlage umgewandelt, die das Reine Land Amidas auf Erden repräsentieren sollte. Die Villa gehörte ursprünglich Fujiwara no Michinaga, dessen Sohn Fujiwara no Yorimichi sie 1053 zu einem Tempel umbauen ließ. Mittelpunkt des Bōjōdin ist die Phönixhalle oder Hōōdō, die ihren Namen von den Bronzevögeln auf ihrem Dach erhalten hat. Dort steht, mit Blick nach Osten über den in Form eines Vogels angelegten Lotusteich, eine hölzerne Amida-Statue des Bildhauers Jōchō. Im Inneren findet sich ein Amida-Bildnis, das von 52 Bodhisattvas umgeben ist, und den Buddha bei der Begrüßung von Seelen im Reinen Land zeigt.

Unten links: Die Fassade der Phönixhalle ist 48,7 m lang. Dieser Blick von Nordwesten zeigt den Mittelteil mit seinen zweistöckigen Flügeln im Norden und Süden. Die Halle soll hier auf Erden einen Eindruck vom Paradies Amidas vermitteln und ist auf einer kleinen Insel im See errichtet. Ihre architektonischen Vorbilder sind der überdachte Gang um die große Audienzhalle des Heian-Palastes und die mit Seitenflügeln versehenen Wohnanlagen der Höflinge.

Unten: Die Phönixhalle verdankt ihren Namen ihrer Form und den beiden vergoldeten Bronzevögeln, die das Dach zieren und die Wiedergeburt im Reinen Land des Amida symbolisieren sollen. Vermutlich stammen sie von dem Bildhauer Jōchō, der auch die Hauptfigur in der Amida-Halle gestaltet hat.

Die Hingabe an den Buddha Amida (sanskrit Amitābha, chinesisch Amituofo) und der Glaube, durch sein Mitleid nach dem Tod ins Westliche Paradies oder Reine Land einzugehen, bildete eine starke, über ganz Asien verbreitete Strömung des Mahayana-Buddhismus. Vor allem in Japan erwies man Amida unter allen Buddhas des Mahayana-Pantheons die größte Hingabe. Die Macht des Amidismus lag in dem Versprechen, daß der einfache Mann ebenso wie Mönche und Nonnen Zugang zum Reinen Land habe, und es nicht schwer sei, dorthin zu gelangen. Einzige Voraussetzung ist der feste Glaube an Amida, der sich in der rituellen Anrufung (*nembutsu*): »Ehre sei dem Buddha Amida« *(Namu Amida Butsu)* ausdrückt. Der Amidismus brachte eine reiche Devotionalliteratur und eine eigene Kunstrichtung hervor, die die Wonnen schilderte, die den Gläubigen in Amidas Paradies erwarteten, ihm aber mit ebenso großer Deutlichkeit auch die unausdenkbaren Schrecken vor Augen führten, die der Sünder in der Hölle zu erdulden haben würde.

Der Name Amida leitet sich von den Sanskrit-Wörtern *Amitābha* »Unendliches Licht« und *Amitāyus* »Ewiges Leben« her. Die ursprüngliche Lehre im Zusammenhang mit Amida und seinem Reinen Land findet sich im *Reinen Land Sūtra* oder *Sukhavati vyūha. Sukhavati* bedeutet »Reines, glückliches Land«. Die längere und ältere Version dieses *sūtra* enthält Gedankengut der Theravada-Tradition vom *karma* und von der individuellen Suche nach Erlösung, und betont die Erlangung der Wiedergeburt im Reinen Land durch verdienstvolle Taten und den Glauben an Amitābha. Seine Kurzfassung dagegen, die in China und Japan weit verbreitet war, lehrt, daß zur Erlösung lediglich der Glaube an Amida nötig sei.

Die Ursprünge des Amida-Kultes sind dunkel. In frühen buddhistischen Schriften wird Amitābha kaum erwähnt, und wenn, dann bleibt er eine eher nebensächliche Figur. Erst um das 1. Jahrhundert n. Chr. taucht er im Pantheon des Mahayana-Buddhismus als Buddha des langen Lebens und des ewigen Lichtes auf, der über das Westliche Paradies herrscht. Der frühe Amida-Kult hat offensichtlich indische und westasiatische Vorstellungen aufgenommen. Auch Ahura Mazda, die Lichtgottheit des iranischen Avesta, residiert in einem Westlichen Paradies. Die Vorstellung von Amida als dem barmherzigen Erretter, der häufig als Zentralfigur einer Dreiergruppe dargestellt wird, könnte auch von Griechenland oder vom frühen Christentum beeinflußt sein.

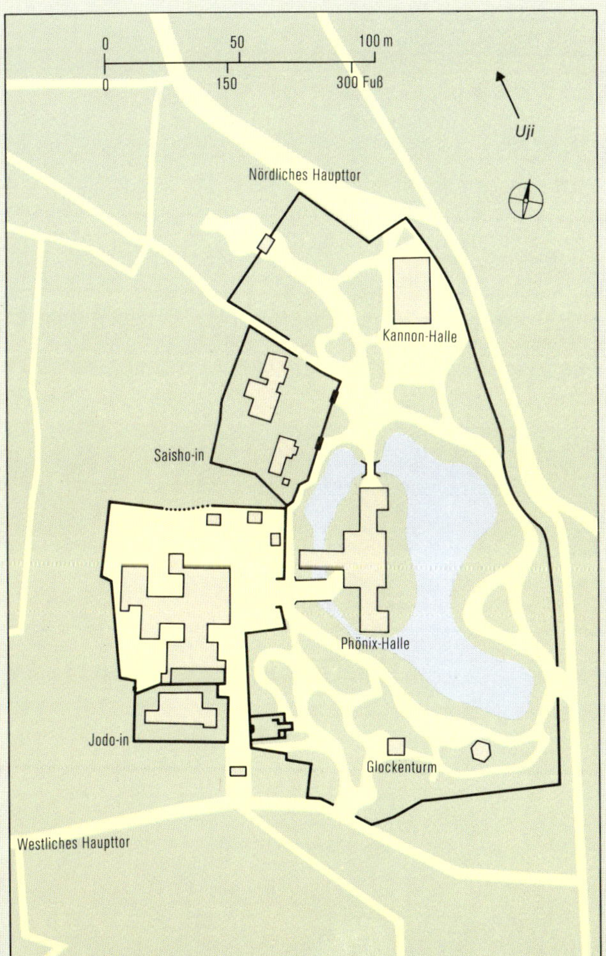

Oben: Dieser Plan zeigt die Anlage des Byōdōin mit der Phönix-Halle. Die Amidastatue blickt nach Osten und spiegelt sich im Lotusteich. Die Galerien bilden die nördlichen und südlichen Seitenflügel des Gebäudes. Vor dem Feuer 1235 erstreckten sie sich bis in den See. Das Gebäude und seine Gärten sind ein gutes Beispiel für die kompositorische Einheit der Architektur der Heian-Zeit.

Rechts: Die vergoldete Holzfigur des Amida ist ein Werk des Bildhauers Jōchō, eines der führenden Künstler der Heian-Zeit. Sie ist aus zusammengesetzten Blöcken gearbeitet. Diese Technik hat Jōchō als erster angewandt; sie erlaubt größere künstlerische Ausdrucksfreiheit als die frühere Methode, bei der man aus einem einzigen Block schnitzte. Der durchbrochene Heiligenschein aus Bodhisattvas, die in Wolken oder Flammen schweben, kontrastiert mit der ruhigen, konzentrierten Figur auf ihrem Lotusthron.

Paradies und Hölle im Buddhismus

Seit dem späten 10. Jahrhundert verbreiteten sich der Amida-Kult (auch Amitābha) und der Glaube an eine Erlösung *(ōjō)* in seinem Westlichen Paradies des Reinen Landes *(jōdo)* sehr schnell zunächst in adligen Kreisen, später auch im Volk. Der Amida-Kult war eine der mächtigsten religiösen Bewegungen im Mittelalter und bildete die Grundlage für viele buddhistische Praktiken in Japan.

Die Verehrung Amidas war Teil einer umfassenden religiösen Neuorientierung, die den Übergang von einer stabilen aristokratischen Gesellschaft in eine Phase partikularer Machtkämpfe, bürgerkriegsähnlicher Auseinandersetzungen rivalisierender Kriegerbanden, Kämpfe marodierender Mönchsgemeinschaften und klösterlicher Korruption kennzeichnet.

Dazu kam die in jener Zeit weit verbreitete Überzeugung, Japan gehe ins Zeitalter des Gesetzes *(mappō)* ein. Diese Endzeit des Gesetzes sollte 1052 anbrechen, und von da an hielt man eine Erlösung durch Ansammlung moralischer Verdienste und eigene Anstrengung *(jiriki)* für unmöglich. Der Weg der Erlösung war nur noch durch eine »äußere Macht« *(tariki)* eines mitleidvollen Buddhas, etwa Amida oder Maitreya, den zukünftigen Buddha, zu erlangen.

Genshin, Kūya und andere frühe Vertreter des Kultes lehrten, daß Erlösung im Reinen Land allein durch die wiederholte Rezitation der Formel des *nembutsu*, den heiligen Namen Amidas (Namu Amida Butsu), möglich sei. Die Lehre des Reinen Landes veranlaßte viele ihrer Anhänger aus der aristokratischen Gesellschaft dazu, Hallen des Reinen Landes, wie Bōjōdin oder Chūsonji, errichten zu lassen, oder sie gaben Gemälde und Skulpturen in Auftrag. Durch das Land ziehende Wanderpriester und Prediger, wie Kūya, Ryōnin, Hōnen, Shinran und Ippen, verbreiteten die Lehre schließlich auch unter dem einfachen Volk.

Oben: Die buddhistischen Höllen wurden in *sūtra*, Gemälden und Skulpturen furchterregend geschildert und den Wonnen des Paradieses gegenübergestellt. Sie werden von zehn Höllenrichtern oder Königen überwacht, deren Oberhaupt Emma ist. Auch von ihnen gibt es zahlreiche Darstellungen, wie etwa diese Holzfigur aus der Muromachi-Periode (spätes 15. Jh.).

Unten: Viele wichtige malerische Darstellungen aus der Tradition des Reinen Landes zeigen Buddha Amida im Bildmittelpunkt. Er thront entweder inmitten seines Paradieses oder empfängt einen Gläubigen im Augenblick seines Todes, um ihn ins Westliche Paradies zu geleiten *(raigō)*. Hier sieht man ihn umgeben von Bodhisattvas, die auf roten Abendwolken herabschweben, um Männer und Frauen im Paradies willkommen zu heißen.

Links: Der Weg in Amidas Reines Land wurde als weißer Pfad dargestellt, der durch reißende Ströme und Feuer hindurchführt. Diese Vorstellung geht auf eine Parabel von Shan-tao (613 bis 681 n. Chr.) zurück. Auf diesem Bild sehen wir den Erlösungsuchenden gleich mehrfach. Zunächst wird er von Räubern und wilden Tieren überfallen, dann sehen wir ihn den schmalen weißen Pfad entlang durch Wasser- und Feuerfluten gehen, die Vignetten mit Symbolen der Wut und der Gier enthalten. Schließlich wird er auf einem Lotusthron in Amidas Reinem Land wiedergeboren.

Rechts: Der Bettelmönch und Tendai-Priester Kūa Shōnin (903–972), bekannt als der »Heilige der Straßen«, durchwanderte ganz Japan, um die Lehre vom Reinen Land überall zu verbreiten. Er rezitierte die Anrufung Amidas (*nembutsu*), predigte vollbrachte Wunder und vollführte ekstatische Tänze. Diese realistische Statue von Kōshō (13. Jh.) zeigt den Wanderpriester, wie er das *nembutsu* rezitiert und dabei kleine Amida-Figuren aus seinem Mund treten.

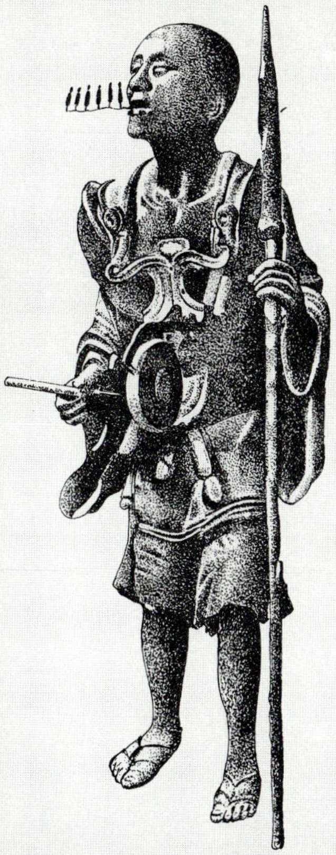

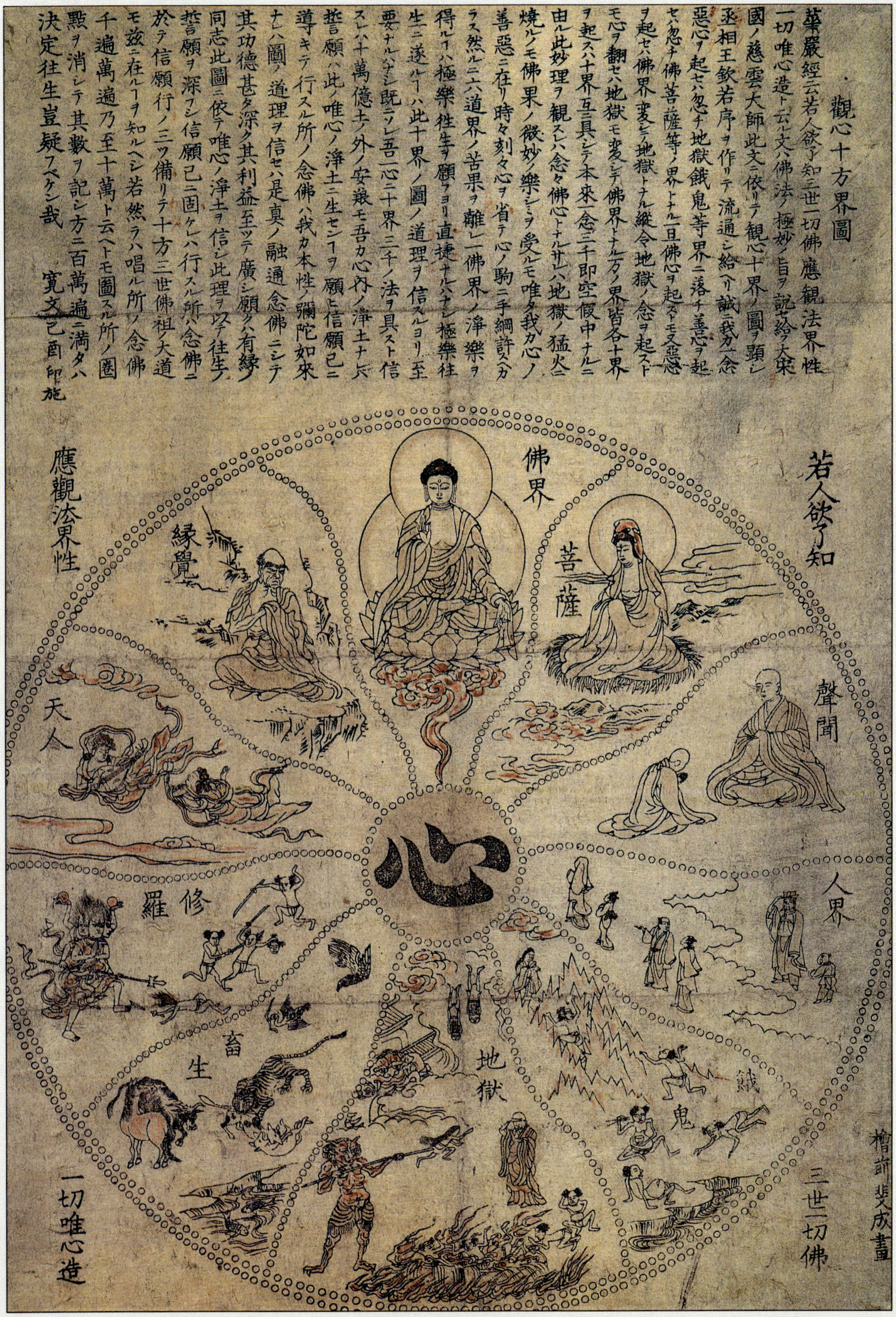

Oben: Diese Edo-Ausgabe von Geshins *Ōjō Yōshu* schildert die Schrecknisse der buddhistischen Höllen. Hier werden Sünder in Feuertrögen mit Rutenbündeln gezüchtigt.

Links: Die Lehre von Amida und dem Reinen Land verbreitete sich in späteren Jahrhunderten und vermischte sich mit anderen buddhistischen Strömungen. Dieser Blockdruck aus dem 17. Jh. erklärt dem Laien die zehn Welten des *Avatamsaka (kegon) sūtra* und verbindet sie mit der Hingabe an das Reine Land. Die oberen vier Abschnitte schildern das Leben der Bodhisattvas, Buddhas und Arhats. Die unteren sechs Abschnitte zeigen die sechs Reiche der Seelenwanderung: himmlische Wesen, Menschen, kampffreudige Dämonen, hungrige Geister, Tiere und Höllenbewohner. Das Schriftzeichen »Herz« in der Mitte weist auf das Reine Land hin. Nach Aussagen des Textes gelangt der Gläubige zur Erlösung im Reinen Land, sobald er alle Kreise mit Tinte ausgemalt hat, wobei ein Kreis bedeutet, daß er 10000mal das *sūtra* rezitiert hat.

In China breitete sich der Amida-Kult weiter aus. Während dem 3. und 4. Jahrhundert bekannten sich Mönche wie Que Gongze, der um 274 herum starb, Wei shidu und Zhidun zu Amituofo und seinem Gelübde, alle Kreaturen zu erretten. Sie mischten amidistisches Gedankengut mit einheimischen taoistischen Vorstellungen vom langen Leben und einem Westlichen Paradies, in dem die Königsmutter des Westens residiert.

Hui Yuan (334–417), Schüler des Dao'an und Vorsteher der Klostergemeinde in Lushan, soll die Schule des Reinen Landes gegründet haben. Wie sein Lehrer Dao'an war er ein Meister des *Prajnāpāramita Sūtra* und der Meditation. Er lehrte, daß man durch Meditation der Wonnen im Westlichen Paradies Amituofos teilhaftig werden könne. Man sagt von ihm, er habe, eine Gruppe von Mönchen und Laien im Glauben an Amitābha um sich geschart, die er Gesellschaft des Weißen Lotus genannt habe. Ob es diese Gesellschaft je gegeben hat, und ob sie die Lehre des Reinen Landes verbreitet hat, ist nicht belegt. Kein Zweifel besteht jedoch darüber, daß Hui Yuan und seine Anhänger über Amituofo meditiert und an sein Erlösungsgelübde geglaubt haben. In dieser Weise wurde er zur Leitfigur und gilt als erster Patriarch der Schule des Reinen Landes in China. Nach ihm verbreiteten Tan Luan (476–542), Dao Zhuo (562–645) und Shan Dao (613–681) die amidistische Lehre. In seinem Traktat »Über das Westliche Paradies« stellte Dao Zhuo in diesen Zeiten des Niedergangs der buddhistischen Lehren die Anrufung (*nien-fo*) des Buddha Amituofo als sichersten Weg zur Wiedergeburt im Reinen Land dar. Das Ergebnis der Bemühungen dieser einflußreichen Mönche war ein starkes Anwachsen des Amidismus in China sowohl als buddhistische Schule als auch in Form der Volksfrömmigkeit, die selbst den Ausrottungsversuchen des Buddhismus während der Tang-Dynastie widerstanden.

Der Amida-Kult kam früh nach Japan. Es gibt Belege, daß das »Sukhāvati vyūha« dort bereits 640 öffentlich rezitiert worden sei, dennoch dauerte es noch geraume Zeit, bis eine Schule des Reinen Landes sich etablieren konnte. Während einiger Jahrhunderte blieb der Amidismus auf klerikale Kreise beschränkt, die ihn im Rahmen des Nara-Buddhismus und später in den Tendai und Shingon integrierten und neben esoterischen Praktiken und der Verehrung der Tugenden der verschiedenen Buddhas praktizierten. Man kannte auch die Anrufung Amidas durch das *nembutsu* während der Totengebete sowie meditatives Gehen in der Konzentration auf Amida *(jōgyō zanmai)*.

Seit der mittleren Heian-Zeit begann der Amida-Kult auch für die Hofaristokratie attraktiv zu werden. Die lebhaften Schilderungen des Westlichen Paradieses sowie der buddhistischen Höllen eines Genshin (942–1017) in seinem Werk »Grundlagen für die Erlösung« (*Ojōyōshū*) sorgen für eine weitere Popularisierung und füllten die Köpfe von Mönchen wie von Laien mit Visionen von den Wonnen beziehungsweise Schrecknissen des Nachlebens. Gleichzeitig betonte Genshin, daß die ständige Wiederholung des *nembutsu* ausreiche, um die Erlösung *(ōjō)* zu erlangen. Adelige kopierten *sūtra*, gaben Statuen in Auftrag und ließen Hallen und Tempel erbauen, wie zum Beispiel den Byōdōin in Uji, um sie Amida zu weihen. Fujiwara no Michinaga gründete den Hōjōji als einen Versuch, das Reine Land auf Erden nachzubauen. Man sagt, er hätte sich sterbend an die Bänder des Amida-Bildnisses im Hōjōji geklammert und das *nembutsu* rezitiert, weil er hoffte, Amida und die ihn begleitenden Bodhisattvas würden daraufhin kommen, und ihn im Reinen Land willkommen heißen. Auch die verbreitete Überzeugung, daß in Japan im Jahre 1052 das dritte und letzte Zeitalter des buddhistischen Gesetzes *(mappō)* anbrechen werde, stärkte den Glauben an die von außen eingreifende, barmherzige Macht des Amida *(tariki)*. Die Werke von Ryōnin (1072–1132), Yōkan (1032–1111) und Chingai (1091–1152) verbreiteten die Lehre vom Reinen Land unter der Aristokratie, während der wandernde Bettelmönch Kūya (903–972) das Versprechen der Wiedergeburt unter das einfache Volk trug.

Doch erst im späten 12. Jahrhundert konnte sich der Amidismus als unabhängige Lehre neben den älteren Schulen behaupten, nachdem Hōnen (1133–1212) die Schule des Reinen Landes (Jōdoshū) und sein Schüler Shinran (1173–1262) die Wahre Schule des Reinen Landes (Jōdo Shinshū) gegründet hatten. Auch Rennyo (1415–1499), Patriarch des Jōdo Shinshū in der achten Generation, und der Bettelmönch Ippen (1239-1289), der die Zeit-Schule (Ji) gründete, trugen zur Verbreitung des Amida-Kultes bei. Um diese Zeit hatte das *nembutsu* und mit ihm die Hoffnung auf eine Erlösung für alle, auch im Volk Fuß gefaßt, und schließlich wurde daraus eine der mächtigsten Strömungen des japanischen Buddhismus. Es gibt heute in Japan über 13 Millionen Anhänger des Jōdo Shinshū, 3 Millionen des Jōdoshū und etwa 40000 des Jishū.

Der Aufstieg der Militäraristokratie

Zwischen dem 9. und 11. Jahrhundert, als der Heian-Hof eine Phase relativer Ruhe und kultureller Blüte erlebte, begannen die Provinzen zu rebellieren. Die Fujiwara waren zwar geschickt in der Handhabung der Hofpolitik und ihrer Intrigen, hatten aber wenig Neigung für die Härten militärischer Unternehmungen. Kaum einer wollte die Hauptstadt verlassen, um einen Verwaltungsposten in der Provinz anzunehmen, und so verließ man sich in öffentlichen wie in privaten Angelegenheiten auf Mittelsmänner und Stellvertreter. Außerdem nahm man zunehmend die Hilfe der lokalen Militäraristokratie *(bushi)* in Anspruch.

Die Privatisierung von Landbesitz, der zur Vermehrung der *shōen* führte, war nur ein Indiz für den Verfall des von China übernommenen *ritsuryō*-Systems. Im 11. Jahrhundert war das Netz der von der Zentralregierung eingesetzten Provinzgouverneure weitgehend zusammengebrochen. Viele Adlige, die die komfortable und anregende Umgebung der Hauptstadt nicht mit einem Posten in einem Provinznest vertauschen wollten, verkauften ihre Stelle an einen Stellvertreter. Der war zwar bereit, dort zu leben, wollte sich dafür aber möglichst persönlich bereichern. Die beste Möglichkeit dazu boten die Umleitung öffentlicher Steuereinnahmen oder Zahlungen für die stillschweigende Gewährung weiterer *shōen* innerhalb seines Gebietes. Das ländliche Leben bot den Gouverneuren und Stellvertretern so gewisse Entschädigungen. Der *ritsuryō*-Kodex hätte zwar von ihnen verlangt, alle vier Jahre in die Hauptstadt zurückzukehren und Bericht zu erstatten, doch sie wußten ihre Wiedereinsetzung zu betreiben und ließen sich langfristig in der Provinz nieder. Selbstverständlich bedeutete diese Verschanzung Einbußen für den öffentlichen Haushalt, und die Berichte aus den Provinzen entsprachen nicht immer den Tatsachen. Um ihre Position zu stärken, verbündeten sich die Provinzgouverneure häufig auch mit den lokalen Militärs.

Privatisierung und die Rückkehr zu dem, was John W. Hall als »Familienautorität« bezeichnet, zeigte sich auch im Zusammenbruch des zentralen Militärwesens und der Bildung von Truppenverbänden auf der Basis von

Dies ist eine von 33 *sūtra*-Rollen, die Taira no Kiyomori und seine Familie für den Itsukushima-Schrein gestiftet haben. Jede Rolle ist mit Metallbeschlägen auf einen Holzstab montiert und mit Seidenbändern, Kristallknöpfen und vergoldetem Metall verziert. Die Rollen erläutern die Idee des *Lotus sūtra* von der allumfassenden Erlösung und vom hilfreichen Eingreifen der Bodhisattvas; diese hier schildert die mitleidvolle Hingabe Kannons. Ihre Ausführung zeigt den hohen Stand des Handwerks in der späten Heian-Zeit. Gleichzeitig sind sie aber auch Zeugnis für die Frömmigkeit der Kriegerfamilie der Taira, die bereits stark von höfischer Kultur geprägt war. In dieser Religiosität mischen sich Buddhismus und Shintoismus, denn die buddhistischen Texte waren ursprünglich einem Shintoschrein zugedacht.

Verwandtschaft oder Waffenbrüderschaft. In dem Maße, wie der Anteil an öffentlichem Land zurückging, verlor die Zentralregierung die Möglichkeit zur Aushebung von Soldaten. 792 war das System der Rekrutierung von Bauern abgeschafft worden, das sich bereits bei der Auseinandersetzung mit Ezo-Stämmen im Nordosten als wenig effektiv erwiesen hatte. Die militärische Verantwortung ging in private Hände über. Kaiser, Adlige, buddhistische Klöster und große Familien bauten eigene Militäreinheiten auf, um den Frieden zu sichern und ihre Interessen durchzusetzen, denn es gab immer mehr Räuber- und Piratenbanden, die die Provinzen unsicher machten.

Der Niedergang einer zentralen Militärorganisation, die den Frieden hätte aufrechterhalten können, und die Notwendigkeit, *shōen* und lokale Interessen zu schützen, beschleunigte die Bildung lokaler Milizverbände *(bushidan)*. Diese waren kein gänzlich neues Phänomen. Bewaffnete Familien hatte es in der Provinz immer gegeben. Bereits vor den Reformbestrebungen der Nara-Zeit hatten die *uji*-Clans aus den Reihen ihrer Verwandten Truppen rekrutiert und dies auch innerhalb des *ritsuryō*-Systems weiter erhalten. Nach dem Zusammenbruch dieses System gewannen sie wieder mehr Bedeutung. Doch die Ausstattung solcher Verbände war kostspielig, man benötigte Schwerter und Rüstungen, Bogen und Pfeile, Pferde, Stallknechte, Ställe und Futter. Dafür konnte nur die lokale Elite aufkommen, die sich in diesen Jahrhunderten zu einem neuen Machtfaktor entwickelte.

Anführer dieser Milizen waren nicht nur die alteingesessenen Stammesfürsten und ihre Verwandten, sondern auch Beamte, die sich in der Provinz niedergelassen hatten, die Verwalter privater Güter und auch einige Sprößlinge adeliger Häuser, die sich vom Hof losgesagt und auf dem Lande etabliert hatten. Vor allem um solche Krieger mit adeliger Abstammung formierten sich einige der größten regionalen Militärverbände, so zum Beispiel die Taira und Minamoto.

Diese Zusammenschlüsse entwickelten sich zunächst vor allem in den rauhen Grenzbezirken des nördlichen Kantō, wo es immer wieder Auseinandersetzungen mit den Ezo-Stämmen gab. Hier im Osten entstand unter der Führung von Befehlshabern mit adeliger Herkunft *(kīshu)* eine ausgefeilte Technik des berittenen Kampfes, der »Weg von Bogen und Pferd«, eine Kampftradition, aus der unter konfuzianischem Einfluß im 17. Jahrhundert der »Weg der Samurai« *(bushidō)* hervorging.

Im Gegensatz zu den *kuge*, Adlige, die ihr Leben innerhalb der Mauern des Kaiserhofes zubrachten, und zu den Samurai der späteren Tokugawa-Zeit (1600–1867), die sich von den Bauern abgrenzten und in Garnisonen lebten, lebten die *bushi* der Heian- und Kamakura-Periode auf dem Lande. Sofern sie nicht in den Krieg zogen oder Wachdienst hatten, verwalteten sie ihre Ländereien. Von ihren Befehlshabern wurden sie angehalten, ihre militärischen Fertigkeiten zu kultivieren, auf die Jagd zu gehen, ein genügsames und zähes Leben zu führen und die Tugenden der Tapferkeit, Loyalität und die Familienehre hochzuhalten.

Die intensive persönliche Bindung zwischen Herr und Gefolgsmann kam in den Begriffen *hōkō* »Dienst« und *goon* »Gunst« zum Ausdruck. Für die Gunst seines Herrn, die sich konkret in Beuteanteilen oder der Bestätigung seines Landbesitzes zeigte, mußte der Gefolgsmann Gegenleistungen in Form von Kriegs- und Wachdienst, Geschenken, Fronarbeit oder Steuerabgaben erbringen. Vor dem 17. Jahrhundert waren die Ermahnungen zur Loyalität jedoch meist rhetorisch, denn in dieser instabilen Zeit verfolgten die Krieger mit diesem Bündnis gleichzeitig private oder familiäre Interessen, oft war es schlicht eine Frage des Überlebens. Mitläufertum und selbstlose Gefolgschaft hielten sich die Waage.

Eine wachsende Zahl von Ausdrücken beschrieb den Lebensstil der Krieger in dieser Phase des Mittelalters. Viele von ihnen grenzen die Sitten der Krieger von denen der Hofleute ab, oder unterscheiden die rauheren Lebensumstände der *bushi* im Osten von denen in den westlichen Provinzen. *Yumiya toru mi no narai* bezeichnet die Sitten der Bogenschützen, *kyūba no michi* ist der Weg von Bogen und Pferd, *mononofu no michi* der Weg der Soldaten. Sie alle waren in der Heian- und Kamakura-Periode in Gebrauch, um die Kriegskunst der *bushi* zu differenzieren und vom zurückgezogenen Leben der Höflinge zu unterscheiden. *Bandō musha no narai* bezieht sich auf die Sitten der Kantō-Krieger und betont die kriegerische Gesinnung der *bushi* aus den Ostprovinzen. Dieses Vokabular und das Kriegerideal entfaltet sich in den Chroniken und Kriegsgeschichten *(gunkimono)* der Späten Heian- und Kamakura-Periode. Die frühen Kriegsgeschichten wie das *Mutsuwaki (Geschichten aus Mutsu)* oder einige der Episoden im *Konjaku monogatari (Geschichten aus vergangener Zeit)* zeichnen ein lebhaftes Bild vom Blutvergießen und von der Tapferkeit des Kriegerdaseins: »Ich bin bereit, mein Leben in deinem Dienste zu lassen, gelobte Takenori. Es wiegt für mich so leicht wie eine Feder. Auch wenn mich Auge in Auge mit den Rebellen der Tod erwartet, niemals werde ich, nur um zu überleben, dem Feind den Rücken kehren.« *(Mutsuwaki)* Manche der Geschichten gehörten, bevor sie gesammelt und niedergelegt wurden, zum Repertoire der Geschichtenerzähler und wurden zweifellos von Höflingen und Kriegern gleichermaßen geschätzt.

Die Militärverbände waren zunächst klein und sie bekriegten sich vor allem gegenseitig, so daß sie keine wirkliche Bedrohung für die zentrale Autorität des Hofes darstellten. Ab der Mitte des 10. Jahrhunderts jedoch zeigte es sich, daß große Verbände unter charismatischen Führern ganze Landstriche unter ihre Kontrolle brachten, und daß der Hof ihrer nur Herr werden konnte, indem er bei rivalisierenden Truppen um Hilfe bat. Zu den besonders einflußreichen Verbänden zählten die Fujiwara, Taira und Minamoto. Die Führer der Minamoto (auch bekannt als Heike) leiteten ihre Abstammung von Kaiser Kammu her, während die Minamoto (oder Genji) behaupteten, von Kaiser Seiwa abzustammen.

Zwischen 935 und 940 war die Autorität der Zentralregierung in Ost- und Westjapan ernstlich in Frage gestellt. Im 10. Jahrhundert hatten sich zahlreiche Nebenlinien des Taira-Clans im Kantō etabliert. 935 führte Taira no Masakado (gestorben 940), ein östlicher Krieger und direkter Nachkomme des Kaisers Kammu, einen Aufstand gegen die zivile Zentralregierung und bekam die meisten der acht Kantō-Provinzen unter seine Herrschaft. Der Aufstand war zunächst ein Machtkampf zwischen einigen Taira-Cliquen gewesen, aus dem Masakado siegreich hervorgegangen war. Daraufhin vertrieb er die vom Hof eingesetzten Distriktgouverneure der Provinzen Musashi und Hitachi. 939 stand Masakado, der sich inzwischen Herrscher des Kantō nannte, in offenem Widerstand zur Zentralregierung. Zur gleichen Zeit war Fujiwara no Sumitomo (gestorben 941) vom Hof beauftragt worden, die Piraterei in der Inlandsee niederzuschlagen, doch auch er wurde zum Rebellen, so daß der Hof sich nun von zwei Seiten bedroht sah. Armeen unter dem Befehl kaiserlicher Prinzen und des Minamoto-Führers Tsunemoto (gestorben 961) wurden abgesandt, um den Aufständen ein Ende zu machen, was nur mit Mühe gelang. Zuerst schien es, als habe der Hof seine Stellung wieder gefestigt, doch er hatte dazu die Hilfe von Minamoto-Kriegern in Anspruch genommen, die nun ihrerseits die Präsenz der Minamoto in den Ost- und Westprovinzen gestärkt sahen. Einige von ihnen knüpften Verbindungen zu den Fujiwara am Hof und etablierten sich schließlich als die »Klauen und Zähne« der Fujiwara. Die Schwäche des Hofes wurde nun ebenso deutlich sichtbar, wie die wachsende Macht der Provinzverbände.

Auch im 11. Jahrhundert ging diese Machtkonzentration in Ost- und West-Japan weiter. Im Nordosten erstarkten die Minamoto (Genji) unter der Führung von Minamoto no Yoriyoshi (988–1075) und seinem Sohn Yoshiie (1039–1106) im Verlauf des Neunjährigen und des Dreijährigen Krieges (1051–62). Yoriyoshi und Yoshiie waren vom Hof mit der Niederwerfung eines Aufstandes der Abe-Familie in Mutsu beauftragt worden. Nach heftigen Kämpfen siegten sie. Aus dieser Unternehmung gingen die Minamoto-Krieger gestärkt hervor und konnten ihre Kontrolle über den Kantō ausbauen. Landbesitzer dieser Region überließen ihnen Land, um sich ihre Protektion zu sichern.

Die Heldentaten von Yoriyoshi und Yoshiie sind das Thema des oben erwähnten *Mutsuwaki*. Es wurde im 11. Jahrhundert von einem Höfling verfaßt und berichtet von den Siegen der beiden in den Auseinandersetzungen und die Befriedung der Nordprovinzen. Die ausgedehnten Feldzüge boten reichlich Gelegenheit, kriegerischen Mut zu beweisen. Die Siege Yoriyoshis stärkten seinen Ruf, und mit Hilfe von Beutegeschenken verpflichtete er sich die östlichen *bushi*, die sich seiner Armee anschlossen. Das *Mutsuwaki* enthält bereits viele Züge des Kriegerideals, wie es dann in den späteren Erzählungen entwickelt wird.

Yoriyoshi wird als der gestählte Führer und Meister des Weges von Bogen und Pferd vorgestellt:

> »Zu diesem Zeitpunkt trat der Hofadel zusammen, um einen General zu bestimmen, der eine Strafexpedition gegen [Abe] Yoriyoshi führen sollte. Einhellig bestimmten sie Minamoto-no-ason Yoriyoshi, einen Sohn von Yorinobu-no-ason, Gouverneur der Provinz Kawachi. Yoriyoshi war ein umsichtiger und einfallsreicher Mann, dem das Kommando wohl anstand. Zahlreiche Krieger aus dem Osten hatten ihr Vermögen mit dem seinen vereint, das er als Soldat in den Feldzügen seines Vaters erworben hatte. Das war während der Chōgen-Periode (1028–37) gewesen, als sein Vater im Auftrag des Hofes den Rebellen Taira Tadatsune und seinen Sohn niederwarf, die den Osten des Landes mit Aufruhr übersät hatten. Zeitweilig hatte Yoriyoshi als drittrangiger Beamter im Hause des Kōichijōin gedient. Kōichijōin war ein Prinz, der die Jagd liebte. Jedesmal wenn seine Jagdgesellschaft auf einen Hirsch, Fuchs oder Hasen traf, war es unausweichlich Yoriyoshi, der ihn erlegte. Selbst wenn er nur einen schwachen Bogen bei sich trug, wie es seine Gewohnheit war, war sein Ziel dem Tode geweiht, denn jeder Pfeil bohrte sich bis zu den Federn in seine Beute, und auch das wildeste Tier mußte durch seinen Bogen sein Leben lassen.«

Doch Yoriyoshi gewinnt die Loyalität seiner Gefolgsleute nicht nur durch seine militärische Überlegenheit sondern auch durch Umsicht und Großzügigkeit: ›Yoriyoshi ließ für seine Männer ein nahrhaftes Mahl bereiten, kümmerte sich darum, daß ihre Waffen in Ordnung gebracht wurden, und ging persönlich zu den Verwundeten, um nach ihren Wunden zu sehen. Die Soldaten waren tief beeindruckt. ›Wir werden unsere Schuld mit unseren Körpern begleichen; unser Leben achten wir für nichts, wenn es um die Ehre geht. Wir sind bereit, für unseren General zu sterben.‹ «

Minamoto no Yoshiie, dem ebenfalls eine wichtige Rolle bei der Machtkonsolidierung der Minamoto zufiel, ist aus demselben Holz wie sein Vater:

> »Doch der eigentliche Held der Schlacht war Yoriyoshis ältester Sohn Yoshiie. Vom Rücken seines Pferdes herunter schoß er wie ein Gott; unerschrocken brach er durch die Umzingelung der Rebellen und tauchte links oder rechts von ihnen wieder auf. Seine schweren Pfeilspitzen durchbohrten einen Rebellenführer nach dem anderen; keine von ihnen ging fehl, immer schlugen sie tödliche Wunden. Er galoppierte wie der Wind und seine Art zu kämpfen war übermenschlich. Die Barbaren flohen vor ihm. Sie wagten nicht, ihm gegenüberzutreten und nannten in den Erstgeborenen von Hachiman dem Kriegsgott.«

Eine der Armeen, die Yoshiie beim endgültigen Sieg über die Abe unterstützte, gehörte zu einer Nebenlinie der Fujiwara. Diese Nördlichen Fujiwara, wie sie auch genannt wurden, errichteten ihre Burg in Hiraizumi, und blieben eine einflußreiche militärische und kulturelle Macht im Nordosten, bis zu ihrer Zerschlagung durch Minamoto no Yoritomo im späten 12. Jahrhundert. Die große Halle des buddhistischen Chūsonji-Tempels, den sie hatten bauen lassen, ist eines der hervorragendsten Architekturbeispiele der Späten Heian-Zeit.

Näher bei der Hauptstadt, in der Ise-Region, baute ein Zweig der Taira-Familie seine Macht während des 11. und 12. Jahrhunderts aus. Unter der schlauen Führung von Tairo no Kiyomori (1118–1181) wurde sein Clan von Mönchskaisern zur Intervention am Hofe ermutigt. Daraufhin kamen die Taira in direkte Auseinandersetzung mit den Fujiwara und ihren Verbündeten, den Minamoto-Kriegern. Waren solche mächtigen Militär-Clans erst einmal in die Hofpolitik verwickelt, konnte man sie nicht so schnell wieder vertreiben. Mönchskaiser und Höflinge versuchten daher, die Macht der Krieger zu neutralisieren, indem sie sie gegeneinander ausspielten. Solange kein einzelner Clan die Vormachtstellung erlangte, konnte der Hof darauf hoffen, seine Führungsposition zu halten. Von der Mitte des 12. Jahrhunderts überflügelten jedoch zunächst die Taira, dann die Minamoto die Autorität des Hofes, und die Krieger übernahmen von nun an politische Leitfunktionen.

Als 1156 ein Interessenkonflikt zwischen dem abgedankten und dem regierenden Kaiser ausbrach, bezog der Hof Stellung. Mitglieder der Fujiwara engagierten sich auf beiden Seiten, auch die rivalisierenden Clans der Taira und Minamoto waren in den Disput verwickelt. Durch die geschickte Beseitigung all seiner Rivalen in den Hōgen- und Heiji-Unruhen 1156 und 1159, bei denen fast alle Minamoto-Führer ums Leben kamen, sicherte Kiyomori sich und den Taira eine führende Position am Hof. Die beiden Kaiser und der Fujiwara-Clan blieben zwar verschont, hatten aber fortan nur eine zeremonielle Funktion bei Hofe, und warteten auf eine Gelegenheit, die Taira zu verdrängen. Doch sie mußten sich Kiyomori und den Taira-Führern fügen, die sich Hofämter und Provinzialtitel sowie Landbesitz zusprachen. Wie die Fujiwara vor ihnen benutzten auch sie eine geschickte Heiratspolitik, um ihren Einfluß in der kaiserlichen Verwaltung auszudehnen. Durch Einheirat seiner Tochter in die Kaiserfamilie hoffte er auf einen Taira-Kaiser, und der Kindkaiser Antoku schien seine Träume zu verwirklichen.

Das Entstehen der Militärverbände
Nachdem die Zentralmacht des Kaiserhofes geschwächt und das militärische Rekrutierungssystem zusammengebrochen war, breiteten sich ab dem 10. Jh. lokale Militärverbände in den Provinzen aus *(bushidan)*. Diese Karte zeigt einige der wichtigsten Truppenverbände und die für den Aufstieg der *bushi* entscheidenden militärischen Unternehmungen. Um die Hauptstadt, *shōen* und Dörfer zu schützen, Kontrolle über den Norden des Landes zu behalten und um regionale Revolten, wie etwa die Aufstände unter Taira Masakado (940), Fujiwara Sumitomo (941) und Taira Tadatsune (1028), niederzuwerfen, mußten Kaiser, Mönchskaiser, Adlige, Tempel und Schreine Schutz bei den Führern dieser Lokaltruppen erbitten und räumten ihnen damit Einfluß auf die Politik des Hofes ein. Große Tempel wie Enryakuji, Kofukuji, Kōya und Negoro unterhielten mehrere tausend Mann starke Armeen von Mönchssoldaten, und Schreine wie Kumano und Usa konnten ebenfalls starke Militärkräfte aufbieten.
Einige der gefürchtetsten und unabhängigsten Truppen waren im Osten des Landes stationiert. Viele dieser östlichen *bushi* schlossen sich im Neunjährigen (1051–62) und im Dreijährigen Krieg (1083–87) Minamoto Yoriyoshi und Yoshije an und kämpften mit ihnen gegen die Abe und Kiyohara. Die militärischen Erfolge Minamotos vergrößerten ihren Einfluß in den Ostprovinzen und stärkten gleichzeitig die Bindung an Minamoto.

Rechte Seite, kleines Bild: Diese Szene aus einer mittelalterlichen Bildrolle schildert die Heldentaten Minamoto Yoshiies im Dreijährigen Krieg (1083–87). Hier sehen wir den legendären Kriegshelden Hachiman Tarō, Erstgeborener des Kriegsgottes Hachiman, im Kampf gegen die Feinde. Der Sage nach hatte er ihre Stellung durch aufgeschreckte Wildgänse entdeckt. Die Ausführung dieses Bildes ist eher anspruchslos, doch es vermittelt einen guten Eindruck von den berittenen Bogenschützen des Mittelalters, die sich eher in persönlichen Auseinandersetzungen und Scharmützeln engagierten als in großen Schlachten.

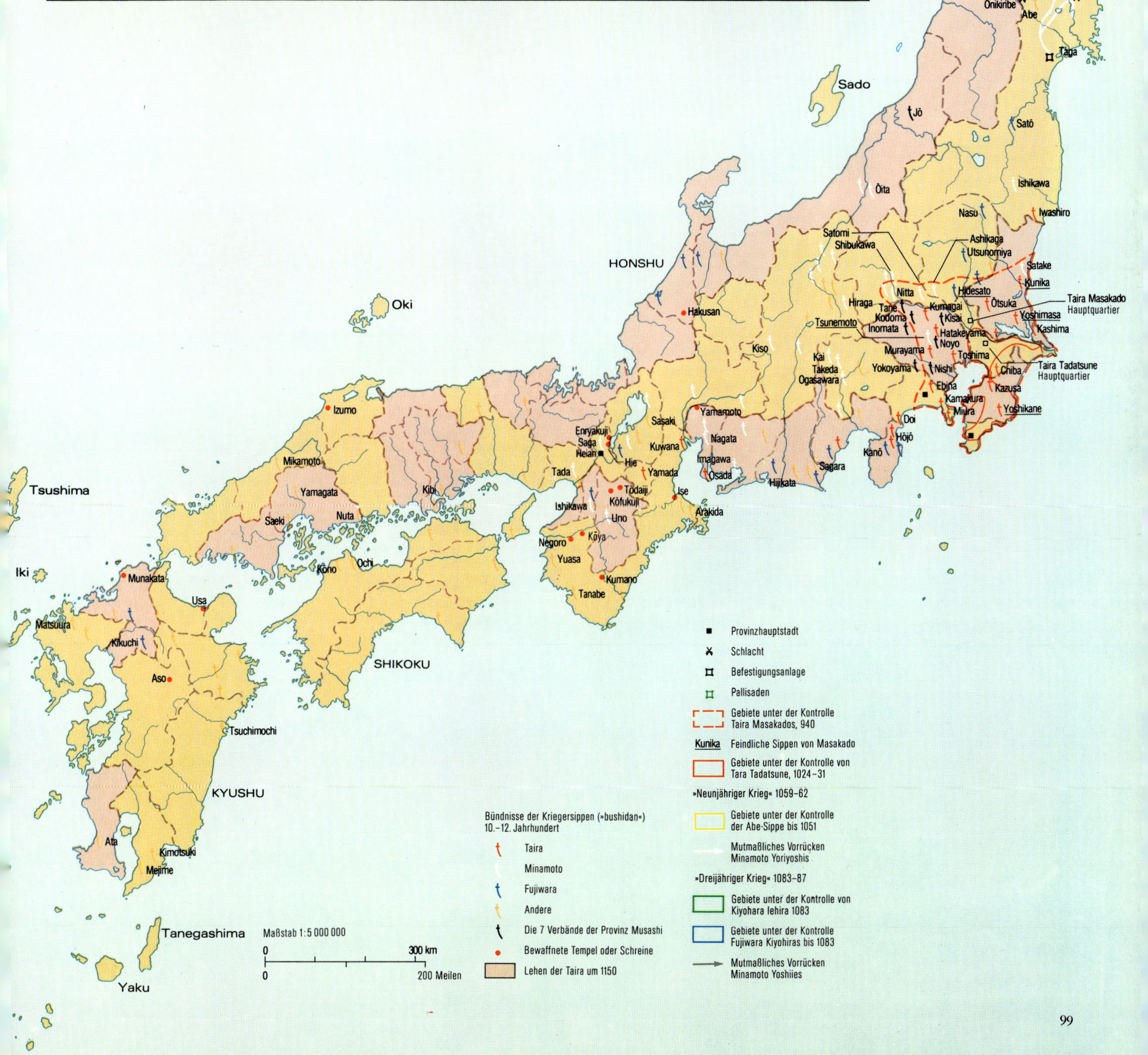

Akita
Kuriyagawa
Hitsume
Kanazawa
Numa
Izawa
Ogachi
Nordzweig der Fujiwara
Hiraizumi
Onikiribe
Kawasaki
Abe
Taga
Sado
Jō
Satō
Ōita
Ishikawa
Nasu
Iwashiro
Satomi
Shibukawa
Ashikaga
Utsunomiya
Satake
HONSHU
Nitta
Hidesato
Kunika
Taira Masakado Hauptquartier
Hiraga
Tane
Kodoma
Kumagai
Kisai
Ōtsuka
Yoshimasa
Tsunemoto
Inomata
Hatakeyama
Kashima
Oki
Hakusan
Kiso
Kai
Takeda
Ogasawara
Noyo
Murayama
Toshima
Yokoyama
Nishi
Chiba
Taira Tadatsune Hauptquartier
Ebina
Kazusa
Kamakura
Miura
Yoshikane
Izumo
Yamamoto
Sasaki
Doi
Hōjō
Enryakuji
Saga
Heian
Nagata
Kuwana
Imagawa
Kanō
Mikamoto
Hie
Tada
Yamada
Osada
Hijikata
Sagara
Tsushima
Yamagata
Kibi
Tōdaiji
Kōfukuji
Ise
Saeki
Nuta
Ishikawa
Uno
Arakida
Negoro
Kōya
Iki
Kōno
Ochi
Yuasa
Munakata
Kumano
Tanabe
Usa
Matsuura
Kikuchi
SHIKOKU
Aso
Tsuchimochi
KYUSHU
Ata
Kimotsuki
Mejime
Tanegashima
Yaku
Maßstab 1:5 000 000
0
300 km
0
200 Meilen
Bündnisse der Kriegersippen (»bushidan«) 10.–12. Jahrhundert
Taira
Minamoto
Fujiwara
Andere
Die 7 Verbände der Provinz Musashi
Bewaffnete Tempel oder Schreine
Lehen der Taira um 1150
Provinzhauptstadt
Schlacht
Befestigungsanlage
Pallisaden
Gebiete unter der Kontrolle Taira Masakados, 940
Kunika Feindliche Sippen von Masakado
Gebiete unter der Kontrolle von Tara Tadatsune, 1024–31
»Neunjähriger Krieg« 1059–62
Gebiete unter der Kontrolle der Abe-Sippe bis 1051
Mutmaßliches Vorrücken Minamoto Yoriyoshis
»Dreijähriger Krieg« 1083–87
Gebiete unter der Kontrolle von Kiyohara Iehira 1083
Gebiete unter der Kontrolle Fujiwara Kiyohiras bis 1083
Mutmaßliches Vorrücken Minamoto Yoshiies

Provinzhauptstadt
Schlacht mit Datum
Befestigungsanlage
Barrikade
Schrein
Tempel
Dannoura wichtiger Ort im »Heike-monogatari«
Minamoto-Feldzüge
Yoritomo, 1180
Yoshinaka, 1180–84
Yoshitsune, 1180–85
Noriyori, 1180–85
Yoritomo 1189
Größte Ausdehnung von Yoritomos Machtbereich
Legendäre Fluchtwege der Taira
Von Kriegern kontrolliertes Gebiet, zu Beginn des Jahres 1193
Minamoto Yoritomo
Taira
Minamoto Yoshinaka
Nordzweig der Fujiwara
Nie
Fujiwara Yasuhira getötet 1189
Kuriyagawa
Hiraizumi
Tamatsukuri
Nezu
Taga
Miyanouchi
Okuma
Atsugashiyama 1189
Yoritomo besiegt Fujiwara Kunihira
Sado
Shirakawa
Koremori
Utsunomiya
HONSHU
Kurigara Pass 1183
Zenkōji
Yokota Kawahara 1181
Shinohara 1183
Hida
Kiso
Oki
Misasa
Ochiori
Heian
Hōgen-Krieg, 1156
Heiji-Krieg, 1159
Biwa-See
Sunomata
Odawara
Kamakura
Fuji
Fujigawa 1180
Ishibashiyama 1180
Numazu
Halbinsel Izu
Yoritomo-Verband 1159–80
Shinoyama 1184
Awazu 1184
Minamoto Yoshinaka getötet
Uji 1180
Kaiser Antoku
Tsunemori
Tsunemori
Mizushima 1183
Ichinotani 1184
Osaka
Fukuhara
Nara
Ichigodani
Tsushima
Itsukushima
Yashima 1185
Yoshitsunes Sieg
Dannoura 1185
Niederlage der Taira
Tomomori
Tokushima
Iya
Iki
Dazaifu
Usa
Yokokurayama
Hososhima
SHIKOKU
Tomomori
Maßstab 1:5 000 000
0 300 km
0 200 mi
KYUSHU
Kaiser Antoku
Shibushi
Io
Tanegashima
Yaku

Die Gempei-Kriege und der Niedergang der Taira

Nach ihren schlagenden Erfolgen in den Hōgen- und Heiji-Aufständen (1156 und 1159) gelang es Taira Kiyomori und den Taira von Ise, den Hof zu dominieren, Landbesitz an sich zu bringen und ihre Hauptgegner, die Minamoto-Führer, zu vernichten. Doch ihre Überheblichkeit brachte den Ex-Kaiser Go-Shirakawa und die Höflinge gegen sie auf. 1180 führte Prinz Mochihito einen vernichtenden Schlag gegen die Taira, bei dem er selbst in der Schlacht von Uji ums Leben kam. Im Osten lehnte sich Minamoto Yoritomo gegen die Taira auf, wurde aber 1180 bei Ishibashiyama besiegt. In der Schlacht von Fujigawa im selben Jahr hatte er mehr Erfolg. Von 1180 an konnte Yoritomo seine Macht im Osten ständig ausbauen. Er konnte Gefolgsleute *(gokenin)* an sich binden und eine Militärverwaltung aufbauen. 1183 gelang es seinem Cousin Yoshinaka von Shinano aus, Taira-Truppen niederzuwerfen und dann in Richtung Hauptstadt vorzudringen. Als er dort einfiel, flüchteten die Taira mit dem Kindkaiser Antoku nach Westen. Gegenseitiges Mißtrauen zwischen Yoshinaka und Yoshitomo veranlaßte letzteren, seine beiden Brüder Noriyori und Yoshitsune zu schicken, um die Taira endgültig zu zerschlagen. Der geschickte Stratege Yoshitsune vertrieb sie im März 1185 aus Yashima und schlug sie dann in einer Seeschlacht bei Dannoura im April. Die wichtigsten Taira-Führer wurden getötet oder nahmen sich das Leben. Der Kindkaiser soll zusammen mit den Herrscherinsignien ertrunken sein.

Nach diesem Sieg der Minamoto machte sich Yoritomo an die Ausschaltung Yoshitsunes, den er der Rebellion bezichtigte. Dann baute er seine Macht über den Osten weiter aus, indem er die Nördlichen Fujiwara besiegte, die Yoshitsune Zuflucht gewährt hatten. Schließlich forderte er vom Hof die Anerkennung seiner Militärregierung in Kamakura, den Titel eines Shogun und den Ausbau seines Bakufu.

Obwohl alle Taira-Führer in der Schlacht von Dannoura das Leben lassen mußten, existierten sie weiter in Legenden und Romanen: es gibt viele Sagen von »Gefallenen«, göttlichen Besuchern, entehrten Adligen und geschlagenen Kämpen, die in entlegene Gegenden fliehen mußten. Von mehr als hundert Orten wird behauptet, es hätten sich dort Angehörige der Taira versteckt, die die Schlacht bei Dannoura überlebt hätten. Die Tragödie der Taira, so wie sie das *Heike monogatari* erzählt und wie es von blinden Lautenspielern kolportiert wird, übte in den entlegenen Dörfern große Anziehungskraft auf die Zuhörer aus.

Linke Seite, kleines Bild: Dieser Holzsattel mit Perlmuttintarsien, geschmückt mit Spinnweben und Kleebüscheln, symbolisiert treffend die beiden Aspekte mittelalterlicher Kriegertradition: Die Kunst des Krieges *(bu)* und die Kunst des Friedens *(bun)*. Die kriegerischen Fertigkeiten bezeichnete man auch als den »Weg von Bogen und Pferd«. Kriegsgerät wurde mit religiösen und poetischen Motiven geschmückt. Die Spinnweben stehen für die Vergänglichkeit des Lebens, speziell bei den Kriegern, der Klee ist eine Anspielung auf Niedergang und stammt aus den *»Geschichten vom Prinzen Genji«* und altjapanischer Dichtung.

Kiyomori und der Taira-Clan ließen sich in Heian-Kyō (Kyōto) nieder, wurden Höflinge und sagten sich damit von ihrem Stützpunkt in der Provinz und von ihrer militärischen Tradition los. Bei Hof wurden sie vom Mönchskaiser und den Fujiwara-Adligen als Emporkömmlinge verachtet, und man wartete nur auf eine Gelegenheit, sie zu stürzen. In der Zwischenzeit sammelten sich die übriggebliebenen Minamoto in den Ostprovinzen um den jungen Yoritomo, dessen Leben Kiyomori seinerzeit verschont und den er ins Exil geschickt hatte. Ab 1180 fühlte sich Yoritomo stark genug, um gegen die Hegemonie der Taira anzutreten. Sein Cousin Minamoto no Yoshinaka und sein Halbbruder Yoshitsune leiteten die militärischen Operationen, die die Taira aus der Hauptstadt vertrieben und schließlich in der Seeschlacht von Dannoura 1185 vernichteten. Der Kindkaiser Antoku fand dabei den Tod in den Fluten der Inlandsee. Die Taira-Führer wurden entweder getötet, oder sie brachten sich um, und der Clan wurde ausgelöscht.

Der rasche Aufstieg und jähe Fall der Taira ist das zentrale Thema des *Heike monogatari (Erzählungen über das Geschlecht der Taira)*. Diese Balladen von Heldentum und Traurigkeit mit ihrem buddhistischen Unterton wurden in der vorliegenden Form vermutlich um die Mitte des 13. Jahrhunderts zusammengestellt. Die Verherrlichung der kriegerischen Tugenden der *bushi*, die wir bereits im *Mutsuwaki* und in den Kriegsgeschichten der Folgezeit finden, gipfelt in der deklamatorischen Prosa des *Heike monogatari*. Stärke, Mut, Schlauheit, Loyalität, Großmut im Sieg, Tapferkeit in der Niederlage, Verlangen nach persönlicher und familiärer Ehre wurden gepriesen, Feigheit, Gemeinheit und Verrat gegeißelt.

Damals galt die Bereitschaft, für seinen Herrn zu sterben, als höchster Beweis kriegerischen Heldenmutes. Und es war üblich, daß man sich lieber selbst den Leib aufschlitzte, als die Schmach der Gefangenschaft zu erdulden. In der Erzählung wird dieses grausige Ritual modifiziert, indem es mit einem ritterlichen Verhaltenscodex und der Bewunderung für die höfischen Künste in Verbindung gebracht wird. Der exemplarische Krieger des *Heike monogatari* war nicht nur ein fähiger Kämpfer, er war auch menschlichen Gefühlen zugänglich und versiert in der Dichtkunst. Minamoto no Yorimasa verkörperte ein solches Ideal. 1180 bat ihn Prinz Mochihito um Hilfe für einen Aufstand gegen die Taira. Nach der Zerschlagung dieses Aufstandes nahm er sich mit all der wilden Grausamkeit, die von einem Krieger erwartet wird, das Leben, nicht ohne vorher ein Gedicht verfaßt zu haben, das eines Höflings würdig gewesen wäre:

»Yorimasa ließ Watanabe Chōjitsu Tonau zu sich rufen und befahl ihm: ›Schlag mir den Kopf ab.‹ Tonau konnte es nicht über sich bringen, dem Befehl zu folgen, solange sein Herr noch lebte. Er weinte bitterlich. ›Wie kann ich so etwas tun, Herr?‹, erwiderte er. ›Ich bin erst dazu imstande, nachdem du dich umgebracht hast.‹ ›Ich verstehe‹, sagte Yorimasa, wandte sich gen Westen und rezitierte mit aneinandergelegten Handflächen zehnmal ›Heil dem Buddha Amida‹. Dann verfaßte er folgendes Gedicht:

Traurig wie ein alter Baum,
der nie eine Blüte trug,
war mein Leben.
Trauriger noch ist,
meine Tage zu enden,
ohne eine Frucht hinterlassen zu haben.

Nachdem er diese Zeilen gesprochen hatte, rammte er sich die Spitze seines Schwertes in den Bauch, neigte den Kopf, als das Schwert ihn durchbohrte, und starb. Kein gewöhnlicher Mann hätte in diesem Moment ein solches Gedicht abfassen können, für Yorimasa jedoch bedeutete das Dichten seit seiner frühesten Jugend eine Quelle des Vergnügens, die er auch im Augenblick des Todes nicht vergaß. Tonau nahm weinend den Kopf seines Meisters und befestigte ihn an einen Stein. Dann brachte er ihn, dem Feind aus dem Wege gehend, zum Fluß und versenkte ihn an einer tiefen Stelle.«

Der Ruhm der Taira fand in der Seeschlacht von Dannoura 1185 ein Ende. Der Erzähler entwirft bei der Schilderung dieser Niederlage ein bewegendes Bild von der Flüchtigkeit des Ruhms und zeigt Heldentum selbst in der Niederlage. Als die Taira-Flotte von den Minamoto besiegt wird, ist eine der Hofdamen bereit, gemeinsam mit dem Kindkaiser, an den sich so große Hoffnungen knüpften, zu sterben:

»Dann legte die Dame Nii, die nun wußte, was sie zu tun hatte, ein graues Trauergewand um, raffte ihre langen Röcke, nahm den Heiligen Juwel unter den Arm und das Heilige Schwert in ihren Gürtel. Den Kaiser in die Arme schließend sagte sie: ›Ich bin zwar nur eine Frau, aber ich will nicht in die Hände des Feindes fallen. Ich werde meinen Gebieter begleiten. Diejenigen, die bereit sind, sollen uns folgen.‹ Dann ging sie langsam zum Vorderdeck.

Der Kaiser war sieben Jahre alt, wirkte aber älter. Sein Liebreiz war so groß, daß er sich in Strahlen um ihn auszubreiten schien. Das lange schwarze Haar hing ihm weit den Rücken hinunter. Mit einem überraschten und ein wenig ängstlichen Blick fragte er die Dame Nii: ›Wo gehst du mit mir hin?‹

Tränenüberströmt wandte sie sich dem Kindkaiser zu und antwortete: ›Vielleicht wissen Eure Majestät nicht, daß Ihr dank der Zehn Tugenden aus dem vorigen Leben auf den Kaiserthron wiedergeboren seid. Jetzt aber hat sich böses Karma Eurer bemächtigt. Wendet Euch nach Osten, und sagt den Göttern des Ise Schreins Lebewohl, dann wendet Euch nach Westen und rezitiert das *nembutsu*, damit Amida und die Heiligen kommen, um Euch im Reinen Land des Westens zu begrüßen. Japan ist nur ein kleines Hirsekorn, doch jetzt ist es ein Jammertal, doch jenseits der Wellen, da liegt das reine Land der Glückseligkeit, liegt eine andere Hauptstadt, die keinen Kummer kennt. Dorthin gehe ich mit dir, mein Gebieter.‹

Sie tröstete ihn, und wickelte seine Locken in die taubengraue Robe. Blind von Tränen legte der Kindkaiser seine schönen, kleinen Hände zusammen, wandte sich zuerst nach Osten, um den Göttern des Ise Schreins Lebewohl zu sagen, dann nach Westen, um das *nembutsu* zu wiederholen. Die Dame Nii schloß ihn fest in ihre Arme und sagte: ›Unsere Hauptstadt liegt in den Tiefen des Ozeans.‹, dann versank sie mit ihm in den Wellen.«

Schon vor dem Sieg über die Taira hatte Minatomo no Yoritomo damit angefangen, militärische Verwaltung in Kamakura, Ostjapan, aufzubauen. Die Etablierung seiner Militärregierung in Kamakura bedeutete nicht nur das Ende der Heian-Zeit, sondern auch eine Machtverschiebung zwischen Hof und Militär. Damit hatte der bestimmende Einfluß des Hofes auf das kulturelle Leben Japans ein Ende, eine neue Ära begann. Die mittelalterlichen Krieger orientierten sich an den Höflingen, Zen-Klöstern und Reisenden aus China und entwickelten so eine eigene, unverwechselbare Kultur.

Die Samurai-Gesellschaft im Mittelalter

Die Militärelite, die die japanische Gesellschaft vom 12. bis ins 19. Jahrhundert prägte, nannte man gewöhnlich *bushi* oder *samurai. Bushi* bedeutet »kämpfende Männer« und ist ganz allgemein die Bezeichnung für die Krieger der mittelalterlichen Epoche. Die meisten lebten auf Dörfern und verwalteten ihre Ländereien, währenddessen sie sich in den Kriegskünsten übten und sich für den Einsatz auf dem Schlachtfeld bereithielten. Einige dieser Provinzial-Krieger waren Vasallen *(gokenin*, wörtlich »Hausleute«) des Shōgun. Zunächst bezeichnete der Begriff »samurai« den Waffendienst eines Vasallen. Nach dem 16. Jahrhundert verwendete man ihn im allgemeinen für die Krieger, die vom Land in die Burgstädte übersiedelten und hier als fest besoldete Vasallen lebten. Seit dem Mittelalter entwickelte die Kriegerklasse ihre eigene soldatische und spartanische Lebensweise, deren Richtlinien im »Weg des Ritters« oder *bushidō* mit Tugenden wie loyaler Dienstausübung oder Familienehre festgelegt wurden. Im Extremfall drückte sich die Loyalität in der Bereitschaft aus, sich für seinen Herrn in dem grausigen Ritual des *seppuku* zu opfern. In den Friedenszeiten der Edo-Periode verlagerten die Samurai ihre konfuzianischen Tugenden auf ihre Rolle als Herrscher, Beamte oder Gelehrte.

Rechts: Diese Szene, die der *Bildrolle der mongolischen Invasionen* entstammt, zeigt den berittenen Krieger Takezaki Suenaga, den Auftraggeber der Bildrolle, als Anführer eines Ausfalls gegen mongolische Bogenschützen, die einen Brückenkopf auf japanischem Boden errichtet haben. Sein schwerverwundetes Pferd ist ganz augenscheinlich aufgescheucht durch die fremdartigen Brandkugeln, die die Mongolen abfeuern. Die Langbögen und gekrümmten Schwerter *(tachi)* der japanischen Krieger werden den kurzen Bögen und den geraden Schwertern der mongolischen Schützen gegenübergestellt. Suenaga ließ die Rolle malen und übergab sie einem Shintō-Schrein, damit man sich seines Heldenmutes bei der Beuteverteilung und der Verleihung von Ehrentiteln erinnerte. Um kein Mißverständnis an seiner Heldenrolle aufkommen zu lassen, ist er in den meisten Szenen, in denen er auftaucht, namentlich genannt.

Oben: In diesem wirkungsvoll stilisierten Porträt ist Minamoto Yoritomo (1147–1199), Begründer des Kamakura-Shōgunats, nicht als bewaffneter Krieger, sondern als Herrscher und Administrator in Hofkleidung und mit einem Amtsstab in der Hand dargestellt. Das ist insofern treffend, als Yoritomo weniger als brillanter General in Erinnerung geblieben ist, sondern als genialer Verwaltungsspezialist, der den Zusammenbruch der Taira-Herrschaft plante und überwachte, während er gleichzeitig den Verwaltungsapparat für eine Militärherrschaft organisierte.

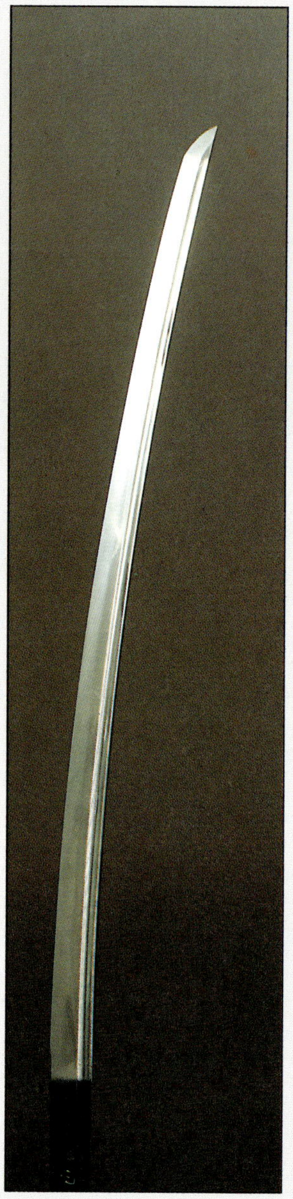

Rechts: Im frühen Mittelalter faßten sich die Krieger als berittene Bogenschützen auf. Bald darauf wurden jedoch gehämmerte, gefalzte und gehärtete Klingen, die in feierlichem Ritual von Schwertschmiedekünstlern aus Ost-Japan geschmiedet wurden, als die »Seele der Samurai« gerühmt. Hier abgebildet ist ein kostbares, im 14. Jh. hergestelltes *tachi*, das man sich mit mit einer Kordel um die Taille schlang.

Links: Diese bewegte Szene entstammt einer Bildrolle, die den Heiji-Aufstand von 1159, der die Taira an die Macht brachte, darstellt. Minamoto-Krieger wüten durch den Sanjō-Palast in Kyōto, um sich des auf der Seite der Taira stehenden Mönchskaisers Go-Shirakawa zu bemächtigen. Während schon die Flammen aus den Gebäuden schlugen, ziehen die *bushi* plündernd und mordend durch den Palast. Die Malerei ist eine glänzende Darstellung der Gewalt, die für das Eindringen der Kriegerklasse in die Hofpolitik bezeichnend war.

Rechts: Frühe Handbücher der Kriegskunst geben Aufschluß über eine Vielzahl von lebenswichtigen Fertigkeiten, wie z. B. das Anlegen der Rüstung in Notfällen, ohne die Hilfe eines Pagen.

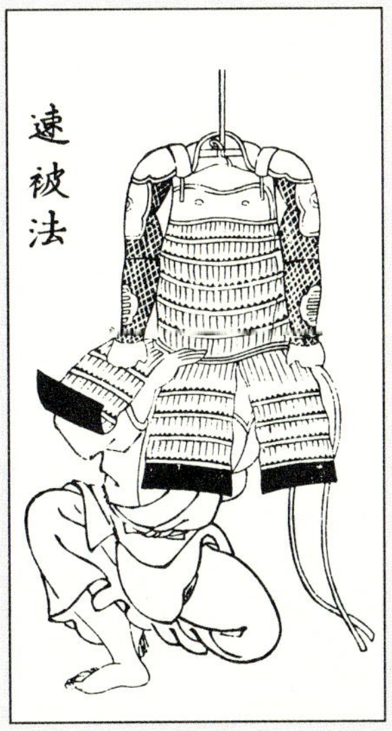

KULTUR UND GESELLSCHAFT IM MITTELALTER

Der lange Zeitraum der japanischen Geschichte zwischen dem 12. und dem 16. Jahrhundert, der die späte Heian-Zeit, die Kamakura- und Muromachi-Periode umfaßt, wird im allgemeinen als »Mittelalter« *(chūsei)* bezeichnet. Der Zeitraum wird von einigen Gelehrten geringfügig verschoben, zum Teil auch »frühes Feudalzeitalter« genannt, aber im Grunde wird diese Periodisierung ohne einschneidende Abänderung allgemein akzeptiert und als das Zeitalter der Kriege und des Kriegeradels charakterisiert. Der Kriegeradel erlangte während dieser Jahrhunderte hohes soziales und politisches Ansehen, aber die Vorstellung, die ganze Epoche sei ausschließlich von der Kriegerkaste geprägt worden, wäre irreführend. Auch der Hof behauptete seinen mächtigen kulturellen Einfluß, die buddhistische Priesterschaft leistete wirksame kulturelle Beiträge und erstmals in der japanischen Geschichte begannen sich volkstümliche Elemente im kulturellen Bereich abzuzeichnen.

Trotz der unsicheren Machtverhältnisse zeigten sich in Politik, Gesellschaft, Religion und Kunst tiefgreifende Verschiebungen, die man nicht als typische Erscheinungsformen des Mittelalters klassifizieren kann, da sie schon vor dem 12. Jahrhundert einsetzten und ihre Auswirkungen erst lange nach dem 16. Jahrhundert zum Tragen kamen. Tatsächlich formten diese sich gegenseitig beeinflussenden Strömungen den Charakter der traditionellen japanischen Gesellschaft bis heute, weswegen die Behauptung angemessen ist, daß das mittelalterliche Erbe in Japan ebenso bedeutsam ist wie in den europäischen Ländern.

Politische Strömungen

In der Politik des Mittelalters lassen sich drei langfristige Strömungen bzw. Phasen unterscheiden: der allmähliche, aber unaufhaltsame Übergang der politischen Führerschaft auf eine neue Elite. Die Auflösung der stabilen Zentralmacht in Dezentralisation und Bürgerkrieg. Und schließlich auf dem Höhepunkt der politischen Zersplitterung eine durch Kriege erzwungene Einigung. Die erste dieser Phasen begann im späten 12. Jahrhundert mit der Verschiebung politischer Macht vom Kaiserhof auf Militärkommandeure, mit der Gründung von Militärverwaltungen einerseits (Bakufu bzw. Shōgunat), und dem Zerfall kaiserlicher Autorität und politischer und wirtschaftlicher Macht des Hofadels andererseits. Während die frühe Phase der Militäradministration, das Kamakura- und frühe Muromachi-Bakufu, durch Stärke und Stabilität gekennzeichnet war, verminderte sich im ausgehenden 15. und frühen 16. Jahrhundert die Zentralmacht des Muromachi-Bakufu, was Unruhen in den Provinzen, örtliche Kriegshandlungen und lokale Eigenmächtigkeiten auslöste. Dieser Prozeß wird als »Revolte der Vasallen gegen ihre Herren« *(gekokujō)* bezeichnet. Die neu auftretende Kriegeraristokratie *(sengoku daimyō)* brachte Persönlichkeiten wie Oda Nobunaga, Toyotomi Hideyoshi und Tokugawa Ieyasu hervor, die die Einigung und den Frieden des Landes anstrebten und mit der dazu notwendigen militärisch-taktischen Begabung ausgestattet waren.

Im 10. und 11. Jahrhundert behauptete der Kaiserhof in Heian noch immer seine politische Autorität. Die Regierungsgeschäfte lagen in den Händen der Fujiwara, die durch Monopolisierung der höchsten Regierungsämter und als Regenten oder Großväter mütterlicherseits der in der Regel minderjährigen Kaiser die Macht ausübten. Die wenigen Kaiser, die sich durch Abdankung der Fujiwara-Herrschaft widersetzten, errichteten als Mönchskaiser ihre eigene Regierungszentrale *(in)*. Bereits im 10. Jahrhundert begannen die in der Nara-Zeit eingeführten Verwaltungs- und Landverteilungssysteme und das Militär- und Steuerwesen zusammenzubrechen. Adel, Tempel und Schreine und sogar Angehörige der Kaiserfamilie wetteiferten miteinander, der öffentlichen Domäne privaten Landbesitz *(shōen)* zu entreißen und ihn mit dem notwendigen militärischen Schutz zu versehen. Der Zerfall des zentralisierten Militärwesens hatte zur Folge, daß sich der Provinzadel selbst bewaffnete und regionale Kriegerverbände gründete. Auch die vom Adel und den Klöstern zur Verwaltung der verstreuten Landgüter eingesetzten Beamten nehmen den Schutz der lokalen Kriegerfamilien in Anspruch. Die Großklöster rekrutierten eigene Armeen, die Mönchssoldaten *(sōhei)*, die auf der Basis religiöser Sanktionen oder militärischer Gewalt die Interessen der Klöster durchsetzten. In den Provinzen und der Hauptstadt kam es zu periodisch wiederkehrenden Unruhen. Der Aufruhr des Taira no Masakodo in den östlichen Provinzen zwischen 935 und 950 und der parallel dazu verlaufende Aufstand des Fujiwara no Sumitomo im Westen bedeuteten schwere Anschläge auf die Zentralmacht. Dennoch gelang es dem Hof, mit Unterstützung der aus den Provinzen zu Hilfe gerufenen Militärverbände diese frühen Aufstände niederzuschlagen und die politische Vorherrschaft bis zum 12. Jahrhundert aufrechtzuerhalten.

Diese Vorherrschaft wurde erst dann ernsthaft bedroht, als sich Krieger aus den Provinzen *(bushi)* in die hauptstädtische Politik einmischten und sich politische Macht anmaßten. Der Hof reagierte mit einer Politik, die eine Kriegerfamilie gegen die andere ausspielte, insbesondere die mächtigen Taira gegen die Minamoto. Der Erfolg dieser Politik hielt bis zur Mitte des 12. Jahrhunderts an, als die Taira-Familie unter Führung von Taira no Miyomori ihre Rivalen ausschalten und die tatsächliche Vorherrschaft am Hofe erlangen konnte. Wie die Fujiwara versuchten die Taira, die Regierungsämter zu monopolisieren und im Rahmen des bestehenden Verwaltungsapparates die Herrschaft auszuüben. Der Mönchskaiser Go-Shirakawa verbündete sich in dem Bestreben, die Taira zu vertreiben, mit den Resten der Minamoto, die sich in Ostjapan unter der Führung des jungen Generals Yoritomo und dessen Halbbruders Yoshitsune erneut formierten. Während Yoritomo im Osten zurückblieb und für den Fall des Sieges der Minamoto einen handlungsfähigen Verwaltungsapparat organisierte, vertrieben Minamoto Yoshinaka und Yoshitsune die Taira westwärts aus Kyōto und besiegten sie 1185 vernichtend in der Schlacht von Dannoura.

Der Sieg der Minamoto ersetzte eine Militärherrschaft durch die andere. Der Kaiserhof blieb erhalten, jedoch wurden seine Machtbefugnisse nicht wieder hergestellt. Yoritomo nahm den Titel des Shōgun an und errichtete im ostjapanischen Kamakura sein Shōgunat bzw.

Die mongolischen Invasionen von 1274 und 1281

Nachdem der Mongolenfürst Khubilai Khan Korea verwüstet und den größten Teil Song-Chinas erobert hatte, schickte er im Jahre 1268 eine Gesandtschaft nach Japan, die den »König von Japan« aufforderte, sich zu unterwerfen. Der Hof in Kyōto und die Militärregierung in Kamakura ignorierten seine Forderungen und bereiteten sich auf eine Invasion vor. Die Samurai-Vasallen des Kamakura-Bakufu wurden in Alarmbereitschaft versetzt. Tempel und Schreine beteten für den Schutz des Staates. Schließlich stach im November 1274 eine Flotte von 900 Schiffen mit mehr als 44 000 Soldaten und Seeleuten (Mongolen, Tataren, Chinesen und Koreaner) von Süd-Korea aus in See. Nach der Zerstörung von Tsushima und Iki gingen am 19. November in der Hakata-Bucht Truppen an Land. Nachdem die Mongolen das japanische Heer in die Flucht geschlagen hatten, kehrten sie auf ihre Schiffe zurück. In der Nacht zog ein gewaltiger Sturm auf, der viele Schiffe zerstörte und die Flotte in alle Richtungen zerstreute.

Im Jahre 1275 und 1279 erneuerte Khubilai seine Forderungen. Die Hōjō-Regenten ließen seine Gesandten köpfen. Sie befahlen die Errichtung von Schutzwällen an der Küste von Hakata, den Bau von Enterschiffen und die Mobilisierung des gesamten Truppenpotentials. Nach dem endgültigen Zusammenbruch der Song im Jahre 1279 richtete Khubilai seine ganze Aufmerksamkeit auf die Eroberung Japans. 1281 zog er eine große Armada zusammen, die aus zwei Flotten bestand. Anfang Juni stachen gleichzeitig von Korea und vom Yangzi aus 4400 Kriegsschiffe mit 140 000 Soldaten in See. Während sich die südliche Flotte einige Wochen verspätete, erreichte die östliche Flotte am 23. Juni Hakata und verwickelte sich in Kämpfe mit den japanischen Enterschiffen. Am 16. August wurde der Flottenverband von einem Taifun getroffen, der den Großteil der Armada zerschlug. Ihre zweimalige wunderbare Errettung schrieben die Japaner den »göttlichen Winden« *(kamikaze)* zu, wodurch sich der Glaube festigte, daß Japan ein »von Göttern beschütztes Land« sei *(shinkoku)*. Unter den Samurai herrschte Unzufriedenheit, da keine Siegesbeute gemacht wurde. Khubilai plante einen dritten Angriff, der jedoch nie ausgeführt wurde.

Bakufu. Zur Entlohnung seiner Vasallen, zur Verteilung der Kriegsbeute und zur Aufrechterhaltung der Ordnung schuf Yoritomo eine Anzahl neuer Ämter, die er mit treuen Vasallen oder niedrigen Hofadeligen aus Kyōto besetzte. Das von ihm geschaffene Regierungssystem wurde zum Vorbild für die nachfolgenden Militärregierungen. Um die Herrschaft über die Provinzen zu sichern, führte er zwei neue Ämter ein: Den Militär-Gouverneur *(shugo)* und den militärischen Landverwalter *(jitō)*, und brachte auf diese Weise loyale Vasallen in die Schlüsselstellungen der Provinzial- und privaten Landgutverwaltung. Diese Maßnahme markiert in Japan den Beginn der dualistischen Verwaltungsstruktur, wobei die Militärregierung in Kamakura viele Machtbefugnisse übernahm, die vorher dem Hof vorbehalten gewesen waren. Der Hof blieb jedoch bestehen und übte auch weiterhin seine traditionellen Funktionen aus. Yoritomo zollte dem Hof formalen Respekt, während er ihm andererseits seinen Willen aufzwang und ihn kontrollierte.

Die Militärregierung des Yoritomo und seiner Vasallen, das Bakufu, befaßte sich in erster Linie mit der Aufrechterhaltung militärischer Disziplin. Allmählich jedoch übernahmen Yoritomo und seine beiden früh verstorbenen Söhne und später die Hōjō-Militärregenten, die nach dem Aussterben der Minamoto-Linie im frühen 13. Jahrhundert das Bakufu beherrschten, immer mehr Funktionen in der Gesetzgebung und der Rechtsprechung. Die Hōjō errichteten in Kyōto einen regionalen Ableger des Bakufu, um die westlichen Provinzen besser kontrollieren zu können. Sie beanspruchten ein Mitspracherecht bei der Thronfolge und in der Außenpolitik. So organisierte Hōjō Tokimunde die Verteidigung des Landes während der Mongolenangriffe in den Jahren 1274 und 1281.

Es gab einige Versuche von seiten des Kaiserhauses, die politische Macht zurückzugewinnen. Der Jōkyō-Krieg von 1221, ein unglücklicher Aufstand unter der Führung des Mönchskaisers Go-Toba wurde ohne Anstrengung von den Hōjō niedergeschlagen, die sich daraufhin das Recht zusprachen, Kaiser zu verbannen, noch mehr Ländereien zu konfiszieren, noch mehr militärische Landverwalter einzusetzen, Höflinge und Angehörige der Kaiserfamilie zu bestrafen und die Thronfolge zu bestimmen. Im Jahre 1320 widersetzte sich Kaiser Go-Daigo im Bündnis mit unzufriedenen Krieger-Vasallen dem von der Hōjō-Familie beherrschten Kamakura-Bakufu. 1333 gelang es ihm, mit Unterstützung der Ashikaga und anderer mächtiger Kriegersippen aus den Ostprovinzen und mit Hilfe einiger Verbände von Mönchssoldaten, das Bakufu zu überwältigen und die angestrebte, unmittelbare kaiserliche Macht wiederherzustellen. Diese kaiserliche Restauration der Kemmu-Ära führte aber bereits nach drei Jahren auf Grund der einseitig am Hof orientierten Politik des Go-Daigo zum Zerwürfnis mit den einstigen Verbündeten. 1336 zwang man Go-Daigo zur Flucht aus Kyōto. Ashikaga Takauji übernahm den Titel des Shōgun und unter einem rivalisierenden Kaiser begründete er eine neue Regierung, das Muromachi-Bakufu. Mehr als drei Jahrzehnte lang spaltete ein Bürgerkrieg das Land in die Anhängerschaft des Go-Daigo bzw. des südlichen Hofes und die des nördlichen Hofes, der von den Ashikaga unterstützt wurde.

So stand das Muromachi-Bakufu von Beginn an auf einer unsicheren Grundlage. Die Ashikaga-Shōgune, die weder über ausgedehnten Machtbesitz noch über eine militärische Hausmacht verfügten, waren im wesentlichen von der Unterstützung ihrer führenden Vasallen und der Militärgouverneure in den Provinzen, der *shugo*, abhängig. Den starken Herrscherpersönlichkeiten unter ihnen, wie es der dritte Shōgun Yoshimitsu, der den Bruch zwischen nördlichem und südlichem Hof kittete, und auch der sechste Shōgun Yoshinori waren, gelang es, dieses Bündnis zum Nutzen des Bakufu und der Shōgunatsmacht einzusetzen. Die Ermordung des Yoshinori im Jahre 1441 durch einen gekränkten *shugo* machte jedoch die eigentliche Schwäche des Bakufu deutlich. Die *shugo* und die ihnen untergeordneten lokalen Militärs begannen im Wettstreit ihre lokale Macht zu vergrößern, während sich schwache Shōgun-Persönlichkeiten wie Yoshimasa von der aktiven politischen Führerschaft in die Palastpolitik und kulturelle Zerstreuungen zurückzogen. Eine Auseinandersetzung über die Nachfolge Yoshimasas entfachte den Ōnin-Krieg im Jahre 1467, einen zehn Jahre andauernden Konflikt zwischen zwei rivalisierenden *shugo*-Verbänden, der Kyōto beinahe vollständig in Schutt und Asche legte und einen hundertjährigen Krieg, bekannt als das Zeitalter der »kämpfenden Provinzen« (*sengoku jidai*) einleitete.

Die von Aufruhr und Unruhen gekennzeichneten Verhältnisse des späten 15. und frühen 16. Jahrhunderts machten einen Amtstitel oder den Schutz des immer machtloser werdenden Shōgunats bedeutungslos. Nur die tatsächliche Macht zählte, loyale Vasallen, fester Landbesitz gut befestigte Burgen, taktische Begabung und die ständige Bereitschaft zum Angriff und zur Verteidigung. Diese Umstände führten zum Sturz vieler *shugo*, deren administrativer Bereich zu groß geworden war, durch das untergeordnete lokale Militär. Eine Folgeerscheinung dieses *gekokujō* waren die winzigen Domänen der kämpfenden Feudalfürsten, die *sengoku daimyō*. Im frühen 16. Jahrhundert existierten etwa 250 dieser *sengoku*-Domänen in ganz Japan.

Auf dem Höhepunkt der Dezentralisierung begann das politische Pendel zugunsten einer Einigung auszuschlagen. Oda Nobunaga, ein taktisches Genie aus einer winzigen Herrschaftsdomäne in Zentral-Honshū, der sich das Ziel setzte, die Macht des Shōgunats wieder herzustellen, marschierte nach einer Reihe brillanter Siege im Jahre 1568 in Kyōto ein. Kurz darauf setzte er den Shōgun ab, isolierte oder vernichtete rivalisierende *daimyō*, bewaffnete religiöse Gruppierungen in Zentraljapan und machte sich selbst zum Herrscher des Reiches. Nobunagas Eroberungszüge endeten mit seiner Ermordung im Jahre 1582. Sein Nachfolger Toyotomi Hideyoshi erweiterte Nobunagas Eroberungen nach Westen zu, setzte eine gesellschaftliche Neuordnung in Gang, indem er Landaufseher einsetzte und die Dorfbewohner entwaffnete, und unternahm blutige Expeditionen nach Korea. Ebenso wie Nobunaga verzichtete Hideyoshi auf den in Mißkredit geratenen Titel des Shōgun, er herrschte als *kampaku* bzw. Regent, ein Titel aus der früheren Hofhierarchie. Nach Hideyoshis Tod wurde ein Gremium von Militärs gebildet, das die Regentschaft für seinen Sohn übernahm. Die entstehenden Machtkämpfe entschied Tokugawa Ieyasu, der im Jahre 1600 einen großen militärischen Sieg bei Sekigahara errang, für sich und gründete ein Shōgunat, das bis ins 19. Jahrhundert dauerte.

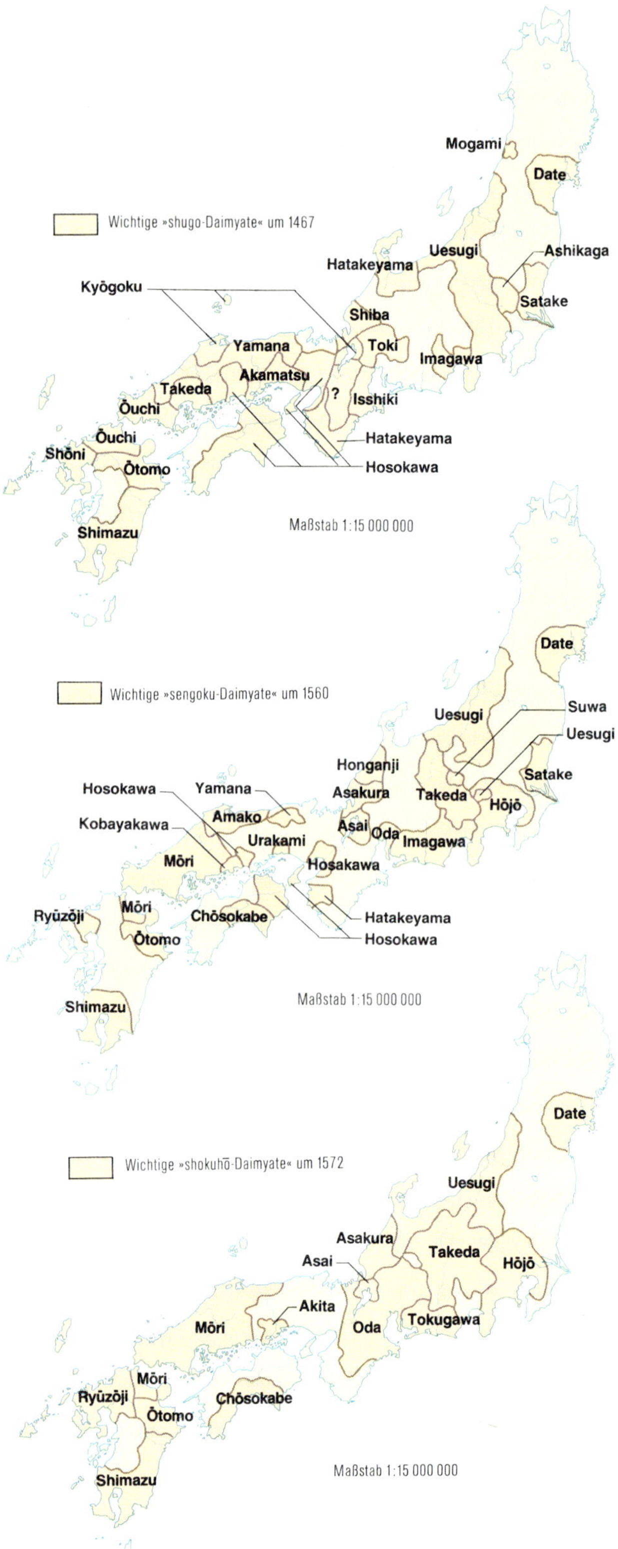

Das politische Vermächtnis des Mittelalters

Die politischen Gegebenheiten der mittelalterlichen Epoche beeinflußten in vieler Hinsicht die politische Kultur Japans der nachfolgenden Jahrhunderte. Einerseits hatte sich die Idee einer handlungsfähigen Militärregierung, die losgelöst vom Kaiserhof unter der Führerschaft des Shōgun stand, fest durchgesetzt. Die Militärregierung stützte sich auf eine militärische Gesetzgebung und auf die Idee eines militärischen Regenten, des Shōgun, der unter einem formell amtierenden Kaiser die Herrschaft ausübte. Der Kaiserhof blieb bestehen, wenn auch ohne politischen und wirtschaftlichen Einfluß. Die Notwendigkeit, Hof und *tennō* abzuschaffen, erübrigte sich in dem Moment, als das Shōgun-Amt als militärische Form der kaiserlichen Herrschaft legitimiert worden war. Obwohl die Hofbürokratie geschwächt und auf legitimierende und rituelle Funktionen beschränkt worden war, überließ man ihr die Oberherrschaft, und gerade aufgrund ihrer Schwäche entwickelte sie sich zu einem Symbol für Festigkeit oder zumindest für Kontinuität. Gleichzeitig war das Bewußtsein der ihr eigentlich zustehenden politischen Autorität latent immer vorhanden. Höflinge und auch einige Militärs konnten sich jederzeit auf eine Vergangenheit berufen, in der die amtierenden Kaiser auch die Herrschaft ausgeübt hatten. Dadurch bot sich die Möglichkeit, die kaiserliche Verwaltung oder den Hof als politische Waffe gegen die Shōgunatsgewalt zu benutzen.

Darüber hinaus hatte das Reich innere Zersplitterung und den Einfall von außen überstanden. Diese Tatsache hinterließ ein Gefühl für Einheit und nationale Identität. Die göttlichen Winde *(kamikaze)*, die die mongolische Flotte über die Meere zerstreuten, ließen den Glauben entstehen, Japan stehe unter göttlichem Schutz *(shinkomu)*. Gleichzeitig wurden die Menschen des Mittelalters häufig von Epidemien, Naturkatastrophen und Bürgerkriegen heimgesucht. Neue religiöse Bewegungen und der Wunsch nach Frieden und politischer Stabilität entstanden. Aus den Bürgerkriegen des 14. und 15. Jahrhunderts entstand der Drang nach Einigung und die Suche nach politischer Stabilität, die schließlich in der politischen Ausgewogenheit des Tokugawa-Regimes im frühen 17. Jahrhundert Verwirklichung fand.

Soziale und wirtschaftliche Entwicklungen

Kriegswirren und politische Unbeständigkeit veränderten nicht nur den politischen Bereich. Die sozialen und wirtschaftlichen Lebensumstände des Mittelalters bewirkten das Entstehen neuer Klassen, Ausdehnung und Zerfall des privaten Landbesitzes *(shōen)*, neue Modelle des Grundeigentums, landwirtschaftliches Wachstum, Ausdehnung des Handels und des Münzsystems und eine beträchtliche urbane Entwicklung. Durch ein

Der Aufstieg und Fall der Feudalherren
Mit dem Niedergang der Zentralmacht der Ashikaga-Shōgune und dem Ausbruch des Bürgerkrieges in der Mitte des 15. Jh.s wurden die kämpfenden Provinzfürsten *(daimyō)* zur führenden politischen Kraft. Diese drei Karten zeigen die wichtigsten *daimyo*-Familien, die in die politischen Kämpfe vom späten 15. bis zur Mitte des 16. Jh.s verwickelt waren.
Die oberste Karte gibt einen Überblick über die wichtigsten *shugo daimyō* beim Ausbruch des Ōnin-Krieges im Jahr 1467. Ohnmächtig mußte der Shōgun Ashikaga Yoshimasa zusehen, wie rivalisierende Kriegerverbände unter der Führung der Hosokawa und der Yamana Kyōto verwüsteten und die Provinzen mit Krieg überzogen. Damit brach das Zeitalter des *gekokujō* an, in dem viele *shugo* von ihren Untergebenen gestürzt wurden, die später zu den Herren der kriegführenden Staaten *(sengoku daimyō)* emporstiegen.
Die beiden unteren Karten geben einen Überblick über die Verteilung der großen *daimyo*-Häuser im Jahr 1560, als Oda Nobunaga seinen Eroberungszug durch Japan begann, und im Jahr 1572, als er sich in Kyōto etabliert hatte. Nach dem Sieg über die Imagawa im Jahre 1560 verbündete sich Nobunaga mit Tokugawa Ieyasu (1562) und marschierte in Kyōto ein. In schneller Folge verwüstete er den Enryakuji (1571), überwältigte die Asai und Asakura (1573), vertrieb den Shōgun Ashikaga Yoshiako aus Kyōto (1573), besiegte die Takeda (1575), verwickelte sich in langwierige Kämpfe mit den Anhängern des Honganji und griff die Mōri im Westen an.

Dieser Ausschnitt aus der *Bildrolle der mongolischen Invasionen* zeigt einen von einem kleinen japanischen Enterboot aus geführten Angriff auf ein großes mongolisches Schiff während der zweiten Invasion. Die beiden Rollen datieren etwa von 1293 und sollen der Nachwelt die Heldentaten des japanischen Kriegers Takezaki überliefern, der hier im Bild einen Mongolenführer tötet.

fruchtbares Ineinanderwirken dieser Faktoren entstanden neue Energien, die Wirtschaft und Handel belebten.

Vor dem 10. Jahrhundert kann man Japan nur als aristokratisches Gesellschaftssystem beschreiben, obwohl natürlich auch andere soziale Schichten existierten. Einflußreiche ländliche Familien behaupteten und erweiterten ihre Lokalmacht, bewaffneten sich, um ihre Partikularinteressen durchzusetzen. Arme Bauern bestellten die Felder der öffentlichen und privaten Domäne und trugen die Last der Steuern und des Frondienstes. Eine noch weiter unten angesiedelte Gesellschaftsschicht bildeten die besitzlosen Bauern, die Sklaven und Ausgestoßenen, deren Existenz man nur spärlich in den Überlieferungen nachweisen kann. Der Hofadel stand im Mittelpunkt der Gesellschaft und der überlieferten Dokumente. Öffentlicher und privater Grundbesitz und die Bauern, die ihn bewirtschafteten, bildeten das Fundament des Hofadels, der, im Besitze der politischen Macht, die Funktion des Regierens übernahm und in wirtschaftlicher Hinsicht institutionell abgesichert war. Abgesehen von Mönchen und Nonnen, die häufig Adelsfamilien entstammten, bestimmte der Hofadel das intellektuelle und literarische Niveau der Gesellschaft. Insofern ist es zweifellos angemessen und zutreffend, die Oberschicht der japanischen Gesellschaft als aristokratisch zu bezeichnen.

Die aristokratische Herrschaft geriet jedoch ins Wanken, als die Krieger und später die Kaufleute und Bürger als neue gesellschaftliche Klassen die historische Bühne Japans betraten. Wir haben bereits gesehen, wie sich das politische Schwergewicht während des Mittelalters vom Hofadel auf die Kriegerklasse verschob. Als die *bushi* nach der politischen Macht griffen, begannen sie auch, die Gesellschaft und Kultur zu bestimmen. Die *bushi* verstanden sich nicht nur als Praktiker der Kriegskünste *(bu)* bzw. Kenner des »Wegs des Pfeils und Bogens«; sie mußten auch Aufgaben in der Regierung und lokalen Verwaltung erfüllen – was ihnen einen gewissen Bildungsstand abverlangte. Zusätzlich hatten sie einige religiöse und kulturelle Zielsetzungen, die sich von denen des Hofadels der Heian-Zeit unterschieden. Am Ende des 13. Jahrhunderts hatte sich das idealisierte Bild des Kriegers gefestigt, der sowohl über Kenntnisse in Wissenschaft und Verwaltung *(bun)* verfügen als auch die Kriegskünste *(bu)* beherrschen mußte. Bei weitem nicht alle Krieger konnten als gebildet bezeichnet werden. In den kriegerischen Perioden des Mittelalters fanden die den ländlichen Gebieten entstammenden *bushi* nicht die Zeit, sich dem Bildungsstand dieses Ideals anzupassen, wohl aber die *bushi*-Elite. Die Hōjō-Regenten, die Ashikaga-Shōgune und Führer der *sengoku*-Kriegerfamilien wie Ōuchi und Hosokawa wurden gelehrige Schüler der Höflinge und Mönche, versippten sich mit ihnen und wurden zu Schutzherren des Friedens ebenso wie zu Meistern des Kriegshandwerks.

Die *bushi* waren nicht die einzige, neu in Erscheinung tretende Gruppierung, die das Bild der mittelalterlichen Gesellschaft veränderte. Auch Kaufleute, Handwerker und kleine Bauern traten sichtbar in den Vordergrund. Im frühen 12. Jahrhundert wurde der ohnehin geringfügige Handel von Hausierern betrieben. Münzen waren so gut wie gar nicht in Gebrauch, ebensowenig wurden Märkte abgehalten. Vorherrschend war eine Tauschwirtschaft auf der Basis von Naturalien oder Dienstleistungen, die sichtbarste Form des Wirtschaftsverkehrs zeigte sich in den jährlichen Steuerzahlungen *(nengu)* in Form von Reis oder anderen Produkten an die *shōen*-Eigentümer oder die Lokalverwaltungen der Zentralregierung. Die *shōen*-Wirtschaft war ein auf Selbstversorgung beruhendes, geschlossenes Wirtschaftssystem. Adel, Tempel und Schreine und die Mitglieder der Kaiserfamilie bezogen ihren Bedarf an Alltags- und Luxusartikeln aus ihren vielen, überall verstreut liegenden *shōen*-Besitzungen. Die bäuerliche Arbeitsleistung deckte den Eigenbedarf und die Steuerzahlungen. Überschüsse für den Verkauf auf dem Markt oder an fahrende Händler wurden nicht produziert.

Diese eher statische Wirtschaftsform begann sich während des 13. Jahrhunderts aufzulösen. Eine der langfristigen wirtschaftlichen und sozialen Umformungen des Mittelalters zeigte sich in der stetigen Zerstückelung der *shōen*. Die früher vom Adel oder den Klöstern ausgeübte Kontrolle über die *shōen* wurde zunehmend von den Kriegerfamilien beansprucht, die innerhalb oder in den Randgebieten der *shōen* lebten. Der Zerfall der alten Ordnung setzte in der Kamakura-Periode ein. Die von Yoritomo und nach dem *Jōkyū*-Krieg auch von den Hōjō eingesetzten militärischen Landverwalter *(jitō)* benützten ihre Machtpositionen dazu, den *shōen*-Eigentümern einen immer größeren Anteil vom Steuerertrag abzufordern, um sich zu bereichern.

Adel und Klöster sahen sich zum Kompromiß genötigt, sie arrangierten sich mit den *bushi* durch Verträge, die eine Teilung ihres Besitzes bedeuteten. Eine weitere Ursache für die Zerschlagung der *shōen* waren die Kriege in der Mitte des 14. und späten 15. Jahrhunderts, die von den regionalen Militärgouverneuren *(shugo)*, der lokalen Kriegerklasse und den *sengoku daimyō* dazu benützt wurden, die Kontrolle über die in ihrem Machtbereich liegenden *shōen*-Besitzungen ortsferner Eigentümer an sich zu reißen. Der sich lockernde Zugriff des Adels und der Klöster auf die *shōen* führte zu einem steigenden Angebot landwirtschaftlicher und handwerklicher Produkte auf dem Markt. Obwohl es urkundlich nicht belegt werden kann, ist es wahrscheinlich, daß Japan während dieser Jahrhunderte einen landwirtschaftlichen Überschuß produzierte. Man verbesserte die landwirtschaftlichen Technologien und Anbaumethoden. Zugtiere wurden zunehmend eingesetzt und die Landstriche, in denen zweimal geerntet wurde, breiteten sich aus. Regelmäßige Märkte innerhalb der *shōen*, an Straßenecken und Tempeltoren bürgerten sich ein. In vielen Gebieten wurde drei- oder sechsmal im Monat Markt abgehalten, vereinzelt entstanden durchgehend geöffnete Läden. Märkte in abgelegenen Regionen wurden von den Hausierern und Kaufleuten mit den Städten Kamakura, Kyōto, Nara und Hakata verbunden. Zu Großumschlagplätzen entwickelten sich Märkte wie der Horikawa-Holzmarkt in Kyōto oder der Fischmarkt in Yodo, die Produkte aus dem Hinterland anboten. Weitblickende Kaufleute gründeten Niederlassungen in den Hafenstädten an der Inlandsee. Unter der Protektion von *shōen*-Eigentümern in der Hauptstadt bildeten sich auf Salz, Öl, Papier, Seide oder Holz spezialisierte Kaufmannsgilden, die bis in die Kinai-Region und noch darüber hinaus Handel trieben.

Der zunehmende Umlauf von Münzen wirkte sich günstig auf diese expandierende Wirtschaft aus. Im späten 13. Jahrhundert kamen in der Kinai-Region und an der Ostküste Kupfermünzen aus China in Gebrauch. Erst unter Hideyoshi wurden in Japan eigene Münzen hergestellt. Obwohl der Vorrat an Münzen, insbesondere harter Währungen, deswegen begrenzt war und ihr Umlauf zusätzlich durch Hamsterkäufe behindert wurde, setzte sich Geld als Zahlungsmittel langsam durch. Steuern wurden zunehmend in Bargeld geleistet und auch Pfandanleihen bei Kaufleuten, Sake-Brauern und Tempeln wurden bald ein ganz alltäglicher Vorgang. Sowohl das Kamakura- als auch das Muromachi-Bakufu standen unter dem Druck, Gesetze gegen den Wucherzins und zum Schutze der Kriegerklasse zu erlassen, die sich bei Geldverleihern in hohe Schulden verstrickte. Die Praktiken der Geldverleiher lieferten Zündstoff für die Aufstände *(ikki)* der *bushi* und Bauern, die das 15. und 16. Jahrhundert durchziehen.

Der Aufschwung der Wirtschaft und des Handels setzte sich während der Muromachi-Periode fort. Die Verlegung des Bakufu und des Shōgun-Hofes in die Kaiserstadt Kyōto hatte eine belebende Wirkung auf die Hauptstadt, die sich im späten 14. und frühen 15. Jahrhundert zum bedeutendsten Marktzentrum des Reiches entwickelte. Im Gegensatz zum Kamakura-Bakufu stützte sich die Macht des Muromachi-Shōgunats nicht auf eine durch Grundbesitz abgesicherte Hausmacht. Um diesen Mangel auszugleichen, konzentrierten die Ashikaga-Shōgune ihre Aufmerksamkeit auf den Außenhandel. Ashikaga Yoshimitsu schickte offizielle Handelsgesellschaften nach China und versicherte die Kaufmannschaft seiner vollen Unterstützung, um sie besteuern zu können. Im Schatten der offiziellen Handelsdelegationen verbreitete sich zunehmend das Unwesen der sogenannten »japanischen Räuber« *(wakō)*, die von den Regierungsbehörden Koreas, Chinas und Japans als Seeräuber und Plünderer angesehen wurden, sich selbst jedoch als Freibeuter und Kaufleute auffaßten.

Die Kriege des späten 15. und des 16. Jahrhunderts überzogen das Land mit Zerstörung, verursachten aber nicht notwendigerweise den Niedergang der Wirtschaft. Kyōto wurde im Ōnin-Krieg verwüstet, Adel und Priesterschaft in alle Richtungen zersprengt. Die Stadt erholte sich jedoch schnell und erlebte unter Nobunaga und Hideyoshi eine neue Blütezeit. Diese beiden Herrscherpersönlichkeiten, insbesondere aber Hideyoshi, engagierten sich für große Bauprojekte in der Stadt. Der Jesuitenmissionar João Rodrigues, der sich im späten 16. und frühen 17. Jahrhundert in Kyōto aufhielt, beschrieb die Stadt als »die prächtige und volkreiche Stadt Miyako«. Rodrigo de Vivero y Velasco beziffert die Bevölkerung auf »über 800000 Einwohner und nach unterschiedlichen Schätzungen leben noch zusätzlich etwa 300000 bis 400000 Leute in der unmittelbaren Nachbarschaft«. Ferner berichtet er: »Der Vizekönig erzählte, daß es allein in Miyako 5000 Tempel und viele Einsiedeleien gäbe. Auch behauptet er, daß es in speziellen, behördlich genehmigten Bezirken etwa 50000 registrierte Frauen gäbe.«

Auch in anderer Hinsicht wirkten sich die Kriege und viele von den *sengoku daimyō* und den Reichseinigern ergriffenen politischen Maßnahmen belebend auf den Handel aus. Versorgungslieferanten wurden benötigt, die für das stehende Heer Waffen, Rüstungen und Pferde heranschafften; ferner Lebensmittel und Kleidung für die Garnisonen, Baumaterialien für Befestigungsanlagen und Burgen und Holz für den Bau von Brücken und Schiffen. Kaufleute aus der Hafenstadt Sakai verdienten im 16. Jahrhundert ein Vermögen am China-Handel und an der Lieferung von Feuerwaffen an Nobunaga und andere kriegführende *daimyō*. Die frühen Burgstädte entwickelten sich zu Handelszentren, da die *daimyō* die lokalen Kaufleute begünstigten, die sie besser im Griff hatten als die mächtigen Kaufmannsgilden. Die Rokkaku von Ōmi waren die ersten, die das Marktmonopol der alten Gilden brachen und die Märkte neuen Gruppierungen lokaler Händler öffneten.

Die Jahrzehnte von der Mitte des 16. Jahrhunderts bis zur Mitte des 17. Jahrhunderts werden häufig als das »christliche Jahrhundert« bezeichnet. Vor den Maßnahmen Hideyoshis gegen die christlichen Missionierungsversuche um 1580 hatte es den Anschein, als würden Millionen Japaner zum Christentum übertreten und die katholische Kirche ein mächtiges Bollwerk in Japan errichten. Mit dem Kreuz kamen auch Händler ins Land.

Handel und Seeräuberei im Mittelalter
Die chinesische und koreanische Bezeichnung für die Freibeuter, die ungesetzlichen Handel betrieben, Küstenstädte und Schiffe plünderten und Geiseln nahmen, war »japanische Piraten« *(wakō)*. Korea und China anerkannten nur einen auf sorgfältigen Bestimmungen beruhenden offiziellen Handelsverkehr. Im 15. und 16. Jh. schlossen sich Fischer und Krieger aus Dörfern in Tsushima, Matsuura und den Küsten der Inlandsee zusammen und fielen in Flottenverbänden, die aus drei oder mehreren hundert Schiffen bestanden, plündernd über die koreanischen Küsten her. Zum Schutze des offiziellen Handels wurden ihre Aktivitäten im 15. Jh. eingeschränkt; gegen Ende des Jahrhunderts dehnten große *wakō*-Verbände ihren Wirkungskreis auch auf die chinesischen Küsten aus. Zu diesen Verbänden gehörten auch viele chinesische und portugiesische Rebellen und Freibeuter. Sie waren schwierig zu kontrollieren, weil viele chinesische Kaufleute den illegalen Handel begünstigten. Erst unter Hideyoshi, der in den 1580er Jahren wirksame Gesetze zum Schutze des internationalen Handels erließ, begann die Seeräuberplage nachzulassen.

Kaufleute aus Portugal, Spanien, Holland, England und China schufen den Kontakt zu den europäischen, indischen und auch asiatischen Märkten. Japanische Handelsunternehmen wagten sich in ferne Gebiete. Lizenzierte Handelsschiffe segelten nach Luzon und Südasien, wo sie Niederlassungen gründeten. Ferner wurden im 16. Jahrhundert in Japan reiche Gold- und Silbervorkommen in neuerschlossenen Minen abgebaut. Hideyoshi, der sich des Profits, der sich aus Handel und Wirtschaft schlagen ließ, genau bewußt war, sicherte sich das Vorkaufsrecht importierter Güter, belegte die Händler mit Einfuhrzöllen, unterstellte die Minen seiner direkten Kontrolle und errichtete Prägeanstalten für Gold- und Silbermünzen. Im Zuge der Einigungs- und Legitimierungsbestrebungen Nobunagas und Hideyoshis wurden Grenzen niedergerissen, ein einheitliches Währungssystem errichtet, der Boden neu veranlagt und besteuert; ferner wurden chinesische und europäische Kaufleute unterstützt und Japans Anteil am Überseehandel gesichert. Der wirtschaftliche Aufschwung zeigte sich auch darin, daß in bemerkenswerter Verschwendungssucht große Bauprojekte durchgeführt wurden.

Die sozialen und wirtschaftlichen Umwälzungen des Mittelalters waren von einschneidender Bedeutung. Bevor die *sengoku daimyō*, insbesondere Hideyoshi, die Samurai aus den Dörfern lösten, war die mittelalterliche Gesellschaft noch relativ durchlässig. Die Krieger lebten auf den Dörfern und verwalteten ihre Ländereien, sofern sie das Land nicht sogar selbst bebauten. Heirat zwischen den verschiedenen Gruppierungen der Gesellschaft unterlag kaum Beschränkungen. Jedoch begann sich die soziale Trennung in unterschiedliche ständische Gruppen, ein Merkmal frühmoderner Gesellschaften, bereits im späten Mittelalter abzuzeichnen. In der Absicht, das wirtschaftliche und militärische Potential ihrer Domänen zu rationalisieren, versuchten die *sengoku daimyō*, ihre Vasallen enger an sich zu binden.

In der nachfolgenden Edo-Zeit vergrößerte sich die Bevölkerungszahl, ebenso entwickelte sich der Wirtschaftsverkehr zu einem ausgedehnten und vielschichtigen System. Das ist im wesentlichen auf die Einigung des Landes durch Tokugawa Ieyasu zurückzuführen, auf die Solidität des Tokugawa-Bakufu und die Auswirkungen des *sankin kotai*-Systems, das die alternierende Anwesenheit der *daimyō* in Edo zur Pflicht erhob. Erst in der Edo-Zeit wuchsen Städte wie Edo und Ōsaka zu imponierender Größe. Die mittelalterlichen Burgflecken waren kleiner und zahlenmäßig geringer. Ein Reismarkt von den Ausmaßen des Dojima-Marktes in Ōsaka existierte noch nicht, und auch der Handelsverkehr, der nach der Einführung des Pflichtjahres der *daimyō* einen Aufschwung erlebte, war vergleichsweise gering. Die Handelsgesellschaften der späten Muromachi-Periode in Kyōto, Sakai, Nara oder Hakata waren nicht so groß, gut organisiert und wohlhabend wie ihre Nachfolger in Edo und Ōsaka. Allerdings muß man darauf hinweisen, daß, abgesehen von der unterschiedlichen Größenordnung, sich alle Entwicklungen der Edo-Periode bereits im Mittelalter abzeichneten.

Japans internationale Beziehungen sind durch Perioden aktiven Kontakts nach außen und relativer Öffnung gegenüber dem Ausland gekennzeichnet und andererseits durch Perioden relativer Zurückgezogenheit. Im Vergleich zur vorangegangenen späten Heian-Zeit, als man die diplomatischen Beziehungen zu China abbrach, und zur nachfolgenden Edo-Zeit, als man die Beziehungen zum Westen drastisch einschränkte, waren die mittelalterlichen Jahrhunderte relativ offen. Die Taira erneuerten die wirtschaftlichen Kontakte zu China und belebten den Handel in der Inlandsee. Nach den kriegerischen Einfällen der Mongolen brachen diese Beziehungen ab, wurden jedoch von den Ashikaga-Shōgunen und auch von handelsbewußten *daimyō*, wie den Ōuchi und Hosokawa, neu belebt. Die Küsten Koreas und Chinas wurden von Freibeutern und Piraten zumeist japanischer Herkunft unsicher gemacht. Das 16. Jahrhundert, das die Ankunft westlicher Kaufleute bezeugte und einen lebhaften asiatischen Handel hervorbrachte, an dem Japan großen Anteil hatte, kann man als jene Epoche der japanischen Vormoderne bezeichnen, die sich dem Ausland gegenüber am meisten »geöffnet« zeigte.

Neue Wege zur Erlösung

Die mittelalterlichen Jahrhunderte bezeugen überdies weitreichende Umformungen des religiösen und kulturellen Lebens, Wanderungen, die das religiöse und ästhetische Empfindungsvermögen der Japaner bis in die heutige Zeit bestimmten. Seit dem 12. Jahrhundert wurde der Buddhismus von einer neuen Eroberungsbewegung erfaßt, die von der Hoffnung der Menschen auf Erlösung getragen war. Ausgelöst wurde die Bewegung von einem tiefempfundenen Gefühl für soziale Gerechtigkeit und der Überzeugung einiger junger Mönche, daß der bestehende Buddhismus nicht alle Menschen einschloß, daß er einseitig auf die Oberschicht ausgerichtet war, daß die Mönchsregeln nicht eingehalten wurden, daß ein Zeitalter religiösen Sittenverfalls angebrochen sei. Der Glaube war weit verbreitet, daß Japan im Jahre 1052 in das Zeitalter des »Letzten Gesetzes« *(mappō)* eingetreten sei, in dem Buddhas Gesetz verlöscht und die Kraft verliert, den Menschen zu erretten. Man nahm an, daß in der Periode des *mappō* Erlösung aus eigener Kraft durch Gebete und gute Werke nicht zu erreichen sei, auch nicht von der Priesterschaft und ihren frommen Gönnern.

Auf der Suche nach neuen und leichteren Wegen zur Erlösung, die allen Menschen, auch den neu sich bildenden gesellschaftlichen Gruppen zugänglich sein sollten, wandten sich die jungen Reformer den Lehren des Amitābha (Amida) vom Reinen Land zu, ferner dem *Lotus Sūtra* und dem Zen. Damit forderten sie den Widerstand der traditionellen buddhistischen Schulen heraus, gaben andererseits jedoch auch den Anstoß für Reformen innerhalb der alten Sekten. Obwohl die neuen buddhistischen Richtungen viele unterschiedliche Lehrmeinungen vertraten, ließen sie doch Gemeinsamkeiten in der Auffassung der Erlösung erkennen. Sehr verbreitet war das Vertrauen, das man in einer vom Pessimismus getragenen Zeit in das Barmherzigkeits- und Erlösungsversprechen einiger Buddhas, Bodhisattva oder *sūtra* setzte. Dieses Glaubensbekenntnis ist als *tariki* oder »Kraft eines anderen« bekannt und fand seinen Ausdruck in der Amida- und Lotus-Sekte. Eine andere Strömung schlug sich in den Zen-Sekten nieder, die die Betonung auf die »eigene Kraft« *(jiriki)* legten, die Kraft der Meditation, die Sinnestäuschungen bloßlegt und damit zur Erkenntnis des wahren Wesens des Buddha hinführte. In einer dritten mächtigen Strömung kämpfte man gegen die traditionelle Einrichtung von Klöstern zugunsten einer familienbezogenen, weltlichen Gemeinschaft, was seinen klarsten Ausdruck in der »Bewegung des Reinen Landes« fand. Im Gegensatz dazu tendierte der Zen, der ebenfalls Laienpraktiken lehrt, dazu, die klösterliche Gemeinschaft und Disziplin neuzubeleben. In Reaktion auf die Tendenz des Mittelalters, das Klosterwesen abzulehnen, entwickelte sich eine Gegenströmung, die sich die erneute Stärkung der Mönchsregeln zum Ziel setzte.

Von diesen religiösen Strömungen des Mittelalters war die Amida-Bewegung die verbreitetste und einflußreichste. Die mit Amitābha und dem »Reinen Land« verbundenen Lehren waren nicht neu. Sie entstammten den *sūtra*-Bearbeitungen des frühen chinesischen Buddhismus und vermittelten eine genaue Beschreibung der feierlichen Schwüre des barmherzigen Amida, alle fühlenden Wesen, die im Kreislauf von Geburt und Wiedergeburt gefangen waren und sich nicht selbst befreien konnten, in die Seligkeiten des Westlichen Paradieses des Reinen Landes zu führen, wo sie alle das *nirvana* erreichten. Texte über das Reine Land wurden in der Nara-Zeit nach Japan gebracht und jahrhundertelang als zweitrangige Literatur in den Tendai-Klöstern aufbewahrt. Sie dienten den Mönchen, Nonnen und ihren aristokratischen Gönnern zur Erbauung und inneren Versenkung, indem man mit größter Aufrichtigkeit immer wieder den heiligen Namen Amidas wiederholte, das *nembutsu*: »Namu Amida Butsu« (»Ich suche Zuflucht bei Buddha Amida«). Seit dem 10.. Jahrhundert jedoch begannen die Mönche Genshin (942–1017) und Kūya (903–972) den Glauben an Amida als die wirksamste Lehre im Zeitalter des *mappō* zu verkünden. Während Kūya seine Botschaft mit Tänzen und kleinen Versen in den Straßen vortrug, schilderte Genshin eindringlich in dem Werk *Ōjō yōshū* die Wonnen des Westlichen Paradieses, die Schrecken der buddhistischen Höllen und die sechs Reiche zwischen Geburt und Wiedergeburt. Diese Lehren fanden beim Heian-Adel einen starken Widerhall. Hallen und Gärten, wie der Byōdō'in oder der Chūsonji, wurden zur irdischen Darstellung des Westlichen Paradieses erbaut; Statuen und Malereien wurden in Auftrag gegeben, die Amida zeigen, wie er die Gläubigen grüßt und sie in das Reine Land führt, oder die Zehn Höllenkönige darstellen oder die Sünder, wie sie in den verschiedenen Höllen büßen. Viele Sterbende hielten auf dem Totenbett ein Band in den Händen, das mit einer Statue Amidas verknüpft war, als Symbol dafür, daß er sie sicher in das Reine Land brachte.

In der späten Heian-Zeit und der Kamakura-Periode sorgten Hōnen (1133-1212), Shinran (1173-1262) und Ippen (1239-1289) für eine weitere Ausbreitung des Reinen-Land-Glaubens. Sie lösten die Lehre des Reinen

Obwohl der Buddhismus bereits im 6. Jh. nach Japan kam, drangen die Heilslehreversprechen erst nach dem 10. Jh. in die niederen und ungebildeten Volksschichten ein. Kūyo, Hōnen und Ippen (1239–1289) sicherten jedem die Erlösung im Reinen Land des Amida zu, der seinen Glauben an Amida durch die Anrufung der geheiligten Formel »Namu Amida Butsu« bekundete. Diese Mönche zogen mit einer Handvoll zerlumpter Anhänger durch das Land, verteilten Devotionalien in Form von Amuletten *(fuda)*, die den Namen Amidas trugen, und führten zu den Gesängen des *nembutsu* (der Name Amidas) ekstatische Tänze auf. Diese Szene zeigt Ippen (die größte Figur) und seine Anhängerschaft bei einem *nembutsu*-Tanz in Kyōto vor einer Schar von Adligen und Bürgerlichen.

Landes aus dem klösterlichen Gefüge und gründeten unabhängige Sekten: Das Reine Land (Jōdo), das Wahre Reine Land (Jōdo Shin) und die Zeitsekte (Ji). All diesen Reformern war gemeinsam, daß sie die Anbetung Amidas für den richtigen Weg zur Erlösung hielten, daß dieser Weg allen Männern und Frauen offenstand, so arm, ungebildet und sündig sie auch immer sein mochten, und daß man die volle Kraft von Amidas Gelübde durch die einfache Anrufung des *nembutsu* erreichte.

Die Unterschiede zwischen den einzelnen Sekten bestanden in der unterschiedlichen Definition der Begriffe »Glaube« und »Vertrauen« und kreisten immer wieder darum, in welcher Form das *nembutsu* ausgedrückt werden müsse, um sich der Erlösung *(ōjō)* zu versichern. Hōnen, der gegen das Zeitalter des *mappō* die ausschließliche Kraft des *nembutsu* setzte, glaubte, daß die ständige Anrufung Erlösung herbeiführe. Sein Schüler Shinran argumentierte, eine einzige aufrichtige Anrufung des Namen Amidas sei für die Erlösung hinreichend. Die Betonung legte er dabei nicht auf die bloße Anrufung, sondern auf die Aufrichtigkeit derselben, die die Entscheidung brächte.

Shinrans Glaubensvorstellungen liefen darauf hinaus, dem einzelnen die Sündhaftigkeit, völlige Hilflosigkeit und die Unfähigkeit, aus eigener Kraft Erlösung zu erreichen, bewußt zu machen. Glaube bedeutet nach Shinran die religiöse Erkenntnis, daß Erlösung – und damit auch das *nembutsu* und der Glaube, der zu ihr führt – völlig abhängig von Amidas Barmherzigkeit ist und daß die Menschen nur dadurch zur Erlösung gelangen können, daß sie jegliche Hoffnung, selbst dazu beitragen zu können, fahren lassen und sich ganz der rettenden Kraft Amidas hingeben. Die Notwendigkeit der Erkenntnis der eigenen Hilflosigkeit erklärt Shinrans berühmte These, daß ein sündiger Mensch unter Umständen leichter zur Erlösung gelangen kann als ein guter Mensch.

Ippen glaubte an die Wirksamkeit des bloßen *nembutsu*. Die meiste Zeit seines Lebens durchzog er in Begleitung einer zerlumpten Anhängerschaft die Straßen Japans, verteilte Amulette *(fuda)* mit dem *nembutsu* an die Bevölkerung und ermunterte jedermann, den Namen Amidas anzurufen. Der bloße Besitz eines *fuda* bedeutete bereits eine Anrufung, die das Tor zum Westlichen Paradies öffnete. Wie Shinran bewegte sich Ippen im Volk und trug die Botschaft des Reinen Landes auch zu den ärmsten und verzweifeltsten Schichten. Seine *nembutsu*-Gesänge entwickelten sich zu ekstatischen Tänzen *(odori nembutsu)* als religiöses Ritual, das sich mit der Volkskunst vermischte. Das Wanderleben des Ippen mit vielen Szenen von *nembutsu*-Tänzen ist auf einer der hervorragendsten Bilderrollen des Mittelalters dargestellt, dem *Leben des Ippen, des Heiligen Wanderers (Ippen hijiri-e)*. Die Bildrolle gibt einen bemerkenswert lebendigen Einblick in volkstümliche religiöse Praktiken und Inbrunst des Mittelalters.

Im ausgehenden 13. Jahrhundert waren die Sekten des Reinen Landes noch immer klein. Aber sie dehnten sich aus und fanden ihre Anhängerschaft in allen sozialen Schichten. Im 16. Jahrhundert hatten sie sich so fest wie die traditionellen Schulen des japanischen Buddhismus verankert. Insbesondere wurde die von Shinran gegründete Sekte des Jōdo Shin oder des Wahren Reinen Landes von Rennyo (1415–1499) neubelebt und organisiert. Er brachte viele ungleiche Gruppen von Anhängern *(monto)* unter die einheitliche Führerschaft des Honganji-Tempels.

Das »Lotus Sūtra«

Jahrhundertelang verehrte man in Japan das *Lotus Sūtra*, weil es das Ideal des barmherzigen Bodhisatva und die Idee vom »Großen Fahrzeug« des Mahayana Buddhismus, das alle Wesen zur Erlösung bringt, in der reinsten Form wiedergibt. Die Lehren des *Lotus* gelangten wahrscheinlich kurz nach der Einführung des Buddhismus im 6. Jahrhundert nach Japan. Sie gewannen eine ergebene Anhängerschaft in der damaligen Oberschicht. Prinz Shōtoku soll einen Kommentar zum *Lotus Sūtra* verfaßt haben. Saichō stellte den Tendai-Buddhismus auf die Grundlagen der *Lotus*-Lehre. Die Verehrung des *Lotus Sūtra* setzte sich bis ins Mittelalter fort. Nichiren (1222 bis 1282), der der Tradition des Tendai-Buddhismus entstammte, wurde ein streitbarer Apostel des *Lotus* und kämpfte für dessen Anspruch, die einzige Wahrheit zu lehren.

Während die Amidisten den Standpunkt vertraten, daß der Glaube an Amida, ausgedrückt durch das *nembutsu*, zur Erlangung der Erlösung ausreichte, argumentierte Nichiren, daß die Kraft des *Lotus Sūtra*, die sich bei der Anrufung seines heiligen Namens *Namu Myōhō Renge Kyō* (»Ich suche Zuflucht im Lotus des Reinen Gesetzes«) übertrug, die einzig wirksame religiöse Übung sei. Während die Amidisten Erlösung im Reinen Land suchten, bot Nichiren die Vision eines tausendjährigen irdischen Paradieses an, wo sich die Gläubigen an Frieden und Wohlstand erfreuen. Er prangerte andere buddhistische Sekten, mit Ausnahme des Tendai-Buddhismus als Ketzerei und nationales Unglück an und forderte ihre Abschaffung. Nichirens kompromißloser Angriff gegen rivalisierende Sekten und seine Forderung

Kamakura

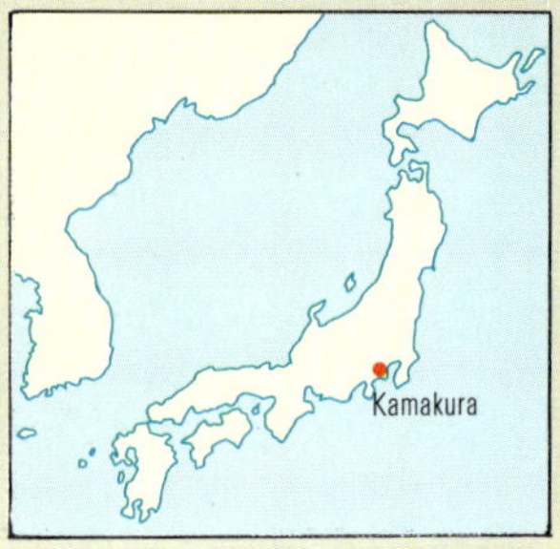

Unten: Diese Höhle beim Tōshōji in Kamakura erinnert an die Zerstörung des Kamakura-Bakufu im Jahr 1333. Von 1331 an erhoben sich viele Krieger in einem Bündnis mit Kaiser Go-Daigo gegen das Bakufu. Als die Truppen des Nitta Yoshisada 1333 Kamakura einnahmen, begingen Hōjō Takatoki, seine Familie und 800 Vasallen *seppuku*.

Das nur 45 km von Tōkyō entfernt gelegene Kamakura ist heute ein geschäftiger Wohn- und Erholungsbezirk. Großer Beliebtheit erfreuen sich die Strände im Sommer, die Besichtigung der Tempel oder Spaziergänge in den Hügeln vor der Stadt. Bis zum späten 12. Jahrhundert war es ein Fischerdorf mit einem der Minamoto-Sippe geweihten Schrein. Yoritomo wählte Kamakura als Sitz seines Bakufu auf Grund dieser religiösen Verbindung und weil es leicht zu verteidigen war. Unter dem Kamakura-Bakufu entwickelte sich Kamakura zu einer großen Garnisonsstadt mit Residenzen für den Kriegeradel, Shintō-Schreinen und buddhistischen Tempeln.

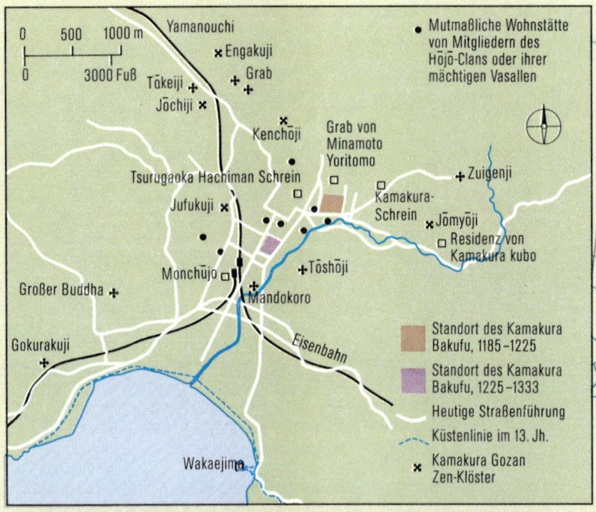

Kamakura ist bis zum heutigen Tag ein Zentrum des Zen. Aber auch andere religiöse Richtungen werden hier repräsentiert. Diese Statue der Benzaiten, Gottheit der Musik und des Glücks, wurde im Jahr 1266 für den Tsurugaoka-Hachiman-Schrein in Auftrag gegeben.

Die Verehrung für den barmherzigen Bodhisattva Kannon (Avalokitesvara) war in Japan, ungeachtet der Sektenzugehörigkeit, stark ausgeprägt. In der Zen-Malerei und Skulptur gibt es eine Vielzahl von Darstellungsformen der Kannon. Diese aus dem 14. Jahrhundert datierende, bemalte Holzstatue aus dem Nonnenkloster Tōkeiji des Rinzai Zen stellt eine »Wasser und Mond«*(suigetsu)*-Kannon dar.

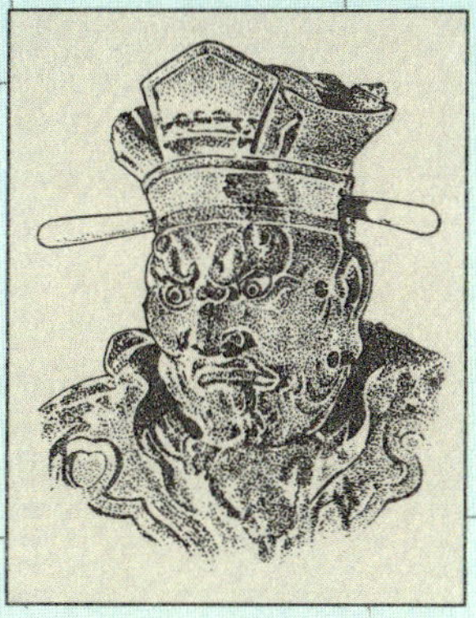

Mit schreckenerregenden Abbildern der zehn Richter oder »Könige« der Hölle pflanzten Priester des Reinen Landes und Bettelmönche die Furcht vor den Strafgerichten der Hölle in die Vorstellungswelt des Mittelalters. Diese Statue von Shōkō-ō, einem der zehn Könige, wird dem Bildhauer Kōyū zugeschrieben, datiert aus dem Jahr 1251, und gehört zu einer Kollektion des Ennōji in Kamakura.

Die Hauptrichtungen des Kamakura-Buddhismus

Die Kamakura-Periode (1185–1333) bezeugte eine bemerkenswerte Neubelebung und volkstümliche Verbreitung des Buddhismus, die den Grundstein für die Entwicklung des nachfolgenden Buddhismus und der buddhistischen Kultur in Japan legte. Die Hauptrichtungen des heutigen Buddhismus in Japan führen ihre Ursprünge alle direkt oder zumindest mittelbar auf die eine oder andere der neuen Kamakura-Schulen zurück. Diese Bewegung, die als Reaktion gegen den vom Pessimismus geprägten Geist des Zeitalters des »letzten Gesetzes« *(mappō)* und gegen den klösterlichen Niedergang zu verstehen ist, kam in mehreren mächtigen Strömungen zum Ausdruck. Die wohl dramatischste Entwicklung hierbei war die volkstümliche Verbreitung des Buddhismus des Reinen Landes durch Hōnen, Shinran und Ippen, die Begründer der Schulen des Reinen Landes, des Wahren Reinen Landes und der Zeit (Ji).

Einige, über den Verfall des Tendai-Buddhismus enttäuschte junge Mönche reisten nach China und brachten die Lehren des Zen und Ritsu (Vinaya) zurück. Eisai führte nach seiner zweiten Reise den Rinzai-Zen ein, während Dōgen die Sōtō-Lehre mitbrachte. Chinesische und japanische Mönche nahmen sich einer regen Vermittlung der meditativen Praktiken, des Klostersystems und der Kultur des Zen an. Ausgangspunkt für die Verbreitung des Rinzai-Zen waren die Klöster der »Fünf Berge« in Kamakura und Kyōto, während der Sōtō-Zen ausgehend von Dōgens Eiheiji und Sōjiji in Nord-Japan Fuß faßte. Nichiren, der mit brennender Leidenschaft die Lotus-Lehre vertrat, bewahrte sich trotz Verbannung und Krankheit seine Unerschrockenheit und gewann unter den Kriegern und Bauern viele Anhänger. Die Tendai-, Shingon- und Ritsu-Schulen des traditionellen Nara-Buddhismus erfuhren durch die Herausforderung der neuen Sekten eine Erneuerung und wetteiferten miteinander um die Gunst der immer mächtiger werdenden Kriegerklasse.

an die politische Führung, diese zu verbieten, trug ihm strafrechtliche Verurteilung und Verbannung ein. Unerschrocken nützte er die Zeit des Exils zum Schreiben und für den Aufbau einer ergebenen Anhängerschaft unter den Samurai und Bauern Nord- und Zentral-Japans. Einige seiner Schüler ließen sich in Kyōto nieder und gewannen mit der Botschaft, daß den Gläubigen die Erlangung der Buddhaschaft noch in diesem Leben zuteil werde, eine große Anhängerschaft unter der Stadtbevölkerung. Nichirens Anhänger teilten seinen kompromißlosen Standpunkt. Auseinandersetzungen zwischen den Anhängern der Nichiren-Sekte und den traditionellen buddhistischen Schulen spiegelten sich in den *Lotus*-Aufständen *(hokke ikki)* der Hauptstadt im 16. Jahrhundert. Eine Gruppe der Nichiren-Anhänger, der »Fuju Fusu«-Zweig, dessen Mitglieder sich weigerten, mit den politischen Behörden zu verhandeln, wurde schweren politischen Repressalien unterworfen. Trotz wiederholter Unterdrückung ging von Nichirens Energie und seiner charismatischen Ausstrahlung in Verbindung mit der einfachen Botschaft, der Wirksamkeit des *Lotus Sūtra* zu vertrauen, genügend Kraft aus, um die Sekte überleben zu lassen. Bestimmte Gruppen des Nichiren-Buddhismus, einschließlich der Sōka Gakkai, sind auch heute noch ein religiöser Faktor in Japan mit Verzweigungen in anderen Ländern.

Zen

Zen, eine religiöse Übung mit dem Ziel durch Meditation persönliche Erleuchtung zu erlangen, wurde schon vor dem Mittelalter in Japan eingeführt. Intensive Meditation war immer ein wesentlicher Bestandteil der religiösen Übungen fast aller buddhistischer Schulen. Dennoch setzte sich der Zen-Buddhismus als unabhängige Schule, in der eine sitzende Meditation *(sazen)* vorgeschrieben wurde, erst im späten 12. und im 13. Jahrhundert durch, als er aus Song-China eingeführt wurde. Die frühesten Anhänger des Zen-Buddhismus in Japan waren vorwiegend Mönche, die der Tradition des Tendai-Buddhismus entstammten und die den chinesischen Zen-Buddhismus als ein Mittel betrachteten, den traditionellen japanischen Buddhismus wiederzubeleben. Als sie bei den Führern der eingesessenen buddhistischen Schulen auf Widerstand und offene Feindseligkeit stießen, wurden sie gezwungen, sich neue Schutzherren zu suchen und dem Zen-Buddhismus eine neue, unabhängige Grundlage zu schaffen. Möglicherweise war es kein Zufall, daß der Aufstieg des Zen-Buddhismus im späten 12. und 13. Jahrhundert zusammenfiel mit dem Machtzuwachs einer Kriegerklasse, die das Bedürfnis nach einem ihr gemäßen religiösen Ritus hatte. Über den Zusammenhang zwischen dem Zen-Buddhismus und dem Aufkommen der japanischen Krieger-Ethik ist viel geschrieben worden. Tatsächlich wurden viele Krieger von der Geradlinigkeit der Übungen und Einsichten des Zen-Buddhismus beeindruckt, ebenso wie die meisten Protektoren des Zen selbst Krieger waren. Dennoch wäre es falsch, daraus zu schließen, daß der Zen-Buddhismus alle Krieger gleich stark beeinflußt hätte. Viele, die Zen praktizierten, verehrten gleichzeitig auch Amida, das *Lotus Sūtra* oder esoterische Schulen des Buddhismus. Nicht alle Krieger waren Schutzherren des Zen, aber viele waren es. Sie wurden angezogen von seiner Geradlinigkeit, von der Möglichkeit, persönliche Erleuchtung zu erlangen, von der Strenge der Meditationsübungen und der kämpferischen Auseinandersetzung mit den Zen-Mönchen.

Im Gegensatz zum Amidismus oder den *Lotus*-Sekten, die den Schwerpunkt ihrer Lehren auf das Vertrauen in eine »andere Kraft« legten, glaubten die Zen-Praktiker, daß Erleuchtung hier und jetzt durch eigene Kraft erlangt werden könne, daß dem Menschen die Erleuchtung innewohne, daß er erfüllt sei mit Buddhaschaft und daß es die innere Leere des Ichs zu erkennen gelte, die »Erkenntnis Buddhas durch innere Versenkung« *(kenshō jōbutsu* oder *satori*). Rationales Denken, das Studium oder Lesen der *sūtra*, sei dieser Erkenntnis der Buddhaschaft nicht förderlich. Diese traditionellen Methoden würden eher dazu beitragen, die Wahrheit zu verdunkeln, den Suchenden zu verwirren. Nach Meinung der frühen chinesischen Zen-Patriarchen war der beste Weg zur Erleuchtung der, den auch Buddha selbst, der allerhöchste Zen-Praktiker, gewählt hatte, nämlich der Mittlere Weg der Meditation. Durch intensive Meditation konnte man darauf hoffen, die Sinnestäuschungen und das rationale Denken zu durchbrechen und die eigene Buddhaschaft unmittelbar und spontan zu begreifen. Überdies war der Zen geradlinig und pragmatisch. Erleuchtung konnte nicht nur durch sitzende Meditationshaltung in einer klösterlichen Meditationshalle gefunden werden, sondern auch durch ein konzentriertes, meditatives Bewußtmachen des Selbst, während man ganz gewöhnlichen Alltagsbeschäftigungen nachging, sei es arbeiten, essen oder ausruhen. Die Zen-Lehren und Praktiken hatten eine jahrhundertelange Tradition in China. Als die japanischen Mönche im 12. Jahrhundert nach China kamen, um neue religiöse Erkenntnisse für die Belebung des japanischen Buddhismus zu sammeln, waren sie von der Kraft des Zen (Chan) beeindruckt. Der chinesische Zen hatte sich in einem strengen klösterlichen Gefüge entwickelt, das intensive Meditationsübungen in der Gemeinschaft als das Wesen klösterlichen Lebens zur Pflicht machte und in dem es auch üblich war, mit Hilfe des *kōan* oder der Anwendung von Schlägen und Rufen die Meditierenden für die Erleuchtung wachzuhalten.

Der von Eisai (1147–1215), Enni und anderen chinesischen und japanischen Meistern eingeführte »Rinzai Zen« fand unter den Kriegern und Adligen in Kamakura, Kyōto und den Provinzen eifrige Befürworter. Der Rinzai-Zen, der die »plötzliche Erleuchtung« in den Mittelpunkt seiner Lehre stellte, stützte sich vor allem auf strenge Meditationsübungen, auf chinesische *kōan*-Sammlungen und die klösterliche Disziplin. Unter der Schirmherrschaft von Shōgunen und Kaisern, den Bakufu-Militärs und den Provinzfürsten wurden in Kamakura, Kyōto und den Provinzen Rinzai-Klöster gebaut. Die von offizieller Seite geförderten Klöster des *gozan* oder der »fünf Berge« entwickelten sich zu einem System von mehreren hundert gut ausgestatteten Klöstern, die unter dem Patronat des Bakufu standen. In den Rinzai-Klöstern bildeten sich vor allem Zentren für die Pflege der mit dem Zen verbundenen Künste wie Landwirtschaftsgärtnerei, Kalligraphie, Tuschmalerei und Teezeremonie. Laien, die Rinzai-Mönche unterstützten, wie Musō Soseki (1275–1351) vom Tenryūji oder Ikkyū Sōjun (1384–1481) vom Daitokuji, fühlten sich stark zur Kunst und Ästhetik und auch zu den Praktiken des Zen hingezogen und verbreiteten diese Künste in der westlichen Gesellschaft.

Die Lehren des Sōtō-Zen, die Dōgen (1222–1282) aus China einführte, fanden im nördlichen Japan unter den Bauern und lokalen Samurai eine starke Anhängerschaft. Das ist zum Teil darauf zurückzuführen, daß Dōgen, als er sich mit seiner Gemeinschaft in der Nähe der Hauptstadt niederlassen wollte, auf den Widerstand der etablierten Schulen stieß und die Protektion durch die Regierung ablehnte, weil er nicht wie die Rinzai-Sekte in

Rechts: Dieses bemerkenswerte Porträt des Mönchs Myōe (1173–1232), das ihn im ernsten Meditationssitz in freier Natur zeigt, ist im Besitz des Bergklosters Kōzanji in Kyōto, wo Myōe die meiste Zeit seines Lebens verbrachte. Im Alter von 16 Jahren trat Myōe dem Orden des Tōdaiji in Nara bei, wo er die Kegon- und Vinaya-Traditionen studierte. 1206 wurde ihm vom Mönchskaiser Go-Toba in Toganoo bei Kyōto Landbesitz zugesprochen. Hier widmete er sein Leben der Wiederbelebung der Kegon-Lehre und der Durchsetzung der orthodoxen Vinaya-Regeln. Er widersetzte sich der Ausbreitung des Reinen Landes und forderte statt dessen eine Verschmelzung buddhistischer Esoterikpraktiken, Teststudien und Meditationsübungen mit Shintō-Praktiken. Myōe soll die Teepflanze, die der Zen-Mönch Eisai (1141–1215) aus China gebracht hatte, in Toganoo eingepflanzt haben.

Abhängigkeit von der herrschenden Klasse geraten wollte. Dōgen war ein gründlicher und scharfsinniger Interpret des Zen. Seine Werke umfassen sämtliche Aspekte des Zen, legen jedoch die Betonung nachdrücklich auf die religiösen Übungen, die sitzende Meditation, denn nach Dōgens Überzeugung erlangte man Erleuchtung durch anhaltende Meditation. Nach Dōgens Tod nahm die Lehre des Sōtō-Zen Elemente aus dem esoterischen Buddhismus, dem Volksglauben und auch Fürbitten um materiellen Wohlstand in sich auf. Das machte sie im Volk anziehender als die Rinsai-Sekte, ging jedoch zu Lasten der Strenge, die das Wesen des Zen ausmachte.

Die traditionellen Schulen des Buddhismus

Das Mittelalter gilt als die große Epoche des Buddhismus. Diese Periode wurde als die »Buddhistische« bezeichnet, ein Zeitalter, in dem der Buddhismus das Denken in allen Gesellschaftsschichten bestimmte und das kulturelle Leben formte. Das ist eine treffende Charakterisierung. Wenn man das religiöse Leben dieser Jahrhunderte betrachtet, unterliegt man ganz besonders der Versuchung, den mächtigen Einfluß des Zen-Buddhismus hervorzuheben, oder die Ausbreitung des volkstümlichen Buddhismus in der Kamakura-Periode, der die Grundlagen für die meisten nachfolgenden Richtungen des volkstümlichen Buddhismus bis in die Moderne hinein festlegte und als revolutionäre Entwicklung beschrieben werden kann. Sowohl die Entwicklung des Zen als auch die Ausbreitung des volkstümlichen Buddhismus der Kamakura-Zeit sind kräftige Äußerungen der mittelalterlichen Religiosität mit weitreichenden und langfristigen Folgen. Jedoch sollte man bei der Betrachtung mittelalterlicher Kultur einen breiteren Blickwinkel ins Auge fassen. Im Volk entwickelten sich mächtige Kulte zur Verehrung des Maitreya, des Buddha der Zukunft, der barmherzigen Kannon und Jizō und des kriegerischen Fudō Myōō. Die Gläubigen verbrannten Kopien des *Lōtus Sutra* in Erwartung ihrer Wiedergeburt. Sie hielten Zeremonien ab, um böse Geister zu vertreiben oder zu besänftigen. An den Wegrändern errichteten sie zum Schutze von Reisenden Statuen aus Steinen. Sie ließen sich von Predigern Texte und Bilder erklären, die die Welt der Hölle und hungrigen Geister zum Inhalt hatten.

Es gab aber auch andere wichtige Entwicklungen innerhalb der traditionellen buddhistischen Schulen. Die Lehren des alten klösterlichen Buddhismus wurden mit dem Aufkommen des Zen und der volkstümlichen Sekten nicht plötzlich zur Seite geschoben, sondern in Reaktion auf die Renaissance des Volksbuddhismus reformiert und neubelebt. Die Mönche Myōe (1173–1232) vom Kōzanji, Eison Shien (1201–1290) vom Saidaiji, und Shunjō (1166–1227) vom Sennyūji waren angesehene Reformer innerhalb der traditionellen Schulen, die sich die Erneuerung der Mönchsregeln zur Aufgabe gemacht hatten. Der Tendai- und Shingon-Buddhismus blieben auch weiterhin Quellen, aus denen sich der mittelalterliche Buddhismus und synkretistische Volksglaube nährten. Shugendō, die Praktiken von Bergasketen *(yamabushi)*, die während dieser Periode systematisiert wurden und eine weite Verbreitung fanden, entlehnte das religiöse Gedankengut den esoterischen Praktiken des Tendai- und Shingon-Buddhismus und dem im Volk tief verankerten Kult der Bergverehrung. Die Gebirge von Kumano und Ōmine auf Kii, die Drei Berge von Dewa, der Fujisan, der Hakusan in Nord-Japan und einige Gebirgszentren auf Shikoku und Kyūshū waren Zentren für asketische Praktiken. Der Shōgō'in des Onjōji-Zweiges des Tendai-Buddhismus und das

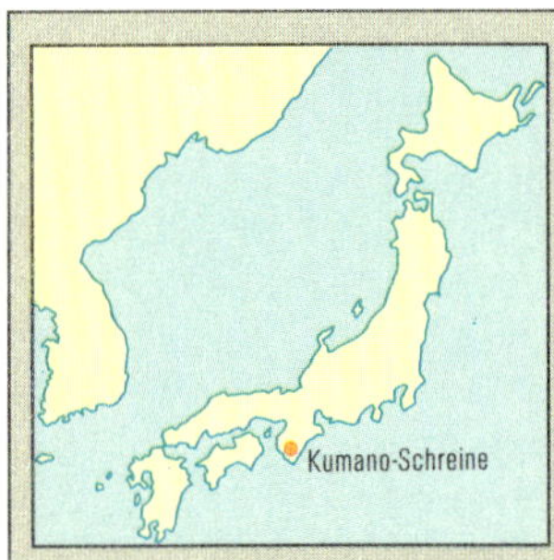

Die Kumano-Schreine

Die drei Schreine von Kumano am Südzipfel der zerklüfteten Halbinsel Kii bilden ein natürliches Mandala, indem sie in vielseitiger landschaftlicher Umgebung Elemente des Volksglaubens, der Bergaskese und des Shintō sowie des Buddhismus in sich vereinigen. Die drei Schreine sind der tief in Bergen und Schluchten versteckte Hongū-Schrein, der dem Sturmgott Susano-ō no Mikoto geweiht ist, der dem Kumano Hatayama no Kami gewidmete Shingū-Schrein an der Küste und der Nachi-Schrein am Nachi-Wasserfall, in dem Kumano Fusumi no Kami verehrt wird. Mit der Ausbreitung der buddhistischen Bewegung des Reinen Landes seit der späten Heian-Zeit und dem Aufkommen des Synkretismus zwischen Shintō und Buddhismus wurden die Gottheiten von Kumano mit Amida und anderen Buddhas in Verbindung gebracht. Die *kami*, oder Gongen, wurden als lokale Manifestationen der Buddhas betrachtet, auf deren Erscheinung fromme Pilger hofften, um sich den Zugang zum Reinen Land zu sichern.

Shingon-Kloster Daigoji Sambō'in waren esoterische Klöster, die im Mittelalter in enger Beziehung zum Shugendō standen.

Die traditionellen Schulen des Klosterbuddhismus waren auch in anderer Hinsicht einflußreich. Sie gehörten zu den reichsten Grundbesitzern des Mittelalters. Obwohl ihre verstreut liegenden *shōen*-Besitzungen während dieser Periode nach und nach durch das Eindringen der Kriegerklasse aufgezehrt wurden, war ihr Grundbesitz immer noch erheblich, als Hideyoshi im späten 16. Jahrhundert den Boden neu schätzen ließ. Viele Klosterzentren wie der Enryakuji, Kōyasan und der Negoro, unterhielten Mönchssoldaten *(sōhei)*, die in häufige Auseinandersetzungenmit den Militärführern gerieten und den Reichseinigern des 16. Jahrhunderts ein Dorn im Auge waren. Oda Nobunaga führte einen besonders grausamen Rachefeldzug gegen den Enryakuji, bei dem er den ganzen Bergkomplex umzingelte und niederbrannte und mehrere tausend Mönchssoldaten, Mönche und Laien, darunter auch Frauen, niedermetzeln ließ. Hideyoshi und Tokugawa Ieyase standen dem Buddhismus weniger feindlich gegenüber, aber sie waren ebenso entschlossen, die Einrichtungen der buddhistischen Religion unter ihre strenge Kontrolle zu bringen und den buddhistischen Landbesitz ihren eigenen ausgedehnten Domänen einzuverleiben.

Etwa im 16. Jahrhundert verminderte sich die religiöse Kraft, die der Buddhismus im 12. und 13. Jahrhundert ausgestrahlt hatte. Die meisten Schulrichtungen zeigten Zeichen von Schwäche und Verweltlichung. Auch in intellektueller Hinsicht traten dem Buddhismus neue Herausforderungen entgegen. Einerseits bedeutete der vorübergehende Erfolg des Christentums einen Rückschlag für den Buddhismus und auf der anderen Seite begann das Gedankengut des chinesischen Neokonfuzianismus aus dem Kokon des mittelalterlichen Zen-Buddhismus hervorzubrechen und unter dem Samurai-Patronat aufzublühen. Doch trotz der Angriffe auf die religiöse, gesellschaftliche und intellektuelle Vormachtstellung des Buddhismus wäre die Annahme irreführend, daß der Buddhismus am Ende des 16. Jahrhunderts völlig niederging, oder daß sein Einfluß durch die Refor-

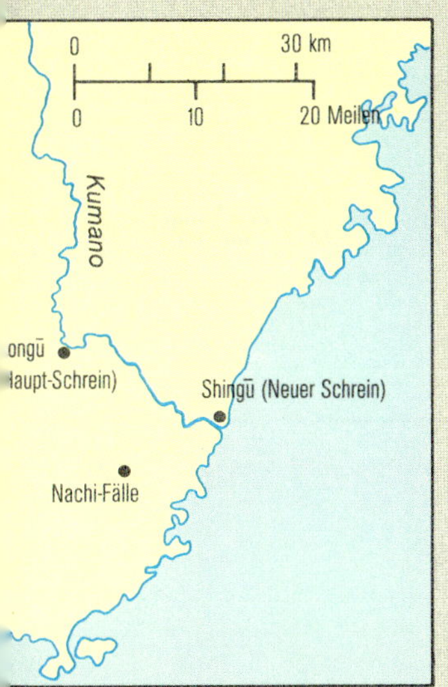

Links: Der schmale Bogen des Nachi-Wasserfalls wurde seit alters her als Wohnsitz der *kami* betrachtet. Jahrhundertelang stiegen Bergasketen zum Rand hinauf, um ihre strengen Praktiken auszuüben, oder sie setzten sich zur Vollziehung des Reinigungsrituals in das eisige Wasser an seinem Fuße.

Ganz links: Der Hauptschrein in den Bergen von Hongū ist Susa-no-ō, dem ungebärdigen Bruder der Sonnengöttin, geweiht. Es gibt mehrere rindengedeckte Schreine in Hongū, die jeweils einen eigenen *kami* beherbergen. Im 12. Jh. nahmen Kaiser und Höflinge die mühselige Wallfahrt von der Hauptstadt aus über steile Gebirgspfade auf sich, um den Schreinen zu huldigen. Die Pilger trafen auf eine Erscheinung Amidas in Gestalt eines menschlichen Gongen, der sie der Erlösung im Reinen Land versicherte.

men Hideyoshis und Nobunagas zunichte gemacht worden sei. Er übte auch weiterhin einen starken Einfluß auf das religiöse Leben der Menschen aus, und als die Tokugawa-Behörden in den buddhistischen Tempeln Registraturen aufbauten, um die Christen erfassen und damit ausrotten zu können, erhöhte sich ihr Ansehen wieder.

Andere Glaubenssysteme

Obwohl der Buddhismus das geistige Leben des Mittelalters durchdrang, sollte daran erinnert werden, daß auch der Shintō und konfuzianische sowie taoistische Elemente zum geistigen Gefüge des Mittelalters gehörten. Neben den Buddhas und Bodhisattvas betete man auch die einheimischen Gottheiten an, die *kami* des Shintō, oder Götter wie Hachiman, den Patron des Krieges, der Merkmale des Buddhismus und Shintō in sich vereinte. Ebenso verbreitet waren Wahrsagung oder das Wirken von Yin, Yang und den fünf Elementen. Für den Antritt einer Reise, den Bau eines Hauses oder die Namensgebung eines Kindes hielt man bestimmte Tage, Adressen oder Schriftzeichen für günstig, andere wiederum für riskant. All diese Vorstellungen vermischten sich in der Mentalität der Menschen des Mittelalters, die keine scharfe Unterscheidung zwischen den verfügbaren Glaubensformen machten. Es war durchaus denkbar, daß ein und dieselbe Person mehrere Buddhas und Bodhisattvas anbetete, Zen praktizierte und zugleich den *kami* Respekt zollte und ihren Schutz beanspruchte und eine Vielzahl von Tabus einhielt, wie das *katatagae* oder den Wechsel des Reisewegs, bei dem man eine Reise abbrach, damit man nicht aus ungünstiger Richtung eintraf, und schließlich zeigte sie noch Interesse für die konfuzianische Moral. Mit Ausnahme von Nichiren war es im mittelalterlichen Japan nicht üblich, eine religiöse Alleingültigkeit zu beanspruchen.

In der japanischen Geschichte gab es eine beträchtliche gegenseitige Beeinflussung zwischen Buddhismus und Shintō. Seit der Heian-Zeit entwickelte sich aus synkretistischen Tendenzen innerhalb des Shingon- und Tendai-Buddhismus ein vielschichtiges Beziehungssystem zwischen Buddhas und den einheimischen *kami*, das man mit dem Begriff *honji suijaku* kennzeichnete. Dabei wurden die Buddhas und Bodhisattvas als unsichtbare Ursubstanz *(honji)* begriffen, die für die Erlösung aller fühlenden Wesen wirkten, die einheimischen *kami* dagegen als ihre lokalen und sichtbaren Abbilder *(suijaku)*. Ein zeitgenössisches Gedicht deutet an, daß sich »Spuren« der Buddhas gelegentlich in Träumen manifestieren:

> Buddha ist immer gegenwärtig
> wo wir auch sind.
> Jedoch offenbart er sich unserem Auge nicht
> zu unserem großen Schmerz.
> Wenn es still ist
> im Morgengrauen
> dann kommt er leise in unsere Träume.

Diese Erscheinung konnte sich auch als *kami* in Gestalt eines Menschen oder Tieres oder einem anderen Naturwesen offenbaren. Im Schrifttum, der Kunst und im Volksglauben ordnete man den einzelnen Buddhas ihre Shintō-Abbilder zu. Die Sonnengötin Amaterasu zum Beispiel war das Gegenbild des kosmischen Buddha Dainichi; Hachiman das des Amida. Diese mittelalterliche Sitte, Shintō und Buddhismus zu vermengen, prägte die japanischen Glaubensvorstellungen bis zu der von der Regierung verfügten Trennung in den frühen siebziger Jahres des 19. Jahrhunderts.

Typisch für die eklektischen Tendenzen in der japanischen Religionsausübung war eine kraftvolle Strömung innerhalb des mittelalterlichen Shintō, die man den »doppelten Shintō« oder *ryōbu Shinto* nannte. Hierbei benützte man die zwei großen, auch im Shingon-Buddhismus verwendeten Mandala (oder kosmische Diagramme), den Kongōkai bzw. Diamantenwelt-Mandala und das Taizōkai bzw. Mutterschoß-Mandala, um den einheimischen *kami* in der kosmischen Ordnung eine Identität zu geben. Der Innere und Äußere Schrein von Ise wurden zum Beispiel jeweils mit einem der beiden *mandalas* identifiziert, wobei die in Ise repräsentierten *kami* in die Hierarchie der *mandala* eingeordnet wurden.

Shintō-Kulte und Schreine erlebten im Mittelalter eine Hochblüte, das eher verworrene Gefüge der Shintō-Lehre wurde neu überdacht und in eine Gliederung gebracht. Viele Schreine wurden zum Ziel für Wallfahrten. Die größte Anziehungskraft besaßen die Kultstätten des Kumano- und Kasuga-Schreins, des Kitano-Schreins in Kyōto und die des Ise-Schreins. Ise wurde ein besonders lebhaftes Kultzentrum. Das Geschlecht der Watarai vom Äußeren Schrein begründete den Ruhm des Ise-Shintō insgesamt und betonte gleichzeitig die Überlegenheit des Äußeren Schreins gegenüber dem Inneren. In der Muromachi-Periode plante Yoshida Kanetomo (1435 bis 1511) vom Yoshida-Schrein in Kyōto die Einigung des Shintō unter seiner Führerschaft und bekämpfte die vorherrschende Meinung, daß die *kami* Manifestationen der Buddhas seien. Statt dessen erhob er Anspruch auf die Ausschließlichkeit der *kami*. So entstanden also innerhalb des mittelalterlichen Shintō einflußreiche eklektische Strömungen, die sich mit buddhistischen Elementen vermischten und auch Strömungen, die den Vorrang der einheimischen *kami* gegenüber den Buddhas betonten und die Buddhas nicht als *honji* sondern als *suijaku* werteten.

Die schärferen Definitionen, mit denen man das Verhältnis der *kami* zu den Buddhas oder zu bestimmten Schreinen und Kulten umriß, führte zum Aufblühen einer mittelalterlichen Shintō-Kunst. In der Malerei und Bildhauerei entstanden Themen über besondere Persönlichkeiten, Kulthandlungen, Schreine und Kultgegenstände. Insbesondere sind hierbei künstlerische Darstellungen von Kultstätten wie Kumano, den Nachi-Fällen, Kasuga, Kitano und dem Fujisan zu erwähnen, ferner Kultfiguren wie Hachiman, Tenjin (Sugawara Michizane) und Jugendgottheiten (wakamiya) und auch Darstellungen von geheiligten Tieren wie Hirsch, Fuchs und Rabe.

Neue Tendenzen in der Kultur des Mittelalters

Im Gegensatz zum Altertum, als das sichtbare kulturelle Leben vom Hofadel und den buddhistischen Klöstern getragen wurde, entstammt die Kultur des Mittelalters allen sozialen Schichten. Es läßt sich eine Verflechtung kultureller Interessen des Hofadels, der Kriegerklasse, des Klerus und der Kaufleute und des Volks erkennen. Japans erneuerte Kontakte zum Kontinent brachten einen starken kulturellen Zustrom von den chinesischen Song-, Yuan- und Ming-Dynastien und aus Korea. Ferner kam Japan nach der Ankunft der Südlichen Barbaren und den Anstrengungen der christlichen Missionare im 16. Jahrhundert erstmals mit der europäischen Kultur in Kontakt.

Obwohl der Hof während des Mittelalters ein politisches Schattendasein führte und seine wirtschaftliche Macht zunehmend verfiel, behauptete er doch seine kulturelle Vorherrschaft. Die Kaiser und Höflinge setzten auch weiterhin die Maßstäbe in der Literatur, insbesondere der japanischen Poetik. Die Kaiser Go-Toba, Hanazono und Go-Mizuno gelangten als Gelehrte, Dichter und Förderer der Künste zu beträchtlichem Ruhm. Die männlichen Hofadligen wurden von Kindheit an in der klassischen Literatur Chinas und in chinesischer und japanischer Geschichte unterwiesen. Ihre Ehefrauen und Töchter beschäftigten sich mit japanischer Literatur. Unter dem Schutz des Hofes blieben die Traditionen des rein japanischen Malstils *(Yamato-e)* erhalten, die maßgeblich die im Mittelalter aufkommenden Malschulen Kanō und Tosa beeinflußten. Ferner förderte der Hof den Buddhismus und Konfuzianismus und bestimmte die gesellschaftliche und diplomatische Etikette.

In der Heian-Zeit hatten talentierte Hofdamen wie Murasaki Shikibu und Sei Shōnagon eine glänzende Erzähl- und Tagebuchliteratur geschaffen. Diese höfische Prosagattung ging mit dem Tod der Autorinnen unter. Die höfischen Literaturtraditionen des Mittelalters sind wohl am deutlichsten in der Kalligraphie und der japanischen Dichtung zu erkennen, insbesondere in den als *tanka* bekannten Kurzversen. An den offiziellen kaiserlichen Sammlungen und Lyrikanthologien orientierte sich noch immer der Literaturgeschmack. Das *Shin Kokinshu (Neue Sammlung [japanischer Gedichte] aus alter und neuer Zeit)*, eine der glänzendsten Sammlungen japanischer Dichtkunst, enthält viele Gedichte über die Natur, die von Meistern wie Fujiwara Shunzei (1114 bis 1204), seinem Sohn Teika (1162–1241) oder dem Mönch Saigyō verfaßt wurden. Ihre Naturlyrik vermittelte nicht einfach die lebensvolle Farbenpracht der Natur, sondern Bilder voller Schwermut und Einsamkeit. Ihr Schönheitsempfinden orientierte sich an der Einsamkeit, Trauer und Kälte der Natur, eine ästhetische Richtung, die sich im Mittelalter unter dem Einfluß des Zen und der buddhistischen Vorstellung von der Leere der Dinge und von der Gefahr, sich an weltliche Dinge zu binden, zur Theorie des *wabi* entwickelte und in der Tee-Zeremonie des Teemeisters Sen no Rikyū im 16. Jahrhundert ihre Vollendung fand. Das folgende Gedicht von Teika beschreibt die Schönheit einer kahlen, einsamen Landschaft im Spätherbst:

Miwataseba	Um mich her
Hana no momiji mo	keine Blüte in den Zweigen der Kirschbäume
Nakari keri	kein rotes Blatt
Ura no tomoya no	Eine strohgedeckte Hütte am Rande der Bucht
Aki no yugure	verschwimmt im herbstlichen Dunst

Das Eindrucksvolle an diesem mittelalterlichen Ästhetik-Begriff war nicht so sehr die Tatsache, daß Dichter, Mönche und Laien die Einsamkeit und Vergänglichkeit der Dinge als schön empfanden, sondern daß sie diese Schönheit zu einem ästhetischen Prinzip erhoben, das der lebensvollen und farbenprächtigen Schönheit der Kirschblüten und der herbstlichen Laubfärbung übergeordnet war. Diese starke, mittelalterliche Geistesströmung beeinflußte das Empfindungsvermögen und die ästhetischen Vorstellungen der Japaner bis in die heutige Zeit hinein.

Durch den Umgang mit dem Hofadel lernte die Oberschicht der Kriegerklasse die gesamte Palette höfischer Bildung und die Techniken des Regierens. Die ersten Kontakte zum Hof hatte es schon vor der Taira-Herrschaft im 12. Jahrhundert gegeben. Yoritomo, der seine Bakufu-Regierung wohlüberlegt außerhalb des Bereichs der Hofpolitik errichtete, warnte vor dem schwächenden Einfluß, den eine zu enge Verbindung zum Hofe nach sich zöge, und betonte nachdrücklich, daß es die Pflicht eines Kriegers sei, das kriegerische Erbe zu bewahren, das *bu*. Andererseits jedoch waren Yoritomo und seine militärischen Nachfolger auf die literarischen und verwaltungstechnischen Fertigkeiten *(bun)* angewiesen, die die Höflinge meisterhaft beherrschten. So konnten die Höflinge auch dann, als sie ihre politische Autorität eingebüßt hatten und zum Teil am Rande der Armut lebten, ihre soziale Stellung und ihren kulturellen Einfluß als Ratgeber der mächtigen Militärs behaupten. Yoritomo, sein Sohn Sanetomo, Mitglieder der Hōjō-Sippe, die Ashikaga-Shōgune und viele andere Krieger aus den Provinzen studierten unter der Anleitung von Höflingen und Mönchen Kalligraphie, Etikette und Poetik.

Förderung der Künste durch die Kriegerklasse

Wie im einzelnen dargestellt wurde, kann man das Mittelalter in vieler Hinsicht als die Epoche der Kriegerklasse bezeichnen. Die Wertvorstellungen der Krieger traten in den Vordergrund und begannen in vielen Bereichen den Lebensstil zu formen. Festungsartige Residenzen und Höhenburgen prägten den Baustil dieser Zeit. Rollbilder, wie die *Obusama Saburō Rolle*, die den Gegensatz zwischen einem typischen Krieger der Ostprovinzen und seinem der Schönheit zugeneigten Bruder veranschaulicht, oder die Bildrolle der Mongolischen Invasionen, die die Heldentaten eines Kriegers aus Kyūshū im Kampf gegen die mongolische Flotte zum Thema hat, zeigen das Interesse der Zeit an Einzelheiten über kriegerischen Heldenmut, Lebensstil und Kleidung. Die Herstellung von Schwertern, Rüstungen, Helmen und Pferdegeschirr erreichte einen technischen und künstlerischen Höhepunkt. Ethische Prinzipien wie Heldenmut, Loyalität und Todesbereitschaft, wurden von den Militärführern genährt und in Erzählungen, wie dem *Heike monogatari* oder dem *Taiheiki* gepriesen. Im zivilen Bereich erlernte die Kriegerklasse die Verwaltungstechniken, die zur Ausübung der Herrschaft notwendig waren, und die gesellschaftliche Etikette, die den Umgang mit dem Adel erleichterte und Zerstreuung brachte. Viele Krieger waren literarisch gebildet. Einige, wie Minamoto Yoritomo und sein Sohn Sanetomo und mehrere der Hōjō-Regenten, verfaßten Gedichte, die man für so meisterhaft hielt, daß man sie in offizielle Sammlungen aufnahm. Viele andere Krieger bewegten sich zusammen mit Adligen und Mönchen in literarischen Zirkeln, und förderten Maler, Bühnenautoren und Kunsthandwerker. Die Ashikaga-Shōgune Yoshimitsu und Yoshimasa, Provinzial-Kriegersippen, wie die Hosokawa und Ōuchi, und auch die Reichseiniger Nobunaga und Hideyoshi waren allesamt großzügige Mäzene der Künste.

Dieses Mäzenatentum führte zu einer Blüte des Nō-Theaters und der Teezeremonie *(chanoyu)*. Paläste, Burgen und die Wohnsitze des Provinz-Kriegeradels dekorierte man mit Faltschirmen und Wandmalereien aus den berühmten Malschulen Kanō und Tosa. Die Krieger wurden zu glühenden Anhängern und Schirmherren der neuen buddhistischen Sekten, insbesondere des Zen, und erwarben sich über die Mönche Kenntnisse über die Kultur Chinas. Eine rege Sammeltätigkeit chinesischer Objekte *(karamono)* setzte ein. Landschaftstuschmalereien, Porträts, Bücher, Seidenwaren, Keramik und Teegeräte aus China kamen in Mode. Shōgune und *daimyō* holten den fachmännischen Rat von Mönchen und weltlichen Experten ein. Es gab nur wenige Kriegsherren, die nicht auf die eine oder andere Art ihren militärischen und politischen Machtanspruch durch kulturelle Kennerschaft zu legitimieren versuchten. Die Schloßbauten Hideyoshis, seine Großaufträge an Malschulen, seine Unterstützung von Teemeistern und Nō-Schauspielern, seine besessene Sammlertätigkeit von Kunstgegenständen aus China, Europa und Korea sind nur ein Beispiel für das Mäzenatentum der Kriegerklasse im Bereich der Kunst.

Die herausragende Rolle der Kriegerklasse innerhalb der mittelalterlichen Gesellschaft spiegelt sich eindeutig in einer für das Mittelalter typischen Literaturgattung, der Kriegshistorie oder *gunkimono.* Ein großartiges Beispiel hierfür ist das *Heike monogatari (Geschichte der Heike)*, das auf einer Chronik über den Aufstieg und Fall der Taira beruht und wahrscheinlich im frühen 13. Jahrhundert von einem Höfling verfaßt wurde. Die Erzählung wurde von Wandersängern verbreitet, die die beliebtesten Passagen zur Biwa-Begleitung, einer Lautenart, vortrugen. Im *Heike monogatari* wird das Heldentum nicht verherrlicht. Eher ist es überlagert von einem Gefühl der Vergänglichkeit und der buddhistischen Überzeugung, daß die Welt trügerisch und der Ruhm kurzlebig sei. Gleich zu Anfang wird dieser schwermütige Unterton in der Bemerkung deutlich, daß »der Klang der Glocke des Gion-Tempels von der Unbeständigkeit der Dinge spricht«. Besonders eindrucksvolle Szenen aus dem *Heike* bearbeitete man für die Bühnen des Nō, Jōruri und Kabuki, wofür sich auch heute noch ein Publikum findet.

Die kulturelle Bedeutung der buddhistischen Klöster

Auch die buddhistischen Klöster, insbesondere die des Rinzai-Zen waren wichtige Faktoren im mittelalterlichen Kulturgefüge. Die Klosterabteien entwickelten sich zu Zentren der Gelehrsamkeit und des kulturellen Austauschs. Zen-Mönche aus China und Japan formten eine neue Ästhetikauffassung, die auf der Universalität der Buddhaschaft und der Verinnerlichung der Meditation beruhte. Dieser Ästhetikbegriff, der innerhalb der Klostermauern gepflegt wurde, übte einen starken Reiz auf die Außenwelt aus. Indem er weltliche Künstler, Mäzene und die gebildete Schicht erfaßte, prägte er schnell die kulturellen Lebensformen der mittelalterlichen Epoche. Die Zen-Klöster führten eine an Song-China orientierte Architektur ein, sie gaben der Gartengestaltung neue Impulse mit dem Konzept der »Trockenlandschaften« *(kare sansui)*, wobei geharkter Kies, Sand, Moosflächen und Steine der Nachbildung von Wasser, Blumen und anderen Landschaftsszenen dienten. Die Zen-Mönche brachten die in Song-China gepflegten Techniken der Tuschmalerei *(suibokuga* und *haboku)* nach Japan, wo die Kunst zur Vollendung geführt wurde.

Um die geistige Kraft des Zen besser darstellen zu können, entwickelten sich neue Stilformen in der Porträtmalerei und Porträtplastik. Sakralmalerei, Darstel-

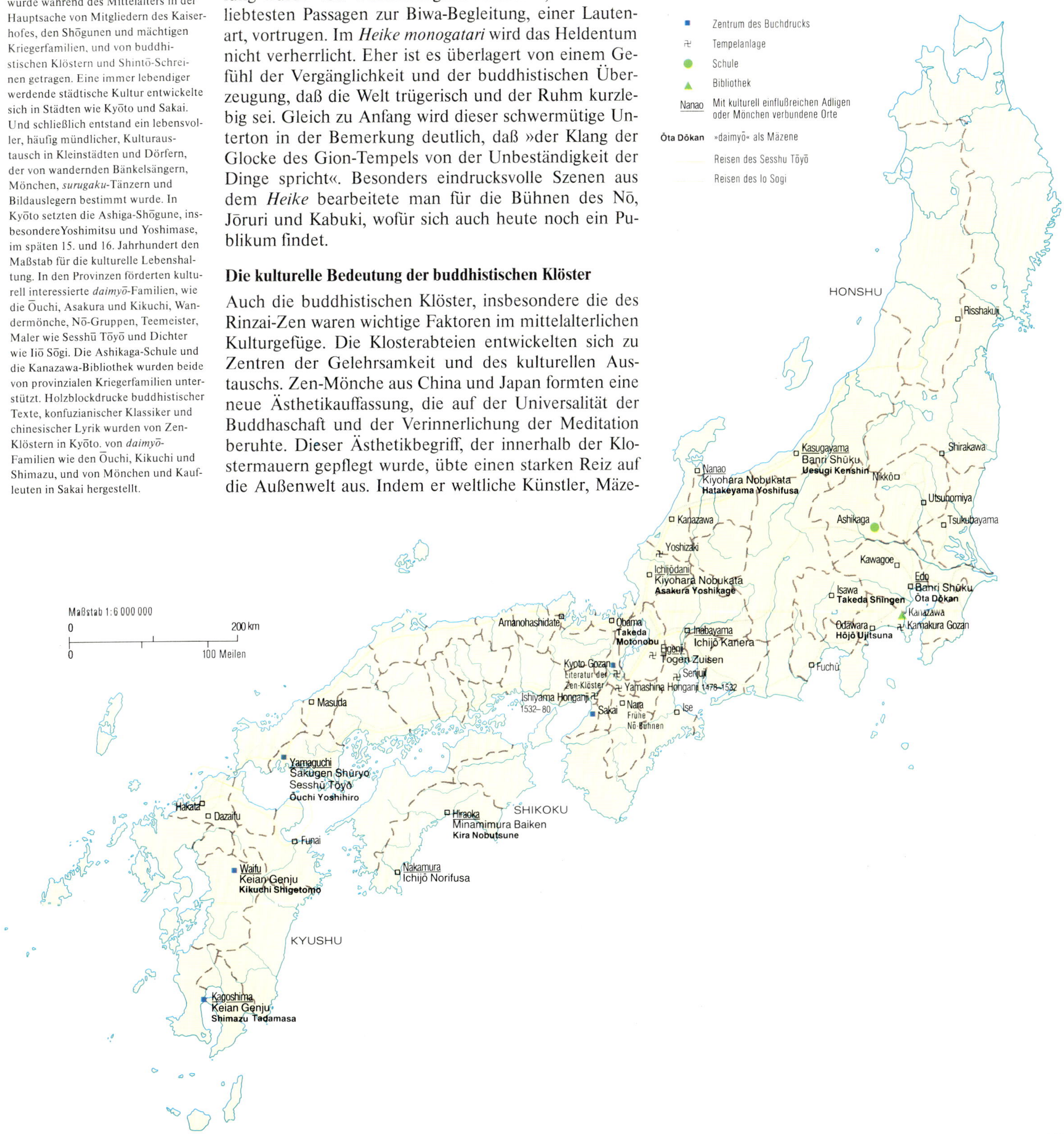

Zentren der spätmittelalterlichen Kultur
Die Karte gibt einen Überblick über das kulturelle Spektrum des 15. und 16. Jh.s. Die Kultur der Oberschicht wurde während des Mittelalters in der Hauptsache von Mitgliedern des Kaiserhofes, den Shōgunen und mächtigen Kriegerfamilien, und von buddhistischen Klöstern und Shintō-Schreinen getragen. Eine immer lebendiger werdende städtische Kultur entwickelte sich in Städten wie Kyōto und Sakai. Und schließlich entstand ein lebensvoller, häufig mündlicher, Kulturaustausch in Kleinstädten und Dörfern, der von wandernden Bänkelsängern, Mönchen, *surugaku*-Tänzern und Bildauslegern bestimmt wurde. In Kyōto setzten die Ashiga-Shōgune, insbesondereYoshimitsu und Yoshimase, im späten 15. und 16. Jahrhundert den Maßstab für die kulturelle Lebenshaltung. In den Provinzen förderten kulturell interessierte *daimyō*-Familien, wie die Ōuchi, Asakura und Kikuchi, Wandermönche, Nō-Gruppen, Teemeister, Maler wie Sesshū Tōyō und Dichter wie Iiō Sōgi. Die Ashikaga-Schule und die Kanazawa-Bibliothek wurden beide von provinzialen Kriegerfamilien unterstützt. Holzblockdrucke buddhistischer Texte, konfuzianischer Klassiker und chinesischer Lyrik wurden von Zen-Klöstern in Kyōto. von *daimyō*-Familien wie den Ōuchi, Kikuchi und Shimazu, und von Mönchen und Kaufleuten in Sakai hergestellt.

lungen von Zen-Patriarchen oder von Szenen aus dem Leben Buddhas, die für religiöse Zeremonien gebraucht wurden, oder aus dem Klosteralltag, boten ebenfalls Anregungen für Künstler innerhalb und außerhalb der Mönchsgemeinschaften. Maler, wie Josetsu, Shūbun, Oguri Sōtan, Kanō Masanobu und Sesshū, die alle enge Beziehungen zu Mönchen und Klöstern unterhielten, beherrschten und vermittelten chinesische Techniken der Tuschmalerei und entwickelten die japanische Tradition des *suibokuga*, die die mittelalterlichen Lebensformen stark beeinflußte. Das späte Mittelalter brachte eine Abkehr von der einfarbigen Welt der Zen-Tuschlandschaften hin zu den großen vergoldeten Schirm- und Wandmalereien, die zur Dekoration der großflächigen Wandpaneele in Schlössern, wie in Azuchi, Momoyama und Ōsaka verwendet werden. Maler, wie die der Kanō-Schule, erlebten dank solcher Aufträge eine Blütezeit. Zen-Mönche traten auch als Gelehrte und Dichter hervor. Sie vermittelten an die Höflinge und Krieger das konfuzianische Gedankengut der Song-Zeit und die Feinheiten chinesischer Dichtkunst. Sie verpflanzten die Idee von der Einheit der Drei Glaubensbekenntnisse nach Japan, die grundsätzliche Vereinbarkeit von Buddha, Lao Tzu und Konfuzius, die sie in einfarbiger Tuschmalerei darstellten.

Die Kunst des Teetrinkens griff ebenfalls von den Klöstern aus auf die weltliche Gesellschaft über. *Daimyō* und Kaufleute, insbesondere die aus Sakai, pflegten in Teezeremonien Umgang mit Zen-Mönchen. Teemeister, wie Murata Jukō, Takeno Jōō, und Sen no Rikyū verfeinerten die Praktiken des Teetrinkens durch die Einbeziehung des zenbuddhistischen Ästhetikbegriffes von Schlichtheit und Einfachheit, der in dem Begriff *wabi* gipfelte. Die Leidenschaft des Teetrinkens, die die späte mittelalterliche Gesellschaft erfaßte, erstreckte sich auch auf verwandte Gebiete in Kunst und Handwerk. Naturhafte, japanische Keramikwaren erlangten die gleiche Beliebtheit wie die eleganten chinesischen Keramikformen. Die Einrichtung des Teeraumes, die Gestaltung des inneren und äußeren Gartens, Blumengestecke, Lackwaren, Metallarbeiten und die Verwendung von Bambus unterlagen dem Einfluß einer allgemeinverbindlichen Auffassung von Ästhetik. Wie auch in anderen Bereichen des mittelalterlichen Lebens bestand ein spannungsreiches Aufeinanderwirken »chinesischer« und »japanischer« Elemente, zwischen der makellosen Schönheit des *karamono* und der vom *wabi* beeinflußten, unregelmäßigen, naturhaften Schönheit, zwischen der vornehmen und eleganten chinesischen Kultur und der sorgfältig hergestellten Einfachheit der japanischen Kultur.

Der mittelalterlichen Literatur lagen ästhetische Anschauungen zugrunde, wie das *wabi*, die sich entweder aus dem Zen entwickelten oder zumindest von ihm beeinflußt wurden. Eremitentum und Weltflucht, die sich am meditativen, nach Erleuchtung suchenden Leben der Mönche orientierten, griffen um sich. Das fand seinen Niederschlag in der von Zen-Mönchen verfaßten chinesischen und japanischen Lyrik. Oder auch im *Hōjōki* (*Bericht aus meiner Hütte*) von Kamō no Chōmei (1153–1216). Chōmei war kein Zen-Mönch; jedoch kehrte er auf Grund von Krankheit und Unglück der Hauptstadt den Rücken und tauschte alle weltlichen Besitzungen gegen die einfache Schönheit des Lebens in einer winzigen Einsiedelei. Seine Freude über das einfache Leben wurde allerdings durch die Erkenntnis getrübt, daß auch seine Liebe zu seiner einfachen Hütte eine Form des Anbindens an die Welt darstellte und damit seiner Erlösung entgegenstand. Yoshida Kenkō (1258–1350) hat in seinen *Tsurezuregusa* (*Blättern aus Mußestunden*) diese mittelalterliche Ästhetik des Nicht-Anbindens, der Freude am Unregelmäßigen, des Fehlerhaften, Unvollkommenen, der Wichtigkeit des Werdens (im Gegensatz zum einfachen Sein), des Anfangens und Beendens (im Gegensatz zu climaktischen Momenten), des Niedergangs (im Gegensatz zum Aufknospen) zum Ausdruck gebracht. Das Thema der Loslösung von irdischen Bindungen, vor allem im seelischen Bereich, das die mittelalterliche Literatur durchdringt, befruchtete das Nō-Theater, das im 14. und 15. Jahrhundert seine Blüte erlebte. Die meisten Nō-Spiele handeln von gequälten Geistern, die die Leidenschaft oder Gewalt früherer Existenzen wiedererleben und Erleichterung und Vergessen im Bewußtsein der Probleme, Konflikte und des Elends in ihrem vergangenen Dasein suchen.

Volkskultur

Kein Bericht über die mittelalterliche Epoche und ihre Kultur wäre vollständig ohne einen Hinweis auf das wachsende kulturelle Bewußtsein des einfachen Volkes. Diese Volkskultur entwickelte sich aus den Trümmern der im Krieg zerstörten Gesellschaftsstruktur. Vielleicht waren es tatsächlich der Krieg und die damit einhergehenden Zerfallserscheinungen, die die Stabilität und Vorherrschaft der alten aristokratischen Kultur- und Sozialordnung zersprengten und neuen Gesellschaftsgruppen und Einzelwesen eine Chance gaben. Wenn Krieger mit Waffengewalt in Machtpositionen aufsteigen konnten, mußten irgendwann auch die gebildeten Schichten dazu in der Lage sein. In der nicht so festgefügten Gesellschaft des 15. und 16. Jahrhunderts konnten ohnehin alle sozialen Gruppierungen sehr viel leichter ihren Beitrag zum kulturellen Leben leisten.

Botschaften über buddhistische Heilsgeschehen und Strafgerichte und Geschichten kriegerischen Heldentums wurden von wandernden Mönchen und Sängern in die Provinzen getragen. Das Nō-Theater und das Kyōgen hatten ihren Ursprung in volkstümlichen ländlichen und religiösen Unterhaltungsspielen. Auch nachdem Kan'ami, Zeami und ihre Nachfolger das Nō-Spiel zu einer verfeinerten dramatischen Kunstform weiterentwickelt hatten, wurde es nach wie vor in ganz Japan vor dörflichen Schreinen aufgeführt. Ebenso gehörte das Teetrinken zu den Vergnügungen der Dorfbewohner und wurde nicht nur auf den Burgen der Krieger und in den Teehäusern wohlhabender Kaufleute gepflegt. Wandernde *renga*-Poeten (Kettengedicht) wie Sōgi (1421 bis 1508) tauschten mit ihren dörflichen Gastgebern Verse aus.

In den Flußbezirken der Städte lebte unbehelligt von der Steuer, ein unruhiges Proletariat, bekannt als *kawaramono.* Es umfaßte Gestrauchelte und Ausgestoßene, die sich ihren Lebensunterhalt als Schlachter und Gerber verdienten. Aber es gab unter ihnen auch Künstler, Handwerker und volkstümliche Kleinunterhalter. Die Vitalität der Volkskultur und der *chūsei*-Periode zeigt sich in Szenen von Rollgemälden wie *Ippen-hijiri-e* der späten Kamakura-Zeit, Darstellungen von Handwerkern und Händlern, Szenen aus der Landwirtschaft, der Schreinverehrung oder der mittelalterlichen Kriegführung, ebenso wie auf den Stellschirmen der »Südlichen Barbaren« und den Genre-Malereien des späten 15. Jahrhunderts. Diese Tendenz zu einer künstlerischen Darstellung von Situationen aus dem täglichen Leben wird auch sichtbar im Kabuki-Theater des späten 16. und 17. Jahrhunderts. Darüber hinaus setzte sie sich fort bis in die Tokugawa-Periode und kam in den städtischen Zentren Ōsaka und Kyōto, sowie in Edo zur Hochblüte.

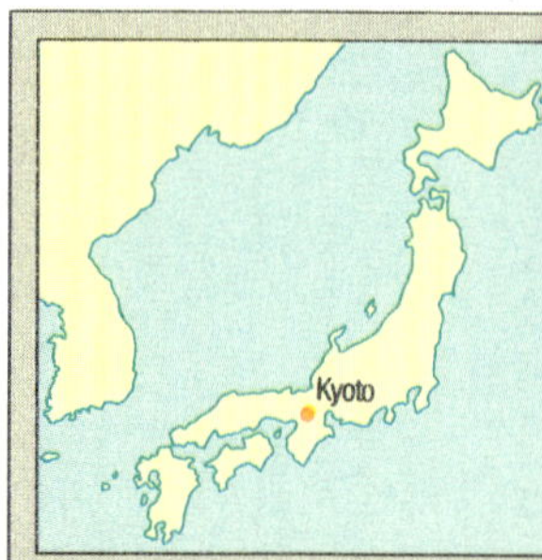

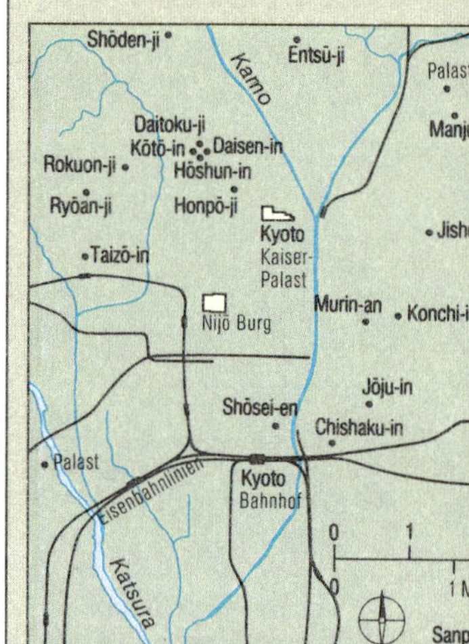

Die Zen-Gärten von Kyoto

Unten: Der Garten des Zen-Klosters Ryōanji gilt allgemein als eines der hervorragendsten Beispiele für die Gestaltung einer »Trockenlandschaft«. Der Ryōanji wurde etwa 1450 von dem Krieger Hosokawa Katsumoto gegründet. Der Gestalter des Gartens ist unbekannt. Der Ruhe und Erhabenheit ausstrahlende Garten besteht aus einer einfachen Fläche aus geharktem, hellen Kies mit einer Dreiergruppe aus 15, an den Rändern teilweise bemoosten Steinen. Er ist von den Gebäuden des Klosters und einer erdfarbenen Mauer eingefaßt. Die dargestellte Szene wird unterschiedlich gedeutet, zuweilen als Tigerin, die ihre Jungen über einen Fluß führt, oder auch als Berggipfel, die durch die Wolken ragen. Besser ist es jedoch, keine der vorgegebenen Erklärungen zu akzeptieren, sondern, so wie es der Zen vorschreibt, seinen eigenen intuitiven Zugang zum Garten zu finden.

Die Tempel und Gärten Kyōtos sind berühmt. Viele der herrlichsten Gärten gehören zu Zen-Klöstern und wurden im Mittelalter von Zen-Mönchen und ihren Schutzherren entworfen. Zen-Meditation, die Ästhetik der Gartenkunst und der Landschaftsmalerei, sind eng miteinander verbunden. Der Garten war ein Ort der Meditation. Der Gartenarchitekt konnte Bäume, Sträucher, Moos, Wasser oder Wasserfälle und Brücken anlegen, sich aber auch auf Steine und Kies beschränken, ähnlich den Tuschmalern, die den Gebrauch von Farben ablehnten. Solche Sand- und Kiesgärten kann man als dreidimensionale, einfarbige Landschaftsmalerei ansehen, wobei mit dem Kies Wasser, felsige Berge oder Wolken dargestellt werden. Man kann sie aber auch als abstrakte Skulptur nehmen, die dazu einlädt, der Vorstellungskraft freien Lauf zu lassen.

Rechts und unten: Die Mönche glaubten, daß man nicht nur während der Meditation zur Erleuchtung gelangen könne, sondern auch bei der bewußten Ausführung ganz alltäglicher Arbeiten, beim Kochen von Reis, Schrubben des Bodens oder beim Arbeiten im Holzschuppen oder Garten. Die Gestaltung und Pflege des Gartens war daher sowohl eine kontemplative Alltagsbeschäftigung als auch eine ästhetische Erfahrung. Es gibt eine reizende Anekdote von einem jungen Novizen, der den Garten säubern soll und seinen Herrn fragt, wohin er den Abfall werfen solle. »Wo ist der Abfall?« fragte der Meister und entzündete aus den Zweigen und Blättern ein Feuer und baute aus den Steinen ein Auffangbecken für den Regen und ließ nur einen kleinen Haufen Staub und Kies übrig, den er zurück in den Garten harkte. Hier abgebildet ist einer der Gärten des Daitoku-ji.

Japanische Gärten

Japanische Gärten haben den westlichen Besucher fasziniert und angeregt, seitdem Portugiesen und Spanier im 16. Jahrhundert erstmals japanischen Boden betreten haben. Die japanische Gartenkunst hat eine lange Tradition. Die Trockenlandschaften der Zen-Gärten (*s. S. 121*) sind mit Recht berühmt, jedoch sind sie nicht die einzige Form japanischer Gartengestaltung. Schon lange vor der Einführung des Zen hatte sich eine Garten-Ästhetik entwickelt, die der Zen lediglich mit neuen Aspekten bereicherte.

Die von China und Korea beeinflußten Gärten des 7. und 8. Jahrhunderts bestanden aus Seen, Brücken und Laternen, häufig gestaltete man sie nach der buddhistischen Vorstellung, daß der Berg Sumeru im Mittelpunkt des Kosmos stehe. Den Kaiserpalast und die Adelshäuser der Heian-Zeit baute man über Seen, in die man Pavillons zum Fischen setzte, ferner kam es in Mode, ganze Gebirgslandschaften nachzubilden. Kaiser und Höflinge liebten es, sich bei Sake und Stegreifgedichten in einer lieblichen Flußlandschaft zu zerstreuen. In der Kamakura-Zeit begannen auch die Kriegerfamilien neben dem Adel und den Mönchen ein lebhaftes Interesse an der Gartengestaltung zu zeigen. Die früheste kritische Darstellung japanischer Gartenkunst, das *Sakujeiki* (Essay über das Anlegen eines Gartens) wurde von Tachibana Toshitsune in der frühen Kamakura-Periode (1185–1333) verfaßt.

Oben: Wasser gehört in vielfältigster Weise zur Gartengestaltung. Es kann der Nachbildung eines Flusses in einer Gebirgsschlucht dienen, oder eines Teiches mit einer Kieferninsel, der die Erinnerung an Matsushima oder einen anderen schönen Ort wachruft. In den Zen-Gärten können weißer Kies und Steine den Eindruck eines reißenden Flusses oder des Ozeans übermitteln, oder wie hier kann Wasser einen beruhigenden, sanften Klang erzeugen, wenn es in ein steinernes Becken tropft und über den Rand hinausläuft.

Oben links: Das 1626 in Kyōto erbaute Nijō-Schloß diente den Tokugawa als Festungspunkt, von dem aus das Bakufu den Kaiserhof und die westlichen Provinzen kontrollieren konnte. Die eindrucksvoll geformten Steine des Gartens sind ohne Zweifel als Geschenke der *daimyō* aus ganz Japan zusammengetragen worden.

Links: Zu den berühmten Gartenarchitekten der japanischen Geschichte gehörte der im 14. Jahrhundert lebende Zen-Mönch Musō Soseki (1275–1351). Bis zu seinem 50. Lebensjahr strebte er als Wandermönch nach Erlösung. Auf seinen Wegen gründete er viele kleine Bergtempel mit Landschaftsgärten. Später wurde er unter dem Patronat der Ashikaga-Shōgune und des Kaisers Go-Daigo zum Abt der Klöster Tenryūji und Rinsenji ernannt, wo er hervorragende Gärten entwarf. Gegen Ende seines Lebens zog er sich in das kleine Kloster Saihōji zurück. Hier schuf er den berühmten Moosgarten, der an dem chinesischen Prinzip der »zehn prächtigen Ansichten« orientiert ist.

Oben: Der ursprünglich im 14. Jh. errichtete Kinkakūji (Tempel des goldenen Pavillon) gehörte zur Villa des Ashikaga-Shōguns Yoshimitsu und wurde erst im 20. Jh. im Jahre 1950 von einem Brand zerstört. Der heutige Bau ist eine Rekonstruktion aus dem Jahre 1955 mit einer Neuvergoldung von 1988. Der Garten enthält Stilelemente der Zen-Gärten und der Wasser-Gärten der Heian-Periode. Der Pavillon scheint auf seinem eigenen Spiegelbild im Wasser zu schwimmen. Der Garten hat parkähnliche Ausmaße mit unterschiedlichen Landschaftsnachbildungen und Ansichten des Pavillon.

Links: Diese Gruppe von Steinlaternen steht in der Nähe des Tōshōgū-Schreins in Nikko, dem Mausoleum Tokugawa Ieaysus. Manchmal dienten die Steinlaternen einem zeremoniellen Zweck, meistens aber bewunderte man nur den alten mossbedeckten Stein oder benützte sie als Mahnmal für buddhistische Paradiesvorstellungen.

Das Nō-Drama

Der heutige Besucher kann in Japan die Wahl zwischen avantgardistischem oder traditionellem Theater treffen. Während sich das moderne experimentelle Theater zur Blüte entwickelte, haben auch die älteren Formen des Nō, Kyōgen, Bunraku und Kabuki einen Aufschwung erlebt. Das Nō, das aus einer Vermischung früherer Tanz- und Dramatikformen entstand und von Kan'ami und Zeami im Mittelalter zu seinem Höhepunkt geführt wurde, ist ein mit Masken, Musik und Tanz aufgeführtes Drama. Jeder dieser vier Begriffe ist für das Nō von Bedeutung.

Die meisten Nō-Spiele handeln von dem dramatischen Zusammentreffen eines gequälten Geistes *(shite)* mit einem reisenden Mönch *(waki)*. Im Verlauf der Handlung verschafft sich der Geist Erleichterung, obwohl das Publikum häufig mit dem Gefühl zurückbleibt, daß sich die Geistererscheinung wiederholt. Nō wird nicht gespielt sondern »getanzt«, die Augenblicke größter Spannung werden durch Tanz ausgedrückt – langsam und würdevoll am Anfang und sich allmählich zu kontrollierter Heftigkeit steigernd. Die Dramatik des Tanzes wird durch Flötenmusik, Trommeln und Gesänge erhöht. Die Schauspieler (hauptsächlich der *shite*) tragen Masken und prachtvolle Brokatkostüme. Die Masken kennzeichnen einen bestimmten Charaktertypus, häufiger auch Gemütszustände oder Geistesverfassungen. Die Stimmen sind verzerrt, um einen überirdischen Effekt zu erzielen, die Gebärden der Schauspieler charakterisieren eine Vielzahl von Gefühlsregungen.

Oben: Ursprünglich wurde das Nō-Spiel im Freien oder in Schreinen und Tempeln aufgeführt. Das moderne Nō-Theater entwickelte sich in der Edo-Periode. Die Hauptbühne (s. Plan, *rechts oben*) ragt in den Zuschauerraum hinein. Die Handlung spielt sich hier ab oder auf der Brücke. Alle Spiele sind mit sparsamsten Requisiten ausgestattet und werden vor der auf das Bühnenbild gemahlten Kiefer aufgeführt. Die Flötisten und Trommler sitzen im Rückteil auf der Bühne, der Chor links von den Schauspielern. Der Hauptdarsteller (in der Regel mit Maske) wird *shite* genannt. Der zweite Darsteller (ohne Maske) heißt *waki.* Die Rolle des *waki* besteht darin, den *shite* auf die Bühne zu rufen, ihn zu bitten die dramatische Handlung zu enthüllen, und ihn zum Tanz anzuspornen.

Links: Im Mittelpunkt der Nō-Aufführung steht die aus Zypressenholz geschnittene, bemalte Maske, die der Schauspieler auf der Bühne zum Leben erweckt. Die meisten Masken sind Variationen eines einzigen Typus. Hier abgebildet ist das Gesicht eines schönen jungen Mädchens, Ko-Omote.

Rechts: Die Puppen des Bunraku sind von halber Lebensgröße und werden von einem Hauptspieler bewegt und einem oder zwei schwarz gekleideten Assistenten. Die Themen des Bunraku sind frühen Nō-Dramen entnommen, Motive aus der Geschichte und Legende. Die hervorragendsten, eigens für das Puppentheater geschriebene Dramen, verfaßte Chikamatsu Monzaemon.

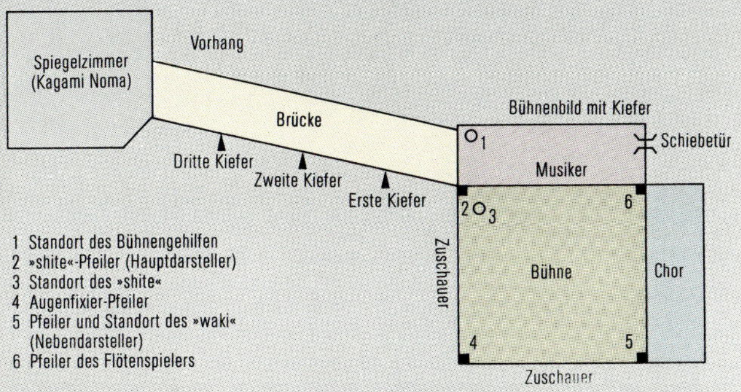

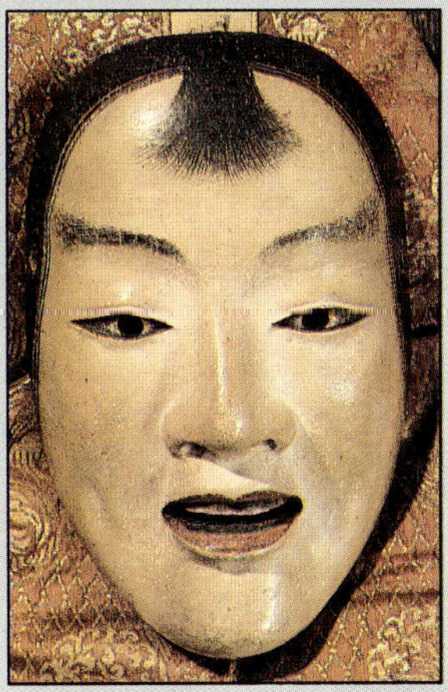

Oben links: Den Nō-Masken wurde immer eine religiöse oder mystische Bedeutung zugeschrieben. Die göttlichen Kräfte der weiß-bärtigen Okina-Maske hielt man für besonders ausgeprägt. Einige Okina-Masken besaßen, wie die hier abgebildete, büschelartige Augenbrauen. Allen gemeinsam ist die geteilte und mit einer Schnur zusammengebundene Mundlinie. Alle haben sie einen glücklichen oder frohen Gesichtsausdruck mit breit auseinandergezogenem Mund und zu Schlitzen verengten Augen. Die Okina-Maske wird nur in dem magischen Tanzdrama *Okina* verwendet, in dem Fürbitten um Frieden, langes Leben und Fruchtbarkeit im Tanz dargebracht werden.

Mitte links: Einige Nō-Masken drücken die charakteristischen Gesichtszüge junger Männer aus. Die Semimaru- und Atsumori-Masken dienen ausschließlich der Darstellung des blinden Prinzen Semimaru oder des Kriegers Taira no Atsumori, der im Alter von 16 Jahren auf dem Schlachtfeld starb. Bei anderen Masken, wie bei der hier abgebildeten Kassiki-Maske, war die Verwendung vielseitiger.

Unten links: Die Handlung vieler Nō-Spiele dreht sich um die Reinkarnation verwirrter und argwöhnischer Kreaturen, unruhiger weiblicher Gespenster, rachsüchtiger Geister und Dämonen. Unterschiedliche Dämonen-Masken geben die verschiedenen Abstufungen bei der Umwandlung weiblicher Dämonen wieder. Die Hashihime-Maske stellt eine dem Bösen verfallene Seele dar. Die hier abgebildete Hannya-Maske charakterisiert den inneren Kampf gegen die Raserei. Die dämonischste aller Masken ist die einer in eine giftige Schlange verwandelten Frau.

Links außen: Fahrende Unterhaltungskünstler des Altertums und des Mittelalters verwendeten zur Darstellung einfacher Geschichten kleine Puppen. Die komplexen Bunraku-Puppen in halber Lebensgröße entwickelten sich im 17. und 18. Jh., als die Dramen von Chikamatsu, die zu den Klängen der *shamisen* von Meisterspielern aufgeführt wurden, ein großes Publikum in die Theater von Edo, Osaka und Kyōto zogen. Ebenso wie die Nō-Maske drückte der Puppenkopf den Typus eines Charakters aus, das Mädchen oder die Frau, der Krieger oder der Possenreißer.

Burgen in Kriegszeiten und im Frieden

Die portugiesischen und spanischen Missionare und Kaufleute, die im 16. Jahrhundert in Japan landeten, um hier die christliche Lehre zu verbreiten, waren von der Größe und Pracht der Burgen beeindruckt. Der portugiesische Jesuitenmissionar und Chronist Luis Frois (1532–1597), der mehr als 30 Jahre seines Lebens in Japan zubrachte, lieferte eine auf eigener Anschauung beruhende Beschreibung der imposanten Azuchi-Burg, die von Oda Nobunaga während seiner Eroberungszüge durch Zentral-Japan auf einem Gebirgsvorsprung über dem Biwa-See gebaut wurde.

»Oben auf der Anhöhe erbaute Nobunaga mitten in der Stadt seine Palastburg, die sich in der Architektur, den Befestigungssystemen, an Reichtum und Großartigkeit mit den berühmtesten Bauwerken Europas messen kann. Sie ist von festen Schutzmauern aus Stein umgeben, die 60 Spannen hoch sind, an vielen Stellen sogar noch höher. Innerhalb des Mauerwalls liegen viele schöne und elegante Häuser, die alle goldene Verzierungen haben und so fein und ungemein geschmackvoll sind, daß sie an Eleganz nicht zu übertreffen sind. Im Zentrum steht eine Art Turm, den sie *tenshu* nennen und der wahrhaftig bei weitem edler und prächtiger aussieht als unsere Türme. Er besteht aus sieben Stockwerken, die alle sowohl innen als auch außen vortrefflich gestaltet sind; innen sind die Wände mit reichen Malereien in Gold und anderen Farben geschmückt, während die Außenseite eines jeden Stockwerks mit unterschiedlichen Farben bemalt ist ... Mit einem Wort, das ganze Bauwerk ist herrlich, vortrefflich und brillant. Da die Burg auf einer Anhöhe gelegen ist und selbst in die Höhe gebaut ist, sieht es aus als würde sie bis in die Wolken hinaufragen und könnte schon aus meilenweiter Entfernung gesehen werden. Die Tatsache, daß die Burg ganz aus Holz gebaut ist, kann man weder innen noch außen erkennen, sie wirkt wie ein festes Bollwerk aus Stein und Mörtel.« Leider wurde die Azuchi-Burg im Jahre 1582 zerstört.

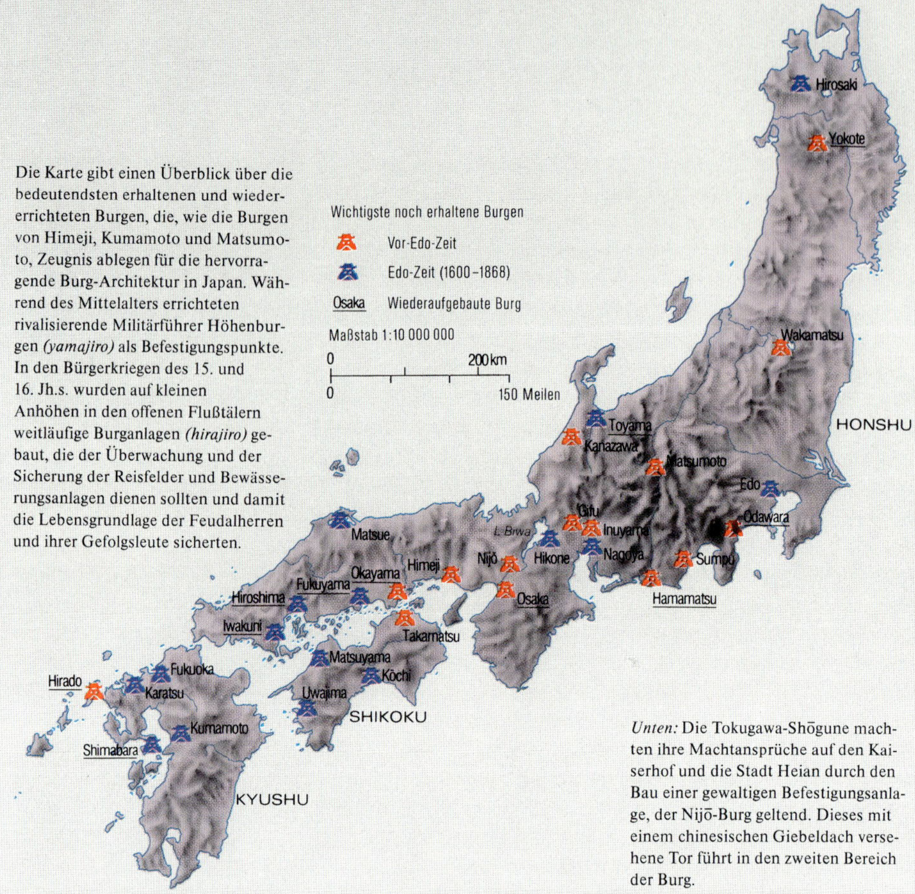

Die Karte gibt einen Überblick über die bedeutendsten erhaltenen und wiedererrichteten Burgen, die, wie die Burgen von Himeji, Kumamoto und Matsumoto, Zeugnis ablegen für die hervorragende Burg-Architektur in Japan. Während des Mittelalters errichteten rivalisierende Militärführer Höhenburgen *(yamajiro)* als Befestigungspunkte. In den Bürgerkriegen des 15. und 16. Jh.s. wurden auf kleinen Anhöhen in den offenen Flußtälern weitläufige Burganlagen *(hirajiro)* gebaut, die der Überwachung und der Sicherung der Reisfelder und Bewässerungsanlagen dienen sollten und damit die Lebensgrundlage der Feudalherren und ihrer Gefolgsleute sicherten.

Unten: Die Tokugawa-Shōgune machten ihre Machtansprüche auf den Kaiserhof und die Stadt Heian durch den Bau einer gewaltigen Befestigungsanlage, der Nijō-Burg geltend. Dieses mit einem chinesischen Giebeldach versehene Tor führt in den zweiten Bereich der Burg.

Unten: Als Residenzen und Zentren der *daimyō*-Kultur waren die großen Räume vieler Burgen mit großartigen Stellschirmen und Türmalereien dekoriert, die von Künstlern der Kanō-Schule oder anderen japanischen Malrichtungen stammten. Hier ist ein Audienzsaal abgebildet, der ursprünglich für Hideyoshis Burg in Fushimi entworfen wurde, und später in einen Tempel von Kyōto eingebaut wurde.

Unten rechts: Die Burg von Matsumoto ist ein glänzendes Beispiel für ein *hirajiro.* Sie liegt in einem breiten, fruchtbaren Gebirgstal in der Präfektur Nagano und wurde in den Jahren 1594 bis 1597 von Toyotomi Hideyoshi erbaut.

Rechts: Die Himeji-Burg, auch als Burg des Weißen Reihers (Shirasagi) bekannt, ist der beherrschende Blickfang der Stadt Himeji in der Präfektur Hyōgo. Sie geht auf das Kriegergeschlecht Akamatsu im 14. Jh. zurück, geriet später unter die Kontrolle Hideyoshis und der Ikedas, die den Bau in großem Maßstab erweiterten. Die Burg ist auf einem niedrigen Hügel gelegen und verfügt über ein verschlungenes Verteidigungssystem von Gräben, Innenhöfen und Toren. Der Hauptturm (s. Querschnitt, *unten rechts*) ist an der Außenseite 7 Stockwerke hoch, an der Innenseite 6 und ist mit drei kleineren Türmen verbunden (s. Plan, *unten links*). Die Burgen dienten in der Hauptsache als Garnisons- und Festungsanlage, aber sie waren auch Wohnsitz der Shōgune und *daimyō* und Zentren nationaler und regionaler Verwaltung.

Unten: Eine in Szene gesetzte *daimyō*-Prozession in Iwakuni in der Präfektur Yamaguchi.

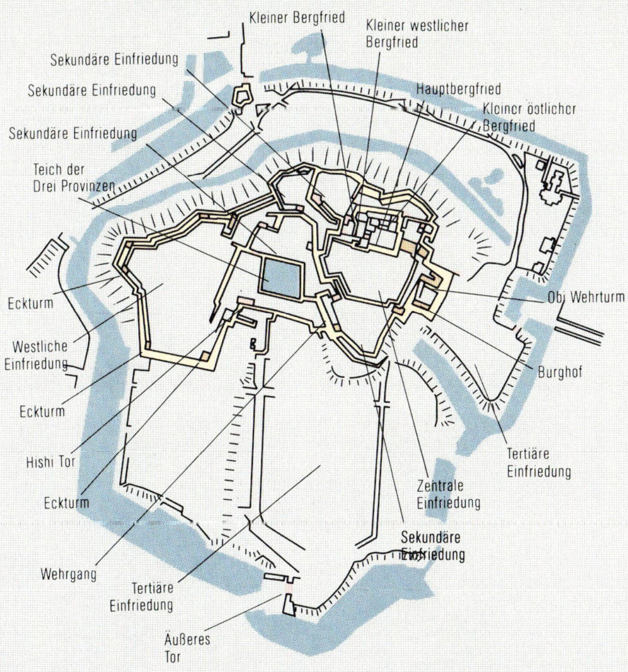

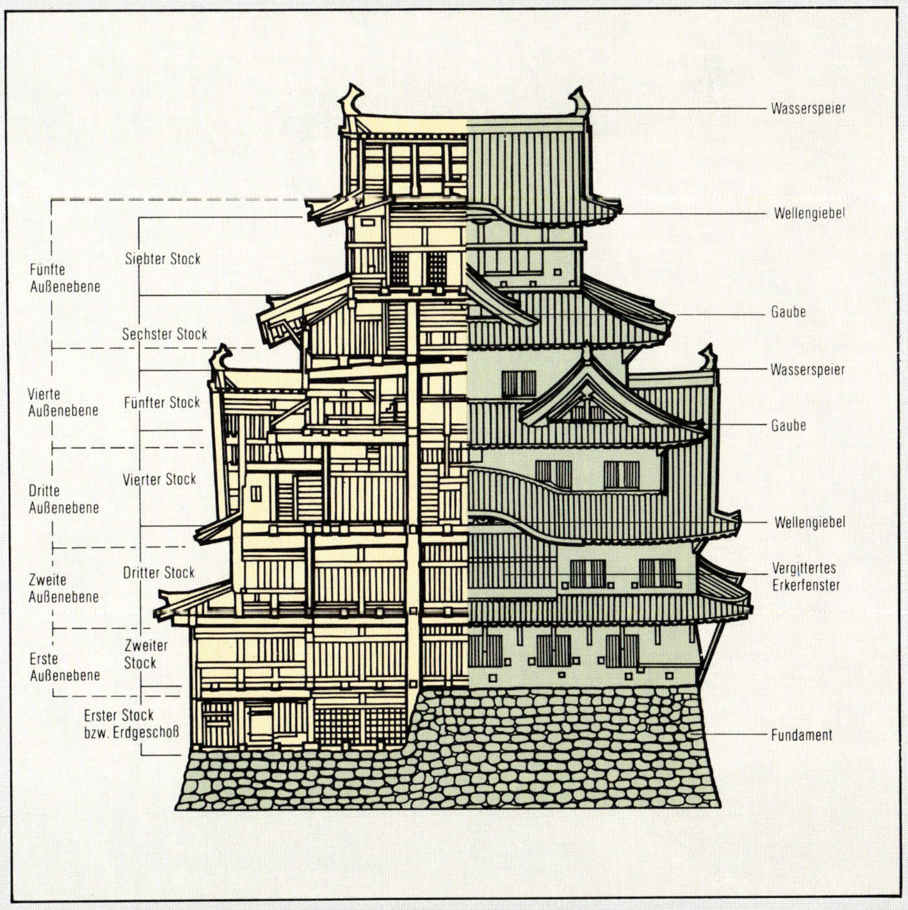

Umseitig: Die Nijō-Burg mit angrenzenden Geschäftsstraßen in einer zeitgenössischen Schirmmalerei.

Kabuki-Theater

Bunraku und Kabuki waren die beiden beliebtesten Formen des Unterhaltungstheaters beim städtischen Publikum der Edo-Zeit. In den letzten Jahrzehnten des 17. und zu Beginn des 18. Jahrhunderts erfreute sich Bunraku noch großer Publikumswirksamkeit, wurde jedoch um die Mitte des 18. Jahrhunderts vor allem in Edo vom Kabuki überflügelt. Berühmte Schauspieler hatten nicht selten ein ganzes Gefolge von Verehrern, unter ihnen auch Kurtisanen und Damen aus dem Shogunatspalast. Billige Farbdrucke der Schauspieler in charakteristischen Posen *(mie)* wurden den Händlern von der Kundschaft aus den Händen gerissen.

Während des 17. Jahrhunderts war Kabuki von einem Erlaß des Bakufu in seinem Fortbestehen bedroht, denn er untersagte das Auftreten von Frauen (Onna Kabuki, Verbot von 1629). Daraufhin ersetzte man die Schauspielerinnen kurzerhand durch junge Männer (Wakashū Kabuki). Das Bakufu sah im Kabuki eine Gefährdung der öffentlichen Moral, konnte es jedoch nicht völlig unterdrücken und mußte es weiterhin dulden. Das regulierende Eingreifen des Bakufu mag in gewisser Weise zur Weiterentwicklung dieser Form des Theaters beigetragen haben. Männliche Mimen reiferen Alters, denen nicht die Stirnlocken und das anziehende Äußere von Frauen oder Knaben zugute kamen, gaben dem Spiel in ihrem Bemühen, das Publikum zu fesseln, eine neue Tiefe.

Um die Mitte des 18. Jahrhunderts war die Form des Kabuki ausgereift. Ein breites Repertoire bot den Schauspielkünsten der Frauendarsteller (Onnagata) ausreichend Gelegenheit, sich zu entfalten; Kunstgriffe wie Dreh- und Hubbühnen kamen in Gebrauch, und die drei großen Theater in Edo wie auch die Bühnen von Kyōto und Ōsaka zogen Scharen von Schaulustigen an.

Rechts: Dieser *ukiyo-e* von Okumaura Masanobu (1686–1764) zeigt das Innere eines Kabuki-Theaters in Edo um die Mitte des 18. Jh.s. Man spielt gerade das historische Drama *Die Rache der Soga-Brüder.* Zu jener Zeit kannte man bereits den Laufsteg durch das Publikum *(hanamichi)*, der als zweite Bühne genutzt wurde, sowie die Drehbühne und den Vorhang. Die Laternen an der Decke tragen die Embleme der wichtigsten Schauspieler. Kabuki war ein gesellschaftliches Ereignis, eine ganztägige Unterhaltung, während der man aß und trank, in den Wandelgängen flanierte und die Schönheiten bewunderte. Okumura Masanobu war ein besonders produktiver Holzschnittkünstler, der klassische Themen parodierte, Schauspieler und schöne Damen porträtierte und sich gelegentlich, so wie hier, auch in westlicher Perspektive versuchte.

Unten: Auf diesem Druck von Utagawa Kunisada (1786–1864) sieht man einen Kabuki-Schauspieler in einer typisch männlichen Pose aus dem Stück *Yoshitsune Senon Zakura (Die tausend Kirschbäume von Yoshitsune).* Die Legende berichtet, daß Yoshitsune, der Held von Dannoura, auf der Flucht vor den Mordabsichten seines Bruders seinen alten Feind Taira no Tomomori trifft, der als Admiral der Taira-Flotte durch Yoshitsune ums Leben kam. Es ist die Reinkarnation Tomomoris, die sich in Gestalt eines Fährmannes dem Flüchtenden in den Weg stellt. Doch er kann ein zweites Mal besiegt werden, indem er mit einem schweren Anker um die Hüften ins Meer geworfen wird.

Unten: Im Kabuki tragen Kostüme, Perücken und Schminke ihren Teil zur Expressivität der jeweiligen Rolle bei. In historischen Dramen wie dem *Shibaruku* ist die Schminke dick, unwirklich und maskenhaft *(kumadori)*, in anderen Stücken ist sie verhaltener und realistischer. Die Frauendarsteller (Onnagata), die Protagonisten des Kabuki, tragen, wenn sie junge Frauen oder Kurtisanen spielen, ein aufreizendes Make-up. Wie auch beim Nō-Theater stammen die Mimen im Kabuki aus Schauspielerfamilien und beginnen ihre Ausbildung bereits in früher Jugend, um nicht nur die verschiedenen Rollen, sondern auch die spezifischen Bewegungen, Kostüme und Schminkregeln des Kabuki zu meistern.

Oben: Die Malerei von Hishikawa Moronobu (gestorben 1694) läßt uns einen Blick hinter die Bühne des Nakamura-za-Kabukitheaters tun und zeigt das Anlegen der Kostüme und Schminken der Darsteller für die Aufführung eines historischen Dramas. Moronobu war zu seiner Zeit ein Pionier und Meister des Holzschnitts. Seine Spezialität waren Genre-Szenen und farbenfrohe, lebhafte Gruppen, die er in wenigen Strichen zu erfassen wußte. Sein Malstil und seine *ukiyo-e* haben die Künstler nach ihm nachhaltig beeinflußt.

Rechts: Kabuki verdankt einen Großteil seiner Anziehungskraft der üppigen Bühnenausstattung und den farbenfrohen Kostümen. Diese Szene wurde 1987 von der Ichikawa-Ennosuke-Truppe aufgeführt.

DIE EDO-ZEIT

Oda Nobunaga, der »Meister des Reiches«

Um 1500 war Japan in extremer Weise politisch dezentralisiert. Weder der Hof noch das Muromachi-Bakufu verfügten über genügend politische Autorität. Das Land war aufgeteilt unter mehr als 250 rivalisierende Feudalherren *(daimyō)*. Manche dieser *daimyō* spekulierten auf regionale Siege, um sich dadurch nach und nach zum Alleinherrscher im Lande machen zu können, und sie lauerten auf die Chance, in der Hauptstadt Fuß fassen und von dort aus Zentraljapan unter ihre Kontrolle bringen zu können. Der *daimyō*, dem das als erstem gelang, war Oda Nobunaga (1534–1582), der junge Herrscher über das kleine Gebiet Owari an der Pazifikküste. Sein Verdienst ist es, die Einigung des Landes eingeleitet zu haben. Nach seiner Ermordung führten Toyotomi Hideyoshi (1536–1598) und Tokugawa Ieyasu (1542–1616) diese Aufgabe weiter. In einigen glänzenden Schlachten überflügelte Nobunaga das Feld der rivalisierenden *daimyō* und etablierte sich 1568 in der Hauptstadt.

Bereits im Alter von 27 Jahren bewies er während der Schlacht von Okehazama 1566 sein militärisches Talent. Er besiegte nicht nur die zahlenmäßig überlegene Armee der Imagawa, der größten Militärmacht der Pazifikküste zu jener Zeit, sondern nahm auch den *daimyō* selbst, Imagawa Yoshimoto, gefangen. Von da an träumte er davon, weitere *daimyō* zu besiegen und ein geeintes Reich zu schaffen. Um diesem Wunsch Ausdruck zu verleihen, benutzte er ein Siegel mit der Inschrift: *tenka fubu*, »Das Reich in militärischem Ruhm«. Das Wort *tenka* (»alles unter dem Himmel«) bezieht sich auf das gesamte japanische Reich und bedeutet die Herrschaft über die Nation. Nobunaga sah sich als den *tenkajin*, den Herrscher über *tenka*. Als er in Kyōto einzog, gab er bekannt, er wolle den fünfzehnten Ashikaga-Shōgun Yoshiaki (1537–97) wieder in seine Macht einsetzen. Das war jedoch nur ein Vorwand. Yoshiaki wurde bald beseitigt und das Ashikaga-Shōgunat war damit beendet.

Nobunagas Weg zur Reichseinigung war nicht einfach; er hatte so manche Hürde zu überwinden. Zunächst waren da die ehrgeizigen *daimyō*, die ihre Macht in den Provinzen hatten halten können, und nur darauf warteten, ihn zu vernichten. Ferner stellten sich ihm Militärverbände der buddhistischen Klöster und militanter Laien entgegen. Bei der Beseitigung rivalisierender *daimyō* bewies Nobunaga seltenes taktisches Geschick, indem er seine Kontrahenten isolierte und dann mit überlegener Strategie und Technologie besiegte. In der grausamen Schlacht von Nagashino in Mikawa (1575) verbündete er sich mit Tokugawa Ieyasu gegen Takeda Katsuyori. Den Sieg verdankte er hier vor allem dem Einsatz von Feuerwaffen, die erst 30 Jahre zuvor von Europa nach Japan gekommen waren. Nobunaga bewaffnete 3000 Mann mit Gewehren, setzte sie in drei Linien ein und konnte auf diese Weise alle zehn Sekunden eine Gewehrsalve abfeuern lassen. Die Takeda-Truppen, deren Berittene auf Schwerter und Lanzen angewiesen waren, waren einem solchen Gewehrfeuer natürlich nicht gewachsen.

Auch die Auseinandersetzungen Nobunagas mit den militanten buddhistischen Gemeinschaften waren keineswegs harmlos. Die *Ikkōshū*, oder Anhänger der Wahren Sekte vom Reinen Land unter der Führung des Klosters in Honganji bildeten im Kinai und den umgebenden Provinzen sowie in den Bezirken Hokuriku und Tōkai einen militärisch wie geistig nicht zu unterschätzenden Machtfaktor. Fast ein Jahrhundert lang lag die Kontrolle über die Provinz Echizen nicht in den Händen eines *daimyō*, sondern bei einer Versammlung von *Ikkōshū* unter der Führung eines *bushi*. Man nannte Echizen ein »Land unter der Regierung von Bauern«. Die Anhänger der wahren Sekte des Reinen Landes waren so gut bewaffnet und organisiert, daß sie es mit den Streitmächten eines *daimyō* durchaus aufnehmen konnten. Selbst ein Krieger vom Kaliber eines Nobunaga hatte seine Schwierigkeiten mit ihnen. Mehr als zehn Jahre lang widerstand das Ishiyama Honganji in Ōsaka den wiederholten Angriffen und gab das Feuer mit mehreren tausend Gewehren zurück. Schließlich sah sich Nobunaga zu Friedensverhandlungen gezwungen. Dennoch gelang es ihm, die Macht der *Ikkōshū* in einigen der zentralen Provinzen zu brechen. 1574 kesselte er in Nagashima, Provinz Owari, 20000 *Ikkōshū*, darunter Frauen und Kinder, ein, und röstete sie im wahrsten Sinne des Wortes zu Tode. Es war die brutalste Schlacht in dieser blutrünstigen Zeit, ja vielleicht in der Geschichte Japans.

Aus der Grausamkeit, mit der er die *Ikkōshū* niederwarf, wird deutlich, daß Nobunaga keinerlei Respekt vor überkommenen Autoritäten oder vor der Religion zeigte. 1571 metzelte er mehr als 3000 Tendai-Mönche und -Laien nieder und machte das Kloster Enryakuji auf dem Berg Hiei, ein seit der Frühen Heian-Zeit bedeutendes politisches und religiöses Zentrum, dem Erdboden gleich, weil man dort militärischen Widerstand gegen ihn geleistet hatte. Adel und Klerus, ja selbst manche Krieger, waren entsetzt über solche Sakrilegien. Nobunaga jedoch setzte sich über alles hinweg, was sich ihm in den Weg stellte. Dennoch sollte man nicht vergessen, daß er die kaiserliche Macht nicht antastete und das traditionelle Ansehen, das Klöster und Schreine genossen, anerkannte, sofern sie seine Alleinherrschaft nicht in Frage stellten. Ja er versuchte sogar, dem Kaiserhof wieder Glanz und Prestige zurückzugewinnen, indem er einige der kaiserlichen Domänen wiedereinzusetzen versuchte und den Kaiserpalast renovieren ließ.

Oda Nobunagas Versuch, das Reich zu einigen, kam mitten im Erfolg zu einem jähen Ende. 1582, als er und seine Gefolgsleute sich gerade im Honnōji in Kyōto aufhielten, wurde er von Akechi Mitsuhide, einem seiner führenden Generäle, ermordet. Seine Krieger verweigerten Mitsuhide jedoch die Gefolgschaft, und nur wenige Tage nach Nobunagas Tod gelang es einem anderen General, Toyotomi Hideyoshi (1536–1598), ihn zu überwältigen. Dieser wurde zum neuen *tenkajin*.

Der Reichseiniger: Toyotomi Hideyoshi

Hideyoshi war der Sohn eines Bauern aus Owari, der unter Oda Nobunaga gedient und sich als Stratege einen Namen gemacht hatte. Zum Zeitpunkt seines Todes besaß Nobunaga bereits die Macht über mehr als ein Drittel des Reiches, einschließlich der Städte Kyōto, Ōsaka

Ganz oben: Oda Nobunaga (1534 bis 1582) war der erste der drei Reichseiniger des 16. Jh.s. Wegen seines unwürdigen Benehmens beim Begräbnis seines Vaters erhielt er den Spitznamen »Großer Idiot«. Zunächst schlug er Unruhen in der eigenen Domäne nieder, dann eroberte er nach und nach das Reich *(tenka)*, indem er rivalisierende *daimyō* und religiöse Institutionen ausschaltete, Kyōto unter seine Kontrolle brachte, und dem Ashikaga-Bakufu ein Ende setzte. Schonungslos und entschlossen leitete er die Reformpolitik ein, die später von Hideyoshi weitergeführt werden sollte. Er hegte ein Interesse für das Christentum und erlaubte iberischen Missionaren, den katholischen Glauben zu verbreiten. Seiner glanzvollen Karriere wurde durch ein Attentat ein Ende gesetzt.

Oben: Toyotomi Hideyoshi (1536 bis 1598) war der Sohn eines einfachen Fußsoldaten, der sich die Gunst Nobunagas erwarb. Nach dem Tod Nobunagas kam er an die Macht, dehnte Nobunagas Eroberungszüge weiter aus und führte den Titel eines Regenten *(kampaku)*. Hideyoshis Eroberungsfeldzüge sollten Japan verändern. Wie Nobunaga war er ein Förderer der Künste und ließ viele Burgen erbauen. 1587 wandte er sich gegen das Christentum und starb schließlich enttäuscht, da es ihm nicht gelungen war, Korea zu erobern.

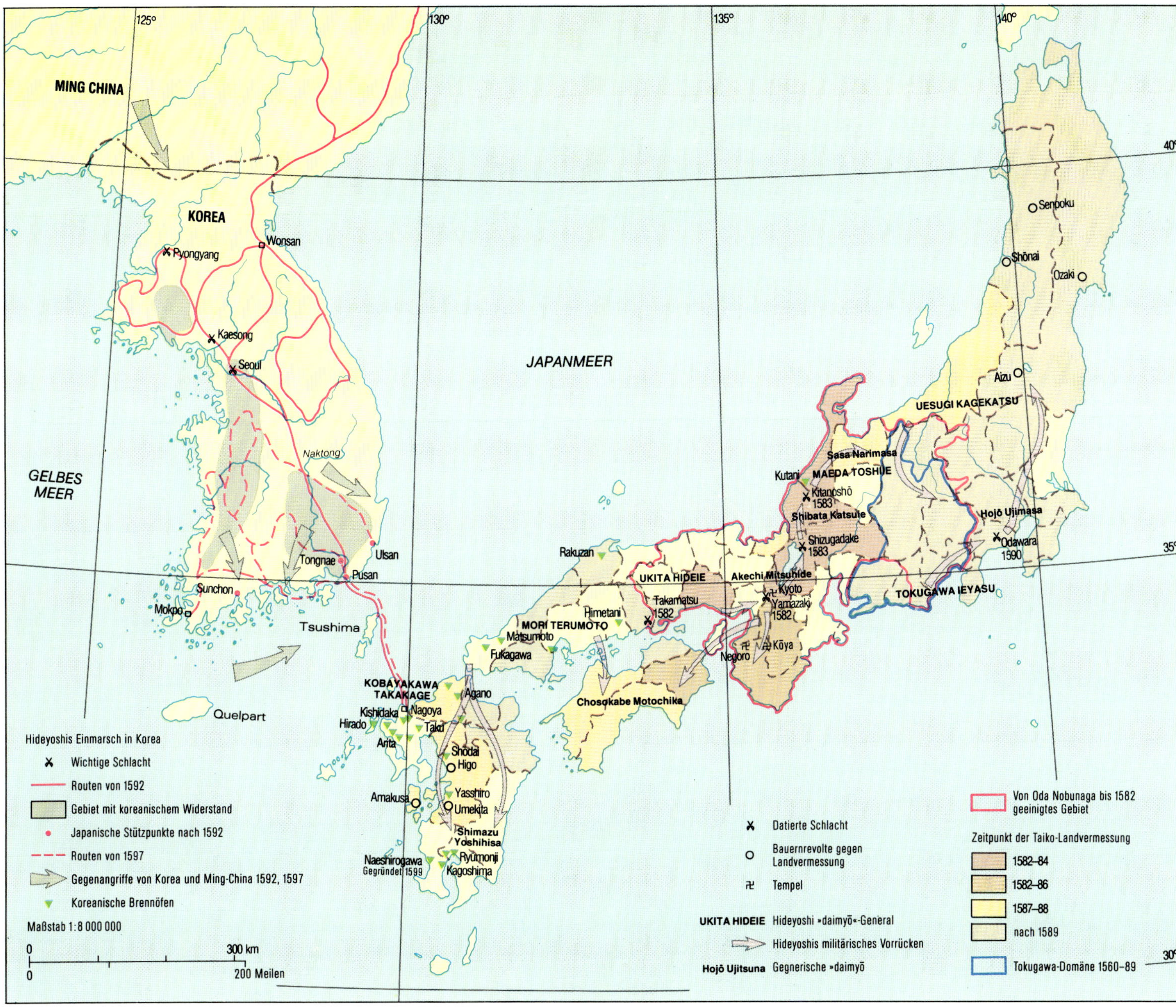

Die Feldzüge Hideyoshis
Hideyoshi zeigte sich durch den Sieg über Acheki Mitsuhide 1582 in Yamazaki als würdiger Nachfahre Oda Nobunagas und seiner Eroberungspolitik. 1583 brachte er bei Shizugadake die Provinzen Echizen, Kaga und Noto in seine Hand und gab sie an loyale *daimyō*-Vasallen. 1584 und 1585 unterwarf er Wakayama und die Domäne Chosokabe in Shikoku. Den großen Feldzug gegen Shimazu Yoshihisa in Kyūshū führte er 1587. Während er seine Macht weiter nach Westen ausdehnte, ließ er genaue Landvermessungen durchführen und begann ab 1588 mit dem Einziehen sämtlicher Schwerter. 1590 ging er gegen den Hōjō des Kantō vor und es gelang ihm, seinen Rivalen Tokugawa Ieyasu aus Zentraljapan zu entfernen, indem er ihm sechs Kantō-Provinzen zuerkannte. Nachdem er sich zum Herrscher über Japan gemacht hatte, unternahm Hideyoshi zwei erfolglose Feldzüge nach Korea. Er hoffte, China schlagen und ein panasiatisches Großreich errichten zu können. Der einzige Nutzen, den diese Unternehmungen brachten, kam von den gefangenen koreanischen Handwerkern, die den Standard der japanischen Keramik verbesserten.

und Sakai. Hideyoshi dehnte den Einflußbereich nach Westen hin aus, und 1587 eroberte er Kyūshū. Nur die Ostprovinzen, in denen die Produktivkräfte gering waren, blieb ungebrochen. 1587 gelang es Hideyoshis Armeen, den Hōjō von Odawara niederzuwerfen. Im selben Jahr gab er seinen grandiosen Plan bekannt, nach Korea einzudringen und sich zum Herrn über China zu machen. 1590 hatte er Ostjapan erobert und seinen Verbündeten und gleichzeitig gefürchtetsten Rivalen Tokugawa Ieyasu, zum Umzug von Mikawa in die Edo-Burg bewegt.

Hideyoshi faßte 1591 den Plan, die Stellungen der Ming in Korea anzugreifen. Im Jahr darauf hob er 150000 Mann aus und zog Richtung Korea. Gleichzeitig setzte sich eine 40000 Mann starke Armee unter Führung eines *daimyō* aus Westjapan in Marsch auf Seoul. Koreanische Streitkräfte, unterstützt von China, starteten zum Gegenangriff, und die koreanische Bevölkerung mobilisierte Guerillaverbände gegen die japanischen Eindringlinge. Die Niederlage war unausweichlich. Schließlich war Hideyoshi gezwungen, um Frieden zu bitten, und kurz vor seinem Tode, 1588, gab er Befehl zum Rückzug seiner Armeen aus Korea.

Hideyoshi versuchte nun, in zweifacher Weise die inneren Strukturprobleme seiner Herrschaft zu lösen, und zwar durch die Spaltung von Bauern und Samurai und durch die Einführung eines neuen Land- und Steuersystems. Die Samurai der unteren Klasse, Vasallen der kriegführenden *daimyō*, betätigten sich zeitweilig als Bauern, zeitweilig als Krieger. Sie lebten in schwer bewaffneten Dörfern. Samurai und Bauernstand waren also in ländlichen Gebieten eng miteinander verknüpft. In jenen unruhigen Zeiten hatten nun einige mächtige Samurai – die Autorität ihres nominellen Herren mißachtend – den *daimyō* entmachtet und sich selbst an dessen Stelle gesetzt. Diesen Vorgang bezeichnete man als *gekokujō* (»die Unteren stürzen die Oberen«). Hideyoshi selbst hatte als *tenkajin* diese Praktiken angewandt. Ihm war jedoch bewußt, daß seine neue Machtposition solange gefährdet sein würde, wie weiterhin ungehemmt *gekokujō* betrieben wurde. Um dies zu verhindern, zwang er die Samurai, in Festungsstädten unter direkter Kontrolle des *daimyō* zu leben und ihm Treue zu geloben. Sofern sie in den Dörfern blieben, wurden sie entwaffnet und bebauten weiterhin die registrierten Felder. Im ganzen Land wurden Waffen requiriert; man nennt dies die »Jagd nach Schwertern«. Einige Waffen durften allerdings in den Dörfern bleiben. Die Entwaffnung war ja auch nicht das einzige Ziel dieser Maßnahmen, die von neuen Gesetzen, z.B. *sobujirei* und *kenka teishrei*, flankiert wurden. Dadurch wurden private Streitigkeiten sowie Waffengebrauch unter Strafe gestellt. Hideyoshi wollte private Fehden unterdrücken und deutlich machen, daß das unumschränkte Recht im Staate allein bei der Regierung des Reichseinigers *(tenkajin)* lag.

Den Grundstein zum neuen Land- und Steuersystem legte Hideyoshi durch großangelegte Landvermessungen. Bereits Nobunaga hatte damit begonnen, die Produktivkapazitäten seines Landes zu besteuern und damit seine neu etablierte politische Macht stabilisieren können. Hideyoshi ging dabei systematischer vor als Nobunaga. Er ließ Register erstellen, die folgende Informationen enthielten: Größe und Lage des Feldes, jährlicher geschätzter Reisertrag (*kokudaka* – auch wenn dort gar kein Reis angebaut wurde) sowie den Namen des Anbauers. Auf dieser Grundlage wurde jeder vom *daimyō* bis zum niedrigsten *bushi* danach besteuert auf wieviel *koku* Reis er veranschlagt war. Nun hatte Hideyoshi genauen Aufschluß über die produktiven und militärischen Kapazitäten, die er mobilisieren, und die Arbeitskraft, die er besteuern konnte. Ein gewisser Prozentsatz des Ertrags in jedem Dorf wurde als *nengu* (jährliche Steuer) eingezogen. Nachdem die Bauern, deren Namen im Register verzeichnet waren, die Steuerabgaben leisten mußten, war damit auch ihr Bebauungsrecht offiziell anerkannt. Die Landregister und das *kokudaka*-Besteuerungssystem vereinfachten das komplizierte mittelalterliche Schema des Landbesitzes und klärten die Beziehungen der Landbevölkerung untereinander. Dieses Bewertungssystem auf der Basis von Reis *(kokudaka-sei)* blieb bis 1872 in Gebrauch und bildet die agrarische Grundlage des vormodernen Japan.

Die Einrichtung des Tokugawa-Bakufu

Als Toyotomi Hideyoshi 1598 in der Burg von Ōsaka starb, war sein Sohn Hideyori noch ein Kind. Fünf mächtige *daimyō* bildeten ein Regierungsgremium und verwalteten die Staatsgeschäfte. Doch unter ihnen zeichneten sich bald Machtkämpfe ab, und sie spalteten sich in rivalisierende Fraktionen. Tokugawa Ieyasu (1542 bis 1616), der mächtigste unter ihnen, brach als erster die gegenseitigen Abmachungen. Er verließ Ōsaka und brachte *daimyō*-Vasallen auf seine Seite. Wie er vorausgesehen hatte, formierte sich daraufhin die Gegenseite unter der Führung von Ishida Mitsunari (1560–1600), stellte eine Armee, und der Kampf um die Teilung Japans in eine westliche und eine östliche Hälfte begann. Zwei Monate später, am 15. September 1600, fand in der Ebene von Sekigahara (Mino) die Entscheidungsschlacht statt. 160000 Mann kämpften von acht Uhr morgens, bis schließlich einige *daimyō* in Ishida Mitsunaris West-Armee mitten in der Schlacht zu Ieyasu überliefen. Um zwei Uhr nachmittags stand der Sieg der Ost-Armee unter Tokugawa Ieyasu fest.

Drei Jahre nach dieser Schlacht übernahm Ieyasu das höchste Amt innerhalb der Feudalordnung, das eines Shogun, und gründete ein neues Bakufu. Im Gegensatz zu Oda Nobunaga und Toyotomi Hideyoshi, die hohe Ämter am Hof eingenommen und ihre politische Position dadurch legitimiert hatten, strebte Tokugawa Ieyasu den höchsten Rang der militärischen Hierarchie an, und nahm das Shōgunat als Ausgangspunkt, um eine vom Hof unabhängige Militärregierung aufzubauen. Bereits nach zwei Jahren gab er das Amt des Shōgun an seinen Sohn weiter und eröffnete damit eine Erbfolge, in der Tokugawa-Nachkömmlinge 264 Jahre lang, bis 1867, über fünfzehn Generationen dieses Amt innehatten. In dieser langen Friedensperiode konnte sich in Japan eine einzigartige Kultur entfalten, konnten Technik und Erziehung einen hohen Stand erreichen.

Der autoritäre und zentralistische Feudalstaat, als der das Tokugawa-Bakufu weitgehend gesehen werden muß, steht in der Weltgeschichte einzig da. Nur gegen Ende der Tokugawa-Periode zeigten sich Tendenzen zur Dezentralisierung, die Macht des Bakufu wurde zugunsten einiger einflußreicher *daimyō* geschwächt.

Betrachten wir zunächst die Einrichtung des neuen Bakufu vor dem Hintergrund des *daimyō*-Systems. Wie bereits erwähnt, hatte Hideyoshis Landregistratur die Grundlagen für die Besteuerung des Landes in Reiseinheiten *(kokudaka)* geschaffen. *Kokudaka* war aber nicht nur die Basis für die Steuer, sondern auch für die Größenordnung von Dörfern und die Zuweisung von *daimyō*-Gebieten, Samurai-Besoldung und Lehensverschreibungen. Reisproduktion als Standardmaß für nahezu alle Bereiche, wie es der Begriff *komedate* zum Ausdruck bringt, wurde zum Charakteristikum für das vormoderne Japan.

Die Gesamtproduktion des Staates im 17. Jahrhundert ist auf 18 Millionen *koku* geschätzt worden. Etwa sieben Millionen davon stammten direkt aus den Ländereien des Bakufu und der Shōgunatsvasallen, *hatamoto* genannt. Die restlichen elf Millionen *koku* wurden in den Gebieten der 250 *daimyō* erwirtschaftet. In der Edo-Zeit definierten sich die *daimyō* als Feudalherren, die ein Einkommen von 10000 *koku* und mehr verzeichnen konnten. Sie verfügten über ihre eigenen Gebiete *(han)* und Burgen und hatten Samurai-Vasallen in ihren Diensten. Vom Shōgun mit den Registern über Land und Bewohner ihres Gebietes betraut, genossen sie das Recht, die jährliche Grundsteuer einzutreiben. In vieler Hinsicht glichen diese Domänen unabhängigen Staatsgebilden.

Ihre Unhabhängigkeit wurde jedoch durch das Bakufu in Grenzen gehalten. Es konnte nach Belieben *daimyō* ihres Amtes entheben, ihnen ein anderes Gebiet zuweisen oder das Land ganz oder teilweise konfiszieren. In den 40 Jahren nach der Einrichtung des Bakufu 1603 waren 71 *daimyō*-Haushalte geächtet und das gesamte *kokudaka*, insgesamt 7200000 *koku*, eingezogen und neu verteilt worden. Damit wurde ein Drittel der Daimyate des Landes neu besetzt. Ihre ehemaligen Inhaber verloren nicht nur ihren Lehensherrn, sondern auch ihre Besoldung, und wurden zu *rōnin* (herrenlose Samurai). Die große Zahl unterziehender *rōnin* stellte im frühen 17. Jahrhundert für das Bakufu ein schwerwiegendes Problem dar.

Obwohl es einigen besonders mächtigen *daimyō*, etwa Shimazu aus Satsuma, gelang, sich den Anordnungen des Bakufu nachhaltig zu widersetzen, galt generell, daß die *daimyō* vom Bakufu lediglich mit der Verwaltung von Land und Bewohnern einer Domäne betraut waren. Gemäß den Quellen jener Zeit waren die *tonosama* (Herren) nur zeitweilig vom Bakufu in eine Domäne eingesetzt, während die Bauern das von ihnen bestellte Land auf Dauer bewohnten. Sie konnte man schlecht umsiedeln, der *daimyō* hingegen konnte nicht sicher sein, ob er nicht bald wieder würde umziehen müssen. Im Rahmen dieser Praxis von Ächtung und Umsiedelung, beförderte das Bakufu auch treue Tokugawa-Vasallen in den Stand von *daimyō*. Man verlieh ihnen diese erblichen Ämter *(fudai daimyō)* vorzugsweise in Edo, wo das Bakufu selbst ansässig war, in dessen unmittelbarer Umgebung oder in Gebieten, die über ein starkes militärisches Aufgebot oder intensiven Handel verfügten. Gleichzeitig verringerte das Bakufu die Zahl der *tozama*

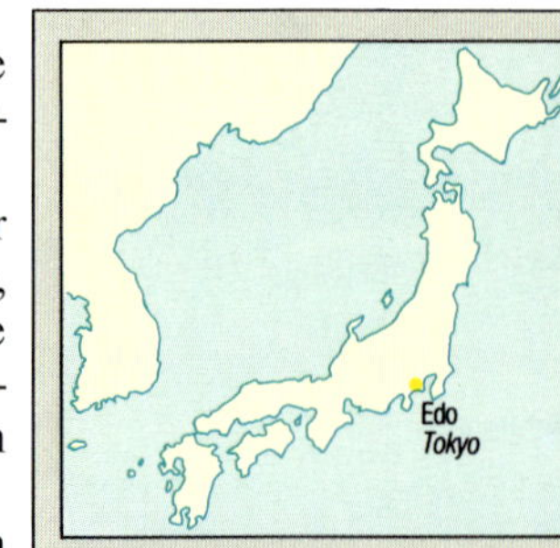

Tokugawa Ieyasu (1542–1616) war der dritte der Reichseiniger und Gründer des Tokugawa-Bakafu. Als geduldiger, weitsichtiger Stratege suchte er ein Bündnis mit Nobunaga und Hideyoshi, um seine eigene Macht im Osten stabilisieren zu können. Drei Jahre nach seinem Sieg bei Sekigahara im Jahre 1600 wurde er Shogun und baute Edo zu einem politischen Verwaltungszentrum aus, von wo aus er 260 *daimyō* kontrollierte. Der Unterschied zwischen den Dreien wird in der folgenden Anekdote deutlich: Auf die Frage, was mit einer eingesperrten Nachtigall zu tun sei, die nicht singen wolle, schlug Nobunaga vor, sie zu töten, Hideyoshi wollte sie zum Singen zwingen und Ieyasu wollte warten, bis sie von selbst sänge.

Edo

Als Tokugawa Ieyasu 1590 erstmals seine Residenz nach Edo, dem heutigen Tōkyō, verlegte, war es noch eine kleine Burgstadt an der Edo-Bucht. Durch die Einführung des Tokugawa-Bakufu und der zeitweiligen Anwesenheitspflicht sowie durch den Neubau der Burg wuchs Edo jedoch schnell zu einer belebten Garnisons- und Handelsstadt heran, die um die Mitte des 18. Jahrhunderts bereits über eine Million Einwohner zählte. Im Zentrum der Stadt stand die Burg.

Unten links: Die Burg Edo war bis 1868, als Edo in Tōkyō umbenannt und ein Jahr später zur Hauptstadt wurde, die Residenz des Tokugawa-Shogun. Dann zog der Meiji-Kaiser mit seinem Hofstaat dort ein. Obwohl die Burg während der Meiji-Restauration kaum beschädigt wurde, hat sie seither unter Bränden und Erdbeben gelitten und ist nun von Grund auf restauriert worden. Heute wohnt dort das Kaiserpaar, die Räumlichkeiten werden bei hohen Staatsempfängen genutzt.

daimyō, die damals in der Schlacht von Sekigahara zu den Tokugawa übergelaufen waren. Man schickte sie in Bezirke, die an der Peripherie lagen und versuchte, sie von potentiellen Verbündeten zu isolieren, indem man sie geschickt mit loyalen *fudai daimyō* umgab. Das Ergebnis dieser gezielten Umsiedelungspolitik war eine außerordentlich stabile politische Machtstruktur, das sogenannte *baku-han*-System, in dem Bakufu und *han* sich in die Macht teilten.

Die *daimyō* hatten dem Bakufu gegenüber zwei Pflichten zu erfüllen, die regelmäßige Anwesenheit am Sitz des Shogunats in Edo in jedem zweiten Jahr *(sankin kōtai)* und den Waffendienst. Das *sankin kōtai* war aus der Praxis der Geiselnahme in Kriegszeiten entstanden. Tokugyawa Ieyasu selbst war bis zu seinem 14. Lebensjahr von seinem Rivalen Imagawa als Geisel gehalten worden. Dabei hatte er den Machtanspruch des Shōgunats schmerzlich erfahren und gelernt, daß man den Einfluß der *daimyō* beschneiden konnte, indem man Geiseln nahm und die *daimyō* selbst zu regelmäßiger Anwesenheit in Edo verpflichtete. Sie mußten jährlich ihren Wohnsitz zwischen Edo und ihrer Heimatdomäne wechseln, während Frau und Kinder die ganze Zeit in Edo zu bleiben hatten. Dieses ständige Umziehen kam die *daimyō* teuer; außerdem erforderte dieses Doppelleben die Unterhaltung luxuriöser Wohnanlagen sowohl in Edo wie auch in der Domäne. Daß die *daimyō* dadurch finanziell ausgeblutet wurden, entsprach durchaus den Interessen des Bakufu.

Gun'eki, der Waffendienst, umfaßte die Aufstellung von Streitkräften sowie einige andere Pflichten, die jedoch nicht nur die *daimyō* sondern auch die Bakufu-Gefolgsleute zu leisten hatten, und die nach dem jeweiligen *kokudaka* festgelegt wurden. Beispielsweise hatte in Kriegszeiten ein 10000-*koku-daimyō* 20 Gewehre, 50 Speere, 10 Bogen mit Pfeilen und 14 Pferde ans Bakufu abzuliefern. Für je 100 *koku* waren bestimmte Abgaben festgesetzt, im Frieden spielte das *gun'eki* allerdings kaum eine Rolle. Dann wurden die Aushebungen in Abgaben für Bauvorhaben umgewandelt, etwa die Renovierung der Edo-Burg oder des Kaiserpalastes in Kyōto oder den Bau von Häfen, Straßen und Brücken.

Die Funktionsweise des Bakufu-Systems

Nachdem wir nun die Verknüpfung von Bakufu und den *daimyō*-Geschlechtern mittels des *baku-han*-Systems betrachtet haben, wollen wir untersuchen, wie das Bakufu selbst aufgebaut war. Während der Shōgun die Verwaltungspolitik des Bakufu in groben Linien vorgab, wurde die tägliche Verwaltungsarbeit von besonders vertrauenswürdigen *daimyō*, meist den *fudai daimyō* und Hausleuten der Tokugawa, erledigt. Man rekrutierte die Bakufu-Beamten nach ihrem Familienstatus aus den Reihen der *fudai* und *hatamoto* (Samurai mit einem Einkommen von 10000 *koku* und weniger). Die einflußreichsten Beamten im Bakufu waren die *rōjū*, Mitglieder des Ältestenrates des Shōgunats, die von langgedienten *fudai* gewählt wurden. Ihre Aufgabe war es, den Kaiserhof und die *daimyō* sowie den reibungslosen Ablauf der Verwaltungsmaßnahmen des Bakufu zu überwachen. In Krisenzeiten konnte der Shōgun einen »Großen Älteren« *(tairō)* bestimmen. Neben den *rōjū* existierte noch ein Rat der »Jüngeren Älteren« *(wakadoshiyori)*, dem die Verantwortung für die Angelegenheiten des Hauses Tokugawa übertragen war. Das *jisha bugyō* war mit der Verwaltung von Tempeln und Schreinen betraut, während das *kanjō bugyō* die Bakufu-Finanzen unter sich hatte. Lokale Statthalter *(daikan)* verwalteten die privaten Ländereien des Shōgun *(tenryō)*. Alle diese Ämter wurden normalerweise mit mehreren *fudai* besetzt, die sich in die Verantwortung teilten, so bestand zum Beispiel das *wakadoshiyori* aus sechs *daimyō*-Beamten, die miteinander über die Vorgehensweise beratschlagten. Während der Anfangsphase des Tokugawa-Bakufu, waren mit Ieyasu und seinem Sohn Hidetada zwei Shōgune im Amt, die sich persönlich stark in der Politik engagierten. Es war die Zeit der direkten Shōgunatsherrschaft. Später jedoch nahm das Bakufu jenen für Japan typischen Führungsstil an, bei dem statt einer aktiven Autorität die untergeordnete administrative Ebene einen Konsens erarbeitet, dem die Führung dann zustimmt.

Zu den tragenden Säulen der Bakufu-Politik in jener Zeit gehörten die Maßnahmen gegenüber dem Kaiserhof und den religiösen Organisationen. Der Hof bestand aus dem Kaiser, seinen Gemahlinnen und der Hofaristokratie, insgesamt etwa 140 Familien, die um den heiligen Bezirk im Kaiserpalast in Kyōto herum angesiedelt waren, und der von alters her vor dem Eindringen weltlicher Mächte geschützt gewesen war. Seit der Nanboku-Ära (14. Jahrhundert) hatte der Kaiser im aktiven politischen Leben kaum noch eine Rolle gespielt. Obwohl er nach wie vor als Legitimitätssymbol der Macht gebraucht wurde, konnte er keinen Einfluß mehr auf das politische Handeln des Shōgun ausüben. Aber wie gering sein realer Einfluß auch immer war, man mußte seine traditionelle Autorität anerkennen, und es wäre undenkbar gewesen, ihm irgendwelche Vorschriften zu machen. Das Tokugawa-Bakufu war nun das erste in der Geschichte Japans, das den Hof einer strengen gesetzlichen Kontrolle unterwarf. Eine Verordnung für den Hof und die Adligen (*Kinchū narabi ni kuge shohatto*) in 17 Artikeln war 1615 erlassen worden. Im Artikel eins werden die Pflichten des Kaisers festgelegt, und sein Aktionsfeld wird auf so unpolitische Betätigungen wie wissenschaftliches Studium des Konfuzianismus und Poesie eingeschränkt.

In der modernen japanischen Verfassung ist die Rolle des Kaisers die eines Symbols für die Nation und die traditionelle japanische Kultur. Diese Funktion des tennō als einer »kulturellen Existenz« geht auf das *Kinchū narabi ni kuge shohatto* zurück. Einerseits verhalf das Bakufu dem Hof durch die Vergrößerung seiner Ländereien zu Mehreinnahmen, andererseits stellte es ihn aber auch unter strenge Kontrolle und setzte in Kyōto altgediente Bakufu-Beamte eigens für die Überwachung des Hofes ein. Auch gestattete das Bakufu die kaiserlichen Schenkungen von scharlachroten Roben an bedeutende buddhistische Würdenträger nur mit seiner Genehmigung. Kaiser Go-Mizune (1596–1680), dessen Frau eine Tochter des zweiten Shōgun Tokugawa Hidetada war, trat kurzentschlossen von seinen Hofämtern zurück, um gegen die Bevormundung durch das Bakufu zu protestieren. Die Ereignisse der Meiji-Restauration könnten den Schluß nahelegen, daß die Beziehung zwischen Kaiser und Shōgun im frühmodernen Japan sich so gestaltete, daß der Shōgun vom Kaiser mit politischer Macht betraut wurde. Zur frühen Edo-Zeit sah die politische Realität jedoch so aus, daß der Shōgun die Macht im Reiche innehatte und der Kaiser lediglich eine kulturelle Autorität darstellte, durch die der Shōgun seinen politischen Einfluß legitimierte.

Das Tokugawa-Bakufu übte auch über die religiöse Welt scharfe Kontrolle aus. Wie bereits erwähnt, waren die traditionellen religiösen Vorrechte bereits von Oda Nobunaga gebrochen worden. Das Tokugawa-Bakufu führte diese Politik der Unterwerfung fort und erließ, wie auch für die Kriegerkaste, detaillierte Vorschriften (*jiin hatto* oder Tempelverordnungen) für Tempel und Sekten, die die Rangordnung von Mönchen und Nonnen sowie die Tempelfeste und -zeremonien regelten. Auf der Grundlage dieser Vorschriften gab das Bakufu Freibriefe aus *(shuinjo)*, in denen der Landbesitz von Tempeln und Schreinen offiziell anerkannt wurde. Dadurch erhielten die Tempel vom Bakufu eine Art finanzieller Gegenleistung dafür, daß sie sich seiner Kontrolle unterwerfen mußten. Das Bakufu organisierte die Tempel in einer strengen Hierarchie, in der die kleineren Tempel von übergeordneten Gemeinschaften *(honzan)* kontrolliert wurden.

Die Bevölkerung mußte sich bei ihrem lokalen Tempel registrieren lassen. Diese Maßnahmen standen in Zusammenhang mit dem Verbot des Christentums. Bei der Einschreibung in einem buddhistischen Tempel mußten die Leute erklären, daß sie keine Christen seien und erhielten daraufhin ein entsprechendes Dokument ausgestellt. Durch diese Register konnte das Bakufu die Bevölkerung überwachen. Wollte eine Familie in eine andere Gegend umziehen, so mußte sie beim neuen Tempel die Meldebestätigung des alten Tempels vorlegen. Die Tempel waren also nicht nur religiöse Zentren, sondern lokale administrative Zweigstellen des Bakufu-Kontrollsystems.

Obwohl das Bakufu versuchte, alle Sekten unter seinen Einfluß zu bringen, gab es doch auch einige, die sich seinem Zugriff widersetzten. Die wichtigsten unter ihnen waren die Kirishitan (Christen), besonders die Katholiken, und ein Zweig der buddhistischen Nichiren-Schule, die Fujū-Fuse-Sekte. Sie verweigerten die Zusammenarbeit mit den politischen Autoritäten.

Das erste Verbot des Katholizismus war bereits unter Hideyoshi 1587 erlassen worden. Doch es existierte nur auf dem Papier, und die Zahl der Konvertiten nahm weiterhin zu. Die katholischen Missionsstationen, die selbst stark in die Handelsgeschäfte verwickelt waren, blühten weiter auf, und selbst 1613 noch konnte der *daimyō* Date Masamune eine Gesandtschaft nach Rom entsenden. 1616 wurde dann ein weiterer Bann durch das Bakufu ausgesprochen, der die Aktivitäten der spanischen und portugiesischen Missionare verbot und die Katholiken in Japan unter Verfolgung stellte. Damit schuf man zahllose Märtyrer. Doch es gab einige rationale Gründe für dieses Verbot. Man verdächtigte die Katholiken, die Autorität des Bakufu zu mißachten. Ferner fürchtete man eine Annäherung zwischen ihnen und den feindlich gesinnten westlichen *daimyō*, und ein wirtschaftliches Eindringen der europäischen Mächte mit Hilfe des Christentums. Die Angelegenheit wurde noch verschlimmert durch die internen Auseinandersetzungen zwischen Spaniern und Portugiesen sowie zwischen Jesuiten, Franziskanern und Dominikanern.

Das Verbot war ein erster Schritt in Richtung auf die Abschließungspolitik *(sakoku)*, die 1639 begann. Die Beschränkung des Außenhandels und der Überseereisen sollte folgen. Letzten Widerstand leisteten die japanischen Katholiken bei dem Aufstand von Shimabara,

Während der Edo-Zeit wurde Japan von einer Militärelite, den Samurai, regiert, die zwar weiterhin ihre kriegerischen Traditionen *(bu)* pflegten, sich aber auch in der Verwaltung und auf literarischem Gebiet *(bun)* hervortaten. Zum Zeichen ihres Samurai-Standes trugen sie zwei Schwerter *(daisho)*. Dem gemeinen Bürger war es untersagt, ein Schwert mit sich zu führen, nur einige einflußreiche Kaufleute durften ein Kurzschwert, zu manchen Anlässen auch zwei, tragen. Der Kriegerkult *(bushido)* wurde gefördert, aber gleichzeitig unter Kontrolle gehalten. Die Kriegerehre verlangte von den Samurai aller Stände eine kostbare Ausrüstung. Während der großen Friedensperiode unter den Tokugawa kamen Waffen aber kaum mehr zum Einsatz und nahmen den Status von Dekorations- und Luxusgegenständen an, die man weitervererbte. Diese betreßte Rüstung mit verzierten Kettenärmeln

(rechts) ist im *domaru*-Stil gehalten, der bei den *daimyō* der Edo-Zeit besonders beliebt war. Der Helm mit seinen symbolischen Hörnern erinnert an frühere Stilrichtungen, doch seine Ausführung ist technisch ausgereifter. Das verzierte Krummschwert *(tachi)* stammt aus dem 16. Jh. *(links)*; es zeigt das Familienwappen und seine Scheide ist teilweise mit Seidenkordel umwickelt, damit sie nicht verkratzt wird. Schwertstichblätter *(tsuba, oben)* entwickelten sich von einfachen Gebrauchsgegenständen aus Eisen und Lack zu feinsten Schmiedearbeiten, die mit Gold, Silber oder Perlmutt verziert waren.

Kyūshū, 1637 unter der Führung des sechzehnjährigen Amakusu Shirō. 30000 Christen hielten die Burg Hara besetzt und leisteten den Streitkräften des Bakufu vier Monate lang erbitterten Widerstand, doch schließlich wurden sie besiegt und getötet. Nur wenige sogenannte »heimliche Christen« *(kakure kirishitan)* praktizierten weiterhin ihren Glauben in den Küstengebieten um Nagasaki.

Krise und Reform der Bakufu-Politik

Obwohl das Tokugawa-Bakufu eine mächtige Institution darstellte, zeigte sich auch hier die Notwendigkeit von Reformen. Im Laufe der über 200 Jahre dauernden Herrschaft der Tokugawa sahen sich Shōgune und Bakufu-Beamte genötigt, auf eine Reihe von Verwaltungsprobleme zu reagieren, die durch Veränderungen der Gesellschaftsstruktur und interne Auseinandersetzungen entstanden waren. Schwierigkeiten bereiteten vor allem die herrenlosen Samurai, die schwindenden Bakufu-Finanzen, Bauernaufstände, Fragen der *daimyō*-Nachfolge, die Verschuldung der Güter und die Auseinandersetzung mit Irrlehren. Während der Tokugawa-Periode gab es daher mehrere Ansätze, das Bakufu zu reformieren, sowie Versuche der *daimyō*, ihre Finanzen zu sanieren. Die bedeutendsten waren die Kyōhō-Reform (1716–36), die Kansei-Reform (1784–1801) und die Tempō-Reform (1841), jeweils nach der Ära benannt, in der sie stattfanden. Spätere Reformversuche unternahmen Arai Hakuseki im frühen 18. und Tanuma Okitsugu im späten 18. Jahrhundert.

Das erste große Problem, das sich der Institution des Bakufu stellte, war die wachsende Zahl der herrenlosen Samurai *(rōnin)*, die entwurzelt worden waren, nachdem ihre Herren die Daimyatenwürde verloren hatten. Wie bereits erwähnt, waren während der Regierung der ersten drei Shōgune viele der alten *daimyō*-Häuser neuverteilt oder freigesetzt worden, um loyale Tokugawa-Vasallen in die Positionen von *daimyō* oder *hatamoto* zu bringen. Viele Samurai verloren dabei ihren Herren und wurden *rōnin*. Man schätzt ihre Zahl für die ersten 50 Jahre des Bakufu auf 400000. Etwa die Hälfte von ihnen dürfte bei einem anderen Feudalherren untergekommen sein, die anderen, die ja über kein festes Einkommen mehr verfügten, gingen vermutlich in die Städte und wurden Lehrer, Ärzte und konfuzianische Gelehrte.

Es ist verständlich, daß sich die Erbitterung dieser verarmten Samurai gegen das Bakufu richtete. Nach dem Tod des dritten Shōgun Iemitsu (1651) deckte das Bakufu eine Verschwörung von Yui Shōsetsu (1605–1651) und anderen frustrierten *rōnin* auf. Man hatte sich den Tod des Shōgun zunutze machen wollen, um durch Aufstände in Edo, Ōsaka und Sumpu das Bakufu zu stürzen. Shōsetsu beging Selbstmord *(seppuku)*, während seine Mitverschwörer gefangengenommen wurden. Dieser Vorfall veranlaßte das Bakufu, sich nachhaltiger mit dem Problem der *rōnin* zu befassen, und eine flexiblere Haltung einzunehmen. Der häufigste Grund für den Verlust des Daimyats war das Ausbleiben eines Erben und damit das Ende der *daimyō*-Linie gewesen. Daher wurden nun die Regeln für die Adoption entschärft und das Verbot von postumer Adoption für den Fall des plötzlichen Todes eines *daimyō* aufgehoben. Das Bakufu lockerte auch die Kontrolle über die *daimyō*, indem die Verwandten des *daimyō* nicht länger verpflichtet waren, im Bakufu zu arbeiten und in gesonderten Wohnanlagen zu wohnen. Dadurch erhielten die *daimyō* dem Bakufu gegenüber wieder mehr Unabhängigkeit. Ebenfalls verboten wurde im Zuge dieser Maßnahmen der rituelle Selbstmord *(junshi)*, durch den der Samurai seinem Herrn in den Tod folgte. In der strikten Feudalethik wurden Herr und Vasall als Einheit betrachtet. Starb der Herr, so erwartete man von den Vasallen, die in seiner Gunst gestanden hatten, daß sie sich opferten. Gefolgsleute, die dies verweigerten, zwang man gegen ihren Willen zum Selbstmord *(seppuku)*. Das Bakufu verbot dieses sinnlose Ritual, und versuchte damit, die kriegerischen Sitten der Samurai den Friedenszeiten anzupassen. Auch gegen die Homosexualität, die unter den *daimyō* und ihren Gefolgsleuten verbreitet war, und ihren Teil zur Popularität des *junshi* beitrug, ging das Bakufu vor.

Diese neue Politik war zwar nur vor dem Hintergrund einer inzwischen erreichten Stabilität möglich, entsprang aber auch dem konfuzianischen Ideal der Menschlichkeit und dem barmherzigen Geist des Buddhismus. Ein typisches Beispiel dafür ist das *Seirui awaremu no rei* (Verordnung über das Mitleid gegenüber jeglicher Kreatur), das der fünfte Shōgun Tsunayoshi (1646–1709) erlassen hatte. Er widmete sich dem Studium des Konfuzianismus, und strebte eine menschliche Regierung an. Gleichzeitig war er ein exzentrischer Hundeliebhaber. So erließ er Gesetze, die das Töten von Hunden unter Todesstrafe stellten, und ließ im Westen von Edo ein 82500 qm großes Hundegehege errichten, in dem streunende Hunde versorgt wurden. Schließlich wurde das Schutzgesetz auch auf andere Tiere ausgedehnt, und das Züchten und der Verkauf von Fischen, Vögeln und Schildkröten wurden verboten. Von aufgebrachten Bürgern wurde Tsunayoshi daraufhin »Hunde-Shōgun« genannt. Nach seinem Tod wurde dieses tyrannische Gesetz abgeschafft, aber das *Seiru awaremu no rei* hatte Folgen. Zwar existierten in manchen Bergdörfern noch ein paar Jagdflinten, die Mehrzahl jedoch war infolge des Jagdverbots eingezogen worden. Für Bauern war Waffenbesitz untersagt. Nur einige Jäger durften Gewehre besitzen. Auch den Stadtbewohnern war das Tragen von Schwertern verboten. Waffenbesitz außerhalb der Samurai-Kaste wurde streng kontrolliert. Auch dies ist ein Anzeichen dafür, daß sich die gesellschaftliche Hierarchie *shi-nō-kō-shō* (Samurai, Bauern, Handwerker und Kaufleute) inzwischen gefestigt hatte.

Das 18. Jahrhundert – eine Phase der Stabilität

Das 18. Jahrhundert war in Japan eine Periode relativer politischer Stabilität. Die ersten Jahre standen unter dem Einfluß des Samurai-Beamten und konfuzianischen Gelehrten Arai Hakuseki (1657–1725), der den sechsten Shōgun Tokugawa Ienobu beriet. Er machte sich vor allem durch Reformen im zivilen Bereich verdient, reorganisierte die Verwaltungspraxis des Bakufu und versuchte, dessen geschwächte Finanzkraft zu konsolidieren. Außerdem revidierte er den Gesetzeskanon des Bakufu, schuf ein neues Zeremoniell und erneuerte die Nomenklatur. Im diplomatischen Kontakt mit der Yi-Dynastie in Korea signierte Hakuseki Dokumente, die das Siegel des Tokugawa-Shōgun trugen mit dem Titel »König von Japan«, um damit den Status des Shōgun aufzuwerten. Er versuchte, die ungeheuren Mengen an Silber und Gold, die über Nagasaki außer Landes und nach Holland und China gelangten, zu registrieren und führte schließlich Importbeschränkungen für Güter aus Übersee ein. Um eine weitere Schwächung der Bakufu-Finanzen zu verhindern, ließ er den Export von Gold und Silber durch Kupfer ersetzen. Hakuseki war ein Mann der Praxis, ein Samurai-Beamter, dessen Horizont weit über sein Land hinausreichte. Den japanischen Staatsmythen stand er kritisch gegenüber, und um sich mit den Verhältnissen im Westen vertraut zu machen, befragte er den inhaftierten italienischen Missionar Giovanni Sidotti.

Obwohl er sich nach dem Tode seines Patrons Ienobu von seinen Ämtern zurückzog, blieb der Einfluß seiner Reformpolitik noch einige Jahre bestimmend. Dennoch machten sich unter der scheinbaren Stabilität Veränderungen bemerkbar, die grundlegendere politische Reformansätze notwendig werden ließen. Der achte Shōgun Yoshimune (1684–1751), einer der politisch aktiven unter den Tokugawa-Shōgunen, sollte die Kyōthō-Reform ins Werk setzen, die den Bakufu-Haushalt sanierte und die feudalistische Kontrolle wiederherstellte. Während des ersten Jahrhunderts der Tokugawa-Herrschaft hatten die Shōgune nicht nur von ihren reichen Steuereinkünften, sondern auch von den Gold- und Silberschätzen leben können, die Ieyasu zusammengetragen hatte. Doch ihr üppiger Lebensstil hatte die Ressourcen schließlich erschöpft. Gleichzeitig schwächte die Ausbreitung der Geldwirtschaft zusammen mit der Verschuldung der Samurai die Bakufu- und *han*-Finanzen. Die Geldwirtschaft war der Grund für größere Extravaganzen einerseits und für Armut andererseits. Sie ließ den Einfluß der Kaufleute stärker werden und führte zu Landflucht, denn während einige wenige Bauern immer reicher wurden, versanken andere in Armut. Um Abhilfe zu schaffen, hatte das Bakufu neue Münzen mit geringerem Edelmetallanteil prägen lassen, doch dadurch war die Inflation nur noch gefördert worden. Vor allem die Samurai, die von festen Gehältern lebten, hatten unter der Geldentwertung zu leiden.

Yoshimune lehnte die zivilen Reformansätze des Arai Hakuseki ab, und versuchte seinerseits, die direkte Shōgunatsherrschaft, so wie sie in den Tagen des Ieyasu bestanden hatte, wiederherzustellen. Er hielt zu Sparsamkeit an, erhöhte die Steuern und belegte die *daimyō* mit neuen Abgaben, rief die Steuereinnehmer zu mehr Disziplin auf, förderte talentierte Beamte, ließ den Gesetzeskodex des Bakufu revidieren und setzte sich für bessere Bildung ein. Er veranlaßte nicht nur den Bau von Domäne-Schulen, sondern hob auch den Bann auf, mit dem westliche Studien belegt gewesen waren und ermöglichte so das Studium der niederländischen Sprache in Nagasaki.

Als Folge dieser Reformpolitik konsolidierte sich der Bakufu-Haushalt um die Mitte des Jahrhunderts und erreichte für die Tokugawa-Zeit mit fast einer Million *ryo* seinen Höchststand. Yoshimune galt als fähiger Shōgun, doch unter seiner Regierung taten sich auch andere verdiente Beamte hervor. Unter ihnen machte sich der *daikan* Ooka Tadasuke (1677–1751) als weiser und milder Richter einen Namen. Er ist später als Held in volkstümliche Erzählungen eingegangen. Die Folgen der Reformpolitik zeigten sich auch in der Rechtsprechung.

Tanuma Okitsugu (1719–1788) war der Beamte, der die Verbindungen zwischen Bakufu und der Kaufmannschaft enger knüpfte. Sein Vater war ein mittlerer Samurai *(600 koku)*, der der Tokugawa-Familie in Kii diente. Als Tokugawa Yoshimune als achter Shōgun sein Amt antrat, begleitete ihn Tanumas Vater nach Edo. Sein Sohn Okitsugu wurde Page beim neunten und ein Günstling des zehnten Shōgun. Unter diesem, Ieharu, stieg er schließlich zum *daimyō* mit 57000 *koku* auf. Tanumas Politik stärkte die Entwicklung des Handels, und er setzte das erwirtschaftete Kapital zur Neulandgewinnung durch die Trockenlegung von Seen und Sümpfen und zum Ausbau Hokkaidōs ein. Er ließ die Reformpolitik Yoshimunes völlig außer acht. Seine Politik verfolgte das Ziel, die Wirtschaftsbasis des Shōgunats zu vergrößern, indem er es an dem durch den Handel erworbenen Reichtum partizipieren ließ. Dazu protegierte das Bakufu unter seiner Führerschaft offen die Kaufleute, um sie mit Steuern belegen zu können, lizenzierte die Handelsgenossenschaften und führte halbstaatliche Handelsmonopole ein. Es erhöhte den Geldumlauf, indem Silber zu Münzen geprägt wurde, das bislang als Silberklumpen gehandelt worden war. Es förderte den Außenhandel, indem getrocknete Meeresfrüchte aus Hokkaidō für den Export bereitgestellt wurden. Tanuma plante sogar die Kolonisierung von Hokkaidō und die Aufnahme von Handelsbeziehungen zu Rußland. Diese engen Verbindungen zu den Kaufleuten öffneten allerdings der Korruption Tür und Tor. Reiche Handelsherren rissen sich geradezu darum, Tanuma zu bestechen, von dem sie sich Handelsprivilegien erhofften. Tanuma hatte versucht, die Bakufu-Politik mehr auf die Bedürfnisse einer aufblühenden, Handel treibenden Wirtschaft abzustimmen, geriet nun aber selbst in den Ruf der Käuflichkeit.

Unter dem Tokugawa-Bakufu litt der Kaiserhof in Kyōto zwar keinen Mangel, wurde aber politisch rechtlos gehalten. Verordnungen aus dem Jahre 1615 *(kinchū narabi ni kuge shohatto)* legten der Hofaristokratie nahe, sich den Wissenschaften, kulturellen Belangen und Hofangelegenheiten zu widmen. Dies änderte sich erst um die Mitte des 19. Jh.s., als einige Samurai aus Unzufriedenheit mit der Außenpolitik des Bakufu dazu aufriefen, »den Kaiser wieder zu verehren und die Barbaren zu vertreiben«. Dieses Bild von Mitsuoki, den man der wiederbelebten Tosa-Schule der frühen Edo-Zeit zurechnet und der 1654 Hofmaler wurde, zeigt die alljährliche Neujahrszeremonie der »kleinen Huldigung«, bei der hochrangige Hofbeamte in ihren chinesischen Zeremonialroben dem Kaiser huldigten. Man sieht den Kaiser halb verdeckt oben rechts.

Die Kansei-Reformen

Seit 1781, mehr als 20 Jahre nach Tanumas Regierungszeit, wurde Japan von einer Reihe von Naturkatastrophen heimgesucht. Bei einem Ausbruch des Asama (Präfektur Nagaona) 1783 kamen 20000 Menschen ums Leben, und mehrere hundert Quadratkilometer Land wurden unter der Vulkanasche begraben. Doch das schlimmste Unheil war der Hunger, der sich infolge ungewöhnlicher Witterungsbedingungen ausgebreitet hatte und durch den Vulkanausbruch noch verschärft wurde. In der Gegend von Tōhoku konnte wegen der Kälte nahezu kein Getreide eingebracht werden. Im Tsugaru *han* (Aomori) starben 80000 Menschen, das war ein Drittel der Einwohnerschaft, an Hunger, und 20000 *chō* Land, ein Drittel der Anbaufläche der Domäne, waren entvölkert. Die Zustände in Tōhoku waren ähnlich katastrophal. Es wird berichtet, daß die Verhungernden sich selbst über Leichen hermachten, Kindermord oder der Verkauf von Frauen und Kindern waren an der Tagesordnung. In den folgenden Jahren breitete sich die Hungersnot weiter aus. Die Ernte von 1785 brachte nur ein Drittel des üblichen Ertrages. Bauern verließen zu Tausenden ihre verwüsteten Felder und zogen in die Städte. Aber dort waren die Reispreise inzwischen ins Unermeßliche gestiegen, und die Mehrzahl litt ebenfalls schreckliche Armut. Einige plünderten in ihrer Verzweiflung die Häuser der Reichen und zettelten Aufstände an.

1784 flammten Unruhen nacheinander in Edo, Ōsaka und Kyōto auf. Die Dorfbewohner, die die hohen Steuerlasten, die Bakufu und *daimyō* ihnen auferlegten, nicht länger tragen konnten, schlossen sich ihnen an. Zwischen 1780 und 1782 kam es im ganzen Land zu 230 solcher Aufstände. Ihre Ursachen waren in den Naturkatastrophen zu suchen, doch auch die hohen Steuerlasten, wie sie seit der Kyōhō-Reform üblich waren, trugen zur Verelendung bei. Die Bauern hatten keine Vorräte mehr, und nachdem die Mißernten anhielten, waren sie dem Hunger und der Verzweiflung ausgesetzt.

Es waren diese Zustände, die Tanuma Okitsugu sein Amt kosteten. Sein Nachfolger als *rōju* war der *daimyō* Matsudaira Sadanobu, der die Kansei-Reformen in Angriff nahm. Sein Ziel war es, die Mißwirtschaft der Tanuma-Jahre zu beseitigen und zu einer sparsamen Verwaltung zurückzukehren. Zunächst wollte er die Lage der vom Hunger verwüsteten Dörfer verbessern, zweitens die Steuerlast der verarmten Samurai mildern und schließlich die neu entstandene Klasse der Kaufleute organisieren. Dazu holte er erst einmal die Bauern, die sich nach Edo abgesetzt hatten, in ihre Dörfer zurück, und entsandte fähige Stadthalter *(daikam)*, die die Ländereien unter der direkten Kontrolle des Shogunats verwalten sollten. Den Samurai wurden alle Schulden, die älter als vier Jahre waren, erlassen. Natürlich waren jene Samurai, die sich von Kaufleuten Geld geliehen hatten darüber erfreut, die Kaufleute jedoch, die dadurch finanzielle Einbußen erlitten, weigerten sich in Zukunft, ihnen Darlehen zu geben, wodurch sich die Situation für die niedrigen Samurai eher noch verschlechterte. Eine effektivere Maßnahme zur Sanierung der Bakufu-Finanzen war die Beteiligung der einflußreichen Kaufleute an der politischen Diskussion. Doch die Reformen des Matsudaira Sadanobu strebten auch eine ideologische Überwachung an. Er favorisierte die neo-konfuzianische Schule des Zhu Xi, untersagte das Studium abweichender Geistesströmungen und übte Zensurmaßnahmen aus, die unmoralische Äußerungen ebenso ächteten wie Kritik an der Politik des Bakufu.

Während das Bakufu die Kansei-Reformen vorantrieb, gab es viele *daimyō*, die Reformen auf *han*-Ebene zu verhindern suchten. Seit der Mitte des 18. Jahrhunderts waren die Einkünfte der Samurai stetig zurückgegangen, nahezu alle *daimyō* standen bei Kaufleuten in der Schuld. Es gab Fälle, wo das *nengu* von zwei Jahren als Sicherheit herhalten mußte. Manche *daimyō*, die vor dem völligen Ruin standen, überschrieben ihren Schuldnern nicht nur die Steuereinnahmen, sondern auch die Finanzen ihrer Privathaushalte und die Gehälter ihrer Gefolgsleute. Wenn sie sich überhaupt nicht mehr zu helfen wußten, leugneten sie ihre Schulden einfach ab, oder erhoben in einigen Fällen für das jeweilige *han* Monopole auf besondere Produkte, so etwa auf die Karotte als Heilpflanze oder Papier im Matsudaira-*han* in Izumo. Daimyate, denen es durch die Erhebung von Monopolen gelang, sich finanziell wieder besser zu stellen, wie zum Beispiel Shimazu von Satsuma oder Mōri und Chōshū, glichen bald wirtschaftlich wie politisch unabhängigen Kleinstaaten. Ihre Finanzkraft sollte ihnen später in den 60er Jahren, einer Zeit des Aufruhrs und der Bedrohung durch den Westen, die Möglichkeit geben, jene Gewehre zu kaufen, mit denen das Bakufu schließlich entmachtet werden würde.

Die Kansei-Reformen waren nur teilweise erfolgreich. Zwar wurde Edo wieder zu einer blühenden Stadt und auch in anderen Städten und Dörfern wuchsen Einfluß und Reichtum der Bürger, doch die Reformen riefen auch die Opposition auf den Plan, und konnten den Verfall des Bakufu und den Niedergang der Samurai nicht wirklich aufhalten. Das Bakufu hatte die *daimyō* nicht länger unter seiner Kontrolle, und seine Beamten mußten alles daransetzen, die desolaten Finanzen nicht noch weiter in die roten Zahlen zu bringen.

Der letzte Reformversuch

In den frühen vierziger Jahren des 19. Jahrhunderts unternahm das Bakufu einen weiteren Reformversuch, diesmal mit dem Ziel, die Kontrolle über seinen Stützpunkt, die Kantō-Ebene um Edo, zu intensivieren, und Edo vom Handelszentrum Ōsaka unabhängig zu machen. Diese Bemühungen fielen in die Tempō-Ära und wurden von dem *rōjū* Mizuno Tadakuni (1794–1851) initiiert. Seine Reformen waren ein reaktionärer Versuch, im Geiste der Kyōhō- und Kansei-Reformen die Feudalordnung wiederherzustellen. Auch er setzte auf Maßnahmen wie die Neuprägung von Münzen, Entlassung von Samurai aus Kostengründen, Zwangsanleihen bei den Kaufleuten, Brechung von Handelssymbolen,

Aufrufe zur Sparsamkeit, Disziplinierung der Sitten und eine verschärfte Diskriminierung von Unterschichten. Um landwirtschaftliche Produktivität und Steuereinnahmen zu erhöhen, rief er die Bauern zur Rückkehr auf ihre Parzellen auf. Er plante sogar, kleinere *daimyō* und *hatamoto* aus der Umgebung von Edo und Ōsaka auszuweisen, um den eigenen Einfluß in diesen Gebieten zu stärken.

Soziale Unruhe und der offensichtliche Zerfall der Feudalordnung waren der Anlaß für Tadakunis Maßnahmenkatalog gewesen, doch der Protest gegen die Bakufu-Politik und die schlechte wirtschaftliche Lage verschärften sich zusehends. In der Zeit zwischen 1813 und 1868 wurden 400 Protestaktionen registriert. Ōshiō Heihachirō (1793-1837), ein niederer Verwaltungsbeamter im Bakufu, führte 1837 in Ōsaka einen Aufstand, mit dem er die Lage der verarmten Stadtbevölkerung zu verbessern gedachte. Er wurde zwar umgehend niedergeschlagen, traf aber im ganzen Land auf Unterstützung. Tadakunis Reformen trugen ihm die Feindschaft der *daimyō*, Samurai, Kaufleute und selbst der Bürger ein. Viele seiner Maßnahmen scheiterten oder erwiesen sich als undurchführbar, und brachten dem Bakufu nur Kritik. Zudem trafen beängstigende Nachrichten aus dem Opiumkrieg in China (1840-42) ein. Westliche Mächte drangen massiv in ostasiatische Gewässer vor, und die russischen und britischen Schiffe versetzten die ungenügende japanische Küstenabwehr in Aufruhr. Mit der Ankunft von Kapitän Matthew Perry und seinem Geschwader 1853 war die innere und äußere Krise besiegelt, die das Ende des Bakufu bringen sollte, und zur Wiederherstellung der kaiserlichen Macht und zur Öffnung des Landes führen würde, dem Beginn eines modernen Japan.

Wirtschaft und Gesellschaft der Momoyama-Zeit

Während des späten 16. Jahrhunderts blühte die japanische Wirtschaft auf. Die alte Agrarwirtschaft des Mittelalters mit ihren privaten Parzellen, Zollstationen und anderen Handelsbeschränkungen, wie etwa den strengen Gildeordnungen, war durch die Kämpfe der *daimyō* um regionale und nationale Vormachtstellungen untergegangen. An ihre Stelle trat gegen Ende des Jahrhunderts eine marktorientierte Wirtschaft, deren Entwicklung durch Krieg, große Edelmetallressourcen und internationalen Handel begünstigt wurde.

Die nationalen Einigungsbestrebungen und der Einmarsch in Korea brachten eine unstillbare Nachfrage an Waffen, vor allem Gewehren, Verpflegung, Lasttieren, Schiffen und Baumaterialien. Die Reichseiniger beuteten die Gold- und Silberminen aus, so daß Edelmetall in die Wirtschaft floß wie nie zuvor. Nobunaga förderte den Handel außerdem durch die Öffnung neuer Märkte, die Abschaffung der Gildeordnungen und Binnenzölle, er begünstigte die Kaufmannschaft und veranlaßte den Bau von Straßen und Schiffen. Hideyoshi führte diese Politik fort, indem er eine neue standardisierte Goldwährung einführte. Durch die Registrierung und Konfiskation von Land und Schwertern brachte er sich in den Besitz von großen Ländereien und Metallreserven. Es gelang ihm, die Städte Kyōto, Ōsaka, Saki, Fushimi und Nagasaki unter seine Kontrolle zu bringen. Seine große Burg in Ōsaka wurde bald zum Zentrum einer florierenden Hafenstadt, die ihren Nachbarn Sakai bald in den Schatten stellte.

Seit den vierziger Jahren des 16. Jahrhunderts brachten portugiesische Handelsschiffe Feuerwaffen, andere westliche und chinesische Waren sowie Missionare nach Japan. Später folgten die Spanier, Holländer und Engländer. Nicht nur die bedeutenden *daimyō*, sondern auch Nobunaga und Hideyoshi begrüßten die Kontakte mit dem Westen und mit China, und profitierten, obwohl sie dabei durchaus Japans Sicherheit im Auge behielten. Ein vielfältiger internationaler Handel setzte ein, den Hideyoshi unter anderem dadurch förderte, daß er gegen die Piraterie vorging. Kaufleute und *daimyō* gründeten zusammen mit bestimmten Tempeln Handelsunternehmen, die durch das rote Siegel von der Regierung lizenziert waren. Zwischen 1604 und 1636 (nach 1634 war es den Schiffen untersagt, die Binnengewässer zu verlassen) segelten über 300 Schiffe mit rotem Siegel in asiatische Häfen. Am meisten profitierten von solchen Handelsschiffen die *daimyō*, zum Beispiel Shimazu, und reiche Kaufleute wie Suminokura Ryōi (1554-1614), Chaya Shirojirō (1542-1596) und Sueyoshi Magozaemon (1570-1617). Ihre Handelsschiffe liefen Luzon, Annam, Tonkin, Kambodscha und Siam an. Alle diese Länder hatten eine japanische Handelsniederlassung. Silber, Gold, Kupfer und Schwerter wurden exportiert, Gewehre, chinesisches Porzellan, Bücher, Rohseide und Seidenstoffe wurden ins Land gebracht.

Wirtschaft und Gesellschaft in der Edo-Zeit

Während Japan sich unter der neuen, mächtigen Regierung einer langen Friedensperiode erfreute, änderten sich die ökonomischen Gegebenheiten in den Jahrzehnten nach Sekigahara und der Eroberung der Burg in Ōsaka. Das Festhalten der Tokugawa an dynastischer Stabilität stand einem freizügigen Binnen- und Außenhandel entgegen. Ieyasu hatte noch aktiven Seehandel unter der Lizenz des roten Siegels geduldet, doch seine Nachfolger hatten mit Hinblick auf die Ausschaltung des Christentums zunächst versucht, Religion und Handel zu trennen, und Kontakte mit dem Westen schließlich eingeschränkt. 1640 fand die endgültige wirtschaftliche Abschließung statt; Überseehandel wurde untersagt, portugiesische und spanische Schiffe waren fortan nicht mehr in den Häfen zugelassen. Nur Engländer und Holländer durften in Hirado und Nagasaki weiter Handel treiben. Die Engländer gaben allerdings bald auf, und so blieben für den Rest der Tokugawa-Periode nur die Holländer, die auf der kleinen Insel Dejima im Hafen von Nagasaki ihre Handelsniederlassung hatten. Der Warenaustausch mit China und Korea blieb auf Tsushima und Nagasaki beschränkt, wo sich eine prosperierende chinesische Kaufmannschaft angesiedelt hatte. Die Domäne Satsuma gewann die Herrschaft über die Ryūkyū-Inseln, deren reiche Zuckerplantagen sie ausbeutete. Abgesehen von diesen spärlichen Kontakten zur Außenwelt, blieb die Wirtschaft der Tokugawa in den folgenden 200 Jahren auf sich selbst beschränkt.

Aber diese Bedingungen waren für die ökonomische Entwicklung der frühen Edo-Zeit nicht eben günstig. Die Tokugawa-Regierung war eine traditionell agrarische, für sie zählten die Samurai und ihre Bauern, nicht die Kaufleute. Dem Beispiel Hideyoshis folgend, wollten die Tokugawa-Shōgune die japanische Gesellschaft in vier erbliche soziale Klassen gliedern: Samurai *(shi)*, Bauern *(nō)*, Handwerker *(kō)* und Kaufleute *(shō)* und die Pariakasten *eta* und *hinin* auf unterster Stufe. Heirat zwischen diesen Klassen wurde nicht gern gesehen, eine gewisse Vermischung war jedoch unvermeidlich und wurde mit der Zeit immer häufiger: Samurai verheirateten ihre Töchter an Kaufmannsfamilien, verarmte Bauern verließen ihr Land und gingen in die Städte, heruntergekommene *rōnin* tauchten ebenfalls in den Städten unter und betätigten sich als Lehrer, reiche Kaufleute und Unternehmer erwarben die Erlaubnis, ein Schwert

Bauernaufstände und das Eindringen des Westens
Diese Karte verdeutlicht einige der internen und außenpolitischen Probleme, die sich dem Tokugawa-Bakufu im späten 18. und im 19. Jh. stellten. Das *bakuhan*-System blieb bis in die 60er Jahre des 19. Jh.s. tragfähig, obwohl seine Autorität von einer anwachsenden Welle von Bauernaufständen, städtischen Unruhen und dem Eindringen ausländischer Flotten in japanische Häfen immer wieder in Frage gestellt wurde. Während der Edo-Zeit wurden 3000 Bauernaufstände registriert, wobei die Zahl im späten 18. Jh. deutlich anstieg. Sie traten im gesamten Bakufu- und *han*-Territorium auf, konzentrierten sich jedoch in den von Hungersnöten besonders betroffenen Zentral- und Nordostprovinzen. 1836 tobte in der Provinz Kai der Gunnai-Aufstand, in dem arme Bauern gegen die Verteuerung von Saatreis protestierten. Kaum herrschte wieder Ruhe, da sahen sich die Behörden mit dem Ōshio-Heihachirō-Aufstand in Osaka und den Ikuta-Yorozu-Protesten in Echigo konfrontiert. Obwohl diesen Unruhen die revolutionäre Ideologie fehlte, erschütterten sie das Tokugawa-Bakufu und die *han*-Verwaltung. 1792 forderte Adam Laksmen in Nemuro den Handel mit Rußland; 1804 segelte Nicolai Rezanov in den Hafen von Nagasaki und wollte Handelsbeziehungen eröffnen; 1808 erkämpfte sich der Engländer *Phaeton* bei der Verfolgung holländischer Schiffe den Zugang in den Hafen von Nagasaki und verlangte vor seinem Abzug Verpflegung. Diese Vorfälle zusammen mit den Schreckensnachrichten aus dem Opiumkrieg (1840–42) machten deutlich, daß die westlichen Mächte auf dem Vormarsch nach Asien waren. Die Ankunft von Kapitän Matthew Perry und seiner Flotte 1853 in der Uraga-Bucht konfrontierte das Bakufu mit einem Konflikt, der es in den Grundfesten erschüttern sollte.

zu tragen. Dennoch müssen wir uns die Edo-Gesellschaft als ein sorgfältig geplantes und effektives soziales System vorstellen, das der Entwicklung und Freizügigkeit des Handels nicht förderlich war. Samurai wurden von landwirtschaftlichen und kaufmännischen Aktivitäten ferngehalten, Bauern war der Handel untersagt und man schrieb ihnen eine genügsame, autarke Lebensweise vor. Das Bakufu und die Domänen-Verwaltungen gaben zahllose Aufrufe zur Sparsamkeit heraus. Man ermutigte sie weder zu Investitionen noch zu Überproduktion von Getreide für den Markt. Kaufleute konnten nicht in Eigeninitiative Land erwerben, womit ihnen eine wichtige Möglichkeit zur Investition genommen wurde. Die Straßen waren in schlechtem Zustand, und die Hauptverkehrsadern durften nicht von Karren befahren werden. Damit war die direkte Verbindung und der Handel zwischen den Domänen unterbunden.

Trotz der Ausschaltung des Außenhandels und der ungünstigen Bedingungen im Inland kann man während der Edo-Zeit ein bemerkenswertes Wachstum der städtischen wie der ländlichen Wirtschaft feststellen. Grund dafür waren der anhaltende Frieden, die wachsende Agrarproduktion, der zunehmende Bedarf, verbesserte Technologie, der Aufwand, den die Präsenzpflicht der *daimyō* mit sich brachte, sowie die wachsende Bevölkerung. Obwohl keine genauen Zahlen bekannt sind, nimmt man an, daß die Bevölkerung von 18 Millionen zu Beginn der Tokugawa-Zeit bis auf über 30 Millionen Menschen am Ende dieser Epoche anwuchs. Am rapidesten war der Zuwachs im 17. und frühen 18. Jahrhundert, später verlangsamte er sich, was wohl den drei großen Hungerkatastrophen in Japan in den Jahren 1732–33, 1783–87 und 1833–36 zuzuschreiben ist, denen eine große Zahl von Menschen zum Opfer fiel.

Handel im 16. und 17. Jahrhundert
Bevor die Tokugawa Handel und Überseereisen mit Beschränkungen belegten, während andererseits portugiesische, spanische, holländische, englische und chinesische Kaufleute japanische Häfen anlaufen konnten, hatten japanische Händler in den Häfen Asiens und der ganzen Welt verkehrt.
Einige *daimyō* pflegten den Handel mit Asien und kulturellen und religiösen Austausch mit dem Westen. 1582 schickten drei *daimyō* aus Kyūshū eine Gesandtschaft von fünf christlich getauften Kindern zu Papst Gregor XIII. nach Rom und zu König Philipp von Spanien. Sie wurden in Europa herzlich

Wirtschaftliche und soziale Veränderungen auf dem Lande
Mehr als 80 Prozent der Bevölkerung zur Zeit der Tokugawa lebten auf dem Lande. Innerhalb der vierschichtigen Hierarchie dieser Klassengesellschft kamen sie gleich nach den Samurai, denn die konfuzianische Theorie sah in ihnen die Ernährer des Landes und gebot eine wohlwollende Behandlung des Bauernstandes. Das Interesse des Bakufu und der *daimyō* war es aber, im Widerspruch zu dieser sozialphilosophischen Maxime, so viel wie möglich an Steuern aus ihnen herauszupressen. Ein zeitgenössisches Sprichwort bestätigt das: »Bauern sind wie die Kerne der Weintrauben, je stärker man sie auspreßt, desto mehr Öl bekommt man.«

Der Lokalverwaltung war daran gelegen, ihnen so viel wie möglich abzunehmen, ohne sie zur Landflucht zu zwingen. Einige *daimyō* und Bakufu-Beamte trieben ihre Bauern in die Rebellion oder in die Städte.

Seit dem Weggang der Samurai in die Städte wurden die Dörfer als unabhängige Steuer- und Verwaltungseinheiten behandelt. Die Dorfbewohner waren gegenseitig dafür verantwortlich, daß die jährlichen Steuern pünktlich an die Samurai, das Bakufu oder die Domäne abgeführt wurden. Laut Vorschrift erhielten der Feudalherr sechs Teile, die Bauern vier Teile des Steueraufkommens. In der Praxis mußten sich die Autoritäten aber mit weit weniger zufriedengeben. Die Dorfbewohner be-

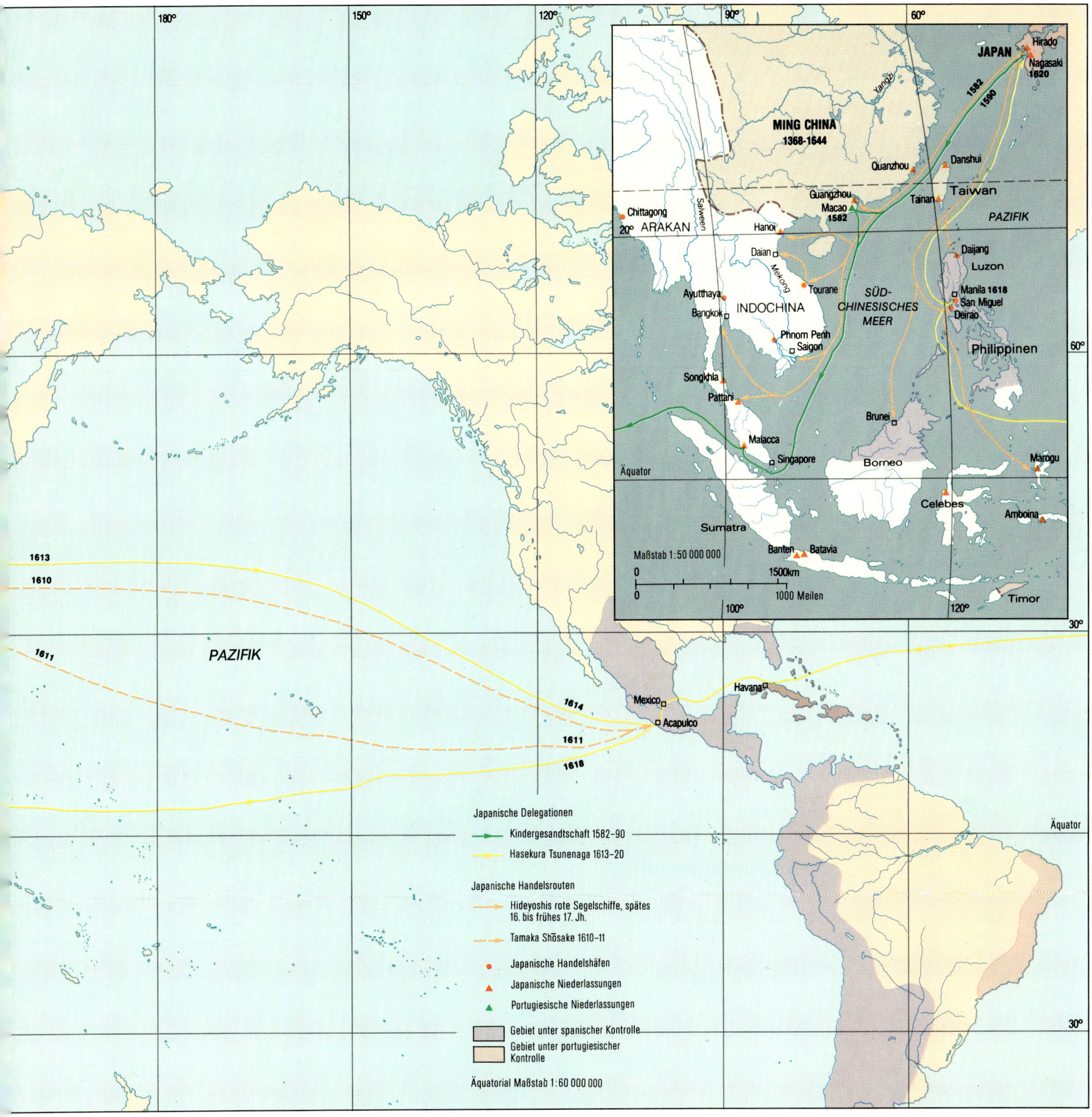

empfangen, und die Aussichten auf Kontakte mit Europa schienen gut, doch als sie 1590 nach Japan zurückkehrten, hatte sich Hideyoshi bereits gegen die katholischen Missionare gewandt. 1616 segelte der Kyōtoer Kaufmann Tanaka Shōsuke nach Mexiko, um Handelskontakte zu knüpfen, kehrte jedoch im folgenden Jahr enttäuscht zurück. 1613 führte Hasekura Tsunenaga, ein Gefolgsmann von Date Masamune aus Sendai, eine Delegation nach Mexiko, Madrid und Rom, doch bei seiner Rückkehr 1620 mußte er feststellen, daß Date den Katholizismus in seinen Domänen inzwischen verboten hatte.

riefen sich auf Armut und Naturkatastrophen, machten ungenaue Angaben über Feldergrößen und Erträge und ließen neugewonnenes Land nicht registrieren. Das Bakufu und die meisten Domäneverwaltungen machten sich ihrerseits nicht die Mühe, in regelmäßigen Abständen exakte Schätzungen durchzuführen, und so gerieten die Steuereinnahmen in ein Mißverhältnis zu den anwachsenden Ländereien.

Die Tokugawa betrachteten die landwirtschaftliche Nutzbarmachung im frühen 17. Jahrhundert als abgeschlossen. In der dörflichen Bevölkerung hatten sich mit der Zeit beträchtliche Einkommensunterschiede herausgebildet. Neue wie alteingesessene Familien, denen es gelang, zusätzliches Land zu bewirtschaften, ihre Anbaumethoden zu verbessern, Überproduktion für den Markt zu erzielen oder in Soya-Herstellung, Teeplantagen, Seidenproduktion oder Sake-Brauereien zu investieren, konnten Kapital erwirtschaften, das ihnen neue Investitionen oder Landkäufe von weniger erfolgreichen Nachbarn möglich machte. Dörfer, die nahe an städtischen Märkten lagen, mit gutem Boden gesegnet waren, und vor Naturkatastrophen und skrupellosen Beamten verschont blieben, konnten sich wirtschaftlich besser entwickeln als ihre ärmeren Nachbarn.

Auch wenn man gelegentlich unter willkürlichen Beamten und Naturkatastrophen wie Hunger, Taifunen und Heuschreckenplagen zu leiden hatte, die die Dorfbewohner zum Kindermord oder zum Verkauf der Töchter an Geisha-Häuser in den Städten zwang, hatte die landwirtschaftliche Produktivität während der Edo-Zeit einen deutlichen Anstieg zu verzeichnen. Das bebaute Ackerland verdoppelte sich. Gründe für den Zuwachs sind in der verbesserten Technologie, den zweifachen Ernten, besseren Beizen für Saatgut und wirksameren Düngemitteln zu suchen. Dieses Fachwissen wurde durch landwirtschaftliche Handbücher, wie zum Beispiel das von Miyazaki Yasusada (1623–1697) zusammengestellte zehnbändige Werk »Enzyklopädie der Landwirtschaft« *(Nōgyō zensho)* verbreitet. Reis blieb nach wie vor das wichtigste Anbauprodukt, doch die regionale und internationale Vernetzung der Märkte und der Anschluß Honshūs an die Seerouten brachte eine lokale Spezialisierung, zum Beispiel auf Baumwolle, Maulbeerbäume zur Aufzucht von Seidenraupen, Indigo, Tabak, Zuckerrohr oder Tee, mit sich. Küstendörfer fanden überdies einen Markt für Schiffahrtszubehör.

Das Anwachsen des städtischen Verbrauchs und der lokalen Märkte und der Zufluß von Bargeld brachte die traditionelle Sozialordnung der Dörfer durcheinander. Es waren nun nicht immer die Dorfältesten, alteingesessenen Sippen und wehrhaften Gutshäuser, die wirtschaftlich am besten dastanden. Erfolgreiche Dorfbewohner richteten sich nicht immer nach den Familienverbindungen, wenn es um Arbeitskräfte ging, sondern ließen ihr Land von Mietarbeitern und Pächtern bebauen. Sie investierten ihr Geld in den dörflichen Handel und in Kleinindustrie, wie die Herstellung von Speiseöl, Soya-Sauce und Sake, oder verliehen es gegen Zins. Da die reichen und traditionell angesehenen Familien nicht unbedingt identisch und mit ihnen nicht immer einer Meinung waren, entstanden beträchtliche Spannungen in den Dörfern, die durch die zunehmende wirtschaftliche Ungleichheit noch verschärft wurden. Während einige von der Kommerzialisierung und den verbesserten Techniken in der Landwirtschaft profitierten und sich durchsetzen konnten, mußten die weniger erfolgreichen ihr Land verpfänden oder verkaufen, und wurden Lohnarbeiter bei ihren Nachbarn. Jene waren es auch, die unter Mißernten und Überschwemmungen besonders zu leiden hatten.

Wie bereits im Kapitel über die Reformen erwähnt, waren Bauernunruhen im Japan der Tokugawa-Zeit an der Tagesordnung und nahmen gegen Ende mit regionalen Unterschieden stetig zu. Im 17. Jahrhundert lag der Jahresdurchschnitt noch bei sechs Aufständen, im 18. Jahrhundert waren es bereits zehn und ihre Zahl stieg weiter an. Während der großen Hungersnot verzeichnete man gar 25 Aufstände jährlich. Das rauhe Nordost-Japan war besonders betroffen, doch kein Landesteil blieb verschont. In der frühen Edo-Zeit wurden solche Aufstände meist von den Dorfältesten angeführt und richteten sich gegen die Willkür von Verwaltern oder Bakufu-*daikan*. Später entluden sie sich aber ebenso gegen reich gewordene Mitbewohner oder Kaufleute.

Da die Bauern keine Waffen besaßen, ließen sich solche Revolten schnell niederschlagen. Einige ihrer Forderungen wurden vielleicht gelegentlich erfüllt, die Anführer jedoch in jedem Fall hingerichtet. Auch wenn sie gewaltsam vonstatten gingen, hatten diese Unruhen doch immer nur wirtschaftliche Verbesserungen zum Ziel, niemals den Umsturz. Sie richteten sich nicht gegen die Sozialordnung der Tokugawa-Regierung, sondern nur gegen ihre schlimmsten Mißbräuche. Selbst als in den 50er und 60er Jahren des 18. Jahrhunderts in den *yonaoshi-* und *eejyanaika*-Aufständen Tausende protestierten, ging es nicht wirklich um eine soziale Revolution oder den Sturz der Tokugawa-Herrschaft.

Wirtschaftlicher Wandel in der Samurai-Gesellschaft

Die Samurai, oder *shi*, die zwischen sieben und zehn Prozent der Bevölkerung ausmachten, genossen eine privilegierte Stellung innerhalb der Tokugawa-Gesellschaft. Sie lebten als Machthaber und Verwalter von der Arbeit anderer. Als Symbol ihrer Macht war es ausschließlich ihnen gestattet, ein Schwert zu tragen und »einen gemeinen Bürger niederzustechen«. Man fürchtete sie, und selbst ein armer Samurai schaute verächtlich auf einen reichen Kaufmann oder einen Bauern herab. Wenn eine Gruppe von *daimyō* die Straßen von und nach Edo entlangkam, mußten die Bürger aus dem Weg gehen und sich in den Staub knien.

Unter den *shi* gab es auch Adlige; etwa 140 Familien aus dem Umkreis des Kaiserhofes in Kyōto gehörten ebenso dazu wie Priester buddhistischer Klöster und großer Shintō-Schreine. Zusammen mit ihren Familien machte diese Elite weniger als zehn Prozent der Gesamtbevölkerung aus. Wie bereits dargelegt, behandelte das Bakufu den Hof und die buddhistischen Orden mit Respekt, sorgte für ihre Einkünfte und gewährte ihnen einen festen Platz im gesellschaftlichen Machtgefüge, hielt sie aber gleichzeitig unter seiner Kontrolle. Kaiser und Höflinge lebten ein zurückgezogenes Leben im kaiserlichen Palast und widmeten sich der Dichtung und den alljährlichen Zeremonien. Das Bakufu suchte Kontakte zwischen *daimyō* oder Samurai und dem Hof zu unterbinden, da sie die Tokugawa-Herrschaft hätten unterwandern können. Diese Befürchtung bewahrheitete sich, als 1860, angesichts der Unentschlossenheit des Bakufu gegenüber den Forderungen des Westens, unzufriedene Samurai die Macht an sich bringen wollten.

Auch nachdem Nobunaga und Hideyoshi die politische und militärische Macht der buddhistischen Orden gebrochen und ihnen fast allen Landbesitz entzogen hatten, spielten sie eine bedeutende Rolle in der Tokugawa-Gesellschaft. Der Klerus übte auf lokaler Ebene weiterhin seinen Einfluß aus, denn den buddhistischen Tempeln oblag die Aufgabe, Christen ausfindig zu machen und die Bevölkerung zu registrieren. Die Tempel setzten die Bevölkerung unter Druck, ihre Sponsoren *(danka)* zu werden, denn wer nicht regelmäßig spendete, lief Gefahr, als verkappter Christ verleumdet zu werden. Auch waren viele Bauern darauf angewiesen, von den Klöstern Geld für Saatgut zu leihen. Die Tempel betrieben ein reges Leihgeschäft zu harten Bedingungen. Manche Priester eröffneten Dorfschulen und brachten den Kindern Schreiben und Lesen bei. In einigen Domänen, zum Beispiel in Okayama und Mito, verfügten die *daimyō* eine drastische Verminderung der buddhistischen Klöster und die Verweltlichung des Klerus. Im Ganzen gesehen ging es den Klöstern jedoch nicht schlecht, und der buddhistische Klerus führte unter den Augen des Bakufu ein angenehmes Leben. Dadurch daß die Konkurrenz durch das Christentum weggefallen war, bestand keine Dringlichkeit für innere Reformen oder Erneuerungsbewegungen.

Allerdings nahmen das wachsende Interesse an Konfuzianismus, Shintō und Nationaler Schule sowie der Vorwurf der Fremdheit, Weltabgewandtheit, des Aberglaubens und der Ausbeutung dem Buddhismus viel von seiner Popularität. Der Buddhismus der Tokugawa-Zeit war weniger kreativ als der des Mittelalters, doch war er nach wie vor auf allen gesellschaftlichen Ebenen präsent. Zen hatte großen Zulauf, und Pilgerschaften

Morikage war ein Maler der Kano-Schule und stammte aus Kaga in Nordjapan. In seiner Tuschmalerei bevorzugte er dörfliche Szenen, und seine Bilder drücken wie kaum ein anderes Werk der Tokugawa-Zeit Sympathie mit den einfachen Leuten auf dem Lande aus. Doch Morikage war nicht nur ein begabter Maler, sondern auch ein konfuzianischer Gelehrter. Betrachtet man die Kleidung der Leute auf seinen Bildern, dann vermutet man seine Dorfszenen eher in China als in Japan. Die japanischen Dörfer der Edo-Zeit wurden von Hungersnöten, Flutkatastrophen, Armut und hohen Steuerlasten geplagt und bildeten nicht selten den Schauplatz gewaltsamer Auseinandersetzungen. Doch jene Zeit brachte auch technologische Verbesserungen, zwei- und dreifache Ernten, wirtschaftlichere Anbaumethoden und damit höhere Erträge, Dorfschulen und ein aktives dörfliches Zusammenleben.

zum Zenkōji oder auf den Kannon-Routen erfreuten sich wachsender Beliebtheit.

Wenngleich ihr gesellschaftliches Ansehen hoch war, so waren die Samurai wirtschaftlich nicht zu beneiden. Ohne eigenen Landbesitz lebten sie als besoldete Gefolgsleute in Garnisonsstädten, waren entwurzelt und hatten keinerlei Möglichkeit zu Nebenverdienst durch Ackerbau. Auch der Handel war ihnen durch Erlasse und durch die konfuzianische Ethik untersagt. Man war der Meinung, daß Handel die Kriegertugenden und die gesellschaftliche Hierarchie untergrabe, da manche dabei reich würden, andere sich ruinierten. Man erwartete von den Samurai, daß sie sich mit ihrem Sold zufriedengaben, und den Reichtum verachteten. Was die Samurai-Familien neben Reis noch benötigten, mußten sie selbst herstellen oder gegen Reis eintauschen. Zwei Jahrhunderte lang mußten sie mit gleichbleibendem Sold auskommen, während der Preis der Waren ebenso schnell oder schneller stieg als der Reispreis. Viele von ihnen kamen unter diesen Bedingungen nicht zurecht.

Die herrschende Klasse der Samurai im Japan der Tokugawa-Zeit war ungeübt im Umgang mit der sich ausbreitenden Geldwirtschaft. Zunächst hatte das Bakufu versucht, von den Steuern seiner unmittelbaren Domänen *(tenyryō)* zu leben, doch sah es sich bald zu Reformversuchen und Einsparungen gezwungen. Seit 1800 war das Bakufu in den roten Zahlen. Im folgenden Jahrhundert machte es mehrfach den Versuch, der chronischen Finanzkrise durch verstärkte Anleihen und Geldabwertung zu begegnen, doch ohne Erfolg. Außer in der Ära Tanuma gelang es während dieser Zeit nicht, den enormen Reichtum der Kaufleute in die eigenen Kassen zu lenken, oder die Leihgeschäfte reicher Handelshäuser in Edo und Ōsaka unter Kontrolle zu bekommen. Selbst das Tokugawa-Shōgunat mußte sich mit der Bitte um Darlehen und Unterstützung an die reichen Kaufmannsfamilien wenden.

Aufgabe der *daimyō* war es, in ihren *kokudaka* zu residieren, ihre Samurai zu versorgen und für den Unterhalt der Domäne und der Residenzen in Edo aufzukommen. Die Tokugawa förderten den Handel zwischen den Domänen nicht, und so blieben sie kleine, abgekapselte wirtschaftliche Einheiten. Überschüsse an Reis und anderen Produkten kamen auf den nationalen Markt, dessen Zentrum Ōsaka war. Alle *daimyō* versuchten daher, weiteres Land nutzbar zu machen, und so waren die tatsächlichen Reiserträge der meisten *han* größer als ihr veranschlagter *kokudaka.* Doch auch diese Überschüsse reichten nicht hin, um mit den wachsenden Ausgaben Schritt zu halten. Die *daimyō* großer Domänen wie Maeda oder Kaga lebten mit Einkünften von 500000 bis zu einer Million *koku* mit ihren Familien wie kleine Shogune, während die meisten anderen wirtschaftlich hart zu kämpfen hatten.

Ziel der verschiedenen Bakufu- und *han*-Reformen war es, die Lage der verarmten Samurai zu verbessern, doch nur wenige dieser Maßnahmen hatten Erfolg. Gegen Ende der Periode gelang es einigen Domänen, unter ihnen Satsuma und Chōshū, aus dem Kreislauf der Verschuldung auszubrechen, indem sie die Produktion neuer Waren einführten und ihre Finanzen sanierten. Es war dieser wirtschaftliche Vorsprung, der ihnen in den 60er Jahren des 19. Jahrhunderts gegenüber dem Bakufu eine starke Position verlieh.

Der kulturelle Stellenwert der Samurai wandelte sich im Laufe der Edo-Zeit. Im frühen 17. Jahrhundert waren sie noch Krieger, bei denen man Kampferfahrung voraussetzen konnte. Man erwartete von ihnen, daß sie sich und ihre Waffen in ständiger Kampfbereitschaft hielten und die Kriegertradition durch ein asketisches Leben und regelmäßiges Training aufrechterhielten. Der konfuzianisch beeinflußte Kult des *bushidō*, oder Weg des Kriegers, forderte absolute Treue zum Feudalherrn, die bis in den Tod reichte.

Andererseits sahen sich die Samurai seit der Eroberung der Burg in Ōsaka und dem Shimabara-Aufstand außer mit gelegentlichen Bauernaufständen kaum noch mit militärischen Aufgaben konfrontiert. Das Bakufu und die Domäneverwaltungen versuchten Ausschreitungen unter den Samurai, etwa in Form von *junshi* oder Blutrache, niederzuhalten. Mehr und mehr entwickelten sich die Samurai zu Verwaltern und Beamten, die den Hauptteil ihrer Zeit nicht den Kriegskünsten sondern der Literatur *(bun)* widmeten. Schließlich stellten die Samurai die intellektuelle Elite der Zeit, beschäftigten sich mit Konfuzianismus, Holländisch, westlichen Wissenschaften und später auch mit Fragen der nationalen Verteidigung. Um ihren Verwaltungsaufgaben nachkommen zu können, mußten alle Samurai ein wenig Lesen und Rechnen können. Seit dem Ende des 18. Jahrhunderts verfügten die meisten Domänen über Schulen, in denen die jungen Samurai von konfuzianischen Gelehrten und Experten in den Kriegskünsten, aber auch in westlichen Wissenschaften unterrichtet wurden. Auf diese Weise wandelten sich die ehemaligen Krieger im Laufe der Edo-Zeit zu Verwaltungsbeamten.

Doch sie hatten ihren Hang zur Praxis nicht verloren, zeigten starke Führungsqualitäten und trugen ihre Schwerter bei sich, mit denen sie nach wie vor umzugehen verstanden. Während der Krise der sechziger Jahre des 19. Jahrhunderts, als das Bakufu Schwäche zeigte, waren es junge Samurai, die zu den Schwertern griffen, diesmal allerdings im Dienste des Kaisers und der Nation, und einen Neuanfang für ihr Land erfochten. Mutig, entschlossen, opferbereit, dazu gebildet und mit der Macht vertraut, stellten sie in jenen Jahren für das kleine, von außen bedrohte und innerlich geschwächte Land eine starke Führungsschicht dar.

Wirtschaftlicher Wandel in den Städten

Entgegen allen Erwartungen hatten sich die machtlosen und politisch fügsamen Kaufleute, Handwerker und die Stadtbevölkerung allgemein während der Tokugawa-Zeit zu blühenden gesellschaftlichen Gruppen entwickelt, die am Ende dieser Periode wirtschaftlich wesentlich besser gestellt waren, als die Samurai. Hatten sich Handwerker und Kaufleute in der Muromachi- und Momoyama-Periode noch wirtschaftlicher Freizügigkeit und gesellschaftlicher Anerkennung erfreut, so sanken sie während der Tokugawa-Zeit in der sozialen Hierarchie tief nach unten. Das feudalistische Denken dieser Zeit propagierte eine Agrargesellschaft, in der die Samurai herrschten und die Bauern die nötigen Lebensmittel und Waren erwirtschafteten. Nur diese beiden Stände waren gesellschaftlich akzeptiert, während Kaufleute als Parasiten angesehen und auf die unterste soziale Stufe verwiesen wurden. Die Führungsschichten unternahmen keinerlei Versuche, ihre Bedeutung für das Land und seine Wirtschaft zu verstehen.

Das Wirtschaftskonzept der Selbstversorgung war in vieler Hinsicht naiv. Allenfalls die Bauern konnten sich vom Land ernähren und selbstgenügsam leben, nicht aber *daimyō* und Samurai, die von der Scholle getrennt waren. Sie mußten ihren Sold, der in Reis gezahlt wurde, in Bargeld verwandeln, um Schwerter, Rüstung, Pferde, Kleidung, Einrichtungsgegenstände, Roben, Papier, Pinsel, Tinte und Reiswein kaufen zu können. Diese Handelsgeschäfte ließen sich nur mit Hilfe von Kaufleuten bewerkstelligen. Wenn die Kaufleute in der Burgstadt der Domäne die Nachfrage nicht befriedigen konnten, wandte man sich an die Händler in den größeren Städten Ōsaka, Kyōto und Edo.

Die politische Führungsschicht konnte die Kaufmannschaft zwar unter Kontrolle halten und ihren sozialen Aufstieg verhindern, sie war aber andererseits zu sehr auf ihre Dienste angewiesen, um sie am wirtschaftlichen Erfolg hindern zu können. Die wachsende Einwohnerschaft der Shōgunatshauptstadt Edo mit ihren Satelliten Ōsaka und Kyōto, und der dort herrschende Bauboom erzeugte einen hohen Bedarf an Lebensmitteln, Baumaterialien und Dienstleistungen aller Art. Ein anderer Faktor, der zum merkantilen und wirtschaftlichen Aufschwung beitrug, war das *sankin kōtai.* Was zunächst als Mittel gedacht gewesen war, um die Schatzkammern der *daimyō* zu leeren, stellte diese jetzt vor das Problem, sich größere Summen borgen zu müssen, und füllte so die Kassen der Händler.

In Edo, der Shōgunatshauptstadt und großen Garnison, war die Hälfte der Einwohner bereits Stadtbevölkerung *(chōnin)*, und das blühende Hafen- und Handelszentrum Ōsaka wurde fast ausschließlich von Kaufleuten und *chōnin* bewohnt. Die alte Kaiserstadt Kyōto mit dem Bakufu-Stützpunkt Nijō entwickelte sich zum Zentrum für Handwerker, Mönche und *chōnin.* Auch die 250 Burgstädte der Domänen, die ursprünglich als militärische Stützpunkte und lokale Herrschaftszentren konzi-

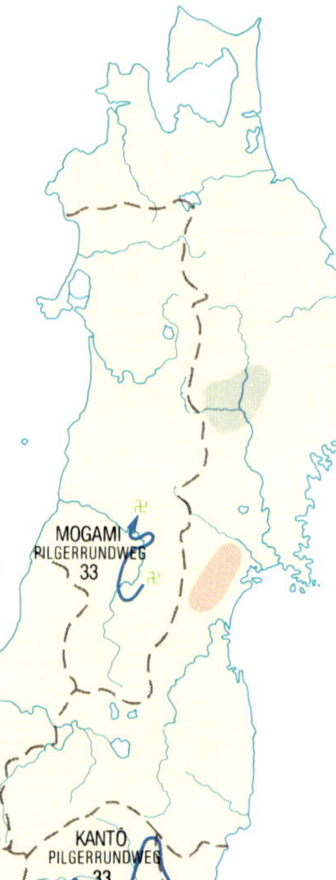

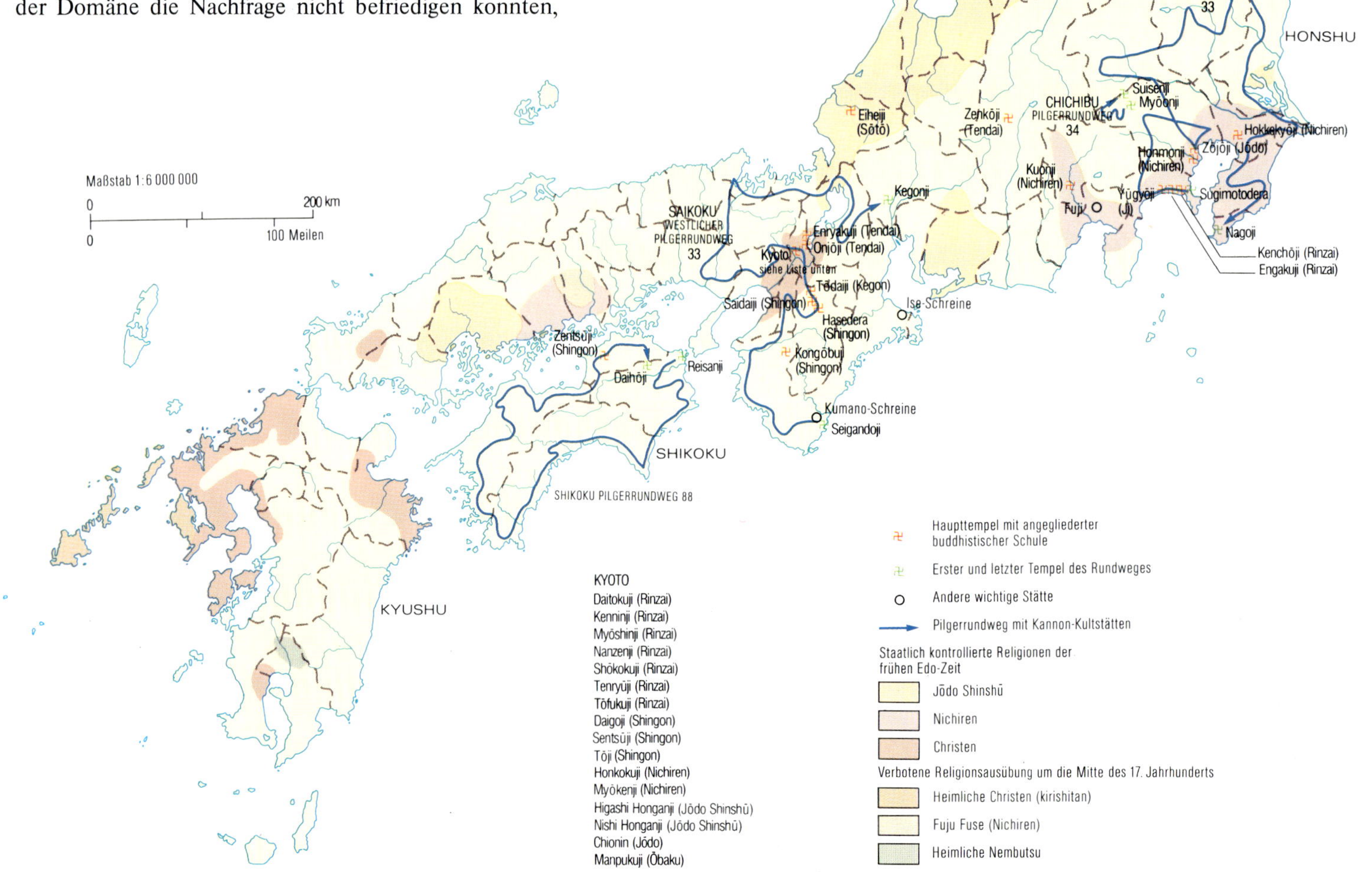

piert worden waren, wurden zu Umschlagplätzen für Produkte aus dem Umland.

Lizenzierte Kaufleute dienten als Bindeglied zwischen den Städten und dem agrarischen Hinterland. Ein gut ausgebautes Küstenschiffahrtsnetz sorgte für den Weitertransport nach Ōsaka.

Kaufleute betätigten sich gleichzeitig als Makler, Spediteure, Wechsler und Verleiher. Sie unterhielten Warenhäuser für Reis und andere Waren, und besaßen Lizenzen für die *han*-Monopole. Als Makler wechselten sie für einzelne Samurai oder für die Domäne Reis in Bargeld um. Wohlhabende Kaufleute betätigten sich als Finanz- und Speditionsagenten für *daimyō* und rüsteten Frachtschiffe für den Handel von und nach Edo aus. Sie boten auch eine Art Bankservice, indem sie die verschiedenen *han*-Währungen einwechselten, Kapital transferierten und dem Bakufu sowie verarmten *daimyō* und Samurai Kredite gaben. Derartige Darlehen an die *daimyō* waren ein einträgliches, aber riskantes Geschäft. Mehr als ein Handelshaus war ruiniert, nachdem *daimyō* die Verträge gebrochen und nicht zurückgezahlt hatten. Aber weder solche Ausfälle noch der Versuch des Bakufu, die Kreditgeber zur Annullierung allzu drückender Schuldenlast zu bewegen, hielten die Kaufleute von derartigen Geschäften ab, sondern führten nur zu einer Erhöhung der Zinssätze, denn auf lange Sicht waren Bakufu und Domänen auf die Kapitalkraft der großen Handelsfirmen angewiesen.

Nachdem die Handelshäuser durch solche Geldgeschäfte das Bakufu, die *daimyō* und Samurai von sich abhängig gemacht hatten, wandten sie sich mit dem neuerworbenen Reichtum anderen Geschäftszweigen zu. In der zweiten Hälfte des 18. Jahrhunderts existierten mehr als 200 Handelsunternehmen mit einem Kapital von über 200000 *ryō* in Gold (etwa ein *koku*). Einige der großen Wirtschaftsunternehmen im heutigen Japan haben ihren Ursprung in solchen Tokugawa-Handelshäusern. Die Mitsui etwa haben im 17. Jahrhundert als Handelshaus in Ōsaka angefangen und kamen durch hochverzinsliche Darlehen zu Reichtum. Mitsui Takatoshi (1622–1644) gründete eine Kette von Kurzwarenläden, die den Namen Echigoya trug, und bot eine große Warenpalette zu günstigen Preisen an. Die Echigoya-Kette florierte und brachte angeblich bis zu 1000 *ryō* pro Tag ein. Sie war der Vorläufer der heutigen Mitsukoshi-Kaufhäuser.

Ebenso wie in den Dörfern gab es auch in den Städten erhebliche Statusunterschiede innerhalb der Bevölkerung. Zu jedem großen Handelshaus gehörten Hunderte von Verkäufern, Wirtsleuten, Handwerkern, Buchhändlern, Kunsthändlern, Bordellbesitzern und Gehilfen, die um ihren Lebensunterhalt kämpften und alle Arten von Waren und Dienstleistungen feilboten, die der städtische Bedarf forderte. Wie die Bauern wurden auch sie vom Bakufu in zahllosen Aufrufen zu sparsamem Lebenswandel angehalten. Viele Kaufleute und Handwerker nahmen diese Appelle ernst und schufen sich einen eigenen Kodex, der die Maximen Sparsamkeit, Fleiß, Loyalität gegenüber den Institutionen und Dienst am Kunden sowie Vorsorge für die Zukunft enthielt, und die Grundlagen für einen dauerhaften und erfolgreichen Familienbetrieb schuf. Manche aber verschwendeten entgegen allen Ermahnungen ihren Reichtum in Luxusgütern, Unterhaltung und Äußerlichkeiten.

Die Momoyama-Kultur

Der Stil des späten 16. Jahrhunderts war von den Reichseinigern *(tenkajin)* Oda Nobunaga und Toyotomi Hideyoshi geprägt worden, die ihre Macht über das ganze Land ausgedehnt hatten, und ihr nun auch in grandiosen Kunstwerken Ausdruck verleihen wollten. Kulturelles Symbol dieser Zeit waren die großen Schlösser mit tiefen Gräben, gewaltigen Mauern, verwinkelten Höfen und hoch aufragenden Türmen. Zwei von ihnen, Nobunagas Azuchi-Schloß und Hideyoshis Momoyama-Schloß in Fushimi, haben der Epoche ihren Namen gegeben, nämlich Azuchi-Momoyama- (oder einfach Momoyama-)Epoche. Waren die frühen Burgen Bergfestungen *(yamajiro)* gewesen, die auf Felsklippen erbaut und von schützenden Bergen oder Flüssen umgeben waren, so setzte man die riesigen Schlösser des 16. Jahrhunderts in die Ebenen, von wo aus man Flußtäler, Verkehrsknotenpunkte und den Reisanbau überwachen konnte. Um diese Anlagen herum konnten sich die Garnisonsstädte ausdehnen, die Samurai, Handwerker und Kaufleute anlockten. Mit ihren Wassergräben, Türmen, dem wohlgesetzten Mauerwerk und den zierlichen hölzernen Aufbauten, die sich darüber erhoben und mit prächtigen, farbigen Ziegeln gedeckt waren, boten diese gewaltigen Bauwerke einen ehrfurchtgebietenden Anblick. Sie überragten alle anderen Gebäude der Umgebung und waren ein Symbol für die neuen Machthaber des späten 16. und frühen 17. Jahrhunderts.

Diese Schlösser waren nicht nur Festungsbauten, sondern dienten als Verwaltungszentren und Residenz für die *daimyō* und Hegemonialherren. Um die düsteren, spartanischen Innenräume heiterer zu gestalten, ließ man Wände und Stellschirme reich dekorieren. In diesen Palästen konnte sich auf Wänden, Stellschirmen und Schiebetüren ein neuer Malstil entfalten, der Blattgold und lebhafte Farben bevorzugte, und zum typischen künstlerischen Ausdruck der Momoyama-Zeit wurde. Die neuen Herrscher förderten die Künstler und Handwerker, die ihre Schlösser verzierten. Für die Ausgestaltung des Azuchi-Schlosses wurde Kanō Eitoku von Nobunaga mit der künstlerischen Oberaufsicht über dieses gigantische Projekt betraut. Einige Quadratkilometer Raum gab es da zu gestalten, und Eitoku machte sich mit einer Gruppe von Kollegen ans Werk. Die Wandmalereien der verschiedenen Stockwerke hatten unterschiedliche Themen. Im obersten Stockwerk, das offensichtlich Nobunagas Machtanspruch über ganz Japan symbolisieren sollte, sind die Schiebetüren in üppigem Golddekor mit chinesischen Herrschern des Altertums und Kulturheroen bemalt. Die Räume der unteren Stockwerke sind mit buddhistischen Themen, den vier Tugenden des Edelmannes, Pferden, Falken, Vögeln und Blumen und Landschaften ausgeschmückt. Außerdem enthielt das Schloß eine buddhistische Kapelle und eine Bühne für das Nō-Spiel. Die Großartigkeit dieses Bauwerkes und die Lustbarkeiten, die Nobunaga dort stattfinden ließ, beeindruckten Luis Frois und andere Besucher. Doch leider hat diese Pracht ihren Erbauer nicht überlebt und brannte 1582 bis auf die Grundmauern nieder.

Kanō Eitoku (1543–1590) war der wichtigste Maler der Momoyama-Zeit. Er war in der vierten Generation Leiter der Kanō Schule. In seinem Malstil mischen sich chinesische Einflüsse mit japanischen Yamato-e-Techniken, und er reagierte damit auf die reichhaltigen künstlerischen Möglichkeiten, die ihm diese neue Epoche bot. Er genoß die Förderung Hideyoshis ebenso wie die Nobunagas, und erhielt neben dem Azuchi-Projekt auch den Auftrag, die drei Schlösser Hideyoshis auszugestalten: Ōsaka, Jurakutai und Fushimi. Eitoku hatte sich bereits im Alter von 24 Jahren durch eine Serie von Schiebetüren mit Vögeln und Blumen in den vier Jahreszeiten für den Jukōin-Untertempel des Daitokuji in Kyōto

Religion in der Edo-Zeit
Diese Karte zeigt einige wichtige religiöse Zentren der Edo-Zeit. Dem Beispiel Nobunagas und Hideyoshis folgend, reformierten und reorganisierten die frühen Tokugawa-Shōgune den Buddhismus durch Reglementierung der Tempel und Schreine, Beschränkung sektiererischer Gruppen und Unterstützung des jeweiligen Haupttempels der verschiedenen buddhistischen Schulen. Buddhistische Tempel spielten als Meldestellen eine wichtige Rolle bei der Ausrottung des Katholizismus. 1650 hielten nur noch einige Kirishitan auf Kyūshū an ihrem Glauben fest. Aber auch buddhistische Sekten wie Fuji Fuse und Nembutsu wurden von Shogunen und *daimyō*, besonders durch die Shimazu, unterdrückt. Wallfahrten nach Ise, zum heiligen Berg Fuji und vielen anderen Tempeln und Schreinen erfreuten sich während der Edo-Zeit großer Beliebtheit. Allein Ise zog in normalen Jahren Tausende von Pilgern an, in Jahren besonderer Dankes-Prozessionen konnte ihre Zahl in die Millionen gehen. Andere beliebte Pilgerrouten waren der Kūkai (Kōbō Daishi) gewidmete Rundgang auf Shikoku sowie der Saikoku-(westliche) Chichibu und Mogami-Rundkurs, die der während der Edo-Zeit besonders verbreiteten Kannon-Verehrung galten.

als Maler hervorgetan. Sie bildeten einen grundlegenden Beitrag zur Malerei der Momoyama-Zeit. Auf ein Ensemble von vier Holztafeln (1,7 auf 5,4 m) malte er einen riesigen knorrigen Pflaumenbaum, der seine Äste nach allen Seiten reckt; im Hintergrund sieht man einen Fluß mit Wasservögeln. Zwar zeigt dieses Bild noch Züge der mittelalterlichen, monochromen Tuschmalerei, doch wird die Farbe hier exzessiv eingesetzt und Äste und Wasser verleihen dem Bild dramatische Strukturen. Brillante Farbgebung und dramatische Sujets sind typisch für den Momoyama-Stil. Eitokus Bilder mit ihren einfachen Formen, kraftvollen, rauhen Pinselstrichen und starken, opaken Farben repräsentieren diesen Stil in vollendeter Ausprägung. Unter den vielen Gemälden, die ihm zugeschrieben werden, ist ein gewaltiges Bild auf Goldgrund hervorzuheben, das einen chinesischen Phantasielöwen und eine Riesenzypresse zeigt. Er malte es im Alter von 48 Jahren, und es wurde später auf einen achtteiligen Wandschirm aufgezogen, auf dem die Zypresse vor einem Hintergrund aus Blattgold-Wolken und einem blauen Fluß ihre Äste reckt. Trotz der Beschränkung in der Höhe und der ungewöhnlichen Breite des Bildfeldes ist ihm hier eine außerordentlich dynamische Komposition gelungen.

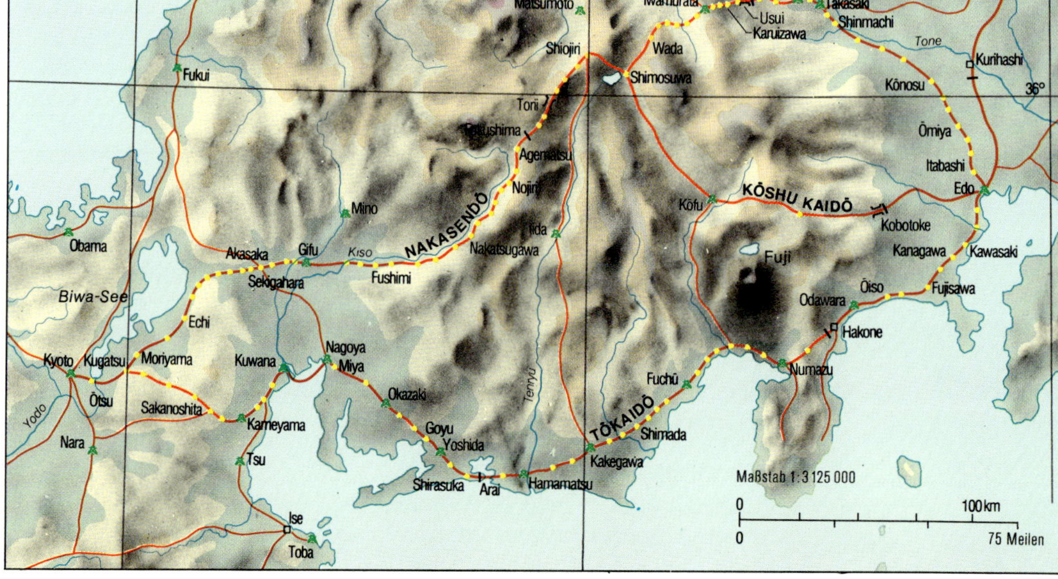

Sen no Rikyū (1552–1591) war die höchste Instanz in Fragen des Geschmacks zu einer Zeit der kulturellen und künstlerischen Blüte Japans. Er wurde als Sohn eines Fischhändlers in Sakai geboren und studierte die Kunst der Teezeremonie *(chanoyu)* bei verschiedenen Meistern, bevor er selbst Teemeister bei Nobunaga und Hideyoshi wurde. Rikyūs Vorliebe für Einfachheit, Natürlichkeit und Reduzierung *(wabi)* wies die ästhetischen Exzesse jener Zeit in die Schranken. Er verkleinerte die Teezimmer *(chashitsu)* von vier auf zwei Tatami und führte Blumenhalter aus Bambus, rohe, ungleichmäßige Teeschalen und einfache Eisenkessel ein. Auch reduzierte und verfeinerte er das Essen *(kaiseki)*, das zum Tee gereicht wurde. Sein ästhetisches Ideal des *wabi* wurzelt in der Theorie und Praxis des Zen-Buddhismus. Aus Gründen, über die man nur mutmaßen kann, zog er den Zorn Hideyoshis auf sich und wurde zum Selbstmord gezwungen. Doch Rikyūs ästhetische Ideale lebten weiter, wurden von seinen Nachfolgern fortgeführt und haben Japans Kultur nachhaltig beeinflußt.

Auch nach Eitoku brachte die Kanō-Schule dank der Förderung durch die Mächtigen jener Zeit weitere ausgezeichnete Maler hervor, und prägte einen dekorativen, eleganten und feinsinnigen Stil, der chinesische Themen und Auffassungen dem japanischen Geschmack anzupassen wußte. Kanō Sanraku (1559–1635), Eitokus Adoptivsohn, der ihm auch beim Ausmalen des Schlosses in Ōsaka geholfen hatte, schuf höchst dekorative Vogel- und Blumenbilder. Die Kanō-Schule blieb während der ganzen Tokugawa-Zeit von großer künstlerischer Bedeutung.

Doch sie war nicht die einzige treibende Kraft auf dem Gebiet der dekorativen Malerei. Mit der Kanō-Schule konkurrierten unabhängige Maler wie Hasegawa Tōhaku (1539–1610), Kaihō Yūshō (1533–1615) und Unkoku Tōgan (1547–1618) um die Aufträge der Samurai, Höflinge, Tempel und Stadtbewohner. Hasegawa Tōhaku, der sich auf den Maler Sesshū berief, war ein vielseitig talentierter Künstler, der mit Tusche ebenso geschickt umgehen konnte wie mit Blattgold oder kräftigen Farben. Manche seiner Bilder strahlen eine Poesie aus, die in ihrer Auffassung modern anmutet. Seine Tuschezeichnung der Kiefern im Morgennebel auf einem Paar sechsteiliger Stellschirme ist von zeitloser Schönheit, und übt auch auf moderne japanische Maler große Anziehungskraft aus. Eine völlig andere Stimmung zeigt das in lebhaften Farben gehaltene Gemälde eines alten Ahornbaumes in der vollen Pracht seiner Blätter. Es befindet sich jetzt im Chisakuin in Kyōto und ist ein meisterhaftes Beispiel für die großflächige dekorative Umsetzung von Naturschönheit.

Während die großen Wandbilder der Schlösser die Macht der Kriegsherren repräsentieren, findet sich das Tun und Treiben der immer zahlreicher werdenden Stadtbevölkerung auf den Wandschirmen mit ihren Straßenszenen und Darstellungen öffentlicher Unterhaltung in und um die Hauptstadt *(rakuchū rakugai zu)*. Diese Bilder orientieren sich nicht an einer entfernten, klassischen Vergangenheit, sondern schildern das alltägliche Leben der Momoyama-Zeit. Sie sind gleichzeitig anschauliche Beschreibungen der wichtigen Schauplätze der Hauptstadt und ihrer Straßen, in denen Kaufleute, Samurai und »Südbarbaren« sich drängen.

Tee und die Ästhetik der kultivierten Armut

Im späten 16. Jahrhundert erreichte, was wir im Deutschen mit »Teezeremonie« wiedergeben, im Japanischen aber schlicht *chanoyu*, »heißes Wasser für den Tee« bedeutet, seine höchste Verfeinerung. Manchen Beobachtern und Teilnehmern mag dieser Vorgang als eine steife und förmliche »Zeremonie« erscheinen, dabei ist es eine Kunstform, in der der Gastgeber seine Gäste einlädt, mit ihm die Genüsse des Tees und der Betrachtung schöner Dinge in kultivierter Atmosphäre zu teilen. Das Wort »Zeremonie« legt eine Feierlichkeit und Distanz nahe, die dabei nicht beabsichtigt ist. Es ist nicht allein der Gastgeber, der das Ritual der Teezubereitung ausführt; Gäste und Gastgeber erfreuen sich gemeinsam an diesem ästhetisch ritualisierten Vorgang. Nur mit diesem Vorbehalt sollten wir dafür das Wort »Zeremonie« verwenden.

Im späten 16. Jahrhundert entwickelte sich *chanoyu* zu der Form, in der wir es heute kennen, und erreichte Vollkommenheit durch die Formulierung des *wabi* (wörtlich »einsam« oder »verarmt«), eines ästhetischen Ideals, das die japanische Kunst und den japanischen Geschmack stark beeinflußt hat. Es ist das ästhetische Prinzip kultivierter Armut, die durchaus Andeutungen großen Reichtums enthalten kann. Im 16. Jahrhundert wurde die Teezeremonie durch das Ideal des *wabi* zum sogenannten *wabi*-Tee *(wabicha)* verfeinert, und von drei großen Teemeistern zur Vollendung geführt: Murata Jukō (1422–1502), Takeno Jōō (1502–1555) und Sen no Rikyū (1522–1591). Sie alle stammten aus Handelshäusern und waren Anhänger des Zen-Buddhismus.

Aufstieg und Fall eines Tee-Meisters

Sen no Rikyū war ein Schüler des Jōō. Er stammte aus Imaichi in Sakai und lernte bereits als Zehnjähriger bei seinem Lehrer die Kunst der Teezeremonie. Kaum älter als zwanzig Jahre, war er bereits anerkannter Tee-Meister. Rikyūs Familie betrieb einen Fischgroßhandel, sie war ziemlich wohlhabend, zählte aber nicht zu den großen Handelshäusern in Sakai. Bald wurde Oda Nobunaga auf Rikyū aufmerksam und stellte ihn als Tee-Meister an. Nobunaga hatte bereits Imai Sōkyū (1520–1593) und Tsūda Sōgyu (gest. 1591) als Tee-Meister engagiert, doch sie gingen nebenher ihrem Beruf als Kaufleute in Sakai nach, während Rikyō sich ausschließlich der Teezeremonie widmen sollte.

Hideyoshis Leidenschaft für den Tee war Rikyūs Glück und Elend zugleich. Zunächst kamen die beiden gut miteinander aus. Unter Hideyoshis Schirmherrschaft wurde *chanoyu* geradezu zur Manie. Die Teezeremonie bot den Samurai Gelegenheit, ihre Kultiviertheit zu zeigen; den Kaufleuten war sie ein Symbol des Reichtums und Luxus, und dem Herrscher diente sie als kulturelle Legitimation. Rikyū war der Mittelpunkt der Welt des Tees. 1587 richtete Hideyoshi eine große Teegesellschaft auf dem Gelände des Kitano-Schreins in Kyōto aus. 800 Tee-Meister aus Kyōto und Umgebung versammelten sich, nachdem bekannt wurde, daß bei der Zeremonie kostbare Gerätschaften *(meibutsu)* verwendet werden sollten. Jedermann, der den Tee schätzte, war eingeladen, gleichgültig welchen wirtschaftlichen oder sozialen Status er hatte. Die Stadtbevölkerung konnte Hideyoshi persönlich bei der Ausführung der Teezeremonie und beim Umgang mit den erlesenen Gegenständen bestaunen. Bei diesem volkstümlichen Fest war noch ein Hauch von *gekokujō* zu spüren, eine Aufhebung der Klassenschranken. Rikyū erfreute sich zu jener Zeit noch der Gunst Hideyoshis, und beide hatten das Fest gemeinsam vorbereitet.

Danach jedoch gab es Spannungen zwischen ihnen. Es sind viele Gründe zur Erklärung dieser Entfremdung vorgebracht worden. Aus kultureller und ästhetischer Sicht läßt sich sagen, daß die wachsende Strenge, mit der Rikyū seine Teezeremonie abhielt, einem Alleinherrscher wie Hideyoshi mißfiel. Rikyūs künstlerische Vorstellungen nahmen keine Rücksicht auf die Launen und das Unterhaltungsbedürfnis Hideyoshis, und machten Rikyū zur höchsten Instanz in der Welt des Tees. Aus der Sicht des Herrschers war Rikyū dadurch zum Rivalen und Abtrünnigen geworden. Darüber hinaus spiegelte sein Anspruch, alleiniger Richter in ästhetischen Fragen zu sein, den Geist des *gekokujō* und stellte die von Hideyoshi erneut betonte strenge Hierarchie in Frage. *Yamanoue Sojiki* schreibt. »Da Rikyū der Tee-Meister ist, ist es nur angemessen, daß er ungehindert dem Weg des Tees folgt und dabei Berge in Täler und Westen in Osten verwandelt.« Der Anspruch, sich im Bereich des Tees über traditionelle Werte hinwegzusetzen, war für Hideyoshi, der sich als alleinige Autorität sah, offensichtlich nicht akzeptabel.

Auch die politischen Ereignisse und der Niedergang Sakais mögen in Rikyūs Schicksal eine Rolle gespielt haben. Als 1587 die große Teezeremonie in Kitano abgehalten wurde, war es Hideyoshi eben gelungen, mit

Das Transportsystem der Edo-Zeit
Während der Edo-Zeit konnte Japan ein voll entwickeltes, wohldurchdachtes Straßennetz und Schiffsfrachtsystem ausbauen. Kern des Straßennetzes bildeten die fünf zentral verwalteten Landstraßen, die Japan durchzogen und sich bei Nihonbashi in Edo, dem heutigen Tōkyō, trafen. Sie hießen Tokaido, Nakasendō, Kōshu Kaidō, Nikkō Kaidō und Ōshu Kaidō. *Daimyō*, die ihrer zeitweiligen Anwesenheitspflicht *(sankin kōtai)* nachkommen mußten, übernachteten in den Poststationen und zeigten an den Kontrollstellen *(sekisho)* ihre Reisepapiere vor. Am Hakone-Kontrollpunkt suchten die Wachtposten nach Gewehren, die nach Edo hinein, und nach Frauen, die aus Edo hinaus wollten. Dieses Straßensystem war ein Ausdruck der Machtüberlegenheit der Tokugawa, es gab ihnen die Möglichkeit, Verkehr, Militärbündnisse oder Ortswechsel der Bürger, speziell der *daimyō* und ihres Anhangs, genauestens zu überwachen. Weil der Transport auf dem Landweg langsam und kostspielig war, brachte man Reis und andere Güter auf Schiffen an ihren Bestimmungsort. Große Frachter verkehrten regelmäßig vor der Küste zwischen Ōsaka und Edo, aber auch Waren aus entlegenen Orten fanden über ein ganz Japan umspannendes Küstenschiffahrtsnetz ihren Weg nach Ōsaka.

Die Teezeremonie

Die folgenden Illustrationen zeigen einzige Szenen aus einer Teeversammlung *(chaji)*, wie sie in der Mushanokōji-Senke-Teeschule in Kyōto praktiziert wird. Die Mushanokōji-Senke-Schule, wie auch die größeren Schulen Ura Senke und Omote Senke stehen durch 16 Generationen in der Tradition Sen no Rikyūs. Ein *chaji*, bei dem Tee und ein kleiner Imbiß gereicht werden, ist ein förmliches soziales Ereignis, auf das sich Gäste wie Gastgeber gleichermaßen vorbereiten. *Chanoyu* will den Trubel des Alltags vergessen machen. Hier sieht man, wie die Gäste in besinnlicher Stimmung vom äußeren Tor durch den kleinen Teegarten *(roji)* zum mittleren Tor gehen. In der Mushanokōji Senke nennt man dieses Tor Amigasa-Mon (Tor des gewebten Regenschirmes).

Chanoyu (Teezeremonie, wörtlich »heißes Wasser für den Tee«) ist eine der wichtigsten kulturellen Ausdrucksformen des traditionellen Japan, in der unterschiedliche Einflüsse zusammenfinden. Durch das Ideal der kultivierten Armut *(wabi)* erfuhr *chanoyu* eine weitere Verfeinerung. Das wiederum führte in Japan zu einer Wertschätzung der rohen, einfachen und unregelmäßigen Keramik aus Japan und Korea, ganz im Gegensatz zur makellosen, ebenmäßigen Ware aus China *(karamono)*, und ebnete den Weg zu einer neuen Ästhetik. Die kleinen, ländlich anmutenden Teezimmer wurden zu einer eigenen Welt, in der soziale Schranken zeitweilig aufgehoben waren. Hier frönten Händler und Städter, Krieger und Adlige unterschiedslos ihrer Leidenschaft für die Einfachheit. Auch heute gibt es viele Teeschulen in Japan, die meisten stehen in der Tradition von Sen no Rikyū (16. Jh.). Zu ihren Schülern zählten Shōgune, *daimyō*, aber auch einfache Samurai und Bürger. Sie alle unterwarfen sich derselben rituellen Etikette, und teilten das Interesse am Zen-Buddhismus. Die drei von Nachkommen des Rikyū gegründeten Sen-Schulen, die heute noch in Kyōto aktiv sind, sind Ura Senke, Ōmote Senke, und Mushanokōji Senke.

Beim Passieren des Amigasa-Mon und beim Bewundern des Gärtchens lassen sie die Eindrücke der Außenwelt hinter sich und nähern sich langsam dem Teezimmer. Sie befinden sich jetzt im inneren Garten des Teehauses *(uchi roji)*, der ein Steinensemble und in dessen Mitte einen in Stein gehauenen Wasserbehälter enthält. Dort können sich die Gäste mit einem Holzschöpfer Mund und Hände reinigen. Rikyū forderte als Anhänger des Zen Bedächtigkeit selbst bei den einfachsten Verrichtungen. Die Teezeremonie soll in sparsamen, anmutigen Bewegungen zelebriert werden. Sogar die Handhabung eines banalen Wasserschöpfers will gelernt sein.

Der Eingang in das Teezimmer ist oft nur eine winzige Öffnung von 70 auf 80 cm Größe *(nijiriguchi)*, durch die sich die Gäste hindurchzwängen müssen. Dadurch wird das Gefühl vermittelt, man habe eine andere Welt fernab aller Alltagssorgen betreten. In der Feudalzeit zwang dieser enge Zugang die Samurai, ihr Schwert abzulegen, und hatte damit eine egalisierende Funktion. Der letzte Gast schließt die Schiebetür.

Ist der Gast durch den *nijiriguchi* eingetreten, so sieht er sich einer Nische oder *tokonama* gegenüber. Gegen Ende des Mittelalters wurden solche Nischen in Teehäuser und Privatwohnungen eingebaut, um dort besonders schöne Bildrollen, Keramiken oder Blumengestecke zu plazieren. Zu Beginn eines *chaji* ist im *tokonama* eine einzelne Bildrolle ausgestellt, häufig die Kalligraphie eines Zen-Meisters. In diesem Fall lautet der Text: »Honrai mu ichibutsu« (Ursprünglich existiert gar nichts), ein berühmtes Zitat aus dem *Plattform sūtra des Sechsten Patriarchen*, das als *kōan* den Erleuchtung Suchenden mit auf den Weg gegeben wird. Die Kalligraphie des exzentrischen Zen-Mönches Ikkyū vom Daitokūji wird in Teezirkeln besonders geschätzt. Die Gäste nehmen diese Schriftrolle sorgfältig zur Kenntnis, denn sie wurde vom Gastgeber passend zur entsprechenden Jahreszeit oder zur Stimmung des Treffens ausgesucht.

Haben die Gäste die Schriftrolle ausgiebig betrachtet, dann nehmen sie um eine kleine Feuerstelle herum Platz, die in der Mitte in den Boden eingelassen ist. Diese Feuerstelle, die an ein Bauernhaus erinnern soll, geht in dieser Form ebenfalls auf Rikyū zurück. Nun betritt der Gastgeber das Zimmer, und einer der Gäste dankt ihm für die Einladung und für die Umsicht, mit der er alles vorbereitet und die Bildrolle ausgewählt hat. In jeder Phase des *chaji* sind Gesten, Bewegungen und Gespräch genau aufeinander abgestimmt. Die Unterhaltung ist verhalten und beschränkt sich auf die Vorgänge innerhalb des Teezimmers. In diesem vorgegebenen Rahmen legt man jedoch Wert auf Spontanität und Natürlichkeit. Der Gastgeber serviert nun ein leichtes Mahl *(kaiseki)*, das in einer kleinen Küche neben dem Teezimmer *(mizuya)* vorbereitet wurde.

Rechts: Es gibt viele verschiedene Arten von Teehäusern. Sen no Rikyū bevorzugte die kleinen, die gerade Platz für ein oder zwei Tatami boten. Ein Raum mit zwei Matten mißt weniger als zwei Quadratmeter. Dies war ein extremer Ausdruck des Ideals von der Einfachheit und kultivierten Armut *(wabi)*. Hideyoshi, Rikyūs Dienstherr, benutzte zwar Teehäuser von der Größe zweier Tatami, ließ sich aber gleichzeitig ein goldenes Teehaus erbauen, um seiner Macht Ausdruck zu verleihen. Die Teehäuser der Adligen und *daimyō* waren oft elegante Pavillons mit acht und mehr Tatami. Manche Teehäuser werden auf Pfosten errichtet; ihre Wände sind roh verputzt und mit Holz oder Bambus verkleidet, und mit Stroh, Baumrinde oder Schindeln gedeckt. Dieses Teehaus befindet sich in den Anlagen des Gosho-Kaiserpalastes in Kyōto.

Ausnahme des Hōjō-Clans im Osten, ganz Japan unter seine Oberhoheit zu bringen. Sein nächstes Ziel war nun Korea. Dazu diente ihm der Handelshafen Hakata auf Kyūshū, der nun an Bedeutung gewann. Der plötzliche Aufstieg von Hakata bedeutete den Niedergang Sakais, was eine Schwächung der Position Rikyūs innerhalb der Fraktionen um Hideyoshi mit sich brachte. Hideyoshi zog nun mehr und mehr die Kaufleute und Teespezialisten Kamiya Sōtan und Shimai Sōshitsu aus Hakata ins Vertrauen. Außerdem legte sich Rikyū mit den mächtigen *daimyō* Ishida Mitsunari und Maeda Gen'i an, die zu den Befürwortern einer raschen Invasion Koreas gehörten. Nach der Niederschlagung des Hōjō-Clans 1590 wurde Rikyūs Förderer Tokugawa Ieyasu ins Kantō geschickt, wodurch seine Isolation noch mehr zunahm. Mit dem Tod von Hideyoshis Bruder Hidenaga 1591 verlor er schließlich seinen letzten Verbündeten, und die Tragödie nahm ihren Lauf. Unter dem Vorwand, durch das Aufstellen einer hölzernen Rikyū-Statue in Ledersandalen auf dem Daitokuji-Tor könnte seine Majestät Hideyoshi beleidigt werden, falls er das Tor passiere, zwang man ihn zum *seppuku*.

Doch Rikyūs Betonung des *wabi*-Ideals und einfacher, naturnaher Schönheit lebte weiter. Der dem *wabi* gemäße schlichte Schönheitsbegriff, den Rikyū in die Teezeremonie eingeführt hatte, ein einfaches strohgedecktes Dach, blankes Holz, karge, ungeschmückte Wände, schlichte Tongefäße, eine einzelne Blume und eine kleine Feuerstelle, wurde auch von den in seiner Nachfolge entstandenen, zahlreichen Tee-Schulen weiter kultiviert. Doch auch über das Teehaus hinaus hat *wabi* die japanische Kunst geprägt. Es findet sich in der Architektur, der Kunst des Blumensteckens, den Gartenanlagen, in Töpferei, Malerei, Kalligraphie, Poesie, ja sogar in der Kochkunst. Die Teezeremonie als einer der Knotenpunkte japanischer Kultur bringt alle jene Elemente zusammen, die gemeinsam das ästhetische Konzept des *wabi* ausmachen.

Die »Südbarbaren« und die Momoyama-Kultur

Im späten 16. Jahrhundert, der Blütezeit der Schiffahrt, war Japan offen für kulturelle Einflüsse aus Ostasien und der westlichen Welt. Durch Kaufleute und Missionare gelangten Informationen über Japan und seine Bräuche nach Asien und Europa. Die Japaner waren ihrerseits interessiert an der Außenwelt und ihren Ideen, Techniken und Moden. Von den zahlreichen Neuerungen, die während des späten 16. Jahrhunderts nach Japan eindrangen, wurden bereits die Feuerwaffen und ihr entscheidender Einfluß auf Kriegführung und Reichseinigung genannt. Auf kulturellem Gebiet ist das Christentum als zwar kurzzeitiger, aber nachhaltiger Impuls zu nennen.

In den vierziger Jahren des 16. Jahrhunderts wurde das Christentum über Kyūshū nach Japan gebracht und breitete sich rasch aus. Der Jesuit Francisco Xavier (Franz Xaver, 1506–1552) betrachtete Japan als ein vielversprechendes Missionsgebiet, durch das die katholische Kirche die durch die Reformation erlittenen Verluste wieder gutmachen könne. Zwanzig Jahre nach Xaviers Abreise gab es in Japan bereits über 25000 Christen, 35 Jahre später waren es schon 150000. Obwohl er sich der Fürsprache des portugiesischen Königs erfreute, und sich durchaus bewußt war, daß territoriale Ausdehnung und Handel seinem Land nützlich sein könnten, engagierte er sich persönlich nicht für Kolonisation und die Einrichtung von Handelsverbindungen. Sein Anliegen war ausschließlich die Verbreitung seines Glaubens. Zwar gingen Kommerz und Christianisierung Hand in Hand, doch war der aktive Handel

Oben: Laut Rikyūs Vorschriften soll das *kaiseki* leicht und bekömmlich sein und das Auge ebenso erfreuen wie den Gaumen. Das Wort *kaiseki* stammt, wie so vieles beim *chanoyu*, aus dem Zen-Buddhismus. Es war den buddhistischen Mönchen durch die Ordensregel verboten, nach 12 Uhr mittags Nahrung zu sich zu nehmen. Da aber chinesische und japanische Zen-Mönche körperlich arbeiten, gestatteten viele Zen-Meister ihren Schülern am Abend eine kleine Mahlzeit und nannten sie »einen warmen Stein in der Kutte« – *kaiseki.*

Oben: Der Gastgeber reicht jedem der Gäste ein Tablett mit Lackschälchen, die Reis, Suppe, Fisch und Gemüse enthalten, dazu ein Paar ungebrauchte Zedernholzstäbchen. Dann fordert er zum Essen auf. Sake wird aus einem schlichten Eisenkessel ausgeschenkt und aus flachen Schalen getrunken. Nach dem Dessert, einer einfachen Süßigkeit oder Früchten, verlassen die Gäste das Teezimmer für eine kurze Ruhepause, während der Gastgeber den Raum für das Servieren des dicken Tees vorbereitet.

Unten links: Wenn die Gäste in das Teezimmer zurückkommen, finden sie im *tokonama* anstelle der Kalligraphie eine einzelne Blume in einer Vase.

Oben links: Der Gastgeber erhitzt Wasser im Eisenkessel, spült die Teeschale und die anderen Utensilien ab und gibt mit einem Bambuslöffel pulverisierten grünen Tee in eine Schale, den er anschließend mit heißem Wasser überbrüht. Dann schlägt er den Tee mit einem Bambusbesen, bis die Oberfläche leicht schaumig ist, und reicht ihn dann den Gästen. Der Tee kann unterschiedliche Konsistenz haben. Die förmlichere Variante, der »dicke« Tee oder *koicha*, ist cremig und schmeckt leicht bitter. Man trinkt ihn nur in kleinen Mengen, und alle Gäste benutzen dieselbe Schale. Der weniger förmliche »dünne« Tee *(usucha)* wird zu einem späteren Zeitpunkt der Teezeremonie in individuellen Schalen serviert.

Oben: Die Form der Teeschalen hängt vom Geschmack des Gastgebers und von der Jahreszeit ab. Sommerschalen sind flacher und ausladender, um die Hitze besser entweichen zu lassen und den Eindruck von Kühle zu vermitteln. Winterschalen sind, wie unser Beispiel hier zeigt, höher und können die Hitze länger halten.

Sache der Kaufleute, während die jesuitischen Missionare ihr bestes taten, um vom *daimyō* abwärts die Bevölkerung für ihren Glauben zu gewinnen.

Um dieses Ziel besser verfolgen zu können, studierten sie eifrig Sprache und Gebräuche der Japaner. Ihr kulturelles Interesse spiegelt sich in ihren Briefen und Berichten, in denen sie ausführlich das Leben in der japanischen Gesellschaft jener Zeit schildern. Ein einzigartiges sprachgeschichtliches Dokument ist das berühmte japanisch-portugiesische Wörterbuch *Nippon jisho*, in dem die Missionare die Sprache, die sie hörten, nicht in chinesische Zeichen übertrugen, sondern direkt wiedergaben. Seminare und Kollegien zur Ausbildung japanischer Priester wurden errichtet. Aber diese Missionstätigkeit führte auch neue europäische Techniken und Kenntnisse nach Japan ein, so vor allem in den Bereichen Drucktechnik, Medizin, Astronomie und Architektur. Dennoch war der Einfluß des Katholizismus nur von kurzer Dauer. Der erste Schlag gegen die katholischen Missionsbemühungen durch Hideyoshi 1587 war gefolgt von einer wesentlich aggressiveren Verfolgung während der Edo-Zeit. Das Christentum wurde zunächst in den Bakufu-Domänen verboten, bald darauf im ganzen Land, und in den folgenden zwanzig Jahren wurden viele der christlichen Einflüsse auf die japanische Kultur völlig ausgemerzt.

Aber der fremde Kultureinfluß beschränkte sich im 16. Jahrhundert nicht nur auf das Christentum. Auch Gerichte, Spiele oder anderer Zeitvertreib aus Asien oder Europa fand regen Anklang bei den Japanern und verbreitete sich rasch. In diesem Rahmen können wir nur auf drei oder vier dieser ausländischen Moden genauer eingehen: die *shamisen*, das Kartenspiel, den Tabak und das ausländische Essen.

Das dreisaitige Instrument mit dem Namen *shamisen* fand in dieser Zeit über die Ryūkyūs seinen Weg nach Japan, die schon immer ein kultureller Berührungspunkt zwischen China und dem japanischen Inselreich gewesen waren. Die *shamisen* erfreute sich bald großer Beliebtheit und man hörte sie in den Häusern der Geishas, den Kabuki-Theatern und auch in Privathäusern. In einem Werk mit dem Titel *Tannennadeln* findet sich folgender Hinweis: »Um die Mitte des 17. Jahrhunderts lernte der Lautenspieler Nakakoji aus Izumi in Sakai ein Instrument kennen, das aus Schlangenhaut gefertigt und mit zwei Saiten bespannt war. Durch eine Vision, die ihm durch die Hase Kannon offenbart worden war, kam er auf die Idee, eine weitere Saite hinzuzufügen. So entstand, was wir heute *shamisen* (dreisaitiges Instrument) nennen.

Ebenfalls in den siebziger und achtziger Jahren des 16. Jahrhunderts verbreitete sich das Kartenspiel (portugiesisch *carta*) in Japan. Ein Artikel des Tosa-*daimyō*-Chōsokabe-Kodes für Krieger, der 1597 erlassen wurde, verbot Karten- und andere Glücksspiele. Hier findet sich zum ersten Mal das Wort *»karuta«* in einem japanischen Dokument. Doch sicherlich waren Kartenspiele bereits in Kyōto und der Kinai-Region populär, bevor sie in Tosa zur Manie wurden.

Im 16. Jahrhundert spielte man in Japan mit besonderer Vorliebe die portugiesische Variante eines Spieles mit 48 Karten und den vier Symbolen Schwerter, Stöcke, Weinbecher und Münzen. Das *Ukiyo monogatari* (*Geschichten aus der fließenden Welt*) bestätigt dies: »Ein Spiel mit Namen *karuta* kam von den Südbarbaren zu uns. Es wurde dadurch entschieden, daß man die Karten in vier Sätze mit je zwölf Karten aufteilte.« Spätere portugiesische Varianten des Spieles benutzen fünf Sätze zu je fünfzehn Karten.

Weitere populäre Belustigungen schildern uns die detailfreudigen Genrezeichnungen auf Wandschirmen, die den Betrachter geradezu in die Unterhaltungswelt des 17. Jahrhunderts eintreten lassen. Einer dieser Wandschirme zeigt einen blinden *shamisen*-Spieler, der einigen jungen Damen Unterricht zu geben scheint, während ein Spieler auf einem anderen Schirm einer Gruppe von Tänzern aufspielt; ein Stockwerk höher spielen Männer und Frauen Karten und Backggammon, unten trinkt man Tee, wirft mit kleinen Pfeilen und raucht. Kartenspielende Männer und Frauen, das Rauchen von Tabak und das Spiel auf der *shamisen* sind fester Bestandteil solcher Unterhaltungsszenen. Sie zeigen die großen Moden des frühen 17. Jahrhunderts.

Das Rauchen der beißenden Tabakblätter, das aus Amerika nach Europa gekommen war, fand seinen Weg gegen Ende des 16. Jahrhunderts über Portugal nach Indien. Wenig später muß es auch in Japan bekannt geworden sein; ein genaues Datum läßt sich allerdings nicht nennen. In seinem *Enroku* vermerkt Ōtsuki Bansui, daß 1606 in Nagasaki Tabakpflanzen angebaut wurden. Andere sind der Meinung, daß sie bereits um 1560/70 in Japan heimisch wurden. Fest steht jedenfalls, daß 1590 in Japan Tabak geraucht, wenn auch nicht unbedingt angebaut wurde. Zu jener Zeit verteilten sogar Zen-Mönche Tabak als Geschenk. Ein Eintrag im *Rokuon nichiroku*, dem Tagebuch des Zen-Abtes aus dem Rokuonji in Kyōto, aus dem Jahre 1593 lautet: »Am Abend zum Shūyo Kloster gegangen und Tabak mitgenommen.«

Die Japaner jener Zeit lernten auch neue Geschmacksrichtungen im Essen und in der Mode kennen. Einige davon konnten sich auf Dauer halten, andere verschwanden bald wieder. Portugiesen und Spanier brachten den Pfeffer und andere Gewürze, sie führten Brot, Kuchen und das gebratene Gemüse ein, das die Grundlage des fritierten Gemüsegerichtes *tempura* wurde. Auch von iberischer Kleidung waren die Japaner fasziniert. Selbst unchristliche *daimyō* fanden Gefallen an Rosenkränzen und Ohrringen mit Bildern von Jesus und der Jungfrau Maria. Hideyoshi zeigte sich gelegentlich spaßeshalber in westlicher Kleidudng, und im Volk übernahm man die Beinkleider, bekannt als *calção*, unter der Bezeichnung *karusan*. In jener Zeit kamen viele solcher Wörter in die japanische Sprache und haben sich bis heute gehalten: Aus dem portugiesischen *pao* (spanisch *pan*) für Brot, wurde die japanische Bezeichnung *pan*; aus *carta* wurde *karuta*; das japanische Wort *tempura* leitet sich von *temporas* (fleischloser Freitag) her, während *konpeitō* (Zucker, Konfekt) von *confeitos* abstammt.

Die frühe Edo-Kultur: Kabukimono und das Kabuki-Theater

Das Kabuki-Theater ist wohl der kraftvollste und typischste Ausdruck der Volkskultur in der Edo-Zeit und auch heute noch eine Quelle der Erheiterung für Japaner ebenso wie für Ausländer. Seine Ursprünge sind während des späten 16. und frühen 17. Jahrhunderts in den Tempelbezirken und Schreinen und auf den Straßen Kyōtos zu suchen. Die drei chinesischen Schriftzeichen, mit denen *Ka-bu-ki* heute geschrieben wird, bedeuten Gesang, Tanz und Geschicklichkeit und beschreiben die Hauptkomponenten des Spektakels, wie wir es heute kennen. Das Wort *kabuki* hat aber noch andere Wurzeln; da ist zum Beispiel eine große lautliche Nähe zu dem Wort *kabuku*, das soviel bedeutet wie sich anlehnen, aber auch exzentrisch, ausschweifend, abwegig, außergewöhnlich, fremdartig und erotisch. In seinen Anfän-

Das christliche Jahrhundert
Die Aktivitäten der iberisch katholischen (Kirishitan) Mission in Japan begannen 1549 mit der Ankunft des Jesuiten Francis Xavier in Kagoshima. Sein Aufenthalt dauerte zwei Jahre und drei Monate, und während dieser Zeit predigte er in Hirado, Hakata, Yamaguchi, Kyōto, Shimabara und Ōmura und gewann den Respekt so angesehener *daimyō* wie Ōuchi Yoshitaka und Ōtomo Sorin. Ihm folgten weitere Patres, zunächst nur Jesuiten, dann auch Franziskaner und Dominikaner, die den *daimyō* wie den einfachen Bürger zu ihrem Glauben bekehren wollten. Nach 1563 ließen sich mehr als ein Dutzend *daimyō* unter der Führung von Ōmura Sumitada, Naito Nyosan und Takayama Ukon taufen, sei es aus wirklichem Interesse am Katholizismus, sei es, weil sie an einem Handels- und Kulturaustausch mit dem Westen interessiert waren. Mit der Fürsprache Nobunagas und vieler *daimyō* konnten in Azuchi und anderen Teilen Japans Kirchen und Seminare errichtet werden. 1580 verzeichneten die Jesuiten 200000 Getaufte und begannen mit der Ausbildung von japanischen Missionaren. Auch nach dem Edikt zur Vertreibung der Missionare, das Hideyoshi 1587 erließ, stieg die Zahl der Getauften weiter an und erreichte im ersten Jahrzehnt des 17. Jh.s ihren Höhepunkt. Doch Rivalitäten unter den Orden, wachsende Kritik von seiten holländischer und englischer Protestanten und die verschärfte Verfolgung durch die frühen Tokugawa-Shogune nach 1612 schwächten die missionarischen Bemühungen und brachten sie schließlich ganz zum Erliegen. Nach der Niederschlagung der Shimabara-Unruhen 1638 zogen sich einige wenige fest ihrem Glauben verhaftete Kirishitan auf die Amasuka-Inseln vor der Küste Kyūshūs zurück.

Rechte Seite, kleines Bild: Dieser tragbare christliche Schrein, beziehungsweise Altaraufsatz, mag uns erinnern, daß die ersten Einflüsse europäischer Kunst durch das Christentum nach Japan kamen. Die wachsende Zahl der Getauften im späten 16. Jh. brachte eine so große Nachfrage nach religiöser Kunst mit sich, daß diese durch europäische Importe nicht mehr befriedigt werden konnte. Daraufhin begannen geschickte japanische Novizen in den jesuitischen Seminaren, solches Kunsthandwerk selbst herzustellen. Dieser reich mit Gold, Lack und Perlmutt verzierte Schrein trägt das Zeichen der Societas Jesu in seinem Ziergiebel. Der dornengekrönte Jesus stammt offensichtlich von einem unbekannten europäischen Maler. Europäische Kunst und japanisches Handwerk verbinden sich hier zu einem rührenden Zeugnis des japanischen Katholizismus im 16. Jh.

gen war Kabuki offensichtlich eine sonderbare, erotische Zusammenstellung aus Gesang, Tanz und Schauspiel, seine frühesten Formen gehen auf Volkstänze zurück, die in Schreinen und Tempeln aufgeführt wurden. Etwa um 1600 sorgten Gruppen gelenkiger, junger Tänzerinnen für Aufruhr in den Straßen von Kyōto. Sie waren als Männer verkleidet, trugen das Haar kurz geschnitten und spielten beim Singen und Tanzen die Rollen von Männern. Unter ihnen tat sich vor allem die Schauspielerin Izumo Okuni hervor, die 1603 vor einer staunenden Zuschauerschaft am Kamo-Fluß tanzte. Diese Art der Unterhaltung verbreitete sich rasch auch in Edo, Osaka und anderen Städten und nahm schließlich klarere dramaturgische Formen an, nachdem die Schauspieler Stoffe auch aus den Repertoires der Nō-Bühnen und Puppentheater übernahmen.

In den frühen Jahrzehnten des 17. Jahrhunderts entwickelte sich parallel zum Kabuki als Theaterform das Phänomen des *kabukimono*; man verstand darunter Trupps junger Burschen, die in ausländischer Kleidung durch die Straßen zogen. Sie trugen lange Schläfenlocken, ihre Kleidung war mit farbenprächtigen Federbüschen besetzt und sie führten lange Schwerter mit sich. Tokugawa Ieyasu und seine Nachfolger im Shogunat sahen weder *kabukimono* noch die Kabuki-Tänzer gerne.

Wie soll man sich diesen Ausbruch in der Kultur des frühen 17. Jahrhunderts erklären? Das Zeitalter des *gekokujō*, der sozialen Unruhen, war vorüber. Die Tokugawa hielten die Gesellschaft fest im Zaum, doch gab es dennoch Ausfluchtsmöglichkeiten für diese Art des jugendlichen Überschwangs. Die Mutwilligkeit dieser Selbstdarstellung war offensichtlich eine Reaktion auf die Einförmigkeit und Zwanghaftigkeit, die der Gesellschaft jener Zeit auferlegt worden war. Im *kabukimono* drückte sich der allgemeine Ärger darüber aus, daß man zu spät geboren worden war, um das schrankenlose Drunter und Drüber des *gekokujō* noch miterleben zu können. Trotz ihrer Jugend hatten die *kabukimono* das Gefühl, bereits zu lange gelebt zu haben und lehnten sich gegen die Restriktionen der Tokugawa-Herrschaft auf. Das Schwert des Bandenführers Oshima Ippei trug die Inschrift: »Habe ich mit 25 nicht schon zu lange gelebt, Ippei?« In Zeiten großer Veränderung gewinnen Irrlehren die Oberhand über die Orthodoxie und äußern sich in derartigen Ausbrüchen. Daher war *kabukimono* in mancher Hinsicht eine Bedrohung. Hier machte man sich über die Kaufmannsgattinnen lustig und stachelte die Leute auf, sich wegen Lappalien mit dem Schwert zu schlagen. Man nannte die *kabukimono* auch *ibara* (Dornen), und der Typ des jugendlichen Aufschneiders kam allgemein in Mode. Vor dem Hintergrund eines mächtigen Bakufu, das die Potentiale des *gekokujō* unter Kontrolle zu halten versuchte, fanden herrenlose Samurai in ihrer unsicheren wirtschaftlichen Situation ebenso wie ihre Kinder, denen die Zukunftsperspektive fehlte, exzentrische Kaufleute und Angehörige des Hofadels bei der prahlerischen Selbstdarstellung des *kabukimono* ein neues Ideal.

1603 hatten die sinnlichen Kabuki-Tänze einer Izumo Okuni die Straßen Kyōtos leergefegt; kein Wunder, daß schließlich auch die jugendlichen *kabukimono* den Weg auf die Kabuki-Bühnen fanden. Kabuki-Tänze, in denen *kabukimono* mit Kurtisanen tanzten, waren zeitweilig der letzte Schrei. So mancher Zuschauer vergaß seine bürgerliche Existenz, und ließ sich vom Gesang der *kabukimono* auf der Bühne verführen: »Kommt, laßt uns über die Stränge schlagen, laßt uns liederlich sein!« Die *kabukimono*, die wie Luftblasen aus dem Strom der Geschichte aufgetaucht waren, hinterließen ihre Spuren im Kabuki-Tanz, der in der dramaturgischen Entwicklung des Kabuki-Theaters eine wichtige Rolle spielt.

Auch das Kabuki war dem Bakufu ein Dorn im Auge, und es führte einen zähen, doch weitgehend erfolglosen Kampf gegen die ungemein beliebten Schauspieler und ihre heiteren Stücke. 1629 verbot das Bakufu das Auftreten von Frauen, denn das Buhlen um die Gunst der Schauspielerinnen hatte gewalttätige Formen angenommen. Daraufhin wurden die Darstellerinnen durch elegante junge Männer ersetzt, doch diese Jugendlichen in Frauenkleidern und mit wallendem Haar verursachten mindestens ebensoviele Skandale wie ihre Vorgängerinnen. So wurden auch sie 1652 wegen unmoralischen Verhaltens von der Bühne verbannt. Nun wurden weibliche wie männliche Rollen gleichermaßen mit erwachsenen Männern besetzt.

Doch das Bakufu mußte schließlich einsehen, daß das Kabuki nicht auszurotten war, und die Autoritäten mußten sich mit einer Kontrolle durch die Ausgabe von Lizenzen zufriedengeben. Kabuki blieb als beliebte Form der Volksbelustigung weiter bestehen. Samurai wurden öffentlich dazu angehalten, ihre Zeit und ihr Geld nicht mit so frivolen Vergnügungen zu verschwenden, doch sie wurden genauso wie andere Bevölkerungsgruppen von der Kabuki-Bühne angezogen. 1714 gab es in Tōkyō einen Riesenskandal, als man entdeckte, daß Ejima, eine der Gemahlinnen des Shogun, ein Verhältnis mit einem Schauspieler hatte. Das Bakufu ordnete daraufhin eine Säuberung in den Frauengemächern der Edo-Burg an mit dem Ergebnis, daß Ejima verbannt und 1500 ebenfalls in derartige Angelegenheiten verwickelte Frauen bestraft wurden.

Im frühen 18. Jahrhundert, der Genroku-Periode, erfreute sich das Theater höchster Beliebtheit. Kabuki war inzwischen weit entfernt von den einfachen Tänzen der Okuni. Es bot seinen Zuschauern packende Handlung und Melodram, Musik, Tanz, bravouröse Posen, brillantes Make-up und großartige Kostüme, das alles vor üppigen Kulissen auf einer weiträumigen Bühne. Es war ein Theater der Schauspieler, in der Hand von einigen wenigen berühmten Familien. Man spezialisierte sich auf bestimmte Rollen und nahm sich seine Freiheiten mit dem Text, den man lediglich als Medium des eigenen künstlerischen Ausdrucks ansah. Mit der Faszination, die sie auf Zuschauer aller Schichten ausübten, machten die Kabuki-Schauspieler den Kurtisanen des Yoshiwara-Vergnügungsviertels und selbst den Sumo-Ringern Konkurrenz. Sie waren die prominentesten Bewohner der »fließenden Welt« *(ukiyo)* und avancierten schnell zu den beliebtesten Motiven der *ukiyoe*-Holzschnitte. Viele ihrer manierierten Posen und virtuosen Darbietungen, die das Publikum zu Begeisterungsrufen hingerissen hatten, sind auf den Holzschnitten von Sharaku und anderen Künstlern festgehalten. Besonders berühmt waren die Darsteller der Frauenrollen. Mit ihrer idealisierten und doch sinnlichen Weiblichkeit setzten sie Standards für die Kleidung und die Bewegungen der modebewußten Damen in Edo und Ōsaka.

Während Kabuki Edo im Sturm eroberte, blühte in Ōsaka das Bunraku-Puppentheater. Bunraku ist die moderne Bezeichnung eines Puppenspiels auf der Grundlage rezitativ erzählender Texte, genannt Jōruri, und leitet sich vom Namen des Bunrakuza oder Bunraku-Theaters in Ōsaka ab. Die Puppen waren etwa halb so groß wie ein Mensch, wurden durch zwei bis drei Griffe bewegt und von einer Gruppe von Sängern und *shamisen*-Spielern begleitet. Viel zum Erfolg dieses Puppenspiels trug Chikamatsu bei, der hervorragende dramatische Vorlagen für die Puppenspieler lieferte. Er bevorzugte das Puppentheater, da die Puppen seine Texte nicht wie die Schauspieler aus eigener Geltungssucht verdarben. Außerdem gelang es dem Dramaturgen und den Spielern mit den leblosen Puppen, ähnlich wie mit Nō-Masken, eine höchst stilisierte und symbolträchtige Dramatik zu erzielen, deren Schönheit sich über die Dimensionen des Alltagslebens erhob.

Chikamatsu stammte aus einer Samurai-Familie, und viele seiner Spielvorlagen handeln von militärischen Unternehmungen und fantastischem Heldentum, wie die Stücke »Die Schlacht des Koxinga *(Kokusen ya kassen)* und »Die Nachfolger der Soga« *(Yotsugi Soga)*. Seine beliebtesten Stücke sind jedoch dramatische Liebesgeschichten, etwa »Selbstmord aus Liebe in Sonezaki« oder »Selbstmord aus Liebe in Amijima«, die die aussichtslosen Leidenschaften kleiner Ladenbesitzer zu schönen Geishas aus den Freudenhäusern schildern. Die schwachen Männer verlassen ihre Familien, sind aber nicht imstande, ihre Angebetete aus dem Geisha-Haus freizukaufen. Im Konflikt zwischen Pflicht und Neigung bleibt ihnen nur der gemeinsame Freitod. Diese Tragö-

Künstler und ihre Mäzene der Momoyama-Epoche wurden vom Neuen und Exotischen, von Alltagsszenen, Müßiggang und Vergnügungen aller Art angezogen. Dieser Wandschirm zeigt eine Reihe solcher Amüsements, wie sie in den Vergnügungsvierteln jener Zeit in Mode waren. Die *shamisen*, im späten 16. Jh. nach Japan gekommen, wurde zum beliebtesten Musikinstrument der Edo-Zeit. Zunächst wurde sie nur von blinden Lautenspielern gespielt, doch allmählich lernten auch Kurtisanen und gewöhnliche Bürger damit umzugehen. Etwa zur gleichen Zeit verbreitete sich der Genuß von Tabak. Brettspiele, wie Backgammon, waren zwar schon seit Jahrhunderten bekannt, erfreuten sich aber nun besonderer Beliebtheit und förderten die Leidenschaft für andere Glücksspiele.

dien zogen die Leute so in ihren Bann, daß es tatsächlich zu einer Selbstmordwelle kam, bis das Bakufu schließlich alle Stücke, die das Wort Selbstmord im Titel führten, untersagte.

Schutzmaßnahmen und Verordnungen

Bei der Ausschaltung ihrer Rivalen und dem Griff zur Macht hatten die Reichseiniger von einer allgemeinen Stimmung des *gekokujō* profitiert. Nun, da sie die Macht in Händen hielten, wollten sie den Pfad unbegehbar machen, den sie selbst gegangen waren. Sie waren bemüht, die relative soziale Durchlässigkeit durch eine rigide gesellschaftliche Ordnung zu ersetzen. Dieser Druck war auch auf kulturellem Gebiet zu spüren. Der erzwungene Freitod eines Sen no Rikyū und Furuta Oribe, veranlaßt durch Hideyoshi beziehungsweise Ieyasu, kann als Folge des erneut eingefrorenen *gekokujō* gesehen werden.

Furuta Oribe war ein *daimyō* mit einem Lehen von 35 000 *kokū* und lebte von 1543 bis 1615. Als Meisterschüler Rikyūs diente er nach dem Tod seines Lehrers dem zweiten Shogun Tokugawa Hidetade als Teemeister des Reiches. Nach dem Feldzug auf Ōsaka 1615 wurden er und seine Familie des Verrats und der heimlichen Unterstützung der Toyotomi angeklagt und zum *seppuku* gezwungen.

Der Bakufu-Beamte Okochi Kinbei hatte Oribes gewaltsamen Tod vorausgesagt. Er beschuldigte ihn nämlich, »Kostbarkeiten zerstört zu haben«, und Gefallen an vormals makellosen Teeschalen und Dosen zu finden, die er absichtlich zerstört und dann wieder repariert hatte. Dies legt nahe, daß Oribe sich weigerte, die existierenden ästhetischen Hierarchien gepriesener Kostbarkeiten *(meibutsu)* anzuerkennen, und statt dessen durch die Zerstörung solcher perfekter *meibutsu* ein eigenes Schönheitsempfinden zu manifestieren. Seine Haltung ähnelt dem Verhalten der jungen *kabukimono*, die die existierende Ordnung zurückwiesen und ihr eine exzentrische Selbstdarstellung entgegensetzten, die sie schließlich zu Grunde richtete. Oribes Tod ist daher nicht nur das Ableben eines gebildeten *daimyō*, sondern ein Symbol kultureller Degeneration.

Diese Dose für Rauchutensilien in eingelegter Lackarbeit hat die Form eines sechsteiligen Stellschirms. Sie dokumentiert nicht nur die Beliebtheit des Pfeifenrauchens, sondern auch die Verspieltheit und dekorative Qualität der Handwerkskunst in der Edo-Zeit. Die wilden, jungen *kabukimono* brachten den Tabakgenuß in der frühen Edo-Zeit in Mode, doch bald frönten auch Besucher der Vergnügungsviertel und einfache Bürger dieser Leidenschaft. Auch die wiederholten Verbote des Tabaks als illegaler Ernteertrag und Feuergefahr konnten wenig gegen die Verbreitung des Rauchens ausrichten.

Seit ihrem ersten Auftreten im frühen 17. Jahrhundert, wurden die *kabukimono* ständig verfolgt, andererseits gab es Tausende von erwerbs- und herrenlosen Samurai *(rōnin)*, aus denen sich ihr Nachwuchs rekrutierte. Das Bakufu versuchte dem mit einer politischen Doppelstrategie zu begegnen. Auf der einen Seite mußte es mit den *rōnin* fertig werden, auf der anderen die Kultur vor Zersetzung durch die *kabukimono* schützen. *Rōnin*, die keinen Dienstherrn finden konnten, hatten ihren Samurai-Status verwirkt. Aus ihren Reihen kamen die Leitfiguren einer neuen kulturellen Bewegung.

Das Genroku-Zeitalter: Die Kultur einer fließenden Welt

Die im Zusammenhang mit der prosperierenden städtisch-bürgerlichen Kultur entstandenen neuen Literatur- und Kunstformen fanden ihren ersten Höhepunkt in der Genroku-Ära (1688–1703). Das Zentrum dieser kulturellen Blütezeit lag vorwiegend in Kyōto und Ōsaka, erst später sollte es sich nach Edo verlagern. Während die Aristokratie an den älteren Künsten und Unterhaltungen festhielt – der traditionellen Musik, den formellen Nō-Spielen, der Teezeremonie –, entwickelten die Kaufleute in ihren neuen Stadtvierteln eigene Kunstformen und Vergnügungen. Diese »Kultur der Kaufleute« (*chonin bunka*) war ganz und gar eine Schöpfung des Bürgertums und wurde hauptsächlich von der Suche nach Genuß getragen. Sie befaßte sich mit persönlichen, unmittelbaren, erotischen Problemen, ihr Ideal wurde die »fließend vergängliche Welt« (*ukiyo*), das Reich der Mode und der volkstümlichen Unterhaltung.

Ihara Saikaku (1642–1693) war der erste und hervorragendste Gestalter dieses Milieus. Seine »Hefte der fließend-vergänglichen Welt« (*Ukiyo-zoshi*) markieren den Beginn der realistischen Sittenschilderung. Darin zeichnet Saikaku, selbst ein Kaufmann, ein meisterhaftes Abbild des eigenen Standes bei der Beschäftigung im Berufsalltag und auch beim Müßiggang in den Vergnügungsvierteln, die untrennbar zur lebendigen und prächtigen *chonin*-Kultur gehören. Später verlegte sich Saikakū auf die erotische Literatur. 1682 erschien das Werk *Koshoku ichidai otoku* (*Das Leben eines der Wollust ergebenen Mannes*). Hier wird das Leben eines Mannes beschrieben, der alle Bereiche der Liebeserfahrungen erkundet und der schließlich im Alter von sechzig Jahren auf der Suche nach neuen Liebesabenteuern ein Schiff besteigt, um zur Insel der Frauen zu fahren. Der große Erfolg ermutigte Saikaku zu Werken ähnlicher Thematik, es folgte das *Koshoku ichidai onna* (*Das Leben einer der Wollust ergebenen Frau*) und schließlich, im Jahre 1687, Geschichten über Homosexuelle aus der Samurai-Schicht, die allerdings verboten wurden. Daraufhin verfaßte er beschauliche Schriften über das städtische Alltagsleben. In dem Werk *Nihon eitaigura (Die ewigen Speicher Japans)* beschreibt er den Aufstieg und kommerziellen Erfolg reicher Kaufleute. Saikaku schuf eine echte Kaufmannsliteratur und trug durch seinen Realismus und die Heiterkeit und Leichtigkeit seines Stils wesentlich zur Entwicklung der japanischen Literatur bei. Viele Schriftsteller folgten seinem realistischen Stil, wie zum Beispiel Jippensha Ikku (1775–1831), der mit dem Werk *Tokaido chu hizakurige* (*Beschreibung einer Reise auf der Tokaido*) auf Grund des scharfen Witzes viel Beachtung verdient.

Neben dem Novellisten Saikaku zählen der Dramatiker Chikamatsu Monzaemon (1653–1724) und der Dichter Matsuo Bashō (1644–1694) zu den wichtigsten Repräsentanten der Genroku-Ära. Matsuo Bashō, einer der berühmtesten Lyriker der japanischen Literaturgeschichte, war der große Meister des *haiku*, des 17silbigen Kurzgedichts, der wohl typischsten Form der japanischen Lyrik, die auch westliche Dichter der neueren Zeit (z. B. die englischen »Imagisten« oder Brecht) stark beeinflußt hat. Eines seiner bekanntesten Haikus lautet: »Da, der alte Teich –/ es hüpfte ein Frosch hinein, / das Wasser raunte« (Übers. W. Gundert). – Chikamatsu Monzaemon, der bis heute wichtigste Dramatiker Japans, entwickelte in seinen zahlreichen, vorwiegend für das Puppentheater (*joruri*) geschriebenen Stücken eine zwischen Realismus und Stilisierung ausbalancierte Darstellungsweise, die dem japanischen Denken generell besonders adäquat ist und ihn schon zu Lebzeiten zum beliebtesten und erfolgreichsten Theaterautor der Zeit werden ließ. Er hat die Abwendung vom Realismus des Kabuki auch theoretisch formuliert: »Kunst ist etwas, das in der schmalen Zone zwischen Wirklichem und Unwirklichem angesiedelt ist ... Sie ist unwirklich und doch nicht unwirklich; sie ist wirklich und doch nicht wirklich. Das Schauspiel liegt zwischen beidem.« Bashō und Chikamatsu bildeten zusammen mit weiteren Künstlern und Schriftstellern eine neue Kulturelite, die dem Geschmack der wachsenden Stadtbevölkerung und reichen ländlichen Kaufmannschaft entgegenkam. Bashō zum Beispiel hatte Schüler und literarische Nacheiferer im ganzen Land. Er repräsentiert einen neuen Künstlertypus, der von Kaufleuten und Samurai gleichermaßen bezahlt wurde, damit er sie in den Künsten unterweise.

Hier entstand einer der charakteristischen Züge japanischer Kultur, das *iemoto*-System. *Iemoto* oder »Hausvorstände«, nannte man die Meister von Schulen der Teezeremonie, des Blumensteckens, des Fußballs, des Bogenschießens, der Schwertkunst, Kalligraphie oder einer anderen Kunstform, die gegen Geld ihre Fertigkeiten an ihre Nachfolger weitergaben. Diese Schulen machten weiten Kreisen künstlerische Betätigung möglich, und boten gleichzeitig einen Gradmesser künstlerischer Qualität, an dessen Spitze der *iemoto* stand.

In die Genroku-Periode fällt die Schaffenszeit bildender Künstler wie Ogata Kōrin (1658–1716) und die Entwicklung des frühen Holzschnittes, die Bilder der fließenden Welt *(ukiyoe)*. Kōrin stammte aus einer Kaufmannsfamilie aus Kyōto, und stand unter dem künstlerischen Einfluß der dem *yamato*-Stil verpflichteten Maler Honami Kōetsu (1558–1637) und Tawaraya Sōtatsu (gest. 1643). Seine herausragenden dekorativen Gemälde schufen die Grundlage der Rimpa-Schule, die die Natur in sanften Rundungen und leuchtenden Farben wiedergab. Kōrin bemalte auch Kimonos und trug viel zur Verbreitung des *furisode* bei, eines fließenden, langärmeligen Kimonos, der in der Genroku-Periode stark in Mode gekommen war.

Um den Bedarf einer zunehmend lesekundigen Stadtbevölkerung zu decken, entstanden in dieser Zeit auch viele Bücher mit Holzschnitt-Illustrationen, unter ihnen auch zahlreiche Schwarzweiß-Darstellungen des Stadtlebens. Mit Suzuki Harunobu (1725–1770), der sich auf Drucke schöner Frauen spezialisiert hatte, wurde die Technik des Vielfarbendrucks erstmals voll ausgeschöpft. Unter den vielen *ukiyoe*-Künstlern, die sich gegen Ende

Rechts: Dieser Druck sollte die Philosophie der »Selbsthilfe« und den Aufbau einer heimischen Industrie *(shokusan kōgyō)* im Japan des mittleren 19. Jh.s fördern helfen. Die Überschrift schildert, wie Josiah Wedgewood (die einbeinige Figur) die Gebrechen seiner Kindheit und körperliche Behinderung überwand und schließlich eine erfolgreiche Keramikindustrie in England aufbaute, die Töpfer ausbildete und zu Reichtum und Stärke Englands beitrug.

Die Reisen des Dichters Bashō
Der Dichter Matsuo Bashō (1644 bis 1694) reiste, um seinen Horizont zu erweitern und ein tieferes Verständnis der Wirklichkeit zu erlangen. Von seiner Heimatstadt Edo aus unternahm er drei große Reisen. 1684–85 reiste er westwärts nach Nagoya, Ueni, Nara und Kyōto, und legte seine Erlebnisse in dem Reisetagebuch *Nozarashi Kikō* (*Reisebericht eines Skelettes auf der Heide*, 1685) nieder. Anschließend besuchte er Kashima, eine hübsch gelegene Stadt nordöstlich von Edo, um dort den Herbstvollmond zu bewundern. Seine später erschienenen Reiseskizzen *Kashima Kikō* (*Besuch im Kashima Schrein*, 1687) geben davon Zeugnis. 1687 begab er sich erneut auf eine lange Reise nach Westen, diesmal nach Suma, Akashi und an die Inlandsee. Den Rückweg nach Edo wählte er über die Bergroute vorbei an Sarashina in den Japanischen Alpen. Der dichterische Ertrag dieser Reise sind die zwei Tagebücher *Oino Kobumi* (*Notizen aus dem Tragkorb*, 1688) und *Sarashino Kikō* (*Besuch in Sarashina*, 1688). Im späten Frühjahr des Jahres 1689 machte sich Bashō zu seiner längsten und dichterisch ergiebigsten Reise auf, die ihn in die einsamsten und zurückgebliebensten Teile Japans führen sollte. Er legte 2500 km in 156 Tagen zurück. Einige seiner schönsten *haiku*, zusammengestellt in der Sammlung *Oku No Hosomichi* (*Auf schmalen Pfaden nach dem Norden*, 1694) sind daraufhin entstanden.

Während der Edo-Zeit veränderten sich Schnitt und Muster des Kimonos beträchtlich. Der kurzärmelige *kosode*, ursprünglich ein Unterkleid, kam bei den Städtern in Mode. Die Ärmel wurden weiter und länger und entwickelten sich schließlich zu den ausladenden Ärmeln *(furisode)* wie wir sie hier sehen. Oberbekleidung *(uchikake)* und Roben für das Nō-Spiel fertigte man aus Seidenbrokat.

des 18. Jahrhunderts in Edo zusammengefunden hatten, waren Kitagawa Utamaro (1753–1806) und Tōshūsai Sharaku (fl. 1794–95) zweifellos die schöpferischsten. Utamaro konnte nicht nur die Gesichtszüge oder die Körperlichkeit von Frauen perfekt wiedergeben, er fing in seinen Darstellungen sogar ihre wechselnden Stimmungen ein. Sharaku, ein geheimnisumwobener und nur kurze Zeit aktiver Künstler, konzentrierte sich ganz auf Kabuki-Szenen und Schauspielerportraits. Vor trübem Hintergrund dramatisierte und verzerrte er seine Modelle und erreichte überzeichnete Gesichtsausdrücke von erstaunlich abstrakter Auffassung. Im beginnenden 19. Jahrhundert wandten sich *ukiyoe*-Meister wie Katsushika Hokusai (1760–1849) und Andō Hiroshige (1797–1858) mehr und mehr der Darstellung von Landschaften, Stadtansichten oder Reiseszenen zu. Die Frische, Lebhaftigkeit und Abstraktheit der *ukiyoe*-Drucke, erregten die Bewunderung der europäischen und amerikanischen Impressionisten, nachdem sie in der zweiten Hälfte des 19. Jahrhunderts in Paris, London und Philadelphia zu sehen gewesen waren, und setzten eine Welle des Japonismus in Gang.

Das intellektuelle Leben und die Volkskultur an der Wende des 18. und 19. Jahrhunderts

Bis zu Beginn der Genroku-Periode hatte das Gebiet um Ōsaka und Kyōto die kulturellen Standards gesetzt, doch ab der Mitte des 18. Jahrhunderts übernahm die aufstrebende Garnisonsstadt Edo diese Rolle. Der Sitz des Shōgunats und die Residenzen der *daimyō*, Tempel, Schreine und eine wachsende Bevölkerung hatten großen Bedarf nicht nur an Waren und Dienstleistungen, sondern auch an einem Bildungs- und Unterhaltungsangebot. Außerdem gaben die unverstellten wirtschaftlichen Interessen Tanumas den Kaufleuten das nötige Vermögen und Selbstbewußtsein, im künstlerischen Bereich als Mäzene aufzutreten.

Edo entwickelte sich rasch zum Zentrum orthodoxer wie unorthodoxer Samurai-Gelehrsamkeit. In einer Zeit, in der Japaner nicht nach China reisen durften, erlangte der Neokonfuzianismus – besonders die von Zhu Xi erarbeitete Synthese – eine nie erreichte Blüte. Das Bakufu förderte die orthodoxen, neokonfuzianischen Lehren Hayashi Razans (1583–1657) und seiner Nachfolger. Doch viele Samurai und *daimyō* waren Anhänger der konkurrierenden Alttextschule Wang Yangmings. Ogyū Sorai (1666–1728) kritisierte den Neokonfuzianismus auf der Grundlage der Lehren der Weisen des Altertums und vertrat die Ansicht, der Weg sei nicht als unwandelbares Moralsystem vom Himmel festgesetzt worden, sondern sei vielmehr ein flexibles politisches Gebilde. Bei ihm zeigen sich die ersten Anzeichen eines modernen politischen Bewußtseins. Das Interesse an China in Dichtung, Malerei und Wissenschaft war ein vorherrschender Trend jener Zeit, und auch Sorai galt als großer Liebhaber Chinas.

Erst im späten 18. Jahrhundert wurde der intellektuelle Vorrang Chinas von zwei Seiten abgelöst: einmal durch die Rückbesinnung auf die eigene Vergangenheit, zum anderen durch den Blick nach Westen. Kamo no Mabuchi (1697– 1769) und Motoori Norinaga (1730 bis 1801) lenkten das Interesse auf die japanischen Klassiker und lösten damit eine neue Welle des Traditionsbewußtseins aus, die sich schließlich in der Schule Nationalen Lernens *(Kokugakū)* manifestierte. Diese Bewegung lehnte Buddhismus und Konfuzianismus gleichermaßen als fremdartige Lehren ab. Norinaga trat für eine japanische Kultur ein, die sich durch eine Betonung der Einfachheit, Vergänglichkeit und Emotionalität auszeichnen sollte. Spätere Denker rückten *Kokugaku* mehr in die Nähe von Nationalismus und Fremdenhaß und riefen nach einer Beendigung der ausländischen Bedrohung, die im 19. Jahrhundert auf Japan lastete.

Seit dem 18. Jahrhundert wandten sich immer mehr Samurai, die an praktischem Wissen interessiert waren, dem Holländischen und den westlichen Wissenschaften zu. Der intelligente, wenn auch etwas exzentrische, junge Samurai Hiraga Gennai aus Shikoku zum Beispiel verließ seine Domäne, um in Nagasaki chinesische und westliche Wissenschaften zu studieren. Nach seinem Umzug nach Edo experimentierte er mit Thermometern, Elektrizitätsmaschinen und westlichen Maltechniken. Sugita Genpaku (1733–1817) und Maeno Ryōtaku (1723–1803) unternahmen die schwierige linguistische Aufgabe, das medizinische Fachbuch *Tafel Anatomica* aus dem Holländischen ins Japanische zu übertragen. Dieses wachsende Interesse an holländischen und westlichen Studien wird das Feudalsystem der Tokugawa nicht direkt untergraben haben, bedeutete aber ein deutliches Abrücken von der immer noch übermächtigen geistigen Vorherrschaft Chinas.

Im späten 18. und frühen 19. Jahrhundert entstand in Japan eine Massenkultur. Man begegnete ihr tagsüber in den Stadt- und Dorfschulen, bei den Unterhaltungen auf offener Straße, bei Festen, Besichtigungs- und Pilgerfahrten, und des nachts in den Vergnügungsvierteln. Nächtliche Unterhaltung *(yomise)* war bei den vergnügungssüchtigen Städtern immer mehr gefragt. Die offiziell gebilligten Vergnügungsviertel Yoshiwara in Edo, Shinmachi in Ōsaka und Shimabara in Kyōto lebten von der allabendlichen Kundschaft. Weil aber Yoshiwara von Edo aus fast ein Tagesausflug und somit eine kostspielige Unternehmung war, verlegten einige Kurtisanen ihr Gewerbe nach Edo zu ihren Kunden, wo man eine Verabredung für den Gegenwert von 20 bis 30 Dollar haben konnte.

Im frühen 19. Jahrhundert war die Reiselust der Leute groß, Pilgerschaften und Vergnügungsreisen kamen in Mode. Man wallfahrtete zu den heiligen Bergen Fuji und Ontake, besuchte die 88 Tempel des Shikoku-Rundweges oder machte sich zu Tausenden nach Ise auf den Weg. In einer Dankesprozession des Jahres 1830 *(okage mairi)* besuchten innerhalb weniger Monate 5 Millionen Pilger den Ise-Schrein. In den fünfziger und sechziger Jahren des 19. Jahrhunderts füllten die Massenbewegungen *eejyanaika* und *yonaoshi* die Straßen der Städte. Viele der Pilger landeten in Bars und Bordellen, die in der Nachbarschaft der Tempel und Schreine die Reisenden anlockten. Wer nicht an einer Wallfahrt teilnahm, besichtigte das bunte Laub des Ahorns, die Kirschblüte, Feuerwerke oder andere Sehenswürdigkeiten. Zur Information der Reiselustigen entstanden Führer zu Tempeln, Schreinen und den wichtigsten Pilgerstraßen.

Im frühen 19. Jahrhundert war Japan bereits eine gebildete, mobile, reiche und vergnügungssüchtige Gesellschaft. Neben den *han*-Schulen, die für die Erziehung der jungen Samurai in den Domänen zuständig waren, entstanden in Dörfern und Kleinstädten auch private Akademien und Zwergschulen (*terakoya*), in denen die Bevölkerung Schreiben und Lesen lernen konnte. Allein in Edo gab es 800 Kalligraphielehrer. Ronald Dore schätzt in seiner Studie über das Bildungssystem der Tokugawa-Zeit, daß zum Ende der Edo-Zeit 43 Prozent der Männer und zehn Prozent der Frauen lesen und schreiben konnten. Was auch immer die genauen Zahlen waren, deutlich wird daraus, daß zu dieser Zeit bereits ein solides Fundament für die Bildung und Erziehung der Massen gelegt war.

Alltag in der Edo-Zeit

Dramatiker, Geschichtenerzähler, Dichter, Holzschneider und Maler, sie alle holten sich ihre Anregungen von den eindrucksvollen Persönlichkeiten und lebensvollen Szenen, die das urbane Alltagsleben der Edo-Zeit ihnen bot. Die »fließende Welt« der Vergnügungsviertel, das Kabuki-Theater, die Straßen und Flußufer der städtischen Metropolen übten große Anziehungskraft aus. Doch manche Künstler ließen sich auch vom Leben links und rechts der Landstraßen und in den Dörfern inspirieren, und einige wenige unter ihnen schildern in ihren Bildern die Härten des bäuerlichen Lebens in den ländlichen Gebieten, unter denen die Mehrzahl der Bevölkerung zu leiden hatte. Mit der Zahl der Schulen wuchs während der Edo-Zeit auch der Bedarf an Büchern und Holzschnitten, und die hohe künstlerische Produktivität dieser Epoche gibt uns einen so lebhaften Eindruck von ihrer vielgestaltigen Volkskultur, wie wir ihn von keiner vorangegangenen besitzen.

Unten: Torii Kiyohira (fl. 1751–63) war ein Mitglied der Torii-Schule für Holzschneider und hatte sich auf Porträts von Kabuki-Spielern, Alltagsszenen und erotische Darstellungen *(shunga)* spezialisiert. Dieser frische, lebensvolle Druck gibt den Zeitvertreib von Kindern in zeitloser Form wieder.

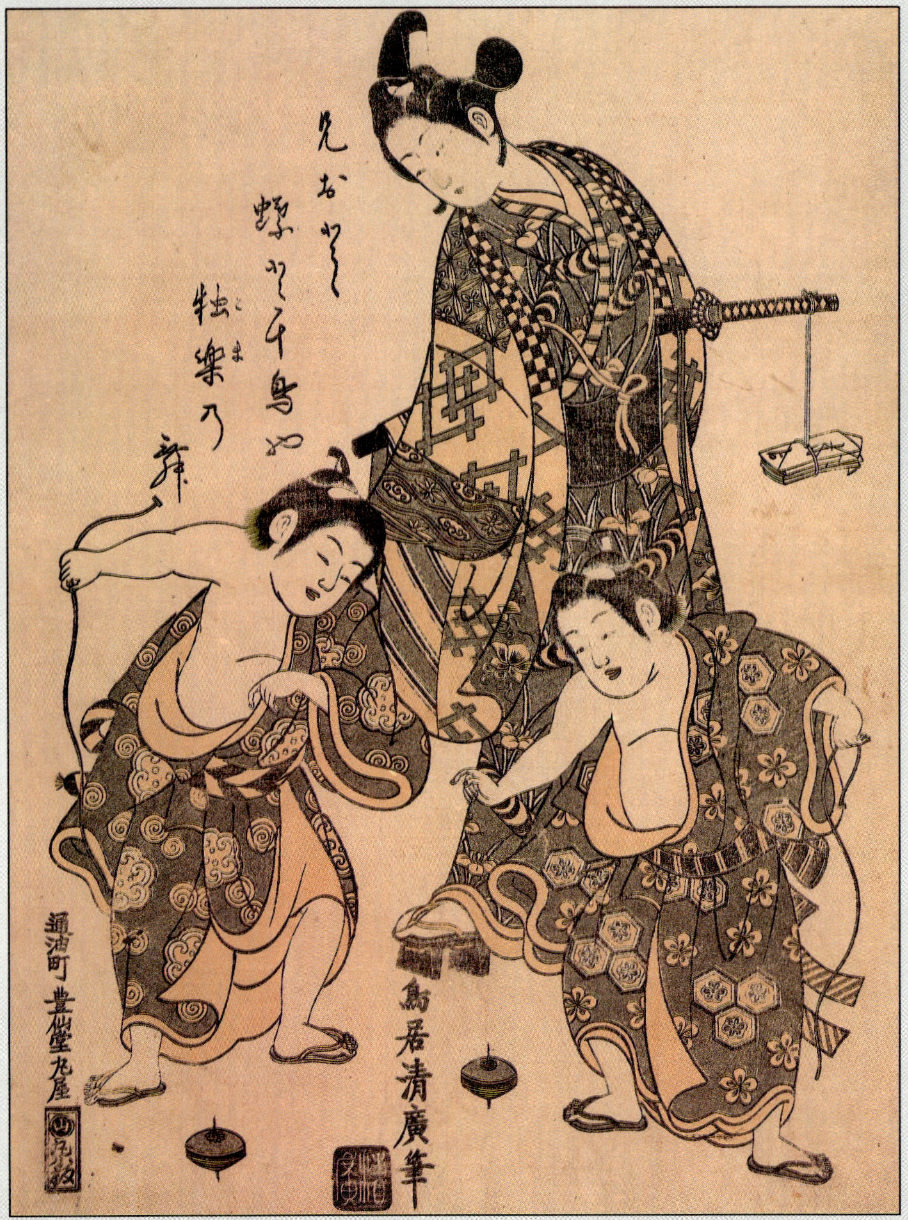

Oben: Der Sumida, der durch Edo fließt, war ein Ort der Unterhaltung. An seinen Ufern konnte man Teehäuser, Bars und Freudenhäuser finden. In Sommernächten warfen seine Fluten das Licht der Feuerwerke und Lampions zurück. Dieser Druck zeigt ein typisches Unterhaltungsboot mit Geishas und Essen und Trinken an Bord.

Links: Auf diesem unsignierten Druck aus einem Bilderkalender von 1790 (einem Jahr des Hundes) sehen wir einen verarmten Puppenmacher in seiner heruntergekommenen Werkstatt. Er fertigt, dem damaligen Geschmack folgend, Daruma-Puppen und Tiere aus dem Tierkreis. Mancher herrenlose Samurai *(rōnin)*, der keine Pension zum Leben hatte, mußte sich mit einem einfachen Handwerk kümmerlich durchs Leben schlagen.

Rechts: Schreine und Tempel in ganz Japan hielten regelmäßige Feste ab, an denen die ganze Gemeinde teilnahm. Hier sehen wir »Fünf Szenen von der Frühjahrsprozession in der ersten Nacht der Ratte im Futaara Schrein in der Provinz Shimotsuke« (ca. 1815). »Prozession« bezieht sich hier auf das nächtliche Umhertragen der Götter des Schreines vom einen Teil des heiligen Bezirks in den anderen als Schutz gegen Feuergefahr. Ein solches Fest wird im ersten und im letzten Monaat eines jeden Jahres abgehalten.

Oben: Der große Meister, der die Stimmungen der Natur ebenso erfassen und umsetzen konnte wie das tägliche Leben der einfachen Leute, ist Katsushika Hokusai (1760–1849). Von ihm gibt es zahlreiche Holzschnitte von Reisenden und Pilgern, die unterwegs sind über die Bergpässe Japans. Sein Meisterwerk waren die »36 Ansichten des Fuji«. Dieser Holzschnitt stammt aus einer titellosen Serie mit lauter Poststationen auf der Tōkaidō, datiert 1804, und trägt die Bezeichnung: »Mitsuke: vier *ri* und acht *cho* nach Hamamatsu«. Zwei Reisende essen in der Station Mitsuke Hirsenudeln *(soba)*, die, wie das Ladenschild verrät, 16 *mon* pro Schale kosten.

Japanische Keramik

Ganz links: Seit der Mitte des 17. Jh.s kauften die Holländer in Nagasaki japanisches Porzellan für den Export nach Südostasien und Europa. Ihre Hauptlieferanten waren die Töpfer in Arita (Kyūshū), die die koreanischen und chinesischen Techniken des Blau-weiß-Porzellans und der Überglasur mit Emailpigmenten beherrschten. Man nannte diese Ware Ko-Imari (altes Imari) und Kakiemon. Letzteres wurde wegen seines reinen Weiß, dem kräftigen Persimon-Rot und seiner durchscheinenden Glasur bewundert.

Die japanische Keramik steht in einer zehntausendjährigen ungebrochenen Tradition, deren sich junge Keramiker, auch heute durchaus bewußt sind. Die moderne japanische Keramik reicht von unglasierter Tonware im Stil der Jōmon, über schimmernd glasierte chinesische Seladons bis zu Formen einer künstlerischen Avantgarde.

Nach den lebhaft gemusterten Gefäßen der Jōmon (*S. 35*) und der symmetrischeren und strengeren Yayoi-Ware (*S. 38*) blieb die japanische Keramik stilistisch und technisch für lange Zeit unter dem Einfluß chinesischer und koreanischer Vorbilder. Um die Mitte des 5. Jahrhunderts gelangten Verfahren der Hochtemperaturfeuerung aus Korea nach Japan. Die Nara-Zeit importierte und imitierte die dreifarbigen Bleiglasuren der Tang-Dynastie. In mittelalterlichen Brennöfen wurde jedoch nach wie vor auch einfaches Tongeschirr hergestellt. Im 13. Jahrhundert kam das Porzellan der Song-Dynastie in Mode *(karamono)*, das durch Händler und Zen-Mönche nach Japan gebracht worden war. Im späten 16. und frühen 17. Jahrhundert haben viele Faktoren zur Blüte einer eigenständigen japanischen Keramik beigetragen: Koreanische Töpfer, die den Grundstock für die Keramik der Edo-Zeit legten, das ästhetische Ideal des *wabi* und die Popularität der Teezeremonie.

Links: Kutani-Ware stammt ausschließlich aus Kaga (Präfektur Ishikawa), wo sie etwa seit der Mitte des 17. Jh.s unter dem Patronat der Maeda-*daimyō*-Familie hergestellt wurde. Kutani-Porzellan hat in der Regel eine Überglasur und tritt in zwei Typen auf: grünes und bemaltes Kutani. Auf dieser Kutani-Schale sehen wir Hotai, einen Bodhisattva in der Gestalt eines rundlichen, grinsenden Sonderlings, der einen Sack mit Reichtümern trägt.

Rechts: Die ersten Bestellungen der Holländer in Arita wurden 1658 nach Europa verschifft. Japanische Keramiker produzierten große Mengen an Blau-weiß-Ware, wie zum Beispiel diese Schale aus dem frühen 18. Jh. im chinesischen Wanli-Stil.

Unten: Dieses Weihrauchgefäß in der Form eines prächtig gefiederten Fasans mit Überglasur in Email stammt von Nonomira Ninsei, einem Keramiker aus Kyōto, der um die Mitte des 17. Jh.s aktiv war. Aus seinem Brennofen in einem Kyōtoer Tempel stammt eine Vielzahl unterschiedlicher Keramiken, deren formale Vielfalt von einfach glasierten Stücken bis zu reich verzierten Emailglasuren reicht. Fast alle seine Werke waren für die Teezeremonie gedacht.

Unten rechts: Der neue, informelle, vom Geist des *wabi* durchdrungene Stil Sen no Rikyūs, forderte für die Teezeremonie ruhige, unaufdringliche und nicht allzu verspielte Keramik. Diese schwarze Teeschale mit Pflaumenblütenmuster wird einem Raku-Meister des frühen 19. Jh.s zugeschrieben.

Mitte unten: Auch das seit dem frühen 16. Jh. in den Shino-Öfen der Provinz Mino hergestellte Porzellan war besonders beliebt für die Teezeremonie. In diesem Wasserkrug aus der Momoyama-Periode mit seinem Schilfmuster ist ein dreieckiger Fleck unglasiert geblieben.

Ganz unten: Auch im modernen Japan wird Keramik sehr geschätzt, und ausgezeichnete Stücke können hohe Preise erzielen. Bei dieser Keramik von Seto Hirushi ziehen sich Goldstreifen über eine zartlila Oberfläche. Bei diesen Vasen und Objekten mit Gold- und Silberstreifen verbinden sich moderne Formen mit traditioneller Farbgebung.

Netsuke

Westliche Reisende, die Japan im 19. Jahrhundert besuchten, waren fasziniert von den winzigen, raffiniert geschnitzten Gürtelknöpfen aus Holz und Elfenbein *(netsuke)* und den elegant verzierten kleinen Medizindosen *(inrō)*. Der japanische Kimono, der mit einem Gürtel in der Taille gehalten wird, hatte keine Taschen, doch gab es in den Gewändern andere Plätze, wo man persönliche Kleinigkeiten wie Tabakspfeifen und -beutel, Siegelkästchen oder Medizindosen bei sich tragen konnte. Medizindosen zum Beispiel steckte man mit Vorliebe in den Gürtel des Kimonos; dort wurden sie durch einen Gürtelknopf am Herausrutschen gehindert.

Im späten 17. Jahrhundert waren *netsuke* noch einfache, flache Knöpfe, die aber bereits bemalt oder mit Schnitzereien versehen waren. Während des 18. Jahrhunderts verlangte die Stadtbevölkerung von Edo, Ōsaka und anderen Städten aber zunehmend nach raffinierter geschnitzten *netsuke*. Sie sahen darin eine Möglichkeit, die vom Bakufu erlassenen Vorschriften gegen allzu aufwendige Kleidung zu unterlaufen. Das *Sōken Kishō* (1781) des Schwerthändlers Inaba Tsūryū aus Ōsaka verzeichnet 57 *netsuke*-Schnitzer, Profis und Amateure zusammengenommen, in Ōsaka, Kyōto, Edo und Nagoya. Im frühen 19. Jahrhundert, der Blütezeit der *netsuke*-Schnitzerei, waren die *netsuke* zum großen Teil signiert und ihr Formen- und Themenreichtum nahm zu. Die meisten wurden aus Holz oder Elfenbein geschnitzt, Materialien, die durch den Gebrauch einen feinen Glanz bekommen, doch auch Horn, Lack und Metall kamen in Gebrauch. Die Themenvielfalt der *netsuke* ist grenzenlos; nur einige wenige können hier gezeigt werden. Unter ihnen sind Themen aus der Natur, der chinesischen Legende, japanischen Mythologie, Geschichte, Literatur, aus Buddhismus (einschließlich Zen), Shintō sowie aus Nō und Kabuki.

Originalität war gefragt, und die *netsuke* wurden immer lustiger und expressiver. Sie waren begehrt, unterhaltsam, relativ erschwinglich im Preis und außerdem leicht zu transportieren. Daher exportierte man sie in großer Zahl an private Sammler und Museen im Westen. Die Meiji-Restauration versetzte allerdings dem traditionellen Handwerk einen Rückschlag, und der Wandel in der Mode machte *netsuke* und *inrō* mehr und mehr überflüssig.

Mitte links: Die elegante Elfenbeinfigur von Yoshimasa (ca. 1800) soll der legendäre Chinese *kirin* sein, der den Leuten Glück bringt.

Mitte rechts: Diese Holzschnitzerei zeigt den der chinesischen Mythologie entstammenden Drachenkönig als alten Mann mit dem Gezeitenjuwel.

Mitte unten: Dieser chinesische Löwe aus Elfenbein *(karashishi)* besitzt den Edelstein der Allmacht und trägt den Namenszug von Eijusai Masayoshi.

Unten: Diese hölzerne *netsuke* von Masakatsu zeigt den chinesischen Gott der Gelehrsamkeit (japanisch Jurojin), wie er gemütlich neben seinem Stock eingeschlafen ist.

Ganz unten: Bishamon Ten, der Wächter des Nordens, ist einer der buddhistischen Himmelskönige, die die vier Bereiche des Universums beschützen. Diese Schnitzerei aus Buchsbaumholz stammt von Masanao.

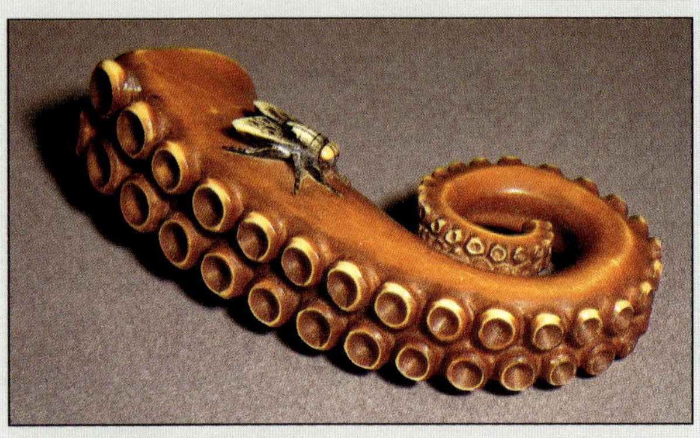

Ganz oben: Die ungewöhnliche Elfenbeinschnitzerei von Ōhara Mitsuhirō (1810–1875) wird durch die Verbindung zweier Tiere, die sich in der Natur nicht begegnen, zum reizvollen Kunstwerk: Eine Fliege sitzt auf dem Bein eines Tintenfisches.

Oben: Der sitzende Eber ist aus Holz geschnitzt; seine Hauer wurden in Elfenbein eingelegt. Er stammt von Sakai Masakiyo; die Schlange von Shunchosai.

Rechts: Diese Schnitzerei von Tametaka aus Owari (Nagoya) stellt eine alte Trommel dar, die einst die Krieger in den Kampf oder die Mönche zum Gebet gerufen haben mag. Nun dient sie dem Huhn als Schlafplatz.

Links: Dieses raffiniert geschnitzte Elfenbeinstück von Masahiro zeigt die sieben Glücksgötter in einem drachenköpfigen Boot, das mit Schätzen und Glückssymbolen beladen ist.

Oben: Die Schwertkunst *kendō* entwickelte sich während der Edo-Zeit als eine Art des Trainings für die Samurai. Diese Fechtmaske, signiert von Nagayasu, ist ungewöhnlich, da sie aus Metall gemacht ist.

Oben links: Diesen kleinen Diener hat Yasumasa aus gebeiztem Elfenbein geschnitzt und mit Einlegearbeiten verziert.

Links: Einmal saß Bodhidharma (Daruma) neun Jahre lang vor einer Wand in Meditation versunken, bis schließlich seine Beine abfielen. Das ist der Hintergrund dieser Daruma-Stehaufpuppe.

Oben: Hier sehen wir den Zauberaffen aus Wu Cheng'ens Roman, von Mitsuhirō aus Elfenbein geschnitzt. Er vollbringt allerhand Wundertaten um einem buddhistischen Priester zu helfen, *sūtra* nach China zu bringen.

Oben links: Diese Elfenbeinschnitzerei illustriert die Geschichte von Taira no Tadamori, der sich auf einen Alten stürzt, den er für einen Öldieb hält.

Links: Ono no Komachi war eine der adeligen Schönheiten der Heian-Periode. Weil sie ihre Verehrer so unbarmherzig behandelt hatte, endete sie in bitterer Armut. Diese unsignierte hölzerne *netsuke* aus dem 18. Jh. zeigt sie als ausgemergelte Alte in einer winzigen strohgedeckten Hütte.

Oben: Diese hölzerne Tänzermaske, ein beliebtes Thema jener Zeit, stammt von Genjōraku und stellt einen gefräßigen Barbaren dar.

Oben rechts: Bodhidharma (Daruma) war der legendäre indische Mönch, der den Chan (Zen) nach China brachte. Angeblich hat er einmal den Yangtse auf einem Schilfrohr überquert. Hier sieht man ihn auf einem schwimmenden Lotusblatt.

Rechts: Nakasaina Sonja war einer der 16 Asketenschüler Buddhas, in Japan *rakan* genannt, die gerne als Sonderlinge dargestellt werden. Die hölzerne *netsuke* aus dem 20. Jh. zeigt ihn mit einer Zauberschale, aus der ständig Wasser fließt.

Die fließende Welt

Unten: Dieser Holzschnitt von Mitsonobu aus der Genroku-Zeit (ca. 1730) zeigt eine Kurtisane, die in den Freudenvierteln einen potentiellen Kunden anspricht. Das Spinnwebmuster ihres Kimonos ist zweifellos eine Anspielung auf ihr Gewerbe. Wie viele Besucher der Vergnügungsviertel verbirgt der junge Mann sein Gesicht unter einem Strohhut.

Rechts: Zentrum der fließenden Welt war das Vergnügungsviertel von Edo, bekannt als Yoshiwara. Es war 1618 in der Nähe von Nihonbashi inmitten der Stadt erbaut worden, brannte aber 1657 völlig ab. Es wurde in der Gegend nördlich von Asakusa neu aufgebaut und heißt seither »Neu-Yoshiwara« (Shin Yoshiwara). Dieser Holzschnitt von Torii Kiyotada (fl. 1720–50) zeigt in raffiniertem Spiel mit der Perspektive Kurtisanen und ihre Freier im Daimojiya, einem der größten Geishahäuser. Während eine junge Kurtisane entspannt Pfeife raucht, spielen zwei andere miteinander Backgammon *(sugoroku)*. Im Hintergrund unterhalten weitere Geishas ihre Kunden.

In vielen Großstädten dieser Welt gibt es Vergnügungsviertel, in denen der Unterhaltung, der Prostitution und dem Glücksspiel gefrönt wird. In manchen Städten sind sie öde, verrucht und gefährlich, in anderen lediglich harmlose Orte des Amüsements. Alle großen japanischen Städte der Tokugawa-Zeit hatten ihre Vergnügungsviertel, die von den Behörden geduldet wurden. Zusammen mit der Straßenunterhaltung des Kabuki und der *sumo*-Kämpfe machen sie die »fließende Welt« Tokugawa-Japans aus.

Hier war die normale soziale Ordnung außer Kraft gesetzt und auf den Kopf gestellt, hier hatte der Reichtum der Kaufleute Vorrang vor dem Status der Samurai, hier gaben die sonst geächteten Kabuki-Stars, Lebemänner und Kurtisanen den Ton an, und man verlachte die konfuzianische Moral und die Aufrufe zu Sparsamkeit, Ruhe und Ordnung. *Ninjō*, nicht *giri*, hieß das Zauberwort, und die Rufe des Bakufu nach Mäßigung ernteten nur Hohn und Spott. Die Chronisten dieser eigenen Welt waren die Schriftsteller, Maler, Holzschneider und Verfasser volkstümlicher, etwas anrüchiger Romane, die das allgemeine Interesse an dieser fließenden Welt stillten und von neuem anfachten. In den Blättern der *ukiyoe* (Bilder aus der Fließenden Welt) fand dieses Milieu seinen bildlichen Ausdruck.

Links außen: Ursprünglich zur Unterhaltung der Götter gedacht, entwickelten sich die Sumo-Ringkämpfe um die Mitte der Edo-Zeit zu einem Sport und Massenvergnügen. Jährlich wurden mehrere Ausscheidungen in Stadien ausgetragen, die man vorrübergehend im Edo'in-Tempel oder anderswo errichtete. Die besten Ringer erfreuten sich ebenso großer Berühmtheit wie große Kabuki-Spieler oder gefeierte Geishas und zogen die Massen an. Utagawa Kunimasa (1723–1810) spezialisierte sich auf Porträts von Schauspielern, schönen Frauen und Ringern.

Links: Diese zwei Kurtisanen stammen von Kitagawa Utamarō (1754–1806). Er ist wohl der bei der Halbwelt beliebteste Holzschneider seiner Zeit gewesen.

Oben: Dieses Porträt von Haga Isshō zeigt den Dichter Ihara Saikaku in seinen letzten Lebensjahren. Als scharfsinniger Chronist der fließenden Welt und ihrer Ästhetik schildert er fesselnd die beiden großen Leidenschaften der städtischen Szene während der Genroku-Zeit: die Liebe und das Geld. Wie Chikamatsu lotete auch er den Konflikt zwischen Pflicht *(giri)* und Neigung *(ninjō)* aus, und schildert uns die leuchtenden wie die dunklen Seiten des Stadtlebens.

Oben links: Viele Holzschnittkünstler porträtierten einzelne Schauspieler in vielfarbigen Holzschnitten genau in jenen Rollen und Posen, für die sie besonders berühmt waren. Hier sehen wir den Schauspieler Ichikawa Kinimasa, wie er im »Onibaraku-Zwischenfall« von Utagawa Kinimasa spielt.

Pilgerschaft und Reise

Die Karte auf Seite 86 verzeichnet Wallfahrten der Heian-Zeit. Zu diesen Pilgerrouten und Rundgängen sind über die Jahrhunderte noch etliche hinzugekommen. Friede, Wohlhabenheit und verbesserte Verkehrsverbindungen trugen dazu bei, daß sich Reisen und Wallfahrten während der Edo-Zeit so großer Beliebtheit erfreuten. Obwohl das Bakufu Reisen einzuschränken versuchte, behandelte man Wallfahrten von seiten der Behörden mit größerer Nachsicht. Daher verbanden viele Bürger die Pilgerschaft mit dem Vergnügen. Hatte man einen der berühmten Schreine oder Tempel besucht, einen Rundgang zu Ehren Kannons absolviert oder einen heiligen Berg erstiegen, ergab man sich den Freuden des Essens und des Alkohols oder den sexuellen Reizen, die in unmittelbarer Nähe lockten.

Links: Der Inselschrein von Itsukushima steht mit seinem gewaltigen roten *torii* inmitten der Inlandsee. Er ist eine der schönsten Sehenswürdigkeiten Japans. Dieser Holzschnitt von Utagawa Toyoharu (1735–1814) zeigt Pilger und Vergnügungsreisende, die in Booten am Benten-Fest den Schrein bevölkern.

Unten: Ise, als der wichtigste Schrein Japans, wurde während der Edo-Zeit zu einem beliebten Wallfahrtsziel. Auf diesem Ise-Mandala sehen wir Pilger, die sich reinigen und am Schrein beten.

DRITTER TEIL

DAS MODERNE JAPAN

DAS VERMÄCHTNIS DER MEIJI-RESTAURATION

Die Wiederherstellung kaiserlicher Herrschaft

Mit der Ankündigung der »Restauration« kaiserlicher Herrschaft im Januar 1868 ging ein Jahrzehnt außenpolitischer Kontroversen zu Ende. Die Anfänge waren von einer starken Durchsetzungskraft des Shōgunats gekennzeichnet, das in der Person Ii Naosukes die nachdrückliche Forderung aufstellte, den von Townsend Harris ausgehandelten Handelsvertrag von 1858 zu ratifizieren. Die Gegner der Tokugawa-Politik suchten beim Kaiserhof Unterstützung, dessen Autorität sie dazu benützen wollten, die Ratifizierung dieses Vertrages von der Durchsetzung ihres Kandidaten Hitotsubashi Keiki im shōgunatsinternen Nachfolgestreit abhängig zu machen. Ii Naosukes durchgreifende Methoden bei der nun folgenden Säuberungsaktion führten zu seiner Ermordung im Jahre 1860. Danach unternahmen die Tokugawa-Führer wankelmütige Versuche, eine politische Versöhnung herbeizuführen, indem sie die großen Feudalherren in Ratgebersituationen beriefen. Im Verlaufe dieses Prozesses entstanden Konkurrenzkämpfe zwischen den Feudalherren. Um 1865 wurden von Satsuma, Chōshū und Tosa nacheinander Vorschläge zur Wiederherstellung der Regierungsgewalt unterbreitet, die in gegenseitiger Überbietung die Machtposition des Kaiserhofes favorisierten – und auch ihre eigene. Als das Shōgunat mit offen zur Schau gestellter Loyalität gegenüber dem Kaiserhof antwortete und eine Strafexpedition gegen Chōshū führte, da dieses 1864 einen Putsch gegen den Kaiserhof gewagt hatte, begann die Tokugawa-Hegemonie endgültig niederzugehen. Die Vasallen der Tokugawa, die sich durch die schwankende Politik ihrer Führerschaft verunsichert fühlten, verschanzten sich hinter Untätigkeit. Den Forderungen des Shōgunats, sich dem seit 1862 gelockerten *sankin-kōtai*-System erneut zu unterwerfen, kamen sie nach wenigen Jahren nicht mehr nach, ebenso erlahmte das in den Jahren 1864/65 gemeinsam getragene Vorgehen gegen Chōshū und kam 1866 ganz zum Erliegen. Die Notwendigkeit, dem Kaiserhof größere politische Befugnisse einzuräumen, war offenkundig, und als der Shōgun auf Drängen seiner Ratgeber im Jahre 1867 zurücktrat, gab er seine Zustimmung nur unter der Voraussetzung, daß er in dem neuen politischen System ein seiner Bedeutung angemessenes Amt erhalten würde. Die Ereignisse stellten sich gegen ihn, als es seinen Rivalen nach einem Staatsstreich gelang, ihn mit »kaiserlicher« Ermächtigung als »Feind« des Thrones zu brandmarken. Der nun folgende Boshin-Bürgerkrieg, in dem die »kaiserlichen« Truppen von Satsuma, Chōshū und Tosa gegen die Tokugawa marschierten, dauerte bis zum späten Frühling des Jahres 1869.

Die stürmische Politik dieses Jahrzehnts brachte die 268 Jahre währende Herrschaft der Tokugawa zu Fall. Andere politische Aufgaben waren dabei aus dem Blickfeld geraten. Japan befand sich zwar nicht in einem Zustand sozialen Aufruhrs, da die Kriege innerhalb der Samuraischicht ausgetragen worden waren. Das Leben in Stadt und Land nahm seinen ganz normalen Gang mit den üblichen Steuerzahlungen an den Staat. Aber es entstanden wirtschaftliche Unruhen. Die Jahre 1866 und 1869 brachten große Mißernten, die in vielen Gebieten einen Notstand auslösten. Zusätzlich verschlimmert wurde die Situation durch die durch das Land ziehenden, plündernden Armeen. Eine unaufhaltsame Inflation in den sechziger Jahren war die Folge, die wiederum eine Welle von Furcht und Hoffnung auf eine bessere Welt auslöste und im Volk Gerüchte über eine »Welterneuerung« entstehen ließ. Diese Hoffnungen und Ängste speisten sich vor allem aus geheimnisvollen Wundererscheinungen, die sich gewöhnlich auf den Ländereien begüterter Leute offenbarten. Die Feierlichkeiten, die aus Anlaß dieser Erscheinungen stattfanden, gingen einher mit gemeinsamer Glückserwartung und steigerten sich zu karnevalesken Tänzen, Feiern und Trinkgelagen. Diese *»ee ja nai kai«*-(»ist-es-nicht-großartig«-)Bewegung unterschied sich deutlich von anderen, eher wütenden und zerstörerischen Manifestationen der Unzufriedenheit.

In einigen Gebieten weckten die Angehörigen der »kaiserlichen« Armeen, die gegen die Tokugawa marschierten, gegenüber den Anführern der Bauernschaft Hoffnungen auf Steuererleichterungen. Die Gerüchte über diese Versprechen trugen zweifellos dazu bei, daß sich Hoffnungen und optimistische Erwartungen ausbreiteten. Im konkreten Fall wurden diese Hoffnungen

Obwohl »Kultur und Aufklärung«, westliche Kleidung, Eisenbahnen und andere Neuerungen in Tōkyō und Yokohama während der Meiji-Zeit Einzug hielten, veränderte sich der Lebensstil der einfachen Japaner in Städten und Dörfern nur langsam und in den ländlichen Regionen gab es erheblichen Widerstand.

Rechts: Bis zur Meiji-Zeit waren Buddhismus und Shintō unlösbar miteinander verbunden. Unter diesem gemeinsamen Dach, *Ryōbu-Shinto*, wurden viele Schreine von buddhistischen Gottheiten und Geistlichen beherrscht. Von Befürwortern des Shintō angestachelt und auf der Suche nach einer Nationalreligion, die den Kaiser in den Mittelpunkt des Kultes stellte, verfügte die Meiji-Regierung 1868 eine Trennung von Shintō und Buddhismus. Um die Jahrhundertwende versuchte die japanische Regierung, das alte Ideal des *Saisei itchi*, Einheit von Religion und Regierung, zu verwirklichen, indem sie den Shintō benutzte, um den Glauben an die Göttlichkeit des Kaisers und die Einmaligkeit der japanischen Staatsform *(kokutai)* zu fördern. Die äußere Struktur der Shintō-Staatsreligion wurde 1871 festgelegt, als die Regierung bestimmte, daß: (1) Die Schreine Kultstätten des Nationalritus, (2) und Priester Regierungsbeamte wären, und daß (3) jeder Bürger sich bei einem örtlichen Schrein registrieren lassen müsse. Dieses Foto von 1900 zeigt zwei Shintō-Priester, von denen einer einen tragbaren Schrein trägt.

aber immer schnell zerstört und die Volksprediger, die eine »schöne neue Welt« voraussagten, verloren rasch ihre Zuversicht. Noch schwerer wog die Tatsache, daß die Gewalttätigkeiten, mit der die Samurai den Krieg führten, unmittelbar den Wohlstand der unbeteiligten Zivilbevölkerung angriffen. Als die Kōshū-Einheiten im Jahre 1864 bei dem Versuch scheiterten, die Tore zum Kaiserpalast in Kyōto gewaltsam zu öffnen, entlud sich ihre Gewalttätigkeit in Brandstiftungen, die einen großen Teil der Altstadt zerstörten. Diese Vorgänge wiederholten sich in den folgenden Jahren in allen Städten, die mit dem Krieg in Berührung kamen. In Wakamatsu, Aizu, einem bevorzugten Ziel der gegen die Tokugawa marschierenden Restaurations-Armee, setzten die Verteidiger die Stadt in Brand, um sich der die Kriegführung behindernden Einwohnerschaft zu entledigen. Die Belästigungen der Städte durch die Samurai setzten sich bis in die 1870er Jahre fort. Nach einem Samurai-Aufruhr in Hagi im Jahre 1876, gerieten die Bürger der Stadt so in Wut, daß Kido Takayoshi aus der Führungsspitze der Restaurationsbewegung sich zu einem harten Urteil über den Anführer gezwungen sah: »Die Einwohner von Hagi haben gedroht, Maebara eigenhändig zu köpfen, wenn er zu mild behandelt wird.« Nach dem Boshin-Krieg herrschte überall Angst vor weiteren Zerstörungen und Gewalttätigkeiten. Die Herrschaft der Satsuma-Kōshū-Allianz hatte zu keinen politischen Ergebnissen geführt und es war sogar zu befürchten, daß es zwischen Satsuma und Kōshū zu Zwistigkeiten kommen könnte.

Solche Befürchtungen waren wohlbegründet, denn der Staatsstreich, mit dem die Allianz den Shōgun entmachtete, änderte nichts an den alten Machtstrukturen. Satsuma und Kōshū waren viel länger Rivalen gewesen als Verbündete. Ihr Bündnis stieß in weiten Teilen Japans auf tiefes Mißtrauen, was zum Teil den Widerstand gegen die »kaiserlichen« Truppen im Boshin-Krieg erklärt. In Nordost-Japan hatte eine Koalition von *daimyō* unter der Führung von Date (Sendai) ihre Loyalität gegenüber dem Kaiserhof erklärt, während sie gleichzeitig militärischen Widerstand leistete und ihn mit ihrem Argwohn gegenüber den »Südländern« begründete. Die Ankündigungen der neuen Staatsführung, Japans Verpflichtungen gegenüber den ausländischen Mächten einzuhalten, führten zu Anschuldigungen der Machtanmaßung und zu gewalttätigen Drohungen gegen die neue Führungsspitze. Mehrere herausragende Staatsmänner wurden ermordet. Yokoi Shōnan, einer der einflußreichsten von ihnen, wurde von seinem Mörder prowestlicher Neigungen angeklagt und 1869 getötet. Hirosawa Saneomi wurde 1871 umgebracht. Für die Dauer eines ganzen Jahrzehnts lebten alle wichtigen Persönlichkeiten der Restaurationsbewegung in ständiger Lebensgefahr. Kido Takayoshi machte bei Verabredungen mehrmals die Erfahrung, daß Gerüchte über seine Ermordung schneller zu seinen Gastgebern gelangten als er selbst.

Die Eides-Charta vom April 1868

Angesichts dieser unsicheren Verhältnisse ging die Staatsführung mit aller Behutsamkeit daran, die göttliche Aura des Kindkaisers Mutsuhito für ihre Zwecke zu verwenden. Am 6. April 1868 wurde in seinem Namen die aus fünf Artikeln bestehende »Eides-Charta« verabschiedet. Obwohl das Dokument in seinem Wortlaut sehr allgemein gehalten ist und darauf abzielt, den Widerstand der *daimyō* abzuschwächen, enthält es das Versprechen, gerechte Reformen in der Verfolgung nationaler Interessen einzuführen:

(1) Beratungsgremien zur öffentlichen Diskussion aller Regierungsangelegenheiten sollen geschaffen werden.
(2) Alle Stände sollen in gemeinsamer Anstrengung zum Wohle des Staates beitragen.
(3) Jeder einzelne darf seine persönlichen Ziele verfolgen, damit keine Unzufriedenheit entstehe.
(4) Schädliche Sitten der Vergangenheit sollen abgeschafft werden.
(5) Zur Festigung kaiserlicher Herrschaft soll in der ganzen Welt nach Wissen gestrebt werden.

Dieses bemerkenswerte Dokument wurde in mehreren Entwürfen von einer kleinen Gruppe führender Anhänger der Restaurationsidee ausgearbeitet. Es richtete sich an die Oberschicht (an das Volk erging zur selben Zeit ein Erlaß, der es anwies, auch weiterhin die Instruktionen auf den Anschlagetafeln zu befolgen), war jedoch insofern für alle Stände bedeutsam, als es Reformen und Verbesserungen versprach. Einzelheiten wurden jedoch nicht ausgeführt. Die »Beratungsgremien«, in denen Regierungsangelegenheiten durch »öffentliche Diskussion« entschieden werden sollten, gaben den Feudalherren die Zusicherung auf Anhörung ihrer Meinung. Das »Streben nach Wissen in der ganzen Welt« versprach ein System, das die »kaiserliche Herrschaft festigte« und damit den Zustand der geteilten Machtstruktur in Japan beendete, der schon vor der Restauration wiederholt als politisches Hemmnis und als Schande angeprangert worden war. In dem Dokument wurde alles versprochen und nichts genau erklärt.

Vier Jahre später befand sich Kido Takayoshi als Mitglied der Kommission für das »Streben nach Wissen in der ganzen Welt« in Washington, D. C. Als ihm sein Schriftführer die amerikanische Verfassung mühsam übersetzte meinte er, daß Japan ein solches Dokument ebenfalls brauche. Kume, der Schriftführer, erinnerte ihn an die Eides-Charta, an der Kido mitgewirkt hatte.

Oben: Bedrängt von den Westmächten einerseits, die eine Öffnung des Landes verlangten und von den Kaisertreuen andererseits, die für eine Vertreibung der Barbaren plädierten, begann das Tokugawa-Bakufu 1858 widerstrebend, unvorteilhafte vertragliche Beziehungen anzuknüpfen. Ab 1860 schickte das Bakufu mehrere Gesandtschaften in den Westen, um günstigere Vertragsbedingungen auszuhandeln und neue technische Kenntnisse zu erwerben.

Dieses Foto zeigt die erste Gesandtschaft nach Paris aus den Jahren 1863/64: 38 Samurai, angeführt von Takeuchi Yasunori, um über die Öffnung der Häfen von Edo, Ōsaka, Hyōgo, und Niigata zu verhandeln. Diese Bakufu-Gesandtschaften gaben jungen Gelehrten, wie Fukuzawa Yukichi (1835–1901), der in die USA und nach Paris mitreiste, und Fuchuchi Gin'ijirō (1841–1906), stehend vierter von rechts, die Möglichkeit, westliche Kultur kennenzulernen.

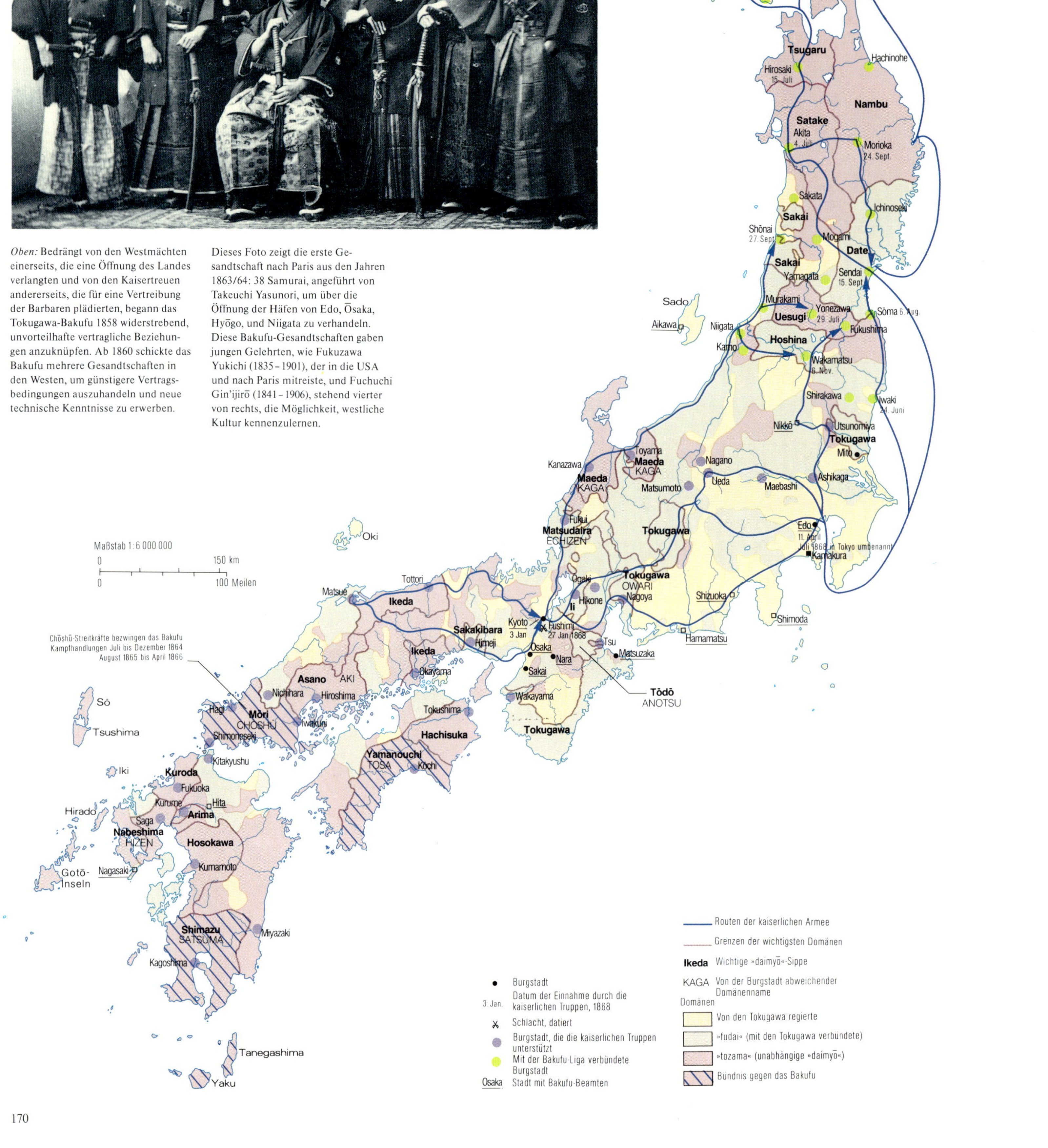

Saigō Takamori (1827–1877), nach japanischen Begriffen ein Riese von einem Mann, verdiente sich durch seine Rolle in der Meiji-Restauration und durch seinen Einsatz für die in Bedrängnis geratenen Samurai die Hochachtung von Freund und Feind. Als seine Vorschläge bezüglich Koreas abgelehnt wurden zog er sich nach Satsuma zurück, wo er sich widerstrebend dazu überreden ließ, den Aufstand von 1877 anzuführen. Mit seinem Tod wurde er zu einem Symbol selbstloser Hingabe und nationalen Idealismus.

Links: Sturz des Tokugawa-Shōgunats Der Krieg von 1868/69, der mit der militärischen Niederlage des Tokugawa-Shōgunats und der Wiederherstellung kaierlicher Macht endete, wird allgemein als Boshin-Krieg bezeichnet, weil er in das Jahr Boshin des Sechzig-Jahre-Zyklus fiel. Am 3. Januar 1868 besetzten pro-kaiserliche Truppen aus Satsuma und Chōshū den Kaiserpalast in Kyōto und proklamierten eine Wiederherstellung der kaiserlichen Macht. Bakufu-Einheiten, die sie zu vertreiben suchten, wurden am 27. Januar in der Schlacht von Fushimi besiegt. Sie zogen sich anschließend zurück, um den Shōgun Yoshinobu und Edo zu verteidigen. Die Stadt ergab sich schließlich, nachdem Saigō Takamori von Satsuma und der Bakufu-Unterhändler Katsu Kaishu eine Einigung erzielen konnten. In Nord-Honshū leistete eine Gruppe von 31 Feudalherren, die pro-Bakufu eingestellt waren, noch bis in den Herbst 1868 hinein Widerstand, der erst nach der Niederlage des Herrn von Aizu am 6. November bei Wakamatsu beendet wurde. Eine pro-Bakufu-Flotte mit acht Kriegsschiffen unter dem Kommando von Enomoto Takeaki setzte den Kampf in Hokkaidō (das von Enomoto zur »Republik« erklärt worden war) noch bis Juni 1869 fort. Nach dem Ende der Feindseligkeiten kam das ganze Land unter die Kontrolle der neuen kaiserlichen Regierung, die sich als erstes mit den Problemen der Kriegskosten und der Feudalstruktur der *daimyō*-Domänen befaßte.

Nachdem Kido den Text erneut durchgelesen hatte, erheiterte ihn die Entdeckung, daß die Bedeutung des Dokuments weit über die Absichten seiner Urheber, nämlich die aufrührerischen Feudalherren zur Ruhe zu bringen, hinausging. In den Jahrzehnten nach dem Zweiten Weltkrieg wies auch Kaiser Hirohito auf den Eid seines Großvaters hin als Rechtfertigung für den Demokratisierungsprozeß innerhalb der japanischen Institutionen. Gerade die allgemein gehaltenen Formulierungen verliehen dem Dokument bleibende Bedeutung im politischen Leben Japans.

Die gesamte Person des Kaisers wurde den politischen Zwecken der Staatsführung einverleibt. Der junge Herrscher wurde wie ein Totem in großen kaiserlichen Prozessionen herumgetragen, um seine Untertanen mit ihm bekanntzumachen und um ihm sein Volk zu zeigen. Als sich der moderne Staat festigte, wurde er zunehmend in seine Paläste und Besitzungen »über den Wolken« verwiesen, aber in den Gründerjahren des Regimes und besonders im ersten Jahrzehnt machten ihn insgesamt 693 Reisen und kleinere Ausflüge zum schweigenden Teilnehmer im Kampf »um die Festigung kaiserlicher Macht«. Auch die aufkommende Presse beteiligte sich an den Pflichtübungen. Die Leserschaft der *Yomiuri* erfuhr im Jahre 1881: »Morgen, am dritten, ist Tencho setsu. Tencho setsu ist der Geburtstag seiner Majestät Mutsuhito, des Kaisers von Japan. Früher herrschten die Shōgune über unser Land, aber heute hat sich das geändert … alle sollen sich freuen, denn es ist ein großer Festtag … Es gibt immer noch viele Menschen, die den Namen des Tenchi Sama nicht kennen. Wenn man in diesem Land geboren ist und das nicht weiß, ist es so, als ob man das Alter seiner Eltern nicht wüßte. Das ist unverzeihlich. Sorgsam soll man ihn im Herzen bewahren …«

Die Aura des Hofes wurde zu Anfang von dem neuen Regime dazu benützt, sich die Zustimmung des hohen Feudaladels zu sichern. Allmählich aber entwickelte sie sich zur größten Trumpfkarte in der Sicherung des patriotischen Zusammenhalts und des Gehorsams des einfachen Volkes.

Politische Zentralisierung

Das augenfälligste und andauerndste Ergebnis der Meiji-Restauration war die Zentralisierung der Verwaltung. Die Samurai-Führer, die die Restauration in Gang gesetzt hatten, hatten noch keine festen Pläne für die Schaffung einer zentralen Macht, überdies wäre es zu dem frühen Zeitpunkt ihres Wirkens gefährlich gewesen, sie zu enthüllen. Aber sie hatten ein Gefühl für die richtigen Schritte, die notwendig waren, um Japan in einer von Nationalstaaten beherrschten Welt die Unabhängigkeit zu bewahren. Eine neue Ära-Bezeichnung, »Meiji« (Regierung der Aufklärung) und die Einrichtung einer nationalen Hauptstadt (Tōkyō) in der ehemaligen Burgstadt des Shōgun in Edo waren frühe Anzeichen für die Modernisierung der politischen Einrichtungen.

Die Durchsetzung der Kaisermacht war notwendigerweise ein bedeutender Schritt in Richtung Zentralisierung, da sie die Beendigung der extremen politischen Zersplitterung des Tokugawa-Bakufu in sich schloß. Die Brisanz des Problems der auswärtigen Beziehungen, die sich durch die Anwesenheit ausländischer Besatzungsmächte in den vertraglich festgelegten Handelshäfen noch steigerte, trug zu dem Gefühl bei, daß Japan allein im Kampf gegen das Ausland *(gaikoku)* stehe.

Der Sieg im Boshin-Krieg (1868/69) führte nicht notwendigerweise zur sofortigen Zentralisierung. Dieser Sieg bedeutete lediglich die politische Entmachtung des Tokugawa-Hauses, wobei das neue Regime nur das Haupt-*tenryo* der Tokugawa als eigenes »Territorium« konfiszierte. Unter neuer Führerschaft wurden die Tokugawa in ihre alten Rechte auf einer allerdings drastisch verkleinerten Domäne eingesetzt. Die Vasallen der Tokugawa sagten sich eilig von dem in Ungnade gefallenen früheren Shōgun los und stimmten in kaiserlicher Ergebenheit in das Protestgeschrei der anderen *daimyō* ein. Auf Grund ihrer überwältigenden militärischen Überlegenheit erregten die *daimyō* von Satsuma und Chōshū, die Träger der Restauration, den Argwohn, ihrerseits die Shōgunwürde anzustreben. Kurz und gut, die Einrichtungen des späten Tokugawa-Feudalismus wurden von der Restauration nicht angetastet.

Teils, um das Mißtrauen über ihre Handlungsweisen zu beseitigen und teils, um die militärische Verantwortung abzugeben, die schwer auf ihrem Wohlstand zu lasten begann, richteten die Restaurations-Domänen des Südwestens im Jahre 1869 ein Gesuch an den Kaiserhof, die Rückgabe ihrer Lehen zu akzeptieren. Satsuma, Chōshū, Tosa und Hizen unterzeichneten ein gemeinsames Bittgesuch an den Thron: »Das Land, das wir bewohnen, gehört dem Kaiser«, schrieben sie. »Die Menschen, über die wir gebieten, gehören ihm. Warum sollten sie unser Privatbesitz sein? Wir ersuchen die kaiserliche Regierung, gemäß ihrem Urteil, zu geben, was zu geben ist, und zu nehmen, was zu nehmen ist … und daß auch alle Gesetze, Einrichtungen und militärischen Angelegenheiten auf kaiserlichen Erlaß verfügt werden.« Damit würde das Reich »neben den ausländischen Mächten stehen«. Das bedeutete noch nicht die Abschaffung der Domänen. Das Dokument forderte den Hof auf, da wo es angemessen sei, die Neuverteilung vorzunehmen und die Verwaltung zu vereinheitlichen, um Japan in die Lage zu setzen, sich an internationale Praktiken anzupassen. Andere *daimyō* fühlten sich überlistet und beeilten sich, ihrerseits Petitionen einzureichen mit der Betonung darauf, daß sie den Plan schon lange gehegt hätten. Kido Takayoshi erklärte in einer Tagebuchnotiz, daß damit eine sichere Grundlage für die *daimyō*-Häuser geschaffen sei.

Der Hof akzeptierte diese Petitionen im Juli 1869 und ernannte die *daimyō* umgehend zu Gouverneuren der Gebiete, die sie zuvor als Feudalherren beherrscht hatten. Die Änderung ihres Status öffnete den Weg für Maßnahmen zur Vereinheitlichung der Verwaltung. Ein Zehntel des Steueraufkommens einer Domäne wurde den *daimyō*-Gouverneuren überlassen, und die Standardisierung der Verwaltung, die 1868 mit dem Erlaß von Vorschriften eingeleitet worden war, wurde verschärft vorangetrieben. Diese Schritte in Richtung eines Zentralstaates rechtfertigten auch einen Wechsel der Nomenklatur: Die neuen »Gouverneure« wurden mit dem alten Hofadel *(kuge)* zu der neuen Klasse des *kazoku* zusammengefaßt. Zusätzliche Richtlinien legten Abstufungen verschiedener Einkommensgruppen fest.

Der nächste Schritt bestand folgerichtig darin, die Domänen ganz abzuschaffen, jedoch hielt man es nicht für opportun, offen dafür einzutreten. Die Führer aus den Restaurations-Domänen kehrten in ihre Heimat zurück und führten Reformen auf lokaler Ebene aus. Die durchgreifenden Maßnahmen in Chōshū, wo die Besoldung der Samurai verringert, Grundstücksunterteilungen vollständig untersagt und den Kriegern erlaubt wurde, Landwirtschaft und Handel zu treiben, deuteten an, was alles noch bevorstand. Auch die Zentralregierung ging in ihrem begrenzten Herrschaftsbereich, dem Kernland der Tokugawa, beherzter vor, als sie es in ihren die gesamte Nation betreffenden Verlautbarungen ange-

Mutsuhito, der Meiji-Kaiser, wurde 1852 geboren und war noch ein kleiner Junge, als er 1867 den Thron bestieg. Nach der Niederwerfung des Tokugawa-Bakufu durch die Streitkräfte von Chōshū, Satsuma und Tosa zog der junge Kaiser mit dem Hof nach Tōkyō und wurde zur ehrfurchtgebietenden Leitfigur der neuen Regierung. Obwohl ihm innerhalb der Meiji-Oligarchie wenig Raum zu persönlicher Machtentfaltung blieb, war er doch an den wichtigsten politischen Entscheidungen während seiner Amtszeit direkt beteiligt, so der Verkündung der Eides-Charta, Erlassen zum Erziehungswesen, zu Militär und Marine und schließlich der Kaiserlichen Verfassung. Sie erhöhte zwar seine Autorität, öffnete aber gleichzeitig die Tür für eine verfassungsmäßige Regierung. Mit seinem Tod 1912 ging eine Epoche japanischer Geschichte zu Ende. General Nogi Maresuke und seine Frau folgten ihm freiwillig in den Tod.

kündigt hatte. Zusätzlich baten 13 der ungefähr 260 Feudaldomänen um Aufnahme in die kaiserliche Domäne, indem sie unlösbare Steuerprobleme vorschoben. »Die öffentlichen Ausgaben«, hieß es in einer entsprechenden Petition, »sind immer mehr angestiegen. Wir sehen keinen Ausweg mehr, der Krise zu entgehen. Und die Luft ist erfüllt vom Hilfegeschrei der einfachen Leute. Deshalb bitten wir untertänigst, die kaiserliche Regierung möge ihre Herrschaft über uns ausdehnen.«

Im Januar 1871 hoben die Militärkommandeure der Restaurations-Domäne 10000 Soldaten für die kaiserliche Armee aus. Acht Monate später, im August, wurden die Domänen als abgeschafft erklärt, und neue administrative Einheiten in stetig ansteigender Anzahl und Größe wurden als Präfekturen eingerichtet. *Hai-han chiken*, Abschaffung der Domänen und Errichtung von Präfekturen, wurde von den Befürwortern als »eine zweite Meiji-Restauration« bejubelt. Vorbereitung und Ausführung lag in den Händen der zweiten Führungsschicht, der administrativen und militärischen Berater und Assistenten der Führungsspitze. Und obwohl die geplanten Maßnahmen einen folgerichtigen Schritt darstellten und langfristig als unvermeidbar angesehen werden müssen, waren die Männer angewiesen, mit aller gebotenen Vorsicht und Behutsamkeit zu Werke zu gehen, so daß selbst einige Mitglieder der Zentralregierung von diesen weitreichenden Plänen bis kurz vor ihrer Durchführung nichts ahnten.

Mit den ergriffenen Maßnahmen erhöhte sich auch die Verantwortlichkeit der Zentralregierung. Die Ernennung der *daimyō* zu Gouverneuren erforderte eine neue Nomenklatur, die *kazoku* wurden geschaffen. Die administrative Verantwortung über die Domänen umfaßte auch die Verantwortung für ihre Samurai. Die verdienstvollen unter ihnen wurden der neuen Klasse der *shizoku* zugeordnet, die von geringerem Rang der Klasse des *otsu*. Beide Klassen verschmolzen miteinander, und diese große und teure, nicht produktive Gruppe des Landadels wurde zum Hauptproblem der neuen Regierung.

Bildung der neuen Regierung

Als die Zentralregierung an Macht und Bedeutung zunahm, veränderte sich auch ihre Zusammensetzung. Zunächst hatte die Notwendigkeit zur Zusammenarbeit eine Koalition von Hofadel und einflußreichen *daimyō* in den führenden Ämtern ermöglicht, während Samurai-Führer aus den Restaurations-Domänen zusammen mit einigen fähigen Gleichgesinnten, die aus anderen Gebieten hinzugewählt wurden, zweitrangige Posten einnahmen. Frühe Dokumente wie die Eides-Charta hatten gemeinsame Entscheidungsfindung und allgemeine Diskussion hervorgehoben, und die Domänen waren gehalten, Repräsentanten in Tōkyō zu stationieren, die die Vorschläge ihrer Feudalherren einbringen und Weisungen weiterleiten sollten. In dem Maße jedoch, wie die Zentralregierung an Boden gewann, waren politische Galionsfiguren sowie die Einflußnahme der Führer der südwestlichen Domänen nicht mehr gefragt. Die formale Abschaffung ihrer Heimatdomänen ermöglichte es ihnen, sich ganz den Problemen im Zentrum zu widmen. Manche ihrer ehemaligen Kollegen kehrten jedoch enttäuscht nach Hause zurück und beschuldigten sie des Verrats an ihren Feudalherren und Lehen. Und auch einige der *daimyō*, die zu Anfang noch ein Amt bekleidet hatten, zogen sich nach einigen Monaten wieder zurück, nachdem sie eingesehen hatten, daß die Zukunft den aktiven und nicht den lediglich durch ihre Titel legitimierten Adeligen gehörte. Nach und nach wurde die Regierung autoritärer und weniger zugänglich für lokale Belange und Erwartungen. Nach der Auflösung der Domänen vermied es die Zentralregierung, Samurai auf höhere Posten in ihren Heimatpräfekturen zu setzen. Das galt auch für Chōshū (wenn auch nicht für Satsuma), wo der erste offiziell ernannte Gouverneur ein ehemaliger Tokugawa-Gefolgsmann war.

Neben dem Ausbau ihrer militärischen und bürokratischen Vorrangstellung versuchte die Regierung, auch die Tradition in den Dienst der Modernisierung zu stellen. Mit der Rückkehr zu den Lehen im August 1869 führte sie eine Verwaltungsstruktur ein, die sich am Japan der Nara-Zeit (8. Jahrhundert) orientierte. Das *Dajōkan*, die Oberste Regierungsbehörde, die zu jener Zeit eingerichtet wurde, blieb bis zur Einführung des modernen Kabinettssystems 1885 in Funktion. Da der Shintō weiterhin über großen Einfluß verfügte, schien eine Förderung durch den Kaiser geraten. Ein Shintō-Ministerium, das die Verbindung zwischen der Sonnengöttin und ihren kaiserlichen Nachkommen aufrechterhalten sollte, wurde eingerichtet und verlieh der Regierung und ihren Verlautbarungen eine göttliche Aura. Von 1869 bis 1871 stand das Shintō-Ministerium sogar über der Obersten Regierungsbehörde. Im Zuge des Ausbaus einer modernen Verwaltung verlor es jedoch allmählich an Bedeutung und endete schließlich 1877 als Unterabteilung des Innenministeriums; bezeichnenderweise gerade zu einem Zeitpunkt, als die Regierung zum letzten Mal ernstlich von Rebellionen erschüttert wurde.

Den Vorsitz des *Dajōkan* hatte zunächst Sanjō Sanetomi, ein Angehöriger des Hofadels, der 1874 den Platz des Staatsrates zur Rechten für Iwakuru Tomomi freigab. Unterhalb dieser Regierungsebene und den vier *dainagon* (Kaiserliche Adlige) saßen die eigentlichen Entscheidungsträger, Samurai-Ratgeber aus den Provinzen Satsuma (Ōkubo Toshimichi), Chōshū (Hirosawa, dann Ōkuma Takayoshi und Saga (Soejima Taneomi, dann Ōkuma Shigenobu). Mit der konsequenten Übernahme der Nomenklatur des Nara-Hofes nahmen einige der Samurai-Ratgeber zeitweilig Namen an, die an ferne Zeiten gemahnten: Ōkubo Toshimichi nannte sich Fujiwara Ason (Kaiserlicher Diener). Auch alte Hofränge, die auf die neun Ränge der Tang-Zeit in China zurückgingen, wurden wieder eingeführt, überstanden selbst die Schaffung eines neuen Adels nach europäischem Muster im Jahre 1885 und blieben bis zum Ende des Zweiten Weltkrieges in Kraft.

Indem sie die Tradition und den Kaiser für ihre Sache einzusetzen wußten, konnten die Samurai im Zentrum ihre Macht beständig ausbauen und eine Zentralisation in erstaunlich kurzer Zeit durchführen. Dennoch regte sich lokaler Unmut; in manchen Gebieten kam es zu heftigem Widerstand, in anderen konnte er durch geschickte Verwaltungsmaßnahmen oder Drohungen niedergehalten werden. Doch die Abschaffung von Domänen und *daimyō*-Armeen war ein entscheidender Schritt weiter in Richtung auf einen modernen japanischen Nationalstaat.

Das Ende der Kriegerherrschaft

Die Meiji-Restauration war durch eine Koalition von Samurai-Führern aus den südwestlichen Domänen und dem Hofadel zustande gekommen, die gemeinschaftlich das Tokugawa-Bakufu ausgeschaltet hatten. Ihre Armeen erwiesen sich als besser vorbereitet, motiviert und geführt, als die Tokugawa-Verbände. Die neue Regierung wurde von Samurai in die Hand genommen, die bereits Erfahrung bei der Verwaltung in den Restaurations-Domänen gesammelt hatten, und es verstanden, die Aura des Kaisers und das Prestige des Hofadels für ihre Zwecke einzusetzen. Eine Generation lang herrschte *shizoku* (Landadel) in Japan. Doch gleichzeitig schritt die Entmachtung der Samurai, jener Schicht von Kriegern, die Japan seit dem 11. Jahrhundert dominiert hatte, unaufhaltsam voran. Ihre erblichen Einkünfte wurden zunächst gekürzt, und dann durch eine einmalige Abfindung in Form von Zinsobligationen ersetzt. Das Schwert, jahrhundertelang das Ehren- und Klassensymbol, verkam zum Erbstück. Das Gewaltmonopol, dessen konkretes Instrument es einst gewesen war, ging auf die neuen Regierungstruppen von Dienstpflichtigen über. Nebeneinkünfte, Kleidervorschriften, Namen und Anredeformen der Samurai verschwanden allmählich unter den gleichmacherischen Tendenzen einer Einklassengesellschaft, deren Wahlspruch lautete: »Ein Herrscher, 10000 Untertanen.«

Daß dies möglich war, zeigt, wie angegriffen die Stellung der Samurai in der späten Tokugawa-Gesellschaft bereits war. In einer Umgebung von ständig wachsenden Einkünften und Erwartungen mußten sie mit festem Sold auskommen. Ihre Kriegskünste verkamen in der langen Friedensphase unter der Herrschaft der Tokugawa. Die Besten unter ihnen hatten in Verwaltung und Kultur ihre Aufgaben gefunden, doch die Mehrheit war in Untätigkeit verfallen. Der überbesetzte Verwaltungsapparat führte dazu, daß kaum einer von ihnen mehr als einen Tag in der Woche »Dienst« hatte. Gleichzeitig waren aus dem in Friedenszeiten aufblühenden Handel und der Landwirtschaft unabhängige, gebildete und unternehmungslustige Bürger hervorgegangen, die diesen

Militärs überlegen waren. Die sich verbreitenden Vorstellungen von Gerechtigkeit und Fairneß führten dazu, daß die Bevölkerung rebellierte und mit Aufruhr antwortete, sobald ein Samurai seine Probleme durch die Erhöhung von Steuern oder erzwungene Arbeitsleistungen zu lösen versuchte. Nachdem bei der Bewaffnung der Truppen nun auch wieder westliche Waffen eingesetzt und mit gemischten Verbänden aus Samurai und Bürgerlichen experimentiert wurde, fanden manche Domänen die Bürgerlichen anstelliger als die Samurai. Internationale Beispiele zeigten die Vorteile einer Beteiligung des Bürgers an der Landesverteidigung. Es war besser, eine »Nation von Samurai« zu mobilisieren, als die Verantwortung in die Hände einiger weniger Kämpfer zu legen. Der Blick auf das Ausland bestätigte einheimische Tendenzen, die sich auf die »Praktischen Lehren« des Konfuzianismus und die Ethik der Volksfrömmigkeit beriefen, und das Samūrai-Ideal vom Waffendienst ablösen wollten von den Samūrai als Klasse.

Die Art und Weise, wie dieser Prozeß eingeleitet wurde, zeigt, wie realistisch und umsichtig die neuen Führungspersonen zu Werke gingen. Nach der Abschaffung der Domänen hatte die Regierung die Besoldung der Samurai übernommen. Bald wurde jedoch deutlich, daß diese große finanzielle Belastung die Durchführung der Reformen gefährden würde. Daraufhin wurden die Bezüge der Samurai zunächst gekürzt, und ab 1876 in zinsträchtige Obligationen umgewandelt mit dem Ziel, die Samurai sollten ihre ererbten Privilegien in den Aufbau der neuen Gesellschaft investieren. Im selben Jahr wie die Kommutationsverordnung erfolgte auch der Erlaß gegen das Tragen von Schwertern. Was bisher im Ermessen des einzelnen gelegen hatte, war nun gesetzeswidrig. Moralisten wie Nitobe Inazō priesen zwar die Samurai-Regeln des *bushidō* als einen mit dem westlichen Rittertum vergleichbaren Ehrenkodex, doch die Führer der frühen Meiji-Regierung betrachteten ihre ehemaligen Standesgenossen mit Unbehagen. Sicherlich hielten manche die Maßnahmen der Regierung gegenüber dieser traditionsreichsten Schicht der japanischen Gesellschaft für zu rigoros, doch die Mehrzahl sah in den Samurai ein Hemmnis auf dem Weg zu einer neuen Gesellschaft.

Eine Möglichkeit, die Samurai auszuschalten, war ihre Entsendung in den Krieg, und in Korea schien sich eine solche Gelegenheit zu bieten. Die Landesgrenzen waren zur Tokugawa-Zeit nicht eindeutig festgelegt gewesen. Satsuma regierte Okinawa, ließ aber dessen Tributverhältnis zu China aus Gründen des Handels unangetastet. Matsumae, ein Vasall der Tokugawa, war für die nördliche Insel Hokkaidō verantwortlich, aber nicht vorbereitet auf ein Vordringen Rußlands bis Sachalin und zu den Kurilen. Der Befehlshaber von Tsushima unterhielt Handel mit Korea und machte andererseits große Zugeständnisse, nur um eine Handelsstation in Pusan weiterführen zu können.

Der Satsuma-Aufstand von 1877 war die letzte bewaffnete Revolte gegen die Reformpolitik der neuen Meiji-Regierung. Er wandte sich vor allem gegen die Entmachtung der Samurai-Klasse, die Beschneidung ihrer Privilegien und Einkünfte und die Einschränkung ihres traditionellen Lebensstils. Viele Samurai aus Satsuma traten zusammen mit Saigō 1873 aus der Regierung zurück. Sie waren verärgert über die Zurückweisung von Saigōs Angriffsplan auf Korea und sahen durch die Reformpolitik ihre Interessen gefährdet. Die Unruhen begannen im Januar 1877 und dauerten bis zu Saigōs Selbstmord im September. Man erzählte sich, daß sogar die Frauen von Kyūshū sich mit Piken bewaffneten und auf die Regierungstruppen eindrangen.

Der Fall Korea hatte die Gemüter bereits in der späten Tokugawa-Verwaltung, etwa seit den sechziger Jahren, beschäftigt. Wollte man die fremden Mächte, die an allen Ecken des Reiches präsent waren, in die Schranken weisen, dann mußte man zunächst mit den unmittelbaren Nachbarn klare Verhältnisse schaffen. Die neue Meiji-Regierung entsandte daher eine Mission nach Korea, um die dortigen Machthaber über den Machtwechsel in Japan zu informieren, alle Abmachungen zwischen Korea und dem Tokugawa-Vasallen auf Tsushima für nichtig zu erklären und in direkte zwischenstaatliche Kontakte einzutreten. Die Koreaner waren mit keinem dieser Punkte einverstanden und unterrichteten die Japaner, daß, falls sie im Stil des Westens auf diplomatischer Ebene verhandeln wollten, man sie als Barbaren betrachten und abweisen werde. Diese Antwort erzürnte die Samurai-Führer, die, der ewigen Unterwürfigkeit gegenüber dem Westen müde, die Sache zu einer gewaltsamen Klärung bringen wollten. Ein weiteres Argument für diese Art des Vorgehens war die Möglichkeit für den Einsatz der ruhelosen und unproduktiven Krieger. 1873 traf man in Tōkyō die Entscheidung: der bedeutendste Militärführer der Restauration, Saigō Takamori, erbot sich, als Gesandter nach Korea zu reisen, und für den Fall, daß er Schaden nehmen, oder auch nur beleidigt werden sollte, hätte Japan einen Grund, einzuschreiten.

Doch binnen kurzem wurde dieser Plan verworfen. Andere Samurai-Führer, die von einer Weltreise im Sinne der Eides-Charta (»Weisheit auf der ganzen Welt suchen«) zurückkehrten, waren sich des Ungleichgewichtes bewußt, das nach wie vor zwischen Japan und den fremden Mächten bestand. Sie warnten vor einem überstürzten Einmarsch in Korea, dessen Erfolg ohnehin nur den gierigen europäischen Mächten zugute käme. Dieses Argument setzte sich zwar durch, doch viele Samurai traten unter Protest aus einer Regierung zurück, deren Entscheidungen sie für willkürlich und verantwortungslos hielten. Auch eine Strafexpedition nach Taiwan im folgenden Jahr, die Japans Anspruch auf Okinawa festigte und Aggressionen taiwanesischer Eingeborener gegen Fischer von den Ryūkyūs rächen sollte, konnte sie nicht beschwichtigen.

Diese Verbindung von persönlicher Unzufriedenheit und einer vermeintlichen Bedrohung der nationalen Ehre löste die schärfsten Unruhen unter den Samurai aus, die die neue Regierung zu bestehen hatte. Vor allem in den Restaurations-Domänen, wo die Erwartungen der Samurai am höchsten gewesen waren, flammte Unzufriedenheit auf. Im Norden hatten die militärischen Auseinandersetzungen der Restauration die Kampffreudigkeit des Landadels bereits erschöpft. Einige der enttäuschten ehemaligen Restaurationsführer stellten sich nach der Spaltung über die Frage der Koreapolitik an die Spitze der Aufständischen. 1874 führte Etō Shimpei einen Aufstand der »Bestraft-Korea-Gruppe« in Saga; ähnliche Revolten wurden 1876 in Chōshū (Hagi) und Kyūshū (Akitsuki und Kumamoto) niedergeschlagen. Und 1877 organisierte der ehemalige Restaurations-Held Saigō Takamori einen breit angelegten Widerstand des Landadels in Satsuma, der die militärischen Reserven der jungen Regierung bis an ihre Grenzen beanspruchte.

Saigōs schließliche Niederlage war der Höhe- und Wendepunkt der Samurai-Opposition und schreckte andere gesellschaftliche Gruppen ab, ähnliches zu versuchen. Die *shizoku*-Aufstände hatte ihre Wurzeln in feudalistischem Provinzialismus gehabt und waren in keiner Weise koordiniert verlaufen. Befangen in ihrer Unzufriedenheit über verlorene Klassenprivilegien waren die Samurai nicht in der Lage gewesen, das Protestpotential anderer gesellschaftlicher Gruppen in ihre Bewegung zu integrieren. Im Falle des Aufstandes vom »Göttlichen Wind« in Kumamoto hatten die Rebellen sich sogar geweigert, Gewehre zu benutzen, um die spirituelle Kraft des Samurai-Schwertes wieder aufleben zu lassen. Am meisten machte der Regierung der Satsuma-Aufstand zu schaffen. Hier gab es die meisten Samurai, hier hatten Kampfbereitschaft und Kampfmoral ihren höchsten Stand. Da die Regierungstruppen fernab vom Nachschub kämpften, mußten sie durch Polizeiverbände und Soldaten aus anderen Gegenden verstärkt werden. Einzig ihre überlegene Taktik und Koordination brachte den Regierungstruppen den Sieg. Saigō, der durch eigene Hand starb, wurde später rehabilitiert und wieder in die Reihen der Nationalhelden des modernen Japan aufgenommen.

Die Gesetzgebung zur militärischen Dienstpflicht und zum Unterrichtswesen.

Da die Samurai nun nicht mehr für Japan kämpften, mußten andere diese Aufgabe übernehmen. Am Ende des Jahres 1872 waren die Planungen zur Einführung eines Dienstpflichtsystems abgeschlossen, und im Januar 1873 wurde das Wehrpflichtgesetz verkündet. Bereits vor der Restauration hatten einige Domänen die Beteiligung von Bürgerlichen erprobt, und das Bakufu hatte schließlich sogar eine Besteuerung der Samurai-Einkünfte erwogen, um für die Kosten von Bürgerheeren aufkommen zu können. Auch das Vorbild gut ausgebildeter Bürgerheere im Westen hatte in diese Richtung gewiesen. Einige Restaurationsführer hatten den Preußisch-französischen Krieg von 1870–71 in Europa miterlebt und berichteten von dem erstaunlichen Einsatz, den die Bürger von Paris bei der Verteidigung ihrer Stadt gezeigt hatten. Sie vertraten die Ansicht, daß Japan in der brisanten Lage, in der es sich im internationalen Kontext befinde, unbedingt über ein gut ausgebildetes Heer einfacher Soldaten verfügen müsse. Statt sich auf eine Klasse in Waffen zu verlassen, müsse Japan zu einer »Nation in Waffen« werden. Sogar die Tradition wurde dafür herangezogen, denn als Japan seinerzeit die Institutionen nach chinesischem Vorbild aufgebaut hatte, hatte es durchaus Bauernaushebungen gegeben.

Ähnlich wie das französische Wehrdienstgesetz, nach dessen Vorbild es gestaltet war, nahm auch das japanische Erstgeborene und sogar Adoptivsöhne von der Dienstpflicht aus, um das Familiensystem nicht anzutasten. Auch konnte man sich vom Dienst freikaufen. Da zunächst kein großes Heer vonnöten war, und man auch freiwillige Rekruten aufnahm, machten die Aushebungen der siebziger Jahre nur etwa drei Prozent der Männer im entsprechenden Alter aus. Nach der Niederschlagung des Satsuma-Aufstandes kam die Armee allenfalls gegen die Proteste zum Einsatz, die im Rahmen der Revision der Grundsteuer aufflammten. Erst nach Verabschiedung der Verfassung in den neunziger Jahren konnte sich die Regierung erneut mit dem Koreaproblem befassen. Seitdem stieg die Zahl der militärischen Unternehmungen rapide an. In der Zwischenzeit war ein Offizierskorps, das zu großen Teilen aus Samurai bestand, aufgebaut und trainiert worden. Die Samurai-Tradition brachte es mit sich, daß der Waffendienst für den Kaiser nach wie vor eine gewichtige Rolle im Gewissen eines jeden Japaners spielte.

Mittlerweile forderte die nationale Erstarkung die aktive Anteilnahme einer gebildeten Bevölkerung. Die 1872 herausgegebenen Grundlagen des Erziehungswesens teilten das Land in acht Universitätsdistrikte und 32 Mittelschuldistrikte mit je 210 Grundschulen. Für viele Jahre war vor allem die untere Ebene dieses Planes von Bedeutung, doch die Formulierungen des Ediktes ließen keinen Zweifel an der grundlegenden Bedeutung dieser Maßnahmen. »Lernen ist der Schlüssel zum Erfolg im Leben, und keiner kann sich leisten, das Lernen zu vernachlässigen. Es ist Unwissenheit, die die Menschen irreleitet, sie hilflos macht, ihre Familien zerreißt und letztlich ihr Leben zerstört.« In der Vergangenheit, so lesen wir weiter, sei Bildung zu ausschließlich das Privileg der Samurai gewesen, und selbst »die Samurai und ihre Feudalherren, die Bildung genossen haben, sahen diese zu sehr im Dienste des Staates, wo sie doch der wahre Schlüssel zum Erfolg im Leben ist«. Schuld daran sei »unsere üble Tradition«. Daher sollte »jeder einzelne nach eigener Überzeugung alle anderen Belange der Erziehung seiner Kinder unterordnen«.

Finanzierung und Inhalte dieser Erziehung blieben für die nächsten 20 Jahre ein permanentes Diskussionsthema. Sobald neben der Grundsteuer auch eine Erziehungssteuer erhoben werden sollte, beklagten sich die Bauern; sobald die Lesebücher zu liberal erschienen, wähnten die Konservativen die Grundwerte des Staates in Gefahr. Seine letzte Abrundung erhielt das Erziehungssystem durch Erziehungsminister Mori Arinori, ein Samurai aus Satsuma, der dieses Amt von 1885 bis zu seiner Ermordung durch einen Reaktionär im Jahre 1889 innehatte. Mori setzte sich für ein Erziehungssystem ein, das eine in hohem Maße disziplinierte und motivierte Bevölkerung hervorbringen sollte. Entscheidend dabei war eine zu Disziplin und Hingabe bereite Garde von Lehrern, die in Lehrerseminaren nach geradezu militärischen Prinzipien ausgebildet wurde. Auf der Ebene der Universitäten dagegen herrschte größtmögliche Freiheit der Forschung, um Japan die Möglichkeit zu geben, auf dem internationalen Schauplatz der Wissenschaften und Ideen seinen Beitrag leisten zu können.

Japan hatte erstaunlichen Erfolg bei der Synthese dieser scheinbar gegensätzlichen Strukturprinzipien. Im frühen 20. Jahrhundert durchliefen alle Kinder im schulpflichtigen Alter die Grundschule. Einheitliche Lesebücher behandelten auch Themen wie Moral, Patriotismus und Loyalität. An der 1877 gegründeten Kaiserlichen Universität in Tōkyō, gefolgt von der in Kyōto zum Ende der Meiji-Zeit, konnte erstaunlich frei geforscht werden, sofern es nicht um den Ursprung des Kaiserhauses oder verwandte Themen ging. Erst der Ultranationalismus der dreißiger Jahre setzte dieser relativen Freiheit der höheren Erziehung ein Ende.

Reform der Grundsteuer

Für alle diese Reformen benötigte die Regierung feste, kalkulierbare Einkünfte. In der späten Tokugawa-Zeit hatten sich die Steuern nach den Domänen, gelegentlich auch nach den jeweiligen Lehenshaltern bemessen. Nachdem die Regierung die Verantwortung für die Domänen und den Unterhalt der Samurai übernommen hatte, wurde ein neues, einheitliches System der Landvergabe und Besteuerung nötig und möglich. Im Jahr 1873 gleichzeitig mit der Einführung der militärischen Dienstpflicht und des neuen Erziehungssystems, wurde auch die Revision der Grundsteuer in Angriff genommen. Nach langer Diskussion einigte man sich auf eine Besteuerung des Farmlandes auf der Basis der letzten Ernteerträge. Davon mußten drei Prozent in Geldwährung entrichtet werden; dazu kamen ein Prozent lokale Steuern, so daß man auf einen Steuersatz von mindestens vier Prozent kam.

Auf dieser Berechnungsgrundlage war die Steuer einkommensunabhängig. Doch eine Regierung, die durch

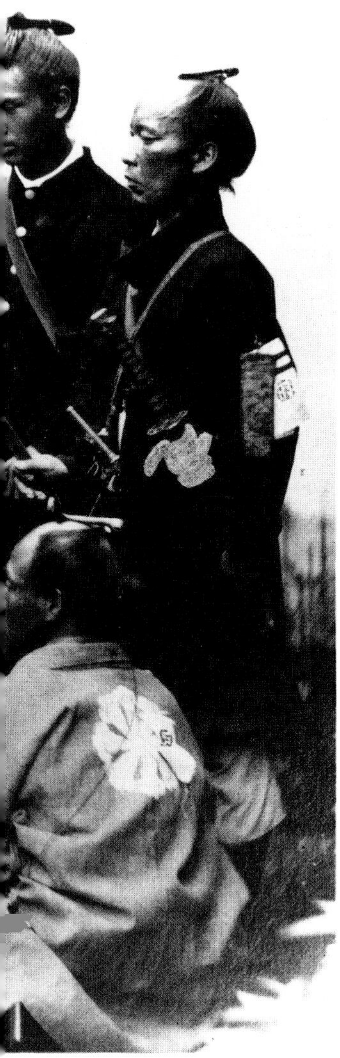

Diese beiden Fotos zeigen den augenfälligen Unterschied zwischen den jungen Samurai aus Satsuma und Chōshū nach ihrem Sieg über das Tokugawa-Shōgunat *(oben)* und der Armee von Dienstpflichtigen *(links)*. Sie wurde nach westlichem Vorbild organisiert und ausgebildet und schien den Samurai-Führern der Meiji-Restauration zur Landesverteidigung besser geeignet als die Samurai-Verbände mit ihren starken regionalen Bindungen und elitären Vorstellungen. Den Grundstein für die neue Nationalarmee legten Ōmura Masujirō und Yamagata Aritomo aus Chōshū. Seine Erfahrungen in Chōshū hatten Ōmura davon überzeugt, daß gut trainierte Bauern ebensogut kämpfen können wie Samurai. Ōmura war ein Bewunderer Napoleons, und er organisierte das japanische Militär nach französischem Vorbild. Yamagata und andere Regierungsmitglieder waren vom Sieg Preußens 1871 so beeindruckt, daß sie später das deutsche Generalstabssystem einführten. Bei den betroffenen Bürgern war das Wehrpflichtgesetz von 1873 nicht sehr beliebt. Aber es sorgte für ausreichende Truppenstärke bei der Niederschlagung des Satsuma-Aufstandes 1877, der ersten Feuerprobe für die neue Armee.

die Belastungen der Domänen und Samuraibesoldung schwer verschuldet war, und nach wie vor Reparationszahlungen an das Ausland leisten mußte, die noch aus der Tokugawa-Zeit stammten, konnte sich keine Einnahmequelle entgehen lassen. Andererseits versuchte sie zu ihrem Versprechen zu stehen, die Steuern im Sinne allgemeiner Gleichheit zu egalisieren. Probleme bei der Durchführung dieses Planes, vor allem bei der Neuschätzung des Landes, standen zu erwarten. Die Erfassung bebaubaren Landes dauerte allein bis 1876, die der Wälder und Wasserscheiden (Strom-Einzugsgebiete) bis 1881. In Satsuma zum Beispiel konnte vor dem Ende der Revolution ohnehin nichts unternommen werden. Im Endeffekt zahlten die meisten Bauern etwa genausoviel wie zuvor. Im Gebiet der Tokugawa, das über ein dichtes Handelsnetz verfügte und unter dem alten System schon immer einen gewissen Vorteil genossen hatte (unter anderem, weil es weniger stark militarisiert war), stiegen die Steuern an, während die ehemaligen Restaurations-Domänen, immer schon schwer besteuert und militärisch ausgelaugt, nun eine ökonomische Erleichterung spürten.

Dennoch hatten die Bauern den nicht unbegründeten Eindruck, daß sie es seien, die die Kosten des neuen Regimes zu tragen hätten. Es hatte tatsächlich keine andere Einnahmequelle. Außerdem fiel es den Bauern aus entlegeneren Gebieten schwer, die Steuern in Bargeld zu entrichten. Es gab daher während der siebziger Jahre zahlreiche Proteste in der Hoffnung, daß sich die Machthaber, wie zur Tokugawa-Zeit, dadurch unter Druck setzen lassen würden. Statt dessen zögerte die inzwischen gut gerüstete Regierung nicht, hart gegen solche Widerstände vorzugehen.

Für Japans Bauern waren die Ergebnisse der Reformen zwiespältig. Die siebziger Jahre erlebten eine stetige Inflation, da die Regierung es sich in der Stunde der Gefahr nicht leisten konnte, auf stabilere finanzielle Verhältnisse zu warten. Dementsprechend stiegen die Preise für Agrarprodukte und mit ihnen die Erwartungen der Bauern. Auch profitierten sie von der Aufhebung der strengen Klassengesetze der Tokugawa-Zeit. Es wurde ihnen zunächst gestattet, dann von ihnen verlangt, Nachnamen anzunehmen. Sie durften anbauen, was sie für richtig hielten und unterlagen nicht mehr den rigiden merkantilistischen Praktiken der Tokugawa-Domänen. 1872 wurde das Verbot, längerfristig Land zu verkaufen, aufgehoben, und Heirat zwischen den alten Klassen war von nun an möglich. Die Bauern hatten einen stärkeren Anteil am Markt, und die bisher üblichen Absprachen über Landbesitz und -nutzung wurden auf eine solide gesetzliche Grundlage gestellt. Diese Veränderungen boten den Fähigen und durch ihre Lage Begünstigten bessere Möglichkeiten, die übrigen jedoch hatten das Nachsehen. In den achtziger Jahren, in denen die Inflation von einer Deflation abgelöst wurde, verschob sich das Verhältnis dieser beiden Gruppen zueinander deutlich.

Die institutionellen Grundlagen für das formale Ende der Samuraiherrschaft waren damit geschaffen, und diese Ablösung einer gesellschaftlichen Klasse nahte mit erstaunlicher Geschwindigkeit. Sicherlich hatten die meisten Samurai im Laufe der Ereignisse, die zur Meiji-Restauration führten, nicht so etwas wie eine kapitalistische Gesellschaft im Sinn gehabt. Sie wollten eine starke und erfolgreiche Regierung und hatten nie daran gezweifelt, daß sie selber diese bilden würden. Tatsächlich waren viele der Mitglieder der jetzigen Regierung ehemalige Samurai, doch es waren sehr viel weniger als zuvor, und die Maßnahmen, die sie ergriffen, schufen die Grundlagen für den Erfolg der Tüchtigen, Gebildeten und Reichen. Nach wie vor stützte sich die neue Gesellschaft auf nationale Stärke und militaristische Ideale, und die zivile Gesetzgebung orientierte sich an den Werten der patriarchalischen Samurai-Familie. Andererseits gingen Tausende von Samurai sehr bald ihrer Staatsanleihen verlustig und endeten, schlecht gerüstet für den Konkurrenzkampf der neuen Gesellschaft, in kultivierter, bisweilen auch bitterer Armut.

Fragt man sich, wie derart grundlegende Reformen, die so nachhaltig auf die Zukunft Japans gewirkt haben, in dieser kurzen Zeit durchgeführt werden konnten, dann liegt die Antwort sicher in den Besonderheiten der Tokugawa-Gesellschaft. Die *daimyō* waren nicht wirklich die Eigentümer ihrer Ländereien gewesen, sondern hatten sie nur treuhänderisch verwaltet. Auch ihren Vasallen war das Land, von dem sie sich ernährten, lediglich zugesprochen. Die Petition der vier Restaurations-*daimyō* von 1869, in der es hieß: »Das Land, auf dem die Unterzeichnenden wohnen ist das Land des Kaisers«, galt für die gesamte Kriegerklasse. Hätte es, ähnlich wie in Europa, eine landbesitzende Klasse gegeben, hätte man ihr größere Zugeständnisse machen müssen; sie zu entwurzeln hätte einer Revolution bedurft. Daher dauerte ein Prozeß, der sich in Preußen über Jahrhunderte hinzog, in Japan nur etwa zehn Jahre. Im Japan der Meiji-Zeit waren durchaus revolutionärer Geist und Enthusiasmus im Spiel, revolutionäre Aktionen waren jedoch nicht vonnöten.

Japans Berührung mit dem Westen

Die siebziger Jahre des 19. Jahrhunderts waren für die Führer der Meiji-Restauration voller Probleme und Entscheidungen, doch man muß daran erinnern, daß gleichzeitig ein kultureller Wandlungsprozeß von weitreichender Bedeutung stattfand. Wichtigster Aspekt der frühen Meiji-Jahre war Japans Berührung mit dem Westen, und die maßvolle Übernahme westlicher Zivilisation und Vorbilder. Ein Jahrtausend lang hatte der nachbarliche Koloß China die Begriffe bestimmt, nach denen Japan sich aufbaute und bis zu einem gewissen Grad auch selbst definierte. Die Mischung aus japanischer und chinesischer Kultur, die man gemeinhin als ostasiatisch bezeichnet (Tōyō), blieb nach wie vor ein tragender Teil des japanischen Selbstverständnisses. Aber China als Staat war nicht länger ein Objekt der Bewunderung; es lehrte die Japaner vielmehr eine Lektion über die Gefahren der Stagnation und eines überhöhten Selbstvertrauens. Im frühen 18. Jahrhundert konnte der Gelehrte Ogyū Sorai, in vieler Hinsicht eine Stimme seiner Zeit, sich selbst als »östlichen Barbaren« bezeichnen. In den späten achtziger Jahren aber warnte Fukazawa Yukichi, einer der Führer des intellektuellen Lebens jener Zeit, seine Landsleute davor, in den Augen des Westens mit China oder Asien gleichgesetzt zu werden; er trat vielmehr dafür ein, daß Japan seinen Weg »heraus aus Asien« finden sollte.

Selbstverständlich vollzog sich dieser Wandel nicht von heute auf morgen. Bereits die Intellektuellen der Tokugawa-Zeit machten einen Unterschied zwischen der Kultur Chinas und dem zeitgenössischen Manchu-Staat der Qing-Dynastie. Selbst Ogyū rühmte sich, daß seine Kenntnisse der klassischen chinesischen Kultur nicht hinter denen seiner chinesischen Kollegen zurückstünden. Doch die Ansichten über diesen Punkt gingen auseinander. Andere wichtige Vertreter der Meiji-Zeit vertraten die Meinung, man müsse sich mit den Nachbarn auf dem Festland zusammentun und ihnen helfen, aber sie liefen Gefahr, dort mit Herablassung und Arroganz

empfangen zu werden. Schon die geistigen Vorläufer der Meiji-Führer hatten sich dem Westen zugewandt, und hielten westliche Bücher, die sie über die Kontakte mit den Holländern in Nagasaki kennengelernt hatten, für genauer und eindrucksvoller als jene aus China. Selbst die Tradition kam mit ins Spiel: »Unsere Vorfahren reisten nach China, aber jetzt reisen wir in den Westen«, schrieb der Vizeminister der ersten Westdelegation von 1860. Vor dem Sturz der Tokugawa folgten noch sechs weitere Gesandtschaften, und zur Zeit der Restauration befand sich der jüngere Bruder des Shogun gerade als Student in Paris, um sich auf ein Amt im modernisierten Bakufu vorzubereiten.

Doch diese Kontakte waren schwach und beschränkten sich auf einige wenige Personen, vergleicht man sie mit dem massiven Einfluß und dem gewaltigen Umschwung, den der Westen während der frühen Meiji-Jahre für Japan brachte. Bücher und Gedankengut aus dem Westen kamen wahllos und in großer Menge nach Japan; Renaissance, Aufklärung, Viktorianismus, alles kam gleichzeitig dort an. In bezug auf die Kultur schreibt der japanische Historiker Irokawa Daikichi: »Die Meiji-Zeit war die turbulenteste Phase der japanischen Geschichte. Verglichen mit dem Durcheinander, das in dieser Zeit entstand, waren frühere Einflüsse schwach und von begrenztem Ausmaß. In der Meiji-Zeit betraf dieser Einfluß nicht nur die Wenigen an der Macht, sondern bewirkte eine heftige Bewegung innerhalb der mittleren Gesellschaftsschichten, die bis in die niederen Schichten nachwirkte.«

Innerhalb der staatstragenden Schicht lag die Begründung für diese Hinwendung zum Westen in dem Slogan *fukoku-kyōhei* (»bereichere das Land und stärke die Armee«), d.h. dem Versuch, das Land zu stärken. Gelehrte der späten Tokugawa-Zeit, wie etwa Sakuma Shōzan, hatten sich für eine Verbindung von »westlicher Technik« mit »östlichen Werten« eingesetzt, doch rückkehrenden Studenten und Reisenden der siebziger Jahre war klar, daß mehr nötig war. Die westliche Kultur stellte eine größere Herausforderung dar. Der Slogan *bummei kaika* (Kultur und Aufklärung) brachte die Prioritäten der Intellektuellen zum Ausdruck, denen es um eine Reform vor allem des kulturellen Lebens zu tun war. Fukazawa Yukichis Serie von Aufrufen unter dem Titel »Ermutigung zum Studium« *(Gakumon no susume)* beginnt mit den Worten: »Der Himmel schuf keinen Menschen vornehmer oder geringer als den anderen. Das bedeutet, daß alle Menschen von Natur aus gleich geboren werden ... Der Unterschied zwischen weise und dumm ist lediglich eine Frage der Erziehung.« Der Gegenstand der Erziehung, so fährt er fort, sollte »praktisches Lernen sein, das den Bedürfnissen des Menschen entspricht ... Um sich auf allen diesen Gebieten weiterzubilden, sollte der Lernende Übersetzungen aus dem Westen zu Rate ziehen ... Ein Jugendlicher, der jung und begabt ist, sollte lernen, westliche Sprachen zu lesen.« Dieses Werk, in einfacher Sprache geschrieben und an den einfachen Mann gerichtet, zirkulierte in Tausenden von Exemplaren, und man kann annehmen, daß ein großer Teil der Lesekundigen es zur Kenntnis genommen hat.

1875, als Teile des *Gakumon no susume* nach wie vor in Umlauf waren, veröffentlichte Fukazawa ein umfassenderes Werk mit dem Titel *Abriß der Zivilisation.* Darin vertrat er die Ansicht, Japan stehe an einem Kreuzweg und müsse sich entscheiden, ob es auf dem Weg zur modernen Zivilisation fortschreiten oder in die Barbarei zurückfallen wolle. »Zivilisation« war für ihn selbst die einzig richtige Wahl, denn da der Westen bereits eine wesentlich höhere Zivilisationsstufe erreicht habe, sei es eine Verpflichtung für sein Land, diesen Vorsprung aufzuholen, indem es vom Westen lernen solle. Dabei verstand er unter »Zivilisation« nicht nur die materielle Kultur, sondern sah darin vor allem eine gewisse Geisteshaltung. Seiner Ansicht nach war die Ruhelosigkeit, Individualität und nationale Unabhängigkeit des Westens die wichtigste Voraussetzung für Japans zukünftige Selbstbestimmung und sein Ansehen in der

1858 wurde zwischen fünf fremden Nationen und Japan ein Vertrag über die Öffnung einiger Handelshäfen geschlossen. Einer dieser Häfen war das Fischerdorf Yokohama südlich von Edo (Tōkyō). Als die ersten ausländischen Kaufleute mit ihren Familien eintrafen, waren die Japaner tief beeindruckt von ihren seltsamen Sitten, Kleidern und Manieren. Um die Neugier der Leute in Edo zu befriedigen, druckte man Holzschnitte mit Szenen aus Yokohama. Dieser Druck von Utagawa Sadahide (1807–1873) zeigt die erste westliche Eisenbrücke, die 1870 in Yokohama eröffnet wurde. 1872 verkehrte die erste Eisenbahn zwischen Yokohama und Shimbashi in Tōkyō.

Einer der Männer, die die Meiji-Restauration in Gang brachten und die Politik der ersten Jahre bestimmten, war Iwakura Tomomi. Neben dem weniger einflußreichen Santō Sanetomi war er das einzige Mitglied des Hofadels in der neuen Regierung. Gewitzt und versiert in der Kunst der politischen Intrige, vermittelte er zwischen den Fraktionen aus Satsuma und Chōshū und behielt dabei immer die Interessen des Kaiserhauses im Auge. Er war von der Notwendigkeit einer starken kaiserlichen Macht überzeugt, und bekämpfte die Bewegung für Freiheit und Volksrechte. Doch seine Europareise machte ihm klar, daß die Einführung eines konstitutionellen Systems unerläßlich war, schon allein um von den westlichen Nationen anerkannt zu werden. 1881 beauftragte er Inoue Kowashi mit dem Entwurf einer Verfassung.

Welt. Japans Fortschritt sei durch die Behinderung individueller Entfaltungsmöglichkeiten von seiten der Regierung gehemmt worden, und im Land müsse nun durch den Kontakt mit dem Westen eine Atmosphäre der Unabhängigkeit geschaffen werden. In diesem und in seinen anderen Werken betonte er die Notwendigkeit einer Auseinandersetzung mit den Kulturen des Westens, um die Entwicklung und Unabhängigkeit des eigenen Landes voranzutreiben. Als Erzieher (er war der Gründer von Keiō, der ältesten Privatuniversität Japans) und Publizist (er gab die Tageszeitung *Yubin hochi* heraus) spielte Fukazawa eine bedeutende Rolle unter den Intellektuellen seiner Zeit. Seine Veröffentlichungen waren so zahlreich, daß die »Fukazawa-Bücher« in jener Zeit geradezu sprichwörtlich waren.

Japanische Verlage brachten wahllos Übersetzungen westlicher Bücher heraus, aber keines von ihnen hatte so durchschlagenden Erfolg wie das unscheinbare Büchlein *Selbsthilfe* von Samuel Smiles. Es wurde von dem Tokugawa-Stipendiaten Nakamura Masanao übersetzt, der es von seinem Studienaufenthalt mit nach Japan brachte. Dieses Kompendium beispielhafter Lebensläufe wurde geradezu zum Lesebuch einer ganzen Generation, und Auszüge daraus tauchten bis ins 20. Jahrhundert in den Schulbüchern auf. 1871, im selben Jahr wie seine Übersetzung von Smiles' Buch, veröffentlichte Nakamura auch eine Übersetzung von John Stuart Mills *Über die Freiheit.* Damit lieferte er eine theoretische Grundlage für die Einführung von Institutionen eines politischen Repräsentativsystems.

Die Iwakura-Mission

Die Begeisterung, sich mit eigenen Augen von den Zuständen im Westen zu überzeugen, blieb nicht auf Intellektuelle und Studenten beschränkt. Trotz seiner politischen und finanziellen Probleme förderte die neue Regierung dieses Interesse nach Kräften. Der Kaiser selbst gab einen Erlaß heraus, in dem er die Angehörigen der alten Hofaristokratie ermahnte, ihren Teil zu einer modernen Zivilisation und einem neuzeitlichen Wissensstand beizutragen. Kaum waren die Domänen in die neuen Verwaltungseinheiten der Präfekturen umgewandelt, da machte sich der harte Kern der Meiji-Regierung auch schon selbst auf den Weg.

Die »Iwakura-Mission«, wie sie nach ihrem leitenden Gesandten genannt wird, war zwischen 1871 und 1873 21 Monate lang unterwegs. Unter den Vizegesandten waren Ōkubo Toshimichi (Satsuma), Kido Takayoshi und Itō Hirobumi (Chōshū), der zukünftige Architekt der Meiji-Verfassung. Da jede Regierungsabteilung Mitglieder auf die Reise schickte, wuchs ihre Zahl schnell auf 50, doch auch diese verdoppelte sich noch, als ehemalige Feudalherren mit ihren Vasallen sich anschlossen. Auch fünf junge Frauen fuhren mit, die sich um das westliche Bildungssystem kümmern sollten. Bei einer Abschiedsfeier beauftragte der Kaiser die Reisenden, alle Länder zu besuchen, mit denen Japan in Kontakt stehe, und ihre Institutionen genau zu studieren und darüber Bericht zu erstatten.

Kaum eine andere Regierung dürfte den Mut aufbringen, ihre wichtigsten Mitglieder nur wenige Jahre nach ihrer Installierung auf eine so lange Reise zu schicken. Die Regierungsangelegenheiten in Tōkyō überließ man einem Stab von Stellvertretern, der bekannteste unter ihnen dürfte wohl Saigō Takamori sein, der sich als Militärführer in Satsuma einen Namen gemacht hatte. Sie waren durch folgende Weisung gebunden: »Da es unsere Absicht ist, nach unserer Heimkehr tiefgreifende Reformen durchzuführen, sollten weitere Reformvorhaben für die Zeit unserer Abwesenheit nach Möglichkeit unterbleiben.« Die Stellvertreter arbeiteten eifrig, während die Mission im Ausland war; die neuen Verordnungen zum Schulsystem und zur militärischen Dienstpflicht, sowie die Vorbereitungen für die Revision der Grundsteuer wurden ohne Verzögerung durchgeführt. Ferner schaffte man in der Zwischenzeit den alten Mondkalender zugunsten des Gregorianischen Kalenders ab, eine Maßnahme, die die Delegationsmitglieder sehr beun-

ruhigte, sobald sie davon erfuhren. Schwerwiegender jedoch war die in ihrer Abwesenheit getroffene Entscheidung in bezug auf eine Strafexpedition gegen Korea, die die Gesandten sofort nach ihrer Rückkehr außer Kraft setzten.

Die Bedeutung dieser Reise für einige der späteren Führer japanischer Politik kann kaum überschätzt werden. Die Delegation teilte sich in Gruppen, die jeweils das Rechtssystem, das Erziehungswesen oder die Industrie eines Landes studierten. Das besondere Gewicht, das Handel und Industrie für die fortschrittlichen Nationen des Westens hatten, fiel den Besuchern sofort ins Auge. Ōkubo schrieb an einen Kollegen aus London: »Die Industrie ist in unerhörtem Maße angewachsen, so daß schwarzer Qualm aus allen Arten von Fabrikanlagen in den Himmel steigt ... Das ist eine ausreichende Erklärung für Englands Reichtum und Stärke.« Kido Takayoshi war besonders beeindruckt vom Schulsystem in den Vereinigten Staaten: »Über Schulen oder Fabriken kann ich dir kaum etwas berichten, denn es übersteigt jegliches Vorstellungsvermögen. Wenn wir uns in Zukunft nicht mehr um unsere Kinder kümmern, wird die Erhaltung der Ordnung in unserem Lande unmöglich sein. Es gibt nur eine Möglichkeit, um uns Ärger in zehn Jahren zu ersparen, und die besteht darin, Schulen einzurichten, die dieser Bezeichnung würdig sind.« Außerdem beeindruckten ihn die Parlamente: »Es gibt hier Vertreter des Parlaments, deren Aufgabe es ist, alles was vorgeht zu kontrollieren, und Willkürakte einzelner Beamter aufzudecken. Darin liegt einer der größten Vorzüge dieser Regierungsform.«

Die Gesandtschaft kehrte gerade noch rechtzeitig nach Japan zurück, um die Unternehmung in Korea zu stoppen. Den Delegationsmitgliedern war klar, daß Japan noch nicht stark genug war, um sich auf derlei Abenteuer im Ausland einlassen zu können. Institutionelle Reformen hatten jetzt Vorrang. In dieser Hinsicht fühlten sie sich durch ihre Erfahrungen auf der Reise durchaus ermutigt. Erstens schien Japans Unabhängigkeit nicht unmittelbar bedroht, und, was noch wichtiger war, sie erkannten, daß Europas Stärke auch erst in den letzten Jahrzehnten entstanden war. Ōkubo schrieb dazu: »Der ernorme Aufschwung von Handel und Industrie in den Städten hat in den letzten 50 Jahren stattgefunden.« Der offizielle Chronist der Delegation bestätigte das: »Erst wenn man das heutige Europa mit dem vor

Die Iwakura-Mission 1871–1873
Ende Dezember 1871 verließ die Iwakura-Mission an Bord des Dampfers *Amerika* Japan. Eines ihrer Ziele, die Revision der einseitigen Handelsverträge, scheiterte nach Gesprächen mit Präsident Grant 1872 in Washington. Seither beschränkte sich die Delegation auf Freundschaftsbesuche und Informationsaustausch mit europäischen Herrschern und Staatsmännern. Sie versuchte die Ursachen für Eigenständigkeit, Reichtum und Stärke der westlichen Nationen zu ergründen, japanische Studenten im Westen unterzubringen und Spezialisten ausfindig zu machen, die beim Aufbau des eigenen Landes von Nutzen sein konnten. Iwakura kehrte mit einem Großteil der Delegationsteilnehmer im September 1873 zurück. Kido und Ōkubo waren bereits früher nach Hause geeilt, nachdem sie von der politischen Krise erfahren hatten, die im Zusammenhang mit dem Plan einer Strafexpedition nach Korea entstanden war.

Itō Hirobumi (geb. 1841, *oben*) und Itagaki Taisuke (1837–1919, *rechts*) gehören zu den bedeutendsten Staatsmännern der Meiji-Zeit. Obwohl sie viel gemeinsam hatten und gelegentlich zusammenarbeiteten, repräsentieren sie zwei gegensätzliche Positionen in der Reformpolitik jener Zeit. Itō war durch und durch ein »Insider«. Als Führer der Restauration, Mitglied des Ältestenrates und Innenminister trat er für eine konservative, am preußischen Vorbild orientierte Verfassung ein, die dem Kaiser größtmöglichen Handlungsspielraum zugestand und einer Mitbestimmung des Volkes nur wenig Raum ließ. Itagaki, der von Ito mehrfach in die Regierung berufen worden war, zog es als Führer der Volksrechte-Bewegung vor, außerhalb der Oligarchie politisch tätig zu sein. Er gründete die Liberale Partei *(Jiyūtō)*, Japans erste große politische Partei. Sein berühmter Ausruf angesichts eines Mordanschlages: »Itagaki mag sterben – die Freiheit niemals!« war ein weiterer Ansporn für die Volksrechte-Bewegung.

40 Jahren vergleicht, kann man ermessen, wie groß die Veränderungen sind; zu Lande gab es keine Eisenbahnen, zu Wasser keine Dampfer, es gab kein Telegrafennetz, kleine Boote wurden die Kanäle entlanggetreidelt, auf See hißte man die Segel, und Pferdekarren zogen die Straßen entlang . . .« Japan war also nicht völlig hinter dem Mond, es konnte noch aufholen. »Die Japaner sind auch nicht anders als die Amerikaner oder Europäer von heute; es ist alles nur eine Frage der Erziehung«, schrieb Kido. Außerdem war Europa keine Einheit; seine Länder unterschieden sich in ihrer Kultur, sie hatten unterschiedliche Vorzüge.

Von da an suchte die Meiji-Führung die ihr geeignet erscheinenden Elemente des Westens zu übernehmen. Die politischen Institutionen Mitteleuropas, speziell in Preußen und Österreich-Ungarn, schienen attraktiv, ebenso das zentralisierte Erziehungssystem Frankreichs und die industrielle Macht Englands. Die fortschrittlichen, amerikanischen Methoden bei der Gewinnung von Nutzland führten dazu, daß der Landwirtschaftsbeauftragte Horace Capron engagiert wurde, um einen Entwicklungsplan für Hokkaidō zu erarbeiten. Als die Gesandten heimkehrten, lagen die Einführung der neuen Grundsteuer, die Bauernunruhen und die Rebellion des Landadels noch vor ihnen, doch sie hatten nun konkretere Vorstellungen davon, was zu tun sei.

Auf dem Weg zum Verfassungsstaat

Meiji-Japan war der erste nicht-westliche Staat mit einer konstitutionellen Regierungsform. Die Ausarbeitung der Verfassung brachte viele Auseinandersetzungen mit sich, doch sie blieb ohne Änderung bis 1945 in Kraft und erwies sich als erstaunlich flexibel. Betrachtet man ihre Ursprünge und allmähliche Entwicklung, erfährt man einiges über Stabilität und Stärke der japanischen Gesellschaft.

Vier Punkte waren für das Entstehen einer repräsentativen Regierung im Japan des 19. Jahrhunderts maßgeblich: Kulturelle Voraussetzungen in bezug auf Verantwortung und Gegenseitigkeit, das Vorbild des Westens, Unstimmigkeiten innerhalb der politischen Führungsschicht und die Reaktion einer neuen bürgerlichen Elite. Jeder dieser Punkte bedarf der kurzen Erläuterung.

In einer Gesellschaft mit jahrhundertelanger militärischer und autokratischer Herrschaft, mögen kulturelle Voraussetzungen als Hilfe auf dem Weg zum Verfassungsstaat unerheblich erscheinen. Doch das Eindringen und die Neuinterpretation konfuzianischen Gedankengutes während der mittleren Tokugawa-Zeit hatte die geistige Lage spürbar verändert. Freilich wurde der absolute Herrschaftsanspruch einer politischen Elite nicht in Frage gestellt. Doch der Umgang mit Begriffen wie »Universelle Vernunft« *(dōri)* und »Gerechtigkeit« *(seigi)* hatte Erwartungen aufgebaut und die Willkürherrschaft des Mittelalters in die Schranken gewiesen.

Feudalherren, die leichtfertig ihre wachsenden Belastungen ihren Untergebenen aufbürden wollten, mußten damit rechnen, von einer lokalen Führungsschicht zur Rede gestellt und vom Shogun kritisiert zu werden, sofern Ruhe und Ordnung bedroht schienen. Der Shogun oder der Kaiser waren eher Symbolfiguren der Macht als ihre Ausübenden, und die mächtigsten Vasallen erwarteten von ihnen, bei wichtigen Entscheidungen konsultiert zu werden. So wurde etwa Perrys Brief vom Präsidenten Fillmore 1853 mit der Bitte um Stellungnahme an alle Feudalherren verschickt. Einer von ihnen bat darum, daß seine Antwort geheimgehalten werde, da er keine Möglichkeit gehabt habe, seine eigenen Vasallen in der Angelegenheit zu befragen. In den letzten Jah-

ren der Tokugawa-Herrschaft waren zur Entscheidungsfindung Ratgebergremien zugezogen worden, was auch den letzten Shogun in der Hoffnung auf einen Beraterposten in der neuen Regierung zum Rücktritt bewogen hatte. In einer Zeit, in der unpopuläre Zugeständnisse an die fremden Mächte unausweichlich waren, hätte jede japanische Regierung einen breiten Konsens nötig gehabt. Das sollten Formulierungen wie »Ratgeberversammlungen« und »Öffentliche Diskussion« in der Eides-Charta von 1868 besagen.

Das Vorbild des Westens wirkte auf einige Meiji-Führer anziehend, auf andere abschreckend. Kido Takayoshi kehrte von der Iwakura-Mission mit einem positiven, fast idealisierten Bild von den Parlamenten heim, die die Bevölkerung einten und vor der Willkür der Mächtigen schützten. Andere, wie Ōkubo und Itō, waren eher davon beeindruckt, wie die Macht des englischen Königshauses durch die parlamentarische Verantwortung allmählich zurückgedrängt worden war. Alle waren sich jedoch einig, daß die Voraussetzung für den Respekt und die Gleichbehandlung durch den Westen eine Veränderung der Institutionen im europäischen Sinne sei.

Die Unstimmigkeiten innerhalb der politischen Führungsschicht hatten vielfältige Gründe. Der Beschluß von 1873 in Sachen Korea führte dazu, daß wichtige Regierungsmitglieder aus Tosa und Sage sowie Saigō Takamori aus der Regierung austraten. 1877 starb Kido Takayoshi eines natürlichen Todes, im folgenden Jahr wurde Ōkubo Toshimichi von einem unzufriedenen Ex-Samurai ermordet. Innerhalb eines Jahres verlor die Regierung die »großen Drei« der ersten Meiji-Dekade. Die Nachrückenden – Männer wie Itō Hirobumi aus Chōshū und Matsukata Masayoshi aus Satsuma – waren kundig und erfahren, doch man sah in ihnen vor allem die Vertreter der »Satsuma-Chōshū-Interessen«, weshalb man für den Rest der Meiji-Zeit die Regierung abschätzig als »Sat-Chō« bezeichnete.

Itagaki Taisuke und Soejima Taneomi, die Führer aus Tosa und Saga, die die Regierung nach dem Korea-Disput ebenfalls verlassen hatten, suchten nicht wie Etō Shimpei (Saga) und Saigō Takamori (Satsuma) Zuflucht bei den Waffen, sondern taten sich mit anderen Unzufriedenen zusammen und forderten ein gewähltes Repräsentantenhaus. Die Krise von 1873, so argumentierten sie, habe die Regierung in ihren Grundfesten erschüttert. Man habe bei der Zurücknahme des auf korrektem

Wege gefaßten Beschlusses vorschnell gehandelt und das Vertrauen des Volkes eingebüßt. »Wie kann die Regierung wieder gestärkt werden?«, fragten sie in ihrer Petition, und gaben zur Antwort: »Die Schaffung eines vom Volk gewählten Repräsentantenhauses wird Volk und Regierung wieder zusammenführen.« Das Dokument betont, daß eine Orientierung an westlichen Vorbildern diesen Prozeß beschleunigen könne. »Westliche Institutionen müssen durch eigene Erfahrung erprobt werden ... Wenn wir sie zum Vorbild nehmen und vom Erfindungsreichtum ihrer Schöpfer profitieren, warum sollten wir sie nicht auch erfolgreich in die Tat umsetzen können!« Wie technische und mechanische Erfindungen, so könnten auch politische Einrichtungen importiert werden. Warum also das Rad ein zweites Mal erfinden?

Itagaki, der eine hohe Stellung in der Regierung innegehabt hatte, war sich durchaus bewußt, daß die Diskussion über die Verfassung auch innerhalb der Regierungskreise geführt wurde, und hoffte, ihnen mit seiner Petition zuvorzukommen. Das gelang ihm in gewisser Weise, denn sein Name ist mit einer Organisation verbunden, die als Volksrechte-Bewegung *(Jiyū minken undō)* bekannt ist. Sie begann als regionale, verwiegend den Landadel erfassende Bewegung in Tosa, blieb aber nicht lange in diesem begrenzten Rahmen. Die *Risshisha* Selbsthilfe-Gesellschaft, benannt nach Smiles' Buch, die Itagaki ins Leben gerufen hatte, veröffentlichte folgende Stellungnahme: »Wir, die 30 Millionen Japaner, sind alle mit bestimmten Grundrechten ausgestattet, unter ihnen das Recht, sich seines Lebens zu erfreuen und es zu verteidigen, Besitz zu erwerben und zu behalten, für seinen Lebensunterhalt zu sorgen und nach Glück zu streben. Diese Rechte sind von der Natur jedem Menschen verliehen, und können ihm nicht willkürlich von irgend jemandem entzogen werden.« Hier zitierte der *shizoku* John Locke und die Unabhängigkeitserklärung. Im Laufe weniger Jahre reichte diese Bewegung, die von ein paar unzufriedenen Ex-Samurai aus Tosa ins Leben gerufen worden war, weit über diese Klasse hinaus. 1881, als in Ōsaka die Liberale Partei *(Jiyūtō)* gegründet wurde, war sie bereits zur nationalen Organisation angewachsen. Noch im selben Jahr versprach die Regierung eine Verfassung innerhalb der nächsten zehn Jahre. Sie war durch einen Finanzskandal ins Gerede gekommen, und wollte außerdem die wachsende Popularität der Volksrechte-Bewegung eindämmen. Doch diese Ankündigung, die eine Verbreiterung der politischen Basis bringen sollte, führte letztlich zu ihrer Verengung, denn sie war unter anderem verbunden mit dem Ausschluß des beliebten Ōkuma Shigenobu aus Saga. Dieser organisierte prompt im folgenden Jahr seine eigene Partei, die Reformpartei *(Kaishintō)*.

Historische Forschung hat gezeigt, daß innerhalb dieser politischen Auseinandersetzungen die neue bürgerliche Oberschicht eine wesentliche Rolle spielte. Im ganzen Land fanden sich Gruppen von Grundbesitzern, Kleinunternehmern und Geschäftsleuten – kurz die dörflichen Honoratioren mit Intellektuellen, meist Lehrern zusammen, und diskutierten politische Themen. In einem abgelegenen Dorf am Rande der Tōkyō-Ebene zum Beispiel traf sich regelmäßig eine Diskussionsgruppe, um Übersetzungen ausländischer Bücher über Diplomatie, Außenpolitik und Verfassungssysteme miteinander zu besprechen. Ihre Mitglieder diskutierten die Paragraphen von Verfassungsentwürfen, hörten sich Vorträge von Reportern an, unterschrieben Petitionen für eine rasche Einführung der Verfassung und wandten sich mit ihren Anliegen an nationale Führer wie Fukazawa. Sie taten dies ohne die Unterstützung der Regierung, die im Gegenteil oft mit Polizeigewalt gegen diese Art der politischen Betätigung vorging.

Die Verfassungsbewegung blieb also nicht auf die Kreise der nationalen Führer begrenzt. Sie entstand aus Unstimmigkeiten innerhalb der politischen Führung, mündete aber bald in den Strom des täglichen Lebens und der Diskussionen breiter Bevölkerungsschichten. Die japanische Gesellschaft war in keiner Weise träge oder unempfänglich für solche Impulse. Schon während der Tokugawa-Zeit hatten es durchsetzungsfähige lokale Leitfiguren verstanden, ihren Ansichten Ausdruck zu verleihen. Die allgemeine Schulpflicht machte es ihnen möglich, sich mit den Problemen ihrer Zeit vertraut zu machen, und die ineffektive Verwaltung der Feudalzeit hatte ihren Drang zur Mitbestimmung geweckt. Auch hatten die Unruhen der Tokugawa- und Meiji-Periode eine Gruppe heimatloser Intellektueller hervorgebracht, deren berufliche Aussichten sich durch die Auflösung ihrer Domänen zerschlagen hatten. So brachten sie sich als Lehrer oder Erzieher einer relativ wohlhabenden und unabhängigen dörflichen Oberschicht durch. Leute dieser Art waren es, die schließlich die Unzufriedenheiten und Ambitionen dieser Schicht zu kanalisieren und zu lenken wußten. Es war ein ungewöhnlicher Impuls in der Sozialgeschichte Japans und die Regierung mit ihrem Hang zu Ordnung und Hierarchie tat das Ihre, ihn zu unterdrücken.

Ansätze, diese Energien politisch fruchtbar zu machen, kamen mit den Präfekturalversammlungen, die sich in den siebziger Jahren zu formieren begannen, und die eine Vorbereitung, wenn auch nicht zur politischen Mitbestimmung, so doch für ein Wahlverfahren auf der Grundlage der Vermögenssteuer sein sollten. Man diskutierte dort Maßnahmen, die der eingesetzte Gouverneur vorschlug, und nicht selten geriet sich die Versammlung mit diesen Gouverneuren in die Haare. Nichtsdestotrotz sammelte die örtliche Oberschicht bei diesen Zusammenkünften Erfahrung in politischer Agitation. Als eine verfassungsmäßige Regierung in den 90er Jahren ihre Arbeit aufnahm, waren viele ihrer Beamten eben jene, die sich in den Präfekturalversammlungen hervorgetan hatten.

Die Meiji-Verfassung

Innerhalb dieser Auseinandersetzungen versuchte die Zentralregierung, sich die Verfassungsangelegenheit nicht aus der Hand nehmen zu lassen. 1875 ließen sich Itagaki Taisuke und Kido Takayoshi zu einer Rückkehr in ihre ehemaligen Regierungsämter bewegen. Es zeigte sich bald, daß der im selben Jahr eingerichtete »Senat« *(Genrōin)* nicht von Dauer sein würde, doch zunächst hatte er die Aufgabe, Verfassungsentwürfe zu erarbeiten und sie dem Staatsrat zu unterbreiten. Diese waren jedoch für eine Regierung, die um ihre Vorrechte bangte, nicht zufriedenstellend. Daraufhin wurden die leitenden Regierungsmitglieder zu ihren Vorstellungen über eine Verfassung befragt. Ōkuma Shigenobu zögerte seine Antwort lange hinaus und reichte sie dann 1881 schließlich dem Kaiser persönlich ein. Das verärgerte seine Kollegen so, daß sie ihn seines Amtes enthoben, und beim Kaiser das Versprechen erwirkten, noch vor Ende der Dekade die Regierung auf eine verfassungsmäßige Grundlage zu stellen.

Von da an machten die wichtigsten Mitglieder der Oligarchie die Angelegenheit unter sich aus. Itō Hirobumi unternahm als Vorsitzender einer Kommission zur Vorbereitung der Verfassung eine Reise nach Europa. Er und seine Begleiter ließen sich von Staatswissenschaft-

Die Verfassung des Kaiserreiches Japan wurde am 11. Februar 1889 verkündet. Bei diesem Anlaß, den wir auf dem Holzschnitt dargestellt sehen, wurde hervorgehoben, daß die Verfassung ein Geschenk des Meiji-Kaisers sei, der in seiner Weisheit einen Teil seiner Macht an das Volk abtrete und die Verwaltung der nationalen Angelegenheiten fürderhin mit ihm teile. Itō Hirobumi und die anderen Verantwortlichen hatten versucht, das Prinzip kaiserlicher Souveränität aufrechtzuerhalten, und dennoch eine verfassungsmäßige Regierung möglich zu machen. Die Verfassung war sicherlich nicht demokratisch, ließ aber in ihrer Zweideutigkeit Möglichkeiten sowohl für ein parlamentarisches Parteiensystem als auch für absolutistische und militaristische Strömungen unter dem Deckmantel kaiserlicher Souveränität. Die Meiji-Verfassung wurde am 3. Mai 1947 von der heute noch gültigen Verfassung abgelöst.

lern in Berlin und Wien beraten, und luden sogar einen deutschen Verfassungsexperten nach Japan ein, um beim Verfassungsentwurf zu helfen. Eine der frühen Versionen des Dokumentes wurde in deutsch abgefaßt und ist ein interessanter Vorgriff auf die Version von 1947, die in englisch verfaßt ist. Im Jahre 1885 löste ein Kabinettssystem den Staatsrat ab, und Itō wurde erster Ministerpräsident. Ein Adelsstand nach europäischem Vorbild vereinte den ehemaligen Hofadel und die *daimyō* zu einem konservativen Block im Oberhaus. Gegen Ende des Jahrzehnts revidierten Itō und seine Kollegen das Dokument in Anwesenheit des Kaisers, und schufen einen Geheimen Staatsrat, dem Itō selbst vorstand. Wie versprochen wurde die Meiji-Verfassung 1889 öffentlich verkündet.

Für die Parteien war kein Platz in der neuen Verfassung, und sie zerstritten sich daraufhin untereinander. Auch kündigten sich erneute Bauernunruhen an, nachdem der 1881 neu ernannte Finanzminister Matsukata Masayoshi der Inflation ein Ende setzen und die Regierungsfinanzen sanieren wollte. Die Einkünfte der Bauern sanken daraufhin rapide, nicht so die Grundsteuern, was zu Unzufriedenheit und Gewalt am unteren Ende der landwirtschaftlichen Produktionskette führte. 1884 protestierten Kleinbauern und Landarbeiter in allen Teilen Japans, und in Chichibu, am nördlichen Rand der Tōkyō-Ebene, organisierten sich Tausende von Bauern in einem Heer von zwei Bataillonen und kämpften für eine selbst erklärte »Herrschaft des Wohlwollens«. Sie datierten ihre Erlasse nach dem »Jahr eins der Freiheit und Selbstregierung« und bildeten Kampftrupps, die gegen Wucherer vorgingen und sich heftige Gefechte mit Polizei und Regierungstruppen lieferten. Diese Unruhen atmeten noch den Geist der Tokugawa-Zeit, doch ihre Resolutionen waren in der Sprache der neuen Bewegung für Freiheit und Volksrechte abgefaßt und beunruhigten die Führer der Parteien und die Zentralregierung gleichermaßen. Die Parteien lösten sich selber auf, um sich gegen Ende des Jahrzehnts neu zu formieren. Nachdem sie ursprünglich gegründet worden waren, um die Legitimität der herrschenden Oligarchie in Frage zu stellen, waren sie nun entschärft und ins politische Geschehen integriert.

Als die Meiji-Verfassung 1890 in Kraft trat, zeigte es sich, daß ihre Verfasser trotz aller Vorsicht wichtige Machtbereiche abgetreten hatten, die das Bild der japanischen Politik langfristig verändern sollten. Am deutlichsten zeigt sich ihr behutsames Vorgehen bei der Behandlung der Thronfrage. Das Dokument räumte dem Kaiser volle Souveränität ein, es legalisierte die Alleinherrschaft eines »göttlichen Kaisers«, es verlieh den Mythen und Lehren, die ihn für heilig erklärten und die seit alters her geschützt wurden, Glaubwürdigkeit. Die erste, einleitende Verfassungsbestimmung brachte dies zum Ausdruck: »Die Verfassung des japanischen Reiches beherrscht der Tennō des allzeit währenden Geschlechts.« Der Tennō der Meiji-Verfassung war »in seiner Gottlichkeit unantastbar« (Art. 3). Er übe »als Oberhaupt des Staates gemäß der Verfassung die gesamte Staatsgewalt« aus (Art. 4). Dieser Grundsatz schlug sich in umfassenden politischen Befugnissen des Tennō nieder, die sich auf die Legislative, Jurisdiktion und Exekutive erstreckten. Der Kaiser wurde als absoluter, göttlicher Monarch legalisiert, und er verpflichtete sich gnädig, fürderhin mit Konsultation und Zustimmung eines kaiserlichen Ratgebergremiums zu regieren.

Eine Legislative aus zwei Häusern wurde gebildet, die Adelsvertreter des Oberhauses, das von bestimmten Adelsrängen gewählt und durch kaiserlichen Vorschlag erweitert werden konnte, und das Unterhaus, das sich aus Vertretern der höheren Steuerklassen zusammensetzte. Das Unterhaus wurde von einer beschränkten Wählerschaft gewählt, die sich dazu durch hohe Steuerabgaben qualifizierte. Etwa 450000 Personen, etwas mehr als ein Prozent der Bevölkerung, waren berechtigt, bei der ersten Wahl ihre Stimme abzugeben. Das Unterhaus besaß kein echtes Initiativrecht, da es in erster Linie als eine Körperschaft zur Diskussion von Regierungsmaßnahmen gedacht war. Die einzig wirkliche Macht des »Parlaments« bestand darin, dem Staatshaushalt seine Zustimmung zu versagen, wobei dieses Recht durch die Klausel eingeschränkt wurde, daß automatisch der Haushalt des Vorjahres in Kraft trete, wenn keine Einigung erzielt werden könne. Auch blieb die Verfassung ungenau im bezug auf die eigentliche administrative Macht, lediglich die Vorrechte des Kaisers schienen in dieser Hinsicht eingeschränkt, denn der Tennō konnte bei Ausübung der vollziehenden Gewalt nicht ohne Ratschlag des zuständigen Ministers frei handeln, eine Regelung, die einer diktatorischen Allmacht des Kaisers vorbeugen sollte.

In der praktischen Arbeit erwies sich der Ministerpräsident als Erster unter Gleichen; der Wahlmodus für dieses Amt war nicht genau festgelegt, und in der Praxis machte die Führungsschicht ihre Vorschläge an den Thron. Zunächst wechselten sich die wichtigsten Mitglieder der Oligarchie, später als *genrō* bekannt, im Amt des Ministerpräsidenten ab, wobei jeweils Satsuma beziehungsweise Chōshū berücksichtigt wurde. Trotz all seiner Unzulänglichkeiten blieb die Meiji-Verfassung bis zu Japans Niederlage im Zweiten Weltkrieg wirksam.

Die parlamentarische Gewichtung verschob sich mit der Zeit auf das Unterhaus. Über den Eintritt in diese Institution entschied die Fähigkeit der ländlichen Oberschicht, Wahlkampagnen zu organisieren. Die Qualifikation zum wahlberechtigten Bürger durch die Höhe des erbrachten Steueraufkommens wurde 1900 und noch einmal 1920 erleichtert und schließlich 1925 gänzlich abgeschafft. Das Wahlrecht für die Frauen wurde in Japan jedoch erst nach dem Zweiten Weltrieg eingeführt.

Japan und der Westen

Um die Mitte des 19. Jahrhunderts mußte sich Japan nicht nur mit inneren Problemen auseinandersetzen, sondern war auch Bedrohungen durch die Westmächte ausgesetzt, die Ostasien für den Welthandel öffnen wollten. Schon vor 1853 hat es Versuche gegeben, Japan zur Öffnung seiner Häfen zu zwingen. 1778 und 1792 verlangten die Russen Handelsniederlassungen auf Hokkaidō, 1804 auch in Nagasaki. Diese Annäherungsversuche wurden von dem Bakufu ebenso zurückgewiesen wie ähnliche Ansinnen britischer Schiffskapitäne. 1825 ordnete das Bakufu an, alle ausländischen Schiffe zu vertreiben. Diese Maßnahme konnte jedoch nicht verhindern, daß der Druck weiter zunahm. Die Niederlage Chinas im Opiumkrieg (1840–1842) war für die japanische Führungsspitze ein schwerer Schock. Durch die Öffnung der chinesischen Häfen und die zunehmende Präsenz westlicher Schiffe in asiatischen Gewässern verstärkte sich der Druck auf Japan immer mehr.

Im Land selbst waren die Meinungen darüber geteilt. Das Bakufu und einige Feudalherren versuchten, sich westliche Technologien anzueignen. Nach 1840 begannen die Feudalherren von Mito, Hizen und Satsuma, Kanonen nach westlicher Technik herzustellen. 1850 erwarb der Feudalherr von Hizen den ersten Hochofen, der die für die Kanonenherstellung benötigten Temperaturen erreichen konnte. Einige mutige Samurai machten den Vorschlag, die Politik der Abschließung gegenüber den westlichen Barbaren aufzugeben. Die meisten Mitglieder des kaiserlichen Hofes jedoch bewogen das Tokugawa-Bakufu, das Land und den Kaiser vor allen die japanische Souveränität bedrohenden Entwicklungen zu beschützen.

Oben rechts: Als die aufgezwungenen Handelsverträge nach 1858 ratifiziert wurden, kamen ausländische Schiffe in immer größerer Zahl nach Yokohama und in die anderen offenen Häfen, und die Ausländerkolonien wurden schnell größer. Die Reaktionen darauf waren unterschiedlich. Während die Japaner die einseitigen Verträge und die Anwesenheit der Fremden ablehnten, waren sie gleichzeitig voll Neugier für westliche Sitten, Kultur und Macht. Dieser *nishiki-e*-Druck von 1861 von Ippōsai Hōtō (Yoshifuji), auf dem ein japanischer Sumo-Kämpfer einen ausländischen Seemann besiegt, illustriert diese Mischung aus Abscheu und Neugier.

Rechts: Nach dem Handelsabkommen, das der amerikanische Konsul Townsend Harris im Jahr 1858 abschloß, verlangten Holländer, Russen, Briten und Franzosenn ähnliche Knebelverträge. Neben der Öffnung weiterer Häfen wurden Meistbegünstigungsklauseln für die Antragsteller und extraterritoriale Gebiete verlangt. Japan verlor die Kontrolle über die Zölle und konnte die Importe nicht mehr besteuern. Die günstige Gelegenheit lockte ausländische Händler, Abenteurer und Reisende an – was bei den Samurai zu wachsendem Unmut führte und 1859, 1861 und 1862 in mehreren Morden gipfelte. Dennoch wuchsen die Ausländerkolonien weiter. Japanische Drucker porträtierten die Fremden und ihre Sitten mit Vorliebe, wie auf dieser »Parade der Angehörigen der Fünf westlichen Nationen« mit ihren Sänften und Kutschen und Musikern zu sehen ist.

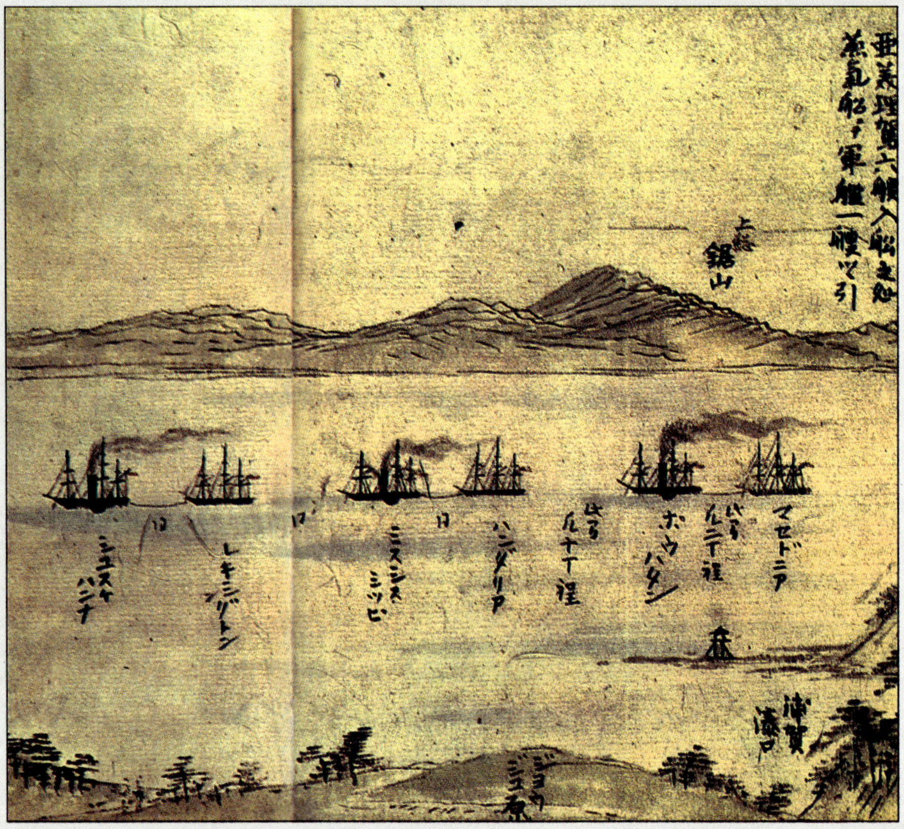

Rechts: Nach der Erwerbung von Kalifornien im Jahre 1848 nahm das Interesse der USA an Japan deutlich zu. Nagasaki wurde als Zwischenstation auf der Strecke von San Francisco nach Shanghai gebraucht. Präsident Fillmore schickte Commodore Matthew Perry mit elf Schiffen, davon drei Dampfschiffe. Perry und seine Flotte erreichten im Juli 1853 Uraga, zwangen das Shōgunat, einen Brief an den Kaiser anzunehmen und kündigten an, im folgenden Frühjahr zurückzukehren, um eine Antwort entgegenzunehmen. Diese anonyme Zeichnung aus dem Jahr 1854 zeigt einige der schwarzen US-Schiffe in der Bucht von Uraga.

Unten: Die Meiji-Restauration brachte eine wachsende Offenheit gegenüber dem Westen mit sich. Als die Regierung westliche Technik ins Land brachte und sich die Ausländerkolonien ausdehnten, machte sich in Tōkyō und Yokohama eine zumindest oberflächliche Verwestlichung bemerkbar: Alles Ausländische, wie Kleidung, Uhren, Regenschirme, kam in Mode. Es war nicht ungewöhnlich, daß Japaner europäische Schuhe zum traditionellen *hakama* trugen. Den meisten Japanern erschien der Verzehr von Fleisch vulgär und abscheulich. Um 1860 jedoch setzte sich in den Ausländerhäfen ein Gericht aus gebratenem Fleisch, Sojabohnenquark und Gemüse durch, das als Sukiyaki bekannt wurde und bald auch den Japanern schmeckte. Unter der Oberfläche der Aufklärungswelle spürt man den Versuch, den Shintō wiederzubeleben. In diesem *nishiki-e*-Druck von 1852 mischt sich Westliches und Östliches auf spielerische Weise: Die sieben Glücksgötter, die Geschenke und gute Wünsche für die Zukunft bringen, zeigen sich vor dem Hintergrund von Dampfschiffen und Lokomotiven.

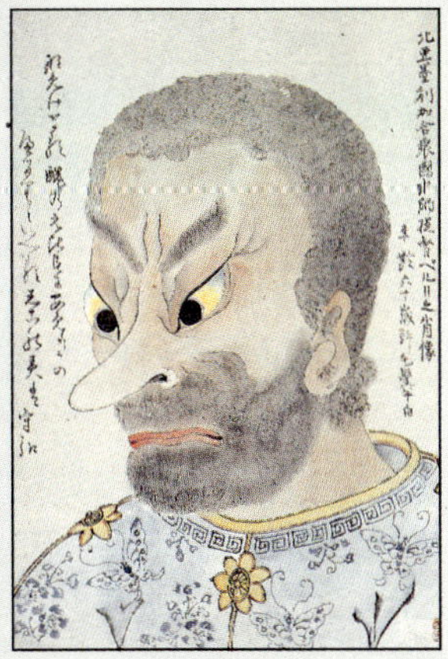

Oben: Gegenüber der militärisch überlegenen US-Flotte Commodore Perrys hatte das Tokugawa-Bakufu keine andere Wahl, als einige Konzessionen zu machen und auf Zeit zu spielen. Als Perry 1854 zurückkehrte, wurde ein Vorvertrag unterzeichnet, der die kleinen Häfen von Shimoda und Hakodata öffnete. Die Nachricht von den schwarzen Schiffen breitete sich wie ein Lauffeuer aus.
Unbekannte Künstler ließen in der Darstellung der rotgesichtigen langnasigen Barbaren ihrer Phantasie freien Lauf. Dieses Bild von Perry, »Alter ungefähr sechzig, Haare halbweiß«, wurde von einem Schnellzeichner gefertigt.

Japonismus

Unten: Mary Cassatt (1845–1926) wurde mit den *ukiyoe*-Bildern durch Enthusiasten, wie Degas und Pissarro und durch den Besuch einer Holzschnittausstellung in der École des Beaux Arts im Frühling 1890, in der 89 Drucke von Utamarō gezeigt wurden, vertraut gemacht. 1891 schuf sie eine Serie von 10 Aquatinta-Zeichnungen. In einer davon, die den Titel »Der Brief« trägt, ist der Einfluß von Utamarōs *oiran* Hinzauru deutlich zu erkennen. Cassatt allerdings hat die Kurtisane in eine bequem dasitzende bürgerliche Dame verwandelt. Der Brief, der auf Utamarōs Druck Anmerkungen über Empfindungen nach dem Liebesspiel enthält, erscheint auf der Zeichnung von Mary Cassatt als Liebesbrief.

Mit der Öffnung der japanischen Häfen und dem Wachsen der Ausländerkolonien kamen von 1850 an immer mehr Amerikaner und Europäer nach Japan und lernten japanische Kunst und Kultur kennen. Reporter, Reiseschriftsteller und Fotografen veröffentlichten ihre Eindrücke in den Heimatländern.

Das Interesse für japanische Kunst wurde in Europa angeregt durch eine Londoner Ausstellung im Jahre 1862, die Holzschnitte und Bücher aus der Sammlung Sir Rutherford Alcock zeigte. 1867 folgte eine Ausstellung in Paris, die auch japanisches Kunsthandwerk einschloß und 100 *ukiyoe* von Hiroshige und anderen vorstellte. Vor allem diese *ukiyoe* fanden die besondere Aufmerksamkeit von Künstlern und Intellektuellen. Ihre Lebendigkeit in Zeichnung und Farbgebung, die übertriebene Perspektive, die ungewohnte Bildkomposition und die Fülle der Alltagsszenen übten große Anziehungskraft aus.

Félix Bracquemond entwickelte eine leidenschaftliche Vorliebe für japanische Kunst, als er 1856 bei dem Drucker Delâtre in einer Packkiste eine Ausgabe von Hokusais *manga*-Zeichnungen fand. Er begann sie zu kopieren. Bald darauf fingen auch die Gebrüder Goncourt, Zola, Degas, Manet, Whistler und viele andere Berühmtheiten an, japanische Kunst zu sammeln. Die Schwärmerei für japanische Kunst und Kultur wurde 1872 von dem französischen Kunstkritiker Philippe Burty mit dem Begriff »Japonisme« gekennzeichnet.

Oben: Kitagawa Utamarō (1753–1806) ist berühmt für seine meisterhaft komponierten Drucke schöner Frauen aus den Vergnügungsvierteln von Edo, wie der hier gezeigten hochrangigen Kurtisane oder *oiran*, die als Hinzauru bekannt ist (ca. 1796). Utamarō kam es nicht so sehr darauf an, exakte Porträts dieser Frauen zu malen, sondern unterschiedliche Frauentypen zu zeigen in unterschiedlichen Situationen, Stimmungen und Beschäftigungen. Seine Drucke, intim und eng begrenzt, konzentrieren sich auf die dargestellten Personen und ihre charakteristische Umgebung.

Links: Von Monet weiß man, daß er eine eigene Kopie dieses Hiroshige-Druckes besessen hat, eine der »Hundert Ansichten von Edo« mit dem Titel »Glyzinienblüten über den Wassern von Kameido«. Andō Hiroshige (1797–1858) gehörte zu den *ukiyoe*-Künstlern, die westliche Maler am meisten beeinflußten. Als Landschaftsmaler nutzte er Licht und Schatten, Mondlicht, Regen und Schnee in kunstvollen Abstufungen und einer reichen Farbenpalette, um der Holzschnittechnik neue Seiten abzugewinnen.

Oben: Claude Monet (1840–1926) lernte die ersten *ukiyoe* 1860 kennen und begann 1871 ernsthaft zu sammeln. Seine Sammlung umfaßte schließlich mehrere Hundert Drucke, vor allem von so bedeutenden Meistern wie Utamarō, Hokusai und Hiroshige, die zum größten Teil in seinem Haus in Giverny hingen. Er war stark beeindruckt von der Atmosphäre dieser Bilder. Monets berühmter Garten von Giverny mit dem so oft gemalten Seerosenteich war im japanischen Stil der Gartenkunst angelegt.

Oben: Félix Bracquemond, ein Radierer und Zeichner, der für die französische Keramikindustrie arbeitete, war einer der ersten, der sich für japanisches Design begeisterte. 1866/67 benutzte er Hokusai- und Hiroshige-Zeichnungen als Vorlage für ein Service der Firma Eugène Rousseau.

Rechts: Auch Vincent van Gogh gehörte zu den Bewunderern japanischer *ukiyoe*-Künstler. Er begeisterte sich über ihre Linienführung, ihre Farben und Perspektiven und ihre Meisterschaft der Komposition. Dieses Porträt des Händlers für Künstlerbedarf Julien (Père) Tanguy, gemalt 1887, zeigt den Pariser Ladenbesitzer vor einem Hintergrund japanischer Drucke. Obwohl die Drucke aus diesem Gemälde im Hintergrund bleiben und die Komposition kaum zu beeinflussen scheinen, nahm van Gogh einige der hier dargestellten Motive in späteren Bildern wieder auf.

Unten: James McNeill Whistler gehörte zu den ersten Impressionisten, die auf die Vorliebe für fernöstliche Kunst reagierten. Wie Manet, Degas, und Dante Gabriel Rossetti sammelte er fernöstliche Keramik, Druckgraphik, und Wandschirme und schmückte damit sein Haus in Chelsea. 1864, vier Jahre vor der Meiji-Restauration, zeigen sich schon die ersten Einflüsse in seinen Bildern – zuerst oberflächlich, dann immer mehr in die Tiefe gehend. Dieses Bild mit dem Titel »Caprice in Purpur und Gold, Nr. 2: Der goldene Wandschirm«, ist 1864 datiert. Das Modell ist Jo und die Drucke an der Wand und auf dem Schirm sind von Hiroshige. Diese und einige andere Bilder von 1864 wurden als fernöstliche »Phantasiekostüm-Bilder« beschrieben. Whistler selbst jedoch ging tiefer, und suchte nach einer Ästhetik der Harmonie in den japanischen Vorlagen.

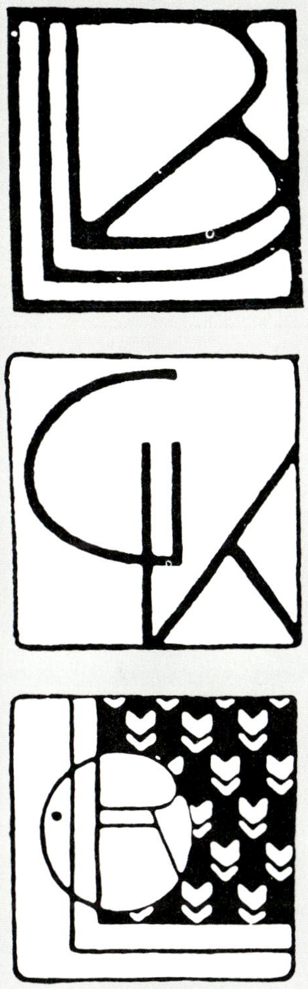

Oben: Am Ende des Jahrhunderts ließ die Japan-Mode allmählich nach. Dennoch war sie im Wien des Fin de siècle, wo Gustav Klimt, Leopold Bauer und andere Künstler orientalische Stempel als Vorlagen für ihre eigenen Monogramme benutzten, immer noch bemerkbar.

Links: Einer, der den Geist der fließenden Welt der japanischen Holzdruckkünstler, die Flächigkeit der Figurenkomposition und die Betonung des Vordergrunds am besten umsetzten, war Toulouse-Lautrec. Dieses Plakat mit dem Titel »Divan Japonais« von 1893 läßt es deutlich erkennen.

DAS KAISERLICHE JAPAN

Japans institutionelle Struktur

Die institutionellen Strukturen des modernen japanischen Staates lagen im Jahre 1890 fest. Sie waren während einer langen Aufbauphase entwickelt worden, die das Ziel verfolgte, individuellen Energien und nationalen Ambitionen einen gemeinsamen Weg zu weisen, der zu nationaler Stärke führte.

Die ersten Entscheidungen fielen im Bereich der Lokalverwaltung. Yamagata Aritomo aus Chōshū, der Begründer des modernen japanischen Militärwesens und Innenminister im ersten Kabinett, leitete Maßnahmen ein, die Parteiengeist in der Lokalverwaltung ausschließen und den ländlichen Aufständen ein Ende setzen sollten. Seine Vorstellungen zielten darauf ab, die Militärdienstpflicht an die lokale Selbstverwaltung zu binden. 1887 legte er einen Entwurf vor, der vorsah, die untere Beamtenschaft wählen zu lassen, um den Geist der Selbstverwaltung zu stärken, alle höheren Beamten jedoch zu ernennen. Der Innenminister wurde bei diesem System zu einem der mächtigsten Männer im Staate. Er ernannte die Gouverneure, die wiederum alle lokalen Initiativen kontrollierten, ferner stand ihm das Recht zu, die Lokalversammlungen aufzulösen. Den Städten und Dörfern sollte die Verantwortung über ihr Finanz- und Steuerwesen übertragen werden. Der Sinn dieser Maßnahmen lag darin, die zentrale Staatsregierung von unwesentlichen Regierungsakten zu befreien. Die an dieses System gestellten Erwartungen erfüllten sich: nach den 1880er Jahren waren die ländlichen Unruheherde beseitigt und für den Zeitraum einer Generation war die nationale Politik von der lokalen getrennt.

Auch auf dem Gebiet des Militärwesens konsolidierten sich funktionsfähige Institutionen. Von den regionalen Einheiten ausgehend, hatte sich seit der frühen Meiji-Zeit Unzufriedenheit innerhalb der Streitkräfte ausgebreitet, überdies kamen nach dem Abfall der Satsuma-Führer und ihrer späten Niederlage berechtigte Zweifel an der Zuverlässigkeit des Heeres auf. Yamagata, der auch hier die entscheidenden Maßnahmen ergriff, schloß sich dem Urteil der Leutnants an, die er nach Deutschland entsandt hatte, um sich das Generalstabs-System anzueignen. Der Generalstab des Heeres wurde 1878 gebildet. 1883 wurde nach deutschem Modell und mit zwei deutschen Ausbildern die Kriegsakademie eröffnet, eine Elitestätte zur Ausbildung höherer Stabsoffiziere. Der Generalstab war dem Kaiser direkt verantwortlich. Damit wurde sichergestellt, daß die Zivilpolitiker nur beschränkten Einfluß auf den Etat und die Angelegenheiten des Militärs nehmen konnten. Auch für die richtige Gesinnung der Militärs trug Yamagata Vorsorge. In einer kaiserlichen Verfügung von 1882 wurden Heer und Marine ermahnt, sich aus der Politik herauszuhalten und sich nur an die Loyalität gegenüber dem Kaiser gebunden zu fühlen. Der Kaiser und die männlichen Mitglieder der kaiserlichen Familie trugen Militäruniformen, und die in der Meiji-Verfassung vorgenommene Bestätigung des Kaisers als oberster Befehlshaber institutionalisierte nur einen Zustand, der in der Praxis schon längst bestand. Während man die Militärs von der Parteienpolitik abschnitt, gab man ihnen im politischen Amt eine um so gewichtigere Rolle. Die Kabinette des modernen japanischen Staates waren von massiver militärischer Prägung. Erst 1898 errangen die Zivilisten eine Mehrheit im Kabinett, da während der Meiji-Zeit 45 Prozent der Kabinettsposten von Militärs besetzt waren. Eine kaiserliche Verordnung von 1900, die festlegte, daß die Posten des Heeres- und Marineministers von aktiven Generälen und Admirälen gestellt werden müßten, schränkte die Möglichkeiten der zivilen Kontrolle über militärische Belange noch mehr ein. Der Wehrmacht war damit die Möglichkeit gegeben, durch Abzug ihrer Minister ein Kabinett zu Fall zu bringen.

Ein dritter, wesentlicher Faktor der Institutionalisierung war der Aufbau eines modernen Polizeiapparates. In den achtziger Jahren zentralisierte die Regierung ihr Polizeisystem, indem sie auf Präfekturebene ein oberstes Polizeiamt schuf, das direkt vom Innenminister besetzt wurde. 1884 wurde in jeder Präfektur eine Polizeischule eingerichtet, und in den Jahren 1886/87 ging man daran, ein Netzwerk von Ein- oder Zweimann-Dienststellen aufzubauen, die man über die ländlichen Gebiete verteilte. Diese erhebliche Infiltration der Gesellschaft durch die Polizei bot der Zentralregierung die Möglichkeit, die Polizisten als Agenten auf kommunaler Ebene einzusetzen. Eine sorgfältig ausgesuchte, von hohen moralischen Ansprüchen getragene Polizeimacht wurde in der japanischen Gesellschaft allgegenwärtig. Sie erzwang die Einhaltung der öffentlichen Gesundheitsnormen und der Wehrpflichtgesetze, ferner überwachte sie die jährlichen Säuberungsperioden und die Aufrechterhaltung von Sitte und Anstand. In den Städten entzündeten sich an den Polizeistationen gelegentlich tumultartige Volksunruhen, in den ländlichen Gebieten dagegen unterstützten diese Maßnahmen die Durchsetzung von Ordnung und Gehorsam.

Auch die Infrastruktur der modernen Wirtschaft festigte sich im wesentlichen in den Jahren nach 1880. Unter der energischen Führung von Finanzminister Matsukata Masayoshi verkaufte die Regierung unprofitable Anlagen sowie industrielle Objekte an Privatunternehmer, brachte die Inflation der siebziger Jahre unter Kontrolle und richtete eine Nationalbank und ein Postsparsystem ein.

Die Grundlagen des Erziehungssystems wurden ebenfalls in den achtziger Jahren geschaffen. Während dieser Periode fanden heftige Auseinandersetzungen über Wesen und Inhalte öffentlicher Erziehung statt. Die Konservativen argumentierten, daß prowestliche Pädagogen, wie Fukazawa Yukichi, die moralische Entwurzelung zukünftiger Generationen herausforderten, und man die traditionellen japanischen Werte um jeden Preis erhalten müsse. Der bereits erwähnte Erziehungsminister Mori Arinori geriet in Gegnerschaft zu dem konfuzianischen Hauslehrer des Kaisers, Motoda Eifu, der einen Erlaß rechtsverbindlicher Moralvorschriften propagierte. Motoda gewann, obwohl das Ergebnis nicht so streng ausfiel, wie er es sich gewünscht hätte. Das 1890 erlassene »Kaiserliche Erziehungsedikt« übte einen weitreichenden Einfluß auf die moderne japanische Geistesgeschichte aus. Es wurde mit religiöser Andacht in die öffentlichen Schulen eingeführt und von einer breiten Schülerschaft auswendig gelernt. Bereits der erste Satz

Matsukata Masayoshi (1835–1924) entstammt einer niederen Samurai-Familie aus Satsuma. Obwohl er jünger als Saigō Takamori und Ōkubo Toshimichi war, kannte er sie gut und wurde von ihnen während der Meiji-Restauration berufen. Im April 1868 erfolgte seine Ernennung zum Provinzgouverneur in Nord-Kyūshū mit der Aufgabenstellung, von den reichen Kaufleuten Mittel zur Unterstützung der neuen Regierung zu erheben. 1871 wurde er nach Tōkyō berufen, um mit Itō Hirobumi die Reformen zur Landbesteuerung auszuarbeiten. 1878 reiste er nach Europa, wo ihn besonders die Finanzpolitik der französischen Regierung beeindruckte. 1881 folgte er Ōkuma Shigenoju ins Amt des Finanzministers. Zur Eindämmung der Inflation, die von der Regierung aufgrund einer überhöhten Geldmenge in den Jahren 1877 und 1878 ausgelöst worden war, und zur Deckung der Kosten, die die Niederschlagung des Satsuma-Aufstandes verursacht hatten, verfolgte er einen harten deflationären Kurs, indem er die umlaufenden Finanzmittel einschränkte, die Steuern anhob und staatliche Wirtschaftsunternehmen verkaufte. Seine Politik bedeutete eine schwere Belastung für die Bauern. Andrerseits legte sie den Grundstein für die industrielle Entwicklung und auch für die Bildung vieler Industrieunternehmen, die sich zu mächtigen, als *zaibatsu* bekannten Konzernen auswuchsen.

Die hier abgebildete Familienbank der Mitsui war die erste moderne Handelsbank in Tōkyō. Bis zum Ende der Edo-Zeit unterhielt die Familie enge Beziehungen zum Tokugawa-Shōgunat. Vorausblickend nahmen die Mitsui in den 1860er Jahren auch Beziehungen zu den Gegnern des Shōgunats auf, womit sie ihrem Unternehmen die Gunst der Regierung auch für die Zeit nach der Restauration sicherten. 1871 richtete Mitsui eine Petition an die Regierung, sein Kredit- und Wechselgeschäft in ein modernes westliches Banksystem umwandeln zu dürfen. Im Rahmen der Verfügungen zum nationalen Bankwesen (1872) erhielt Mitsui die Genehmigung, eine Privatbank mit 30 Zweigstellen und einem Gesellschaftskapital von 2 Millionen Yen zu eröffnen. Bis zur Gründung der Bank von Japan im Jahre 1882 durch Matsukata Masayoshi beherrschte Mitsui das Bankwesen und kam in den exklusiven Genuß der staatlichen Steuereinkünfte. Die Mitsui-Bank bildete den Eckpfeiler des gigantischen Mitsui-Kombinats *(zāibatsu)*, das schließlich während der Besatzungszeit von den Alliierten zerschlagen wurde.

gibt den Gesamttenor wieder: »Unsere kaiserlichen Vorfahren haben unser Reich auf ein festes und immerwährendes Fundament gegründet, in das sie tief und dauerhaft die Tugenden eingepflanzt haben. Unsere in Loyalität und Brüderlichkeit vereinten Untertanen beweisen von Generation zu Generation die daraus entstehenden Segnungen. Dieses Fundament ist der Glanz unseres Reiches und die Quelle der Erziehung.« Darauf folgen die konfuzianischen Kardinaltugenden Brüderlichkeit und Harmonie; Studenten (und Untertanen) sollten »Bescheidenheit und Mäßigung üben, allen Menschen gegenüber wohltätig sein, nach Wissen und Kultur streben, um intellektuelle Fähigkeiten und moralische Kraft zu erlangen. In Notfällen sich mutig in den Dienst des Staates stellen, zum Gedeihen des kaiserlichen Thrones und des Himmels und der Erde.« Ganz offensichtlich hatte das Streben »nach dem Wissen der Welt« an die heimischen Quellen zurückgeführt und die Suche nach ausländischen Vorbildern kam zum Stillstand.

Dafür gab es auch noch andere Anzeichen. Das Verbot des Christentums war 1873 auf Anraten der Iwakura-Gesandten aufgehoben worden. Während der achtziger Jahre vermehrte sich die Zahl der Christen enorm. Missionare und japanische Konvertiten betonten die Notwendigkeit, den gesamten japanischen Moralkodex mit Hilfe der neuen Glaubensvorstellungen den Bedürfnissen der Nation anzupassen und auf eine einheitliche Grundlage zu stellen. Itō Hirobumi kam jedoch bei der Ausarbeitung der Verfassung zu dem Ergebnis, daß Japan bereits über diese Grundlage verfüge. In einem Brief an einen deutschen Freund argumentierte er, daß der europäische Konstitutionalismus das Ergebnis einer langen Entwicklung sei und daß »die Religion die Grundlage dieser Regierungsform ist ... Insofern besteht eine grundsätzliche Übereinstimmung zwischen den Menschen.« Die eher formalistische und schwache Religion in Japan könne dagegen niemals eine solche Rolle spielen. »Die einzige Institution in unserem Land, die zum Eckpfeiler unserer Verfassung werden könnte, ist das Kaiserhaus.«

Die Loyalität gegenüber dem Kaiser sollte also die Rolle übernehmen, die das Christentum im Westen innehatte, um eine allgemein verbindliche Grundlage moralischer Werte zu schaffen. Dieser Einigungsgedanke, der die Japaner aneinander binden sollte, wurde jedoch im Sinne des Erziehungsedikts von anderen Wertsystemen bedroht. Ein Vorfall bei der Proklamation des Edikts mag das verdeutlichen. An der ersten Höheren Schule in Tōkyō, einer Vorbereitungsschule für die Kaiserliche Universität, weigerte sich der Englischlehrer Uchimara Kanzō, sich nach der Verlesung des Dokuments, wie alle seine Kollegen, davor zu verbeugen. Er wurde als Verräter bezeichnet und dazu gebracht, von seinem Posten zurückzutreten. Das rief eine hitzige Debatte darüber hervor, wie man Patriotismus und Christentum miteinander verbinden könne. Die Offenheit der frühen Meiji-Zeit, als Japan ganz offensichtlich im Ausland nach »Wissen« suchte, wurde in den ersten Monaten nach Errichtung der konstitutionellen Regierung wieder eingeengt.

Japans Anschluß an die Großmächte

Die funktionsfähige institutionelle Struktur setzte Japan in die Lage, sich der bislang vernachläßigten Außenpolitik zuzuwenden. Der Meiji-Diplomatie war es 1876 gelungen, Korea dem Ausland zu »öffnen«, ferner hatte man die Beziehungen zu China vertraglich geregelt, jedoch wurde eine Reihe von Maßnahmen, die zur Modernisierung Koreas beitragen sollten, ungeschickt und ohne Erfolg verhandelt. 1885 unterzeichneten Japan und China eine Konvention, die ihnen in gegenseitiger Verpflichtung militärische Zurückhaltung in Korea auferlegte, allerdings setzte die chinesische Regierung in den folgenden Jahren ihre Interessen in Korea wirksamer durch als Japan. Innerhalb Japans nahm die Erbitterung über die Schmach der ungleichen Verträge ständig zu. Die Reaktionen reichten von öffentlichen Demonstrationen bis zum Attentatsversuch auf den Außenminister. Die Führer der Parteien erkannten rasch, daß Angriffe auf die Schwächen der Außenpolitik ein äußerst wirksames politisches Mittel waren. Am Vorabend der Einführung eines konstitutionellen Regierungssystems hatten sie sich in neuen Bündnissen formiert, um den Kampf für die Vertragsrevisionen aufzunehmen.

In den Anfängen der verfassungsgemäß organisierten Regierungsarbeit im Jahr 1890 erwies sich das von den politischen Parteien beherrschte Repräsentantenhaus als Institution, die den ersten Kabinetten hartnäckigen Widerstand entgegensetzte und kaum zu kontrollieren war.

Erfolge in der Außenpolitik veränderten die Situation. 1894 gelang es dem Kabinett Itō Hirobumis, das Problem der Vertragsreformen zu einer erfolgreichen Lösung zu bringen. Die volle Autonomie der Zollbestimmungen wurde zwar auf das Jahr 1911 hinausgeschoben, aber durch die mit sofortiger Wirkung abgeschaffte Exterritorialität erlangte Japan endlich die volle gesetzliche Souveränität. Künftig war der ebenbürtige Verkehr mit Ausländern gewährleistet. Während die Vertragsreformen verhandelt wurden, führte der Ausbruch einer Rebellion in Korea zum Krieg mit China. Nach dem Sieg über China wurde Japan in den Kreis der Mächte aufgenommen, die von China Konzessionen erzwingen konnten.

1884 wurde China von den Koreanern um militärische Hilfe bei der Niederschlagung eines Aufstands gebeten. Entsprechend den Bedingungen der Konvention von 1885 beschloß Japan, ebenfalls Truppen zu entsenden. Die Japaner nutzten ihre militärische Präsenz dazu, von den Koreanern Verwaltungsreformen zu erzwingen, die unter japanischer Aufsicht durchgeführt werden sollten. Als die Chinesen diesem Vorhaben ihre Zustimmung verweigerten, führte dieser Streit zum Krieg. In dem nun

Links: Triptychon von Kobayashi Kyochika über den Vorstoß der Japaner auf Weihaiwei im Januar 1895. Aus den Aufzeichnungen des Leutnants der Artillerie, Nanbu Kikirō: »Am 24. Januar landeten unsere Truppen in der Yungcheng-Bucht. [Am 28. waren sie bis Weihaiwei vorgestoßen] . . . So weit das Auge reichte war die Halbinsel Shandong mit Schnee bedeckt. Es war bitterkalt. Die Bärte klebten zu Eiszapfen gefroren am Kinn. Gegen Erfrierungen waren alle Extremitäten mit Wolle umwickelt. Aber die Kälte drang bis ins Mark. Die Pferde waren steif vor Kälte. Wir gingen zu Fuß . . . mehrere Tage marschierten wir auf diese Weise.«

folgenden Feldzug waren die modernisierten und hervorragend geführten japanischen Streitkräfte überall erfolgreich. Innerhalb weniger Monate hatten sie die Oberhand in Korea gewonnen, die Halbinsel Liaodong in der Süd-Mandschurei besetzt und die nördliche Flotte der chinesischen Marine versenkt.

Diese diplomatischen und militärischen Erfolge wurden von den Japanern, die es leid waren, in der internationalen Rangordnung als zweitklassiger Staat zu gelten, mit Jubel begrüßt. »Zum ersten Mal«, schrieb der liberale Journalist Tokutomi, »ist mir bewußt geworden, daß die Regierung, die ich bekämpfe, auch meine Regierung ist.« Die Siege kamen insbesondere den japanischen Militärs zugute, die großzügig mit Adelstiteln und Etaterhöhungen belohnt wurden, und auch dem Kaiser, dessen väterlicher Führerschaft der Erfolg zugeschrieben wurde. Der Krieg hatte überdies Profit gebracht. Im Vertrag von Shimonoseki wurden hohe Reparationszahlungen festgelegt, ferner die Abtretung von Taiwan und der Halbinsel Liaodong. Im letzten Augenblick jedoch erhoben in der sogenannten Dreierintervention Deutschland, Frankreich und Rußland Einspruch und »rieten« den Japanern, »zur Erhaltung des Friedens in Asien« Liaodong zurückzugeben. Das war den Japanern eine Mahnung, daß sie noch mehr daran arbeiten mußten, um sich wirklich als Herr ihres Schicksals fühlen zu können. Der Vertrag enthielt einige wichtige Zusatzbestimmungen. Japan erhielt das Privileg, Manufakturen in China zu errichten, ferner das Recht auf zusätzliche Vertragshäfen. Zweitens wurde Korea der chinesischen Einflußnahme entwunden und als »unabhängig« erklärt, was zur Folge hatte, daß es nun dem Wettbewerb zwischen Rußland und Japan ausgeliefert war.

Der Chinesisch-Japanische Krieg katapultierte Japan von einem »halbkolonialen« Staat zur imperialistischen Macht. Die Besetzung Taiwans brachte die ersten Erfahrungen in der imperialistischen Machtausübung und der Kolonialisierung. Der russische Anspruch von 1898 auf die umstrittene Halbinsel Liaodong weckte japanische Ressentiments gegen die europäischen Großmächte. Der russische Einfluß in Korea begann die japanischen Erfolge in den Schatten zu stellen. Japan beteiligte sich im Jahre 1900 an der Hilfsexpedition der Großmächte zur Unterdrückung des Boxeraufstands, woraus neue Reputation und die Freundschaft mit Großbritannien erwuchs, die zum Britisch-Japanischen Bündnis von 1902 führte.

Gestärkt durch die Garantie, daß die britische Marine im Falle eines Krieges mit mehr als einer europäischen Macht militärische Hilfe leisten würde, rüstete sich Japan für die endgültige Auseinandersetzung mit Rußland. Der Auftakt war 1904 der Angriff der japanischen Marine auf Port Arthur. Nachdem die russische Pazifikflotte geschlagen war, begann die mühselige Eroberung dieses Stützpunkts, die bis zum Ende des Jahres 1904 dauerte. Dann rückten die japanischen Streitkräfte in die Mandschurei vor, wo die Russen in der Schlacht von Mukden vernichtend geschlagen wurden. Im Frühjahr 1905 wurde die aus Europa entsandte russische Ostseeflotte unter der Führung von Admiral Tōgō Heihachirō in der Tsushima-Straße völlig zerstört. Auf Ersuchen des Barons Kaneko Kentarō vermittelte Präsident Theodore Roosevelt Friedensverhandlungen, die im Sommer 1905 in Portsmouth, New Hampshire, stattfanden. Japan erhielt Liaodong und den südlichen Teil Sachalins. Rußland mußte auf die Mandschurei und auch auf Korea, wohin Itō Hirobumi als Generalbevollmächtigter entsandt wurde, verzichten. Itos Bemühungen, die Modernisierung Koreas voranzutreiben, waren nur teilweise erfolgreich, und nach seiner Ermordung durch einen koreanischen Nationalisten im Jahre 1909 führte der Druck nach strengeren Maßnahmen im Jahre 1910 zur japanischen Annexion Koreas.

Der Russisch-Japanische Krieg war der erste große Krieg des 20. Jahrhunderts mit enormen Verlusten an Menschenleben. Da aber die Japaner den Sieg davontrugen, zogen es ausländische Beobachter vor, die positiven Aspekte dieses aufsehenerregenden und unerwarteten Erfolges hervorzuheben. Innerhalb Japans steigerte sich das Ansehen – und der Etat – des Militärs, jedoch standen diesmal keine Reparationszahlungen zur Deckung der Kosten zur Verfügung. Das Versäumnis, angesichts der enormen Ausgaben nicht höhere Forderungen durchgesetzt zu haben, machte den Portsmouth-Vertrag

Der Chinesisch-Japanische Krieg 1894–1895

Der Chinesisch-Japanische Krieg brach in Korea aus. Auslöser war die Tonghak-Revolte von 1894. Die Tonghak-(»östliches Lernen«-)Bewegung entstand aus einer religiösen Vermengung chinesischer, buddhistischer und einheimischer koreanischer Vorstellungen. Es war eine vom koreanischen Hof nicht anerkannte, zum Nationalismus neigende Bewegung, die gegen Korruption, Armut und ausländische Einflußnahme (China und Japan) protestierte. Sowohl China als auch Japan wurden vom koreanischen Hof zu Hilfe gerufen, um die Revolte niederzuschlagen (Juni 1894). Dabei kam es zwischen den beiden Mächten im Juli 1894 zu Kampfhandlungen, als die Japaner das koreanische Königspaar aus dem Palast in Seoul entführten. Allgemein wurde ein Sieg der Chinesen erwartet, jedoch gewannen die besser ausgerüsteten und geführten Japaner die Oberhand und drangen bis nach Pyongyang und auf die Halbinsel Liaodong vor. Die Kämpfe waren im März 1885 beendet. Im Vertrag von Shimonoseki wurden scharfe Konzessionen erzwungen. Der Qing-Hof anerkannte die »Unabhängigkeit« Koreas, womit es einseitig der japanischen Einflußnahme ausgeliefert war. Reparationen in Höhe von 200 Mio. *teals* (310 Mio. Yen) wurden festgelegt. Die Halbinsel Liaodong, Taiwan und die Pescadores wurden an Japan abgetreten, ferner wurden die Chinesen dazu gezwungen, Japan Handelsprivilegien in chinesischen Häfen zu gewähren. Binnen weniger Monate intervenierten Frankreich, Deutschland und Rußland. Sie zwangen Japan dazu, Liaodong an China zurückzugeben, womit der Grundstein für die Auseinandersetzungen zwischen Japan und Rußland in Korea und der Mandschurei gelegt war.

120°
125°
130°
135°
40°
35°
30°
25°
MANDSCHUREI
Mukden
Liaoyang
Anshan
Yinkuo
Haicheng
Xiuyan
Rückkehr nach China 1895
Andong
Sinuiju
Yalu
LIAODONG PEN
Pitzuwu
Yalu River 17. Aug. 1894
Anju
Jinzhou
Port Arthur
Dalian
Beijing
Tianjin
BO HAI
24.–30. Oktober 1894
Pyongyang 16. Sept. 1894
Wonsan
27.–30. August 1894
JAPANMEER
Weihaiwei
12. Febr. 1895
Japanischer Sieg über die Chinesen, Stadt wird bis Mai 1898 gehalten
Inchon
Seoul
KOREA
Tangjin
29. Juli 1894
12.–28. Juni 1894
Pusan
Korea-Straße
Tsushima
HONSHU
Hiroshima
(unter kaiserlicher Herrschaft)
Osaka
Shimonoseki
Vertrag von 17. April 1895
Bungo Channel
SHIKOKU
QING CHINA
GELBES MEER
Quelpart
Sasebo
KYUSHU
JAPAN
Suzhou
Hangzhou
OST-CHINESISCHES MEER
Ryukyu-Inseln
an Japan 1874
Pescadores
an Japan 1895
Taiwan
an Japan 1895
Maßstab 1 : 9 000 000
0
300 km
0
200 Meilen
Schlacht, datiert
für Japan geöffneter Hafen 1876
Japanischer Handelshafen, geöffnet 1895
Japanisches Vorrücken
Rückzug der chinesischen Flotte
Hauptgebiet der Tonghak-Revolte
Japan 1884
Gebiet von Japan beansprucht, 1. April 1895
An Japan im Vertrag von Shimonoseki abgetretenes Gebiet

Links: Der Russisch-Japanische Krieg 1904/05
Interessenkonflikte zwischen Rußland und Japan hinsichtlich Koreas und der Halbinsel Liaodong führten 1904 zum Kriegsausbruch. Die Japaner eröffneten die Kampfhandlungen mit einer Blockade Port Arthurs. In verlustreichen Landgefechten wurden die schlecht ausgerüsteten russischen Truppen bis Mukden zurückgedrängt, wo 350000 russische und 250000 japanische Soldaten in einer blutigen, aber unentschiedenen Schlacht aufeinandertrafen. Inzwischen war die russische Ostseeflotte um die halbe Welt auf den Weg geschickt worden. Die japanische Flotte, die in der Tsushima-Straße wartete, brachte der Ostseeflotte in dem Entscheidungskampf im späten Mai einen vernichtenden Schlag bei. Beide Seiten waren am Ende ihrer Kräfte und akzeptierten das Vermittlungsangebot Präsident Roosevelts, in Portsmouth, New Hampshire, die Friedensverhandlungen aufzunehmen. Japan ging mit großem territorialen Zugewinn daraus hervor.

Unten: Die erste, auf diesem zeitgenössischem Druck dargestellte Eisenbahnlinie wurde 1872 von der neuen Meiji-Regierung zwischen Tōkyō (Shimbashi) und Yokohama gebaut.

Rechts: Kleine Fabrikanlagen und Werkstätten, wie diese metallverarbeitende Werkstatt zur Herstellung von Bronzevasen in Tōkyō, waren in der Meiji-Zeit typisch für die industrielle Produktion.

außerordentlich unpopulär und führte zu schweren Unruhen, als das Ergebnis verkündet wurde.

Nichtsdestoweniger waren die Bemühungen Meiji-Japans, zur Großmacht aufzusteigen, von Erfolg gekrönt. Der Kaiser (er sollte 1912 sterben) wurde wie ein Gott verehrt, seine Fotografie, die ihn in Uniform abbildete, hing auch im bescheidensten Haushalt. Da die chinesische und die russische Flotte auf dem Grund des Pazifik lagen, bot sich der Marine weit und breit kein Feind, solange das Bündnis mit England aufrechterhalten wurde – was bis zur Konferenz von Washington im Jahre 1922 auch der Fall war. Folgerichtig verstärkte man das Heer, das unter dem Oberbefehl von General Yamagata stand. Sein Schützling, Katsura Tarō, war während des Krieges Premierminister. Die Furcht vor einem Vergeltungsschlag der Russen und die Unruhen auf dem chinesischen Festland nach der Revolution von 1911 ließen mit Sicherheit erwarten, daß militärische Erwägungen und Notwendigkeiten in der zukünftigen Politik eine große Rolle spielen würden. Die europäischen Mächte waren bald von ihrer gegenseitigen Zerstörung im Ersten Weltkrieg in Anspruch genommen und ermöglichten es damit Japan, deutsche Besitzungen in Shandong zu besetzen und, in den 21 Forderungen von 1915, die Grundlage für eine dauerhafte Führerschaft auf dem asiatischen Kontinent zu schaffen. Das japanische Kaiserreich hatte seine Mündigkeit erreicht, als der Imperialismus in der Welt zu Ende zu gehen schien.

Industrialisierung und wirtschaftliches Wachstum

Seitdem Europareisende der späten Tokugawa-Zeit die Industrialisierung als Quelle westlicher Macht identifiziert hatten, gehörte sie zum Ziel aller japanischen Führungskräfte. In einem seiner in den achtziger Jahren geschriebenen Bestsellern prophezeite der Journalist Tokutomi seinem Land voller Frohlocken: »Wir werden ein großer Landungsplatz im Pazifik sein, eine großartige Metropole des Ostens, ein Großumschlagplatz für den internationalen Handel; die Sonne wird sich von dem Rauch verdunkeln, der aus Tausenden von Fabrikschornsteinen aufsteigt.« Ein beliebtes Motiv auf den Holzschnitten der Meiji-Zeit waren Dampflokomotiven, die paffend durch frühlingshafte Landschaften im Hiroshige-Stil fuhren.

Aufgrund der ungleichen Verträge konnte Japan jedoch seine Zölle nicht über fünf Prozent anheben, so daß der Schutz der erst im Entstehen begriffenen Industrie nicht möglich war: ein Umstand, der sich – im nachhinein betrachtet – sogar als segensreich erwies, da sich die Japaner auf vergleichsweise nutzbringendere Gebiete verlegen mußten und vor großen Investitionen in moderne Fabrikanlagen zurückschreckten, für die die Wirtschaft noch nicht gerüstet war. In den siebziger Jahren hatte sich die Regierung mit gewaltigen Ausgaben belastet, um Modell-Fabriken zu errichten, die jedoch aufgrund der 1881 verfügten Sparmaßnahmen fast alle mit Verlust an Privatkäufer abgestoßen wurden. Die Käufer, die die Zukunftsvisionen (und häufig auch die Freundschaft) der Regierungsführer teilten, wurden zu den Begründern großer Konglomerate, die man später mit dem negativen Ausdruck *zaibatsu* (Finanzclique) belegte, ein Begriff, der um 1930 den Beigeschmack amerikanischer Mafiakriminalität annahm. Aber diese traurige Berühmtheit lag noch in der Zukunft und breitete sich erst nach der Meiji-Zeit aus. An Bodenschätzen stand dem Meiji-Japan nur die Kohle zur Verfügung, die zudem von minderer Qualität war. Die Exporte in den Westen beschränkten sich auf Seide und Tee.

Entscheidende Maßnahmen für modernes Wirtschaftswachstum wurden erst 1881 ergriffen, als Matsukata Masayoshi Finanzminister wurde. Matsukata war Anhänger einer konservativen Finanzpolitik. Seine Politik stützte sich auf Ausgabenkürzung im öffentlichen Bereich und auf deflationäre Maßnahmen, die den Yen wieder zu einer frei konvertierbaren Währung machen sollten. Die Subventionen für kostenintensive Unternehmungen wurden gestrichen, Verbrauchssteuern auf Tabak und Sake erhöht, andere indirekte Steuern neu eingeführt, und nachdrücklich wurde eine Politik verfolgt, die darauf zielte, die Staatsschulden zu tilgen. Es gelang der Regierung, etwa 28 Prozent der laufenden Steuereinnahmen für die Kapitalbildung bereitzustellen. In Anbetracht der feststehenden Bodenbesteuerung nützte die deflationäre Politik der Regierung, schadete jedoch den Bauern. Die Reduzierung der Geldmenge drückte die Preise innerhalb von drei Jahren um 25 Prozent. 1885 wurde die Bank von Japan als Notenbank gegründet. Der scharfe Widerstand der Bauern wurde durch die bereits beschriebenen Polizeimaßnahmen in Grenzen gehalten.

Das nun einsetzende Wirtschaftswachstum gründete sich in erster Linie auf eine Produktionsausweitung im traditionellen Agrarsektor. Landwirtschaft und Handwerk boten die Möglichkeiten des Wachstums und erwirtschafteten bis kurz nach der Jahrhundertwende den Großteil des Kapitals. Die traditionelle Wirtschaft war in der Lage, die Produktion von Lebensmitteln und anderen Gebrauchsgütern auszuweiten, um die wachsende Bevölkerung zu versorgen, und gleichzeitig Arbeitskräfte für die allmählich anwachsende Industrie zur Verfügung zu stellen. Wie in der Tokugawa-Zeit setzten sich auch im 19. Jahrhundert ein relativ geringes Bevölkerungswachstum und eine hohe Sterblichkeitsrate fort; ohne Zweifel hätten moderne Medizin und eine niedrigere Sterberate das Wirtschaftswachstum verlangsamt. Unruhen auf dem chinesischen Festland und uneinheitliche Qualitätsstandards verschafften Japan einen regionalen Vorteil bei seinen wichtigsten Exporten, Tee und Rohseide. Die autoritären Neigungen der japanischen Führungsschicht und der Zwang, mit den Gegebenheiten einer Mangelwirtschaft zurechtzukommen, führten zu einem straffen Regierungsstil. Die merkantilistischen Züge der Domänenverwaltung in der späten Tokugawa-

Zeit waren einhergegangen mit einem scharfen Wettbewerb um die Mittel, die das Programm der Wiederbewaffnung finanzieren sollten. In Chōshu zum Beispiel verschaffte man sich den Überblick über die Ertragsfähigkeit der Domäne in allen Produktionsbereichen, um festzustellen, wieviel über das Lebensminimum der Bevölkerung hinaus produziert werden konnte. Auf ähnliche Weise ging man auch auf nationaler Ebene vor, vor allem in einer Untersuchung über die Industrialisierung, mit der die Möglichkeiten zur Produktionsausweitung in allen traditionellen Wirtschaftszweigen eingeschätzt werden sollten.

Die Meiji-Regierung enthielt sich jeglicher direkter staatlicher Wirtschaftslenkung, ausgenommen bei der Bodenverteilung, war aber in anderer Weise um so aktiver. Existenzbedrohende Konkurrenzkämpfe zwischen japanischen Unternehmern, die den nationalen Interessen entgegenstanden, hatten staatlich verfügte Firmenzusammenschlüsse zur Folge. Im Falle der Küsten- und China-Schiffahrt wurde eine neu gegründete Firma mit staatlichen Subventionen in die Lage gesetzt, den Kampf gegen die ausländische Konkurrenz zu bestehen. Fast während der gesamten Periode wurden die größten Investitionen vom Staat getätigt. Man hat ermittelt, daß die durchschnittliche staatliche Kapitaleinlage nie weniger als 40 Prozent betrug, meistens mehr. Daraus entwickelte sich ein System, das von Chalmers Johnson als staatlicher »Entwicklungskapitalismus« bezeichnet wurde im Unterschied zum staatlichen »Dirigismus«. Im letzteren Fall liegt die Führung bei der freien Unternehmerschaft, und der Staat schreitet ein, um Monopole zu verhindern. Im modernen Japan führte jedoch die Überzeugung, im internationalen Wettbewerb von vornherein benachteiligt zu sein (aufgrund der ungleichen Verträge und mangelnder Bodenschätze) zu staatlichen Richtlinien und Anweisungen zur Zusammenarbeit, die diese Nachteile ausgleichen sollten. Die Reparationen Chinas aus dem Vertrag von Shimonoseki wurden dazu verwendet, die Eisen und Stahl erzeugenden Yawata-Werke zu errichten, ein entscheidender Schritt in Richtung Schwerindustrie. Der Export von Textilwaren nach China und Korea nahm bedeutende Ausmaße an. Auch der natürliche Wachstumsprozeß innerhalb der modernen Fertigungsindustrien machte sich bemerkbar. Das war besonders auffällig zur Zeit des Russisch-Japanischen Krieges. Um 1905 verdrängte der rapide Anstieg von Baumwollstoffen, Baumwollgarn und Seidenstoffen den Export von Tee und Rohseide, der Import hingegen fiel auf ein Viertel der heimischen Produktion. Der Binnenmarkt erwies sich überdies für die Fertigungsprodukte als ungenügend, weswegen der Export immer mehr an Bedeutung gewann.

Trotz allem muß darauf hingewiesen werden, daß die Größenordnung der modernen japanischen Wirtschaft noch immer auf einem niedrigen Niveau rangierte. Um 1900 belief sich die industrielle Produktion auf etwa zehn Prozent des Bruttosozialprodukts. Bis zum Ende der Meiji-Zeit war sie auf etwa 13 Prozent angestiegen und erhöhte sich bis 1931 langsam auf 25 Prozent. 1909 waren gerade drei Prozent der arbeitenden Bevölkerung in Fabriken beschäftigt. Zu der Zeit war die Baumwollproduktion die am meisten entwickelte moderne Industrie, jedoch waren mehr Arbeiter in der Seidenindustrie in kleineren Werken angestellt. Im Jahre 1909 waren nur 2,9 Prozent der Fabrikarbeiter in Unternehmen angestellt, die mehr als 500 Arbeiter beschäftigten, 29,5 Prozent arbeiteten in Werken, die zwischen 50 und 499 Leute beschäftigten, und der größte Anteil von 67,6 Prozent arbeitete in Unternehmen mit weniger als 50 Arbeitern.

In den Lebens- und Verbrauchsgewohnheiten herrschte während des halben Jahrhunderts vom Ende der Tokugawazeit bis zur ausgehenden Meiji-Zeit eine bemerkenswerte Stabilität. Die Veränderungen waren nur partiell, wie zum Beispiel die Ersetzung der traditionellen Papierschirme durch westliche Regenschirme und der Papierfenster durch Glasscheiben. Das waren nur Vorboten der zukünftigen Entwicklung. Während der ganzen Periode überwog ein Nebeneinander von Traditionellem und Modernem. Die königliche Familie und die Beamtenschaft trugen Uniformen bzw. westliche Kleidung. In den 1880er Jahren bevorzugten die Hofdamen viktorianische Kleidung und nahmen sogar an offiziellen Kostümbällen teil, um den Ausländern den Umschwung Japans zu demonstrieren. Langsam setzte sich in der japanischen Gesellschaft das Neue durch, von der Oberschicht griff es auf das Bürgertum über, von der Stadt auf das Land. Neue Lebensmittel wie Brot und Fleisch waren Luxusgüter und gehörten in den seltensten Fällen zum Ernährungsplan. Die dauerhafte Nachfrage nach den traditionellen Gütern stabilisierte die Wirtschaft, verlängerte die Nützlichkeit solcher Güter und auch ihrer Produzenten und drosselte damit den Import.

Die Auswirkungen des Krieges auf die japanische Gesellschaft

Das Militär hatte wohl den größten Anteil an der Verbreitung neuer Lebensgewohnheiten und neuer Waren. Die Kriege gegen China und Rußland sind als die Hauptfaktoren anzusehen, die das Leben der späten Meiji-Zeit umgestalteten, ebenso wie sie die Einstellung der Menschen gegenüber der Regierung und dem Thron veränderten und gegenüber den Nachbarn auf dem Kontinent, China und Korea. Erst ab der Jahrhundertwende begannen viele Japaner, westliche Gewohnheiten in ihr Alltagsleben einzubeziehen.

Der Erste Weltkrieg brachte noch einschneidendere Veränderungen des wirtschaftlichen und sozialen Lebens. Als Verbündeter Englands wurde Japan in den Konflikt hineingezogen, jedoch beschränkte man die Beteiligung im großen und ganzen auf die Besetzung der deutschen Gebiete in Shandong und im Süd-Pazifik. Als sich die hochentwickelten Volkswirtschaften des Westens auf die Rüstungsindustrien konzentrierten, öffneten sich Japan im Westen und besonders in Asien neue Märkte. Der wirtschaftliche Nutzen, den der Sieg über China gebracht hatte, wurde jetzt sichtbar, als japanisches Kapital in die Errichtung von Textilfabriken in Shanghai gepumpt wurde. Auch der japanische Schiffsbau nahm an Umfang zu. Die kaiserliche Flotte, die gegen die chinesische und russische angetreten war, stammte aus westlichen Werften (ebenso wie die, die sie versenkt hatte), jedoch begann Japan jetzt als Großhersteller im Schiffsbau auch selbst in Erscheinung zu treten. Das Problem ausländischer Zahlungsmittel löste sich schlagartig, als der Export sich schneller ausdehnte als die Nachfrage nach importierten Waren. Diese unerwartet günstigen Verhältnisse dauerten nur fünf Jahre, ihre Auswirkungen waren jedoch länger zu spüren. Preise und Arbeitslöhne schnellten auf dem modernen Industriesektor in die Höhe. Zum ersten Mal gab es in Japan einen Mangel an Arbeitskräften.

Mit dem Ende des Krieges verringerte sich der Export rapide, und die Inflation der Kriegsjahre leitete eine Epoche des Preisverfalls ein. Um in den modernen Industrien wettbewerbsfähig zu bleiben, steigerten die Firmen Investitionen und Produktivität. Von 1922–1933 stieg die Produktivität pro Arbeiter um 60 Prozent. Mit diesem Prozeß waren allerdings auch unterschiedliche

Der Erste Weltkrieg
Die Verwicklungen der Westmächte in den Krieg in Europa gaben Japan die Chance, frühere deutsche Kolonien in China und dem Pazifik zu besetzen, und von China andere territoriale Zugeständnisse zu erzwingen. Am 23. August 1914 erfolgte Japans Kriegserklärung an Deutschland. Etwa im November 1914 hatte sich Japan die Kontrolle über die deutschen Besitzungen in Shandong und den pazifischen Inseln gesichert. In den geheimen 21 Forderungen an China von 1915 erzwang die japanische Regierung von China die Abtretung nicht nur von Shandong, sondern auch von anderen Gebieten Chinas, der Mandschurei und Mongolei. Nach der Bekanntmachung der Forderungen durch die Chinesen, reagierte man in China und im Westen mit einhelliger Verurteilung. Man bezichtigte Japan imperialistischer Bestrebungen und machte es für das Aufkommen des chinesischen Nationalismus verantwortlich. 1918 erfüllten sich Japans lang gehegte Erwartungen, in den Kreis der Großmächte aufgenommen zu werden, es wurde als einer der »großen Fünf« zur Versailler Friedenskonferenz eingeladen, wo man den Besitz von Shandong und den ehemals deutschen Kolonien auf den pazifischen Inseln bestätigte und die Aufnahme in den Völkerbund zusicherte. Die wirren Verhältnisse, die den Niedergang des Zarenreiches und die bolschewistische Revolution begleiteten, erweckten den Ehrgeiz der japanischen Militärs, sich die Herrschaft über Ostsibirien zu sichern. Im Juli 1918 entsandte Japan 75000 Soldaten, dreimal so viel wie die westlichen Verbündeten, als Teil einer alliierten Expeditionstruppe nach Sibirien. Die Japaner widersetzten sich später dem internationalen Druck, sich wieder zurückzuziehen und hielten ihre Streitkräfte bis 1922 in Sibirien.

UdSSR
OCHOTSKISCHES MEER
Kamčatka (UdSSR)
Irkutsk
Chita
Magdagachi
Amur
Blagoveshchensk
Nikolayevsk
Sachalin
Alexandrovsk-Sakhalinskiy
Khabarovsk
Karafuto
Kuril Is
Haerbin
MONGOLEI
ÖSTLICHE INNERE MONGOLEI
Vladivostok
Mukden
Antung
Beijing
Tianjin
Dairen
Port Arthur
KOREA (CHŌSEN)
JAPAN-MEER
JAPAN
CHINA
Yantai
Weihaiwei
SHANTUNG
Qingdao 1914
Huang
Pusan
Tokyo
PAZIFIK
Nanjing
Shanghai
Hankow
Yangzi
Ningbo
OST-CHINESISCHES MEER
Okinawa
Bonin-Inseln
Marcus
Iwo Jima
INDIA
FUKIEN
Fuzhou
Xiamen
Shantou
Taiwan
Guangzhou
Hong Kong (Br)
BURMA
Salween
Hainan
Wake
Marianen-Inseln Oktober 1914
SIAM
Mekong
FRANZÖSISCH INDOCHINA
Phillippinen
INDISCHER OZEAN
SÜD-CHINESISCHES MEER
Guam
Eniwetok
Kwajalein
MANDATSGEBIET, 1920
Truk
Marshall Inseln Oktober 1914
Palau-Inseln Oktober 1914
Karolinen-Inseln Oktober 1914
BRUNEI
N BORNEO
MALAYA
SARAWAK
Borneo
Gilbert-Inseln
quator
MANDATSGEBIET, 1920
Nauru 1914
Neuirland
Sumatra
NEU GUINEA Sept. 1914
HOLLÄNDISCH OSTINDIEN
PAPUA (an Australien)
Neubritannien
Solomon-Inseln Sept 1914
Ellice-Inseln
Java
Timor
CORAL SEA
Neuhebriden
Fiji-Inseln
Neukaledonien
AUSTRALIEN
NEU-SEELAND
Tasmanien
100°
120°
140°
160°
180°
Besitzungen August 1914
Japanisch
Britisch
Deutsch
Französisch
Portugiesisch
Amerikanisch
Von Japan beanspruchte Gebiete (21 Forderungen), 1915
Japanische Sibirienexpedition 1918–22
Bis 1919 eroberte Gebiete
Japanisch
Britisch
Australisch
Wichtiger Vertragshafen
Wichtiger Verkehrsweg
Maßstab 1:48 000 000
0
1500 km
0
1000 Meilen

Lohn- und Sozialentwicklungen zwischen Arbeitern im modernen Industrie-Sektor und denen des traditionellen Wirtschafts-Sektors verbunden. In den modernen Industriebereichen entwickelte sich der Trend zur Trustbildung, indem die aus Familienunternehmen entstandenen Firmen wie Mitsui, Yawasaki (Mitsubishi) Yasuda, Sumitomo, Okura und noch einige andere, gigantische Ausmaße anzunehmen begannen.

Die Trennung der Wirtschaft in das als »dualistische« Wirtschaftsform bezeichnete System hatte weitreichende Konsequenzen. Politisch unzufriedene Bauerngruppen gewannen dank des Wahlsystems beträchtlichen politischen Einfluß - ein Einfluß, der den politischen Ambitionen des Militärs zuträglich war, da sie sich als Fürsprecher der ländlichen Rekruten aufspielten.

Das Jahrzehnt nach dem Ersten Weltkrieg warf viele Probleme auf, die von den Wirtschaftsplanern nicht bewältigt wurden. Zum Teil, weil die liberalen Tendenzen der Taishō-Zeit (1912-1926) die Erwartung weckten, daß die umfassende Regierungskontrolle ein Ende haben würde. Und zum anderen, weil in Japan das Vertrauen in die Regierung gesunken war, da sie sich durch verheerende Maßnahmen beim Verfall des Reispreises im Jahre 1918, der landesweite Aufstände verursacht hatte, völlig kompromittiert hatte. Die für die Fehleinschätzung verantwortliche Regierung, die unter Leitung eines Protegés General Yamagatas stand, wurde 1918 von einem Kabinett ersetzt, das erstmals unter Führung eines Bürgerlichen stand, der gleichzeitig den Vorsitz einer Partei führte. Staatliche Wirtschaftslenkung schien im Abnehmen begriffen zu sein, und es hatte den Anschein, als würde sich Japan der internationalen Linie anpassen. Bis zu seiner Ermordung im Jahre 1921 zeigte Hara Kei (Takashi) die bemerkenswerte Fähigkeit, zwischen bürokratischen und militärischen Interessen auch die repräsentativen Interessen der Masse zur Geltung zu bringen.

Der Zusammenbruch der Kriegskonjunktur hatte langwierige Streiks und Arbeiterproteste zur Folge. 1921 gab es einen besonders erbitterten Streik unter den Dockarbeitern. Auch auf dem Land gab es Auseinandersetzungen zwischen Grundbesitzern und Pächtern und man gründete eigene Gewerkschaften, um die Bedingungen der Kleinbauern zu verbessern. Reisimporte aus Korea und Taiwan führten zu Preissenkungen und verärgerten die Bauern. Viele von ihnen hatten während des Krieges Arbeitsplätze in der Industrie gefunden und verlangten nach ihrer Rückkehr aufs Land mehr Geld für ihre Arbeit. Die Kleinbauernbewegung beschränkte sich zunächst auf gemeinsame Petitionen im Jahre 1921 an die Grundbesitzer um Pachtzinsverringerungen und weitete sich schließlich bis zum Jahr 1926, als die linke Bauernpartei Japans gegründet wurde, zu einer echten Volksbewegung aus.

Die zwanziger Jahre waren von einem ausgedehnten wirtschaftlichen Niedergang gekennzeichnet, der noch verschlimmert wurde durch die enormen Kosten des vernichtenden Erdbebens, das die Tōkyō-Ebene im September 1923 erschütterte. Das Bankensystem verlor an Stabilität, weil sich viele Kreditnehmer außer Stande sahen, Rechnungen zu bezahlen, für die die Bank von Japan gegenüber anderen Banken gebürgt hatte. Diese »Erdbebenrechnungen«, wie sie genannt wurden, trugen dazu bei, die Kapitaldecke der Banken zu durchlöchern, weil die staatlichen Ausgleichszahlungen durch die Bürokratie verzögert wurden. Andere Banken hatten darunter zu leiden, daß sie vor dem Erdbeben zu hohe Kreditverpflichtungen eingegangen waren. Als im Jahr 1927 die Suzuki-Handelsgesellschaft Konkurs anmelden mußte, löste die Bank von Taiwan, die sehr enge Geschäftsbeziehungen zu dieser Firma unterhalten hatte, eine allgemeine Bankenkrise aus. Die Folgen dieser Krise waren so schwer, daß die Behauptung angemessen ist, Japan habe schon zwei Jahre vor den anderen Industriestaaten die Große Depression erlebt.

Oben: Im Frühjahr 1927 wurde Japan von einer Finanzkrise erfaßt. Gerüchte waren im Umlauf, daß Banken, die »Erdbebenrechnungen« (diskontierte Handelspapiere) hielten, vom Konkurs bedroht waren, da sich die staatlichen Ausgleichszahlungen verzögerten. Ganz Japan wurde von einer Finanzpanik erfaßt, 37 Banken kollabierten, darunter die Bank von Taiwan. Die Krise brachte das Kabinett zu Fall und führte zu Einschränkungen im Bankgewerbe.

Dieser Prozeß führte dazu, daß die großen *zaibatsu*-Firmen, die die Krise überstanden hatten, immer mehr Industrien an sich banden. Ihre Banken, die das Kernstück im organisatorischen Geflecht eines jeden *zaibatsu*-Konzerns bildeten, übten einen immer größer werdenden Einfluß auf die außerhalb der *zaibatsu* stehenden Firmen aus. Die Wirtschaftsstruktur Japans am Ende der zwanziger Jahre unterschied sich wesentlich von den wirtschaftlichen Verhältnissen, die zu Anfang des Ersten Weltkrieges bestanden hatten, wobei die Ursprünge für diese Entwicklung in der frühen Industrialisierung der Meiji-Zeit zu suchen sind. Die Taishō-Zeit brachte einen gewaltigen wirtschaftlichen Aufschwung, vor allem die Ausweitung der Elektro-, Chemie- und Maschinenindustrien. Jedoch bewirkte gerade dieses industrielle Wachstum die Ausformung zweier unter-

Links: Bis zur Landreform von 1946 war die Bewirtschaftung bäuerlicher Betriebe harten Bedingungen unterworfen. Die deflationäre Politik Matsukata Masayoshis führte in den 1880er Jahren zu einem schweren Konjunktureinbruch in den ländlichen Gebieten, der die Preise für Rohseide stürzen ließ und allein im Jahr 1885 100000 Bauern in den Ruin trieb. Viele Familien gerieten in Pachtabhängigkeit, in einigen Gebieten kam es zu Aufständen. Nach dem Ersten Weltkrieg drückten billige Reisimporte aus Korea und Taiwan die Preise erneut nach unten. Einige Bauern versuchten, sich mit der Gründung von Gewerkschaften zur Wehr zu setzen. Streitigkeiten, Landvertreibungen und wachsende Armut kennzeichneten die Situation auf dem Land in den dreißiger Jahren. Die Versuche der Bauern, über die Gewerkschaften oder auf andere Weise politisch Einfluß zu nehmen, brachten kaum Erleichterungen. Dieses Foto zeigt eine Versammlung der japanischen Bauernpartei in der Präfektur Nara.

schiedlicher Wirtschaftsformationen mit unterschiedlichen Löhnen und Arbeitsbedingungen. Kartell- und Trustbildung führten zu den sozialen und politischen Unruhen der dreißiger Jahre.

Städtische Kultur

Das Erziehungsedikt von 1890 brachte die Absicht der Meiji-Regierung zum Ausdruck, das Einströmen ausländischer Einflüsse in die japanische Kultur zu verlangsamen oder zumindest in die richtigen Bahnen zu lenken. Dieser Versuch ist fehlgeschlagen. Der Prozeß westlicher Beeinflussung setzte sich ohne Unterlaß fort. Man konnte ihm in den Schulen entgegenwirken, nicht jedoch in der Gelehrtenwelt, und auf dem Land wurde ihm mehr Widerstand entgegengesetzt als in der Stadt. Das 20. Jahrhundert bedeutete für Japan mehr als nur das Marschieren in Richtung Industrialisierung, und seine Sozialgeschichte ist wesentlich vielschichtiger, als die Berichte über wirtschaftliche Ungleichheiten vermuten lassen. In der japanischen Gesellschaft war ein stetiger Wachstumsprozeß einer lebendigen, städtischen Kultur zu beobachten, der aus dem Bemühen weiter Kreise entstand, sich durch eine moderne Erziehung einen besseren Bildungsstand zu verschaffen. Die Anzahl höherer Privatschulen stieg sprunghaft an. Am Ende der Meiji-Zeit war zumindest die Absolvierung der Elementarschulen, die einen Grundstock an Wissen garantierte, allgemein üblich.

Die jetzt entstehende städtische Kultur hatte ihre Ursprünge in der bürgerlichen Gesellschaftsschicht der Tokugawa-Zeit, war jedoch aufgrund ausländischer Kultureinflüsse wesentlich vielseitiger. Im Mittelpunkt dieser neuen Kultur stand die Literatur. Die Autoren der Meiji-Zeit experimentierten an Adaptionen von Romanen der späten Tokugawa-Zeit, an Übersetzungen oder Umarbeitungen englischer Romane, aber schließlich schufen sie in der letzten Dekade der Meiji-Zeit Werke, die zu den Klassikern der modernen japanischen Literatur zählen. Um nur zwei von ihnen zu erwähnen: Mori Ōgai (1862–1922) und Natsume Sōseki (1867 bis 1922) haben sich in der nationalen und auch der internationalen Literatur einen Namen gemacht. Mori, eigentlich Arzt, verband seine literarische Tätigkeit mit einer Karriere als Militärarzt. Auf dem Gebiet der Lyrik und insbesondere der dokumentarischen Erzählung erforschte er die Wurzeln japanischer Sensibilität in bezug auf feudale Werte und Tugenden und schuf ein literarisches Werk, das erst jetzt im Westen bekannt wird. Natsume Sōseki, der designierte Nachfolger von Lafcadio Hearn als Spezialist für englische Literatur an der Kaiserlichen Universität in Tōkyō, verbrachte ein paar unglückliche Studienjahre in London, bevor er zu dem Schluß kam, daß seine Neigungen den japanischen und chinesischen Literaturtraditionen gehörten. 1907 gab er den Lehrberuf auf und übernahm die Herausgabe der Literaturseite an der großen *Asahi*-Zeitung. Hier wurden seine Romane in Fortsetzungen abgedruckt. Er hinterließ ein Werk, das mit immenser Detailtreue den psychologischen und geistigen Druck beschreibt, den der schnelle »Umbau« in Japan hinterließ, und von tiefem Skeptizimus gegenüber der Zivilisation seiner Zeit erfüllt ist. Viele bedeutende Schriftsteller gingen aus der Schülerschaft hervor, die er um sich scharte.

Auch in anderen kulturellen Bereichen der Meiji-Zeit kam der Kampf zum Ausdruck, den die Verbindung von Traditionen und Neuerungen hervorrief. Auf dem Gebiet der Kunst wurden italienische Maler ins Land geholt, die an dem neu geschaffenen Institut für Ingenieurwesen die Prinzipien der repräsentativen euro-

Rechts: 1890 wurde in Tōkyō der erste Wolkenkratzer erbaut, der Ryōunkaku (»Pavillon, der sich bis zu den Wolken erhebt«). In dem zwölfgeschossigen Gebäude gab es den ersten Aufzug Japans (er reichte bis zum achten Stockwerk). Es war eine Art Vergnügungszentrum mit Läden, Theatern, Bars und Restaurants. Oben befanden sich drei Aussichtstürme und eine Kuppel, die sich 68 m hoch über das Asakusa-Viertel erhob. Mit dem Bau des *Junikai*, (zwölf Geschosse), wie es genannt wurde, wurde das Asakusa-Viertel zum beliebtesten Vergnügungsviertel der Hauptstadt.

päischen Kunst lehren sollten. Aus dieser Vermischung von Kunst und Technik begannen sich Elemente herauszubilden, die den Grundstein zu einer neuen Malrichtung legten, die als »Nihonga«, oder Japanische Malerei bekannt wurde. Ebenso wurden auf dem Gebiet der Musik westliche Spezialisten (in diesem Fall amerikanische) ins Land geholt, die geeignete Liederbücher für die öffentlichen Schulen ausarbeiten sollten. Am Ende der Meiji-Zeit sangen Schulkinder eine Ode an die Leuchtkäfer nach einer Melodie von Stephen Foster (»My Old Kentucky Home«), die der japanischen Harmonielehre angepaßt wurde.

In den Jahren nach dem Ersten Weltkrieg wurden diese Versuche als altmodisch verworfen. Man orientierte sich an neuen Kulturgütern, die spontan und ohne staatliche Lenkung über Japan hereinbrachen und einen besseren Kontakt zu den internationalen Strömungen schufen. Japan war zum bedeutenden Bündnispartner geworden, eine Großmacht, die bald zum ebenbürtigen Mitglied des Völkerbundes werden sollte. In der jungen Generation wurde ein starkes Zugehörigkeitsgefühl und das Bedürfnis nach Veränderungen spürbar.

Es überrascht keineswegs, daß diese Bewegung zunächst von den Studenten getragen wurde. Die im Jahre 1918 an der Kaiserlichen Universität von Tōkyō gegründete »Gesellschaft des neuen Menschen« *(Shinjinkai)* zählte zu ihren Mitgliedern die kühnsten Köpfe der intellektuellen Elite. Zu den Sponsoren aus dem Lehrkörper gehörte Professor Yoshino Sakuzō, der maßgeblich die Artikulation der »Taishō Demokratie« beeinflußte, und dessen Schriften sich in der Hauptsache mit dem demokratischen Potential der Meiji-Verfassung befaßten. Die Idee des Internationalismus griff nach der Ernennung des Pädagogen Nitobe Inazō zum stellvertretenden Generaldirektor des Völkerbundes wie ein Feuer um sich und entzündete auch viele Führungspersönlichkeiten der neuen Generation. Der Wiederaufbau Tōkyōs nach dem großen Erdbeben von 1923 veränderte das Gepräge der Altstadt und ihrer Kultur und erhöhte das Bedürfnis nach Neuerungen und Reformen. Im Bereich der Volkskultur fanden alle Aspekte der neuen Verwestlichung Eingang. Filmtheather, Cafés, Tanzhallen und Revuebühnen fanden in allen Bevölkerungskreisen Anklang. Im Studentenjargon erfand man Neologismen, die typisch für die Generation wurden: *modan* (Modern), *moga* (für *modan gaaru*, oder »modern girl«). Die neue Welt des Amüsements zog auch wirtschaftliche Konsequenzen nach sich, das Entstehen einer ausgedehnten Bierindustrie und die Einführung der industriell gefertigten Konfektionskleidung.

In ganz Japan verbreitete sich der Einfluß der großen hauptstädtischen Zeitungen. Großer Beliebtheit erfreuten sich ferner eine ganze Reihe neuer Zeitschriften, von denen die *Kaizō* oder *Wiederaufbau* am populärsten war. Entsprechend der bereits diskutierten unterschiedlichen Entwicklung in der Wirtschaft war die Distanz dieser städtischen Gesellschaft zur Armut der rückständigen Landbevölkerung frappierend.

Zu den neu hereinflutenden Kulturgütern gehörten auch Schriften von Sozialreformern und Radikalen. Die Lehren Karl Marx' erlangten neue Bedeutung, nachdem man sie im nachrevolutionären Rußland verwirklichte.

Im Innenministerium hatte man sich schon seit längerem mit der Möglichkeit eines Übergreifens des sozialen Radikalismus auf Japan beschäftigt. Die Abteilung für Sozialfragen hielt eine Sozialgesetzgebung in Form von Gewerbeordnungen und gewerbepolizeilichen Gesetzen für notwendig, um derartigen Entwicklungen vorzubeugen. Die davon betroffenen Interessengruppen hielten jedoch dagegen, daß die »einheitliche« paternalistische Gesellschaftsstruktur diese Neuerungen überflüssig mache. So entwickelte sich die Betriebsgesetzgebung nur langsam und wurde noch langsamer durchgesetzt, obwohl die Notwendigkeit für ein Eingreifen der Regierung aufgrund der Bauern- und Arbeiterunruhen in den zwanziger Jahren immer drängender wurde.

Die Regierung griff mit »Zuckerbrot und Peitsche« ein. 1925 wurde das Wahlrechtsgesetz reformiert und auf alle Männer über 25 ausgedehnt. Die Wahlbeteiligung von 1928, die erste Wahl unter den neuen Bedingungen, erhöhte sich sprunghaft auf zwölf Millionen Wählerstimmen. Gleichzeitig wurde jedoch die Peitsche in Form polizeilicher Repressalien eingesetzt. Das ebenfalls 1925 verabschiedete Gesetz zur Erhaltung des Friedens sah die Einrichtung polizeilicher Spezialeinheiten zur Bekämpfung »gefährlicher Strömungen« vor und institutionalisierte scharfe Strafmaßnahmen gegen Organisationen, die den Privatbesitz oder die »nationale Staatsform« gefährdeten. Dieser undeutliche Begriff *(kokutai)* bekam in konservativen Kreisen immer mehr Gewicht. Letztlich bezeichnete er eine Regierungsform, die dem Kaiser untergeordnet war und gleichzeitig den Kaiser als Verkörperung des Staates anerkannte. 1928 verschärfte man das Gesetz zur Erhaltung des Friedens mit Zusatzbestimmungen für Kapitalverbrechen gegen die »Staatsform«. Im gleichen Jahr führte man eine Säuberungsaktion gegen Kommunisten und mutmaßliche Kommunisten durch, ein Tiefschlag von dem sich die Linke bis zum Zweiten Weltkrieg nicht richtig erholte.

Im Jahr 1928 fanden auch die Inthronisierungsfeierlichkeiten des jungen Kaisers Hirohito statt, dessen Regierungsära mit der Bezeichnung Shōwa, Aufklärung und Harmonie, gekennzeichnet wurde. Der junge Herrscher repräsentierte in gewisser Weise die Strömungen seiner Zeit. Seine Heirat hatte er gegen die konservativen Kreise durchgesetzt, die seine Gemahlin mit erblicher Farbenblindheit belastet sahen, und obwohl sich lange Zeit kein Erbe einstellte, weigerte er sich energisch, wie seine Vorfahren, eine Konkubine zu nehmen. 1921 unternahm er eine Reise nach England, ein Bruch mit allen guten Sitten des Hofes, deren er sich noch lange voller Nostalgie erinnerte. Aus gesundheitlichen Gründen wurde Hirohito 1922 als Regent für seinen Vater eingesetzt. In der anläßlich seiner Inthronisation erlassenen Verfügung sicherte der junge Kaiser seinem Volk Schutz und Harmonie zu, ferner versprach er, den Volkswohlstand zu erhöhen und sich in der ganzen Welt für Frieden einzusetzen. Eine nervöse Polizei verhaftete über 7000 der von ihm angesprochenen Untertanen, einige nur, weil sie ein Heft der Zeitschrift *Wiederaufbau* bei sich trugen. Sie wurden entschädigungslos einen Monat lang, bis zum Ende der Feierlichkeiten, festgehalten. So nimmt es nicht Wunder, daß Hirohitos Regierungszeit sich in eine Ära des Krieges und eine des Friedens spaltete.

Der Angriff auf die Mandschurei

Die Periode zwischen den Kriegen ist vom Niedergang liberaler Tendenzen gekennzeichnet. Nach dem Tode Haras, des ersten Premierministers eines Parteienkabinetts, blieben die bestehenden Machtverhältnisse bei der Kabinettsbildung bis zu den Wahlen von 1924 ungebrochen, aus denen sich ein Koalitionskabinett unter Katō Takaaki ergab. Katōs Außenminister, Shidehara Kijūrō, verfolgte eine straffe internationalistische Politik, die sich an den im Rahmen der Washingtoner Konferenz von 1922 ausgearbeiteten Pazifischen Verträgen orientierte. Shidehara enthielt sich jeglicher Einmischung in

Unter den Autoren, die den modernen psychologischen Roman in Japan begründeten, profilierten sich besonders Mori Ōgai (1862–1922), *oben*, und Natsume Sōseki (1867–1916), *unten*. Beide eröffneten der japanischen Literatur auf ganz unterschiedliche Weise die Vielschichtigkeit der modernen Welt, ohne die alten kulturellen Traditionen aufzugeben. Ōgai, der in Deutschland Medizin studierte, interessierte sich für chinesische, japanische und westliche Literatur. Seine Bücher behandelten mit großem Einfühlungsvermögen das Thema der Sexualität im modernen Japan und beschäftigten sich mit historischen und biographischen Stoffen. Sōseki interessierte sich mehr als alle anderen Schriftsteller für die Einsamkeit und Schuldgefühle des modernen japanischen Intellektuellen, der seine Individualität an modernen westlichen Vorbildern orientiere.

Die zwanziger und dreißiger Jahre brachten für Japan eine Fülle demokratischer Impulse, städtischen Wohlstand und internationale Stabilität: Die jungen Damen, die hier durch ein Teleskop die Sterne beobachten *(rechts oben)*, bemerkten mit Sicherheit nicht die Sturmwolken, die sich über der Mandschurei sammelten oder die politischen Krisen in Tōkyō. Sie dokumentieren einen auf Wohlstand gegründeten städtischen Lebensstil, der viele neue Möglichkeiten zur Unterhaltung und Allgemeinbildung bot. Die Takarajuka- und Shōchiku-Tanz- und Varieté-Gruppen *(rechts außen)* faszinierten vor allem die jungen Frauen und die Söhne und Töchter der Mittelklasse.

die stürmischen Verhältnisse Chinas, wo sich Jiang Jieshis Guomindang bildete, und versuchte diesen Kurs auch während seiner zweiten Amtsperiode im Kabinett von Hamaguchi Osachi (1928–31) zu halten. Als die *genrō* von der politischen Bühne abzutreten begannen (von der ursprünglichen Gruppe lebte nur noch Saionji Kimmochi, der 1940 starb), löste sich die monolithische Struktur der Führungsspitze auf. Die Repräsentanten des Militärs, des Business, der Bürokratie und der ländlichen Interessengruppen traten den Wettstreit um die politische Nachfolge an. Parteienregierungen schienen die Norm zu werden. Das Kabinett Katos versuchte, die obstruktiven Machtbefugnisse des Oberhauses einzuschränken, eine Sozialgesetzgebung durchzubringen und den Einfluß des Militärs zu mindern. Ebenso erweiterten sie die Bürgerrechte, indem sie neue Polizeigesetze erließen. Die Hara-Regierung setzte eine Begrenzung der Seestreitkräfte durch, entsprechend den Washingtoner Bestimmungen von 1922. Hamaguchi verfolgte denselben Kurs nach der Londoner Konferenz von 1930. Solche Maßnahmen wurden von den Ultranationalisten öffentlich angeprangert. Sowohl Hara als auch Hamaguchi fielen einem Attentat zum Opfer, und die Ära der Parteienkabinette ging mit der Ermordung Premierminister Inukais im Jahre 1932 zu Ende. Es gab in Japan aufrichtige internationalistische Bestrebungen, jedoch erwies sich der Trend zum Militarismus als stärker.

Gegenströmungen zum Internationalismus waren in vielen Bereichen der japanischen Gesellschaft zu spüren. Die Führungsspitze der Meiji-Generation, die ein Leben lang für den Aufstieg ihres Landes zur imperialistischen Großmacht gekämpft hatte, mußte bestürzt zur Kenntnis nehmen, daß der Imperialimus nach dem Ersten Weltkrieg zum Ende gekommen war. Der plötzliche Niedergang der Kaiserreiche Deutschland, Rußland, Österreich-Ungarn und Manchu-China bot einer auf-

Oben: Der junge Kaiser Hirohito, der den Thron am 25. Dezember 1926 bestieg, wählte für seine Regierung die Ära-Bezeichnung Shōwa (Aufklärung und Harmonie). Ausgeschlossen vom politischen Tagesstreit, hatte er in der Regel nur die Entscheidungen seiner Berater und Beamten zu bestätigen. Nur bei ganz wenigen Gelegenheiten bestand er darauf, seine gemäßigten Ansichten durchzusetzen. Seine harte Haltung gegenüber den jungen Offizieren bei dem Umsturzversuch vom 26. Februar 1936 trug wesentlich dazu bei, diesen Militärputsch zu verhindern. Er war es auch, der die Kapitulationsverhandlungen 1945 aus der Sackgasse führte, mit seiner Entscheidung, die Bedingungen der Potsdamer Erklärung anzunehmen.

strebenden Macht verlockende Möglichkeiten zur Expansion, jedoch steuerten die angelsächsischen Siegermächte einen energischen antikolonialen Kurs, während sie an ihren eigenen Kolonien allerdings festhielten. Der junge Prinz Konoe Fumimaro, der an der Versailler Konferenz von 1918 teilnahm, erhob eine aufsehenerregende Anklage gegen diesen doppelt angelegten Maßstab. Auch die Washingtoner Beschlüsse, die das zwanzigjährige Bündnis mit Großbritannien außer Kraft setzten, wurden von den Japanern mit gemischten Gefühlen aufgenommen. Einerseits enthielten sie die Zusicherung der Zusammenarbeit und des gegenseitigen Respektes hinsichtlich »Chinas«, andererseits waren die anderen Signatarmächte eifrig darauf bedacht, sich dem chinesischen Nationalismus gegenüber gefällig zu erweisen und das imperialistische Japan durch Kritik ins Abseits zu stellen. Die Verfechter neuen Lebensraumes für Japan stellten sich auf den Standpunkt, daß die nordöstlichen Provinzen der Mandschurei gesondert verhandelt werden müßten. Sie waren mit dem Blut japanischer Soldaten im Russisch-Japanischen Krieg bezahlt worden und stellten die einzige Hoffnung der aufkeimenden japanischen Bevölkerung dar, zu wachsen und sich zu entfalten. Selbst Internationalisten, wie Shidehara, traten den Ansprüchen auf die Mandschurei nicht entgegen, Meinungsverschiedenheiten gab es nur hinsichtlich des Weges, die japanischen Rechtsansprüche durchzusetzen.

Auf einer etwas niedrigeren Ebene der japanischen Gesellschaft, insbesondere des Militärs, breitete sich Unwillen über einen anscheinend wirkungslosen Verteidigungsapparat aus, der seit 1905 nicht mehr wirklich in Aktion getreten war. Junge Offiziere fühlten sich abgestoßen von dem politischen Opportunismus und der Günstlingswirtschaft der Oberbefehlshaber, die ihre Positionen einzig und allein der Satsuma-Chōshū-Vorherrschaft in der Meiji-Zeit verdankten. Sie waren voller Mißtrauen und Verachtung für die ihrer Meinung nach eigennützigen Praktiken der Politiker innerhalb des Militärs. Regelmäßige Bestechungsskandale auf höchster Ebene steigerten ihre Unzufriedenheit. Ohne jegliche historische oder politische Vernunft, sondern nur gegründet auf ihren Patriotismus, wuchs in ihnen die Überzeugung, daß die großen Chancen für die Nation direkt vor ihnen auf dem nördlichen, asiatischen Kontinent lagen, und daß Japan sie sich nicht entgehen lassen dürfe durch die Feigheit und Entschlußlosigkeit ziviler Politiker und deren militärischer und bürokratischer Bundesgenossen. So wie es innerhalb des Militärs »zivil« Gemäßigte gab, fand man »militaristische« Schwärmer im Bereich der Parteienpolitik und des Business. Die Härten der Großen Depression in den ländlichen Gebieten, wo der Seidenmarkt schlagartig zusammenbrach, lieferten zusätzlichen sozialen Zündstoff. Die jungen Offiziere erhoben die Beschuldigung, daß die zivilen Politiker diesem Leid nicht nur gleichgültig gegenüberstünden, sondern es sogar durch ihre vom Business diktierte Politik zu verantworten hätten.

Es lag auf der Hand, daß die Nordost-Provinzen der Mandschurei zum Agitationsziel der nationalistischen Truppenverbände Chinas wurden. Im Jahr 1927 übertrugen Politiker der *Seiyūkai*, die ihrem politischen Abseits ein Ende bereiten wollten, den Vorsitz ihrer Partei an General Tanaka Giichi, währenddessen sie Shidehara mit der Beschuldigung absetzten, eine schwache China-Politik zu führen. Kurz nach seinem Amtsantritt im Jahre 1927 intervenierte Tanaka zweimal in Shandong, um Jiang Jieshis Nordexpeditionen zu unterbinden. Ein Jahr später wurde auf Betreiben der Guandong-Armee der mandschurische *warlord* Zhang Zuolin ermordet. Davon erhoffte man sich die Kontrolle über die gesamte Mandschurei, statt dessen wurde jedoch Tanaka seiner politischen Ämter enthoben, da er seinem jungen Kaiser nicht beweisen konnte, daß die Armee nicht in die Vorgänge verwickelt war. Die konspirativen Aktivitäten waren damit allerdings nicht unterbunden. Schon bald entwickelten Stabsoffiziere der Guandong-Armee einen noch ehrgeizigeren Plan, die Herrschaft über die Mandschurei zu sichern, nämlich die Gründung eines vorgeblich autonomen Staates, der in Bündnis zu Japan treten sollte.

1930 und 1931 hatte die japanische Wirtschaft einen Tiefpunkt erreicht. Die Wiedereinführung der Goldwährung durch das Hamaguchi-Kabinett zum schlimmst möglichen Zeitpunkt verursachte eine Deflation, die mit der weltweiten Depression zusammenfiel. 1931 scheiterte ein geplanter Staatsstreich nur deswegen, weil ein führender General seine Zustimmung versagte. Im September des Jahres erfolgte der konspirative Anschlag der Guandong-Armee, die Arsenale und Kommandoposten des *warlords* wurden unter Kontrolle gebracht und die Säuberung der Mandschurei eingeleitet.

Aufgrund der institutionellen Stärke des Militärs und der strategischen Position der Guandong-Armee innerhalb des Militärs hätte es scharfer Gegenmaßnahmen aus dem militärischen Hauptquartier in Tōkyō bedurft, um diese Aktionen rückgängig zu machen. Statt dessen fanden sie in der unteren Ebene des Hauptquartiers volle Unterstützung und in der Führungsspitze zögerte man. Außenminister Shidehara, den man nicht informierte und der sich eifrig mühte, dem »Zwischenfall« ein Ende zu setzen, machte Versprechungen, die er nicht halten konnte. Noch ehe das Jahr zu Ende war, hatte die Guandong-Armee von der gesamten Mandschurei Besitz ergriffen. Das Kabinett kam zu Fall, Außenminister Shidehara wurde seines Amtes enthoben. Der neue Premierminister Inukai suchte behutsam nach Möglichkeiten, die Befugnisse des Militärs einzuschränken, aber bevor er überhaupt in Aktion treten konnte, wurde er im Jahre 1932 von jungen Marineoffizieren erschlagen, die von einem Einsatz in Shanghai zurückkehrten, und sich die Errichtung einer Militärregierung erhofften. Bis dahin sollten allerdings noch zehn Jahre vergehen. Eine Lösung des Konflikts erhoffte man sich zunächst durch die Bildung der »nationalen Einheitskabinette«, die unter Führerschaft allgemein respektierter Persönlichkeiten aus der Marine standen.

Der Militarismus der dreißiger Jahre

In den dreißiger Jahren rückten die Japaner langsam, ohne eine klare Politik zu verfolgen, von der Mandschurei aus nach Süden vor. 1933 trat Japan aus dem Völkerbund aus, um seinen Ärger über die Ergebnisse der Lytton-Untersuchungskommission zu demonstrieren. Im gleichen Jahr anerkannte Japan »Manchukuo« als unabhängigen Staat. Es war der erste Marionettenstaat der dreißiger Jahre, offizielles Staatsoberhaupt war »Henry« Pu Yi, der letzte Manchu-Herrscher, de facto regierte der Oberbefehlshaber der Guandong-Armee, der die Stellung eines Botschafters einnahm. Die Spitzenpositionen wurden an Manchus und Chinesen vergeben, in der Regel ältere Gentlemen, die im Meiji-Japan studiert hatten. Die wirkliche Staatsführung lag jedoch in den Händen einer Schicht von japanischen Ministerialbürokraten. Japan investierte große Geldsummen in die Entwicklung seines Marionettenstaates, die Grundlagen für eine Schwerindustrie wurden geschaffen, jedoch noch bevor diese Investitionen Früchte tragen konnten, wurden die Japaner zu Fall gebracht.

Der japanische Imperialismus bis 1941
Von der Mitte des 19. Jh.s an, als große Teile Asiens von den imperialistischen Westmächten beherrscht wurden, löste sich Japan aus einem Geflecht einseitiger Verträge, erwarb als Verbündeter Großbritanniens den Status einer Großmacht und verfolgte seine eigenen imperialistischen Ziele, angespornt durch das Beispiel der Westmächte und deren Rivalitäten untereinander, durch die offenkundige Schwäche Koreas, Chinas und Rußlands, die als günstige Gelegenheit zur Expansion angesehen wurde, und durch die wachsende Überzeugung, daß die Sicherheit Japans von einer Kontrolle über Korea und die Mandschurei als einer »vorgeschobenen Verteidigungslinie« abhing. Sie wurden auch dadurch vorangetrieben, daß die japanische Wirtschafts- und Militärmacht ständig wuchs und daß der Reichtum der Mandschurei (Manchukuo) an Bodenschätzen einen besonderen Anreiz darstellte. 1874 ließ sich Japan von China die Kontrolle über die Ryūkyū-Inseln zusichern. 1894 kam es wegen Korea zum Krieg mit China. Japan errang einen schnellen Sieg und gewann im Vertrag von Shimonoseki (1895) die Pescadores, Taiwan und die Halbinsel Liaodong. Eine Intervention von seiten Rußlands, Deutschlands und Frankreichs erzwang die Rückgabe von Liaodong. Dennoch bedeutete der Sieg über China für Japan einen großen Schritt in Richtung auf ein expandierendes Reich. Er bedeutete eine dramatische Machtverschiebung im Fernen Osten von China zu Japan.
Als Ergebnis seines spektakulären Sieges über Rußland in den Jahren 1904–05 sicherte sich Japan die unbestrittene Kontrolle über Korea, über die russischen Interessengebiete in der südlichen Mandschurei einschließlich der dort verlaufenden Bahnlinie, die Liaodong-Halbinsel und den südlichen Teil der Halbinsel Sachalin (Karafuto). 1910 wurde Korea formell annektiert, und Japan fuhr fort, sowohl Korea als auch die Mandschurei wirtschaftlich auszubeuten. Durch die Kriegserklärung an Deutschland im Ersten Weltkrieg gewann Japan den deutschen Kolonialbesitz in China und im Pazifik. Zwischen 1918 und 1922 entsandten die Japaner eine starke Expeditionstruppe in die Mandschurei und nach Südsibirien. Von 1931 an dehnte Japan seine Kontrolle über die Mandschurei aus, errichtete den Marionettenstaat Manchukuo und übte einen ständig zunehmenden Druck auf China aus. 1941 machten sich die Japaner den Krieg in Europa und den deutschen Angriff auf Rußland zunutze, um in Indochina einzumarschieren. Die Herausforderung, die diese Aktionen gegenüber dem Westen darstellten, ließ in mehreren asiatischen Ländern einschließlich Thailands und den Philippinen politische Unabhängigkeitsbewegungen entstehen. Im Dezember 1941 griffen japanische Flugzeuge Pearl Harbor an, und japanische Truppen rückten überall auf dem asiatischen Festland und im Pazifik vor, um den Traum von einem neuen japanischen Großreich in Asien zu erfüllen.

Die willkürlichen Militärmaßnahmen, die zum Erwerb der Mandschurei führten, schädigten das internationale Ansehen Japans. Angesichts der patriotischen Reaktion, die das entschlossene Vorgehen in der Mandschurei und in Nord-China im Volk hervorrief, hielt die Regierung in Tōkyō den Zeitpunkt für ungünstig, sich gegen den allgemeinen Trend zu stellen. Meuterei und Konspiration innerhalb der Armee griffen immer stärker um sich. Junge hitzköpfige Offiziere sprachen von einer »Showa-Restauration«, wobei sie sich mit den Aktivisten gleichsetzten, die die Meiji-Restauration in Gang gesetzt hatten. Zum explosiven Zündstoff wurden schließlich personelle Umstrukturierungen in der Armee. Ein Offizier der obersten Heeresplanung wurde 1935 in seinem Büro von einem Oberstleutnant ermordet. Am 26. Februar des folgenden Jahres riefen Offiziere eine gesamte Division, die in die Mandschurei versetzt werden sollte, zur Meuterei auf. Es war der blutige Versuch einiger extremistischer Offiziere, eine Militärregierung zu errichten. Es gelang den revoltierenden Truppen, Teile des Regierungsbezirkes in der Hauptstadt zu besetzen und einige Kabinettsmitglieder zu töten. Aber sie konnten ihre Ziele nicht erreichen und gaben auf, nicht zuletzt weil der Kaiser sie nicht als Patrioten anerkannte, sondern sie als Rebellen behandelte. Die Revolte vom 26. Februar 1936 stellt einen gewissen Höhepunkt dar in den Aktivitäten national-konservativer Gruppierungen, die mit dem Begriff »Der kaiserliche Weg« *(kōdō)* bezeichnet werden. Die Führung übernahm schließlich eine »Kontrollgruppe« *(tōsei)* mit eindeutig expansionistischer Ausrichtung.

Konservative Hofkreise, die nach einem wirksamen Gegengewicht zum Militär suchten, stellten sich auf die Seite des jungen Prinzen Konoe Fumimaro, der dreimal Premierminister wurde, das erste Mal im Jahr 1937. Wenig später kam es auf der Marco-Polo-Brücke bei Beijing zu Gewalttätigkeiten zwischen chinesischen und japanischen Truppen. Für kurze Zeit sah es aus, als könnte eine Ausweitung der Kämpfe vermieden werden, aber die unerwartete Härte der chinesischen Gegenwehr und die scharfen Vergeltungsmaßnahmen auf seiten der japanischen Militärführung führten schließlich zu einem offenen Krieg, der erst 1945 endete.

Das aggressive Vorgehen der Japaner in China und Berichte über japanische Greueltaten, vor allem aus der Gegend von Nanjing, verursachten in England und Amerika einen gegen Japan gerichteten entschiedenen Meinungsumschwung. Das Deutsche Reich war weniger beeindruckt und ließ sich von japanischen, aus dem militärischen Bereich stammenden Amateurdiplomaten zusammen mit Italien zu einem Anti-Comintern-Pakt bewegen, der gegen England und Amerika gerichtet war und 1936 unterzeichnet wurde. 1938 anerkannte das Deutsche Reich Manchukuo, und zwei Jahre später handelte Außenminister Matsuoka Yōsuke einen auf zehn Jahre befristeten Dreimächtepakt mit Deutschland und Italien aus. Der Pakt garantierte gegenseitige Hilfe für den Fall, daß einer der Vertragspartner von einer neutralen Macht angegriffen würde, womit natürlich in erster Linie die Vereinigten Staaten gemeint waren. Matsuoka ging davon aus, daß der Vertrag die Wahrscheinlichkeit eines Krieges mit Amerika vermindern würde. In Wahrheit hatte sein plumpes Vorgehen den amerikanischen Außenminister Cordell Hull und viele andere nur noch in ihrer Überzeugung bestärkt, daß Japan immer mehr einen faschistischen Kurs einschlug. Das war jedoch keineswegs der Fall.

Sicherlich waren in dieser Zeit viele Japaner davon überzeugt, daß die liberalen Demokraten des Westens im Abstieg begriffen waren, und richteten ihre Hoffnungen auf autoritäre Regierungsformen, die den nationalen Besonderheiten Japans mehr entsprachen, indem sie die Ansprüche des *kokutai* stärker berücksichtigten und die den fruchtlosen Parteienstreit der Kabinette beenden sollten. In den späten dreißiger Jahren bot sich der populäre und enigmatische Konoe Fumimaro als mögliche Führerpersönlichkeit für solche Strömungen an, und als er 1940 zum zweiten Mal Premierminister wurde, gab es offensichtlich starke Kräfte, die dafür eintraten, die politischen Parteien durch eine Gesellschaft zur Unterstützung der kaiserlichen Herrschaft *(tasei yoku-sankai)* zu ersetzen. Konoe selbst umgab sich mit einer Gruppe junger Intellektueller, die zuletzt als Shōwa kenkyūkai (Shōwa-Forschungsgesellschaft) bezeichnet wurde und die neuen Herrschaftsstrukturen eingehend untersuchte. Viele dieser neuen »Bürokraten« wurden auch davon angezogen, daß die neuen Herrschaftsformen ihren Fähigkeiten mehr Entwicklungsspielraum boten. Als Konoes politische Vorstellungen sich durchsetzten, lösten sich die Parteien freiwillig auf und schlossen sich seiner Einheitsbewegung an, die sich aber dennoch nie zu einer wirksamen Organisation auswuchs und auch keinen grundlegenden politischen Wandel herbeiführte. In Japan gab es nie eine richtige Massenpartei und auch keinen *Führer* oder *duce*, dem es gelungen wäre, die kaiserliche Aura zu überschatten.

Dem Kriegsausbruch in Europa im Jahre 1939 folgten 1940 die Siege der Nazi-Armee im Westen und 1941 der Angriff auf die Sowjetunion. Matsuoka hatte nach Hitlers Vorbild einen Neutralitätspakt mit Rußland angestrebt, um eine große deutsch-japanisch-italienisch-sowjetische Koalition gegen die Angloamerikaner, die sich weigerten, mit Japan und China zusammenzuarbeiten, zu bilden. Als diese Pläne durch den deutschen Angriff durchkreuzt wurden, ließ Konoe seinen Außenminister, der die Deutschen durch einen Angriff auf Rußland unterstützen wollte, fallen. Japans Bedarf an Rohstoffen konnte jetzt nur noch durch eine weitere Expansion nach Südostasien oder durch Konzessionen an die Vereinigten Staaten befriedigt werden. Letzteres hätte bedeutet, den Zugriff auf China zu lockern. Konoe sprach sich dafür aus, engere Beziehungen mit den Vereinigten Staaten anzuknüpfen, was der Achsenpolitik Matsuokas direkt widersprach. Zuletzt versuchte er sogar, ein persönliches Treffen mit Präsident Roosevelt herbeizuführen, in der Hoffnung, dabei eine Art Übereinkommen erzielen zu können. Als er damit scheiterte, trat er enttäuscht von seinem Amt zurück und wurde durch General Tōjō Hideki ersetzt.

Oben: Prinz Konoe Fumimaro (1891 bis 1945) war Premierminister in drei Vorkriegskabinetten. Die zunehmende internationale Isolation Japans, die rechtsradikalen Meuchelmorde innerhalb der eigenen Führerschaft und die militärischen Interventionen in China und der Mandschurei führten in den frühen dreißiger Jahren zu einem Verfall der Parteienmacht und einem Wiedererstarken des Militärs. Der letzte Premierminister eines Parteienkabinetts vor dem Krieg, Inukai Tsuyoshi, wurde 1932 ermordet. Die Kabinette Konoes waren in der Hauptsache mit Militärs besetzt. Kurz nach seinem ersten Amtsantritt im Jahre 1937 brach der Krieg mit China aus, während seiner zweiten und dritten Regierungsperiode geriet Japan an den Rand des Krieges mit den Vereinigten Staaten, wobei sich die militaristischen und autoritären Tendenzen in der Innen- und Außenpolitik mehr und mehr verstärkten.

Pearl Harbor und die Folgen

Das geplante Treffen scheiterte aus zwei Gründen. Zum einen machten die Vereinigten Staaten das Treffen abhängig von einer gewissen Übereinkunft hinsichtlich Chinas. Die amerikanische Seite zweifelte daran, daß Konoe das Militär in der Hand hatte, und fürchtete, daß eine so offensichtliche Unterstützung Jian Jieshi dazu bringen konnte, seinerseits den japanischen Annäherungsversuchen nachzugeben. Zum anderen bestand das japanische Militär darauf, die Verhandlungen strikt im Rahmen einer »Grundlage« nationaler Politik, die am 2. Juli 1941 in Anwesenheit des Kaisers verabschiedet worden war, zu führen. Danach war vorgesehen, daß sich Japan für eine Beilegung des Krieges in China bemühen, sich auf eine Expansion nach Süden vorbereiten und gleichzeitig die Probleme im Norden lösen sollte, indem es eine »großostasiatische Wohlstandsgemeinschaft, unabhängig von allen Veränderungen der Weltlage schuf«. Kurzum, das japanische Kaiserreich wollte Vorbereitungen treffen, um in allen diesen Bereichen tätig zu werden, und nur die Art der Vorbereitung von den Umständen abhängig machen. Die oberste Heeresleitung, ernüchtert durch einige Niederlagen, die sie 1939 bei Nomonhan in dem unerklärten Krieg gegen Rußland erlitten hatte, und in dem Bewußtsein, daß die russischen Verteidigungslinien gegen einen Angriff aus der Mandschurei wohl gerüstet waren, entschied sich dafür, sofort Indochina zu besetzen, um die strategische Position Japans in Südostasien zu stärken. Dieses Vorgehen durchkreuzte alle Hoffnungen auf fruchtbare Verhand-

Rechts: Diese erbeutete japanische Luftaufnahme zeigt Pearl Harbor am Morgen des 7. Dezember (8. Dezember nach japanischer Zeit) 1941, kurz vor dem Überraschungsangriff der japanischen Piloten. Vier Schlachtschiffe und zwei andere Schiffe wurden versenkt, weitere vier Schlachtschiffe und zwölf andere Schiffe außer Gefecht gesetzt; 3700 Männer wurden getötet oder verwundet. Die Japaner verloren 64 Männer, 29 Flugzeuge und 5 Spezialunterseeboote. Der Angriff schlug insofern fehl, als es den Japanern nicht gelang, die amerikanische Pazifikflotte vollständig zu vernichten und den Kampfeswillen der Amerikaner zu brechen.

Oben: Shidehara Kyoro diente seinem Land zweimal als Außenminister (1924–27, 1929–31) und einmal als Premierminister (1945–46). Als Vorkriegsaußenminister ist er im Gedächtnis der Nachwelt geblieben wegen der nach ihm benannten »Shigehara-Diplomatie«, die auf Internationalismus und gute Beziehungen zu Großbritannien und den USA ausgerichtet war. Seine internationalistischen, prowestlichen Ansichten machten ihn den Nationalisten der dreißiger Jahre verdächtig. Von 1931 bis 1945 beschränkte er seine politische Tätigkeit auf die Mitgliedschaft im Oberhaus. 1945 wurde er zum Premierminister gewählt. In den wenigen Monaten seiner Amtszeit bemühte er sich vor allem, Japan das Kaisertum zu erhalten. In den ersten allgemeinen Wahlen von 1946 erlebte seine Fortschrittspartei jedoch eine Niederlage.

lungen mit Washington und führte zu raschen Vergeltungsmaßnahmen von seiten der USA, die die japanischen Guthaben sperrten und den Ölexport unterbanden. Angesichts schwindender Rohstoffvorräte und der Erkenntnis, daß die Chancen für Überraschungsvorschläge immer geringer wurden, je mehr Zeit verging, stand das Militär einem Geprãch zwischen Konoe und Roosevelt, das ihre Angriffspläne in jedem Fall hinauszögern würde, von vornherein ablehnend gegenüber. Als Admiral Nomura, der japanische Botschafter in Washington, im November 1941 von Cordell Hull keinerlei vorläufige Zugeständnisse, selbst bescheidenster Art, erhalten konnte, kam es zur Entscheidung für den Krieg und zum Angriff auf Pearl Harbor im darauffolgenden Dezember.

Japans anfängliche Erfolge in diesem Krieg waren taktisch brillant, hatten aber strategisch gesehen verheerende Folgen. Das Militär, insbesondere die Marine, hatte ursprünglich in dem Bewußtsein, einer längeren Auseinandersetzung mit Amerika nicht gewachsen zu sein, den Krieg vermeiden wollen. Gleichzeitig fühlten sich die japanischen Militärs durch die wachsende Materialunterlegenheit zum Handeln gezwungen, solange noch die Chancen auf schnelle Siege bestanden. Von diesen Siegen versprachen sie sich eine bessere Verhandlungsbasis. Statt dessen kam es jedoch ganz anders. Die Rohstoffquellen von Südostasien standen nur kurze Zeit zur Verfügung, während gleichzeitig die Schmach der Niederlage bei den Amerikanern und ihren Verbündeten den Entschluß bestärkte, den Krieg bis zur bedingungslosen Kapitulation Japans zu führen.

Der Wendepunkt im Pazifischen Krieg kam ziemlich früh mit der Schlacht von Midway Ende Mai/Anfang Juni 1943. Die schweren Verluste an Flugzeugträgern und ausgebildeten Piloten, die Japan dort hinnehmen mußte, verschoben das Kräfteverhältnis zuungunsten der Japaner. Die langwierige und verlustreiche Eroberung der Inselgruppen im Pazifik stand noch bevor. Aber für jeden vorausblickenden Japaner war zu diesem Zeitpunkt bereits klar, daß der Krieg verloren war. Die militärischen Niederlagen hatten auch politische Auswirkungen. Der Verlust von Saipan hatte den Sturz des Tōjō-Kabinetts zur Folge. General Koisu Kuniaki wurde neuer Premier. 1944 eroberten die Truppen General MacArthurs die Philippinen zurück, und im Frühjahr 1945 begann die Invasion Okinawas, die nach harten Kämpfen im Juni mit der Kapitulation der überlebenden japanischen Besatzung endete. Nach dieser Niederlage wurde Ex-Admiral Suzuku Kentarō zum Premierminister ernannt.

Inzwischen suchte man in Japan verzweifelt nach einem Weg, den Krieg zu beenden. B-29-Bomber, die in Saipan und Tinian stationiert waren, legten von März 1945 an alle wichtigen Städte Japans außer Kyōto mit Brandbomben in Schutt und Asche. Überall auf den pazifischen Inseln saßen abgeschnittene japanische Garnisonen ohne Nachschub. Um mit den knapper werdenden Treibstoffvorräten und der nachlassenden Qualität im Flugzeugbau fertig zu werden, suchte die Marineführung ihr Heil in Selbstmordflügen unerfahrener Piloten, den »Götterwind«-(*kamikaze*-)Einheiten. Auch die Lebensmittelversorgung der japanischen Inseln selbst wurde zunehmend schwieriger, so sehr, daß man sogar versuchte, Speiseöl aus Kiefernwurzeln zu gewinnen. Schon im Februar 1945 hatte Konoe Fumimaro in einem Memorandum an den Kaiser auf die Notwendigkeit, den Krieg zu beenden, hingewiesen. Jede Verlängerung der Kämpfe, so warnte er, würde nur zu einem linksradikalen Umsturz und zu einer ständigen Bedrohung des *kokutai* führen.

Auf amerikanischer Seite hatte der stellvertretende Außenminister Joseph Grew, der vor dem Krieg Botschafter in Tōkyō gewesen war, auf eine Modifizierung der Forderung nach bedingungsloser Kapitulation hingearbeitet, um die japanische Führungsschicht zu überzeugen, daß *kokutai* und das Kaisertum auch nach der Niederlage weiterbestehen könnten. Er konnte sich damit nicht durchsetzen; aber Ende Juli, auf der Konferenz von Potsdam, gab Präsident Truman im Namen der Alliierten die Zusicherung, daß die »Japaner als Rasse weder versklavt noch als Nation vernichtet werden sollten . . . Japan alle Industrien behalten sollte, die es zur Aufrechterhaltung seiner Wirtschaft brauchte . . . daß nach einer gewissen Zeit auch eine japanische Beteiligung am Welthandel wieder gestattet werden sollte«, und daß »die Besatzungstruppen der Alliierten aus Japan zurückgezogen werden sollten, sobald bestimmte Ziele (Bestrafung der Kriegsverbrecher, Entmilitarisierung und Institutionalisierung demokratischer Reformen) erreicht worden sind und in Übereinstimmung mit dem frei geäußerten Willen des japanischen Volkes eine friedliebende und verantwortungsbewußte Regierung eingesetzt ist«.

Das Suzuki-Kabinett war nicht in der Lage, eine passende Antwort zu finden, und benutzte gegenüber der Öffentlichkeit den Ausdruck *»mokusatsu«*, wörtlich: »Totschweigen« oder »kein Kommentar«. Die amerikanische Führung sah darin eine Zurückweisung ihrer Vorschläge und traf daraufhin die Entscheidung, die ersten Atombomben einzusetzen. Am 6. August 1945 in Hiroshima und am 9. August in Nagasaki wurde die Welt erstmals Zeuge des atomaren Schreckens. Am 8. August marschierte die Sowjetunion in die Mandschurei und in Korea ein, um sich ihren Anteil an der Beute zu sichern. In Tōkyō rang das Kabinett um eine Entscheidung. Heeresminister Anami wollte auf die Invasion

Der Zweite Weltkrieg
Im Sommer 1941 nutzte Japan den Angriff der Deutschen gegen die UdSSR aus und marschierte in Französisch-Indochina ein. Die Alliierten verhängten daraufhin ein Embargo über Japan, das die Öl- und Rohstoffzufuhren abschnitt. Während Friedensverhandlungen geführt wurden, planten die Japaner schon den Krieg. Am Morgen des 7. Dezembers 1941 griffen japanische Flugzeuge überraschend Pearl Harbor an und zerstörten einen großen Teil der US-Pazifikflotte. Gleichzeitig stieß das japanische Heer auf Hong Kong und Malaya vor. Die Schnelligkeit und Stoßkraft der japanischen Angriffe führte zu raschen Siegen. 1942, nach der Schlacht von Midway wendete sich jedoch das Blatt, und die japanische Niederlage wurde unvermeidlich.

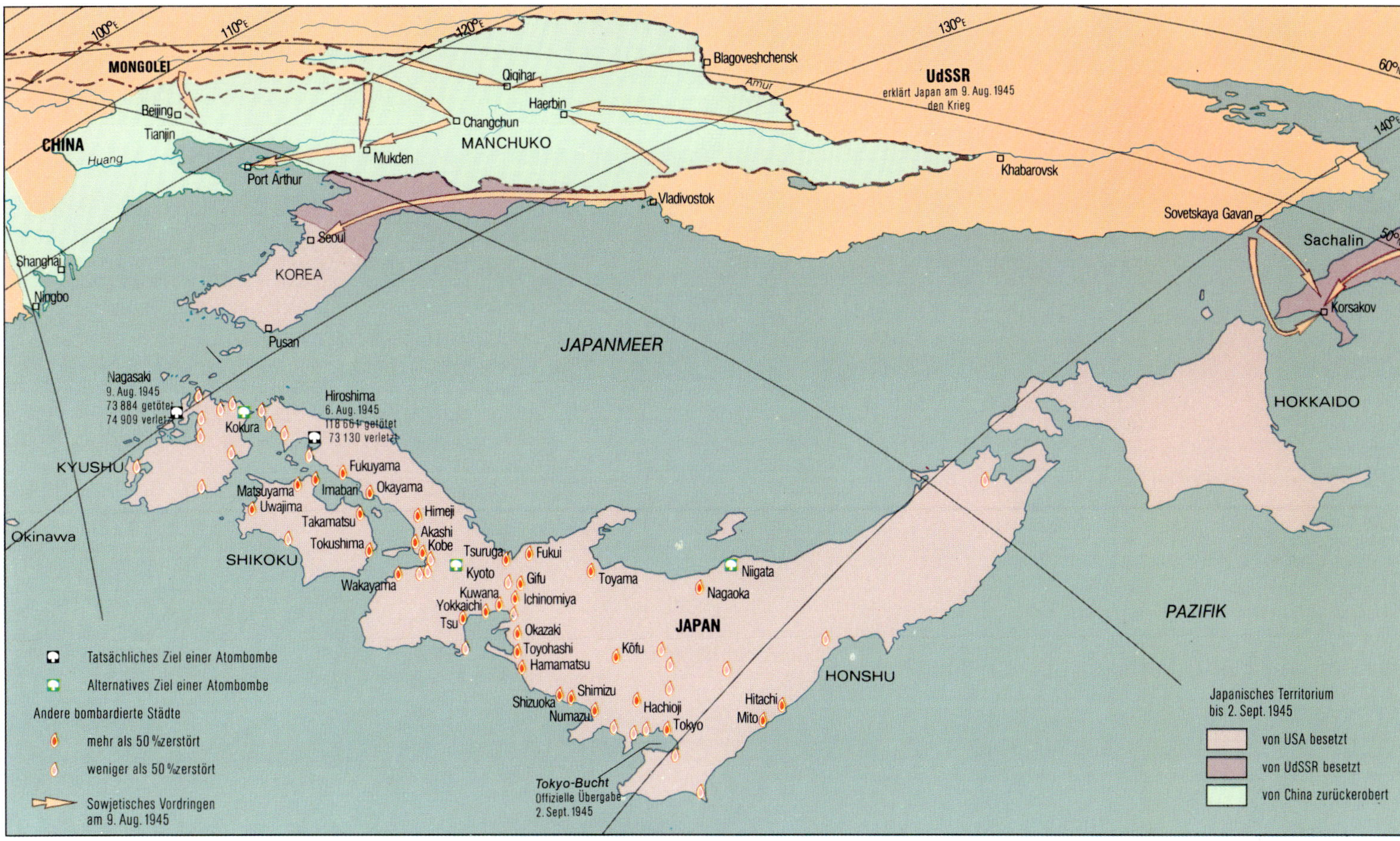

Oben: Niederlage und Besetzung
Im Frühjahr 1945, als die meisten japanischen Städte durch Bombenangriffe zerstört waren, erkannten einige japanische Verantwortliche in Politik und Militär, daß der Krieg verloren war, und begannen darüber nachzudenken, wie man ihrem Land aus der Verstrickung heraushelfen könnte. Andere, vor allem im Armee-Oberkommando, weigerten sich, die Niederlage einzugestehen und argumentierten, daß man durch eine Fortsetzung des Widerstands bessere Friedensbedingungen herausholen könne. Als sich das Suzuki-Kabinett unfähig zeigte, eine Antwort auf die Potsdamer Erklärung von Ende Juni 1945 zu finden, die eine bedingungslose Kapitulation mit leichten Zugeständnissen forderte, entschied sich die amerikanische Führung, die Atombomben einzusetzen, die im Rahmen des »Manhattan Project« entwickelt worden waren. Als Ziele waren Kyōto, Niigata, Kokura, Hiroshima und Nagasaki im Gespräch. Kyōto, kulturelles Zentrum des Landes und ehemalige Hauptstadt, wurde verschont. Am 6. August wurde eine Bombe über Hiroshima abgeworfen, am 9. August über Nagasaki. Am 8. August marschierten sowjetische Truppen in Korea und der Mandschurei ein. Am 15. August beendete der Kaiser die festgefahrenen Auseinandersetzungen zwischen den durchhaltewilligen Militärs und den Befürwortern einer Kapitulation. Japan kapitulierte und öffnete sich der alliierten Besatzung und deren Reformen.

Rechts: Die erste Atombombe, die auf Menschen geworfen wurde, fiel am 6. August 1945 um 8 Uhr 15 vormittags auf Hiroshima, eine Stadt mit 315 000 Einwohnern. Auf dieser Uhr, die unter den Trümmern gefunden wurde, ist die Zeit der Explosion auf dem Zifferblatt eingeschmolzen.

warten, in der Hoffnung, daß die damit verbundenen Menschenverluste die Amerikaner dazu bringen würden, eine Garantie für den Weiterbestand des Kaisertums zu geben. In einer vorläufigen Antwort wurde den Vereinigten Staaten diese Kapitulation unter Beibehaltung des Kaisertums angeboten. Aber die in meisterhafter Weise mehrdeutig gehaltene Antwort des US-Außenministers Byrnes machte deutlich, daß der Kaiser von der Besatzungsmacht abhängig sein würde und daß über die zukünftige Regierungsform letztendlich das japanische Volk selbst entscheiden müsse. Darüber kam es in Tōkyō zu heftigen Auseinandersetzungen. Das Kabinett wandte sich schließlich an den Kaiser, um von ihm selbst eine Entscheidung zu erbitten. Der Kaiser entschied sich für eine Annahme der Potsdamer Erklärung. Eine kurze Ansprache wurde verfaßt, die der Kaiser selbst auf einen Tonträger sprach. Die Aufnahme sollte am 15. August, 12 Uhr Tōkyō-Zeit, über den Rundfunk gehen.

In der Nacht davor kam es zu einem letzten Aufstand von Offizieren der Leibwache, die ihren Kommandeur töteten und in den Palast eindrangen, um die Aufnahme zu zerstören. Sie konnten sie jedoch nicht finden, und so hörte die Nation am folgenden Tag zum ersten Mal die Stimme ihres Kaisers.

Die Kapitulationsansprache ist ein faszinierendes Dokument, aus dem Mitleid und Opferbereitschaft sprechen: »Wenn wir den Kampf fortsetzen, würde das nicht nur in einem vollständigen Zusammenbruch und dem Untergang der japanischen Nation enden, es würde auch zur völligen Auslöschung der menschlichen Zivilisation führen. Ist es Uns unter diesen Umständen nicht geboten, die Leben von Millionen Unserer Untertanen zu retten und Uns bußfertig zu zeigen vor den ehrwürdigen Geistern Unserer kaiserlichen Ahnen?« Die Schlußworte, die an einen Bodhisattva erinnerten, waren in der Sprache eines *sūtra* gehalten: »Wir haben Uns entschlossen, den künftigen Generationen den Weg für einen großen Frieden zu öffnen, indem wir etwas auf Uns nehmen, was unerträglich ist, und erleiden, was jede Leidensfähigkeit übersteigt.«

Im Jahre 1868, zur Zeit der Meiji-Restauration, führte ein kaiserlicher Prinz die Armee im Triumphzug nach Norden. Jetzt, als die nationale Katastrophe unabwendbar geworden war, reisten mehrere Prinzen zu weit entfernt gelegenen Schlachtfeldern, um die Kapitulation der Armee sicherzustellen, während ein anderer, Higashikuni, das Amt des Premierministers übernahm.

REFORM UND WIEDERAUFBAU

Besatzungszeit und Isolation

Von September 1945 an bis zum Inkrafttreten des Friedensvertrags von San Francisco im Frühjahr 1952 war Japan von alliierten Truppen unter dem Oberbefehl General Douglas A. MacArthurs besetzt. MacArthur erhielt seine Befehle aus dem Kriegsministerium in Washington, und die Besatzung war im wesentlichen eine amerikanische Besatzung. In Washington wurde als beratende Behörde eine Fernostkommission eingesetzt, in Tōkyō als Aufsichtsgremium ein alliierter Rat, dem Großbritannien, die Sowjetunion, die Vereinigten Staaten und China angehörten, aber in der Praxis wurde die Kommission erst im nachhinein informiert und der Rat vollständig ignoriert. Das Hauptquartier von General MacArthur hielt sich an Instruktionen, die kurz nach der japanischen Kapitulation von einer gemischten Kommission erarbeitet wurden, der Beamte des Außen- und des Kriegsministeriums und der Marine angehörten. Da aber die öffentliche Meinung sowohl in Amerika wie auch in Europa ganz auf die europäischen Probleme konzentriert war, hatte MacArthur einen weiten Handlungsspielraum. Mangelnde Sprach- und Landeskenntnisse machten eine Zusammenarbeit mit der japanischen Regierung notwendig. Die Direktiven des alliierten Oberkommandos SCAP (Supreme Commander for the Allied Powers) wurden stets durch die japanische Bürokratie gefiltert, und die japanischen Regierungsstellen spielten im Laufe der Zeit eine immer wichtigere Rolle.

Japanische Bürger wurden aus den Kolonien zurückgeholt. Bis zur Wiederherstellung der Souveränität im Jahr 1952 unterhielt Japan keinerlei diplomatische Beziehungen und Handelsniederlassungen im Ausland. In gewisser Weise war diese Situation der Tokugawa-Zeit vergleichbar, mit dem Unterschied, daß jetzt Informationen und Einflußnahme nicht von den Holländern sondern von den Amerikanern kamen. Als die ersten Anstrengungen unternommen wurden, um den Außenhandel wiederzubeleben, waren daran vor allem die Vertreter des SCAP beteiligt, während die Verantwortlichen der großen japanischen Handelsgesellschaften aus dem Abseits zusahen.

Die von MacArthur eingeleiteten Reformen sind mit denen der Meiji-Zeit vergleichbar. Zum zweitenmal wurden die japanischen Institutionen als unzulänglich und überholt erklärt. »Böse« Gewohnheiten der Vergangenheit mußten abgelegt und neue Erkenntnisse aus dem Ausland geholt werden. Wieder kamen die Weisungen von oben, aber diesmal sollte das Reich dadurch nicht stark gemacht werden, sondern friedliebend und gerecht. Auch diesmal wurde keine Kritik geduldet. Eine strenge Zensur unterband alle kritischen Kommentare durch die japanischen Medien. Westliche Reporter, die negative Berichte schrieben, bekamen Schwierigkeiten, neue Einreisegenehmigungen von den Militärbehörden zu erhalten. Obwohl die Durchsetzung der demokratischen Reformen Anlaß zu ironischen Betrachtungen bot, befanden sich die Maßnahmen des SCAP im Einklang mit der Entwicklung der modernen japanischen Geschichte und erwiesen sich für die städtische japanische Mittelklasse als segensreich. Die Nation war von ihren militärischen Leitfiguren gründlich enttäuscht, ernüchtert nahm sie die Greueltaten japanischer Truppen in China und anderswo zu Kenntnis und war viel zu schlecht gekleidet, ernährt und untergebracht, um den Stolz und die Arroganz der frühen Kriegsjahre beizubehalten.

Nach dem Abwurf der Atombomben auf Hiroshima am 6. August und auf Nagasaki am 9. August 1945 akzeptierte Japan die Bedingungen der Potsdamer Erklärungen vom 14. August und unterzeichnete auf dem Schlachtschiff USS-Missouri am 2. September die Kapitulationsurkunde. Mit der Einstellung der Feindseligkeiten ging alle Regierungsgewalt von den Japanern in die Hände des Supreme Commander for the Allied Powers (SCAP), General Douglas MacArthur über. Er befehligte mehr als 150000 Mann vorwiegend amerikanischer Truppen und 5500 Beamte, die die SCAP-Verwaltung bildeten und mit japanischen Staatsmännern und Beamten zusammenarbeiteten. Hier paradieren amerikanische Panzer vor dem SCAP-Hauptquartier in Tōkyō oberhalb des Kaiserpalastes.

Die ersten Aktionen des SCAP zielten darauf, die militärischen Stützpfeiler des alten Staates zu beseitigen. Die Streitkräfte wurden aufgelöst, nationalistische Organisationen verboten und mehrere hunderttausend Personen in einer Säuberungsaktion aus einflußreichen Stellungen entfernt. Ein internationaler Gerichtshof für den Fernen Osten ging daran, die für die Kriegsentscheidung Verantwortlichen herauszufinden. Sieben Männer, darunter der ehemalige Premierminister General Tōjō, wurden zum Tod durch den Strang verurteilt, 16 andere zu lebenslänglicher Haft. Da jedoch nicht, wie bei den Nazis, ein großer Generalplan erkennbar war, wurden die Urteile von 1948 nach und nach durch die Geschichte gemildert. Kishi Nobusuke, der dem Tōjō-Kabinett angehört hatte, kam nie vor Gericht, obwohl er zunächst zu den Hauptbelasteten zählte, und wurde 1957 sogar Premierminister. Ein anderer Nachkriegspremierminister, Yoshida Shigeru, würdigte 1959 in einer kalligraphischen Denkmalsinschrift die sieben zum Tode Verurteilten als die »sieben Patrioten«.

Shintō als Staatsreligion wurde abgeschafft. Am Neujahrstag 1946 widerrief Kaiser Hirohito seinen Anspruch auf Göttlichkeit in einer öffentlichen Erklärung mit der Begründung, daß die Bande, die ihn mit seinem Volk verknüpften, nicht auf solchen Täuschungen beruhen könnten. Das Innenministerium, dem die Polizei und die Lokalverwaltungen unterstanden, wurde aufgelöst und seine Zuständigkeiten anderen Behörden zugeschlagen. Auch die *zaibatsu*-Konzerne wurden zur Auflösung vorgesehen. Im Bildungswesen wurde die absolute Vorherrschaft der Kaiserlichen Universität von Tōkyō durch die Gründung anderer Hochschulen aufgehoben. Auf al-

Die meisten großen japanischen Städte und Industriezentren lagen nach schweren Bombenangriffen Anfang 1945 in Schutt und Asche. Die Bevölkerung litt unter Arbeitslosigkeit, Inflation und drückender Lebensmittelknappheit. Die Stadtbevölkerung unternahm Hamsterfahrten in die Dörfer, um Familienerbstücke gegen Nahrungsmittel einzutauschen. Schwarzmärkte entstanden an Straßenecken, und die Leute wühlten im Schutt nach brauchbaren Gegenständen, die man verkaufen oder eintauschen konnte.

len Gebieten bemühte man sich um Dezentralisierung und Liberalisierung, um die elitären Strukturen der alten Gesellschaft aufzubrechen. Frieden und Demokratie waren die Schlagwörter der Zeit. Japan sollte nie wieder zur Bedrohung für die Welt werden, und das japanische Volk sollte in der Regierung ein Mitspracherecht bekommen und einen größeren Anteil am Ertrag seiner Arbeit erhalten.

Eckpfeiler der institutionellen Neuordnung Japans war eine Verfassung, die von der Regierungsabteilung des SCAP vorgeschlagen wurde und 1947 in Kraft trat. Die einführenden Worte erinnern an die Rede von Gettysburg. Der Kaiser wird als Symbol des Staates bezeichnet, der sein Amt nach dem Willen des Volkes, das der wahre Souverän ist, ausübt. In 30 Artikeln sind die persönlichen Freiheiten definiert, die Minimalanforderungen für Wohlstand und Bildung festlegen, die Zollvereinbarungen und akademische Freiheiten und die darüber hinaus jegliche Diskriminierung aufgrund Rassenzugehörigkeit, Glauben, Geschlecht, sozialem Status oder Herkunft verbieten. Der Adel wurde abgeschafft und ein neues Oberhaus mit beratender Funktion eingerichtet. Der Geheime Staatsrat und der Hof verloren jeden Einfluß.

Die Bezeichnung »Friedensverfassung« bezieht sich auf Artikel IX, der sprachlich an den Vertrag von Paris angelehnt ist und den Krieg als ein »souveränes Recht des Staates« ablehnt. Dieser Feststellung folgt die Zusicherung, »niemals wieder Land-, See- und Luftstreitkräfte oder ein anderes Kriegspotential zu unterhalten«. Nach dem Korea-Krieg und der Wiederherstellung der Souveränität wurde in Japan ein Verteidigungsministerium eingerichtet aufgrund der Überlegung, daß ein Land ein angestammtes Recht auf Selbstverteidigung habe. Doch wurde festgelegt, daß die Verteidigungsstreitkräfte nicht außerhalb der Grenzen Japans eingesetzt werden dürften und daß ihre Ausrüstung ausschließlich defensiven Zwecken dienen sollte. Diese Kompromisse boten die Möglichkeiten für unterschiedliche Auslegungen und waren deshalb von Anfang an heftig umstritten. Vorschläge, den Verfassungstext den praktischen Erfordernissen der Landesverteidigung anzupassen, lösten Befürchtungen aus, daß in der Folge auch andere institutionelle Errungenschaften der Nachkriegszeit wieder verlorengehen könnten. Nicht zuletzt aus diesen Gründen hat sich die Verfassung trotz ihrer eindeutig ausländischen Ursprünge und Formulierungen in vier Jahrzehnten als überraschend beständig erwiesen und allgemeine Zustimmung gefunden.

Wirtschaftliche und soziale Reformen

Den größten Erfolg des SCAP-Wirtschaftsreform-Programms brachte die Umwandlung der bäuerlichen Landpächter in Landeigentümer. Diese Landreform war nicht weniger ehrgeizig und weitreichend als die Grundsteuerreform der Meiji-Zeit, denn sie machte aus der notleidenden Landbevölkerung eine dynamische, neue Gesellschaftsschicht, die nicht nur mehr Lebensmittel produzierte, sondern auch einen aufnahmefähigen Markt für die Produkte der japanischen Industrie darstellte. Die Kriegsregierung hatte diese Entwicklung schon teilweise vorweggenommen, indem sie Vermittlungsbehörden zwischen Pächter und Grundeigentümer einschaltete. Gleichzeitig war der Wohlstand auf dem Land in gewissem Maße gewachsen, weil viele Soldaten ihren Sold heimschickten und in den verwüsteten Städten der Bedarf an Lebensmitteln zunehmend wuchs. 1946 wurden auf Anordnung des SCAP Kommissionen gebildet, die Landverkäufe an Pächter organisierten. Die Transaktionen wurden zu Vor-Inflations-Preisen abgewickelt und waren so vorteilhaft für die Käufer, daß viele die aufgenommenen Kredite schon nach vier Jahren abzahlen konnten. Die Landreform beendete mit einem Schlag alle Ungerechtigkeiten, die in den dreißiger Jahren zu so vielen Klagen geführt hatten. Die konservativen Regierungen Japans, die sich auf die ländlichen

Grundbesitzer stützten, betrachteten diese Enteignungen anfangs mit großem Mißtrauen, stellten aber bald fest, daß eine zufriedene und aufstrebende Landbevölkerung ihnen noch mehr nützte. Fortschritte auf dem Gebiet des Landbaus und Importbeschränkungen für landwirtschaftliche Güter taten ein übriges, um den Wohlstand der Landbevölkerung auf ein Niveau zu bringen, wie es nie zuvor erreicht worden war.

Die Entflechtung der Industriekonzerne begann mit dem ehrgeizigen Plan, rund 1200 Gesellschaften umzuformen. Das gelang jedoch nur in 28 Fällen. Die wichtigsten *zaibatsu*-Konzerne wurden in Einzelgesellschaften aufgegliedert und dem Einfluß der Gründerfamilien entzogen. Zum Teil wurden sogar die Firmennamen geändert: Die Mitsui-Versicherungsgesellschaft wurde in Zentralversicherungsgesellschaft umbenannt. Bei nachlassender Kontrolle bürgerten sich jedoch die alten Namen wieder ein. Anstelle der alten Familienunternehmen entstanden neue Gesellschaften und Unternehmensverbände, die sich jeweils um eine Hausbank gruppierten. Diese Industrieverbände, oder *keiretsu* gewannen eine immer größere Bedeutung, je mehr das Wachstum der japanischen Wirtschaft voranschritt. 1985 wickelten die größten japanischen Handelsgesellschaften annähernd 46 Prozent des gesamten japanischen Exports ab und 78 Prozent des Imports. Das Programm der Konzernentflechtung brachte so zwar einige Änderungen in den Eigentumsverhältnissen und trug bei zu einer Öffnung der exklusiven *zaibatsu*-Gesellschaften, ohne ihnen jedoch ihre Macht zu nehmen. Andererseits eröffnete die Säuberungswelle, die viele alte Unternehmensführer zeitweise aus dem Verkehr zog, jungen Talenten die Möglichkeit, neue Ideen durchzusetzen. Einzelne Unternehmer, wie die Gründer von Sony und Matsushita, hätten es in der Vorkriegszeit innerhalb des festgefügten Industrieadels sehr viel schwerer gehabt, sich durchzusetzen.

Eine andere wichtige Veränderung betraf die Gewerkschaften. Vor dem Krieg hatte es darin kaum Fortschritte gegeben, und während des Krieges bildeten sich lediglich patriotische Gesellschaften mit dem Ziel, die Arbeitsmoral hochzuhalten. Bald nach der Besetzung ermutigte man die Bildung von Gewerkschaften und die schwierigen Lebensbedingungen und die Demoralisierung der Unternehmerschaft halfen der Gewerkschaftsbewegung rasch voran. Linksgerichtete Funktionäre setzten alles daran, die Gewerkschaftsbewegung zu radikalisieren und hatten damit auch beträchtlichen Erfolg. Ein Generalstreik, der sowohl die Regierung als auch die Unternehmerschaft in die Knie zwingen sollte, wurde für den Februar 1947 angekündigt. Der SCAP verbot ihn mit der Begründung, daß Sicherheit und öffentliche Ordnung gefährdet seien. Von da an war klar, daß die Ziele der Besatzungsmacht keineswegs so revolutionär waren wie viele Japaner angenommen hatten. Die Konservativen in Regierung und Wirtschaft atmeten auf. Während des nächsten Jahrzehnts nahm die Entwicklung der Gewerkschaften einen ruhigeren Verlauf, unterbrochen nur durch einige größere Streiks, wie dem von 1953, der das Nissan-Automobilwerk lahmlegte. Danach entwickelten sich die Gewerkschaften als Teilverbände nationaler Organisationen eher im Rahmen einzelner Unternehmen als nach Berufsgruppen aufgegliedert. Die Verhandlungen über Arbeitsbedingungen und Löhne wurden jeweils innerhalb der einzelnen Firmen geführt, während die nationale Verbandsspitze nur allgemeine politische und ideologische Zielsetzungen vorgab. Während der folgenden Jahrzehnte, in denen Japan ein fast ununterbrochenes Wirtschaftswachstum mit ständig zunehmendem Wohlstand erlebte, nahm die Loyalität der Arbeiter gegenüber ihren Unternehmen immer mehr zu. Tarifverhandlungen beschränkten sich schließlich auf den sogenannten »Frühlingskampf«, bei dem es eher um die Höhe der halbjährlichen Gewinnbeteiligung ging als um einen Machtkampf mit der Unternehmensführung. In den meisten Fällen arbeiteten Gewerkschafter und Unternehmer eng zusammen.

Nach den Anfangsjahren der Demokratisierung und der Reformen begann sich die Haltung des SCAP zu wandeln. Konservative Politiker fanden jetzt leichter Gehör als sozialistische. Einer der Gründe dafür war die Tatsache, daß man innerhalb des SCAP überzeugt war, das Ziel einer institutionellen Neuordnung Japans erreicht zu haben. Dazu kam, daß die New-Deal-Reformer der ersten Stunde zunehmend ersetzt wurden durch weniger reformfreudige Beamte. Der Hauptgrund aber lag in einem Wandel des internationalen Klimas. Als offenkundig wurde, daß in China die Guomindang-Regierung von den Kommunisten abgelöst würde, gewann Japan mehr und mehr an strategischer Bedeutung für die USA. Linksgerichtete politische Aktivitäten in Japan wurden von den SCAP-Verantwortlichen mit zunehmendem Argwohn beobachtet. Das Verbot des Generalstreiks war nur der Beginn einer Entwicklung, die ihren Höhepunkt nach dem Ausbruch des Korea-Krieges im Jahre 1950 erreichte. Säuberungsmaßnahmen, die vorher gegen rechtskonservative Kreise gerichtet waren, zielten jetzt auf die Kommunisten. Und die Gewerkschaftsbewegung, die man vorher so sorgfältig aufgebaut hatte, erschien zunehmend als gefährlicher Gegner. Eine von der SCAP veranlaßte »Rotenjagd« traf Lehrer und Kultusbeamte. Konzerne, die man ursprünglich hatte entflechten wollen, blieben dagegen ungeschoren.

1952, gegen Ende der Besatzungszeit, kam es zu unerwarteten, paradoxen Entwicklungen. Japanische Linke, oft antiamerikanisch eingestellt, verteidigten die »Friedensverfassung«, während US-Vertreter die Wiederbewaffnung Japans propagierten. Japanische Beamte, die die umfassenden Machtbefugnisse des SCAP übernahmen, benutzten sie, um die japanische Industrie vor amerikanischen Importen zu schützen. Die Linken, die gehofft hatten, daß die anfänglichen Reformen auf einen Umbruch der japanischen Gesellschaft hinführen sollten, beklagten jetzt die engen Bindungen zu den USA, die sie von ihren Gesinnungsgenossen in China abzuschneiden drohten.

Es ist nicht zu leugnen, daß die von der Besatzungsmacht eingeführten Änderungen Japan in eine kapita-

Von September 1945 bis April 1952 war die japanische Regierung offiziell einer von den Amerikanern dominierten alliierten Besatzungsmacht unterstellt. In den Anfangsjahren bestand diese Besatzungsmacht auf der Entmilitarisierung Japans, auf Kriegsverbrecherprozessen, auf Säuberungsaktionen, durch die alle für den japanischen Angriffskrieg Verantwortlichen zur Rechenschaft gezogen werden sollten, auf einer neuen Verfassung, auf einem Schulsystem nach amerikanischem Vorbild und Reformen des Gewerkschaftswesens und der *zaibatsu*-Strukturen in Handel und Industrie. Hier diskutiert Oberstleutnant D. R. Nugent, Leiter der Erziehungsabteilung des SCAP, die neu eingeführten Lehrpläne mit Mitgliedern des japanischen Erziehungsministeriums. Das Erziehungssystem der Vorkriegszeit wurde als eine der Hauptquellen für Elitebildung, Nationalismus und Militarismus angesehen. Die Erziehungsreform galt deshalb als besonders wichtiger Baustein im Gefüge der »Demokratisierung« Japans.

Die chaotischen Verhältnisse in Wirtschaft und Industrie nach dem Kriegsende veranlaßten den SCAP anfangs, als ein Mittel zur Demokratisierung auch eine Gewerkschaftsbewegung zu organisieren. Sowohl in den Unternehmen als auch den Behörden bildeten sich daraufhin zahlreiche Einzelgewerkschaften. 1949 zählten sie schon fast 7 Millionen Mitglieder (mehr als 50 Prozent der Arbeiter und Angestellten) in etwa 35 000 Basisgruppen auf Fabrik- oder Unternehmensebene sowohl im privaten als auch im staatlichen Bereich. Schon 1947 jedoch zeigte sich der SCAP unwillig gegenüber Streiks und Forderungen nach Lohnerhöhungen. Er verbot einen für den 1. Februar 1947 angekündigten Generalstreik, schränkte die politische Bewegungsfreiheit der Gewerkschaften ein, und konzentrierte sich statt dessen auf den Wiederaufbau der japanischen Wirtschaft. Hier demonstrieren Gewerkschaftsfunktionäre vor dem Parlamentsgebäude in Tōkyō im August 1949.

listische Mittelstandsgesellschaft umgewandelt haben. In einigen Fällen waren die Vorgaben so, daß die Gesellschaft erst noch hineinwachsen mußte. (Das gilt beispielsweise für die Forderung nach Gleichberechtigung der Frauen.) Aber der Fortschritt gegenüber der japanischen Kriegsgesellschaft, die jeden Wandel und jedes Wachstum unterdrückt hatte, ist offensichtlich, und die Popularität der meisten Reformen in allen Gesellschaftsschichten spricht eindeutig für den Erfolg des Experiments.

Wiederaufschwung und Wohlstand

Ein unlängst amtierender japanischer Außenminister berichtete in seinen Memoiren von einem Gespräch, das er im April 1945 mit einem Freund geführt hatte, vier Monate vor der japanischen Kapitulation. Beide waren sich einig darüber, daß der Krieg verloren war, und Japans Niederlage auf die zu große territoriale Ausdehnung zurückzuführen war. Man würde Japan mit Sicherheit zur Entmilitarisierung zwingen, was beide im Hinblick auf die Zukunft für segensreich hielten. »Immerhin«, so urteilten sie, »stellt eine Armee in Uniform nicht die einzige Form einer Streitmacht dar. Unsere zukünftige Armee wird getarnt mit Geschäftsanzügen und ausgerüstet mit wissenschaftlichen Technologien und Kampfgeist aus dem Untergrund operieren. Und in diesem Japanisch-Amerikanischen Kampf werden die Khaki-Uniformen den Anzügen unterlegen sein.«

Vierzig Jahre später sollten sich diese Prophezeiungen erfüllen. Ungehindert von den Einmischungen kolonialer Mächte verschaffte sich Japan Zugang zu den Rohstoffquellen, eröffnete sich die Weltmärkte und erreichte sein Ziel, ohne einen kostspieligen Militärapparat finanzieren zu müssen. Aus dem Handelssystem der Nachkriegszeit ging Japan als Hauptnutznießer hervor, als wichtigster Produzent eines allumfassenden Warenangebots, das von Automobilen bis zur Gebrauchselektronik reichte und immer dem neuesten industriellen und wirtschaftlichen Stand entsprach.

1954 betrug Japans Bruttosozialprodukt etwas mehr als 21 Milliarden US-Dollar. 1967 hatte es sich um das dreieinhalbfache erhöht und verdoppelte sich nochmals zwischen 1966 und 1970 auf 200 Milliarden US-Dollar, 1980 stand es auf einer Billion. Japan war die drittstärkste Wirtschaftsmacht nach den Vereinigten Staaten und der Sowjetunion mit einem Anteil von zehn Prozent am gesamten Wirtschaftsvolumen der Welt.

Die Faktoren, die diese Erfolge möglich gemacht haben, wurden seither immer wieder in politischen und wirtschaftlichen Zirkeln diskutiert. Chalmers Johnson wies in einer Studie auf das partnerschaftliche Verhältnis zwischen Regierung und Unternehmern hin, das zu einer Wirtschaftspolitik führe, die dem kapitalistischen System völlig neue Seiten abgewinne. Die anfängliche Devisenknappheit habe die Regierung in die Lage versetzt, durch gezielte Devisenzuteilung die Wirtschaftsplanung zu steuern und zu koordinieren. Die Regierung, so meinte er, habe dadurch genügend Einfluß gewonnen, um veraltete Industrien abzuschaffen, womit sie genau das Gegenteil dessen getan habe, was westliche Regierungen praktizierten: Anstatt notleidende Industrien zu unterstützen, habe sie ihren Einfluß geltend gemacht, um gesunde und zukunftsorientierte Unternehmen voranzubringen. Andere argumentierten, daß der Einfluß der Regierung in Japan weniger umfassend sei, als es den Anschein habe, und daß die Regierenden sogar in einigen Fällen in ihren Bemühungen, die Industrie zu rationalisieren und zu organisieren, gescheitert seien, ebenso wie sie heute kein Mittel fänden, die Exportabhängigkeit des Landes zu verringern. Niemand stellt jedoch die Tatsache in Frage, daß die internationale Wirtschaft sich grundlegend gewandelt hat und daß der Aufstieg Japans einer der auslösenden Faktoren dafür war.

Dieser Aufstieg hat zweifellos viele Gründe. Die politische Stabilität war einer davon. Mit einer kurzen Ausnahme in den Jahren 1947–48 konnten die konservativen Politiker in Japan alle Wahlen gewinnen. Ihre Macht stützte sich auf ein Wahlsystem, in dem Landbevölkerung überrepräsentiert war. Obwohl die städtische Bevölkerung wuchs, blieben 62 Prozent der Parlamentssitze von ländlichen und kleinstädtischen Wahlbezirken besetzt. Anfang der achtziger Jahre sagten Kommentatoren ein Ende der konservativen Herrschaft voraus, aber um diese Zeit sorgten der gesunde Zustand der Wirtschaft und der wachsende Wohlstand in allen Schichten der Gesellschaft auch in den Städten für eine Zunahme der konservativen Wähler. Die konservative Partei Japans ist jedoch keineswegs eine einheitliche Partei. Die Führerschaft teilten sich Gruppierungen, die schon zu Zeiten Yoshida Shigerus (1878–1967), der während der Besatzungszeit und danach das Amt des Premierministers innegehabt hatte, eine einflußreiche Rolle spielten. Yoshidas Nachfolger machten ihre Karriere alle über das Finanzministerium. Ihre Erfahrungen als Finanzminister führten zu einer mäßigen Besteuerung, zu einer beständigen expansiven Handelspolitik und zu einer Vorliebe für protektionistische Maßnahmen, die die japanische Wirtschaft vor ausländischen Konkurrenten schützte. Langfristige Planungen waren stets eine Grundlage der japanischen Politik, und Regierungskommissionen untersuchten regelmäßig die Wirtschaftsaussichten auf nationler und internationaler Ebene.

Die japanische Wirtschaft profitierte stark vom Korea-Krieg. Durch eine Reihe von Reformen konnte von 1949 an die kriegsbedingte Inflation gestoppt werden. Von diesem Zeitpunkt an konnte sich Japan auf einen relativ ausgeglichenen Haushalt stützen, auf eine stabile Währung und einen günstigen Wechselkurs, und die japanischen Unternehmen waren in der Lage, die Wachstums- und Gewinnchancen, die sich mit dem Krieg boten, sofort zu nutzen. Man kann ohne weiteres sagen, daß der Korea-Krieg jene Entwicklung einleitete, die zur vollen wirtschaftlichen Unabhängigkeit Japans führte.

Die internationale Situation war für Japan auch in anderer Weise vorteilhaft. Das Land hatte durch den Krieg zwar einen wesentlichen Teil seiner Industrieanlagen verloren, aber die Fähigkeiten der japanischen Arbeiterschaft waren durch die Auseinandersetzungen mit den fortgeschrittenen Industrienationen der Welt sicherlich gesteigert worden. Als man die Fabriken wieder aufbaute, konnte man sie moderner und fortschrittlicher ausstatten als in jenen Ländern, die keinen Bombenangriffen ausgesetzt gewesen waren.

Die Ursachen des Wirtschaftswunders

Die Regierenden in Japan konnten die politische und wirtschaftliche Zukunft ihres Landes nur in enger Anlehnung an die USA gestalten, aber das erwies sich durchaus als vorteilhaft. Die Tatsache, daß sich die Amerikaner verpflichteten, die Verteidigung Japans zu übernehmen, erlaubte es den Japanern, ihre Verteidigungsausgaben auf ein Prozent ihres Bruttosozialprodukts zu beschränken. Dieser Anteil wuchs zwar stetig an, blieb aber immer weit unter dem Anteil von sechs bis sieben Prozent, den die USA, oder den fünf bis sieben Prozent, den Großbritannien für die Verteidigung ausgaben, nicht zu reden von den 15 Prozent, die die UdSSR dafür aufwenden. Als noch bedeutsamer erwies sich wahrscheinlich die amerikanische Hilfestellung, die Japan die Rückkehr auf die Weltmärkte ebnete, ferner die Möglichkeit, an den modernen Technologien amerikanischer Hersteller teilzuhaben, die anfangs froh waren, einen Teil ihrer Entwicklungskosten in Japan wieder hereinzuholen. Der amerikanische Markt gewann eine ungeheure Bedeutung für die japanischen Unternehmer, eine Entwicklung, deren Folgen niemand voraussah. In den fünfziger Jahren riet Außenminister John Foster Dulles den Verantwortlichen in Japan, Märkte in Südostasien zu erschließen, da sich für japanische Produkte in den USA damals kaum Abnehmer finden ließen. Dreißig Jahre später sind die Beziehungen zwischen den beiden Ländern stark belastet durch das gewaltige Handelsbilanz-Defizit der USA gegenüber Japan. In den Vorkriegsjahren hatten japanische Produkte den Beigeschmack billiger Ramschwaren, jetzt gelten sie als zuverlässig und qualitativ hochstehend. In den achtziger Jahren stand in allen wichtigen Ländern der westlichen Welt Japan auf der Liste der Handelspartner an erster oder zweiter Stelle.

Den Japanern gelang es auch, das Bevölkerungswachstum in den Griff zu bekommen. Anfangs erschien die Aussicht, eine Bevölkerung von 70 Millionen Menschen, darunter viele Rücksiedler aus der Mandschurei und anderen asiatischen Ländern, versorgen zu müssen, als eine kaum lösbare Aufgabe. Aber der wachsende Lebensstandard verbunden mit einer Legalisierung der Abtreibung in den fünfziger Jahren versetzte Japan in die Lage, die Geburtenrate auf einem so niedrigen Stand zu halten wie er für hochindustrialisierte Staaten charakteristisch ist. Seit Beginn der achtziger Jahre entspricht die Verteilung der Altersgruppen innerhalb einer Bevölkerung, die auf 120 Millionen Menschen angewachsen war, der in anderen fortschrittlichen Ländern, und die japanischen Planer sind zunehmend damit beschäftigt, die Probleme einer überalterten Gesellschaft zu lösen, die der Regierung mehr und mehr laufende Unkosten an sozialer Wohlfahrt abverlangt.

Die Lebenserwartung der Japaner ist höchste in der Welt. Auch strukturelle Änderungen innerhalb der japanischen Wirtschaft spielten eine wichtige Rolle. Als erstes gab es eine dramatische Verschiebung im Verhältnis der Landarbeiter zu den Industriearbeitern. Am Ende des Zweiten Weltkrieges war Japan noch immer ein Agrarland. Die Landwirtschaft erbrachte ungefähr 25 Prozent des Bruttosozialprodukts und beschäftigte ungefähr 50 Prozent aller Arbeitskräfte. Die Verbraucher gaben mehr als die Hälfte ihrer Einkünfte für Lebensmittel aus. Die Zahl der Arbeiter, die in den Grundstoffindustrien beschäftigt waren, nahm jedoch sehr schnell ab. 1950 waren es noch 48,3 Prozent, 1960 32,6 Prozent, 1970 19,3 Prozent und 1985 nur mehr 8,8 Prozent. In der gleichen Zeit nahm die Zahl der Beschäftigten in der Verbrauchsgüterindustrie um ein Drittel zu und im Dienstleistungsbereich verdoppelte sie sich von 29,8 Prozent auf 56,9 Prozent. Ungeachtet dessen wuchs die Agrarproduktion dank zahlreicher Verbesserungen in der Agrartechnik, und neue Eßgewohnheiten bürgerten sich ein. Die achtziger Jahre brachten für Japan große Überschüsse an Reis, den man vorher hatte einführen müssen, und es entwickelte sich zum größten Überseemarkt für landwirtschaftliche Produkte aus den USA. Die konservativen Regierungen Japans, die auf ihre bäuerlichen Wähler angewiesen waren, stützten die Landwirtschaft mit Subventionen. Mitte der fünfziger Jahre lagen die japanischen Agrarpreise um 30 Prozent über den Weltmarktpreisen. Anfang der siebziger Jahre lagen sie 100 Prozent darüber, anfang der achtziger Jahre 150 Prozent. Ausländische Importeure und japanische Verbraucher verlangten eine Änderung dieses Subventionssystems, aber die Regierung in Tōkyō, die den Bauern empfohlen hatte, auf andere Produkte, wie Rindfleisch und Zitrusfrüchte, auszuweichen, zögerte, darauf einzugehen.

Mit wachsender Qualität erhöhte sich auch der anteilige Wert der aufgewendeten Arbeit in der japanischen Warenproduktion. Gleichzeitig sank der Wertanteil der importierten Rohstoffe. Im Textilbereich wurde Baumwolle durch synthetische Fasern ersetzt. Importe wurden auch durch bessere Transportmöglichkeiten verbilligt. Die japanische Industrie ist in den Küstengebieten angesiedelt, leicht erreichbar für die riesigen Erzfrachter und Tanker, die in japanischen Werften gebaut werden. Die Kure-Werft, heute eine Privatgesellschaft, die während des Krieges das gewaltige Schlachtschiff Yamato baute, entwickelte auch den ersten Supertanker. Japans Importbedürfnisse machten das Land zum größten Kunden für nahezu alle Rohstoffe, einschließlich des Erdöls. Einige Beobachter glaubten deshalb, daß die Ölkrise der siebziger Jahre das japanische Wirtschaftswachstum unterbrechen würde. Aber in den achtziger Jahren halfen fallende Ölpreise und technologischer Fortschritt über die Hürde hinweg.

Japans größter Aktivposten sind die Menschen. Das System der an die Unternehmen gebundenen Gewerkschaften verbunden mit unkündbaren Arbeitsverträgen für loyale Mitarbeit sorgte für geringe Fluktuationsraten. In den fünfziger und sechziger Jahren wuchs die Arbeitsproduktivität schneller als die Löhne. In Verbindung mit günstigen Wechselkursen machte das die japanischen Waren konkurrenzlos billig. Da die Sozialleistungen des Staates nicht mit der Preisentwicklung Schritt hielten, bildete sich eine starke Firmenloyalität, die sich in oft seltsam anmutenden Unternehmenshymnen, in Betriebsausflügen und gemeinsamen gymastischen Übungen äußerte.

Die Disziplin der Arbeiterschaft spiegelte nur die Disziplin des ganzen Volkes wider. Bis in die sechziger Jahre hinein gab es für die Verbraucher kaum Gelegenheiten, ihr Geld auszugeben. Wohnungen waren kaum vorhanden, und die meisten Arbeiter lebten arm und bedürfnislos. Später gaben sie zwar mehr aus, aber ihr Lebensstandard lag noch immer weit unter dem ihrer westlichen Kollegen. Die ungenügenden Sozialleistungen des Staates erzwangen persönliche Vorsorge- und Sparmaßnahmen. Die Regierung unterstützte das insofern, als sie auf Postsparguthaben keine Steuern erhob und Hypo-

Oben: Nach 1950 begann sich die japanische Wirtschaft allmählich von den Kriegsfolgen zu erholen. Zwischen 1951 und 1955 wuchs das Bruttosozialprodukt jedes Jahr durchschnittlich um 8,6 %, von 1955 bis 1960 um 9,1 % von 1960–1965 um 9,7 % und in den folgenden fünf Jahren sogar um 13,1 %. Schiffswerften wie die von Mitsubishi in Nagasaki, die während des Krieges Schlachtschiffe gebaut hatte, stellten jetzt Öltanker her. Das Bild zeigt Werftarbeiter, darunter viele Frauen, die nach der Mittagspause an ihre Arbeitsplätze zurückkehren.

Rechts: Japans Wirtschaftswunder war im industriellen Bereich nicht gänzlich frei von Spannungen. Hier versuchen streikende Arbeiter einer Tōkyōter Fabrik für Fördermaschinen mit einem Bus die Werkstore zu rammen. Streikbrecher innerhalb der Fabrik richten Wasserstrahlen auf ihre streikenden Kollegen. Die Auseinandersetzung, bei der es um Lohnforderungen ging, dauerte fünf Monate, und führte zu mehreren Schlägereien zwischen Streikenden und Streikbrechern, bei denen die Polizei eingreifen mußte.

theken und andere Zinskosten nicht von der Steuer befreite. Dieser Bonus für Sparer hatte zur Folge, daß 20 Prozent des verfügbaren Einkommens gespart wurden – Geld, das die Banken für Investitionen nutzen konnten, um die Wirtschaft anzukurbeln.

Die neuen Technologien verlangten eine bessere Ausbildung, eine Forderung, die der traditionellen Hochachtung der Japaner vor Bildung und Wissenschaft durchaus entgegenkam. Die Zahl der Studenten in Höheren Lehranstalten und die Zahl dieser Schulen nahm ständig zu. 1985 besuchten 93,8 Prozent aller japanischen Schüler eine weiterführende Schule, 38,2 Prozent begannen ein Hochschulstudium. Im Verhältnis bildete Japan doppelt so viele Ingenieure aus wie die Vereinigten Staaten.

Die heutige japanische Gesellschaft

Das Japan der späten achtziger Jahre wird geprägt von der städtischen Mittelschicht der Angestellten. Die sorgfältig ausbalancierten Rangunterschiede früherer Zeiten haben einer Einheitsgesellschaft Platz gemacht, die gleichförmige Anzüge trägt und Massenverkehrsmittel benützt. Die Vielfalt regionaler Dialekte und die komplizierten Vorschriften der sprachlichen Umgangsformen sind aufgegangen in der Alltagssprache des Radios und des Fernsehens. Man kann sich kaum eine Gesellschaft vorstellen, die mehr konsumorientiert ist als die japanische. Und die Frage drängt sich auf, was denn von der traditionellen japanischen Kultur und ihren Werten übrig geblieben ist.

Um eine Antwort zu finden, muß man sich wahrscheinlich zuerst mit der Arbeitsmoral der Japaner beschäftigen. In ganz Japan wird die Arbeit als etwas Positives angesehen, und nicht als etwas Abschreckendes. Arbeit erfüllt mit Stolz und Befriedigung. Das läßt sich beobachten an dem hingebungsvollen Ritual, mit dem die Angestellten eines Kaufhauses am Morgen die Ladentüren öffnen, und an dem forschen Gruß, mit dem die Stationsbeamten in der U-Bahn die überfüllten Züge verabschieden. In Thomas Rohlens Untersuchung über das Schulungsprogramm einer Bank wird beschrieben, wie neuen Lehrlingen die Aufgabe gestellt wird, sich in ihrer Gemeinde unentgeltlich für eine nützliche Arbeit zur Verfügung zu stellen. Die Lehrlinge sollten mit dieser Lektion lernen, daß Arbeit zu Dankbarkeit verpflichtet, weil sie von der Qual des Nichtstuns befreit. Japaner arbeiten länger und verlangen weniger Urlaub als die Arbeiter anderer Länder. In kaum einem anderen Land bedarf es staatlicher Kampagnen, um die arbeitende Bevölkerung dazu zu bewegen, mehr Urlaub zu nehmen und sich zu erholen. Hayami Akira, ein Wirtschaftshistoriker, nimmt an, daß diese Verhaltensweisen auf die Tokugawa-Zeit zurückgehen, als sich die konfuzianische Ethik mit materiellen Anreizen verband und eine »Revolution des Fleißes« hervorbrachte, die der industriellen Entwicklung vorausging.

Eine ebenso wichtige Rolle wie die Arbeitsmoral spielt die Erziehung. Eine qualifizierte Ausbildung war immer Voraussetzung für das Ansehen des einzelnen in der Arbeitswelt und der Gesellschaft. Obwohl oder gerade weil die Zahl der höheren Schulen und Universitäten ständig wuchs, wurde der Zugang zu jenen Instituten, deren Absolvierung höheres Ansehen und bessere Berufschancen versprach, immer schwieriger, weil die Zahl der Anwärter mehr und mehr anschwoll. Die jungen Japaner verbrachten immer mehr Zeit damit, sich auf Aufnahmeprüfungen vorzubereiten – Aufnahmeprüfungen für bevorzugte Elementarschulen, Mittelschulen, Höhere Schulen, Universitäten und schließlich auch noch Prüfungen, die von den Arbeitgebern verlangt wurden. Der Bildungshunger der Japaner geht auf die Tokugawa-Zeit zurück, insbesondere auf jene Reformperiode um die Wende zum 18. Jahrhundert, als man damit begann, die Beamten nicht nur nach ihrem Rang und ihrer Herkunft, sondern auch nach ihrer Ausbildung auszuwählen. Die meisten Japaner sind ohne weiteres bereit, zuzugeben, daß die ständigen Prüfungsvorbereitungen eine zu harte Belastung darstellen, aber sie sind gleichzeitig auch insgeheim stolz auf die Hingabe und den Eifer, die gerade dadurch in den jungen Leuten geweckt werden. In seiner Studie über die Höheren Schulen in Japan hat Thomas Rohlen festgestellt, daß der japanische Schüler innerhalb der zwölfjährigen Schulzeit vier Jahre mehr Unterricht erhält, als der amerikanische Schüler und daß die jungen Japaner am Ende ihrer Schulausbildung den gleichen Wissensstand haben wie amerikanische Studenten am Ende eines Hochschulstudiums. Bei internationalen Vergleichen mathematischer und wissenschaftlicher Kenntnisse schnitten die Japaner durchweg am besten ab.

Am Arbeitsplatz wird der einzelne Angestellte von

der Unternehmensführung und den Vorgesetzten sehr viel mehr umsorgt, als das in anderen industrialisierten Gesellschaften der Fall ist. Firmenwohnungen, Betriebsausflüge und Gemeinschaftskurse spielen dabei eine große Rolle. Darüber hinaus kennzeichnet die japanische Gesellschaft ein hohes Maß an Verantwortungsbewußtsein und die Bereitschaft, freiwillig Verpflichtungen auf sich zu nehmen. Geschäftliche und unternehmerische Rückschläge haben regelmäßig den Rücktritt der verantwortlichen Männer zur Folge. An die Unternehmensmanager wird die Erwartung gestellt, ihre Führerschaft als ein befristetes Verwalteramt im Dienste einer Firma aufzufassen, deren Existenz viel weiter reicht als das eigene Leben. Firmenübernahmen, Zusammenschlüsse und Firmenkäufe mit dem Ziel, kurzfristige Gewinne zu machen, haben in einer Gesellschaft, die auf lange Sicht plant und Gespräche über Profit für unhöflich hält, wenig Chancen. Auch für diese Eigenheiten finden sich die Wurzeln in der japanischen Vergangenheit. Was den japanischen Nationalismus angeht, haben die Japaner der achtziger Jahre die ablehnende Haltung ihrer Eltern gegenüber den Kriegsereignissen und der Schmach der Niederlage längst überwunden, und stehen wieder zu ihrer Nationalgeschichte. Vielbändige Geschichtswerke, historische Romane und Biographien finden zahlreiche Leser. Die erfolgreichste Fernsehserie war eine Folge von Sendungen über die japanische Geschichte.

Auf internationalem Gebiet hat sich das Nachkriegsjapan mit einer Beobachterrolle zufrieden gegeben – zuerst aufrichtig und dann mit dem gewohnheitsmäßigen Hinweis auf die geringen Einflußmöglichkeiten des Landes. Als die japanischen Regierungschefs zu den Konferenzen der wichtigsten Industrienationen eingeladen wurden, begnügten sie sich in der Regel damit, sich am Rand oder im Hintergrund zu halten, wenn die Fotografen ihre Gruppenbilder machten. Vielleicht lag das daran, daß sie keiner Fremdsprachen mächtig waren, vielleicht lag es aber auch an dem politischen System in Japan, in dem weniger Eloquenz und individuelle Brillanz zählen, sondern die Fähigkeit, sich die Unterstützung der einflußreichsten Interessengruppen zu sichern. Japan profitierte von der internationalen Entwicklung der Nachkriegszeit, ohne selbst viel dazu beizutragen. Der Begriff »Internationalisierung« wurde dennoch zum Schlagwort, als die Japaner begriffen, daß ihre neu gewonnene Macht von ihnen auch die Übernahme einer gewissen Verantwortung verlangte. Viele Japaner zeigen sich inzwischen auch betroffen über die internationale Kritik an den protektionistischen Maßnahmen, mit denen sie den eigenen Markt gegen ausländische Konkurrenz abschotteten, und an der Unbeirrtheit, mit der sie ihre Handelsbilanzüberschüsse aufstockten.

Man kann heute, je nach Generationszugehörigkeit, drei Haltungen in Japan beobachten. Die Älteren, die sich noch gut an die Zerstörungen und die Entbehrungen der Kriegs- und Wiederaufbauzeit erinnern können, treten dafür ein, daß ihr Land Hilfsbereitschaft zeigen soll, in dem Bewußtsein, wieviel Hilfe es selbst empfangen hat. Die mittlere Generation der erfolgreichen Unternehmer gibt sich eher arrogant und glaubt an die Überlegenheit der japanischen Gesellschaftsstruktur und die überragende Qualität der eigenen Produkte. Die heutigen Studenten schließlich, die im Wohlstand groß geworden sind, scheinen weder Scham noch Überheblichkeit zu kennen. Von ihren Eltern als »neue Menschen« *(shin-jinrui)* bezeichnet, sind sie kosmopolitischer, besser ausgebildet und erfahrener als alle Japaner vor ihnen. Die Zukunft gehört ihnen.

JAPAN HEUTE

Arbeitswelt

Unten: Eineinhalb Millionen Pendler passieren jeden Morgen zur Stoßzeit den Shinjuku-Bahnhof von Tōkyō. Seitdem sich flexible Arbeitszeiten mehr und mehr durchzusetzen beginnen, werden solche Bilder wohl bald der Vergangenheit angehören.

Unten: Diese Frauen, die Lebensmittel auf den Markt bringen, haben auf einer Ufermauer, die die innere Tango-Halbinsel gegen das Japanmeer abschirmt, eine kurze Rast eingelegt.

Ganz unten links: Morgengymnastik, wie sie hier in diesem Kamerawerk betrieben wird, ist mehr als nur eine Übung zur körperlichen Ertüchtigung. Sie soll das Gruppengefühl unter den Arbeitern stärken und die Arbeitsproduktivität erhöhen. Japanische Unternehmen versuchten – nicht sehr erfolgreich – diese Praktiken auch in Auslandsniederlassungen einzuführen.

Ganz unten rechts: Die Elektronikindustrie und der Automobilbau waren zwei der Hauptsäulen des Nachkriegserfolgs der japanischen Industrie. Der Mazda-Konzern setzte wie die anderen japanischen Motorenhersteller schon sehr frühzeitig Industrieroboter an den Fließbändern ein.

Ganz unten: Die Firma Nishijin in Kyōto gilt seit langer Zeit als führend in der Herstellung feiner Seidengewebe. Von außen kann man immer noch das feine Klicken der Webstühle hören. Obwohl inzwischen viele mechanische Webstühle verwendet werden, nimmt die Nachfrage nach den Kimonostoffen, die hier hergestellt werden, stetig ab.

In der Nachkriegszeit, als viele junge Männer in die Städte abwanderten, um dort besser bezahlte Arbeitsplätze zu suchen, blieb die Landarbeit immer mehr eine Sache der Frauen und älteren Menschen. Die Regierung und lokale landwirtschaftliche Organisationen bemühten sich, technische Neuerungen und intensive Produktionsmethoden einzuführen, indem sie gezielt Subventionen verteilten und Fortbildungskurse anboten. Hier unterrichtet ein Experte eine Gruppe von Bäuerinnen in der Präfektur Iwate. Die Ergebnisse dieser Bemühungen sind eindrucksvoll. Japan produziert seit Jahren schon mehr Reis, als es selbst verbraucht. Ende der achtziger Jahre begannen die USA und Australien zunehmend Druck auszuüben, um eine Öffnung des japanischen Marktes für Fleisch, Zitrusfrüchte und Reis zu erzwingen. Die japanische Stadtbevölkerung könnte von den billigen Importen nur profitieren. Die Liberal-Demokratische Partei jedoch, die sich vor allem auf die bäuerlichen Wähler stützt, lehnt die Öffnung des Marktes ab mit der Begründung, daß die japanische Landwirtschaft dadurch ruiniert würde.

Ernährung

Hübsch geschnittene und garnierte *sushi* und *sashimi* (roher Fisch, der ohne Beilagen, oder auf Essigreisbällchen serviert wird) sind heute in London, Düsseldorf oder New York ebenso beliebt wie in Tōkyō und Ōsaka – aber wesentlich billiger. Viele Japaner lieben die gesellige Atmosphäre kleiner Landgasthöfe mit Namen wie »Inakaya« (ländliche Küche), die regionale Spezialitäten aus Niigata oder anderen Präfekturen servieren und dazu in großen Mengen Bier, Sake oder *shōchū* (Reisschnaps) reichen.

Sport und Freizeit

Unten: Die japanische Art des Fechtens *(kendō)* ist eine kampfbetonte, traditionelle Sportart. Fechter der Tōkyōter Polizeiakademie demonstrieren sie hier, barfuß und maskiert, mit ihren Bambusschwertern.

Unten links: Sumō ist die älteste Sportart Japans. Sie wird in alten Schreinen als religiöses Ritual ausgeübt und gewann größte Popularität in der Edo-Zeit. Heute gibt es jedes Jahr sechs Turniere, die viele begeisterte Zuschauer anziehen und vom Fernsehen übertragen werden.

Ganz unten links: Japanische Wintersportorte, wie Shiga mit seinen eisüberkrusteten Kiefern, zählen zu den schönsten der Welt; sie gehören auch zu den am meisten besuchten. Um dem Massenbetrieb zu entgehen, suchen erfahrene Skifahrer die höchstgelegenen Abfahrten auf.

Unten: Seit Jahrhunderten haben die Japaner den Frühling unter blühenden Kirschbäumen gefeiert. Diese Szene aus unserer Zeit aus dem Ueno-Park in Tōkyō erinnert an alte Gemälde, die Adlige und Bürger der Heian- und Edo-Zeit bei ähnlichen Vergnügungen zeigen.

Ganz unten Mitte: Spielhallen mit *Pachinko*-Automaten sind in allen japanischen Städten und Dörfern zu finden und manchmal kann man sogar auf dem Land inmitten von Reisfeldern die leuchtende Neonreklame eines solchen *Pachinko*-Tempels sehen. Manche spielen nur zum Zeitvertreib, während sie auf den Zug warten, andere sind geradezu süchtig auf das Spiel.

Ganz unten rechts: Die schmissige Takarasuka-Revue mit ihrer Tänzerinnen-Truppe unterhält ihr Publikum in Ōsaka und Tōkyō, darunter viele junge Frauen, seit mehr als fünfzig Jahren.

Die meisten japanischen Schulkinder besuchen nach der regulären Schule noch eine Paukschule *(juku)*. Es gibt diese *juku* für jede Art von Lernstoff, vom Gebrauch des Abakus über Mathematik bis zu Fremdsprachen. Viele *juku* dienen dazu, Schüler auf die Aufnahmeprüfungen für mittlere und höhere Schulen vorzubereiten. Andere, wie die hier abgebildete, bieten Kurse für Kalligraphie. Die Beherrschung der japanischen Schrift ist nicht leicht. Die ersten Schriftübungen, um die Handhabung des Pinsels zu erlernen, beginnen sehr früh. Fortgeschrittenere Schüler nehmen an Schönschreibwettbewerben für Kinder teil, die von großen Zeitungen veranstaltet werden. Einige Eltern befürchten, daß die zunehmende Verfügbarkeit japanischer Wortprozessoren die Kunst der Kalligraphie verdrängen könnte, aber noch immer ist die Meinung verbreitet, daß sich in der schönen Schrift die Persönlichkeit des Schreibers offenbart.

Glauben und Feste

Ein westlicher Tourist, der an einem gewöhnlichen Werktag oder an einem Sonntag, wenn keine religiöse Feier angesetzt ist, einen Shintō-Schrein besucht, findet in der Regel nur ein paar junge Mütter, die auf ihre Kinder aufpassen. Zu Neujahr und an anderen Festtagen jedoch sind sie belagert von Gläubigen und Neugierigen.

Unten: Ein Kranichtanz, der Glück und langes Leben bringen soll, aufgeführt im Yasaka-Schrein in Kyōto.

Ganz unten links: Ein junger Shintō-Priester im Hie-Schrein auf dem Hiei-Berg nordöstlich von Kyōto bringt den *kami* eines Wasserfalls ein einfaches Opfer aus Früchten und Sake dar.

Ganz unten rechts: Achtung vor verstorbenen Angehörigen und Vorfahren findet ihren Ausdruck in regelmäßigen Besuchen der Familienmitglieder, vor allem während des Bon-Festes im August.

Vorhergehende Seite: Der Shisendō, Halle der unsterblichen Dichter in den östlichen Hügeln von Kyōto, wurde als Ort der Kontemplation angelegt und gehörte zu einer Eremitage, die sich Ishikawa Jōsan (1583–1672) hatte erbauen lassen. Jōsan, ein konfuzianischer Gelehrter und Autor chinesischer Gedichte *(kanshi),* war ein Gefolgsmann Tokugawa Ieyasus und kämpfte an dessen Seite in der Schlacht von Sekigahara. Später verließ er den Militärdienst, studierte Zen und wurde buddhistischer Mönch. Er zog sich zurück in die Einsiedelei Shisendō und widmete sich von da an der Dichtkunst. Mit seinen mit Azaleen bewachsenen Hügeln vermittelt der Shisendō immer noch den Eindruck besinnlicher Ruhe.

Unten: Der Bergbuddhismus, wie er noch heute im Enryakuji auf dem Hiei-Berg oder im hier abgebildeten Kongōbuji auf dem Kōya-Berg praktiziert wird, umfaßt Gebete, Studien der heiligen Texte, esoterische Rituale und asketische Übungen. Diese Mönche am Oku-no-in auf dem Kōya-Berg, wo Kūka begraben ist, setzten sich büßend der Winterkälte aus.

Unten: Es gibt in Japan immer noch einige, allerdings sehr wenige, Menschen, die die Annehmlichkeiten des Wirtschaftswunders ablehnen und ihr Leben statt dessen an anderen Zielen, wie Strenge, Härte und innerer Einkehr ausrichten. Die hier gezeigten meditierenden Zen-Mönche gehören dazu.

Mitte unten: Asakusa ist ein vielbesuchtes Vergnügungsviertel im Zentrum von Tōkyō. Dort befindet sich auch der seit der Edo-Zeit von vielen verehrte Asakusa-Kannon-Tempel. Diese Frauen verteilen Glücksbringer an die Menge, die sich an Festtagen hier versammelt.

Ganz unten links: Die Handlesekunst ist in Japan ebenso beliebt wie in allen anderen Ländern und hat eine lange Tradition.

Ganz unten rechts: In Japan gibt es auch noch Feste, die mit ritueller Nacktheit verbunden sind *(hadaka-matsuri).* Das hier abgebildete wird in Inazawa begangen. Während der Feiern tragen junge Männger im Lendenschurz den Lokal-*kami* in einem tragbaren Schrein durch den Bezirk. Solche Feste bedeuten immer auch eine Verherrlichung der Jugend und der Männlichkeit. Oft werden sie bei eisiger Kälte oder in der größten Sommerhitze abgehalten und die ganze Gemeinde nimmt daran teil, indem sie Speisen und Getränke beisteuert.

Unten: Der Gläubige kann an jedem beliebigen Schrein einen *kami* anrufen in der Hoffnung, daß seine Gebete erhört werden. In vielen Schreinen werden für ein paar Yen Papierstreifen verkauft, die gute Wünsche enthalten. Die Besucher befestigen sie an Zweigen oder Zaungattern und vertrauen darauf, daß die *kami* sie erfüllen . . .

Unten und ganz unten: Eines der ältesten und eindrucksvollsten Feste in Japan ist das Gion-*matsuri*, das nahezu ununterbrochen jedes Jahr im Juli in Kyōto gefeiert wird. Es ist ein Bürgerfest, bei dem Gruppen von Händlern und Ladenbesitzern miteinander wetteifern, große schwere Festwagen auszustatten und vom Yasaka-Schrein in Gion durch die Straßen von Kyoto zu ziehen.

Die Zukunft

Die Japaner blicken hoffnungsvoll in die Zukunft. Sie sind überzeugt, daß Wohlstand und Sicherheit abhängig sind von internationaler Zusammenarbeit, von Informationstechniken und von der Jugend. Um für das 21. Jahrhundert gerüstet zu sein, werden Vorschulkinder mit Computern vertraut gemacht *(unten)*. Auch die Technologie-Messen in Tsukuba *(ganz unten)* und Saita haben sich jüngst mit der gesellschaftlichen Entwicklung im 21. Jahrhundert beschäftigt. Bei allem Risikobewußtsein überwiegt doch die Gewißheit, daß man der nachwachsenden Generation einiges mitgeben kann, was sie in die Lage versetzt, mit den Herausforderungen des neuen Jahrhunderts fertig zu werden.

BIBLIOGRAPHIE

HANDBÜCHER/LEXIKA

H. Hammitzsch (Hg.), *Japan-Handbuch*, 2. Aufl. Wiesbaden 1984.
B. Lewin (Hg.), *Kleines Wörterbuch der Japanologie*, 2. Aufl. Wiesbaden 1968.
M. Ramming (Hg.), *Japan-Handbuch. Nachschlagewerk der Japankunde*, Berlin 1941.

BIBLIOGRAPHIEN

Association for Asian Studies, *Cumulative Bibliography of Asian Studies*, 1941-65 (1969) und 1966-70 (1973); und *Bibliography of Asian Studies*, jährlich ab 1970. Ann Arbor Michigan.
J. Dower, *Japanese History and Culture from Ancient to Modern Times*, New York, 1986.
N. Fukuda (Hg.), *Bibliography of Reference Works for Japanese Studies*, Ann Arbor 1979.
J. W. Hall, *Japanese History. A Guide to Japanese Reference and Research Materials*, 1954. Nachdr.: Westport 1973.
H. I. Inada, *Bibliography of Translations from the Japanese into Western Languages, from the 16. century to 1912*, Tokyo, Sophia Univ. 1971.
International House of Japan Library, *Modern Japanese Literature in Translation*, Tokyo, 1979.
Japan Society, *What Shall I Read on Japan*? New York, 1984.
Kokusai bunka shinkokai, *Bibliography of Standard Reference Books for Japanese Studies, with Descriptive Notes*, Tokyo 1959.
O. Nachod (Hg.), *Bibliographie von Japan 1906-1937*, 6 Bde. Leipzig 1928-40. Nachdr.: Stuttgart 1970.
A. Pathak, *Japan. Politik, Wirtschaft, Gesellschaft (1980-84)*, Hamburg 1985.

GESCHICHTE UND GEOGRAPHIE

M. Biehl, *Dynamisches Japan*, Frankfurt a. M. 1982.
The Cambridge History of Japan, 6 Bde. Cambridge (im Entstehen).
H. A. Dettmer, *Grundzüge der Geschichte Japans*, 4. verb. Aufl. Darmstadt 1985.
A. Eckardt, *Japan. Geschichte und Kultur*, Freudenstadt 1968.
Encyclopedia of Asian History, 3 Bde. New York, The Asia Society, 1987.
J. K. Fairbank, E. O. Reischauer und A. M. Craig, *East Asia Tradition and Transformation*, Boston 1978.
N. Ginsburg, »Economic and Cultural Geography,« in Arthur Tiedemann, (Hg.), *An Introduction to Japanese Civilization*, Lexington, Mass., 1974.
G. Haasch, *Japan: eine Politische Landeskunde*, bearb. Neuaufl. Berlin 1982.
J. W. Hall, *Japan from Prehistory to Modern Times*, New York 1970.
Gouvernment and Local Power in Japan 500-1700, Princeton 1966.
Ders., *Das Japanische Kaiserreich*, 5. Aufl. Frankfurt a. M. 1987 (Fischer Weltgeschichte 20).
H. Hammitzsch, *Japan*, Nürnberg 1975.
K. Haushofer, *Das Japanische Reich in seiner Geographischen Entwicklung*, Wien 1921. Nachdr.: Ann Arbor 1980.
K. Inoue, *Geschichte Japans von den Anfängen bis zur Gegenwart*, Heidelberg.
Kodansha Encyclopedia of Japan, 9 Bde. Tokyo und New York 1983.
E. Kaempfer, *Geschichte und Beschreibung von Japan*, 2 Bde. 1777-79. Nachdr.: Stuttgart 1964.
M. Pohl (Hg.), *Japan. Geographie-Geschichte-Kultur-Religion-Staat-Gesellschaft-Bildungswesen-Politik-Wirtschaft*, Köln 1986.
G. B. Sansom, Japan. *Von der Frühgeschichte bis zum Ende des Feudalsystems*, München 1967.
A History of Japan, 3 Bde. Stanford 1958-63.
M. Schwind, *Japan - Die Neue Mitte Ostasiens. Erlebnisse, Forschungen, Begegnungen*, Berlin 1987.
Ders.,*Das Japanische Inselreich. Eine Landeskunde nach Studien und Reisen*, 3 Bde. Berlin 1967-81.
B. Smith, *Japan, Geschichte und Kunst*, München 1965.
A. E. Thiedemann (Hg.), *An Introduction to Japanese Civilization*, Lexington, Mass., 1974.
H. P. Varley, *Japanese Culture, a Short History*, Honolulu 1984.

BEGEGNUNG MIT JAPAN

C. von Barloewen u. K. Werhahn-Mees, *Japan und der Westen*, 3 Bde. Frankfurt a. M. 1986.
F. van Briessen, *Japan, der lächelnde Dritte*, Bergisch Gladbach 1970.
I. Buruma, *Japan hinter dem Lächeln*, Frankfurt a. M. 1985.
G. Dambmann, *25mal Japan*, 2. Aufl. München 1986.
G. Diehl, *Ferne Gefährten. Erinnerungen an meine Botschaft in Japan*, Frankfurt a. M. 1987.
H. Erlinghagen, *Japan. Eine Landeskunde*, München 1979.
E. Fieger, *Japan. Sunrise-Islands*, Düsseldorf 1971.
R. Guillain, *Mein geliebtes Japan*, Bonn 1966.
G. Hielscher (Hg.), *Japan. Faszination des Fernen Ostens*, Stuttgart 1987.
M. Hürlimann, *Japan*, Freiburg 1970.
Japan, Daten-Bilder-Perspektiven, München 1982.
D. Krusche, *Japan - Konkrete Fremde*, 2. überarb. Aufl. Stuttgart 1983.
K. Kut'ka, *Mein Traumland Japan*, Bindlach 1987.
D. Renckhoff, *Japan. Harmonie und Widersprüche*, Nördlingen 1983.
W. Scharnagel, *Japan*, München 1969.
H. Schwalbe, *Japan*, 3. Aufl. München 1985.
H. W. Vahlfeld, *100 Millionen Außenseiter. Die neue Weltmacht Japan*, München 1971.
R. Wagner, *Japan-Reportagen*, Frankfurt a. M. 1986.

KUNST UND KULTUR JAPANS

T. Akiyama, *Japanische Malerei*, Stuttgart 1980.
J. Berndt, *Japanische Kunst*, 2 Bde. Wien 1975.
S. Borris (Hg.), *Musikleben in Japan in Geschichte und Gegenwart. Berichte, Statistiken, Anschriften*, Kassel 1967.
M. Bussagli, *China, Japan, Korea, Himalaya*, Stuttgart 1985.
Faszination der Kultur. Japan, Rheda-Wiedenbrück 1987.
E. Harich-Schneider, *A History of Japanese Music*, Oxford 1973.
Heibonsha, *Survey of Japanese Art*, Übersetzung der Reihe *Nihon no bijutsu*. 30 Bde.
T. Iwamiya u. D. Richie, *Geheimnis Japanischer Schönheit - Holz, Papier, Ton*, Tokyo u. Fribourg 1965.
Die Keramik des Fernen Ostens. China, Vietnam, Korea, Japan, Freiburg 1984.
E. Kikkawa, *Vom Charakter der Japanischen Musik*, Kassel 1984.
Y. Kohiro u. Y. Futagawa, *Form in Japan*, München 1967.
T. Masuda u. Y. Futagawa, *Japan*, München 1969.
B. von Ragué, *Geschichte der Japanischen Lackkunst*, Berlin 1967.
Y. Rivière, *Japanische Malerei*, Genf 1968.
L. P. Roberts, *A Dictionary of Japanese Artists*, Tokyo und New York 1976.
J. Stanley-Baker, *Japanese Art*, London 1984.
H. Stierlin, *Die Welt Japans*, Bindlach 1980.
P. Swann, *Japan. Von der Jomon- zur Tokugawa-Zeit*, Baden-Baden 1965.
A. Tamburello, *Japan*, Wiesbaden 1980.
R. Violet, *Kleine Geschichte der Japanischen Kunst*, Köln 1984.

LITERATUR, SPRACHE, SCHRIFT

K. Florenz, *Geschichte der Japanischen Literatur*, Leipzig 1909, Nachdr.: Stuttgart 1969.
Y. Habein, *The History of the Japanese Written Language*, New York 1984.
Japanische Schrift, Lautstrukturen, Wortbildung, 2. verb. Aufl. Heidelberg 1987.
D. Keene (Hg.) *An Anthology of Japanese Literature: From the Earliest Era to the Mid-Nineteenth Century*, New York 1955.
D. Keene, *Japanese Literature: An Introduction for Western Readers*, New York 1955.
J. Konishi, *A History of Japanese Literatur: The Archaic and Ancient Ages*, Princeton 1984; *The Early Middle Ages*, Princeton 1986. (3 weitere Bände im Entstehen.)
B. Lewin (Hg.) *Japanische Chrestomathie von der Nara-Zeit bis zur Edo-Zeit*, 2 Bde. Wiesbaden 1965.
Ders., *Japanische Literaturwissenschaft*, Wiesbaden 1981.
E. Miner, H. Odagiri und R. E. Morell, *The Princeton Companion to Classical Japanese Literature*, Princeton 1985.
G. Paul, *Klischee und Wirklichkeit Japanischer Kultur*, München 1987.
H. Sato und B. Watson, *From the Country of Eight Islands: An Anthology of Japanese Poetry*, New York 1981
S. Tamamushi, *Einführung in die Japanische Gegenwartssprache*, Tokyo u. Freiburg 1970.
H. Zachert, *Japanische Umgangssprache*, 4. überarb. Aufl. Wiesbaden 1976.

RELIGIONS- UND GEISTESGESCHICHTE

P. Arrupe, *Als Missionar in Japan*, München 1967.
R. Barthes, *Das Reich der Zeichen*, Frankfurt a. M. 1981.
R. F. Benedict, *The Chrysanthemum and the Sword: Patterns of Japanese Culture*, Boston 1946.
K. von Dürckheim, *Hara - Die Erdmitte des Menschen*, 10. Aufl. München 1983.
Ders., *Japan und die Kultur der Stille*, 7. Aufl. München 1981.
B. Earhart, *Japanese Religion: Unity and Diversity*, California 1974.
H. Erlinghagen, *Japan. Ein Deutscher Japaner über die Japaner*, Stuttgart 1974.
R. Italiaander, *Harmonie mit dem Universum. Zwiegespräch zwischen Europa und Japan*, Freiburg 1978.
Japanese Religion, Tokyo u. Paolo Alto 1972
D. Keene, *Landscapes and Portraits: Appreciations of Japanese Culture*, Tokyo, 1971.
J. M. Kitagawa, *Religion in Japanese History*, New York 1966.
M. Maruyama, *Denken in Japan*, Frankfurt 1986.
I. Morris, *The Nobility of Failure: Tragic Heroes in the History of Japan*, New York 1976.
H. Nakamura, *Ways of Thinking of Eastern Peoples: India, China, Tibet, Japan*, Honolulu, Hawaii, 1964.
Ders., *Ansätze modernen Denkens in den Religionen Japans*, Leiden 1982.
T. Oguro, *Ihr Deutschen - Wir Japaner. Ein Vergleich von Mentalität und Denkweise*. Düsseldorf 1984.
Ders., *Die Rätselhafte Nation. Mentalität und Denkweise der Japaner*, Bonn 1982.
H. Okano, *Die Stellung der Frau im Shinto. Eine religionsphänomenologische und -soziologische Untersuchung*, Wiesbaden 1976.
R. Schinzinger, *Japanische Philosophie*, New York/ London 1965.
Ders., *Japanisches Denken. Der Weltanschauliche Hintergrund des heutigen Japan*, Berlin 1983.
R. Tsunoda, W. T. de Bary und D. Keene (Hg.), *Sources of Japanese Tradition*, New York 1958.
S. Yagi u. U. Luz (Hg.), *Gott in Japan. Anstöße zum Gespräch mit japanischen Philosophen, Theologen und Schriftstellern*, München 1973.

URSPRÜNGE UND FRÜHGESCHICHTE

W. G. Aston (übers.) *Nihongi, Chronicles of Japan from the Earliest Times to A.D. 697*, London 1896; ern. 1956.
V. Elisseeff, *Japan*, München 1978.
J. E. Kidder, *Japan before Buddhism*, London 1959.
The Birth of Japanese Art, New York 1965.
Ders., *Prehistoric Japanese Arts: Jōmon Pottery*, Tokyo und New York 1968.
Ders., *Ancient Japan*, Oxford 1977.
Ders., *Early Japanese Art: The Great Tombs and Treasures*, London 1964.
Ders., *Early Buddhist Japan*, London 1972.
F. Miki, *Haniwa*, Tokyo 1974.
R. A. Miller, *Origins of the Japanese Language*, Seattle 1980.
E. S. Morse, *The Shell Mounds of Omori*, Tokyo, 1879.
R. Pearson, G. Barnes und K. Hutterer (Hg.) *Windows on the Japanese Past, Studies in Japanese Archaeology and Prehistory*, Ann Arbor 1986.
Ders., *Das Haus im Alten Japan. Leben und Bauen mit natürlichen Materialien*, Hamburg 1983.
D. L. Philipi (Übers.) *Kojiki*, Tokyo, 1977.
Ders. (Übers.), *Songs of Gods, Songs of Humans: the Epic Tradition of the Ainu*, Princeton 1979.
Ders. (Übers.), *Norito, A New Translation of Ancient Japanese Ritual Prayers*, Tokyo, 1959.
R. Tsunoda und L. C. Goodrich, *Japan in the Chinese Dynastic Histories*, California 1951.

SHINTOISMUS

W. T. de Bary (Hg.), *The Buddhist Tradition in India, China und Japan*, New York 1969.
C. Clemen, *Die Religionen der Erde. Ihr Wesen und ihre Geschichte*. Bd. 2: *Griechen und Römer, Kelten, Germanen, Slawen, Japan*, München 1966.
W. Gundert, *Der Schintoismus im Japanischen No-Drama*, Tokyo 1925, Neudr.: Tokyo 1965.
Japan Society, *Hōryūyi, Temple of the Exalted Law*, New York 1981.
H. Kageyama, *The Arts of Shinto*, Tokyo 1973.
H. Kageyama und C. Guth Kanda, *Shinto Arts*, New York 1976.
U. von Mangoldt (Hg.), *Höhlen - Klöster - Ashrams. Religiöses Gemeinschaftsleben in Indien und Japan*, München 1973.
N. Naumann, *Kume-Lieder und Kume. Zu einem Problem der japanischen Frühgeschichte*, Wiesbaden 1981.
K. Tange, Y. Watanabe und N. Kawazoe, *Ise: Prototype of Japanese Architecture*, Cambridge, Mass., 1965.

DIE HEIAN-ZEIT

H. Blau, *Saragaku und Shushi. Beiträge und Ausbildung dramatischer Elemente im weltlichen und religiösen Volkstheater d. Heian-Zeit*, Wiesbaden 1966.
R. Borgen, *Sugawara no Michizane and the Early Heian Court*, Cambridge, Mass., 1986.
H. A. Dettmer, *Die Urkunden Japans vom 8. bis ins 10. Jahrhundert*, Wiesbaden 1972.
J. W. Hall und J. P. Mass (Hg.), *Medieval Japan, Essays in Institutional History*, New Haven 1974.
A. Hase, *Emaki. Die Kunst der klassischen japanischen Bilderrollen*, München 1959.
G. C. Hurst III. *Insei: Abdicated Sovereigns in the Politics of Late Heian Japan, 1086-1185*, New York 1976.
Japan zur Heian-Zeit: Kunst u. Kultur, Stuttgart u. a. 1983.
H. C. McCullough (Übers.), *Okagami, the Great Mirror. Fujiwara Michizane (996-1027) and his Time*, Tokyo 1980.
I. Morris, *The World of the Shining Prince: Court Life in Ancient Japan*, Oxford 1960.
G. Müller, *Kagura. Die Lieder der Kagura Zeremonie am Naishidokoro*, Wiesbaden 1971.

LITERATUR DER HEIAN-ZEIT

H. Bode, *Das Kopfkissenbuch der Dame Sei-shonagon*, München 1961.
R. Bowring, *Murasaki Shikibu: Her Diary and Poetic Memoirs*, Princeton 1982.
R. Brower und E. Miner, *Japanese Court Poetry*, Stanford 1961.
N. Field, *The Splendor of Longing in the Tale of Genji*, Princeton 1987.
H. Hammitzsch (Hg.), *Erzählungen des alten Japan. Aus dem Konjaku-monogatari*, Stuttgart 1971.
Ders., *Japanische Volksmärchen*, Düsseldorf 1973.
Ders., *Sarashina-nikki. Tagebuch einer jungen Hofdame aus dem Jahre 1060*, Stuttgart 1973.
P. T. Harries (Übers.), *The Poetic Memoirs of Lady Daibu*, Stanford 1980.
E. G. Herris *The Tales of Ise*, Tokyo und Rutland, Vt., 1972.
R. Krempien, *Towazugatari. Übers. u. Bearb. e. neuaufgefundenen lit. Werkes d. Kamakura-Zeit*, Freiburg 1973.
H. C. McCullough (Übers.), *Brocade by Night: Kokin Wakashū and the Court Style in Japanese Classical Poetry*, Stanford 1985.
Ders. (Übers.) *Kokin Wakashū: The First Imperial Anthology of Japanese Poetry*, Stanford 1985.

Ders. (Übers.), *Tales of Ise*, Tokyo 1978.
H. C. und W. H. McCullough (Übers.), *A Tale of Flowering Fortunes (Eiga monogatari)*, 2 Bde. Stanford 1979.
E. Miner, *Japanese Poetic Diaries*, Berkeley, 1969.
I. Morris, *The Tale of Genji Scroll*, Tokyo und New York 1971.
I. Morris (Übers.), *The Pillow Book of Sei Shōnagon*, New York 1967.
K. Müller, *Das Nakatsukasa no Naishi-nikki. Ein Spiegel höfischen Lebens in der Kamakura-Zeit*, Bamberg 1969.
Murasaki shikibu, *Genji-Monogatari*; dt. Übers. von O. Benl *Die Geschichte vom Prinzen Genji*, Zürich 1966.
E. G. Seidensticker (Übers.), *The Gossamer Years: the Diary of a Noblewoman of Heian Japan (Kagerō nikki)*, Tokyo u. a. 1964.
Ders. (Übers.), *The Tale of Genji (Genji monogatari)*, New York 1976.
M. Ury (Übers.), *Tales of Times Now Past: Sixty-two Stories from a Medieval Japanese Collection*, Berkeley 1979.
Uta Makura. Die Kunst der Liebe im Alten Japan, München 1979.
P. Weber-Schäfer, *Ono no Komachi. Gestalt und Legende im No-Spiel*, Wiesbaden 1960.

KULTUR UND GESELLSCHAFT IM MITTELALTER

P. Arnesen, *The Medieval Japanese Daimyō*, New Haven 1979.
M. V. Blümmel, *Hofzeremonien im japanischen Mittelalter*, Wiesbaden 1979.
D. Brown, *Money Economy in Medieval Japan*, New Haven 1951.
D. Brown und Ishida Ichirō (Übers.), *The Future and the Past, A Translation and Study of the Gukanshō*, Berkeley 1979.
M. Charlier, *Das Dairi-shiki. Eine Studie zu seiner Entstehung und Wirkung*, Wiesbaden 1975.
P. Duus, *Japanese Feudalism*, New York 1969.
H. Eckardt, *Das Kokon-chōmonshu des Tachibana Narisue als musikgeschichtliche Quelle*, Wiesbaden 1956.
L. Frederic, *Daily Life in Japan at the Time of the Mongol Invasions, 1185-1603*, New York 1972.
G. Gabbert, *Die Masken des Bugaku. Profane japanische Tanzmasken der Heian- und Kamakura-Zeit*. 2 Bde. Wiesbaden 1972.
K. Grossberg, *Japan's Renaissance, the Politics of the Muromachi Bakufu*, Cambridge, Mass., 1981
J. W. Hall und T. Toyoda (Hg.), *Japan in the Muromachi Age*, Berkeley 1977.
M. u. H. Keller, *Sumō ... der traditionelle Ringkampf*, Berlin 1981.
J. P. Mass (Hg.), *Court and Bakufu in Japan: Essays in Kamakura History*, New Haven 1982.
Ders. (Hg.), *The Development of Kamakura Rule 1180-1250*, Stanford 1979
Ders., (Hg.), *Warrior Government in Early Medieval Japan - A Study of the Kamakura Bakufu Shugo and Jitō*, New Haven 1974.
H. C. McCullough (Übers.) »A Tale of Mutsu« *(Mutsuwaki), Harvard Journal of Asiatic Studies*, 25 (1964-66), 178-211.
B. W. Robinson, *The Arts of the Japanese Sword*, London 1970.
M. Shinoda, *The Founding of the Kamakura Shogunate 1180-85*, New York 1960.
C. Steenstrup, *Hōjō Shigetoki*, London und Malmö 1979.
S. R. Turnbull, *The Samurai: A Military History*, New York und London 1977.
H. P. Varley, *Imperial Restoration in Medieval Japan*, New York 1971.
Ders. *Samurai*, New York 1970.
Ders., *The Ōnin War*, New York 1967.
Ders. (Übers.), *A Chronicle of Gods and Sovereigns: Jinnō shōtōki of Kitabatake Chikafusa*, New York 1980.

LITERATUR IM MITTELALTER

O. Benl (Übers.), *Betrachtung aus der Stille. Das Tsurezuregusa von Yoshida Kenkō*, Frankfurt a. M. 1986.
K. Brazell (Übers.), *The Confessions of Lady Nijo*, New York 1973.
T. B. Hare, *Zeami's Style: The Nō Plays of Zeami Motokiyo*, Stanford 1986.
D. Keene (Hg.), *Twenty Plays of the No Theatre*, New York 1970.
D. Keene und H. Keneko, *Nō, the Classical Theatre of Japan*, Tokyo und New York 1966.
H. Kitawara und B. Tsuchida, *The Tale of the Heike (Heike monogatari)*, 2 Bde. Tokyo (Übers.), 1975.
W. R. LaFleur, *The Karma of Words, Buddhism and the Literary Arts in Medieval Japan*, Berkeley 1983.
H. C. McCullough (Übers.), *The Taiheiki: A Chronicle of Medieval Japan*, New York 1959.
Ders. (Übers.), *Yoshitsune - A Fifteenth Century Japanese Chronicle*, Stanford 1971.
E. Miner, *Japanese Linked Poetry*, Princeton 1978.
D. Pollach, *Fracture of Meaning: Japan's Synthesis of China from the Eight through the Eighteenth Centuries*, Princeton 1986.
E. Pound und E.Fenollosa, *The Classic Noh Theatre of Japan*, New York 1975.
J. Rickmeyer, *Einführung in das Klassische Japanisch anhand der Gedichtanthologie Hyakunin isshu*, Hamburg 1985.
J. Rimer and M. Yamazaki (Übers), *On the Art of Nō Drama, the Major Treatises of Zeami*, Princeton 1984.
B. Ruch, »Medieval Jongleurs and the Making of a National Literature,« in Hall und Toyoda (Hg.), *Japan in the Muromachi* Age.
A. L. Sadler (Übers.), *The Ten Foot Square Hut*, Tokyo und Rutland, Vt., ern. 1971.
R. Schneider, *Kōwaka-mai, Sprache und Stil einer mittelalterlichen japanischen Rezitationskunst*, Hamburg 1968.
M. Stein, *Das Torikaebaya-Monogatari*, Wiesbaden 1979.
H. Wehlert, *Imagawa Ryōshun und sein Nigensho. Ein Beitrag zur Waka Poetik der Muromachi-Zeit*, Wiesbaden 1969.

DIE KULTUR DES ZEN-BUDDHISMUS

Y. Awakawa, *Die Malerei des Zen-Buddhismus. Pinselstriche des Unendlichen*, Wien u. München 1970.
M. Collcutt, *Five Mountains, the Rinzai Zen Monastic Institution in Medieval Japan*, Cambridge, Mass., 1981.
T. Deshimaru-Roshi, *Zen in den Kampfkünsten Japans*, 2. Aufl. 1984.
Dōgen, *Record of Things Heard, - A Translation of the Shōbōgenzō zuimonki*, Übers. Thomas Clearly, Boulder 1980.
K. von Dürckheim, *Wunderbare Katze und andre Zen-Texte*, Weilheim 1970.
H. Dumoulin, *Geschichte des Zen-Buddhismus*, Bern 1986.
H. M. Enomiya-Lasalle, *Zen-Buddhismus*, Köln 1972.
A. Faust (Hg.), *Zen. Der lebendige Buddhismus in Japan*, 1925. Nachdr.: Darmstadt 1968.
J. Fontein und M. L. Hickman, *Zen Painting and Calligraphy*, Boston 1970.
E. Grames, *Zen*, 2. Aufl. Hamburg 1985.
L. Groening, *Die Lautlose Stimme der einen Hand. Zen-Erfahrungen in einem japanischen Kloster*, Reinbek 1985 (rororo 5566)
H. Hammitzsch, *Zen in der Kunst der Teezeremonie*, 4. Aufl. München 1983.
E. Herrigel, *Zen in der Kunst des Bogenschießens*, Weilheim 1972.
Ders., *Zen in der Kunst des Blumen-Weges*, München 1979.
E. van Hoboken, *Der Offene Kreis. Die Zenmeister*, Tutzing 1980.
T. Hoover, *Die Kultur des Zen. Malerei u. Dichtung, Theater, Architektur und Gärten, Sport, Ikebana, Keramik und Kochkunst*, 3. Aufl. Düsseldorf 1986.
G. Ital, *Der Meister, die Mönche und ich. Im zen-buddhistischen Kloster*, Neuaufl. München 1987.
P. Kapleau, *The Three Pillars of Zen*, New York 1964.
Ders. (Hg.), *Die Drei Pfeiler des Zen. Lehre, Übung, Erleuchtung*, Stuttgart 1969.
H. Kim, *Dōgen Kigen Mystical Realist*, Tucson 1975.
H. Munsterberg, *Zen-Kunst*, Köln 1978.
D. Pollack (Übers.), *Zen Poems of the Five Mountains*, Decatur, Ga., 1985.
H. Rzepkowski, *Leben für Zen. Daisetsu Teitaro Suzuki (1870-1966)*, St. Augustin 1973.
J. H. Sanford, »Mandalas of the Heart: Two Prose Works by Ikkyū Sōjun,« *Monumenta Nipponica*, 35.3 (1980), 273-98.
G. Schüttler, *Die Erleuchtung im Zen-Buddhismus. Gespräche mit Zen-Meistern und Psychopathologische Analyse*, Freiburg 1974.
N. Senzaki u. R. S. MacCandless (Hg.), *Die Hundert Zenkoans der Eisernen Flöte*, Zürich 1964.
Y. Shimizu und C. Wheelwright, *Japanese Ink Paintings*, Princeton 1976.
H. Shin'ichi, *Zen and the Fine Arts*, Tokyo und New York 1971.
D. T. Suzuki, *Zen and Japanese Culture*, New York 1959.
Ders., *Essays in Zen Buddhism*, London, Neuausg. 1970.
Ders., *Erfülltes Leben aus Zen*, Bern 1973.
Ders., *Die Große Befreiung. Einführung in den Zen-Buddhismus*, Weilheim 1971.
K. Uchiyama, *Weg zum Selbst. Zen-Wirklichkeit*, Weilheim 1973.
P. Weber-Schäfer, *Zen. Aussprüche und Verse der Zen-Meister*, Frankfurt 1964.

DIE KÜNSTE IM MITTELALTER

The Arts of Japan, Bd. 1, Tokyo und New York 1967.
M. Fukuoka, *Der Große Weg hat kein Tor*, Schaafheim 1984.
D. Gontard, *No-Kyogen. Maske und Lächeln*, Marburg 1987.
K. Hennig, *Japanische Gartenkunst. Form - Geisteswelt - Geschichte*, Köln 1980.
Ders., *Der Karesansui-Garten als Ausdruck der Kultur der Muromachi-Zeit*, Hamburg 1982.
K. Hirai, *Feudal Architecture of Japan*, Tokyo 1973.
Z. Hrdlicka u. V. Hrdlickova, *Japanische Gartenkunst*, Hanau 1981.
Ikkyu Sojun, *Im Garten der Schönen Shin*, Düsseldorf 1979.
A. Isozaki, *Katsura. Raum und Form*, Stuttgart 1987.
T. Ito, *Die Gärten Japans*, Köln 1985.
L. Kuck, *The World of the Japanese Garden*, Tokyo 1968.
T. Matsushita, *Ink Painting*, Tokyo 1974.
Y. Matsuyama, *Studien zur No-Musik. Eine Untersuchung des Stükkes »Hagoromo« (Das Federgewand)*, Hamburg 1980.
G. Müller, *Kagura. Die Lieder der Kagura-Zeremonie am Naishidokoro*, Wiesbaden Frankfurt a. M. 1971.
Nagaya Roshi, *Tuschspuren*, Zürich 1985.
No - vom Genius Japans, Zürich 1984.
J. Rosenfield und S. Shimada (Hg.), *Traditions of Japanese Art: Selections from the Kimiko and John Powers Collection*, Cambridge/Mass. 1970.
I. Schaarschmidt-Richter und Osamu Mori, *Japanese Gardens*, New York 1979.
K. Seike u. M. Kudo, *Japanische Gärten und Gartenteile*, Stuttgart 1984.
K. Wiese, *Gartenkunst und Landschaftsgestaltung in Japan: Technik, Kunst und Zen*, Tübingen 1982.

DIE TEEZEREMONIE

R. Castile, *The Way of Tea*, Tokyo 1971.
L. A. Cort, *Shigaraki: Potters Valley*, Tokyo und New York 1980.
R. Fujioka *et al.*, *Tea Ceremony Utensils*, Tokyo 1973.
H. Hammitzsch, *Zen in der Kunst der Teezeremonie*, 4. Aufl. München 1983.
T. Hayashiya, M. Nakamura und S. Hayashiya, *Japanese Arts and the Tea Ceremony*, Tokyo 1974.
R. Koyama, *The Heritage of Japanese Ceramics*, Tokyo 1972.
K. Okakura *Das Buch vom Tee*, Frankfurt a. M. 1972
Ura Senke Tea School, *Chanoyu Quarterly*, Koyoto 1970-.

JAPAN UND DER WESTEN: DIE ANFÄNGE

W. Adams, *Memorials of the Empire of Japan in the XVI and XVII Centuries*, London 1850.
G. P. Aoyama, *Die Missionstätigkeit des heiligen Franz Xaver in Japan aus Japanischer Sicht*, St. Augustin 1967.
A Boscaro, *Sixteenth Century European Printed Works on the First Japanese Mission to Europe: A Descriptive Bibliography*, Leiden 1973.
C. R. Boxer, *The Christian Century in Japan, 1549-1650*, Berkeley 1951, überarb. Neuaufl. 1967.
R. Cocks, *The Diary of Richard Cocks, Cape-Merchant in the English Factory in Japan, 1615-1622*, 2 Bde. Tokyo 1899.
M. Cooper, SJ, *This Island of Japan: João Rodrigues' Account of 16th-Century Japan*, Tokyo und New York 1973
Ders. (Übers.), *They Came to Japan: An Anthology of European Reports from Japan, 1543-1640*, Berkeley 1965.
G. Elison, *Deus Destroyed: the Image of Christianity in Early-Modern Japan*, Cambridge, Mass., 1973.
D. F. Lach, *Asia in the Making of Europe*, Chicago 1965.
J. Metzler, *Die Synoden in China, Japan und Korea: (1570-1931)*, Paderborn, München u. a. 1980.
G. B. Sansom, *The Western World and Japan: A Study in the Interaction of European and Asiatic Cultures*, New York 1950.
G. Schurhammer, *Das Kirchliche Sprachproblem in der Japanischen Jesusmission des 16. und 17.Jahrhunderts*, New York 1965.
Ders., *Franz Xaver*, 2 Bde., Freiburg 1973.

KULTURGESCHICHTE DER MOMOYAMA-ZEIT

The Arts of Japan, Bd. 2, Tokyo und New York 1967.
T. Doi, *Momoyama Decorative Painting*, Tokyo 1977.
Japanese Costume and Textile Arts, Tokyo 1974.
I. Kondo, *Japanese Genre Painting* Tokyo und Rutland, Vt., 1961.
B. Leach, *Kenzan and his Tradition: the Lives of Kōetsu, Sōtatsu, Kōrin and Kenzan*, London 1966.
H. Mizuo, *Edo Painting: Sōtatsu and Kōrin*, Tokyo 1972.
W. Malm, *Japanese Music and Musical Instruments*, Tokyo und Rutland, Vt., 1959.
Y. Okamato, *The Namban Art of Japan*, Tokyo 1972.
N. Ōkawa, *Edo Architecture: Katsura and Nikkō*, Tokyo 1975.
J. M. and A. Pekarik (Hg.), *Momoyama: Japanese Art in an Age of Grandeur*, New York 1975.
T. Takeda, *Kano Eitoku*, Tokyo und New York 1977.
Y. Yamane, *Momoyama Genre Painting*, New York und Tokyo, 1973.

DIE TOKUGAWA-ZEIT

H. Bolitho, *Treasures among Men: the Fudai Daimyō in Tokugawa Japan*, New Haven 1974.
W. Donat, *der Heldenbegriff im Schrifttum der älteren japanischen Geschichte*, New York u. London 1965.
C. J. Dunn, *Everyday Life in Traditional Japan*, London 1969.
W. Ettig, *Samurai, Ehre durch Kampf - Kampf um Ehre*, Bad Homburg 1983.
J. W. Hall, *Tanuma Okitsugu, 1719-1788: Forerunner of Modern Japan*, Cambridge, Mass. 1955.
J. W. Hall und M. B. Jansen (Hg.), *Studies in the Institutional History of Early Modern Japan*, Princeton 1968.
S. Hanley und K. Yamamura, *Economic and Demographic Change in Preindustrial Japan, 1600-1868*, Princeton 1977.
W. B. Hauser, *Economic Institutional Change in Tokugawa Japan: Osaka and the Kinai Cotton Trade*, Cambridge 1974.
S. Longstreet, *Yoshiwara: im Reiche d. Geishas*, Hamburg u. Düsseldorf 1973.
K. Mauer, *Die Samurai. Ihre Geschichte und ihr Einfluß auf das moderne Japan*, München 1983.
K. Nakai, *Shogunal Politics: Arai Hakuseki and the Premises of Tokugawa Rule*, Cambridge, Mass., 1988.
H. M. Reinfried, *The Tale of Nisuke: Peasant and Authorities in Higo around 1800*, Wiesbaden 1978.
G. Rozman, *Urban Networks in Ch'ing China and Tokugawa Japan*, Princeton 1974.
P. Rudolph, *Matsudaira Sadanobu und die Kansei-Reform*, Bochum 1976.
T. C. Smith, *The Agrarian Origins of Modern Japan*, Stanford 1959.
R. Storry, *Die Samurai. Ritter des Fernen Ostens*, Freiburg 1978.
R. Toby, *State and Diplomacy in Early Modern Japan: Asia in the Development of the Tokugawa Bakufu*, Princeton 1984.
C. Totman, *Politics in the Tokugawa Bakufu, 1600-1843*, Cambridge, Mass., 1967.
T. Tsukahira, *Feudal Control in Tokugawa Japan: the Sankin Kōtai System*, Cambridge, Mass., 1966.
H. Webb, *The Japanese Imperial Institution in the Tokugawa Period*, New York 1968.
K. Yamamura, *A Study of Samurai Income and Entrepreneurship*, Cambridge 1974.

DAS KABUKI-THEATER

J. R. Brandon, W. P. Malm und D. H. Shively, *Studies in Kabuki: Its Acting, Music and Historical Context*, Honolulu 1977.
C. J. Dunn, *The Early Japanese Puppet Drama*, London 1966
E. Earle, *The Kabuki Theatre*, Oxford 1956.
M. Gunji, *Kabuki*, Tokyo und New York 1983.

Kabuki. Das klassische japanische Volkstheater, Berlin 1985.
T. Kawatake, *Das Barocke im Kabuki – Das Kabukihafte im Barocktheater*, (aus d. Japan.) Wien 1981.
D. Keene, *Bunraku: The Art of the Japanese Puppet Theatre*, Tokyo und New York 1965.
Klassische Theaterformen Japans: Einführung zu Noo, Bunraku und Kabuki, Köln 1983.
S. Miyake, *Kabuki. Japanisches Theater* (aus d. Engl.), Berlin 1965.

KUNSTGESCHICHTE DER EDO-ZEIT

W. Boller, *Japanische Farbholzschnitte von Katsukawa Shunso*, Bern 1968
D. Croissant, *Sotatus und Sotatsu-Stil*, Wiesbaden 1978.
J. Earle, *An Introduction to Netsuke*, London 1980.
Ders., *Japanische Holzschnitte*, Bern 1982.
I. Fritsch, *Die Solo-Honkyoku der Tozan-Schule*, Kassel 1979.
R. Goepper, *Meisterwerke des japanischen Farbholzschnittes: Hokusai, Eisen, Hiroshige, Kunisada, Kuniyoshi*, Köln 1973.
B. Gray, *Japanische Farbholzschnitte. Von Harunobu bis Utamaro* (aus d. Engl.), Berlin 1965.
E. Grilli, *The Art of the Japanese Screen*, Tokyo und New York 1970.
C. Grosbois, *Shunga. Frühlingsbilder. Studie über die erotischen Darstellungen in der japanischen Kunst*, (aus d. Franz.) Genf 1966.
A. Gutzwiller, *Die Shakuhachi der Kinko-Schule*, Kassel 1983.
R. Hempel, *Japanische Holzschnitte. I: Von Moronobu bis Hiroshige*, Hamburg 1986.
Ders., *Okubi-E. Porträts im japanischen Farbholzschnitt*, Stuttgart 1987.
Ders., *Ukiyo-E. Die Kunst der heiteren vergänglichen Welt Japan 17.–19. Jahrhundert*, Recklinghausen 1972.
J. Hillier, *Hokusai*, New York 1975.
J. R. Hillier (Hg.), *Japanische Farbholzschnitte*, Köln 1966.
Ders., *Japanische Zeichnungen. Vom 17. bis zum 19. Jahrhundert*, Hamburg 1966.
C. Ives, *The Great Wave: the Influence of Japanese Woodcuts on French Prints*, New York 1974.
F. A. Kaufmann, *Die Woge des Hokusai. Eine Bildbetrachtung*, Berlin 1938. Neuaufl. Stuttgart 1966.
R. Lane, *Images from the Floating World: The Japanese Print*, New York 1978.
Ders., *Ukiyo-e Holzschnitte. Künstler und Werke*, Zürich 1978.
K. Meissner, *Japanische farbige Holzschnitte mit versteckten Kalenderdaten*, (aus d. Engl.) Hamburg 1972.
H. Mizuno, *Edo Painting: Sotatsu and Korin*, Tokyo 1972.
O. H. Noetzel, *Netsuke. Ihre Geschichte, ihre Meister, ihre Motive*, Wilhelmshaven 1981.
G. Schack, *Japanische Holzschnitte. Jagddarstellungen des Tachibana Norikuni 1679–1748*, Hamburg 1966.
Ders., *Japanische Handzeichnungen. Von Itcho, Hokusai, Kuniyoshi, Kyosai, Chinnen*, Hamburg 1976.
H. D. Smith, *Hiroshige: One Hundred Famous Views of Edo*, New York 1986.
W. Speiser, *Kuniyoshi*, Bad Wildungen u. Braunschweig 1969.
D. Waterhouse, *Harunobu and His Age*, London 1964.
F. Winzinger, *Meisterwerke des japanischen Farbenholzschnitts*, Graz 1972.

JAPAN UND DER WESTEN

C. R. Boxer, *Jan Compaigne in Japan, 1600–1850*, Den Haag, 1950.
G. Dambmann, *Wie Japan den Westen entdeckte*, Stuttgart 1988
C. L. French, *Shiba Kōkan, Artist, Innovator and Pioneer in the Westernization of Japan*, Tokyo 1974.
E. Friese, *Philipp Franz von Siebold als früher Exponent der Ostasienwissenschaften*, Bochum 1983.
G. K. Goodman, *Japan: The Dutch Experience*, London, 1986.
L. Hearn, *Kwaidan und andere Geschichten und Bilder aus Japan*, (aus d. Engl.) Zürich 1973.
Ders., *Nippon. Leben und Erlebnisse im alten Japan 1890–1904*, Köln 1981.
A. Hess u. S. Murayama, *Every Day Law in Japanese Folk Art. Daily life in Japan, as seen through petty law violations*, 1878. Nachdr.: Aalen 1979.
K. Hoshino, *Gestaltung von Brücken. Versuch einer japanisch-europäischen Synthese*, Stuttgart 1973.
M. B. Jansen, *Japan and its World: Two Centuries of Change*, Princeton 1980.
E. Kaempfer, G. H. von Langsdorff u. P. F. von Siebold, *Reisen in Nippon. Berichte deutscher Forscher des 17. und 19. Jahrhundert aus Japan*, Berlin 1969.
D. Keene, *The Japanese Discovery of Europe, 1720–1830*, Stanford 1969.
G. Kerst, *Die deutsche Expedition nach Japan und ihre Auswirkungen*, Berlin 1962.
U. Perucchi-Petri, *Die Nabis und Japan. Der Einfluß der ostasiatischen Kunst auf die Entwicklung des Frühwerks von Bonnard, Vuillard u. Denis*, München 1976.
H. Schliemann, *Reise durch China und Japan im Jahre 1865* (aus d. Franz.), Konstanz 1984.
H. H. Vianden, *Die Einführung der deutschen Medizin im Japan der Meiji-Zeit*, Düsseldorf 1985.
S. Wichmann, *Japonismus. Ostasiatische u. europäische Begegnungen in der Kunst*, Herrsching 1979.

DIE MEIJI-RESTAURATION

W. G. Beasley, *The Meiji Restoration*, Stanford 1972.
A. M. Craig, *Chōshū in the Meiji Restoration 1853–1868*, Cambridge, Mass., 1961.
L. Haas, *Der russisch-japanische Krieg 1904–1905*, Zürich 1963.
H. Hammitzsch (Hg.), *Geschichte der japanischen Außenbeziehungen*, Bd. 1: *Von der Landesöffnung bis zur Meiji-Restauration*, (aus d. Japan.) Wiesbaden 1976.
T. M. Huber, *The Revolutionary Origins of Modern Japan*, Stanford 1981.
M. B. Jansen, *Sakamoto Ryōma and the Meiji Restoration*, Princeton 1961.
M. B. Jansen und G. Rozman (Hg.), *Japan in Transition: From Tokugawa to Meiji*, Princeton 1986.
A. Piper, *Japans Weg von der Feudalgesellschaft zum Industriestaat*, Köln 1976.
O. Statler, *Shimoda Story*, New York 1969.
C. Totman, *The Fall of the Tokugawa Bakufu 1862–1868*, Honolulu 1980.

IMPERIALISMUS UND ZWEITER WELTKRIEG

D. Borg und S. Okamoto (Hg.), *Pearl Harbor as History: Japanese American Relations, 1931–41*, New York 1973.
K. E. Calder, *Crisis and Compensation: Political Stability and Public Policy in Japan, 1949–1986*, Princeton 1988.
K. E. Calder und R. Hofheinz, Jr., *The East Asia Edge*, New York 1982.
Committee for the Compilation of Materials on Damage Caused by the Atomic Bombs in Hiroshima and Nagasaki, *Hiroshima and Nagasaki: the Physical, Medical and Social Effects of the Atomic Bombings*, übers. von Eisei Ishikawa und D. L. Swain, New York 1981.
F. H. Conroy, *The Japanese Seizure of Korea, 1868–1910*, Philadelphia 1960.
W. Craig, *The Fall of Japan*; dt. Übers. *Als Japans Sonne unterging. Das Ende des Krieges im Pazifik 1945.* München 1970.
J. B. Crowley, *Japan's Quest for Autonomy: National Security and Foreign Policy, 1930–38*, Princeton 1966.
J. Dower, *War without Mercy: Race and Power in the Pacific War*, New York 1986.
H. O. Grimm, *Die Grundlagen der japanischen Einfuhr ausländischer Technologie*. Köln 1970.
J. Hershey, *Hiroshima*, New York 1946.
W. B. Huie, *Der Hiroshima-Pilot*. Hamburg 1964.
M. Ibuse, *Black Rain*, trans. J. Bester, Tokyo und New York 1981, dt. Übers. *Schwarzer Regen*. Frankfurt a. M.
R. Inoguchi, *The divine wind*; dt. Übers. *Der Tod fliegt mit uns. Japans Kamikaze-Piloten berichten*. Düsseldorf 1973.
A. Iriye, *The Search for a New Order in the Far East, 1921–1931*, Cambridge, Mass. 1965.
G. Krebs, *Japans Deutschlandpolitik 1935–1941: eine Studie zur Vorgeschichte des pazifischen Krieges*. 2 Bde. Hamburg 1984.
J. Kreiner (Hg.), *Japan und die Mittelmächte im Ersten Weltkrieg und in den zwanziger Jahren*. Bonn 1986.
B. Langen, *Die Gebietsverluste Japans nach dem Zweiten Weltkrieg. Eine völkerrechtliche Studie*. Berlin 1971.
M. Libal, *Japans Weg in den Krieg. Die Außenpolitik der Kabinette Konoye 1940/41*. Düsseldorf 1971.
R. J. Lifton, *Death in Life: Survivors of Hiroshima*, New York 1967.
B. Millot, *L'épopée kamikaze*; dt. Übers. *Kamikaze. Geist, Organisation und Einsatz der japanischen Todespiloten*. Berlin 1972.
I. H. Nish, *Japanese Foreign Policy, 1869–1942*, London 1977.
S. Schaarschmidt, *Schrei nach Frieden. Japanische Zeugnisse gegen den Krieg*. Düsseldorf 1984.
R. Wohlstetter, *Pearl Harbor. Signale und Entscheidungen*. Stuttgart 1966.

WIRTSCHAFTSMACHT JAPAN

J. Abegglen und G. Stalk, Jr., *Kaisha. Das Geheimnis des japanischen Erfolgs*, Düsseldorf 1986.
A. Dettloff u. H. Kirchmann, *Arbeitsstaat Japan. Exportdrohung gegen die Gewerkschaften*, Reinbek 1981.
R. Dore, *Flexible Rigidities: Industrial Policy and Structural Adjustment in the Japanese Economy, 1970–1980*, Stanford 1986.
Ders., *Land Reform in Japan*, Oxford 1959.
Ders., *Shinohata, a Portrait of a Japanese Village*, New York 1980.
H. Eliseit, *Japan, eine Herausforderung der Welt*, Berlin 1971.
S. Garon, *The State and Labor in Modern Japan*, Berkeley 1988.
R. Gaul, N. Grunenberg u. M. Jungblut, *Japan-Report. Wirtschaftsriese Nippon – die sieben Geheimnisse des Erfolgs*, München 1981.
H-B. Giesler, *Die Wirtschaft Japans*, Düsseldorf 1971.
R. Guillain, *Der unterschätzte Gigant. Japans Zukunft hat bereits begonnen*, München 1970.
J. Hartley (Hg.), *Flexible Automation in Japan*, Berlin 1984.
H. Hedberg, *Die japanische Herausforderung*. Hamburg 1970.
Ders., *Die Rache Japans. Der unaufhaltsame Marsch zur Supermacht*, Hamburg 1977
W. J. Herbinger, *Von Japan lernen? Die Relevanz seiner Erfahrungen für die Entwicklungsländer heute*, Saarbrücken 1985.
R. Hewins, *Japans Wundermänner. Hintergründe einer wirtschaftlichen Wiedergeburt*, Düsseldorf 1968.
T. Hirabayashi, *Gedanken und Erfahrungen eines japanischen Unternehmens*, (aus d. Japan.) Mainz 1968.
C. Johnson, *Miti and the Japanese Miracle, The Growth of Industrial Policy, 1925–1975*, Stanford 1982.
H. Kahn, *Bald werden sie die Ersten sein: Japan im Jahr 2000*, München 1972.
H. Kobayashi, *Wirtschaftsmacht Japan. Strukturen und Organisationen*, 2. Aufl. Köln 1987.
G. Kreibaum, *Warum sind die Japaner besser? Die Geheimnisse einer Wirtschaftsmacht*, München 1983.
S. Linhard (Hg.), *Sachlexikon: Das Japanische Unternehmen*, Wien 1987.
C. J. McMillan, *The Japanese Industrial System*, Berlin 1985.
W. Michalsky, *Perspectiven der wirtschaftlichen Entwicklung in Japan*, Stuttgart 1972.
M. Morishita, *Warum Japan so erfolgreich ist. Westliche Technologie und japanisches Ethos*, (aus d. Engl.) München 1985.
A. Morita, *Made in Japan. Mister Sony – eine japanische Weltkarriere*, (aus d. Amerik.) Bayreuth 1986.
D. Okimoto (Hg.), *Japan's Economy: Coping with Change in the International Environment*, Boulder 1982.
K. Okochi u. Y. Tamonoi (Hg.), *Wirtschaft Japans. Wachstum und Strukturwandel*, (aus d. Japan.) Düsseldorf 1973.
R. T. Pascale u. A. G. Athos, *Geheimnis und Kunst des japanischen Managements*, München 1982.
H. Patrick (Hg.), *Japanese Industrialization and its Social Consequences*, Berkeley 1976.
H. Patrick und H. Rosovsky (Hg.), *Asia's New Giant: How the Japanese Economy Works*, Washington, D. C., 1976.
W. Scharnagl, *Japan, die konzentrierte Aggression*, München 1972.
H. Seifert, *Die Reparationen Japans. Ein Beitrag zum Wandel des Reparationsproblems und der wirtschaftlichen Entwicklung Japans nach 1945*, Opladen 1971.
H. u. U. Simonis (Hg.), *Japan – Economic and Social Studies in Development*, Wiesbaden 1974.
R. J. Smith, *Kurusu: A Japanese Village, 1951–1975*, Stanford 1978.
A. Waswo, *Japanese Landlords, The Decline of a Rural Elite*, Berkeley 1977.
W. Weiss, *Japan. Weltweite Herausforderung aus dem Fernen Osten*, 1983.
D. E. Westney, *Imitation and Innovation: The Transfer of Western Organizational Patterns to Japan*, Cambridge, Mass., 1987.
M. Y. Yoshino, *Japans Management*, Düsseldorf 1970.
K. Yoshihara, *Sōgo Shōsha: the Vanguard of the Japanese Economy*, Oxford 1983.

MODERNE JAPANISCHE LITERATUR IN DEUTSCHER ÜBERSETZUNG

Abe Kobo, *Die Frau in den Dünen*. Übers. O. Benl, u. M. Osaki, Reinbek 1984.
- *Freunde*. Übers. S. Schaarschmidt, Berlin 1984.
- *Das Gesicht des Anderen*. Übers. O. Benl, Reinbek 1971.
- *Der Mann der zum Stock wurde*. Übers. S. Schaarschmidt, Berlin 1971.

Akutagawa Ryunosuke, *Rashomon. 10 Novellen*. Übers. J. Berndt, Zürich 1966.
Endo Shusaku, *Meer und Gift*. Frankfurt a. M. 1984.
- *Der Samurai*. Übers. J. Berndt, München 1987.

Ibuse Masuji, *Pflaumenblüten in der Nacht*. Übers. J. Berndt, Berlin 1986.
Inoue Yasushi, *Eiswand*. Übers. O. Benl, Frankfurt a. M. 1979.
- *Eroberungszüge*. Gedichte. Übers. S. Schaarschmidt, Frankfurt a. M. 1979.
- *Die Höhlen von Dun-huang*. Übers. S. Schaarschmidt, Frankfurt a. M. 1986.
- *Das Jagdgewehr*. Übers. O. Benl, Frankfurt a. M. 1976
- *Meine Mutter*. Übers. O. Benl, Frankfurt a. M. 1987.
- *Der Stierkampf*. Übers. O. Benl, Frankfurt a. M. 1983.
- *Das Tempeldach*. Übers. O. Benl, Frankfurt a. M. 1980.

Kawabata Yasunari, *Ein Kirschbaum im Winter*. Übers. S. Schaarschmidt u. M. Kure, München 1972.
- *Schneeland*. München 1987.
- *Die Tänzerin von Izu. Tausend Kraniche. Schneeland. Kyoto*. München 1968.
- *Tagebuch eines Sechzehnjährigen*. Übers. O. Benl, Reinbek 1971.

Matsumoto Seicho, *Spiel mit dem Fahrplan*. Frankfurt 1987.
Mishima Yukio, *Geständnis einer Maske*. Reinbek 1964.
- *Nach dem Bankett*. Frankfurt a. M. 1986.
- *Schnee im Frühling*. Übers. S. Schaarschmidt, München 1985.
- *Der Seemann, der die See verriet*. Übers. S. Yatsushiro, Reinbek 1986.
- *Der Tempel der Morgendämmerung*. Übers. S. Schaarschmidt, München 1987.
- Der Tempelbrand. München 1988.
- Tod im Hochsommer. Übers. O. Benl, u. a. Reinbek 1986.
- *Unter dem Sturmgott*. Übers. S. Schaarschmidt, München 1986.

Mori Ogai, *Vita Sexualis*. Übers. S. Schaarschmidt, Frankfurt a. M. 1983.
Die Wildgans. Übers. F. Vogelsang, Frankfurt a. M. 1984.
I. Morris (Hg.), *Nippon. Moderne Erzählungen aus Japan von Mori Ogai bis Mishima Yukio*. Zürich 1965.
Natsume Soseki, *Das Herz*. Stuttgart 1976.
Nosaka Akiyuki, *Japanische Freuden*. München 1971.
Oe Kenzaburo, *Die Brüder Nedokoro*. Übers. R. u. I. Rönsch, Frankfurt a. M. 1983.
- *Eine persönliche Erfahrung*. Übers. S. Schaarschmidt, Frankfurt a. M. 1981.

S. Schaarschmidt (Übers. u. Hg.), *Ein Brief aus der Wüste und andere Prosa und Lyrik zeitgenössischer japanischer Autoren*. Berlin 1985.
Shiga Naoya, *Erinnerungen an Yamashina*. Übers. E. Rau, München 1986.
Tanizaki Jun'ichiro, *Lob des Schattens*. Übers. E. Klopfenstein, Zürich 1987.
- *Naomi oder eine unersättliche Liebe*. Übers. O. Benl, Reinbek 1987.
- *Der Schlüssel*. Übers. S. Yatshushiro u. G. Knauss, Reinbek 1971.
- *Tagebuch eines alten Narren*. Übers. O. Benl, Reinbek 1966.

DIE HERRSCHER JAPANS

Kaiser und regierende Kaiserinnen

Traditionelle Zählung	Name	Geburts- u. Sterbejahr	Regierungszeit	Jahr der Inthronisation (falls später)
1	Jimmu			
2	Suizei			
3	Annei			
4	Itoku			
5	Kōshō			
6	Kōan			
7	Kōrei	legendäre		
8	Kōgen	Kaiser		
9	Kaika			
10	Sujin			
11	Suinin			
12	Keikō			
13	Seimu			
14	Chūai			
15	Ōjin	4./5. Jh.		
16	Nintoku			
17	Richū	1. Hälfte 5. Jh.		
18	Hanzei			
19	Ingyō	Mitte 5. Jh.		
20	Ankō			
21	Yūryaku			
22	Seinei			
23	Kenzō	2. Hälfte 5. Jh.		
24	Ninken			
25	Buretsu			
26	Keitai			
27	Ankan	1. Hälfte 6. Jh.		
28	Senka			
29	Kimmei	509–571	531 oder 539–571	
30	Bidatsu	538–585	572–585	
31	Yōmei	?–587	585–587	
32	Sushun	?–592	587–592	
*33	Suiko	554–628	593–628	
34	Jomei	593–641	629–641	
*35	Kōgyoku	594–661	642–645	
36	Kōtoku	597–654	645–654	
*37	Saimei	594–661	655–661	
38	Tenji	626–672	661–672	(668)
39	Kōbun	648–672	672	
40	Temmu	?–686	672–686	(673)
*41	Jitō	645–703	686–697	(690)
42	Mommu	683–707	697–707	
*43	Gemmei	661–722	707–715	
*44	Genshō	680–748	715–724	
45	Shōmu	701–756	724–749	
*46	Kōken	718–770	749–758	
47	Junnin	733–765	758–764	
*48	Shōtoku	718–770	764–770	
49	Kōnin	709–782	770–781	
50	Kammu	737–806	781–806	
51	Heizei	774–824	806–809	
52	Saga	786–842	809–823	
53	Junna	786–840	832–833	
54	Nimmyō	810–850	833–850	
55	Montoku	827–858	850–858	
56	Seiwa	850–881	858–876	
57	Yōzei	869–949	876–884	
58	Kōkō	830–887	884–887	
59	Uda	867–931	887–897	
60	Daigo	885–930	897–930	
61	Suzaku	923–952	930–946	
62	Murakami	926–967	946–967	

Fujiwara-Regenten

	Sesshō	Kampakū
Yoshifusa (804–872)	866–872	–
Mototsune (836–891)	873–880	887–891
Tadahira (880–949)	930–941	941–949
Saneyori (900–970)	969–970	967–969
Koretada (924–972)	970–972	–
Kanemichi (925–977)	–	973–977
Yoritada (924–989)	–	977–986
Kaneie (929–990)	986–990	990
Michitaka (953–995)	990–993	993–995
Michikane (961–995)	–	995
Michinaga (966–1028)	1016–1017	(996–1017)
Yorimichi (990–1074)	1017–1020)	1020–1068
Norimichi (997–1075)	–	1068–1075
Morozane (1042–1101)	1087–1091	1075–1087 1091–1094
Moromichi (1062–1099)	–	1094–1099
Tadazane (1078–1162)	1107–1114	1106–1107 1114–1121
Tadamichi (1097–1164)	1123–1129 1142–1151	1121–1123 1129–1142 1151–1158
Motozane (1143–1166)	1165–1166	1158–1165
Motofusa (1144–1230)	1166–1173	1173–1179
Motomichi (1160–1233)	1180–1183 1164–1186	1179–1180
Moroie (1172–1238)	1184	–

Kamakura-Shogune

1. Minamoto no Yoritomo (1147–1199)	1192–1199
2. Minamoto no Yoriie (1182–1204)	1202–1203
3. Minamoto no Sanetomo (1192–1219)	1203–1219
4. Kujō Yoritsune (1218–1256)	1226–1244
5. Kujū Yoritsugu (1239–1256)	1244–1252
6. Prinz Munetaka (1242–1274)	1252–1266
7. Prinz Koreyasu (1264–1326)	1266–1289
8. Prinz Hisaaki (1276–1328)	1289–1308
9. Prinz Morikuni (1301–1333)	1308–1333

Regenten des Kamakura-Shogunats

1. HōjōTokimasa (1138–1215)	1203–1205
2. Hōjō Yoshitoki (1163–1224)	1205–1224
3. Hōjō Yasutoki (1183–1242)	1224–1242
4. Hōjō Tsunetoki (1224–1246)	1242–1246
5. Hōjō Tokiyori (1227–1263)	1246–1256
6. Hōjō Nagatoki (1229–1264)	1256–1264
7. Hōjō Masamura (1205–1273)	1264–1268
8. Hōjō Tokimune (1251–1284)	1268–1284
9. Hōjō Sadatoki (1271–1311)	1284–1301
10. Hōjō Morotoki (1275–1311)	1301–1311
11. Hōjō Munenobu (1259–1312)	1311–1312
12. Hōjō Hirotoki (1279–1315)	1312–1315
13. Hōjō Mototoki (d 1333)	1315
14. Hōjō Takatoki (1303–1333)	1316–1326
15. Hōjō Sadaaki (1278–1333)	1326
16. Hōjō Moritoki (d 1333)	1327–1333

Ashikaga-Shogune

1. Takauji (1305–1358)	1338–1358
2. Yoshiakira (1330–1368)	1359–1368
3. Yoshimitsu (1358–1408)	1368–1394
4. Yoshimochi (1386–1428)	1395–1428
5. Yoshikazu (1407–1425)	1423–1425
6. Yoshinori (1394–1441)	1429–1441
7. Yoshikatsu (1434–1443)	1442–1443
8. Yoshimasa (1436–1490)	1449–1473
9. Yoshihisa (1465–1489)	1474–1489
10. Yoshitane (1466–1523)	1490–1493
11. Yoshizumi (1466–1511)	1495–1508
Yoshitane	1508–1521
12. Yoshiharu (1511–1550)	1522–1547
13. Yoshiteru (1536–1565)	1547–1565
14. Yoshihide (1540–1568)	1568
15. Yoshiaki (1537–1597)	1568–1573
Oda Nobunaga (1534–1582)	1568–1582
Toyotomi Hideyoshi (1536–1598)	1582–1598

Tokugawa-Shogune

1. Ieyasu (1543–1616)	1603–1605
2. Hidetada (1579–1632)	1605–1623
3. Iemitsu (1604–1651)	1623–1651
4. Ietsuna (1641–1680)	1651–1680
5. Tsunayoshi (1646–1709)	1680–1709
6. Ienobu (1662–1710)	1709–1712
7. Ietsugu (1709–1716)	1713–1716
8. Yoshimune (1684–1751)	1716–1745
9. Ieshige (1711–1761)	1745–1760
10. Ieharu (1737–1786)	1760–1786
11. Ienari (1773–1841)	1787–1837
12. Ieyoshi (1793–1853)	1837–1853
13. Iesada (1824–1858)	1853–1858
14. Iemochi (1846–1866)	1858–1866
15. Yoshinobu (1837–1913)	1867

Frühe Meiji-Führer

Ōkubo Toshimichi 1830–1878

Kido Takayoshi 1833–1877

Saigo Takamori 1827–1877

Iwakura Tomomi 1825–1883

Itō Hirobumi 1841–1909

Kuroda Kiyotaka 1840–1900

Matsukata Masayoshi 1835–1924

Ōyama Iwao 1842–1916

Saigo Tsugumichi 1843–1902

Yamagata Aritomo 1838–1922

Inoue Kaoru 1835–1915

Saionji Kinmochi 1849–1940

Ministerpräsidenten

Itō Hirobumi 1885–1888
Kuroda Kiyotaka 1888–1889
Yamagata Aritomo 1889–1891
Matsukata Masayoshi 1891–1892
Itō Hirobumi 1892–1896
Matsukata Masayoshi 1896–1898
Itō Hirobumi 1898
Ōkuma Shigenobu 1898
Yamagata Aritomo 1898–1900
Itō Hirobumi 1900–1901
Katsura Tarō 1901–1906
Sainji Kimmochi 1906–1908
Katsura Tarō 1908–1911
Saionji Kimmochi 1911–1912
Katsura Tarō 1912–1913
Yamamoto Gonnohyōe 1913–1914
Ōkuma Shigenobu 1914–1916
Terauchi Masatake 1916–1918
Hara Takashi 1918–1921
Takahashi Korekiyo 1921–1922
Katō Tomosaburō 1922–1923
Yamamoto Gonnohyōe 1923–1924
Kiyoura Keigo 1924
Katō Takaaki 1924–1925
Katō Takaaki 1925–1926
Wakatsuki Reijirō 1926–1927
Tanaka Giichi 1927–1929
Hamaguchi Osachi 1929–1931
Wakasuki Reijirō 1931
Inukai Tsuyoshi 1931–1932
Saitō Makoto 1932–1934
Okada Keisuke 1934–1936
Hirota Kōki 1936–1937
Hayashi Senjūrō 1937
Konoe Fumimaro 1937–1939
Hiranuma Kiichirō 1939
Abe Nobuyuki 1939–1940
Yonai Mitsumasa 1940
Konoe Fumimaro 1940–1941
Konoe Fumimaro 1941
Tōjō Hideki 1941–1944
Koiso Kuniaki 1944–1945
Suzuki Kantarō 1945
Higashikuni Naruhiko 1945
Shidehara Kijūrō 1945–1946
Yoshida Shigeru 1946–1947
Katayama Tetsu 1947–1948
Ashida Hitoshi 1948
Yoshida Shigeru 1948–1949
Yoshida Shigeru 1949–1952
Yoshida Shigeru 1952–1953
Yoshida Shigeru 1953–1954
Hatoyama Ichirō 1954–1955
Hatoyama Ichirō 1955
Hatoyama Ichirō 1955–1956
Ishibashi Tanzan 1956–1957
Kishi Nobusuke 1957–1958
Kishi Nobusuke 1958–1960
Ikedo Hayato 1960
Ikedo Hayato 1960–1963
Ikedo Hayato 1963–1964
Satō Eisaku 1964–1967
Satō Eisaku 1967–1970
Satō Eisaku 1970–1972
Tanaka Kakuei 1972
Tanaka Kakuei 1972–1974
Miki Takeo 1974–1976
Fukuda Takeo 1976–1978
Ōhira Masayoshi 1978–1979
Ōhira Masayoshi 1979–1980
Suzuki Zenkō 1980–1982
Nakasone Yasuhiro 1982–1987
Takeshita Noboru 1987–

Kaiser und regierende Kaiserinnen

Traditionelle Zählung	Name	Geburts- u. Sterbejahr	Regierungszeit	Jahr der Inthronisation (falls später)
63	Reizei	950–1011	967–969	
64	En'yū	959–991	969–984	
65	Kazan	968–1008	984–986	
66	Ichijō	980–1011	986–1011	
67	Sanjō	976–1017	1011–1016	
68	Go-Ichijō	1008–1036	1016–1036	
69	Go-Suzaku	1009–1045	1036–1045	
70	Go-Reizei	1025–1068	1045–1068	
71	Go-Sanjō	1034–1073	1068–1073	
72	Shirakawa	1053–1129	1073–1087	
			1086–1129 †	
73	Horikawa	1079–1107	1087–1107	
74	Toba	1103–1156	1107–1123	(1108)
			1129–1156 †	
75	Sutoku	1119–1164	1123–1142	
76	Konoe	1139–1155	1142–1155	
77	Go-Shirakawa	1127–1192	1155–1158	
			1158–1192 †	
78	Nijō	1143–1165	1158–1165	(1159)
79	Rokujō	1164–1176	1165–1168	
80	Takakura	1161–1181	1168–1180	
81	Antoku	1178–1185	1180–1185	
82	Go-Toba	1180–1239	1183–1198	(1184)
83	Tsuchimikado	1195–1231	1198–1210	
84	Juntoku	1197–1242	1210–1221	(1211)
85	Chūkyō	1218–1234	1221	
86	Go-Horikawa	1212–1234	1221–1232	(1222)
87	Shijō	1231–1242	1232–1242	(1233)
88	Go-Saga	1220–1272	1242–1246	
89	Go-Fukakusa	1243–1304	1246–1260	
90	Kameyama	1249–1305	1260–1274	
91	Go-Uda	1267–1324	1274–1287	
92	Fushimi	1265–1317	1287–1298	(1288)
93	Go-Fushimi	1288–1336	1298–1301	
94	Go-Nijō	1285–1308	1301–1308	
95	Hanazono	1297–1348	1308–1318	
96	Go-Daigo	1288–1339	1318–1339	
97	Go-Murakami	1328–1368	1339–1368	
98	Chōkei	1343–1394	1368–1383	
99	Go-Kameyama	?–1424	1383–1392	
N1	Kōgon	1313–1364	1331–1333	(1332)
N2	Kōmyō	1322–1380	1336–1348	(1338)
N3	Sukō	1334–1398	1348–1351	(1350)
N4	Go-Kōgon	1338–1374	1351–1371	(1354)
N5	Go-En'yū	1359–1393	1371–1382	(1375)
100	Go-Komatsu	1377–1433	1382–1412	(1392)
101	Shōkō	1401–1428	1412–1428	(1415)
102	Go-Hanazono	1419–1471	1428–1464	(1430)
103	Go-Tsuchimikado	1442–1500	1464–1500	(1466)
104	Go-Kashiwabara	1464–1526	1500–1526	(1521)
105	Go-Nara	1497–1557	1526–1557	(1536)
106	Ōgimachi	1517–1593	1557–1586	(1560)
107	Go-Yōzei	1572–1617	1586–1611	(1587)
108	Go-Mizunoo	1596–1680	1611–1629	
*109	Meishō	1624–1696	1629–1643	(1630)
110	Go-Kōmyō	1633–1654	1643–1654	
111	Gosai	1637–1685	1655–1663	(1656)
112	Reigen	1654–1732	1663–1687	
113	Higashiyama	1675–1709	1687–1709	
114	Nakamikado	1702–1737	1709–1735	(1710)
115	Sakuramachi	1720–1750	1735–1747	
116	Momozono	1741–1762	1747–1762	
*117	Go-Sakuramachi	1740–1813	1762–1771	(1763)
118	Go-Momozono	1758–1779	1771–1779	
119	Kōkaku	1771–1840	1780–1817	
120	Ninkō	1800–1846	1817–1846	
121	Kōmei	1831–1867	1846–1867	(1847)
122	Meiji	1852–1912	1867–1912	(1868)
123	Taishō	1879–1926	1912–1926	(1915)
124	Hirohito	1901–1989	1926–1989	(1928)
125	Akihito	1933–	1989–	

* Kaiserinnen † Mönchskaiser

GLOSSAR

Anmerkung zur Aussprache

Japanische Konsonanten werden, abgesehen von zwei Ausnahmen, wie die englischen ausgesprochen; *g* ist im Gegensatz zum Englischen immer hart, *r* wird nicht gerollt und seine Aussprache liegt zwischen dem englischen *r* und *l*.
Vokale ähneln denen im Italienischen, Spanischen oder Deutschen: *a* wie in art, e wie in spend, i wie in me, o wie incold, u wie in rude.
Längenstriche über ō und ū zeigen an, daß der Vokal zu seiner doppelten Länge gedehnt werden soll.

Amida (Skt. Amitabha) »Unendliches Licht«. Dieser Buddha herrscht über das Westliche Paradies, in dem die Gläubigen nach dem Tode wiedergeboren zu werden hoffen. Er ist die Personifizierung von Barmherzigkeit und grenzenlosem Licht und der am stärksten verehrte legendäre Buddha. Der Kult des Amida und des Reinen Landes, der in der wiederholten Anrufung des Buddha besteht, kam bereits früh aus China nach Japan, wurde in den Tendai-Buddhismus integriert und erfreute sich ab dem 12. Jahrhundert großer Beliebtheit.

Bakufu Regierung eines Shōgun oder Militärmachthabers, auch Shōgunat genannt. Der Begriff stammt aus China, wo er sich auf das Hauptquartier der inneren Palastwache der Tang-Kaiser bzw. auf das Hauptquartier eines Generals während einer militärischen Expedition bezieht. Die älteste Erwähnung in Japan stammt aus dem 10. Jahrhundert und bezeichnet die Wohnung eines Hauptmanns der kaiserlichen Wachen. Später wurde der Begriff für Yoritomos Residenz in Kamakura und seine Rolle als Befehlshaber der kaiserlichen Truppen und Shōgun gebraucht. Schließlich bezeichnete er nicht nur die Residenz eines Shōgun, sondern auch die Institutionen der Militärregierung, und wird auf die Shōgunate Kamakura, Muromachi und Edo angewandt.

be Berufsgruppen von Bauern, Töpfern, Schmieden oder Schreibern, die in einer Art Leibeigenschaft den Adelssippen oder *uji* vor der Nara-Zeit dienten. Die *be* mußten den *uji* ein bestimmtes Kontingent an Waren oder Arbeitszeit leisten.

Bodhisattva (Skt., Jap. *bosatsu*) »Dessen Wesen die Erleuchtung ist«. Erleuchteter, der auf das völlige Eingehen ins NIRVANA verzichtet, um andere leidende Geschöpfe zu erlösen; unter anderen Fugen, Kannon, Miroku, Hachiman und Jizō.

bu Kriegskünste. Die martialischen Praktiken und Künste der Krieger im Gegensatz zu den literarischen und zivilen Künsten wie Staatsführung und Wissenschaften, BUN.

buke Kriegersippen. Die wichtigsten Kriegerfamilien im Unterschied zu den Adelsfamilien, KUGE, und den mächtigen Tempeln, *jimon*.

bun Literarische Studien. Zivile Künste. In China und Japan herrschte die Vorstellung, daß die Verbindung der Ideale von *bun* und *bu* Grundlage von Staatsführung, Zivilisation und moralischer Ordnung sei.

Bunraku Puppentheater. Die moderne Bezeichnung für eine Art von JŌRURI, benannt nach dem Bunrakuza Theater, das im 17. Jahrhundert in Ōsaka gegründet wurde. Bunraku ist eine dramatische Darbietung von Puppen mit ein Drittel Lebensgröße, die von geschickten Spielern manipuliert und von einem Erzähler und Musikanten begleitet werden. Das Genre entstand in Osaka im späten 17. Jahrhundert und ist bis heute beliebt und verbreitet.

bushi Bewaffnete Männer, auch Samurai oder Krieger. Bezeichnung gilt vor allem für jene mittelalterlichen Krieger, die neben ihrem Training in den Kriegskünsten noch ihr Land bebauten.

bushidan Verbände von BUSHI. Lokale und Regionale Kriegerverbände, die sich seit dem 10. Jahrhundert in den Provinzen etablierten. In ihrer frühen Form beruhten sie auf Verwandtschaft oder Schwurbruderschaft, später jedoch bildeten sie sich auf regionaler Ebene um bedeutende Militärführer herum. Die wichtigsten unter ihnen waren jene mit Verbindung zu den Fujiwara, Taira (Heike) und Minamoto (Genji).

bushidō Der Weg der Krieger, BUSHI. Kriegerische Ethik, die im Mittelalter von den BUSHI entwickelt wurde. Sie umfaßt die Gönnerschaft eines Herren, *goon*, als Gegenleistung für Kriegsdienste, *hōkō*, durch den Vasallen. In früherer Zeit war diese Beziehung wechselseitig, denn der Kriegsdienst wurde durch Beuteanteile vergolten. In der Edo-Zeit, z. B. in Werken wie dem *Hagakure*, erscheint *bushidō* immer mehr als einseitige und bedingungslose Loyalitätsverpflichtung gegenüber einem Herrn. Gleichzeitig hatten die Tokugawa-Shōgune Schwierigkeiten, die Auswüchse des *bushidō*, vor allem *junshi* (dem Herrn in den Tod folgen) oder die Blutrache, unter Kontrolle zu bringen.

chanoyu Wörtlich »Heißes Wasser für den Tee«. Japanischer Ausdruck für »Teezeremonie«. Der Tee wurde im 10. Jahrhundert in Japan eingeführt, doch nicht vor der Verbreitung des Zen im 13. Jahrhundert wurde das Teetrinken populär. Man trank ihn vor allem in Zen-Klöstern als Stimulans, um die langen Meditationsphasen durchzustehen, oder um Gäste zu bewirten. Von dort übernahmen die Kaufleute aus Sakai und Kyōto die Sitte. Auch unter den Kriegern, die den Zen förderten, verbreitete sich das Teetrinken. Während des 16. Jahrhunderts entwickelten berühmte Teemeister wie Takeno Jōō und Sen no Rikyū eine Ästhetik der rustikalen Einfachheit, WABI.

chonin Stadtbewohner, speziell in Edo, Ōsaka und Kyoto während der Edo-Zeit. Umfaßt das Umfeld und die kulturellen Interessen von Kaufleuten, Handwerkern und Ladenbesitzern. Unterscheiden sich von den Adligen *(kuge)*, Samurai *(shi)*, Bauern *(nō)* und den aus der Gesellschaft ausgeschlossenen Gruppen der *eta* und *hinin*.

daimyō Feudalherren in den Provinzen. Wörtlich »Große Namen«. Meint ursprünglich privaten Landbesitz, wird aber im Mittelalter zur Bezeichnung der Provinzgouverneure, speziell der lokalen Militärführer, gebraucht. In den Kriegswirren des späten 15. und 16. Jahrhunderts strebten etwa 250 *daimyō* nach lokaler Macht. Unter ihnen war auch Oda Nobunaga, der erste Ansätze zur Reichseinigung machte, worin ihm Toyomi Hideyoshi und Tokugawa Ieyasu nachfolgten. Unter den Tokugawa-Shōgunen war der Begriff *daimyō* gebräuchlich für den Herrn über eine Domäne von mindestens 10000 *koku* (1 *koku* = 5 Scheffel Reis).

dharanī Mystisch-magische Silben des esoterischen Buddhismus, die die Essenz eines *sutrā* oder Gebetes enthalten.

dharma (Skt. »Gesetz«) Normalerweise das Gesetz bzw. die Wahrheit der Lehre Buddhas. Siehe MAPPO

dogū Irdenes Figürchen aus der späten JŌMON-Periode (11000–300 v. Chr.). Häufig in Form einer Schwangeren mit maskenhaftem Gesicht und hervorstehenden Augen. Offensichtlich zur sympathetischen Linderung von Geburtsschmerz oder Krankheit verwendet.

dotaku Zeremonielle Bronzeglocke. Elegante, flache, dünnwandige Bronzen in Glockenform aus der YAYOI-Periode (300 v. Chr. – 300 n. Chr.). Im 2. Jahrhundert imitierten japanische Handwerker auf unbeholfene Weise die aus Korea kommenden Glocken. Allmählich verbesserte sich ihre Technik, und es entstanden große, fein gearbeitete Exemplare mit Ornamentfeldern und Wellenmuster. Auf diesen Glocken finden wir die ersten Darstellungen von Alltagsszenen aus dem prähistorischen Japan.

gagaku »Elegante Musik«. Während der Nara-Zeit aus China oder Korea eingedrungene rituelle Musik- und Tanzform. Etablierte sich als Zeremonialmusik am Kaiserhof.

gigaku Älteste der vom Kontinent eingedrungenen Musik- und Tanztraditionen. Wurde im 7. und 8. Jahrhundert in den Tempeln von Nara praktiziert.

han Feudaldomänen der Edo-Zeit. Damals existierten etwa 250 *han*, die von Feudalherren, DAIMYŌ, und ihren Samurai-Verwaltern verwaltet wurden. Die Machtstruktur der Tokugawa, die in Japan von 1600 bis 1867 bestimmend war, wird *baku-han*-System genannt. Diese Bezeichnung macht deutlich, daß sich das Tokugawa-Shōgunat oder BAKUFU, mit den 250 *han* in die Macht teilte. Nach der Meiji-Restauration wurden die *han* abgeschafft und durch Präfekturen ersetzt. Dieser Vorgang heißt *haikan-chiken*.

haniwa Wörtlich »Tonringe«. Tonzylinder, Objekte, Tier- und Menschenfiguren, mit denen man im 5. und 6. Jahrhundert den Abhang des Grabhügels schmückte. Sie tauchten zunächst im 4. Jahrhundert in Kansai auf und entwickelten sich dann zur bedeutendsten Kunstform der Kofun-Periode.

honji suijaku Synkretistische Verbindung von Buddhismus und Shintō, die sich bereits im Altertum herausbildete, und in der die KAMI als Inkarnationen, *suijaku*, buddhistischer Gottheiten, *honji*, angesehen wurden.

ikki Verbände von Samurai oder Bauern im Mittelalter und in vormoderner Zeit, die sich im Widerstand gegen die lokale Macht organisierten. Viele dieser *ikki*, wie das *ikkō ikki* der Schule des Reinen Landes oder das *hokke ikki* der Nichiren-Lotus-Schule, waren stark religiös motiviert.

Jomon Wörtlich »Kordelmuster«. Bezeichnete zunächst das Kordelmuster auf den ältesten prähistorischen Tongefäßen. Inzwischen wird darunter die gesamte Periode von 11000 bis 300 v. Chr. verstanden, in der diese Keramik entstanden ist. Die Jomon lebten als Jäger und Sammler.

jōri Basisheinheit der Landverteilung im 7. und 8. Jahrhundert, nach der das jōri-System benannt ist. *Jo* verlief mit einer Länge von 360 *bu* oder 720 Schritt nord-südlich, *ri*, ebenfalls mit einer Länge von 360 *bu*, verlief west-östlich. Jōri prägte dem Land seinen Stempel auf und kann noch heute als den Reisfeldern zugrunde liegende Maßeinheit erkannt werden. Ziel dieser Einteilung war es, Einheiten für die Landbesteuerung zu schaffen. Mit zunehmender Privatisierung und knapper werdendem Kulturland scheiterte das System.

Jōruri Geschichten mit Gesangs- oder Instrumentalbegleitung. Um die Mitte des 15. Jahrhunderts kam die gesungene Version der traurigen Geschichte vom jungen Minamoto Yoshitsune und seiner Geliebten Joruri Gozen auf, die der Gattung den Namen gab. Sie erreichte ihren künstlerischen Höhepunkt durch den Dramatiker Chikamatsu Monzaemon (1653–1724) und Takemoto Gidayū (1615–1714), einen hervorragenden Rezitator. Während des 17. Jahrhunderts wurde die *shamisen* zum wichtigsten Begleitinstrument. Darbietungen mit Puppen, heute bekannt als BUNRAKU, waren unter der Bezeichnung *ningyō jōruri* verbreitet. *Jōruri* war auch ein wichtiger Bestandteil des KABUKI. Die von Schauspielern auf der Bühne gespielte Version nannte man *kabuki jōruri*. Man kannte auch Darbietungen auf Straßen, in Hallen oder Tempeln.

Kabuki Ursprünglich farbenfreudiges, fremdartiges, erotisches Tanzdrama mit Gesang, nur von Frauen aufgeführt. Bedeutendste Darstellerin war Okuni, die 1603 mit ihrer Truppe am Kamo-Fluß in Kyōto auftrat, von wo aus sich diese Form des Theaters rasch verbreitete, obwohl die Tokugawa-Machthaber versuchten, sie zu verbieten. 1629 wurde weibliches Kabuki wegen Unzüchtigkeit untersagt. Daraufhin wurden die Rollen mit jungen Männern besetzt, und nach einem weiteren Verbot 1652 mußten für alle Rollen erwachsene Männer eingesetzt werden.

kami Shintō-Gottheiten einschließlich vergöttlichter Menschen, Helden und Ahnen, Gegenständen mit magischer Kraft und Naturkräften. Die *kami* haben ihre eigene Hierarchie; manchen werden Schreine gewidmet, doch viele bleiben namenlos. Sie halten sich in der Regel von den Angelegenheiten der Menschen fern, können aber zu festlichen Anlässen durch Opfer und Rituale in die Schreine gelockt werden.

kamikaze Winde der Götter, Göttliche Winde. Bezeichnete zunächst die Stürme, die Japan durch die Zerstörung der feindlichen Flotte vor einer Invasion der Mongolen im 13. Jahrhundert schützten. Diese Vorstellung stärkte die Überzeugung, Japan werde von den KAMI beschützt. Eine Gruppe von Samurai auf Kyūshū nahm 1876 während ihres Widerstandes gegen die Meiji-Regierung diesen Begriff wieder auf und nannte sich Jinpūren, oder Liga des Göttlichen Windes. Das Wort *kamikaze* wurde während des Zweiten Weltkrieges auch im Englischen geläufig und bezeichnet die jungen japanischen Kampfpiloten, die im Namen ihres Kaisers selbstmörderische Sturzflüge auf Stellungen der Alliierten durchführten. Im heutigen Japan wird es auf rücksichslose Taxifahrer und Skisportler angewandt.

kampaku Titel in der Hofhierarchie. Bezeichnet den Regenten eines großjährigen Kaisers. Seit 880 hatten Mitglieder des Fujiwara-Clans dieses Amt inne, wodurch sie ihre Macht über die regierenden Kaiser ausweiten konnten. Die Regenten eines Kindkaisers führten den Titel eines SESSHŌ. Auch diesen Rang hatten die Fujiwara seit 858 inne, und mit der Zeit wurden die beiden Ämter von einem einzigen Fujiwara-Angehörigen verwaltet. So erlangten die Fujiwara eine Vormachtstellung gegenüber dem Hof (*sekkan*).

karma Altindische Glaubensvorstellung, die in den Buddhismus eingegangen ist, nach der das Leben eine kontinuierliche Folge von Ursache und Wirkung ist. Handlungen und Gedanken in der Vergangenheit oder einer früheren Existenz beeinflussen die Gegenwart, und die Handlungen der Gegenwart werden in der Zukunft ihre Folgen zeitigen.

kofun Grabstätte des Altertums. Bezeichnet die Grabhügel oder Tumuli, die zwischen dem 3. und 7. Jahrhundert n. Chr. auf den Nekropolen für Stammesfürsten und ihre Angehörigen errichtet wurden. Sie variieren in Form, Größe und Struktur. Die größten unter ihnen in der Kinai-Region und im Westen Japans sind riesige Schlüssellochgräber mit steinernen Grabkammern, die Sarkophage und Grabbeigaben wie Spiegel, Schwerter, Schmuck und Zaumzeug enthalten. Der Begriff wird inzwischen für die archäologische Epoche gebraucht, in der solche Grabhügel errichtet wurden.

kokubunji Ein auf Befehl von Kaiser Shōmu nach 714 errichtetes Netz staatlich geförderter buddhistischer Klöster. In jeder Provinz sollten ein Mönchskloster, *kokubunji*, und ein Nonnenkloster, *kokubunnichi*, errichtet werden, deren Gebete auf das Wohl der Nation gerichtet waren. Das Todaiji-Kloster in Nara stand an der Spitze des *kokubunji*-Systems.

kuge Hofadel. Bezog sich zunächst nur auf den Kaiser und die Höflinge. Seit der Kamakura-Periode (1285–1333) wurde es im Gegensatz zu *buke*, Kriegersippen, gebraucht. Innerhalb der *kuge* gab es eine festgelegte Hierarchie. Die oberen Ränge bis zum dritten einschließlich waren zur kaiserlichen Audienz zugelassen und wurden *kugyo* genannt.

Kyōgen »Verrückte Worte«. Ein Typ des Dramas, der sich zusammen mit dem NO-Spiel entwickelte und in dasselbe oft als Zwischenspiel eingefügt wird. Während No in der Welt der Götter und Geister spielt, ist Kyōgen eine humorvolle Burleske aus dem Diesseits. Es hat in der Regel zwei bis drei Mitspieler, entweder einen *daimyō* mit seinem Diener oder zwei Priester. Es ist handlungsreicher als das No-Spiel und die Schauspieler tragen keine Masken.

Mahayana (Skt., japanisch Daijō) »Großes Fahrzeug«. Eine Strömung des nördlichen Buddhismus, die sich von Zentralasien, Tibet, China, Korea und Japan ausbreitete. Sie betont die Möglichkeit der Erlösung für alle leidenden Geschöpfe im großen Fahrzeug der Lehren Buddhas. Der Mahayana-Buddhismus schuf ein vielfältiges Pantheon, und hält eine Reihe mitleidiger Bodhisattvas bereit, die das Erlösungsversprechen verwirklichen helfen. Mahayana ist das nödliche Gegenstück des THERAVADA, oder Lehre der Alten, auch als Hinayana oder »Kleines Fahrzeug« bekannt.

mandala (Skt., japanische *mandara*) »Kreis«. Streng geometrische Darstellung, gemalt oder als Relief, die buddhistische oder shintoistische Gottheiten und ihr Verhältnis zueinander abbilden soll. Zeigt gelegentlich auch die Wohnstätten der Götter im Paradies oder auf Erden. Vor allem im esoterischen Buddhismus verbreitet, um das Verhältnis von buddhistischen Gottheiten zu den einheimischen KAMI im Sinne des HONJISUIJAKU darzustellen.

mantra (Skt.) »Wahres Wort« Magische Silben, die rezitiert werden, um Einheit mit dem Buddha zu erlangen. Eines der drei Mysterien des esoterischen Buddhismus, wurde vor allem im japanischen SHINGON praktiziert.

mappō Das Ende des Gesetzes. Auch übersetzt als Letztes Zeitalter des Gesetzes. Die dritte und letzte Phase eines fortschreitenden Niedergangs der buddhistischen Lehre, der mit dem Leben Buddhas beginnt, als *das dharma* noch verstanden und praktiziert wurde. Eine Zeit des Haders und der Degeneration sollte in Japan angeblich im Jahre 1052 beginnen.

mudra (Skt., japanisch *in*) Symbolische Handbewegungen, die ein Gelöbnis, die Erleuchtung oder die Handlungen eines Buddha, Bodhisattva oder einer anderen Gottheit versinnbildlichen.

nembutsu (Skt. Buddhānusmrti) Ursprünglich eine meditative Vergegenwärtigung Buddhas. Mit der Entwicklung des Reinen-Land-Buddhismus in China wandelte es sich zu einer Anrufung. In Japan versteht man darunter vor allem die sechs Schriftzeichen umfassende Formel Name Amida Buddha (Gelobt sei Amida Buddha). Sie bildet die Grundlage für die Praktizierung des Reinen-Land-Buddhismus. Eine seiner Varianten ist das Tanz-*nembutsu*, *odori nembutsu*, das im Mittelalter von Ippen und anderen Laien zu einer eingängigen Melodie gesungen und getanzt wurde.

nirvana (Jap. *nehan* oder *satori*) Höchste Stufe der Erleuchtung, und Befreiung aus dem irdischen Dasein und dem Kreis der Wiedergeburten. Wird durch ein Auslöschen aller Illusionen und Begierden erreicht.

No Maskentanz. Form des Tanztheaters, das sich unter dem Einfluß des Zen während der Muromachi-Periode entwickelte. Dramatiker wie Zeami verarbeiteten literarische Themen, Mythologie und Volksglauben zu metaphysisch aufgeladenen Tanzdramen.

renga Kettengedicht. Entwickelte sich nach dem 12. Jahrhundert von einem Amüsement zu einer ernst zu nehmenden Form der Lyrik, bei der die Teilnehmer der Reihe nach Verse von 5-7-5 oder 7-7 zu einem Kettengedicht aneinanderfügen. *Renga* schuf bald seine eigenen Gesetze und poetologischen Konventionen.

ritsuryō Ziviler und strafgesetzlicher Kodex, der die rechtliche Grundlage für eine Zentralverwaltung nach chinesischem Vorbild bot, wie sie in Japan zwischen dem 7. und 8. Jahrhundert eingeführt wurde. Das Ōmi *ritsuryō* wurde im späten 7. Jahrhundert herausgegeben, als Kaiser Tenji in Ōmi residierte, und vom Taiho Kodex (701) und Yōrō Kodex (718) abgelöst.

Samurai Vom Verb *»saburau«* (dienen) abgeleitet. In der Heian-Zeit waren die Samurai eine Schutzgarde des Kaiserhofes, der Fujiwara-Adligen oder Mönchskaiser. Der Begriff dehnte sich später auf die Krieger in der Provinz, BUSHI, aus. In den Perioden Kamakura, Muromachi und Edo bezog er sich auf alle Krieger, die einen gewissen Rang oder ein Amt im Dienste des Shogunats oder der *daimyō* innehatten.

satori Erleuchtung. Gilt im Zen als Entsprechung zur Wiedergeburt ōjō im Reinen-Land-Buddhismus. Das intuitive Erkennen, daß alle Wesen von der Buddhanatur durchdrungen sind. Die Einsicht, daß auch die eigene Existenz die Einheit mit Buddha erreichen kann *(kenshō jōbutsu)*. Die plötzliche Erfahrung der Leere. Im Zen ist *satori* (oder *kenshō*) eine blitzartige Erkenntnis die jedem möglich ist. Siehe NIRVANA.

sesshō Regent für einen Kindkaiser. Ein Amt, das im 9., 10. und 11. Jahrhundert von den Fujiwara monopolisiert wurde, um Macht über den Kaiser zu haben. Siehe KAMPAKU.

Schamanismus Religiöse Hingabe, die durch ein Medium zum Ausdruck gebracht wird, dem man die Fähigkeit zuspricht, mittels Ekstase mit den *kami* in Kontakt zu treten. Eine wichtige Komponente des Volksglaubens in Japan. Viele der in frühen japanischen Quellen erwähnten Frauen galten als Schamaninnen. Die schamanistische Tradition lebt bis heute fort.

Shingon (Skt. *mantra*) »Wahres Wort«. Hauptsekte des esoterischen Buddhismus. Durch Kūkai (774–835) nach seiner Rückkehr aus China 806 in Japan eingeführt. Betont die Bedeutung von MANDALAS und magischen Sprüchen wie MANTRAS und DHARANI. Der tantrische Zweig des Buddhismus, der unter anderen das *Māhavairocana Sūtra* heranzieht, in dem die Natur des Dainichi dargelegt wird. Shingon ist reich an rituellen, magischen Praktiken, propagiert die mündliche Weitergabe der Lehre und bezieht die Künste mit ein. Vor seinem Tod hat Kūkai die Shingonlehre im Kongōbunji auf dem Kōya und im Tōji in Kyōto fest etabliert.

shōgun Großer General. Abkürzung von *seiitaishōgun*, was soviel bedeutet wie »Großer General, der die Barbaren bezwingt«. Ursprünglich ein während der Heian-Zeit vorübergehend an kaiserliche Prinzen verliehener Titel, die sich bei Strafexpeditionen hervorgetan hatten. Später wurde er kurzzeitig den Kriegern Minamoto Yoshinaka und Minamoto Yoritomo, der das Kamakura BAKUFU gründete, verliehen. Nach Yoritomo stand er jenen Militars *(toryo)* aus der Linie der Minamoto - die Ashikaga und Tokugawa - zu, die als legitimierte Militärführung im Namen der kaiserlichen Macht das Land regierten.

shōen Privater Landbesitz von Adligen, Tempeln, Schreinen und Kriegern während der Perioden Heian, Kamakura und Muromachi. Obwohl eigentlich alles Land unter RITSURIŌ-Verwaltung der kaiserlichen Regierung gehörte, beanspruchten Adlige und Tempel Landbesitz oder Kommendationen, die von Besteuerung und dem Zugriff der Behörden ausgenommen waren. Aufgrund dieser Privilegien wurden im ganzen Land große Besitzungen als *shōen* deklariert und die Besitzer leiteten daraus eine Reihe von *shiki* (Ämter, Rechte) ab.

shugo Militärgouverneure. Von Minamoto no Yoritomo in den Provinzen eingesetzt, um Ruhe zu bewahren und Unruhestifter einzusperren. Auch die Ashikaga-Shogune setzten in den wichtigsten Provinzen *shugo* ein. Manche von ihnen konnten ihren Einfluß über fünf oder sechs Provinzen ausdehnen und werden von modernen Historikern als *shugo-daimyō* bezeichnet.

sutra (Skt., jap. *kyō*) Heilige Texte des Buddhismus, die angeblich die tatsächlichen Predigten und Aussprüche Buddhas enthalten, obwohl sie erst nach seinem Tode zusammengestellt wurden. Japaner lesen normalerweise die chinesischen Übersetzungen indischer *sūtra*.

tanka Kurzgedicht. Neben dem *chōka*, Langgedicht, die wichtigste lyrische Form. Ein *tanka* besteht aus fünf Zeilen zu je 5-7-5-7-7 Silben. Nach der Manyōshū-Periode (9. Jahrhundert) in der das *choka* vorherrschend gewesen war, kam das *tanka* zu seinem Recht.

Tendai Buddhistische Lehre, die durch Saichō (767–822) bei seiner Rückkehr aus China 805 nach Japan gebracht worden ist. Faßte zunächst in Saichōs Kloster Enryakuji auf dem Hiei Fuß. Tendai war von Zhi Yi im 6. Jahrhundert in China gegründet worden. Seine Hauptschrift ist das *Lotus Sūtra (Hoke-kyō)*. Neben Studium und Meditation, *shikan*, enthält Tendai auch mystische Elemente und Rituale des SHINGON. Sein Eklektizismus ebnete den Weg für die späteren Bewegungen des Reinen Landes, Zen und Nichiren.

tennō Himmlischer Herrscher. Titel für das regierende Mitglied des Kaiserhauses. Er ist seit dem 7. Jahrhundert in Gebrauch als ein Äquivalent zum chinesischen Kaisertitel *huang-di* oder Himmelssohn.

Theravada »Die Lehre der Alten«. Buddhistische Strömung im Süden und Südosten Asiens, zu unterscheiden von der MAHAYANA-Tradition, die in Zentralasien, China, Korea und Tibet vorherrschte. Teilweise auch in Abgrenzung vom »Großen Fahrzeug« (Mahayana) als »Kleines Fahrzeug« bezeichnet.

uji Weitverzweigte Elitefamilien oder Clans des Altertums bestimmten die lokale Verwaltung, Religionausübung und Kriegführung. Befehligten die Berufsgruppen der BE, die für sie arbeiteten.

wabi Abgeleitet von *wabishi* mit der Bedeutung Verlust, Einsamkeit. *Wabi* entwickelte sich während des Mittelalters zu einer Ästhetik kultivierter Armut, in der das Unvollendete, Einfache, Unregelmäßige über das Perfekte und Makellose gestellt wurde. Im Ideal des *wabi* gilt der von Wolken verhängte oder von Nebel verschleierte Mond mehr als der gänzlich sichtbare, makellose Vollmond. Seine Spuren sind in der Poesie, in Architektur und Gartengestaltung wiederzufinden, stärksten Ausdruck hat es jedoch in der Teezeremonie gefunden. Die bäuerliche Einfachheit des *wabicha* wurde im 16. Jahrhundert von Sen no Rikyū und anderen Teemeistern stilisiert.

waka Japanische Lyrik in Abgrenzung gegenüber der chinesischen *kanshi*. Zu *waka* zählen die Langgedichte, *chōka*, und die Kurzgedichte, TANKA, die seit der Heian-Zeit die verbreitetste lyrische Form sind.

Yang Gegenteil von YIN. Im altchinesischen Denken hielt man dieses Paar sich ergänzender Gegensätze für die dynamische Grundlage allen Lebens und Bewegens. Yang wird mit dem Männlichen, Aktiven, Starken, Positiven, mit Helligkeit und Hitze in Verbindung gebracht, während YIN das Weibliche, Passive, Negative, Schwache und Kalte repräsentiert.

Yin Siehe YANG. Die Vorstellung von Yin und Yang und den Fünf Elementen drang noch vor der Nara-Zeit von China nach Japan ein, und hat die japanische Auffassung von der Natur und dem menschlichen Leben nachhaltig geprägt.

zazen Sitzmeditation. Grundlegende geistige und körperliche Übung zur Erlangung der Erleuchtung, SATORI, im Zen. Der Übende sitzt ruhig wie Buddha im Lotussitz, kontrolliert seine Atmung und leert seinen Geist, um sich in den Zustand des *samadhi* zu versetzen. Ziel des *zazen* ist es, nach innen zu schauen und die eigene Buddhaheit oder die eines anderen zu erfahren.

Zen (Skt. *dhyana*, chin. *chan*) Eine der bedeutendsten Strömungen des MAHAYANA, die aus China stammt und seit dem 13. Jahrhundert auch in Japan verbreitet ist. Betont die Selbstdisziplin durch Meditation (Vgl. ZAZEN). War vor allem unter den Kriegern, BUSHI, populär. Im Zen werden praktische Arbeit anerkannt und die Künste gepflegt. Auch sie gelten neben der Meditation als möglicher Weg zur Erleuchtung.

BILDQUELLEN-VERZEICHNIS

Abkürzungen: o = oben, ol = oben links, or = oben rechts, M = Mitte, u = unten usw.

Alle Landkarten von Lovell Johns Ltd, Oxford, und Alan Mais, Horndurch, Essex.

Vorsatz: Karte von West-Japan mit 33 Orten, die Kannon geweiht sind: British Library, Map Room 62987(1).

Seite
2–6. Verschiedene Stilarten von Samurai-Roben: Tokugawa Reimeikai Foundation.
8-9. Zeichnungen von John Fuller, Cambridge.
11. *Dotaku*-Bronze-Glocke: Christie, Manson and Wood Int. Inc., New York.
23. Schnee-Festival in Sapporo: Robert Harding Picture Library, London.
24o. Fluß: Robert Harding Picture Library.
24u. Ländliche Szene: Robert Harding Picture Library.
25. Der Fuji: Robert Harding Picture Library.
26o. Fahrräder am Kita-Senju-Bahnhof: Hutchinson Picture Library, London.
26u. Thermalquellen, Nikkō-National-Park: Robert Harding Picture Library.
27o. Strand von Jōdogahama: Zefa/Orion, London.
27u. Kobe: Zefa/Orion.
28. Shinjuku in Tokyo bei Nacht: Robert Harding Picture Library.
28–29. Mizushima-Industriepark: Zefa/Orion.
30. Der Berg Aso: Hutchinson Library.
30–31. Reisfelder: Robert Harding Picture Library.
31. Okinawa: Zefa/Orion.
32o. E.S. Morse: Equinox Archive.
33. Stoßzahn eines Naumann-Elefanten, 11 cm: Yukiko Nakatsu (Equinox Archiv).
35ol. *Dōgu*-Figürchen: Kōdansha, Tokyo.
35oM. Konisches Keramikgefäß: Keio University/Shōgakukan, Tokyo.
35ul. Keramikgefäß mit Flammendekor: Tsunan-cho Kyoiku Linkai/Shōgakukan.
36–37M. Ainu-Dorf: Munro collection, Pitt Rivers Museum, Oxford.
36–37u. Ainu-Frau: Robert Harding Picture Library.
37o. Bär, aus einem Walfischzahn geschnitzt: Shōgakukan.
37M. Ainu-Frau aus Monbetsu: Popperfoto, London.
37u. Ainu, Reis stampfend: Munro collection, Pitt Rivers Museum, Oxford.
38. *Dōtaku*-Bronze-Glocke: Tokyo National Museum.
39M. Zeichnungen: John Fuller, Cambridge.
40Mr. Rekonstruktion der Wohnanlage von Toro: Marin Collcutt.
40ur. Luftaufnahme von Toro: Wings Photo Agency, Tokyo.
40ul. Lageplan: John Brennan, Oxford.
42. Tumulus von Nintoku: Georg Gerster, John Hillelson Agency, London.
43or. Lageplan: John Brennan, Oxford.
43l. *Haniwa*-Krieger, Höhe 125,7 cm, National-Schatz, späte Tumulus-Periode, Kuwai-Fundstätte, Ota, Präfektur Gumma: Tokyo National Museum.
43Mo. *Haniwa*-Boot, Saitobaru-Grab, Saito Präfektur Miyazaki: Tokyo National Museum.
43Mu. *Haniwa*-Pferd, späte Tumulus-Periode, Ojima-Fundstätte, Nitta, Präfektur Gumma: Tokyo National Museum.
43r. Kopf einer weiblichen Figur, Höhe 20,2 cm, Nintoku-Tumulus: Sammlung des Kaiserlichen Haushalts, Tokyo.
44. Zeichnungen: John Fuller, Cambridge.
45. Spiegel: Christie, Manson and Woods Int.Inc., New York.
47. Rüstung im Ō-Yoroi-Stil: Tokugawa Reimeikai Foundation.
48–49. Ise-Schrein: Robert Harding Picture Library.
50l. Lageplan: John Brennan, Oxford.
50–51M. Luftbild des Ise-Heiligtums: Shōgakukan.
50–51o. Ise-Schrein, Hauptheiligtum: Gakken Publishers, Tokyo.
50–51r. Reinigungszeremonie im Ise-Heiligtum: Shūeisha, Tokyo.
51u. Izumo-Schrein: Zefa/Orion.
52–53. Zeichnungen: John Fuller, Cambridge.
55o. Bebilderte *sūtra* des Vergangenen und Gegenwärtigen Karma: Atami Museum, Präfektur Kanagawa.
55u. Tod Buddhas, Darstellung in einer Schriftrolle aus dem 17. Jh.: British Museum, London.
56u. Tempel: Hōryūji/Shōgakukan.
56–57o. Lageplan: John Brennan, Oxford.
57Ml. Triade aus Goldbronze, darstellend den Buddha Sakyamuni und Gefolgsleute, Höhe 86,4 cm, 623 n. Chr., Hōryūji, Präfektur Nara: Hōryūji/Shōgakukan.
56–57M. Luftbild des Hōryūji: Hōryūji/Shōgakukan.
58o. Kasuga-Mandala, Rollbild, 14. Jh.: British: Museum.
58ur. Prinz Shōtoko als Kind, Statue aus Holz, 18. Jh: British Museum.
60u. Prinz Shōtokus Grab: J. Edward Kidder.
60or. Bronze-Buddha: Bijutsu Shuppan-Sha, Tokyo.
61l. Männliche und weibliche Gottheiten: Shūeisha, Tokyo.
61r. Luftbild der Asuka-Region: Gakken, Tokyo.
62o. Luftbild von Hejō: Wings Photo Agency, Tokyo.
62u. Lageplan: John Brennan, Oxford.
63r. Haushaltszählungsregister: Gakken Publishers, Tokyo.
63l. Zeichnungen: John Fuller, Cambridge.
64or. Luftbild von Tōdaji: Tōdaiji/Shōgakukan.
64. Lageplan: John Brennan, Oxford.
64ur. Großer Buddha: Zefa/Orion.
64u.M. Der Mönch Chōgen Shōnin, Holz, Höhe 82 cm, Tōdaiji: Photo Hiromichi Inoue.
65. Zeichnung: John Fuller, Cambridge.
66. Vielgesichtige Göttin: Kōfukuji/Shōgakukan.
68o. Zeichnungen: John Fuller, Cambridge.
68u. Schatzhaus: Gakken, Tokyo.
70–71. Luftbild von Kyoto: Japan Map Centre, Tokyo.
71M. Außenansicht des Palasts: Kunaichō, Kyoto Office/Shōgakukan.
71or. Lageplan: John Brennan, Oxford.
71. Palast-Inneres: Kunaichō, Kyoto Office/Shōgakukan.
73. Kasuga-Schrein: Zefa/Orion.
76–77. Kalligraphie aus dem *Ishiyama-gire*, Tusche auf handgeschöpfem Papier, Höhe 20,2 cm, 12. Jh.: Umezawa Hikotaro Collection, Tokyo.
77. Fächer mit einem Textausschnitt aus dem *Lotus sūtra*, Tusche und Farben auf dekorativem Papier, Höhe 25,6 cm, 2. Hälfte 12. Jh.: Tokyo National Museum.
78. Illustration aus der Liste der 36 erlauchten Dichter, Höhe 35,7 cm, Kamakura-Periode: The Museum Yamato Bunkakan, Nara.
81. *Genji-monogatari*, Kap. 50: Tokugawa Reimeikai Foundation.
83. Gedicht von Li Zhi, Kalligraphie, Kaiser Saga zugeschrieben, reg. 809–823: Kaiserlicher Haushalt.
84. *Heike nōkyō* (illustrierte Schriftrollen, von der Familie der Taira dem Itsukushima-Schrein geschenkt), Höhe 26,5 cm, 12. Jh.: Itsukushima-jinja, Hiroshima.
85. Der Mönch Saichō (Dengyō Daishi), Tusche und Farben auf Seide, Höhe 129 cm, 11. Jh.: Ichijōji, Kyoto.
87. Der Mönch Kūkai (Kōbō Daishi), postumes Porträt (Ausschnitt), Kamakura-Periode: Kyōōgokokuji, Kyoto.
88l. Diagramm: John Brennan, Oxford.
88–89. Mutterschoß-Welt Mandala, Farben auf Seide, Kyōōgokokuji, Kyoto, Höhe 183,6 cm, um 900: Tōji.
89o. Einweihungs-Zeremonie: Shingon'in.
89M. Diamantenwelt-Mandala: Kyōōgokokuji, Kyoto.
89Mr. Fudō: Daigoji.
89u. Zeichnung: John Fuller, Oxford.
90–91. Der Berg Kōya: Hutchinson Library.
92ul. Blick auf den Byōdōin: Zefa/Orion.
92ur. Phönix: Byōdōin.
93l. Lageplan: John Brennan, Oxford.
93r. Buddha Amida, Höhe 110 cm: Hōōdo des Byōdōin, Uji.
94oM. Ein Höllenrichter, Holzfigur, bemalt und vergoldet, Muromachi-Periode, Höhe 39,3 cm spätes 15. Jh.: Victoria and Albert Museum, London.
94or. Der Weiße Pfad, der durch zwei Flüsse hindurchführt, Tusche, Farben, Goldpigmente und *kirikane* auf Seide, Rollbild, 82 × 39,7 cm: Seattle Art Museum (Eugene Fuller Collection).
94u. Amida *raigō*, Heian-Periode, spätes 11. Jh., Farben auf Seide: Kōyasan, Präfektur Wakayama. Größe des Mittelbildes 211 × 211 cm, Seitenbilder 211 × 104 cm.
95M. Diagramm der Zehn Welten, handkolorierter Blockdruck, British Museum.
95or. Zeichnung, John Fuller, Cambridge.
95Mr. Höllendarstellung aus dem Ōjō yōshū, Blockdruck: British Library.
96. *Sūtra*-Rollen des *Heike nōkyō*, Papierrollen auf Holzstäben mit Metallbeschlägen und Kristall- und Metallknöpfen, Höhe 30 cm: Itsukushima, Hiroshima.
99. Darstellung aus dem *Gosannen-no-eki emaki*: Tokyo National Museum.
100. Holzsattel mit Perlmuttintarsien, Höhe 39 cm. 12. Jh.: Tokyo National Museum.
102l. Minamoto Yoritomo von Fujiwara Takanobu: Jingoji, Kyoto.
102r. *Tachi*, Masamune aus der Provinz Sagami zugeschrieben, 1264–1344: Werner Forman Archive.
102–103o. Takezaki Suenaga aus der *Bildrolle der mongolischen Invasion*: Kaiserlicher Haushalt, Kyoto.
102–03u. Die Verwüstung des Sanjō-Palasts, dargestellt auf dem *Heiji*-Rollbild: Werner Forman Archive/Boston Fine Arts Museum.
103ur. Anlegen einer Rüstung. Aus dem *Tanki Yōryaku* des Masahiro Mura, 1837.
106–07. *Bildrolle der mongolischen Invasion*: Kaiserlicher Haushalt, Kyoto.
110–11. Szene aus der Bildbiographie des Mönchs Ippen (*Ippen Shōnin Eden*), Seiden-Rollbild von Eni, Höhe 38 cm, 1299: Tokyo National Museum.
112o. Lageplan: John Brennan, Oxford.
112u. Höhle bei Kamakura, Takatoki-Monument: Werner Forman Archive.
113. Zeichnungen: John Fuller, Cambridge.
115. Porträt des Mönchs Myōe, Jōnin zugeschrieben, Rollbild, Tusche und Farben auf Papier, 146 × 56,8 cm, 13. Jh.: Kōzanji/Benrido Co.
116r. Tempel und Nachi-Wasserfälle: Zefa/Orion.
116Ml. Dachbekrönung des Schreins: Zefa/Orion.
120M. Plan: John Brennan, Oxford.
120u. Daitokuji-Kloster: Erich Hartmann/Magnum, London.
121o. Ryōanji-Kloster: Zefa/Orion.
121u. Gärtner im Daitokuji-Kloster: Rene Burri/Magnum.
222or. Garten des Nijō-Schlosses: Robert Harding Picture Library.
122Ml. Traditionelle Gartenanlage: Burt Glinn/Magnum.
122u. Moosgarten: Zefa/Orion.
122–23o. Tempel des Goldenen Pavillions: David Halford, London.
123u. Nikkō: Lucie Motion/Hutchinson Library.
124–24o. Nō-Bühne: Werner Forman Archive.
124ul. Maske: Zefa/Orion.
124–25or. Bunraku: Hutchinson Library.
125uM. Bunraku-Puppen: Zefa/Orion.
125or. Maske: Zefa/Orion.
125Mr. Maske: Werner Forman Archive.
125ur. Maske: Zefa/Orion.
126ul. Inneres einer Burg: Werner Forman Archive.
126ur. Burg von Matsumoto: Zefa/Orion.
126Mr. Tor zur Nijō-Burg: Werner Forman Archive.
127Ml. Neuinszenierung einer daimyō-Prozession: Zefa/Orion.
127or. Die Himeji-Burg: Zefa/Orion.
127ul. Plan: John Brennan, Oxford.
127ur. Diagramm: Inkwell, Bicester, Oxford.
128–29. Die Nijō-Burg, Schirmmalerei: Werner Forman Archive.
130–31. Blick hinter die Bühne. Malerei von Hishikawa Moronobu: Tokyo National Museum.
130u. Inneres eines Kabuki-Theaters: British Museum.
131o. *Yoshitsune Senbon Zakura* von Kunisada: Dr. Richard Illing/Phaidon Press, Oxford.
131Mr. Schauspieler beim Schminken: Hutchinson Library.
131ur. Zeitgenössische Aufführung in Nagoya im Juni 1987 von der Ichikawa-Ennosuke-Truppe: P. Perrin – Sygma/John Hillelson Agency.
132o. Oda Nobunaga: Kobe Municipal Museum.
132M. Hideyoshi: Itsu Art Museum.
132u. Ieyasu: Tokugawa Reimeikai Foundation.
134–35. Die Burg Edo: Aspect Picture Library, London.
135r. Plan: John Brennan, Oxford.
136. Schwert, *Itomaki-no-tachin*, Ko-Bizen mit Blatt, von Eiroku signiert, 1558: Christies, London.
137l. *Tsuba*, Christies, London.
137M. Rüstung: Aka-Ito-Odoshi, Tachi-Do, 17. Jh., Christies, London.
139. Neujahrszeremonie am kaiserlichen Hof, Tusche und Farben auf Papier, einer von zwei sechsteiligen Stellschirmen, jeder 140 × 350 cm, von Tosa Mitsuoki, 1617–1691: Sen Sōshitsu, Kyoto.
144–45. Dörfliche Szene, Tusche und Farben auf Papier, einer von zwei achtteiligen Stellschirmen, jeder 90,4 × 344 cm, Kusuki Morikaga zugeschrieben, um 1620–1690: Nariaiji, Kyoto/Kyoto National Museum.
149. Sen no Rikyū: Collection of Omote Senke Fushinan, Kyoto.
150–51. Alle Bilder mit freundlicher Erlaubnis von Sen Sōoku, Teezeremonienmeister, Mushanokōji-Senke-Tee-Schule, Kyoto, außer 151Mr, Hutchinson Library, und 151u, Werner Forman Archive.
153. Christlicher Reiseschrein aus Japan: Christies, 22. Mai 1985.
154M. Detail von einem Hikone-Stellschirm, einer von zwei sechsteiligen Stellschirmen eines unbekannten Künstlers, frühes 17. Jh., National-Schatz: Hikone-Schloß, Sammlung Ii Naoyoshi.
154–55u. Rauchutensilien: Victoria and Albert Museum, London.
157M. Kimono: Victoria and Albert Museum, London.
157u. Josiah Wedgwood: British Museum.
158ul. Mutter mit Kindern: British Museum/Phaidon Press, Oxford.
158ur. Pappmache-Puppenmacher, unsignierter Druck von 1790, 13 × 10 cm: Chester Beatty Library, Dublin.
158–59o. Vergnügungsboot auf dem Sumida-Fluß von Kiyonaga: British Museum.
159uM. Prozession, Holzschnitt von Shumman, 19 × 17,6 cm um 1810: Chester Beatty Library, Dublin.
159ur. Reisender, Nudeln essend, Holzschnitt von Hokusai 13,5 × 18,1 cm, um 1904: Chester Beatty Library, Dublin.
160–61o. Weihrauchgefäß von Ninsei: Ishikawa Museum.
160ul. Kakiemon, Junge Frau: Christies Ltd, London.
160M. Kutani-Ware, mit dem Porträt des Hotei: Ishikawa Museum.
161ul. Arita-blau-weiß-Schale: Christies, London.
161or. Shino-Ware, schwarze Teeschale, einem Raku-Meister zugeschrieben: British Museum.
161Mr. Shino-Ware: Equinox Archive.
161ur. Streifendekor, Keramik von Seto Hiroshi, Präfektur Tochigi.
161–63. Netsuke, alle Fotos von Christies Ltd, London mit Ausnahme von 163ol: Michael Holford.
164o. Kurtisane, einen potentiellen Kunden ansprechend, Holzschnitt von Mitsunobu: British Museum.
164–65u. Sumo-Ringer, Holzschnitt von Kunisada: Victoria and Albert Museum/Michael Holford Library.
165o. Szene im Innern eines Daimojiya in Naka-no-chō, Holzschnitt von Torii Kiyotada: British Museum.
165ul. Zwei Kurtisanen, Holzschnitt von Utamaro: Victoria and Albert Museum.
165M. Der Kabuki-Schauspieler Ichikawa Ebizō im »Onibarakā-Zwischenfall«, Holzschnitt von Utagawa Kunimasa: Phaidon Archive, Oxford.
165Mr. Iharu Saikaku, Porträt von Haga Isshō: Sammlung von Kubo Katsutaka/Shōgakukan Publishers, Tokyo.
166o. Das Benten-Fest beim Itsukushina-Schrein, Holzschnitt von Utagawa Toyoharu: British Museum.
166u. Mandala der Wallfahrt zum Ise-Schrein: Ise-Shrine Administration Agency.
167. Eisenbahnzug, Holzschnitt: British Museum.

168–69. Dorfstraße: Popperfoto Ltd, London.
169. Shinto-Priester: Michael Dean; Nihon Token, London.
170. Erste diplomatische Gesandtschaft Japans 1862: BBC Hulton Picture Library, London.
171. Saigō Takamori: Asahi Shimbun Photo, Tokyo.
172. Der Meji-Kaiser Mutsuhito: Kaiserliche Sammlung, Kyoto.
174–75. Kämpfende Frauen während des Satsuma-Aufstands, Holzschnitt von Nagayama Umosai: Präfektur-Museum, Kanagawa.
176o. Eine Gruppe von Offizieren aus dem Süden: BBC Hulton Picture Library.
176u. Wehrpflichtige in französischen Uniformen: BBC Hulton Picture Library.
178–79. Eisenbrücke in Yokohama: Präfektur-Museum, Kanagawa.
179M. Iwakura Tomoni: Asahi.
181l. Itō Hirobumi: Asahi.
181r. Itagaki Taisuke: Asahi.
182–83. Der Meji-Kaiser verkündet die erste Verfassung des Kaiserreichs, 1889, Holzschnitt von Yosu Shuen: Präfektur-Museum, Kanagawa.
184o. Sumo-Kämpfer: Präfektur-Museum, Kanagawa.
184ul. Ankunft der Schiffe Perrys: Universität Tokyo.
185o. Die sieben Glücksgötter besteigen einen Zug: Präfektur-Museum, Kanagawa.
185ur. Kommodore Perry: Präfektur-Museum, Kanagawa.
185u. »Parade der Angehörigen der Fünf westlichen Nationen«: Präfektur-Museum, Kanagawa.
186ul. »Glyzerinblüten über den Wassern von Kameido« von Hiroshige, aus *Hundert Ansichten von Edo*: British Museum.
186uM. »Der Seerosenteich« von Monet: National Gallery, London.
186ur. Platte von Bracquemond: Victoria and Albert Museum.
186or. »Der Brief« von Mary Casatt: Metropolitan Museum of Art, New York, Stiftung von Paul J. Sachs, 16.2.9.
186oM. Porträt einer Kurtisane von Utamaro: British Museum.
187ur. Plakat für den »Divan Japonais« von Toulouse-Lautrec: British Museum.
187o »Caprice in Purpur und Gold« von James Whistler: Phaidon Archive, Oxford.
187ul. Porträt Julien Tanguy von Vincent van Gogh: Musée Rodin, Paris/Phaidon Archive, Oxford.
187or. Monogramme von Leopold Bauer, Klimt und Roller, Mitglieder der Wiener Secession: Phaidon Archive, Oxford.
188. Matsukata Masayoshi aus Satsuma: Asahi.
189. Die Mitsui-Bank, die erste Bank Japans, um 1873, von Andō Hiroshige II oder III: Präfektur-Museum, Kanagawa.
190. Vorstoß der Japaner auf Weihaiwei, von Koboyashi Kiyochika: Präfektur-Museum, Kanagawa.
192–93. Arbeiter in einer Werkstatt zur Herstellung von Bronzevasen: Popperfoto Ltd.
193. Erste Eisenbahnlinie von Tōkyō nach Yokohama, 1872, von Andō Hiroshige II oder III; Präfektur-Museum, Kanagawa.
196o. Japanische Bauernpartei: Asahi.
196M. Bankkrach, 1927: Asahi.
197. Tokyos erster Wolkenkratzer mit Japans erstem Aufzug, der Ryōunkaku, 1890, von Ichijū Kunimasa: Örtliche Geschichtsarchive, Erziehungsministerium, Tokyo.
198o. Mori Ōgai: Asahi.
198M. Natsume Sōseki: Asahi.
199o. Junge Frauen, die Sterne beobachtend, 1936, von Ōta Chou: National Museum of Modern Art, Tokyo.
199uM. Kaiser Hirohito in Zeremonial-Gewändern: Popperfoto.
199u. Osaka-Tanz-Truppe, 1931: Asahi.
202o. Das Kabinett Konoe, 1938: Asahi.
203o. Shidehara Kijūrō: Keystone Collection. London.
203u. Angriff auf Pearl Harbor: The Research House/US Navy.
205. Die Uhr von Hiroshima: Keystone Collection.
206. Amerikanische Tanks: Asahi.
207. Tokyo nach dem Krieg: Keystone Collection.
208. Die Streitkräfte MacArthurs in Japan: Keystone Collection.
209. Streikposten der Gewerkschaftsfunktionäre: Popperfoto Ltd.
210–11o. Werftarbeiter in Nagasaki: Keystone Collection.
211. Schlägereien zwischen Streikenden und Polizei: Keystone Collection.
212–13. Kleine Jungen beim Wettlauf: Zefa/Orion.
214ol. Morgendliche Rush-hour am Shinjuku-Bahnhof: Magnum Photos, London.
214r. Die Küste der Japansee bei der Tango-Halbinsel: Robert Harding Picture Library.
214ul. Morgengymnastik der Belegschaft in einem Kamerawerk: Popperfoto Ltd.
214ur. Fließband beim Automobilkonzern Mazda: Mazda Corporation, Tokyo.
215ul. Webstuhl zur Herstellung von Kimonos in Kyoto: Philip Gordon/Reflex Picture Agency.
215r. Ländliche Szene in der Präfektur Iwate: R. Ian Lloyd, Robert Harding Picture Library.
216ol. *Sushi*-Bar: Magnum Photos Ltd.
216or. Studenten der Tokyoter Polizeiakademie: Aspect Picture Library.
216ul. »Inakaya«-Restaurant: Burt Glinn, Magnum Photos.
216Mr. Sumō-Ringkämpfe: Die Burschen lockern sich vor Beginn: Magnum Photos Ltd.
217ul. Skiläufer: Zefa.
217o. Baumblüte im Frühling: Robert Harding Picture Library.
217u.M. Spielhallen mit Pachinko-Automaten: Robert Harding Picture Library.
217ur. Takarazuka-Revue: Magnum Photos Ltd.
218–19. Schönschreibwettbewerb für Kinder. Magnum Photos Ltd.
219. Kranichtanz im Yasaka-Schrein: Hutchinson Library.
219r. Bon-Fest auf dem Friedhof von Tokyo: Robert Harding Picture Library.
219uM. Ein Priester bringt im Hie-Schrein den *kami* des Wasserfalls ein Opfer aus Früchten dar: Robert Harding Picture Library.
220–21. Zen-Tempel-Garten: Burt Glinn, Magnum Photos Ltd.
222l. Mönche auf dem Kōya-Berg: Hutchinson Library.
223ol. Buddhistische Mönche: Magnum Photos Ltd, Elliott Erwitt.
223or. Papierstreifen mit guten Wünschen werden vor Tempeln und Schreinen verkauft: Richard Kalvar, Magnum Photos Ltd.
223Ml. Verkaufsstände für Glücksbringer: Philip J. Griffiths, Magnum Photos Ltd.
223ur. Handlesen in Kyoto: Richard Kalvar/Magnum Photos Ltd.
223ur. Mit ritueller Nacktheit verbundenes Fest in Inazawa: Richard Kalvar/Magnum Photos Ltd.
224ol. Festvorbereitungen: Philip Gordon/Reflex.
224or. Vorschulkinder im Umgang mit Computern: Hutchinson Library.
224ur. Technologie-Messe: Rene Burri, Magnum Photos Ltd.
224ul. Festliche Prozession: Philip Gordon/Reflex.

Wir möchten folgenden Personen und Institutionen danken für ihre besondere Hilfe und Unterstützung bei der Zusammenstellung der Illustrationen: Fusa McLynn, Bodleian Library, Oxford; Izumi Tytler, Bodleian Library, Oxford; Philippa Martin, Oriental Institute, Oxford; Greg Irvine, British Museum.

REGISTER GEOGRAPHISCHER NAMEN

Ein geographischer Begriff mit nachfolgendem Sternchen bezieht sich auf ein kleines Territorium (z.B. Grafschaft, Provinz, Präfektur, oder Region).

REGISTER

Kursiv gesetzte Seitenangaben weisen auf Bilder beziehungsweise Bildlegenden hin.
Für die japanischen Namen wurde die in Japan übliche Schreibweise angewendet, das heißt der Familienname wurde dem Personennamen vorangestellt.

大坂
Oosaka
南都
宇治
東寺
湖